地图审核号：浙S（2018）103号

DINGHAI YEARBOOK

2019

定海年鉴

《定海年鉴》编纂委员会 编

方志出版社
Publishing House of Local Records

图书在版编目(CIP)数据

定海年鉴．2019／《定海年鉴》编纂委员会编·—北京：方志出版社，2019.12

ISBN 978-7-5144-4067-6

Ⅰ.①定…　Ⅱ.①定…　Ⅲ.①区（城市）—舟山—2019—年鉴　Ⅳ.①Z525.54

中国版本图书馆CIP数据核字(2019)第300577号

书　　名： 定海年鉴（2019）

编　　者：《定海年鉴》编纂委员会

责任编辑： 王　俊

出 版 者： 方志出版社

地址　北京市朝阳区潘家园东里9号（国家方志馆4层）

邮编　100021

网址　http://www.fzph.org

发　　行： 方志出版社图书经销中心

电话（010）67110500

经　　销： 各地新华书店

印　　刷： 舟山市乐诚印刷有限公司

开　　本： 889×1194　　1/16

印　　张： 40

字　　数： 1181千字

版　　次： 2019年12月第1版　　2019年12月第1次印刷

印　　数： 001～800册

ISBN　978-7-5144-4067-6　　**定价：** 258.00元

《定海年鉴（2019）》编纂委员会

编委会主任：顾飞舟
主　　　编：方思宏
副　主　编：毛　媛

《定海年鉴（2019）》编辑部

主　　任：毛　媛
总　　纂：王英伟
顾　　问：李世庭
责任编辑：王英伟　鲁学伟
制　　图：袁晶晶
彩页摄影：陈炳群　王羽莹　马乾伦　贺玲玲
　　　　　夏雨缀　潘翰涛
英文翻译：王燕迪
编　　务：陈冬飞

1月8日，中共舟山市定海区第十三次代表大会第二次会议暨区委经济工作会议在舟山剧院召开 （陈炳群 摄）

1月8日，区委书记庄继艳在第十三次党代会第二次会议暨区委经济工作会议上作区委工作报告 （陈炳群 摄）

会上表彰2017年度区级先进集体、先进生产（工作）者 （陈炳群 摄）

1月20～22日，舟山市定海区第十七届人民代表大会第二次会议在舟山剧院举行（陈炳群 摄）

区人大常委会主任余河通作区人大常委会工作报告（陈炳群 摄）

区长侯富光作区政府工作报告

（陈炳群 摄）

1月19～21日，中国人民政治协商会议第六届舟山市定海区委员会第二次会议在舟山剧院举行

（陈炳群 摄）

区政协主席车志宽作区政协常务委员会工作报告

（陈炳群 摄）

2月9日，中国共产党舟山市定海区第十三届纪律检查委员会第三次全体会议召开

（陈炳群 摄）

3月7日，定海区政府第二次全体会议召开

（陈炳群 摄）

1 月 19 日，省“十二五”交通规划建设项目——金塘北围公路建成通车

（马乾伦 摄）

1 月 26 日，国内首艘 2 万吨级江海联运直达船——“江海直达 1”完成试航

（陈炳群 摄）

3月16日，舟山国际远洋水产品贸易中心成立暨浙江兴业集团有限公司新厂落成仪式在干礁镇举行

（陈炳群 摄）

4月26日，定海区人民政府与浙江大学海洋学院举行战略合作签约仪式

（陈炳群 摄）

3 月 26 日，全区扫黑除恶专项斗争领导小组（扩大）会议召开
（王羽莹 摄）

4 月 10 日，全国文明城市创建工作推进会暨城乡环境综合整治工作会议举行
（陈炳群 摄）

1 月 1 日，区委、区政府召开定海区决战城中村（旧城）改造誓师大会

（陈炳群 摄）

1 月 19 ~ 21 日，2018 年（第二届）舟山螺杆及配套资源展览会在舟山江海联运金塘物流园区展出

（陈炳群 摄）

12 月 24 日，舟山 500 千伏联网输变电工程两座高 380 米的输电高塔完成架线施工

（陈炳群 摄）

12 月 29 日，宁波舟山港外钓油品 30 万吨级码头投入使用

（陈炳群 摄）

1月28日，“神行定海山” 2018第三届东海大峡谷越野赛暨舟山首届山地极致马拉松在东海大峡谷开赛

（陈炳群 摄）

4月22日，2018“神行定海山”全国徒步大会在南洞艺谷景区开走

（陈炳群 摄）

5月20日，2018年舟山群岛新区科技活动周在文化广场举办

（陈炳群 摄）

10月8日，宁波舟山港主通道富翅门大桥建设工程顺利推进

（陈炳群 摄）

建设中的定海工业园区中小企业科技孵化基地
（定海工业园区管委会 供图）

11 月 20 日，竹山门拆迁安置工程建设施工现场（陈炳群 摄）

4 月 20 日，第二届“三毛散文奖”新闻发布会举行　　（陈炳群 摄）

4 月 20 日，新时代 · 新散文 · 新分享——2018 华语散文定海论坛举办
（区文化与广电旅游体育局 供图）

3 月 28 日，加拿大高贵林教育代表团到定海交流访问并签订合作意向书（贺玲玲 摄）

10 月 9 日，定海区纪念改革开放四十周年暨唱响定海“十年同行”文艺演出举行（陈炳群 摄）

11 月 10 日，定海区举办第二届全民运动会田径比赛

（区文化与广电旅游体育局 供图）

大美金塘·2018 元宵魔术杂技专场演出

（区文化与广电旅游体育局 供图）

定海非遗贝雕作品《秀水明月伴诗韵》获第十八届中国（浙江）工艺美术精品博览会金奖　（夏雨缀 摄）

舟山锣鼓《海乡鼓韵》获首届浙江民间艺术精品展演暨第七届浙江民间文艺映山红奖优秀民间艺术表演评选活动金奖　（潘瀚涛 摄）

1月，定海中大街海洋文化一条街入选为2017年度浙江省文化创意街区
（陈炳群 摄）

3月11日，位于城东街道畚斗岙的葆三公园开工建设 （陈炳群 摄）

3 月 15 日，文化广场举办主题为“放心消费在新区”大型宣传活动

（陈炳群 摄）

3 月 24 日，金塘李花节开幕

（陈炳群 摄）

8月23日，定海远洋渔业小镇开业典礼在舟山国家远洋渔业基地举行

（陈炳群 摄）

8月29日，位于双桥街道的“万泰·三农汇”舟山三农农产品批发市场开业

（陈炳群 摄）

9 月 19 日，东海寻欢自驾游启动仪式在册子岛月亮湾景区举行

（陈炳群 摄）

9 月 26 日，上海瑞金医院舟山分院开启试运营

（陈炳群 摄）

9 月 26 日，位于东门交通综合体西侧的定海汽车东站（新东门车站）正式启用　　　　（陈炳群 摄）

11 月 3 日，区红十字会联合上海瑞金医院舟山分院在蓬莱社区开展义诊活动
（区卫生健康局 供图）

定海亮化工程之东岳宫电视塔

（陈炳群 摄）

盐仓夜景

（陈炳群 摄）

2018 年，全国文明城市创建工作继续推进。三车管理员、文明劝导员、义务巡逻队等志愿者组成的城市大管家队伍，既提升城市品位和市民文明素质，又让广大群众拥有更多获得感和幸福感。

（陈炳群 摄）

1月，东海大峡谷获批继干礅新建社区后的第二个省级生态文化基地

（陈炳群 摄）

3月12日，区委书记庄继艳，区委副书记、区长侯富光，区人大常委会主任余河通，区政协主席车志宽等区领导到白泉镇河东社区白泉河岸边植树点参加义务植树活动

（陈炳群 摄）

3 月 22 日，全区开展河湖“清四乱”专项行动　（区水利局 供图）

5 月 25 日，双桥街道举行洁净乡村绿色骑行活动　（双桥街道 供图）

5月28日，生态环境部对定海区集中式饮用水源地开展专项督察
（市生态环境局定海分局 供图）

7月17日，全区生态环境保护大会暨中央环保督察整改工作推进会召开
（陈炳群 摄）

10 月 25 日，进行中的团鸡山垃圾焚烧发电项目三期扩建工程（陈炳群 摄）

2018 年省级“美丽河湖”——金塘大柳河　（市生态环境局定海分局 供图）

干䃎镇新建社区　（陈炳群 摄）

三毛文化公园　（陈炳群 摄）

虹桥水库掠影　（陈炳群 摄）

马岙“中国海岛第一村”田园景观　（陈炳群 摄）

编 辑 说 明

一、《定海年鉴》是中共舟山市定海区委、区人民政府主办，由定海区史志办公室组织实施，区属各部门、单位撰稿，经《定海年鉴》编辑部编辑、总纂，并由《定海年鉴》编纂委员会审定的年度地方信息资料性文献。创刊于2004年，坚持“一年一鉴”。《定海年鉴（2019）》为第16部。

二、《定海年鉴（2019）》以马克思列宁主义、毛泽东思想、邓小平理论、“三个代表”重要思想、科学发展观和习近平新时代中国特色社会主义思想为指导，坚持辩证唯物主义和历史唯物主义的立场、观点和方法，系统记述定海区自然、政治、经济、文化、社会、生态建设等方面基本面貌和发展状况，为各级领导资政决策提供依据，为社会各界了解定海提供信息，为研究地情和编修续志积累资料。

三、本年鉴记述时限为2018年1月1日至12月31日，部分内容为保持完整性，适当有所追溯或延伸。2018年，全区上下克难攻坚、砥砺奋进，大力转方式、调结构，经济发展在创新转型中稳中有进；深入抓改革、促开放，发展活力在优势再造中巩固激发；奋战大创建、大整治，环境面貌在品质升级中焕然一新；真诚办实事、增福祉，人民生活在事业发展中持续改善；坚定强党建、转作风，铁军队伍在从严锻造中更加坚强。

四、本年鉴采用分类法编辑，设类目、分目、条目三个层次，有40个类目、306个分目、1889个条目。类目依次为特载、专记、大事记、区情综述、中共舟山市定海区委员会、中共舟山市定海区纪律检查委员会、舟山市定海区人大常委会、舟山市定海区人民政府、政协舟山市定海区委员会、民主党派、社会团体、法治、军事、农业农村、海洋渔业、工业经济和信息化、商务、旅游、城区管理与城乡建设、水利水务、环境保护、交通运输、港航、海事、邮政电信、财政税务、银行保险、综合管理、市场监督管理、教育、科技气象、文化、新闻媒体、卫生体育、人力资源和社会保障、民政、街道镇、人物、附录等。全书以条目为主要载体，条目标题加“【】”表示，其中“特载”类目采用综合性文章；“大事记”“人物”“附录”等类目因行文需要，分目下直接记述，不另设条目。卷首有地图1幅、彩页照片64张、中英文目录，正文配图照676张，卷尾附有主题索引和图表索引。

五、本年鉴文字称谓、数字、计量单位、纪年等均按国家有关规定书写，所用数据以统计部门提供为准，统计部门没有的，以职能部门提供的为准。因水、电、气、邮政、电信、保险、水务等均由市属机构统一经营管理，有关这些部门的统计数字与设施建设等内容，市、区难以厘清的，只记其大概。文中“是年”均指2018年，“上年”均指2017年。未具名的省、市、区，均指浙江省、舟山市、定海区。

六、《定海年鉴（2019）》的编纂出版工作在中共舟山市定海区委、区人民政府的领导下，得到区属各部门和街道、镇领导的大力支持，撰稿和编纂人员为年鉴的撰稿、编纂、校对付出了辛勤的劳动，谨此深表谢忱。由于时间紧、成书仓促、水平有限，难免有疏漏欠妥之处，恳请读者批评指正。

《定海年鉴》编辑部

2019年11月

目 录

区情综述

中共舟山市定海区委员会

中共舟山市定海区纪律检查委员会 舟山市定海区监察委员会

舟山市定海区人民代表大会

舟山市定海区人民政府

政协舟山市定海区委员会

民主党派

社会团体

法　治

军 事

农业 农村

海洋渔业

工业经济和信息化

商　务

旅　游

城区管理与城乡建设

水利水务

环境保护

交通运输

港 航

海 事

邮政 电信

财政 税务

银行 保险

综合经济管理

市场监督管理

教 育

科技 气象

文 化

新闻媒体

卫生 体育

人力资源和社会保障

民 政

街道 镇

人 物

附 录

索 引

Contents

Dinghai Discipline Inspection Commission and Supervisory Commission of Zhoushan of the Communist Party of China

Dinghai People's Congress Standing Committee of Zhoushan

Dinghai Government of Zhoushan

Dinghai Committee of Zhoushan of the Chinese People's Political Consultative Conference

Democratic Parties and Association of Industry and Commerce

Mass Organizations

Rule of Law

Military Affairs

Agricultural Economy

Ocean Administration and Fishery

Industrial Economy and Informatization

Business Affairs

Tourism

Urban Administration and Municipal and Rural Construction

Water Conservancy and Environmental Protection

Environmental Protection

Transportation

Harbor and Shipping Affairs

Maritime Affairs

Postal Service and Telecom

Finance and Tax

Banking and Insurance

Comprehensive Management

Market Supervision Management

Education

Technology and Meteorology

Culture

News Media

Sanitation and Sports

Personnel Affairs, Labor and Social Security

Civil Administration

Towns and Streets

Figures

Appendix

Index

特　　载

为实现率先建成"两个高水平"奋斗目标而不懈努力

——在中国共产党舟山市定海区第十三次代表大会第二次会议暨区委经济工作会议上的报告

中共舟山市定海区委书记　庄继艳

（2018年1月8日）

同志们：

现在，我代表中国共产党舟山市定海区第十三届委员会向大会作报告。

大会的主题是：高举习近平新时代中国特色社会主义思想伟大旗帜，不忘初心，牢记使命，以永不懈怠的精神状态和一往无前的奋斗姿态，全面推进花园式国际人文港城建设，为实现率先建成"两个高水平"奋斗目标而不懈努力。

一、实干攻坚、奋勇争先的一年

过去的一年，区委在省委、市委的正确领导下，团结带领全区各级党组织、广大党员和干部群众深入学习贯彻党的十九大精神，紧紧围绕"五位一体"总体布局、"四个全面"战略布局，坚定不移沿着"八八战略"指引的路子，以打好"五大会战"①、建设"四个舟山"②为工作主线，科学决策、真抓实干，奋力推动各项事业取得了新成绩，朝着率先高水平全面建成小康社会迈出了坚实步伐。预计全年地区生产总值增长8.6%，城乡居民人均可支配收入分别增长8.3%、8.7%。连续第三年入选全国综合实力、投资潜力"双百"强区。

我们奋战一年，开启了战略引领、创新驱动的经济发展新实践。新区系列国家战略优势加速转化，重点产业平台开发开放走向更高能级。全年新引进亿元以上产业项目21个，一批世界500强、"中"字头企业相继落户。中澳现代产业园首期澳牛进境加工项目建设实现政策重大突破，澳洲跨境商品直购体验中心一期投入运营。国内首艘2万吨级江海联运直达船在定海工业园区建成下水。舟山国际粮油产业园区新投产良海粮油油脂加工、精功农业优质稻米加工项目。舟山国家远洋渔业基地获批国家科技兴海产业示范基地，远洋渔业特色小镇创建位居全省第二梯队。西部国际化油品储运交易基地规模持续攀升，光汇石油储运一期基本建成。加快创新发展三年行动计划全面实施，经济调结构转方式进入提速期。成功列入省两化

① "五大会战"：是指系列国家战略落地、城乡环境综合整治、招商引资、综合交通建设、"五水共治"五个大会战。

② "四个舟山"：是指市委七届二次全会提出的建设创新舟山、开放舟山、品质舟山、幸福舟山。

融合示范区，新认定高新技术企业12家、省级企业研究院1家，金鹰三元锂电池正极材料项目建成投产，太平洋海工国内首艘液化天然气存储及再气化船开工建设，华业塑机荣获浙江省“隐形冠军”①企业称号，龙文精密设备成功挂牌新三板，全区新产品产值占规上工业比重从17%提高到23%。定海海洋科学城建设取得突破性进展，海洋电子信息产业从无到有。《军民融合产业“十三五”规划》编制实施，军民融合产业加速集聚。现代服务业发展势头良好，集装箱吞吐量首次突破100万标箱，乡村旅游持续发展壮大，“三农”农副产品综合批发市场基本建成。精品生态农渔业稳中有进，华晟牧场国家数字农业建设试点项目加快建设，远洋渔业管理更加规范有序。

我们奋战一年，拉开了聚焦品质、生态优先的美丽家园建设新序幕。城市建设管理体制进一步理顺，区城市管理局组建成立。城市功能布局调整优化，城区公共服务设施等规划研究基本完成，重点改造街区实现控规全覆盖。城中村（旧城）改造上演定海版“速度与激情”，13个改造区块全部在100天内完成政策处理，全年征迁面积达到44.8万平方米，超过旧城改造启动七年来的总和。特色街区、城市转角、道路景观等城市细节加快打造，第一批小城镇环境综合整治项目全部完成，新建社区获评“中国最美村镇50强”，基本无违建区创建取得阶段性成效，人民南路夜市街、东河南路“断头路”等一批过去想解决而没有解决的顽疾得到破解，城市整体面貌实现明显提升。有力保障了宁波舟山港主通道、329国道岑白段、500千伏联网工程等一批重大基础设施项目建设。生态文明建设向纵深推进，159处劣V类水体提前全部剿灭并顺利通过省级验收，舟山渔场修复振兴暨“一打三整治”行动取得新成果，全力支持配合中央督察组开展环境保护督查工作，累计关停环保不达标企业16家，新增彩色健康森林面积2200亩，绿水青山的城市底色更加靓丽。

我们奋战一年，改出了效率优化、活力迸发的体制机制新优势。以“最多跑一次”改革为突破口的效能革命全面掀起，行政服务理念、模式、标准、效率得到进一步提升。区—镇街—社区村三级行政服务体系构建完善，“最多跑一次”事项比例达到98.02%，“一窗受理、集成服务”模式②全面推行，网上联合审批、“办事不出岛”成为现实，企业投资项目承诺制试点开展，企业、群众办事获得感不断增强。“双随机一公开”监管联合执法机制③全面实施，“放活”与“管好”实现有机统一。资源要素市场化配置改革扎实推进，各类市场主体的活力得到进一步释放。工业企业亩产效益综合评价深入开展，差别化耕地占补平衡管理政策制定实施。群团改革、行业协会脱钩等工作顺利完成。新入选“省千”人才1名，“国千”人才引进取得突破。工作机制在创新探索中逐步完善，党员干部干事创业的劲头得到进一步激发。区委区政府领导重点突破工作项目实施清单管理，镇街、部门年度重点任务实行实绩亮相，上下同欲抓落实的工作局面加快形成。“六位一体”联动督考④、“双学双比”⑤、重点攻坚项目专项考核、改革创新容错免责等机制相继建立，以全面评价为基础、突出工作亮点的综合评价体系加快构建，比学赶超、追求卓越成为行动自觉。

我们奋战一年，促进了普惠优质、共享和谐的民生福祉新提升。以扶持就业创业为核心的低收入群体增收工作深入开展，零就业家庭基本实现动态归零。17个集体经济薄弱村全部摘帽。全民参保计划深入实施，机关事业单位养老保险改革顺利完成。全年交付使用保障性住房1869套，城区75幢D级危房完成解危。第五社会福利院、区居家养老综合服务中心等一批民政设施相继建成，慈善、救济等工作取得新进步。省公共文化服务重点区建设全面启动，首届“三毛散文奖”评选颁奖活动圆满完成，新投用城市书房2家，建成全国首条海岛国家登山健身步道，“徒步中

① “隐形冠军”：是指在某个领域占据国内或国际市场绝大部分份额，但社会知名度不高的中小企业。

② “一窗受理、集成服务”模式：是指前台综合受理、后台分类审批、统一窗口出件的高效审批服务模式。

③ “双随机一公开”监管联合执法机制：是指执法人员、检查对象随机抽取，执法检查结果及时公开，多部门联动的事中事后监管机制。

④ “六位一体”联动督考：是指以督考为中心，容错、比选、问责、舆论监督和绩效六位一体的督考机制。

⑤ “双学双比”：双学，是指区属部门之间、镇（街道）之间互相学工作思路、学工作方法、学工作作风。双比，是指部门之间比服务指导、比协作配合、比工作支持；镇（街道）之间比工作进度、比工作绩效、比工作干劲。

国·神行定海山”活动影响力持续扩大。顺利通过省教育基本现代化区创建评估，新改扩建幼儿园7所，“县管校聘”改革试点扎实推进，教育质量继续保持全市前列。“双下沉、两提升”工作持续深化，瑞金医院舟山分院一期竣工落成。成功夺得“平安金鼎”，圆满完成党的十九大等重大会议、节庆维稳安保任务，网络舆情快速预警和联动处置机制建立实施，民间信仰活动场所实现分类规范管理，一批信访积案得到化解，社会治安发案总量实现“六连降”，安全生产事故三项指标连续13年保持“零增长”，群众安全感满意率位居全省前列。

我们奋战一年，吹响了一抓到底、全面从严的管党治党新号角。始终把抓党建作为最大的政绩，释放出党建引领整体工作的强烈信号。首次在镇街年度综合考评中实施党建工作系数法①，聚焦问题推行党建责任落实清单制、项目制，深入开展党建工作专项巡查，探索实施“清单式”督导，持续发力、精准发力抓党建责任落实的工作格局已经形成。统筹推进党的各项建设，持续增强基层党组织的凝聚力战斗力创造力。“两学一做”学习教育常态化制度化深入推进，党支部“3+X”主题党日活动进一步规范，党员积分量化管理办法制定实施。扎实做好换届后领导干部调配，圆满完成社区村换届工作，一批基层骨干和“90后”充实进区管后备干部，一线、实干成为选人用人的鲜明导向。积极创新干部教育培训形式，党员领导干部理想信念、能力素质不断提升。扎实推进党建阵地标准化建设，“一镇街一品”基层党建工作特色初步形成。深入开展党风廉政建设和反腐败斗争，切实营造风清气正的良好政治生态。圆满完成监察体制改革试点。加大对中央和省、市、区委决策部署贯彻落实情况检查力度，加大对“一岗双责”履行情况监督问责力度，严明政治纪律和政治规矩。高标准贯彻执行中央八项规定精神。制定实施实践监督执纪“四种形态”办法。突出问题靶向，在全市率先启动区委巡察，创新建立个性问题联系区领导督办制、共性问题分管区领导领办制，推动巡察工作取得实效，起到了正本清源、形成震慑的效果。

这一年，我们以高度的政治自觉，切实以高标准、严举措，认真抓好党的十九大精神的学习宣传贯彻。第一时间组织开展传达学习、常委下基层宣讲，以及多形式、分层次、全覆盖的学习培训、集中宣讲、主题教育、新闻宣传活动，切实推动十九大精神进机关、进企业、进农村、进校园、进社区。带领号召全区各级党组织和广大党员、干部、群众牢固树立“四个意识”，紧密团结在以习近平同志为核心的党中央周围，切实用习近平新时代中国特色社会主义思想武装头脑、指导实践，做到“学懂、弄通、做实、笃用”。

这一年，我们充分发挥区委总揽全局、协调各方的作用，切实加强对人大、政府、政协工作的领导和支持；认真做好新形势下民主党派、工商联、无党派人士以及民族、宗教、侨务和对台等工作，团结社会各界人士，巩固发展最广泛的爱国统一战线；重视发挥老干部的优势和作用，支持群团组织创造性开展工作；坚持党管武装，国防动员、后备力量建设、双拥等工作取得新成绩。

各位代表，同志们！回顾过去一年，奋斗充满艰辛，成绩来之不易。一年来的成绩，是以习近平同志为核心的党中央集中统一领导和省委、市委正确领导的结果，是在历届区委打下的良好基础上接续奋斗的结果，是全区共产党员和广大干部群众共同努力的结果。在此，我代表中共舟山市定海区委，向全区共产党员和广大干部群众，向老领导、老同志，向各民主党派、工商联、无党派人士和各人民团体，向驻定部队、武警官兵和驻定各单位，向所有关心支持定海发展的海内外朋友们，致以崇高的敬意和衷心的感谢！

在肯定成绩的同时，我们也要清醒地认识到，工作中还面临着不少突出问题和挑战。主要表现在：经济总量依然偏小，传统产业发展质效有待提高，新兴产业亟待做大做强，结构优化、动能转换仍然任重道远；开放水平与新区核心区的地位不够匹配，尤其缺乏标志性“大好高”项目的引领支撑；城市建设欠账较多，公共服务和基础设施还存在突出短板；资源环境约束趋紧，环境保护和污染治理任务艰巨；金融风险、网络安全、矛盾纠纷等隐患增多，社会治理面临新的挑战；少数党员干部作风不实、纪律松弛，部分领导干部能力素质与新形势下改革发展要求还存在差距。所有这些问题，我们必须采取有效措施，认真加

①党建工作系数法：是指按综合考评结果乘以党建工作系数后的最终得分进行排位的镇街年度考评办法。党建工作系数按照党建工作排名确定，其中第六名取“1”，前进或后退一名分别加“0.5%”或减“0.5%”。

以解决。

二、新时代中国特色社会主义定海发展的新征程

历史的画卷，总是在砥砺前行中铺展。1840年，定海鸦片战争保卫战拉开了中国近代史的开端。从那时起，定海人民用胆识、智慧、汗水，走过了一段抵御侵略、实业救国、革命报国、改革创业的不平凡历程，谱写了一幕幕勇立潮头、自强不息的定海革命、建设、改革的壮丽篇章，把敢为人先、开放兼容、务实勤勉、百折不挠的优秀品质融进了定海人的血液之中。

时代的华章，总是在新的奋斗里书写。新时代的定海，正处在加快转变方式、迈向高质量发展的关键阶段，处在加快转化优势、全面增创特色的关键阶段，处在加快全面跃升、实现美丽蝶变的关键阶段。我们面临着新时代高质量发展要求与现实创新基础不同步的挑战，面临着新县域“特、富、美、安”标准①与现实发展和治理能力不同步的挑战，面临着人民日益增长的美好生活需求与现实获得感不同步的挑战；更迎来了“一带一路”、长江经济带、自由贸易试验区、军民融合发展等国家战略交汇叠加、政策红利集中释放的机遇，迎来了长三角城市群、杭州湾大湾区规划建设、发展格局显著提升的机遇，迎来了甬舟铁路、国际空港等快速推进、交通区位发生质变的机遇。任务特别艰巨，前景特别广阔，使命也特别重大。

新时代呼唤新作为。我们要不负人民期盼，不负时代使命。按照党的十九大关于决胜全面建成小康社会和分两步走在本世纪中叶建成富强民主文明和谐美丽的社会主义现代化强国的战略安排，以及省十四届二次全会关于奋力推进“两个高水平”建设的战略安排，新时代中国特色社会主义定海发展的奋斗目标，是率先建成“两个高水平”。从现在到2020年，要率先在全省高水平全面建成小康社会。在此基础上，乘势而上、砥砺奋进，分两个阶段高水平全面建设社会主义现代化。第一个阶段从2020年到2035年，率先在全省高水平基本实现社会主义现代化；第二个阶段从2035年到本世纪中叶，全面提升物质文明、政治文明、精神文明、社会文明、生态文明水平，实现治理体系和治理能力现代化，综合实力达到发达经济体前列水平，人民共同富裕水平全省领先。

新时代中国特色社会主义定海发展的战略定位，是建设花园式国际人文港城。其中：

“花园”，要围绕打造全域美丽的花园城市，全面构建中心城区、特色城镇、美丽乡村的规划建设体系，建立实施全域一体的城市管理体制，实现人与自然和谐共生，让定海成为人人向往的美丽家园。

“国际”，要围绕打造接轨世界、区域融合的开放格局，高水平建成自贸试验区重要功能区、国际农产品贸易中心②核心区和长三角综合联运海上枢纽，加快培育区域竞争合作新优势，形成以综合交通为支撑、特色平台为阵地、开放型经济为主体的对外开放新格局。

“人文”，要围绕打造文化自信、民生幸福、治理有效的和谐社会，全面弘扬社会主义核心价值观和定海历史文化，形成高度的价值认同、身份认同、城市认同；构建满足人民美好生活需求的公共服务体系，实现幼有所育、学有优教、劳有多得、病有良医、老有善养、住有安居、弱有所扶；建立完善与新时代相适应的制度、服务体系，形成党委领导、政府负责、社会协同、公众参与、法治保障的县域治理新格局。

“港城”，要围绕打造结构优化、动能强劲的现代化海洋经济体系，深入挖掘港口、海洋、生态等特色优势，全面实施创新驱动发展战略，构建以先进制造业和现代服务业为主导、海洋特色鲜明的现代产业结构，形成以创新为主要引领和支撑的经济体系和发展模式。

“花园”“国际”“人文”和“港城”，是浑然一体、有机联系的逻辑整体。“花园”彰显城市品质，既是建设人民美好家园的题中之意，也是提升城市竞争力和国际化水平的迫切需要。“国际”彰显城市格局，是适应经济全球化、区域一体化发展的必然选择，为建设花园城市、打造和谐社会确立了标杆，也

①新县域“特、富、美、安”标准：是指省委对县域发展治理提出新要求。其中，“特”指特色鲜明的县域发展定位；“富”指富民强县的县域经济升级版；“美”指景美人美的美丽县域；“安”指长治久安的县域根基。

②国际农产品贸易中心：中央财经工作领导小组办公室赋予中国（浙江）自由贸易试验区的一项重大国家战略。中心立足于中国（浙江）自由贸易试验区建设，以大宗商品交易中心为平台，中澳现代产业园、国际粮油产业园区、国家远洋渔业基地为支撑，逐步打造形成国际性的农产品贸易中心。

为现代化海洋经济发展提供了广阔空间。“人文”彰显城市气质，是以人为本、促进人全面发展的宗旨要求，也是建设“花园”“国际”“港城”不可或缺的精神源泉。“港城”彰显城市动能，是定海走向世界、迈向高端的特色优势和必然依托，也是建设花园城市、构建和谐社会的物质基础。

三、奋力开启全面建设花园式国际人文港城的新篇章

2018年，是贯彻党的十九大精神的开局之年，是改革开放40周年，是新区全面攻坚突破、实现赶超发展的关键之年，也是定海全面建设花园式国际人文港城的第一年。今年工作的总体要求是：高举习近平新时代中国特色社会主义思想伟大旗帜，全面贯彻党的十九大精神，不忘初心、牢记使命，认真落实中央、省委、市委各项决策部署，围绕打好“五大会战”、建设“四个舟山”这一工作主线，突出海洋经济、开放格局、城市品质、人民生活、治理方式“五大”转变，坚定不移推进全面从严治党，全面建设花园式国际人文港城，为实现率先建成“两个高水平”奋斗目标打下坚实基础。建议今年全区经济社会发展的主要预期指标是：地区生产总值增长8%；城镇和农渔村常住居民人均可支配收入分别增长8%和8.3%。

围绕上述目标，重点抓好以下几方面工作：

*（一）推动海洋经济从初级创业向创新驱动转变。*要牢牢把握高质量发展的要求，坚定不移实施创新驱动发展战略，以实体经济为着力点，不断提高全要素生产率，推动经济发展质量变革、效率变革、动力变革。

着力提升制造业创新力竞争力。把发展先进制造业作为振兴实体经济的主战场，深入实施“中国制造2025浙江行动纲要”，全面提升“工业强区”建设水平。加快构建以海洋高端装备制造、海洋农副食品加工为引领的制造业发展体系。积极推动船舶修造产业链升级，引导发展江海联运系列船型、汽车滚装船舶、LNG船舶等研发制造维修，逐步拓展大型钢结构、港机等产业。加快发展海洋农副食品加工，引导推动粮油、水产品加工精深化、品牌化，逐步发展高端蛋白质产业。稳步推动绿色石化产业中高端发展，积极推进中海油舟山石化技改项目。深化螺杆小镇建设，进一步提高塑机螺杆行业附加值，努力打造全球塑机螺杆制造基地。扎实推进以智能化、专精化、证券化改造为重点的制造业改造升级。深化省两化融合示范区建设，打好“机器换人”“电商换市”“企业上云”“智慧工厂”等系列组合拳，推动互联网、大数据、人工智能和制造业深度融合。深入实施“专精特新+隐形冠军”企业培育计划，统筹推进标准、质量、品牌提升工程，鼓励支持企业建设研究院，力争新认定高新技术企业11家以上。持续推动企业对接多层次资本市场，实施企业上市和并购重组“凤凰行动”，引导加快企业股份制改造步伐，积极促成一批重组合作项目落地，实现新增上市挂牌企业2家。

深化培育发展新兴产业。把发展新兴产业作为振兴实体经济的一项战略性工程，聚焦优势、加强引育、重点突破，加快打造定海经济新的增长点。大力发展海洋电子信息等高新技术产业。围绕打造国家海洋电子信息产业基地定海园区，进一步发挥定海海洋科学城的核心平台作用，持续深化招商引智、园区专业服务、核心建设区规划建设等工作，促进海洋电子信息等产业上规模、见成效。积极推动海洋新能源、新材料等产业持续快速发展。大力发展军民融合产业。做深做实舰船装备保障和后勤服务社会化保障两大特色领域，筹办军民融合主题高峰论坛，努力提升定海在军民融合发展领域的影响力。加快军民融合高新技术产业园建设，促进“民参军”“军转民”产业融合，加速军民融合骨干企业集聚。大力发展新兴服务业。切实抓住人民健康服务需求增长给大健康产业带来的发展机遇，积极整合生态、旅游、医疗、文化、体育等优势资源，突出高端医疗服务、药品和健康食品、体育健身等重点领域，加快规划和项目引进，确保大健康产业发展迈出实质性步伐。积极推进“旅游+”发展，完善旅游服务设施布局，深化旅游创意内涵、文化植入，争创远洋渔业小镇AAA级景区，推动旅游与文化、城市、产业深度融合。大力培育城市经济，充分做好技术嫁接、跨界融合文章，完善综合商圈布局建设，引导发展新零售等商贸新业态，培育发展特色街区经济。

推进资源要素利用方式转变。把提高全要素生产率作为振兴实体经济的关键一招，着力提升资源要素利用水平，构筑更加高效、有力的资源要素保障体系。推进土地岸线集约高效利用。构建完善差别化土地资源要素配置机制，强化亩产效益排序竞争性获取资源导向，建立新进工业项目准入评估机制，推行长期租赁、先租后让、弹性出让等多样供地模式。深入推进存量土地岸线二次开发，探索实施重点企业规模与效益倍增计划，开展闲置土地清理处置专项行动，加快“低小散”行业整治提升和“僵尸企业”市场出清，确保全年盘活土地500亩。大力实施人才强区战略。加快制定区人才新政20条实施细则，深化区领导联系优秀人才制度，加强“千人计划”人才、科技创业领军人才、海外工程师等高层次人才的引进与服务，努力打造最优人才生态环境。大力倡导开放创新的企业家精神，积极改进企业家培育方式，加快打造高素质现代企业家队伍。着力强化科技金融支撑。加大财政科技资金整合力度，提高财政科技资金使用效益。整合打造一站式科技创新服务中心，搭建科技投融资服务平台，筹建科技创新产业基金，稳步推动一批科技成果转化，让创业创新活力竞相迸发。

（二）推动开放格局从区域联通向深度融合转变。要综合发挥战略、区位、交通等优势条件，以更加积极主动的姿态，深度参与系列国家战略、区域发展战略的分工协作，在更高层次、更广领域推动开放发展。

打造自贸试验区重要功能区。积极放大自贸试验区辐射效应，立足自身基础，找准切入点，主动发力、深度融合。加快建设西部国际化油品储运交易基地。以服务油品全产业链发展为切入点，进一步做大油品仓储规模，确保浙石化库区项目建成投产，加快外钓油品应急储运工程、世纪太平洋扩建提升项目建设。积极促成现有仓储企业与保税燃料油加注企业的合作，做大保税燃料油中转供应业务。加快突破保税油品交易制约瓶颈，全力开展出口加工区海关特殊监管区申报工作，逐步培育发展保税油品混兑加工交易，最大限度释放油品仓储效益。加快建立与自贸试验区相衔接的政策体系。加强与自贸试验区工作对接、政策衔接，加快研究制定扩大对外开放积极利用外资、重点产业培育和扶持等一揽子政策，积极争取区内区外合作利益共享机制，更好享有自贸试验区发展红利。

打造国际农产品贸易中心核心区。紧扣国际农产品贸易中心建设重点，全面提速中澳现代产业园、舟山国际粮油产业园、舟山国家远洋渔业基地开发开放步伐。推进中澳现代产业园建设。全力保障澳牛进境加工项目竣工投产，大力招引澳牛副产品精深加工、冷链物流、电商平台等配套产业，加速园区产业集聚。持续深化中澳国际合作，加大政策争取力度，力争在口岸开放、对澳通关便利化、税收优惠、跨境金融等方面取得突破。推进舟山国际粮油产业园区建设。加快提升园区形象及专业化公共基础设施配套，持续做大粮油仓储加工能力。深化与“中”字头、世界500强等大粮商合作，加快推动设立进口粮食保税交易中心，积极争取政策支持。加强与宁波舟山港集团对接，力争在合作开发、管理机制等方面取得实质性进展。推进舟山国家远洋渔业基地建设。加强现代化船队制度化、标准化、信息化建设，稳步做强远洋捕捞。大力提升远洋水产品精深加工能力，确保兴业集团迁建等一批重点项目建成投产，逐步发展海洋生物产业。建成远洋进口水产品交易市场，加快做大鱿鱼、金枪鱼等交易规模，持续提升基地影响力。

打造长三角综合联运海上枢纽。抢抓综合交通区位历史性转变的契机，大力构建江海联运、海铁联运、陆岛联运服务体系，全面融入大湾区大花园大通道和舟山江海联运服务中心建设全局。加快甬舟铁路沿线重要节点规划建设。持续推进金塘国际物流岛建设，进一步提升国际集装箱集疏运能力，积极构建与沪杭甬义等大湾区及其周边城市的合作平台，加快规划建设金塘海铁联运枢纽中心。高起点推进白泉规划设计工作，全力做好白泉站及周边核心区建设，加快提升配套能力和城市形象，积极打造白泉高铁新城。提升城市交通综合承载力。全力以赴保障甬舟铁路等重大基础设施项目建设，超前谋划城市道路与干线通道的交通衔接，抓紧实施环城南路至白泉改建工程、双拥路至白泉通道等重点交通项目，着力破解区域交通瓶颈，加快形成外联内畅的交通路网体系。提高综合联运保障能力。加快建成招商局集团汽车滚装物流基地，积极整合发展江海联运船队，进一步提高船舶装备保障能力，逐步完善国际货代、海员服务、海事法律等服务。

（三）推动城市品质从局部美向全域美转变。要坚持全域美丽的城市发展方向，全面推进城市规划建设管理，加快优化城市环境、完善城市功能、提升城市品质、增进城市认同，使城市真正成为全体人民的美丽家园。

强化规划引领提升城市整体格局。以大格局引领城市工作，系统推进城市空间、交通、人口、产业等统筹谋划。高标准编制定海分区规划，加快构建各有侧重、有机衔接的中心城区、特色城镇、美丽乡村规划建设格局，优化中心城区、白泉一体化布局，促进互联互通、资源共享、功能互补，进一步拉大城市发展框架。按照滨海活力区块、古城核心区块、环山宜居区块的空间体系，加快完成定海湾、定海古城城市设计和五山公园绿道整体设计，进一步完善公共服务设施、市政基础设施等规划布局，用规划引领中心城区品质提升。结合小城镇综合环境整治、美丽乡村建设，充分挖掘当地文化、生态、产业等禀赋条件，彰显规划设计个性，提升规划品位。

聚焦品质系统推进全域美丽建设。加速城乡融合步伐，全方位提升建设品质。攻坚推进中心城区有机更新。决战决胜城中村（旧城）改造，全年确保完成不少于92.4万平方米房屋征迁任务。坚持“六个当年”①工作要求不变，加快改造地块连片开发建设，以最快速度提升滨海活力区块、环山宜居区块形象与功能。蹄疾步稳推进古城核心区活化利用，进一步梳理城市文脉，打造城市文廊，不断提升古城魅力。全面推行城市精致建设“十大公约”②，启动建设“五山绿道”③，加快实施城市迎宾大道、建筑立面改造等景观提升工程，深入开展“公厕革命”，着力打造一批展示现代滨海城市的形象窗口和品质地标。加快提升盐仓中心城区功能。扎实推进特色城镇建设。深入开展小城镇环境综合整治，高标准推进“全景干䃎”试点建设，启动岑港、马岙、小沙、双桥整体改造，着力打造一批特色鲜明、充满活力、环境优良、治理有效的特色城镇。打造美丽乡村升级版。按照“产业兴旺、生态宜居、乡风文明、治理有效、生活富裕”的总要求，大力实施乡村振兴战略。全面启动开展乡村人居环境整治三年行动，因地制宜打造洁净乡村、美丽乡村、风情乡村。高效发展现代农渔业，加强农村土地长期连片流转，加快现代农业园区和特色农业强镇建设，提高海水产精养水平，推进“农旅结合”发展，扶持培育农业龙头企业、种养植大户，促进农渔业增效、农渔民增收。进一步深化农村产权制度改革，大力扶持发展社区村集体经济，加快增强“造血”功能，为美丽乡村持续发展注入强劲动能。打造生态宜居环境。着力建设品质园林，推进城市公园和绿道系统建设，打造沿海、沿河、沿山美丽走廊。深化“无违建”创建工作，持续保持对违法建设的高压态势。巩固提升“五水共治”阶段性成果，全面布局建设强排系统，加强流域环境和近岸海域综合治理，不断提升水环境质量。打赢蓝天保卫战，确保空气质量保持全国领先。统筹抓好治土、治固废等工作，加强农业面源污染防治。广泛开展生态文明宣传教育，大力弘扬生态文化。

全面推进城市精细化管理。树牢“三分建、七分管”的城市经营理念，把城市管理摆在重要位置，加快提升城市管理水平。完善城市管理体制机制。加强城市管理力量整合联动，构建完善常态化联合执法机制。进一步理清项目实施主体、项目建设主体、运行监管部门与行业主管部门职责权限，建立各负其责、相对独立、相互配合、相互制约的城市管理职责体系。提高城市管理一体化水平。逐步推动城市管理由城及乡，构建与全域美丽建设相适应的一体化城市管理体系。推进城乡路灯亮化一体化管理。加快城乡环卫一体化进程，完善垃圾分类收运处理体系，坚决打赢垃圾治理攻坚战，让城市环境更加洁净。加快打造智慧城市。全面完善智慧城市管理服务体系顶层设计，整合建设统一的运营中心、服务平台、数据系统，加快提升通信网络与互联网基础设施，逐步扩大

---

①“六个当年”：是指每个城中村（旧城）改造区块，要力争实现当年启动、当年签约、当年腾空、当年拆除、当年挂牌、当年出让。

②城市精致建设“十大公约”：是指：1.构建景观体系。高标准塑造定海湾、古城、五山公园绿道三大城市特色景观，沿湾建筑一律打造精品，古建筑充分活化利用，沿山开发区块规划建设入口广场或绿地公园接入五山绿道。2.注入文化内涵。城市建设要全面挖掘和保护历史文化，规划设计优先植入文化元素，且与产业联动发展。3.优化服务供给。城市建设要科学合理布局公共配套设施，补齐中小学及幼儿园、公共文化体育场所、公共卫生中心服务站、养老综合服务中心和敬老院等短板。4.完善交通路网。打开城市出入通道，畅通断头路、瓶颈路，实施“三线”落地。5.提升建设品质。安置房、学校等建筑引进群众高度认可的品牌企业代建。完善智慧城市软硬件设施，新建学校配建“智能地下接送系统”。6.点亮城市地标。城市标志性建筑和重要路段实施亮化工程。7.打造休闲廊道。新开发区块周边河道打造公共开放的景观休闲廊道。8.美化城市细节。城市主要节点实施精致绿化，道路沿线裸露部分实施“绿衣工程”，“脏乱差”转角实施“美丽转角工程”。9.配置城市家具。城市建设区域规划配建公共停车位，配置文化浓厚、风格协调、独具特色的城市家具。10.坚持文明施工。城市建设工地全面实施绿色围挡，文明施工、文明装运，循环利用建筑垃圾。

③“五山绿道”：是指依托定海城区外围的五座山（竹山、海山、擂鼓山、长岗山和东山）及其资源条件，突出生态、人文、活力，用步道和骑行道连接五座山体，打造集健身、休闲、景观、旅游等功能与一体的城市运动休闲绿道。

公共服务智慧应用，努力让群众生活更便捷，让城市运转更高效。

（四）推动人民生活从基本富足向幸福美好转变。要紧扣人民日益增长的美好生活需求，加快提升公共服务均等化、高质量供给水平，使人民群众获得感更加充实、更有保障、更可持续。

建设海洋文化强区。始终坚定文化自信，全面抓好思想文化各项工作，努力打造文化高地、文明家园。大力弘扬时代主旋律。广泛开展各类主题宣讲活动，扎实推动习近平新时代中国特色社会主义思想深入人心。大力践行社会主义核心价值观，凝聚积极向上“正能量”。建立网络综合治理体系，使党的主张成为网络空间最强音。强化“我是定海人”身份认同。全面传承发扬定海历史文化，加强非遗文化保护与发展，进一步增强定海文化自信。深入推进诚信文化、家风校风等建设，积极倡导垃圾分类、勤俭节约等绿色生活方式，让城市文明成为每个定海人的自觉追求。大力培树“家乡发展人人有责”的主人翁精神，构建多方参与、共建定海的机制，把定海人这一共同身份最广泛地凝聚起来，形成强大发展合力。提升发展公共文化服务。以建设省公共文化服务重点区为抓手，着力补齐文化设施短板，开展“文化礼堂提升年”活动，加快区图书馆、特色城市书房、美术馆等阵地建设。举办第二届“三毛散文奖”评选活动，加快打造定海文化服务“金名片”。

打造新区基础教育最优区。落实立德树人根本任务，加快推进教育现代化，努力让每个孩子都享有公平优质的教育。推进教育体制改革。积极配合市区教育体制调整，稳妥做好教育管理权限划转承接工作。制定实施《定海区学前教育发展第三轮行动计划（2017—2020）》，进一步提高学前教育的公益惠民和保教质量。优化调整教育布局。结合城市建设和发展要求，进一步完善中小学校与幼儿园规划布点，加快推进一批学校扩建、新建工程，努力创造更优就学环境。积极引进优质民办教育机构，探索建设中小学综合实践基地，推动形成多元办学格局。着力提升基础教育质量。积极推进国家级义务教育优质均衡发展区创建，加强师德师风建设，加大优质新教师定向委培、定向引进力度，抓好校长、班主任队伍建设，提升现代化教学水平，持续巩固定海基础教育的综合领先优势。

深入实施健康定海战略。着力增强健康供给能力，努力让定海人民享有公平可及、系统连续的健康服务。实施医疗卫生服务优化工程。探索推进医疗联合体建设，深化区中心医院综合改革，优化卫生服务站室布局和医疗服务，不断提升公共医疗卫生服务水平。加大高端医疗机构引进力度，加快瑞金医院舟山分院建成运营。构建多元化养老服务体系。加强全区养老服务设施规划布局，鼓励支持社会力量兴办中高端养老服务机构，积极谋划小洋岙养老服务中心等建设。提升养老服务水平，实施居家养老服务照料中心提档升级工程。推动全民健身与全民健康深度融合。进一步完善体育设施，加快建设区体育公园①、区少体校，扎实推进农民体育健身工程。多措并举推进全民健身，举办“活力定海”系列活动，倡导形成运动健康新风尚。积极筹办全国性赛事，做强做大“徒步中国·神行定海山”品牌。

着力加强和改善社会保障。进一步织密民生保障网，大力构建全覆盖、保基本、多层次、可持续的社会保障体系。深化扶贫开发奔小康工程，确保低收入群体收入增长快于城乡居民收入平均增幅。扎实开展就业精准帮扶，多渠道开发就业岗位，促进离校未就业高校毕业生、残疾人等重点人群就业。实施创业引领计划，鼓励更多群众投身创业热潮。扎实推进社会保险扩面，深化医保支付方式改革。进一步健全住房保障体系，规范提升住宅小区物业管理，加快完成农村危房改造治理，切实改善群众居住条件。完善城乡最低生活保障制度，全面提高低保标准，加大生活困难家庭救助力度，确保高水平小康路上一个都不掉队。

（五）推动治理方式从“无为而治”向“有为善治”转变。要按照治理现代化的要求，牢固树立“有为善治”的理念，坚定不移用改革的举措、法治的方式，增强新形势下应对新问题、解决新矛盾、实现新发展的能力和水平，确保定海经济社会发展行稳致远。

更好发挥“有形之手”作用。主动转变工作理念，在发挥市场决定作用的同时，切实增强“有形之

①区体育公园：是指在原环南工业区建设一座集公园绿地、公共交通、停车场、商业功能等共享服务于一体的大型体育公园。

手”对发展的引导力、掌控力。加强预期引导。做好空间、产业、城市、科技等宏观层面的前瞻性研究，深化企业成本、发展生态、政策执行等微观层面的形势分析，建立年中项目安排制度，着力强化规划、政策的精准引导，确保发展始终朝着正确的方向前进。坚定正确的发展安全观与生态观，以零容忍态度整治安全隐患、环境问题，向全社会传递出安全第一、生态优先的鲜明信号。加强风险防范化解。完善金融安全防范和风险应急处置机制，加强对企业异常情况的风险评级和动态监测，着力做到早识别、早预警、早发现、早处置。深入开展困难企业帮扶工作，依法打击金融类犯罪，严控互联网金融、非法集资等风险，切实维护稳定良好的金融秩序。

打造高效优质服务环境。以建设服务型政府为核心，深化行政体制改革，打造一流政务环境。深化“最多跑一次”改革。把实现“最多跑一次”作为改善发展环境、提升发展软实力的重要抓手，进一步精简审批环节，深化基层审批服务制度改革，积极推行“同城通办”[①]、投资项目“承诺制”等服务，切实将改革进行到底。积极构建公平市场环境。进一步完善市场监管体制，有序推进信用体系建设，完善守信激励和失信惩戒机制。深化行政事业单位政府购买服务改革，扩大政府购买服务范围。推进国有企业去行政化改革试点工作，完善国有企业治理监管体系，促进各类市场主体公平竞争。进一步破解“中梗阻”。大力开展“作风建设优化年”活动，建立全区大督查机制，推进中层干部规范化管理、跨部门交流，坚决整肃不作为、慢作为、乱作为现象，推动服务理念、服务效能双提升。

建设安全城市标杆区。牢固树立依法治区和安全发展理念，努力让人民享有更充分、全方位的安全获得感。着力提高依法治理水平。深化司法体制综合配套改革，促进司法公正。深入实施“七五”普法，持续增强全社会学法尊法守法用法意识。开展自贸试验区涉法工作研究，加强重点工程、重大项目专项法律服务，优化法治营商环境。强化执法信息公开，规范执法行为。推进依法治访，完善涉诉信访工作化解调处机制，加大对违法信访的依法打击力度。深入开展“平安金鼎”星级创建。有效发挥基层治理体系“四个平台”[②]作用，规范建设全科网格，深化推进精准化社会治理源头防范工作机制，积极打造海上“枫桥经验”升级版，加快构建共建共治共享社会治理格局。全面升级立体化治安防控体系，深入实施“雪亮工程”[③]，着力提升大数据研判能力，不断增强新形势下防控和打击违法犯罪活动的水平。严格落实安全生产属地责任与行业管理责任，坚决杜绝和遏制重特大事故发生。

四、坚定不移推动全面从严治党向纵深发展

事业成败，关键在党。要坚决贯彻新时代党的建设总要求，严格落实管党治党责任，全面推进党的政治建设、思想建设、组织建设、作风建设、纪律建设，把制度建设贯穿其中，深入推进反腐败斗争，为全面建设花园式国际人文港城提供坚强政治保证。

（一）突出抓好党的政治建设。党的政治建设是党的根本性建设，决定党的建设方向和效果。要抓紧抓好政治建设这条生命线，筑牢全面从严治党的思想基础。旗帜鲜明讲政治，牢固树立“四个意识”，坚定“四个自信”，坚定执行党的政治路线，严格遵守政治纪律和政治规矩，在政治上、思想上、行动上同以习近平同志为核心的党中央保持高度一致，确保中央大政方针和省委、市委决策部署在定海落地生根。深入推进“两学一做”学习教育常态化制度化，扎实开展“不忘初心、牢记使命”主题教育，加强党员干部特别是领导干部党性锻炼，切实用习近平新时代中国特色社会主义思想武装头脑，不断强化对党忠诚、为党分忧、为党尽职、为民造福的根本政治担当。严格执行新形势下党内政治生活若干准则，完善经常性提醒和批评制度。认真执行党务公开条例，建立健全各级领导班子民主决策机制，不断提高科学决策、民主决策、依法决策水平。坚持党对一切工作的领导，

①“同城通办”：是指在原有市区范围通办模式的基础上，对于部分事项，申请人可以不受办理点和属地管理机关的限制，在全市范围内任一行政服务点办理业务的服务模式。

②基层治理体系“四个平台”：是指对镇街和部门派驻机构承担的职能相近、职责交叉和协作密切的日常管理服务事务进行归类，形成综治工作、市场监管、综合执法、便民服务四个功能性工作平台。

③“雪亮工程”：是指以区、镇街、社区村三级综治中心为指挥平台，以综治信息化为支撑，以网格化管理为基础，以公共安全视频监控联网应用为重点的“群众性治安防控工程”。

积极支持人大、政府、政协等开展工作，巩固发展好最广泛的爱国统一战线，牢牢掌握意识形态工作主动权。

（二）建设高素质专业化干部队伍。干部是定海各项事业的中坚力量。要坚持党管干部原则和好干部标准，选优配强各级领导班子，努力打造政治过硬本领过硬的定海铁军。突出政治标准，强化一线、实干导向，积极打破干部晋升“隐性台阶”，大力使用敢于担当碰硬、能够攻坚克难、经过实践考验的优秀干部。统筹干部人才资源，加大优秀年轻干部发现储备力度，积极发挥各年龄段干部作用，加强部门与镇街领导干部交流，统筹做好女干部、党外干部选配工作，提升干部队伍建设整体水平。切实增强领导干部引领发展的能力素质，围绕全面建设花园式国际人文港城，大力实施分层分类专业培训。多渠道搭建年轻干部锻炼平台，完善干部挂职管理机制，加快年轻干部成长成才步伐。突出党政正职和关键岗位干部，从严加强干部日常管理，构建大监督工作机制。推进干部能上能下，实施基层干部激励计划，完善和落实容错免责机制，切实激发党员干部干事创业积极性。

（三）推进基层党建全面过硬全面进步。党的基层组织是确保党的路线方针和决策部署贯彻落实的基础。要树立“一切工作到支部”的导向，层层压实党委（党组）抓基层党建工作责任，把基层党组织建设成为坚强战斗堡垒。深入实施基层党建保障工程，推动资源配置向基层倾斜。推进城市“大党建”融合发展，探索建立城市党建共同体，提高机关党建制度化规范化水平，推进新领域新业态党的建设，深化党建带群团建设，高标准打造一批有影响、有成效的基层党建示范带（群），构建适应新时代要求的基层党建新格局。突出抓好基层党组织书记队伍，积极推出“红色大礼包”①，确保社区村书记履职有方向、有作为。严格执行党员积分量化管理，建强基层党务工作者队伍，规范开展主题党日活动，提升基层党建整体水平。

（四）坚持不懈推进正风反腐。正风反腐是党心所向、民心所向。要坚持正风肃纪不停步、反腐惩恶不手软，持续把党风廉政建设和反腐败斗争推向深入。严格落实党委主体责任和纪委监督责任，量化责任考评标准，健全责任追究机制，让失责必问、问责必严成为常态。坚持党的群众路线，完善党员干部直接联系服务群众制度，增强群众观念和群众感情。高标准落实中央八项规定精神和实施细则，坚决杜绝“四风”问题反弹回潮。加强执行力监督检查，确保区委各项决策部署快落实、见成效。坚持无禁区、全覆盖、零容忍，坚持重遏制、强高压、长震慑，深化监察体制改革试点，加强廉政风险防控，继续深化区委巡察工作，准确运用“四种形态”，大力整治群众身边腐败问题，不断推进“清廉定海”建设，让人民群众切实感受到身边变化。

各位代表、同志们，蓝图催人奋进，实干铸就未来。让我们更加紧密团结在以习近平同志为核心的党中央周围，在省委、市委的正确领导下，牢记时代新使命，扛起历史新责任，以时不我待、只争朝夕的精神，全面推进花园式国际人文港城建设，为实现率先建成“两个高水平”奋斗目标而不懈努力！

① “红色大礼包”：是指包含《中国共产党章程》和主责主业类、底线管理类、应知应会类、能力提升类等促进提高基层党组织书记履职能力的工作指南。

舟山市定海区人民代表大会常务委员会工作报告

——在舟山市定海区第十七届人民代表大会第二次会议上

舟山市定海区人大常委会主任 余河通

（2018年1月21日）

各位代表：

我受舟山市定海区第十七届人民代表大会常务委员会的委托，向大会报告工作，请予审议。

2017年主要工作回顾

过去一年，是区十七届人大常委会依法履职的第一年。常委会在中共舟山市定海区委的正确领导下，以邓小平理论、“三个代表”重要思想、科学发展观、习近平新时代中国特色社会主义思想为指导，坚持党的领导、人民当家作主、依法治国有机统一，认真贯彻落实中央和省市区委各项决策部署，聚焦中心，关注民生，务实创新，全面有效行使宪法和法律赋予的各项职权。一年来，共举行常委会会议9次，主任会议12次，听取和审议“一府两院”工作报告38个，作出决议决定14项，实现了常委会工作的良好开局，为我区改革发展稳定和民主法治建设做出了积极贡献。

一、紧扣发展大局，支持深化改革，推进经济稳健运行

常委会牢固树立大局观念，立足自身职能，努力找准依法履职与服务全区改革发展的切入点和着力点，推动中心工作和重点任务落到实处，促进区域经济持续健康发展。

大力支持经济转型升级。切实加强对国民经济和社会发展“十三五”规划实施情况的监督，听取和审议区政府关于计划、财政等工作报告，强调要以深化改革和创新驱动为引领，以“五大会战”为载体，以问题为导向，推动政府加快国家战略实施、重视实体经济稳定发展、积极防范和化解各类风险。区政府认真落实，抢抓“三区二中心”叠加实施的战略优势，进一步优化产业结构，积极破解发展难题，全面增创县域发展新优势，推动经济稳中向好。加强对全口径预算的审查和监督。组织力量对上会部门预算开展了认真细致的调研会审，着力推进“零基预算”，督促上会部门严格按照预算执行。加大对政府重大投资项目、民生政策落实、财政资金绩效等领域的监督力度，确保财政资金真正用在稳增长保民生、调结构促转型上。林果业是我区农渔村重要产业之一，围绕我区林果业发展短板问题，常委会提出了要优化产业结构、增强主导产品引领、完善提升品牌战略、加大扶持力度等审议意见，推动传统林果业逐步向产业优势、经济优势、生态旅游优势转变。专题调研全区土地流转工作情况，提出针对性对策举措，为区委区政府决策提供参考。常委会还在“招商引资”“五水共治”“三改一拆”“最多跑一次”改革等全区重点工作中积极主动参与，着力保障推进。

科学决定重大事项。重大事项决定权是宪法和法律赋予地方人大常委会的一项重要职权。常委会围绕社会重大关切，通过法定程序和履职实践，保证区委决策部署得到全面贯彻和有效执行。大力支持定海生态宜居海上花园城市的建设，在认真审议的基础上，批准《舟山市定海区生态文明建设示范区建设规划》，同时要求政府加强规划执行实施力度，不断提高区域生态文明建设水平。主动配合和支持临城行政区划调整工作，适时作出《关于同意实施舟山市定海区部分街道行政区划调整方案的决定》，确保行政区划调整依法顺利进行。做好行政区划调整后人大派驻机构的新设工作，决定设立区人大常委会千岛街道工作委员会。加强年度财政预算管理，对预算安排的合法性、完整性、可行性以及重点支出、重大投资项目等进行认真审查，批准了2016年区本级财政决算，同意2017年度定海区公共财政支出预算和社会保险基金收支预算调整方案。同时，坚持对这些决议决定跟踪问效，综合运用听取审议专项报告、专题调研、代表视察等多种方式进行督查，推动各项目标任务落实。

积极实践票决制工作。首次在区十七届人大一次会议上推行政府民生实事代表票决制，全体与会代表投票表决确定了2017年度政府重点实施的10项民生实事项目。常委会高度关注项目的实施，人代会后，全面启动跟踪监督，及时出台了《关于区政府民生实事代表票决项目的监督实施办法》，明确常委会领导监督联系项目，落实各个项目牵头联系工委，实行代表联系项目责任制。通过专题调研、定期督查、代表集中视察等监督组合拳，助推民生实事项目的实施。年底，常委会会议专题听取政府关于票决项目的完成情况，并进行满意度测评，对完成不理想、测评结果满意度低的个别项目要求政府分析原因、落实举措、继续推进。现大会票决的10项民生实事项目总体完成情况良好。

二、坚持监督为民，关注社会民生，倾力推动共享发展

常委会牢固树立以人民为中心的发展思想，真诚倾听群众呼声，始终把监督的着力点放在促进发展和改善民生上，不断增强人民群众获得感。

持续聚焦生态保护。着眼长期长效，连续几年对水环境开展跟踪监督。在监督水质提升和管网改造工程的基础上，对“剿灭劣V类水”工作开展专项督查，实地检查施工现场，听取管理人员和群众意见，召开部门和社区座谈会，认真审议政府专项工作报告，推动政府进一步强化治水责任、完善长远规划、坚持科学治水，全区水域环境质量有了很大提升；强排系统建设对提高区域防洪排涝能力，保障人民生命财产安全作用重大，常委会对这项工作开展了深入调研，要求政府在完善城乡防洪排涝布局、加快全区排涝工程建设、健全相关责任体系上下功夫，不断补齐短板，提高防御自然灾害能力。

重视宜居环境改善。关注城乡品质建设，对城乡环境综合整治工作开展专题视察，听取区政府关于小城镇环境综合整治工作的报告，围绕规划制定、要素保障、盲区整治、长效机制建立等提出了针对性意见。区政府拉高建设标杆，提高整治质量，强化长效管理，整治工作取得明显成效。美丽乡村建设是推动区域特色发展的重要元素，常委会组成调研组开展美丽乡村建设情况调研，深入全区多个村落实地走访座谈，细致分析基础条件、特色优势和发展路径，形成《打造“美丽定海风情乡村”引领全区美丽乡村建设再上新台阶》专题调研报告，提出了全面客观的建设性意见。

关注社会事业进步。德育是素质教育的重要组成部分，社会关注度高。常委会对全区中小学德育工作情况进行了专题审议，着重在推进建设教育实践基地、优化师资、深化内涵、拓宽德育途径等方面提出了意见要求。政府职能部门高度重视人大意见，积极落实相关举措，学校德育工作水平有了新的提升。针对我区外来少数民族群体逐渐增多的现状，常委会开展专项调研，提出了强化基层基础、优化服务管理、构建工作网络等建议。政府从完善工作联动、信息共享、教育管理、权益保障等方面积极落实，有效维护了社会和谐稳定。

三、深化法律监督，维护公平正义，大力推进依法治区

常委会坚持以加快民主法治建设为己任，深化司法监督，强化执法检查，充分发挥法治在我区改革发展中的推动和保障作用，积极营造良好的社会环境。

强化执法检查。常委会把开展执法检查作为维护法律权威和加强行政执法监督的主要形式。执法检查组对行政诉讼法贯彻实施情况进行了检查，采取实地察看、查阅资料、走访群众、民意测验、听取汇报等方法，掌握实情，对检查过程中发现的问题，提出改进意见，督促“一府两院”落实整改，促进了行政诉讼法在我区的贯彻实施，维护了行政诉讼制度的权威。针对人民群众深恶痛绝的毒品问题，检查组通过暗访摸底、实地视察、广纳民意等多种形式深入了解禁毒法律法规执行情况，并在常委会会议上进行专题审议，推动政府在预防吸毒制毒、打防并举、宣传教育等方面不断强化举措，有力地推进禁毒工作的深入开展。常委会还积极配合做好上级人大立法工作，参与市人大《舟山市文明促进条例》、《舟山市城市绿化条例》等立法调研活动，及时反映基层意见建议，推动有关法律法规的进一步完善和实施。

促进依法行政和公正司法。审查政府关于全区第七个五年法治宣传教育工作情况，积极推动“法治定海”建设进程。听取法院、检察院年中工作情况报告，持续关注司法体制改革的推进和完善，支持检察院开展公益诉讼工作，为定海经济社会发展提供有力的司法保障。积极助推法院有效解决执行难问题，听取审议了法院执行工作报告，制定出台《关于进一步推进人民法院执行工作的意见》。区法院根据人大意见建议进一步落实各项执行措施，强化保障和联动机制，不断加大执行力度，一批“老赖”得到有效震慑，执行效率得到较大提高。信访工作是法治为民的重要窗口。坚持把办理群众来信来访作为畅通民意、维护民权的一项重要工作，依法处理涉法涉诉信访，对重要信访件落实专人跟踪督办。一年来，共受理人民群众来信来访78件，一批信访问题得到依法妥善处理。深入推进规范性文件备案审查工作，修订完善工作程序，实现网上报备系统规范化运行，全年对区政府16件规范性文件进行了备案审查，并提出相关修正意见。

依法行使人事任免权。坚持党管干部和人大依法任免相统一的原则，不断完善人事任免程序，健全拟任干部法律知识考试、表态发言、任后公告等制度，认真组织宪法宣誓仪式，增强干部的宪法意识和责任使命。区十七届人大一次会议后，任命了新一届区政府组成人员，并举行颁发任命书仪式，确保政府工作正常运行。根据国家监察体制改革试点工作要求，及时任命了区监察委员会组成人员。全年共依法任免国家机关工作人员102人次，依法补选市人大代表6名，为我区各项事业发展提供了组织保证。

四、坚持主体地位，激发履职活力，着力发挥代表作用

常委会充分尊重代表主体地位，加强代表工作制度建设，切实做好联系代表、服务代表的各项工作，有效提高人大代表对常委会工作的参与度，更好地发挥代表参与管理地方国家事务的重要作用。

积极构建代表活动载体。及时举办新一届代表培训班，帮助新当选的代表掌握有关法律法规和人大知识，增加代表的责任感和使命感，提升代表依法履职能力。拓展代表参与常委会工作的广度和深度，全年组织参加各类视察检查、列席会议、旁听庭审、立法调研等活动250余人次，代表们充分发挥专业特长，深入基层扎实调研，提出客观、有价值的意见建议。继续深化“两站一平台”的建设与利用，形成常态化的社情民意汇聚渠道，市、区领导代表带头主动到站接访。一年来，共有300余名各级人大代表进站开展活动，收集意见建议270余条，督促解决问题240余个，密切了代表和群众的联系。加强对代表小组活动的联系和领导，组织代表小组开展定向视察、省市区三级人大代表会前集中视察等活动，继续开展各专业组代表进“一府两院”单位部门听取工作汇报，按照省人大统一部署，组织开展“剿灭劣V类水、人大代表在行动”主题活动，为代表履职创造条件。

抓好代表建议督办落实。跟踪督办区十七届人大一次会议代表议案建议。对大会7件重点建议采取常委会主任会议成员牵头和工作机构分工负责相结合的办法予以积极督办。区政府领导带头领办重点建议，及时与代表沟通，并通报办理进展，得到代表的充分肯定。通过组织开展现场督办、代表视察、满意度测评和办理进度月报等方式，促进办理质量全面提高，一批事关经济社会发展和群众生产生活的议案建议得到较好解决。区十七届人大一次会议期间代表提出的114件议案建议已全部办结，其中已解决的（A类件）51件，占44.7%；正在解决或列入计划解决的（B类件）30件，占26.3%。

推进基层人大工作。换届以来，常委会领导班子成员经常深入镇、街道，了解情况，指导工作。定期组织召开全区镇、街道人大工作会议及研讨会，提出阶段性工作意见。邀请镇、街道人大负责人列席常委会会议，参加常委会组织的视察、调研等活动。指导镇人大依法开好一年两次的人代会、督办议案建议、开展闭会期间活动，完善镇级政府民生实事项目代表票决制。积极探索街道民生实事项目民主议事会议成员票决工作，并报请区委批转实施意见，推动基层人大工作创新发展。

五、坚持改进作风，注重能力提升，努力加强自身建设

常委会主动适应形势与任务的要求，不断强化制度建设，着力提高组成人员的政治素质和依法履行职责的能力，推动常委会及机关建设再上新水平。

理论学习在提高能力上下工夫。坚持把学习教育作为提高履职水平的重要抓手，牢固树立“四个意识”，坚定“四个自信”，深入学习党的十九大精神，重点学习领悟十九大报告中有关人大性质地位的论述，推进“两学一做”学习教育常态化制度化，增强做好人大工作的自觉性和坚定性。为使新一届人大常委会组成人员尽快适应新角色，熟悉人大工作的特点和规律，举办人大知识学习会，并组织参加全省人大干部培训班。坚持通过党组理论学习、各类专题学习等形式，不断充实常委会组成人员法律法规知识，明确人大工作性质要求，增强把握大局、服务发展的能力，为常委会履行职责提供了有力保障。

工作作风在求真务实上抓转变。牢固树立宗旨意识，常委会领导班子坚持民主集中制原则，对重大事项实行民主讨论、集体决定。深入开展调查研究，去年共开展调查、视察和执法检查活动30多次，形成调查和执法检查报告19篇，并提出针对性审议意见和要求。加强党风廉政教育，全面贯彻落实中央八项规定要求，严格执行新形势下党内政治生活若干准则，认真落实党风廉政建设主体责任，支持区纪委派驻第一纪检组开展工作，自觉接受监督。注重制度建设，修订完善若干制度规定，保持常委会工作的连续性、传承性和与时俱进，促进了新一届常委会各项工作有序运行。

机关建设在规范高效上求突破。全面落实中央和省委关于加强县乡人大工作和建设意见文件精神，完善工作机构建设，对新设立的法制内务司法委员会、财政经济委员会明确工作职责，充分发挥其在调查研究、评议审议及跟踪监督等方面的职能作用。聘请5名具备较高专业素质的律师作为新一届常委会法律顾问，17名社会各界人士作为常委会各工委兼职委员，努力提高监督质量和审议水平。坚持邀请公民旁听区人代会，提高人大工作透明度。启用人代会、常委会会议电子表决器，使每位代表更好地表达自己的意志。重视机关干部培养、使用和交流，积极做好离退休干部工作。发挥党支部、工会等组织作用，增强机关的凝聚力。加强对人民代表大会制度和全区人大工作的报道宣传，去年有150余篇信息被各级刊物和相关媒体录用。

各位代表，一年来，区人大常委会各项工作所取得的成绩，是中共舟山市定海区委正确领导的结果，是常委会组成人员和全体人大代表共同努力的结果，是“一府两院”积极配合的结果，也是社会各方大力支持的结果。在此，我谨代表区人大常委会，向全区人民和各级代表，向所有关心和支持人大工作的各级各部门、社会各界、驻定部队和武警官兵，表示崇高的敬意和衷心的感谢！

回顾一年来的工作，我们也清醒地认识到，常委会的工作离人民的期望和代表的要求还有一定差距，主要是：监督工作成效有待增强，监督形式的综合有效运用需要进一步探索；讨论决定重大事项的制度有待完善，对决定的范围和程序需要进一步规范；代表主体作用有待更好发挥，与代表和人民群众联系的渠道需要进一步拓展；人大领域的许多改革举措有待深化落实，自身建设和履职能力需要有效提高等等。我们将自觉接受人民监督，虚心听取代表意见，切实改进各项工作，更好发挥地方国家权力机关的作用。

2018年主要工作

2018年，是贯彻党的十九大精神的开局之年，是改革开放40周年，也是定海全面建设花园式国际人文港城的第一年。在新的一年里，区人大常委会工作的指导思想和总体要求是：高举习近平新时代中国特色社会主义思想伟大旗帜，全面贯彻党的十九大精神，不忘初心、牢记使命，紧紧围绕率先建成“两个高水平”的奋斗目标，以打好“五大会战”、建设“四个舟山”为工作主线，自觉践行新发展理念，坚持和完善人民代表大会制度，全面担负起宪法法律赋予的各项职责，始终同人民群众保持密切联系，为全面建设花园式国际人文港城发挥积极作用。

一、坚持服务服从大局，更加积极地助力经济社会发展

始终把人大工作置于党的领导之下，自觉在大局下把准方向，主动在大局中有所作为，通过发挥职能作用，推动全区重点领域各项工作取得新突破。持续关注经济健康稳定发展，加强计划执行监督，强化全口径预算执行，听取和审议年度国民经济和社会发展计划、财政预算执行情况、“十三五”规划中期评估等报告，充分发挥财政资金使用效益，着力推动我区经济高质量发展。高度重视“最多跑一次”改革，提高政府公共服务效率，切实打造最高效最优质服务环境。听取和审议城中村改造情况的报告，推进品质城市建设，不断提升城市化水平。扎实开展政府部门工作评议，增强被评议部门履职责任感和使命感。关注事关全区经济建设的重大事项，用好法定监督方式组合拳，推动定海经济社会发展再上新台阶。

二、着力强化法律监督，更加有力地推动依法治区进程

维护宪法法律权威，强化法律监督和司法监督，依法行使人事任免权，切实发挥法治在地方治理和社会管理中的重要作用。坚持依法治区，持续开展执法检查，形成对法律实施情况的“全链条”监督。加强对区人民法院、区人民检察院的工作监督，确保司法公正，维护社会公平正义。听取区人民法院关于基层人民法庭工作情况的报告，审查全区第七个五年法治宣传教育中期督导情况，跟踪监督区人民法院解决执行难、检察院开展公益诉讼工作等情况，努力实现法律效果与社会效果的有机统一。不断完善人事任免工作制度和工作程序，确保任免公正、规范。认真做好人大信访工作，聚焦人民群众合理合法诉求，维护社会和谐稳定。主动全面审查政府规范性文件，推进政府依法行政。积极参与立法工作，配合上级人大做好立法调研、意见征集，为完善法规草案提供客观的基层经验和实践素材。

三、践行为民履职职能，更加有效地保障和改善民生

始终坚持把推动发展与不断增强群众获得感有机结合，精选监督议题，加大监督力度，推动解决事关人民群众福祉的重点难点问题。跟踪监督生态环境状况，高度关注美丽乡村升级版打造，不断改善农村发展环境和人居环境，大力助推乡村振兴战略实施。加强城市管理工作监督，全面推进城市精细化管理。围绕土地资源节约集约利用，听取土地管理（垦造地）情况的报告，准确把握全区国土资源面临的新形势。密切关注美丽校园建设，促进基础教育最优区打造。重视全民健康和养老服务需求，听取和审议居家养老服务工作情况报告，努力实现“幸福养老”。听取供销社“三位一体”改革与建设情况，健全农业社会化服务体系建设。全面实施“代表票决制”，不断提高政府民生实事项目决策和实施的科学化、民主化、规范化水平，进一步推进基层民主政治建设。

四、优化代表履职服务，更加主动地发挥代表主体作用

始终坚持代表工作的基础地位，强化服务保障，激发代表履职活力。加强代表培训工作，着力提高代表履职能力。深化代表主题活动，扩大代表列席常委会会议、联系“一府两院”、视察监督参与面，拓宽代表知情知政渠道。优化完善“两站一平台”建设，更好地发挥闭会期间代表参与决策作用。建立市、区代表履职档案，为履职考评提供翔实的基础资料。积极探索议案建议办理新思路、新举措，努力为人大代表开展工作创造良好条件。

五、紧扣新时代新要求，更加自觉地强化队伍自身建设

牢牢把握人大工作的正确方向，牢固树立“四个意识”，坚定“四个自信”，坚定执行党的政治路线，严守政治纪律和政治规矩，始终在政治上、思想上、行动上同以习近平同志为核心的党中央保持高度一致，认真贯彻落实中央和省市区委的决策部署。着力提高理论素质和履职能力，扎实开展“不忘初心、牢记使命”主题教育，进一步转变工作作风。不断改进调研的方式方法，完善行之有效的工作举措和工作机制，形成高质量的调研报告和审议意见。认真落实党风廉政建设主体责任，高标准落实中央八项规定精神和实施细则，坚持推进人大常委会工作公开，自觉接受社会监督。不断加强常委会机关自身建设，建立健全各项工作制度，提高机关的服务和保障能力。强化基层人大工作指导和支持，健全和完善上下联动工作机制，努力构建人大工作新局面。

各位代表，时代赋予我们崇高使命，人民寄予我们深切期望。让我们更加紧密团结在以习近平同志为核心的党中央周围，在中共舟山市定海区委的正确领导下，勇立潮头，锐意进取，依法履职，全面推进花园式国际人文港城建设，为实现率先建成“两个高水平”奋斗目标做出新的更大贡献！

政府工作报告

——在舟山市定海区第十七届人民代表大会第二次会议上

中舟山市定海区人民政府代区长　　侯富光
（2018年1月20日）

各位代表：

现在，我代表区人民政府向大会作政府工作报告，请予审议，并请各位政协委员和其他列席人员提出意见。

一、2017年政府工作回顾

2017年是定海实干攻坚、奋勇争先的一年。一年来，我们在市委、市政府和区委的坚强领导下，在区人大及其常委会、区政协的监督支持下，坚定不移沿着“八八战略”指引的路子，以打好“五大会战”①、建设“四个舟山”②为工作主线，以开放、创新、城市化为发展路径，敢于担当，勇立潮头，较好地完成了区十七届人大一次会议确定的目标任务。预计全年地区生产总值增长8.6%，区本级一般公共预算收入增长5%，城镇和农渔村常住居民人均可支配收入分别增长8.3%、8.7%，节能减排各项指标完成省、市下达目标任务。实现全国中小城市综合实力和投资潜力“双百”强区排名进位。

一年来，我们全力推进海洋经济转型升级，区域综合实力持续增强。深入推进供给侧结构性改革，现代海洋产业集群发展框架全面拉开，预计海洋经济增加值增长8.8%。“工业强区”综合评价升至全省第32位，区本级规上工业总产值、增加值分别增长14.2%、13.5%。船舶制造研发取得新突破，2万吨级江海联运直达船实现定海首制，国内首艘液化天然气存储及再气化船开工建设。机械制造业加快转型，金鹰三元锂电池正极材料、科鑫重工耐腐蚀钢管项目建成投产。农副食品加工业列入传统制造业改造提升省级试点，大洋世家、兴业集团等一批远洋水产品捕捞加工龙头企业集聚定海。海洋战略性新兴产业发展取得突破，中电科39所等海洋电子信息企业相继落户，成功招引军民融合企业6家。现代服务业持续向好，集装箱吞吐量首次突破100万标箱，预计港口货物吞吐量达到1.46亿吨。和平路商业中心等商贸综合体和三农农副产品综合批发市场基本建成。南洞艺谷成功获评国家3A级景区，舟山群岛旅游咨询服务中心基本建成。农渔业稳步发展，省级农业综合开发现代园和岑港、马岙现代生态循环农业示范区全面建成。粮食生产功能区、“菜篮子”蔬菜基地面积分别达到2万亩、1.1万亩，粮食安全得到有效保障。新增水产精养面积273亩，远洋渔业捕捞产量突破10万吨。

一年来，我们全力激发区域发展活力，改革开放创新全面深化。牢牢把握系列国家战略机遇，区域发展新动能逐步积聚。全面实施加快创新发展三年行动计划，预计工业技改投资增长8%，成功列入省两化

① “五大会战”：是指系列国家战略落地、城乡环境综合整治、招商引资、综合交通建设、“五水共治”五个大会战。
② “四个舟山”：是指市委七届二次全会提出的建设创新舟山、开放舟山、品质舟山、幸福舟山。

融合示范区。定海海洋科学城建立运行，挂牌国家海洋电子信息产业基地定海园区，注册引进企业63家。中集集团、正威集团等6家“中”字头、世界500强企业与本地企业开展并购重组，龙文精密设备挂牌新三板。新认定高新技术企业12家、省级企业研究院1家，华业塑机获评省“隐形冠军”企业[①]，“龙源四方”被认定为中国驰名商标。人才新政20条制定实施，落户“5313”[②]科技创业领军人才企业7家，引进“国千”赴定创业人才3名。重点平台开发开放水平不断提升，预计区本级固定资产投资增长5.1%。中澳现代产业园基础设施建设加快推进，澳洲跨境商品直购体验中心一期建成投用。舟山国际粮油产业园区热电联产及散粮输送带基本建成，良海粮油一期竣工验收，精功农业顺利投产。国家远洋渔业基地获批国家科技兴海产业示范基地，远洋渔业小镇考核位居全省前列，远洋进口水产品交易市场主体完工，宇培舟山冷链产业园项目等加快推进。西部国际化油品储运交易基地油品库容持续提升，外钓油品应急储运油库基本建成。定海工业园区中小企业孵化基地项目加快实施，武船重工、招商局集团等大型企业相继引入。新增口岸开放面积28.7平方公里。宁波舟山港主通道政策处理刷新“征迁速度”，329国道舟山岑白段、500千伏联网输变电工程顺利开工，甬舟铁路首末站落户白泉。招商区域拓展至中西部城市，新引进亿元以上产业项目21个。“最多跑一次”事项比例达到98%以上，不动产登记、商事服务、项目审批等实现“一窗受理、集成服务”，长白、盘峙等地实现“办事不出岛”。完成临城街道行政区划调整，挂牌成立城市管理局、海洋行政执法局，建立安全生产专委会制度。17.76亿元公司债和4.5亿元项目收益债成功发行。土地承包经营权确权登记颁证基本完成，获评全国农村集体“三资”管理示范区。

一年来，我们全力提升全域城市化水平，城乡建设步伐明显加快。持续深化品质城市建设，全域统筹向纵深拓展。城中村（旧城）改造力度空前，竹山门、小洋岙工业区等13个区块征迁完成“百日攻坚”，签约率全部达到100%，完成改造44.8万平方米，超过旧城改造启动七年来的总和。“六个当年”[③]工作机制创新实施，所有改造区块控规和城市设计提前完成，上李家等区块在半年内实现征迁启动到土地摘牌。环南工业区土地创新实施招标挂牌复合式出让。定海湾建设加速推进，区体育公园[④]开工奠基，电视塔灯光亮化工程启动实施。古城核心区保护和活化利用及五山公园绿道[⑤]规划方案细化完善。芙蓉洲路等4条特色街区加快建设。城市细节更加精致，绿色围挡全面推行，“啄木鸟”行动[⑥]深入开展。城乡环境综合整治十大专项行动强势推进，户外广告整治任务全面完成，重点区域废品收购站实现“清零”。“两非”车辆综合整治顺利推进。人民南路夜市成功退市。东河南路、横河路全面贯通，西山路、环城北路、蟠洋山路等8条断头路、瓶颈路完成政策处理或启动建设，新增停车位1779个。金塘、白泉城市化步伐不断加快。首批小城镇环境综合整治全面完成。创建“美丽海岛”社区5个、省级重点历史文化保护与利用村落2个，新建社区、柳行社区分别入选“中国最美村镇50强”“全国文明村镇”。建成美丽风景示范线25公里、彩色健康森林2200亩，“南洞最美公路”建成通车，获评省级首批“四好农村路”示范区。“清三河”达标区创建成功，159处劣V类小微水体提前剿灭并通过省级验收，西北污水处理厂启动试运行，农村生活

---

①“隐形冠军”企业：是指某个领域占据国内或国际市场绝大部分份额，但社会知名度不高的中小企业。

②“5313”：是指“5313”行动计划，即从2013年起，力争在5年内，紧紧围绕新区发展战略，重点在海洋新兴产业和传统优势产业领域引进500名左右海内外科技创业领军人才，引进30个科技创业领军团队，培养100名科技创业家，力争30名列入国家、省“千人计划”。

③“六个当年”：是指每个城中村（旧城）改造区块，要力争实现当年启动、当年签约、当年腾空、当年拆除、当年挂牌、当年出让。

④区体育公园：是指位于原环南工业区的定海体育公园，整个公园集公园绿地、公共交通、停车场、商业功能等共享服务于一体，主要建设10000多平方米的公共体育设施，一层为游泳馆，夹层为开放式大健身平台、休闲平台，二层将分篮球馆、羽毛球馆、健身房、台球馆、乒乓球馆、武术馆、射击馆、击剑馆以及室外五人制足球场、篮球场、田径跑道等。

⑤五山公园绿道：是指以城区外围的竹山、海山、擂鼓山、长岗山和东山及其资源条件为依托，着重突出生态、人文、活力三大理念与特点，用步道和骑行道连接五座山体，打造一条集健身、休闲、景观、旅游等多功能的城市运动休闲绿道。

⑥“啄木鸟”行动：是指组织志愿者等团队，开展交通护栏清洗、城市“牛皮癣”清理等活动。

污水终端监控实现全覆盖，盐仓大河获评省级“最美家乡河”。“三改一拆”三年任务超额完成，拆后利用土地223万平方米。顺利通过中央环保督察和国家海洋专项督察，关停污染企业16家。建成强排泵站19座，完成河道治理18.2公里。有力保障大陆引水三期等项目顺利推进。

一年来，我们全力增进民生福祉，社会民生事业加快发展。坚持以人民为中心，十个方面民生实事项目高质量完成，民生支出达到26.2亿元，占一般公共预算支出的72.2%。扶贫开发奔小康工程加快推进，建立零就业家庭动态归零帮扶机制。实现医保跨省就医直接结算，全面承接市级下放的人力资源与社会保障职权。定海第五社会福利院、区居家养老综合服务中心、环南敬老院投入使用。残疾人家庭无障碍设施服务实现全覆盖。交付使用保障房1869套，城区75幢D级危房全部解危。柳永文化广场建成开放，金塘文化中心建成投用，新建农渔村文化礼堂5座。建成全国首条海岛国家登山健身步道，首届“三毛散文奖”、“神行定海山”国家登山健身步道联赛总决赛成功举办。顺利通过省教育基本现代化区创建评估，白泉高中、廷佐小学等中小学完成改扩建，城北、和平路、金塘大丰等7个幼儿园建设加快推进。瑞金医院舟山分院一期建设完成，区中心医院救治能力有效提升。精准化社会治理源头防控体系进一步完善，基层治理体系“四个平台”①全面建成，全科网格规范化试点建设稳步推进。严厉打击“三强三霸”②、非法集资等违法行为，电瓶车物联网智能管控取得实效。稳妥推进互联网金融风险整治，取缔相关机构36家。水路货运船舶安全三年整治行动顺利完成，安全生产三项指标持续下降。成功夺取“平安金鼎”，圆满完成十九大等维稳安保任务。

一年来，我们全力提高政府效能，自身建设切实加强。严守政治纪律和政治规矩，按照全面从严治党的要求从严治政，政府行政能力和水平持续提升。深入学习贯彻党的十九大精神和习近平新时代中国特色社会主义思想，推进“两学一做”学习教育常态化、制度化。建立健全区政府党组工作规则，开展“担当‘棋’中争先锋”活动。全面加强党风廉政建设，领导干部带头履行主体责任、落实“一岗双责”。严格执行中央八项规定精神，预计一般性支出削减5%以上。行政效能持续提升，“互联网＋政务服务”深入实施，“两集中、两到位”③全面落实。“千名干部进百企”活动成效显著，累计走访企业600余家次，解决实际困难121个。建立“六位一体”联动督考④、“双学双比”、实绩亮相等机制，完成“最后一平米”攻坚22项。“七五”普法规划全面实施。公益诉讼联席会议制度、区政府常务会议“学法30分钟”制度建立实行。自觉接受区人大及其常委会的法律监督、工作监督和区政协的民主监督。坚持城中村（旧城）改造计划、规划等重大事项决策出台前向人大报告、与政协协商。认真办理人大议案建议、政协提案276件，满意率和基本满意率达99.6%。

军民、军政联系更为紧密，档案、史志、民族宗教、物价、人防、反邪教、侨务、对台、老龄、慈善、供销、气象等工作取得了新成绩。

各位代表，过去的一年，我们经受住了外部经济环境复杂多变的严峻考验，成绩来之不易。这是市委、市政府和区委审时度势、正确领导的结果，也是全区干部群众激情创业、拼搏赶超的结果。在此，我代表区人民政府，向全区广大人民和广大建设者，表示崇高的敬意和衷心的感谢！向人大代表、政协委员，向各民主党派、工商联、各人民团体、社会各界人士和离退休老同志，向驻定部队和武警官兵，向关心和支持定海发展的海内外朋友们，表示衷心的感谢！

在取得成绩的同时，我们更加清醒地认识到，定海发展不平衡不充分的问题和挑战很多，主要表现为：产业综合竞争力不够强，实体经济发展面临不少困难，重大产业项目储备不足；一些制约发展的“坛坛罐罐”依然存在，新旧动能转换不快，发展的质量和效益还不够高；基础设施建设相对滞后，内外交通

①基层治理体系“四个平台”：是指对镇街和部门派驻机构承担的职能相近、职责交叉和协作密切的日常管理服务事务进行归类，形成综治工作、市场监管、综合执法、便民服务四个功能性工作平台。

②“三强三霸”：是指域强揽工程、强卖材料、强行阻工和村霸、市霸、行霸。

③“两集中、两到位”：是指一个行政机关的审批事项向一个处室集中、行政审批处室向行政审批服务中心集中，保障进驻行政审批服务中心的审批事项到位、审批权限到位。

④“六位一体”联动督考：是指以督考为中心，容错、比选、问责、舆论监督和绩效六位一体的督考机制。

存在明显短板；城市功能品质和管理水平还需提升，城中村（旧城）改造任务仍然十分艰巨；民生需求层次不断提升，教育、医疗等公共事业难以满足群众日益增长的需要；社会矛盾纠纷日趋多样，政府治理体系有待完善；少数公务人员执行力不强，政府自身建设仍需加强。对此，我们将高度重视，采取有力措施，切实加以解决。

二、2018年政府工作主要安排

今年是贯彻党的十九大精神的开局之年，是改革开放40周年，是新区实现赶超发展的关键之年，也是全面建设花园式国际人文港城的起始之年。根据区第十三次党代会第二次会议精神，新时代中国特色社会主义定海发展的奋斗目标是率先建成“两个高水平”①；战略定位是建设花园式国际人文港城。面对新时代中国特色社会主义发展的新形势和定海发展的新目标、新定位，我们保持赶超发展的压力依然较大。但是我们更要充分地认识到，舟山自由贸易试验区等国家战略加快实施，新区建设必将迎来新一轮开发开放高潮，定海的发展空间更加广阔，发展活力更为充足。起跑决定后势，实干方能争先。我们必须坚决当好市委、市政府和区委决策部署的执行者和冲锋队，以对得起定海历史、对得起人民期望的决心，开拓创新、砥砺奋进，不断开创定海发展的美好未来。

根据区委的战略部署，今年政府工作的总体要求是：高举习近平新时代中国特色社会主义思想伟大旗帜，全面贯彻党的十九大精神，不忘初心、牢记使命，认真落实中央、省市和区委决策部署，围绕打好“五大会战”、建设“四个舟山”这一工作主线，突出海洋经济、开放格局、城市品质、人民生活、治理方式“五大”转变，全面建设花园式国际人文港城，为实现率先建成“两个高水平”奋斗目标打下坚实基础。建议今年全区经济社会发展的主要预期指标为：地区生产总值增长8%；区本级固定资产投资增长6%；区本级一般公共预算收入达到18.1亿元；城镇和农渔村常住居民人均可支配收入分别增长8%和8.3%。这样的安排，主要考虑十九大后更强调经济发展质量，我们追求的是高质量发展，为调结构腾出一定空间，我们会在实际工作中争取完成得更好。

为实现上述目标，我们要锚定历史方位、把握历史机遇、扛起历史使命，要进一步增强“等不起”的紧迫感、“慢不得”的危机感和“坐不住”的责任感，拿出破釜沉舟的胆魄，拿出舍我其谁的担当，拿出闯关夺隘的拼劲，推动定海经济社会发展再上新台阶。重点抓好以下五方面工作：

（一）深入实施创新驱动战略，着力推动经济高质量发展

突出抓好产业创新。以创新型经济为引领，积极构建现代化海洋经济体系，推动经济发展质量变革、效率变革、动力变革。培育壮大先进制造业。大力实施“中国制造2025浙江行动纲要”，深化“工业强区”建设，实现区本级规上工业增加值增长8%。做优做强海洋高端装备制造，持续深化舟山船舶装备高新技术产业园区建设，全力推进江海联运直达船、大型集装箱船、LPG船、LNG船（LPG船、LNG船：是指液化石油气运输船、液化天然气运输船。）等高技术高附加值船舶研发制造。大力发展船舶配套产业，努力突破核心船配装备制造，鼓励企业承接海上钻井平台等海工装备修造拆解业务。支持重点船企开展智能车间和数字化生产线的改造与应用，推动企业开展兼并重组。积极培育引进大型港机、石化装备等带动性强的项目或企业。优化升级传统产业。着力推动石化产业向绿色、高端方向发展，推进实施中海油舟山石化技改项目。引导发展海洋农副产品精深加工，加快舟渔明珠工业园、大洋兴和等项目建设，推进良海粮油油料精炼加工项目释放产能。加快金塘螺杆小镇建设，推进高端注塑螺杆等高附加值产品的研发及产业化。大力推进“腾笼换鸟”，整治提升“低小散”行业，加快淘汰落后产能。实质性推动定海工业园区等重点平台改造升级，着力提升园区形象及气场。加快发展现代服务业。积极发展楼宇经济、总部经济，重点培育共享经济、数字经济、创意经济等新模式，精心打造南部滨海和盐仓核心区商圈，集聚城市酒店、现代金融、物流信息等丰富业态，力促世纪联华等知名企业入驻东门交通综合体。谋划发展高铁经济。加

①率先建成“两个高水平”：是指从现在到2020年，要率先在全省高水平全面建成小康社会。在此基础上，乘势而上、砥砺奋进，分两个阶段高水平全面建设社会主义现代化。第一个阶段从2020年到2035年，率先在全省高水平基本实现社会主义现代化；第二个阶段从2035年到本世纪中叶，全面提升物质文明、政治文明、精神文明、社会文明、生态文明水平，实现治理体系和治理能力现代化，综合实力达到发达经济体前列水平，人民共同富裕水平全省领先。

速休闲旅游提升发展，全方位开发“山、海、城”特色景观资源，启动建设11公里中生态美丽公路和舟山植物园，谋划建设大桥亮化工程和中国大桥风景旅游区，争创远洋渔业小镇AAA级景区，探索南部诸岛旅游资源开发利用。积极培育大健康产业，引入运动健身、高端医疗服务、健康食品等项目。推动海洋影视、动漫、创意设计等企业向文创园区集聚，谋划建设文化创意产品展示销售中心，积极举办花卉节等活动。保持房地产和建筑业健康发展。

着力提升区域创新能力。突出企业创新主体地位，推动全方位、多层次、宽领域的全面创新，不断增加区域发展新动力。全面实施新动能培育计划。突破发展海洋电子信息、海洋大数据、新能源、新材料等新兴产业，构建完善定海海洋科学城“一城三园”①布局，启动建设核心区块一期工程，谋划打造产业创新服务综合体②，加快集聚一批高新技术企业。积极创建省级军民融合创新示范区，支持企业“民参军”“军转民”③，力争军民融合骨干企业达到15家以上。深入推进创新型领军企业培育示范工程，新认定高新技术企业11家以上，培育“专精特新”企业55家。全力提升创客邦等众创空间运营水平，加强对科技型初创企业的服务支撑。鼓励企业加大创新投入，支持行业龙头企业建设省级企业研究院、高新技术企业研发中心。加快应用“互联网+”“机器人+”，推广信息化生产管理系统，实施“机器换人”项目38项。积极开展“百项产品创新”行动，新增省级认定新产品、新技术10项以上，努力打响更多的自主品牌产品。深入推进以企业上市和并购重组为核心的“凤凰行动”。鼓励企业对接多层次资本市场，组织券商等中介机构开展精准辅导，帮助解决历史遗留问题。制定以股改为重点的系列扶持政策，推动大洋世家、华业、森森、科力尔环保上市挂牌。支持长宏国际、世纪太平洋等优势企业开展战略合作，打造更多行业龙头企业和“隐形冠军”。有序推进企业重整，帮扶困难企业走出困境。坚定不移实施人才强区战略。全面落实“人才新政”，加快搭建企业人才对接平台，筹办专业技术人才、海外高端人才对接会，探索实施“人才飞地”④计划。实施民营企业家及“创二代”培训计划，造就一支开拓进取的企业家队伍，切实激发企业家精神。实施高技能人才振兴工程，培养一批具有工匠精神的技术人才。全面落实“一站式”人才服务举措，完善住房、医疗、子女教育等方面的配套政策。

精准发力优化发展环境。聚焦实体经济发展，着力解决企业“围墙外的事”，全力打造区域服务高地。开展微观领域经济形势分析研究，为企业提供决策信息和措施建议。转变财政支持方式，加大企业转贷、担保服务力度，探索建立产业引导基金。促进资源要素优化配置，完善工业企业综合评价体系，推行建设用地预申请制度，探索实施“标准地”⑤出让模式。当好服务企业“店小二”，建立重大产业项目工作组协调推进机制，深化企业投资项目承诺制改革，完善模拟审批和联合竣工验收制度。

（二）全面提速开发开放合作，不断激发区域发展活力

深入对接自贸区建设。以打造自贸试验区重要功能区为目标，加快西部国际化油品储运交易基地建设，确保浙石化库区项目、光汇石油储运工程建成投产，推进世纪太平洋扩建提升项目、外钓油品应急储运工程建设。依托油品库容优势，推动油品产业链延伸发展，积极招引大型油品贸易企业落户，鼓励中石化中海燃供等企业开展油品混兑和保税燃料油加注，引导本地油品仓储企业拓展油品保税交割、国际贸易等业务。

着力推动国际农产品贸易中心建设。以打造核心

① “一城三园”：是指海洋科学城、军民融合高新技术产业园、海洋电子信息高新技术产业园和海洋文创产业园。

②产业创新服务综合体：是指以科技创新公共服务平台为基础，围绕新兴产业培育和传统动能修复，集聚公共科技创新资源，为中小企业提供技术创新、业态创新、营销模式创新等产业公共服务的创新平台。

③ “民参军”“军转民”：分别指民营企业参与军事装备研发、制造、维修和服务，军事装备等军品生产企业向民用生产领域转移。

④ “人才飞地”：是指“工作生活在外地、服务贡献为本地”的引才模式。

⑤ “标准地”：是指带着建设规划、能耗、环境和亩产税收等一系列标准进行出让的国有建设用地。

区为目标，全面提速三大平台开发开放步伐。加快推进中澳现代产业园建设，全力保障澳牛进境加工项目建成投产，筹划开展高端动物蛋白精深加工和贸易。高标准建设国家远洋渔业基地，深化远洋进口水产品交易平台建设，争取形成远洋水产品“舟山价格指数”。加快提升舟山国际粮油产业园区专业化、国际化水平，建成5000吨级公用码头及散粮装卸工艺系统，推进江海粮油60万吨仓储等项目建设，谋划建立进口粮食交易中心，探索拓展进境粮食保税交易加工功能。

主动融入江海联运服务中心建设。以打造长三角综合联运海上枢纽为目标，进一步深化与海港集团的全方位战略合作，大力发展集装箱、油品化工品运输、滚装物流等产业。深入打造金塘国际物流岛，促进大浦口集装箱港区规模化发展，推进上岙智能化物流基地建设，探索打造金塘海铁联运枢纽中心。加快港口岸线资源优势转化和功能转换，确保实华原油码头二期、外钓应急油品码头建成投用，推动招商局集团汽车滚装物流基地开港运营。加快提升江海联运集疏运能力和配套服务水平，积极发展江海联运直达专业船队，逐步增强综合补给、海员培训、航运经纪、法务咨询等海事服务能力。

切实加大招商引资力度。梳理完善招商目录和产业政策，分区块明确招商地图，实施精准招商、专业招商。坚持“走出去”战略，完善区领导常态化上门招商制度。紧盯中电科集团、中船重工等已落户的大型央企，实施“以商引商”和项目再招商。重视税源招商，提升招商引资质量。创新开展存量招商，力促闲置厂房盘活和低效土地再开发。举全区之力推进一批事关长远的重大项目，重点发力重大基础设施投资、高新技术产业投资、环境保护投资和民间投资等项目。举办军民融合、海洋产业等各类峰会论坛，借助咨询服务机构、投资银行等平台推介定海投资信息。

加快提升开放支撑能力。全力支持义甬舟开放大通道建设，保障甬舟铁路顺利开工，全面推进白泉高铁新城规划设计，加强区域综合交通、商贸服务等功能的谋划布局。配合推进宁波舟山港主通道、329国道舟山岑白段、500千伏联网输变电、新奥能源LNG管道、大沙调蓄水库等项目建设。积极争取马岙港区、岑港港区重点区域口岸开放。落实耕地占补平衡1000亩以上。

（三）攻坚推进品质城市建设，切实提升城市化水平

坚决打赢城中村（旧城）改造攻坚战。坚持先行改造群众意愿强烈、环境脏乱差、主干道两侧区域和坚持整体联片开发、资金统筹平衡两大原则，力争三年改造任务两年完成，全年改造92.4万平方米以上。坚持“签、拆、建”环环相扣，进一步完善指挥体系和工作规则，分批次实施拆迁“百日攻坚”行动，联手文物保护工程施工国家壹级资质企业开展古建筑修复保护，提前谋划布局教育、医疗、养老等公共设施。全面开展“安置提速提质年”行动，规范完善安置房建设流程，开工建设安置房81.5万平方米，组建专班及时做好安置房分配。引入群众认可的知名房地产企业代建安置房，打造工农路安置小区等一批精品样板。坚持“经营城市”理念，全力做好土地储备出让，高质量推进环南工业区、竹山门等区块建设，精心谋划太平弄等区块后续开发。

全面推进城市精致建设。高标准、大手笔谋划推进城市规划建设，承诺践行城市精致建设“十大公约”，全面提升城市颜值、气质和活力。加快推进重点区域和重要建筑城市设计和规划方案，积极引入名家名院，广泛吸纳群众意见，努力打造经得起历史检验的城市精品。突出定海湾、古城核心区和五山公园绿道，精心描绘“园中城”全景画卷。全力打造南部滨海休闲定海湾，联动推进东岳山与港务广场整体开发，集中打造沿港东路特色街区，谋划建设竹山门区块休闲购物综合体。稳步推进古城核心区保护和活化利用，充分挖掘定海历史文化底蕴，加快御书楼、蓝理故居等对外开放。全面启动五山绿道建设，汇集市民健身、休闲、景观、旅游等多种功能，统筹布局观景平台和入口广场或绿地公园，开工建设昚斗岙首个入口公园即葆三公园，谋划打造高标准国际山地自行车越野赛赛道。启动实施定海公园改造提升工程，打造公共开放的城市精品公园。建设定马线迎宾大道和盐仓“枫情一条街”等景观休闲廊道，实施城东风帆广场、城西入口等主要节点景观工程，协调布局现代城市家具①。着力打通总府路延伸段、海院北路、城

①城市家具：是指城市中各种户外环境设施，如公交车站、报亭、电话亭、座椅、厕所、路灯、窨井盖、斑马线、垃圾桶、护栏、桥梁、配电房、景观雕塑、艺术小品等。

西路等断头路、瓶颈路。推动城区与白泉无缝对接，加快实施环城南路至白泉改建工程，谋划建设双拥路至白泉通道。深入开展城市建设“金点子”活动，扩大群众参与面。继续推进金塘小城市培育，建成西堠邻里中心等项目。支持新城建设。

持续加强城市精细管理。坚持建管并举，着力推进管理体制改革和“智慧城市”建设，促进城市管理精细化、规范化、信息化。全面厘清城市经营管理职责，建立项目实施、建设经营、运营监管、行业监管等主体各履其职、各负其责、独立运作、相互配合、相互制约的城市管理体系。大力推进城市综合行政执法权限划转，建立完善常态化联合执法机制。创新实施城市改造建设全过程的大数据管理，搭建集成拆迁、建设、融资、资金管理等环节的信息化管理平台。积极开发城市服务APP，整合停车位、景点、公共自行车等信息并提供便民服务。推进城乡环卫一体化，深化城乡生活垃圾分类，加强建筑垃圾处置和回收利用，加快区环卫综合服务中心建设，新建改造陆家桥等二类以上公厕①18个。

大力实施乡村振兴战略。积极推进农业发展、农村改革及新农村建设，改善农村发展环境和人居环境。促进农渔业融合发展，大力推进省级现代农业园区建设，推动特色果蔬、远洋捕捞等主导产业接二连三。积极打造马岙海岛农耕文化省级特色农业强镇，加快果蔬采摘园等基地建设，打造“农旅结合”示范样板。精心建设华晟牧场国家数字农业试点及小沙“百果园”等农业精品项目，积极引入社会资本打造田园综合体。强化改革创新激发农村发展活力，全面完成农村土地承包经营权确权登记颁证，进一步完善农村产权交易平台建设，强势推进土地长期连片流转，在岑港、小沙、马岙等镇街探索实施土地流转新模式。多渠道发展社区村集体经济，确保9个低收入社区年收入达到30万元以上。按照“点上出彩、线上美丽、面上洁净”要求，统筹推进美丽乡村、美丽公路、美丽田园、美丽庭院建设。以景区建设标准集中优势资源全力打造马岙村、金山村等“风情乡村”②，试点推进“全景干礅”建设，留住定海的美丽乡愁。精心打造美丽风景示范线，布局运用彩色树种、花卉和景观农作物，推进北向疏港公路等道路沿线美丽田园建设。强化农房风貌管控，鼓励建设美丽整洁、绿意盎然的农家院落。启动实施乡村人居环境整治三年行动，全面改善农村环境面貌。

深入推进环境综合整治。坚持“绿水青山就是金山银山”发展理念，打好治水拆违等系列组合拳，掀起城乡环境整治新高潮。全面完成小城镇环境综合整治三年行动任务，落实“一加强三整治”③综合举措，有力改善岑港、双桥、小沙和长白、册子等地的环境面貌和城镇秩序。打好污染防治攻坚战，巩固提升剿灭劣V类水和农村生活污水治理成效，加强干礅、岑港烟墩等区块水环境整治，启动三江污水处理厂工程，建设污水管网32.5公里。强势推进24个强排系统建设，完成河库清淤37.6万立方米，推行河道保洁市场化运营模式。深化“无违建”创建工作，铁腕推进存量违建清零行动，严格落实防违控违制度，努力做到存量违建处置全覆盖、新增违建零增长。统筹推进大气、土壤污染防治和矿山治理，高标准创建册子大皇山国家级绿色矿山。争创省级生态文明建设示范区。

（四）全面实施富民惠民安民工程，不断提升群众获得感幸福感安全感

健全社会保障体系。坚持普惠共享和重点突破并举，织密织牢民生保障网。深化扶贫开发奔小康工程，及时发现、精准帮扶扶贫对象，全力消除年收入14000元以下低收入农渔户。完善就业创业支撑体系，多渠道帮助重点群体稳定就业，多途径增加城乡居民收入。健全社会救助体系，完善城乡最低生活保障制度，加大医疗救助、临时救助、慈善救助力度。促进社保提质扩面，完善“全民参保登记”动态化管理制度，推进医保改革“三突破”④，持续提升城乡居民基本医疗保险、基本养老保险参保率。推进养老机构建设和老龄事业发展，启用定海华康园，谋划建设小

①二类以上公厕：是指达到《城市公共厕所设计标准》二类指标以上的厕所，主要控制标准包括无障碍设施、空调、环境质量等。

②“风情乡村”：是指对具有良好的自然景观资源、良好的民风民俗和一定文化底蕴的村庄进行集中打造，形成的产业兴旺、生态宜居、乡风文明、治理有效、生活富裕的特色村落。

③“一加强三整治”：是指加强规划设计引领、整治环境卫生、整治城镇秩序、整治乡容镇貌。

④医保改革“三突破”：是指在参保人群全覆盖、医保制度统一、完善大病保险制度三方面取得新突破。

洋岙等区块养老综合服务中心。

优化公共服务供给。积极打造海洋历史文化强区、新区基础教育最优区和“健康定海”，加大文化、教育、医疗等方面的投入力度，努力提供更高质量的公共服务。深入实施文化惠民工程。布局完善区图书馆、科技馆和城市书房，稳步推进农村文化礼堂、社区文体活动室等基层文体设施建设。巩固提升“三毛散文奖”“神行定海山”“唱响定海”“书香定海”等品牌活动影响力，积极谋划引进国际山地自行车越野赛及各类户外休闲运动赛事。全面挖掘“定海山”系列文化精髓[①]。加快推进教育现代化。进一步优化学校布局，启动实施定海六中扩建及城南、城北、青垒头路3所学校新建工程，布局建设西山路、畚斗岙等幼儿园，加快海滨小学、城关二幼等项目实施进度。新建学校以建筑群形态打造“美丽学校”，创新建设“智能地下接送系统”[②]。积极引进幼教等领域高端优质民办教育机构，加快构建多元化办学格局。争创省教育现代化达标区，全面推行中小学“县管校聘”[③]管理体制改革，促进教师交流轮岗常态化。推进师资力量均衡配置，加强师德师风建设。配合做好市区教育管理体制改革，全面承接6家市级幼儿园管理职能。进一步加强新居民子女教育保障。不断健全医疗卫生服务体系。确保瑞金医院舟山分院顺利运营，布点建设城区公共卫生服务站，加速白泉中心卫生院、双桥街道社区卫生服务中心建设。推动实施分级诊疗模式，启动基层医疗机构补偿机制改革，建立偏远海岛地区卫计人员激励机制。

加大社会治理力度。以星级平安金鼎[④]为目标，全力建设安全城市标杆区，构建完善共建共治共享的社会治理格局。完善立体化社会治安防控体系，探索建立经济风险隐患警示平台，加快推进“雪亮工程”建设，加快社会视频监控资源整合联网。保持对各类违法行为的高压态势，坚决预防和打击“盗抢骗”及电信网络新型违法犯罪行为。深化基层治理体系“四个平台”建设，健全社会矛盾排查预警机制，加强矛盾纠纷化解和初信初访处置能力。加大重点社会组织孵化培育，建成社会组织培育服务中心。加大危险化学品、船舶修造、食品安全等重点领域专项排查整治力度，确保安全生产三项指标明显下降。

（五）着力提升行政能力，努力建设人民满意政府

坚持从严治政，增强执行力。牢固树立政治意识、大局意识、核心意识、看齐意识，开展“不忘初心、牢记使命”主题教育活动，推进政府公务人员能力和作风建设，着力打造定海铁军。坚持实干至上、行动至上，建立重点工作清单制度和项目年中安排制度，做到重大决策立说立行、重点项目提前布局。推行政府工作项目化，落实专人负责跟踪推进，严格绩效管理，确保各项工作一抓到底。完善实绩亮相工作机制，进一步增强“比学赶超”氛围。严厉惩处失职、渎职行为，坚决治理“中梗阻”问题。

坚持高效施政，增强服务力。深化行政审批制度改革，探索建立“受办分离”[⑤]模式，公安、人力社保等部门事项实现“同城通办”[⑥]。加快推动政务服务网向基层延伸，推进网上行政服务多级联动，确保五星事项比例达到20%以上。推进“区域环评+环境标准”改革政策落地。建立重点工作专班推进制度，集中力量做好文化挖掘、五山绿道建设等工作。创新建立区长坐堂“最多跑一次”等助企制度，全面落实企业帮扶政策，预防和化解企业资金链、担保链风险。

---

①“定海山”系列文化精髓：是指文物古迹、非遗文化、民俗文化、古树、古桥、名人、精品老宅、名人故居、名吃、百年老字号、一校一品等一系列定海独有的文化精华。

②“智能地下接送系统”：是指充分利用学校地下空间，设置机动车停车区、非机动车停车区、接人区、闸机、步行通道、阅览室、休息室等设施和上下课提示信息系统，实现学生上下学“人车分流、地下接送”，确保学校周边道路交通安全。

③“县管校聘”：是指全体公办义务教育学校教师和校长全部都实行县（区）级政府统一管理。教师首先在学校内竞聘上岗。学校内竞聘后，县级教育行政部门统一公布所属学校的空缺岗位，落聘人员再竞聘上岗。对经过二轮竞聘仍未上岗的教师，根据实际统筹安排岗位。

④星级平安金鼎：是指对获得“平安金鼎”以后连续3年、6年等达到平安市、县（市、区）标准的，分别授予星级“平安金鼎”。

⑤“受办分离”：是指平台统一受理业务，部门办理后将信息再反馈至“一窗平台”。

⑥ “同城通办”：是指在原有市区范围通办模式的基础上，对部分事项在全市范围内实行“同城通办”，申请人可以不受经营地点和所属主管机关的限制，在全市范围内任一行政服务厅办理业务。

坚持依法行政，增强公信力。切实将政府工作全面纳入法治轨道，扎实开展“七五”普法和“六五”依法治区。常态化落实区政府常务会议学法制度，严格按照法定权限、法定程序行权履职，切实规范各项行政行为。加强行政规范性文件合法性审查，推进行政复议体制改革。自觉接受人大依法监督、政协民主监督，强化行政监督、审计监督，主动接受社会监督、舆论监督。广泛听取各民主党派、工商联、人民团体和社会各界人士的意见。支持工青妇等群团组织开展工作。

坚持清廉为政，增强约束力。高标准落实党风廉政建设责任制和中央八项规定精神及其实施细则，切实防止“四风”问题变异反弹，坚决纠治各类不正之风。强化对行政审批、招投标、土地出让、政府采购、国有资产产权交易等重点领域和关键环节的监管，推动区城乡建设集团等国资公司去行政化改革，进一步深化公车改革。健全廉政风险防控机制，切实加大预防腐败力度，严肃查处各类违纪违法案件。深化政务公开工作，完善政府信息发布制度，让权力始终在阳光下运行。

各位代表，新时代赋予重任，新使命催人奋进，站在新起点，踏上新征程，我们满怀信心、豪情万丈。让我们在中共舟山市定海区委的坚强领导下，不忘初心、牢记使命，团结依靠全区人民，上下同欲，克难攻坚，全面推进花园式国际人文港城建设，为率先建成“两个高水平”而努力奋斗！

中国人民政治协商会议
第六届舟山市定海区委员会常务委员会工作报告

——在政协第六届舟山市定海区委员会第二次会议上

舟山市定海区政协主席　　车志宽

（2018年1月19日）

各位委员：

我代表政协第六届舟山市定海区委员会常务委员会，向大会报告工作，请予审议，并请列席会议的同志提出意见。

2017年工作回顾

2017年，区政协常委会在中共舟山市定海区委的坚强领导下，把贯彻落实中共十九大精神和省委、市委、区委要求作为工作主线，注重改革创新，强化工作实效，认真履行政治协商、民主监督、参政议政职能，着力汇聚方方面面的智慧和力量，为实现“十三五”发展良好开局，推动定海高水平全面建成小康社会发挥了积极作用。

一、大力加强政治建设，广泛凝聚团结奋斗正能量

常委会坚持把政治建设放在首位，不断巩固政协履职的思想政治基础，努力将各方面的积极性、主动性、创造性凝聚到推动定海各项工作在全省争先进位、在全市走在前列的具体实践中。

始终坚持党的领导。自觉接受和紧紧依靠中共舟山市定海区委的领导，突出抓好区第十三次党代会精神的贯彻落实，严格按照区委总体工作部署制定政协年度工作要点，协助区委区政府出台年度重大协商工作计划，将区委的重大决策部署和重要指示精神落实到政协履职的各个方面。始终坚持党的政治领导、思想领导和组织领导，引领政协委员严明政治纪律，严守政治规矩，增强“四个意识”，进一步凝聚全体委员的共同意志，确保政协工作与区委中心工作更好地相协调、相呼应、相促进。

高度重视思想引领。把学习贯彻中共十九大精神和习近平新时代中国特色社会主义思想，以及省、市、区重要会议精神作为重要政治任务。组织机关干部集中收看十九大开幕式，通过邀请省委党校教授作专题报告、参加所在单位学习培训等方式，组织委员认真学习中共十九大报告、《中国共产党章程（修正案）》，努力在弄懂学通做实上下功夫。积极宣传党的路线方针政策，引导全体政协委员和各界人士，深刻认识中国特色社会主义制度的优越性，切实增强道路自信、理论自信、制度自信、文化自信。

顺利完成换届工作。坚持和完善中国共产党领导的多党合作和政治协商制度，在区委的正确领导和全力支持下，认真按照换届工作要求，充分发扬民主，严格组织程序，推荐产生了新一届政协委员186名，选举产生了新一届政协班子，圆满完成了换届选举工作。完善了专委会、委员活动小组等设置，明确了界别负责人。政协组织机构、活动平台、工作体系更趋完善，为新一届委员发挥作用奠定了基础。全年召开常委会议4次、主席会议9次、协商会议6次，组织开展了一批协商建言活动，形成了一系列建言献策成果，全年共报送协商纪要6篇、调研报告6篇，有36件次参政建言材料得到区委区政府领导的批示。

二、全力服务发展大局，积极发出协商议政好声音

常委会按照懂政协、会协商、善议政的要求，主动把政协工作置于全区工作大局中谋划部署，政治协商由此着眼，民主监督向此发力，参政议政依此展开，更好彰显政协工作在服务全局中的独特价值。

全会协商着眼广泛性。六届一次会议上，广大委员认真履职，围绕“一府两院”工作报告和其他报告进行广泛协商讨论，对经济发展、社会管理、城市更新、文化建设、民生事业等方面提出了28条富有建设性的意见建议，为区委、区政府科学决策提供了有益参考。26名委员就打造配套产业强区、培育工匠精神、唤醒定海古城记忆、构建区域创新创业生态圈、助推美丽乡村建设等全区中心工作和群众普遍关心的热点难点问题，进行了大会发言，发表的真知灼见得到了与会领导的积极评价和充分肯定，区委区政府主要领导对发言材料批示29篇次，提出的许多建议措施转化为党政决策。

年度协商突出针对性。通过政协找题、区委区政府点题，围绕花园式国际人文港城建设，常委会议选择古城保护与活化利用、小城镇环境综合整治两大课题到区属部门和有关镇街深入调研，到外地学习取经，形成了《加快推进古城保护与活化利用，提升花园式国际人文港城建设》《提亮点、求特色、补短板，全面推进小城镇环境综合整治行动》等调研报告和“通山达海抱古城——推进古城保护与活化利用，建设花园式国际人文港城”专题协商纪要，得到区委区政府主要领导批示，提出的以完善机制为突破、推进古城建设，探索建立小城镇管理长效机制等调研意见被纳入党政决策。主席会议组织各专委会、界别小组，分别就特色街区建设、加快我区军民产业深度融合、长白岛规划发展、加大低小散企业环保整治、城区商贸业发展合理布局、加快旧城改造步伐等课题，开展专题协商、界别协商、对口协商和提案办理协商，广泛征求意见，提出了定海争取成为国防和经济建设双赢发展、海洋特色鲜明的省级军民融合创新示范区；长白岛建设大湾区国际交通驿站；规划引领、创新驱动，努力再造定海城区商贸业新格局等许多前瞻性、可操作性的意见和建议，推动了相关工作加快落实，取得了较好成效。

协商建言强化实效性。充分发挥自身优势，注重加强学习调研，为推动经济转型升级贡献智慧力量。区政协班子成员带头参与中心工作，积极协助区委、区政府争取招商引资项目，深入重点项目建设一线和联系点检查指导，协调解决问题，推动工作落实。区政协委员积极参加“千名干部进百企”服务季活动，先后多次走访金鹰集团、西峰水产、宋都集团、兴业集团等重点企业，共同寻计谋策。组织委员到浙江华业公司考察学习，并召开“聚焦经济新动能，助推企业新发展”调研座谈会，围绕扶持和助推企业发展，推动金融系统与海洋实体产业有机融合，加快物流业、旅游业、现代农业发展，强化科技创新，优化审批服务工作等提出了近30条意见建议。

三、致力促进民生改善，努力突出履职为民主旋律

常委会坚持把履行职能的实践与群众利益的实现结合起来，把履职的着力点聚焦到人民群众日益增长的美好生活需要上，促进改革发展成果更多更公平地惠及全体人民，彰显政协责任。

切实加强提案督办。始终把提案工作作为民主监督的重要形式，将区委区政府领导领办、区政协领导督办等传统形式与主席会议督办、建议落实协商等新形式相结合，提高提案办理工作的办复率和满意率。六届一次会议以来，共收到以提案形式提出的意见建议177件，立案161件，内容涉及事关我区经济社会发展的重要问题和群众切身利益的实际问题，得到了区委区政府及相关部门的积极回应，提案办复率100%，委员对办理结果满意率和基本满意率为100%。

扎实开展专项监督。充分发挥界别和专业优势，推动民主监督工作创新发展和民生问题的解决。积极参与省政协“三级联动、五水共治”专项集体民主监督暨“查、找、督万千行”活动，成立专家督察小组，实行委员入村联点，实现对全区所有11个镇街159处劣V类水体监督全覆盖，为全面剿劣工作贡献了政协智慧和力量；针对城区路网畅通改造等民生重点工程，区政协领导带队多次视察总府路延伸段等项目现场，组织委员积极参与定海公园改造等项目的专题研讨会和意见征询会，努力出实招献良策；围绕“最多跑一次”、大众评机关等监督活动，组织委员共同参与监督，促进窗口部门的党风廉政和机关作风建设，切实增强群众的获得感、幸福感。

深化服务基层群众。依托各民主党派、各界别，全年共组织委员开展慈善捐赠、送医送药、扶贫帮困、法律服务等活动10多次，受到基层群众和社会各界的广泛好评。去年12月初，组织农技、医卫、法律等领域的政协委员和特邀人士30多人，到岑港街道南岙社区开展以“送科技 送法律 送医卫”为主题的“三下乡”为民服务活动，为当地群众义诊送药、免费针灸推拿、免费维修家电等，受到当地群众的欢迎。

四、聚力团结民主主题，不断营造和谐稳定好氛围

常委会始终坚持求同存异、联情联心，切实做好团结各界、争取人心的工作，较好地发挥了协调关系、凝聚力量、增进和谐的作用。

深化各界团结联谊。高度重视与各民主党派、工商联的合作共事，主动邀请各民主党派、工商联和无党派人士参加政协的各种会议和活动，积极推荐党外委员参加党委、政府部门的各种政情交流会和检查、督察、评议活动，较好地发挥了各界人士在协商监督、参政议政、反映民意中的重要作用。进一步密切与海外人士、港澳台侨、外来引进人才、新的社会阶层人士以及在外定海人、异地商会的联络联谊，积极发挥群团组织和社会新阶层的作用，努力搭建好参政议政平台，举办了“喜迎十九大，协力圆梦想”国庆中秋茶话会等活动。加强与上级政协、兄弟县市区政协联系与交流，在交流合作中积极宣传推荐定海，提高定海对外知名度。

着力畅通民意诉求。注重发挥社情民意“直通车”作用，高度重视社情民意的收集和反映。去年年初，组织召开区政协年度信息工作会议，调整并聘任了一批特约信息员，每季度召开社情民意信息研判会，根据民情走向和热点动向提出指导性意见。全年共收集社情民意信息73条，编报区委、区政府和区属部门31篇，上报市政协办38篇。委员们反映的《关于探索建立民主党派智库的几点建议》《推进高污染燃料锅炉整治应从管控服入手》《关于开展乡镇卫生院托管试点工作的建议》等一批重要信息得到区委区政府领导的批示，促进了相关问题的解决，荣获全市政协系统反映社情民意信息工作先进单位。

不断拓展协商平台。加大基层协商民主探索力度，通过建立镇街和界别委员工作室，拓宽委员联系服务群众的渠道，扩大政协组织的社会影响力。一年来，调整成立了盐仓、小沙、岑港、双桥、金塘、白泉等6个镇街工作室和青联、医卫、社保社福等3个界别工作室，并统一制作了委员亮相台、工作室职责牌、社情民意信息薄等，为区域、界别委员联合履职、促进联谊、加强基层协商民主建设搭建了平台。

五、倾力加强自身建设，注重树立定海政协新形象

常委会始终把加强自身建设摆在突出位置，坚持强化学习提素质，激发活力促履职，努力建设高素质的政协委员队伍和打造高效能的政协机关，树立定海政协新形象。

加强学习，积蓄履职之本。发扬善于学习的政协传统，在专委会与办公室双月例会等各类会议平台增加理论业务学习环节。推动委员学习制度化常态化，修订完善《定海区政协委员学习培训制度》，制定下发《区政协“人文定海·书香政协”实施意见》，组织开展常委读书会、新委员履职培训、微征文等活动，邀请解放军装备学院等单位的专家教授开展军民产业深度融合发展专题培训，围绕古城核心区保护与活化利用，在江苏扬州市委党校举办“书香政协·品读城市”专题培训，为委员履职奠定了业务基础。

健全制度，夯实履职之基。积极探索委员服务管理的新途径、新方法，建立健全各项配套制度，提升委员服务管理实效。和区委组织部、区委统战部联合下发《关于建立定海区政协委员退出机制的暂行规定》，完善了区政协委员管理机制；出台《区政协班子成员联系常委、常委联系委员制度》，继续开展优秀提案和参政议政积极分子的评优评先，激发了委员履职的活力和动力；出台《政协考察视察制度》，促进了考察视察等活动的规范化。努力把区政协机关建成“委员之家”，机关党建品牌“凝聚政协情、共筑定海梦”着眼于服务保障委员履职，入围区直机关第二轮优秀机关党建服务品牌项目。

强基固本，唱好履职之歌。一年来，广大政协委员履职身影频繁出现在调研发言现场、协商议政会场，出现在重大项目工地、企业生产车间，出现在扶贫帮困一线、困难群众家庭，委员的履职热情和成效得到了社会各界的普遍认可。切实改进政协宣传，一年来，《定海政协》杂志正常发送，定海政协微信公众号扩大信息推送面，建立委员微信群，为委员履职交流、知情明政搭建了平台。高度注重文史工作，编辑出版《海岳芷兰——定海文化名人口述录》，推动了海洋文化传承发展。加强与新闻媒体的合作，省、市、区级媒体对区政协工作的报道频度更高、内容更多、形式更新，全年共上稿50余篇，提高了社会各界对政协工作的关注和认同，被省政协办公厅评为宣传工作先进集体。

各位委员、同志们！过去一年，区政协常委会工作所取得的成绩，是区委正确领导、区政府大力支持的结果，是区属各单位、各镇街和社会各界积极配合的结果，更是政协各参加单位和广大委员共同努力的结果。在此，我代表六届区政协常委会，向所有关心支持政协工作的领导和同志们表示衷心的感谢，向积极履职、乐于奉献的全体政协委员致以崇高的敬意！

回顾一年来的履职实践，我们也感到工作中还存在很多不足，主要是：民主监督的职能发挥还不够全面深入；协商成果的转化运用还需要进一步强化；委员的主体作用发挥还不够充分；对委员的管理和服务还有待加强等等。对于这些问题，我们将高度重视，切实加以改进。

2018年工作任务

2018年，是贯彻党的十九大精神的开局之年，是改革开放40周年，是新区全面攻坚突破、实现赶超发展的关键之年，也是定海全面建设花园式国际人文港城的第一年。区政协工作的总体要求是：高举习近平新时代中国特色社会主义思想伟大旗帜，全面贯彻中共十九大精神，不忘初心、牢记使命，把握团结和民主两大主题，紧紧围绕区委的决策部署，主动服务大局，倾力服务发展，真情服务群众，积极履行职能，不断提升政协工作科学化水平，为全面推进花园式国际人文港城建设，实现率先建成“两个高水平”奋斗目标做出新的贡献！

一、紧跟新时代，在思想建设上促深化。坚持把学习贯彻中共十九大精神作为首要的政治任务，组织引导政协委员和各界人士，认真学习、深刻领会十九大提出的一系列新思想、新举措、新要求，自觉把思想和行动统一到中央和省市区委的决策部署上来，把智慧和力量凝聚到率先实现“两个高水平”的目标任务上来。深刻学习领会习近平新时代中国特色社会主义思想，增进高度的政治认同、思想认同、情感认同，夯实团结奋斗的共同思想政治基础。牢固树立“四个意识”，推动参加政协的各党派团体和各界人士自觉接受中国共产党的领导，坚决维护习近平总书记的核心地位。扎实开展“不忘初心、牢记使命”主题教育，深刻理解新时代中国特色社会主义基本方略，结合实际找到落实基点，切实在政协工作中贯彻下去、体现出来。

二、适应新形势，在议政建言上多作为。深入学习贯彻中共十九大关于加强社会主义协商民主建设的重要论断和部署，充分发挥政协作为社会主义协商民主重要渠道和专门机构作用，坚持议大事、抓大事，不断提高“商以求同、协以成事”的成效。增强协商议政的精准度。聚焦区委区政府中心工作，着眼党政所思、群众所盼、社会所需、政协所能选好课题，重点围绕推动定海经济高质量发展、有效融入自贸区等新区系列国家战略、全面推进花园式国际人文港城建设、增强区域交通支撑能力、生态文明建设、乡村振兴战略等重大主题，抓好全体会议、常委会议、主席会议协商，推进专题协商、对口协商、界别协商、提案办理协商和基层民主协商，健全完善协商成果采纳和反馈机制，促进协商成果的有效转化。增强协商议政的针对性。坚持抓重点、补短板、强弱项，把履职的着力点聚集到人民群众日益增长的美好生活需要上，深入调研中心城区品质提升、健康旅游产业发展、幼教养老等问题，多建务实之言、多献可用之策。提高协商议政的实效性。坚持协商于决策之前和决策实施之中，提前介入，深入调研，努力在协商中达成共识、形成合力，促进决策更好地顺乎民意、合乎实际。纵深推进协商民主广泛多层制度化发展，深化拓展基层协商民主工作。

三、把握新使命，在民主监督上求突破。认真贯彻落实中共中央办公厅和省委关于加强和改进人民政协民主监督工作的文件精神，牢记民主监督的政治使命，做到敢监督、真监督、善监督。强化区委统一领导。坚持把民主监督寓于政协履行职能的各项工作之中，主动聚焦党委政府决策部署贯彻落实最困难的领域、改革发展最突出的障碍、人民群众最关注的方面开展协商式监督，健全民主监督机制，推进民主监督工作制度化、规范化、常态化。完善监督内容和形式。把民主监督内容列入年度协商民主计划，认真完成区委、区政府交办的民主监督任务。加强在政协会议、委员视察、提案办理等工作中增加民主监督内容，邀请政府经济综合和民生部门负责人定期来政协通报相关情况。组织委员参加民主评议、行风评议和执法检查活动，开展专题调研视察，推荐委员担任特约监督员、行风监督员，探索成立专题民主监督组织，进一步丰富监督形式和手段。明确监督的方向和重点。把推动区委区政府重大改革举措、重要决策部署的落实；政府重大投资项目、生态文明建设工作的推进；民生实事项目的完成；政协提案、协商纪要和其他重要意见建议的办理；民生福祉问题的妥善解决等作为监督重点。积极创新民主监督方式方法，探索开展联动联合监督，发挥委员工作室在基层民主监督中的作用。

四、顺应新期待，在服务民生上添助力。坚持以人民为中心的发展思想，设身处地为群众着想，多做得民心、顺民意的工作，助力解决好发展不平衡不充分问题。联系群众知民情。增强委员群众意识，及时了解和反映所在界别和基层群众的所思所想所求，成为党委政府同人民群众沟通联系的重要渠道。创新协商问政渠道，以“互联网+”思路，加强在线互动，利用微博、微信等新媒体，更加广泛地了解民情、掌握民意。贴近群众惠民生。紧扣区委区政府重要民生政策的落实、社会关注的重大改革举措和群众反映集中的热点难点开展协商监督，围绕实现幼有所育、学有优教、劳有多得、病有良医、老有善养、住有安居、弱有所扶等民生问题咨政建言，努力增进民生福祉。服务群众暖民心。组织政协委员和社会各方力量，开展“三下乡”等为民服务活动，积极参与社会公益事业，倾力为困难群众解难事、做好事、办实事，促进民生改善。

五、营造新环境，在凝心聚力上下功夫。坚持团结稳定鼓劲，多做联系人、团结人、凝聚人的工作，努力把社会各界的力量凝聚到区委区政府的中心工作上来。加强同社会各界的联系，积极开展海内外联谊工作，助推人才引进和浙商回归。加强同各民主党派、无党派人士合作共事，加大党派提案与大会发言等工作力度。密切与党外知识分子、新的社会阶层人士和非公有制经济人士的联系，团结和引导各阶层人士共同致力于定海经济社会发展。深入开展“人文定海·书香政协”活动，整理挖掘定海古城的各类文史资料，探索建立区政协文史馆，促进我区文化大繁荣。

六、落实新要求，在能力素质上抓提升。加强政协自身建设，提高政协委员和政协工作者的素质，是政协工作创新发展的重要保障。重视常委会组成人员的学习培训，发挥主席会议和常委会组成人员在各项履职活动中的带头表率作用。进一步完善区政协班子成员联系常委、常委联系委员制度，邀请委员列席常委会议，加强对委员的培训、联络、管理和服务，保障委员民主权利。推进委员联系企业、联系重点项目制度，切实发挥委员的模范作用、主体作用、代表作用。加强专委会、界别和委员工作室建设，切实发挥专委会的基础作用，在委员工作室间营造“比学赶超”氛围。着力提高机关工作人员的政治素质、业务能力和服务水平，为有效履行职能提供切实保障和支持。

各位委员、同志们！新思想引领新时代，新使命召唤新作为。我们一定要把握时代脉搏，紧跟时代步伐，认真履行职能，大胆创新作为，不断开创政协工作新局面。让我们更加紧密地团结在以习近平同志为核心的中共中央周围，在中共舟山市定海区委的坚强领导下，解放思想、开拓奋进，为谱写定海更美好的明天而共同努力奋斗！

定海十景系列(一)

海上古城

定海，一座历存千年的海上古城，康熙二十六年(1687年)，康熙以“山名为舟，动而不静”为由，赐题“定海山”匾额，诏改舟山为“定海山”。悠悠岁月赋予了这座海岛古城独特的韵味，成就了一座全国唯一的海岛历史文化名城。定海古街众多，其中东、中、西大街是古城的核心区块，较好地保存了古城的风貌，成为了解舟山海洋历史文化和体味古城慢生活的好去处。

专　记

全国文明城市创建

【概况】　2018年，定海区按照“一年基本达标、两年再上台阶、三年全面冲刺”的工作要求，对标《全国文明城市测评体系》，开展全国文明城市创建工作。

【完善组织机构】　成立定海区创建全国文明城市工作领导小组，区委书记庄继艳、区长侯富光任组长，领导小组下设14个专项工作组，细化落实创建专项任务。建立区领导联系镇（街道）创建工作和区领导督查巡查机制、居民小区环境整治专项行动领导干部包干责任制（30位区领导包干188个小区），累计带队开展实地督查和现场巡查百余次。召开区级层面各类推进（培训）会、工作例会、专题部署会33次，制定并印发《舟山市定海区全国文明城市创建任务分解表（2018版）》等规范性文件，层层分解落实工作任务。

【完善创城工作机制】　推行创建全国文明城市问题工作单制度，由各创建责任主体（创城专项组、责任单位、镇街道）将在工作中遇到的涉及责任单位多、整改难度大、历史欠债多等“疑难杂症”，以工作单的形式提交至区创建办，经核实后转交区分管领导或相关责任单位，限期接单后三天内必须开展办理工作。全年收到工作单72份，由分管副区长牵头解决或区创建办、区城管局等责任单位协调解决，整改率达100%。建立全国文明城市创建工作快速反应、即时处置机制。通过微信督查、专项督查、巡访互查、新闻曝光等方式，构建动态性问题一周一查、专线性问题一月一查、区域内问题季度再巡查、难点问题重点曝光的全方位督查机制；2018年微信督查即时反馈、整改问题800多个，市民巡访团开展巡访互查43次，14个专项组累计下发各类抄告单163份，并及时跟进新区聚焦、海山聚集等曝光问题和市创建办抄告单、督办单整改落实。

【全国文明城市创建宣传工作】　开展“讲文明树新风”公益广告宣传，2018年全区各类场所新增公益广告数近15000块，其中15条主次干道、2条商业大街制作公益广告6000余块，小区电子屏、候车厅、公共自行车棚公益广告实现全覆盖。并邀请第三方测评公司对全区600多个公益广告点位进行测评，累计反馈、整改问题千余个。开展入户宣传，累计入户近21万次，发放“创城须知”三折页、市民文明手册等宣传资料和宣传品60多万份。2018年国测反馈群众满意率名列前茅。

【全国文明城市创建志愿服务】　机关单位与城市社区结对、主要交通路口文明劝导、“城市啄木鸟”等志愿服务活动蓬勃开展，志愿者服务水平及质量明显提升。2018年39个城市社区注册志愿者人数29983人，占常住人口的19.0%；其中有时数的志愿者28060人，占注册志愿者比例93.6%；25小时以上志愿者人数为20717人，占注册志愿者比例69.1%。深化“礼让斑马线 排队讲秩序 共建花园城”主题活动，全区23个机关事业单位认领19个主要交通路口，累计志愿服务时数2万小时；完成5条爱心斑马线认领，并首次在凯虹广场斑马线启用申请式人行灯，推动重点斑马线礼让率基本稳定在80%以上。开展“3·5”学雷锋志愿服务月活动，参与志愿者数超700人次，惠及群众5000人次；建立区级“学雷锋·志愿驿站”，获评全市首批“学雷锋·志愿驿站”。

【城乡环境综合整治擂台赛】 以环境卫生为评比重点，在全区39个城市社区和65个农村社区中分组开展，并安排38万元工作经费。城市组根据《全国文明城市测评体系》制定标准，侧重文明秩序和基础设施；农村组根据《定海区洁净乡村评分细则》制定标准，增加垃圾分类、河道净化等内容。擂台赛以两个月为周期，全年打擂4次，每次对城市社区前五名和农村社区前八名予以奖励，并将成绩与街道的年终考核挂钩。

【中央、省城市文明程度指数测评工作】 针对中央、省城市文明程度指数测评，多次召开专题部署会、协调会。按照《全国文明城市(地级以上)测评体系操作手册（2018年版）》《浙江省城市文明程度指数测评体系（2018年）》，开展实地考察点整改集中攻坚行动，全面排摸全区600余个考察点现状，即查即改切实推动各考察点达标水平有明显提升。

【镇街道文明指数测评工作】 对全区11个镇街在基础设施、环境卫生、群众性精神文明创建活动等方面的文明程度进行测评，根据2018年6月、9月舟山市文明城市第三方实地测评结果，结合城乡环境综合整治擂台赛成绩和镇（街道）日常工作开展情况进行综合排名。并安排19万元，用于奖励测评优秀乡镇（街道）。城东街道、白泉镇分列第一。

【城乡基层创建】 深化文明单位（文明校园）、文明村镇创建活动，新申报全国、省级、市级文明单位2家、3家、3家，复评全国、省、市级文明单位2家、17家、60家；新申报市级文明校园4个。截至年末，全区有国家、省、市、区级文明单位2家、17家、60家、104家。国家、市、区级文明校园1家、16家、32家；省、市、区文明镇（街道）6个、10个、10个。省、市、区文明社区9个、34个、37个；全国文明村、省级文明村、市级和谐文明新社区（市级文明村）和区级文明和谐新社区（区级文明村）4个、12个、29个、53个。

（撰稿：翁超慧）

推进“最多跑一次”改革

【公布“最多跑一次”事项目录】 根据省“八统一”规范目录，结合定海实际梳理、公布事项1302个，可以实现“最多跑一次”的事项1301个（除省文件明确规定的内地公民收养子女登记不列入“最多跑一次”事项外），涉及32个部门，实现“最多跑一次”改革100%全覆盖。梳理四星事项比例66.74%，五星比例42.78%。推进“两集中、两到位”，除省里规定的不宜进驻中心的事项外全部进驻中心，进驻率达到100%。

【推进商事登记改革】 提升商事登记便利化规范化水平，实现常态化企业开办1个工作日内完成。区审交办多次召集相关部门工作负责人会商，联合公安、税务、市场监管部门召开关于服务常态化企业开办“一日办”征求会，印发《关于服务常态化企业开办“一日办”的函》向17家在定银行征求意见，形成《常态化企业开办“一日办”实施方案》意见征询并定稿，进一步明确工商登记、公章刻制、银行开户、发票领取四个环节的工作流程，同步压缩各环节办理时长，精减材料在7份以内，加快建立“一次提交、一窗受理、一日办结”常态化企业开办服务模式。截至年底，有4家企业实现常态化开办一日办结。

【规范镇（街道）事项清单】 推进全区涉及人力社保、民政、残联、卫生等部门下沉镇（街道）事项，梳理公布镇（街道）“最多跑一次”事项清单134项，社区清单98项，完成基层事项浙江政务服务网后台办事指南的配置和调整。推进综合窗口向各镇（街道）便民服务中心延伸，因地制宜开展便民服务大厅综合窗口受理和后台分类审批的改造，实现镇（街道）综合窗口覆盖率100%，进一步落实基层“无差别全科受理”。

【深化不动产交易登记“最多跑一次”】 立足基层实际，进一步压缩不动产交易登记事项的办理时限，3月份，持续推进“60分钟领证”工作，针对市中心拟定的登记类型方案及时反馈意见，为“60分钟领证”正式推出做好充分的准备。下一步，针对市中心拟定的业务类型，以及实际实施情况做好人员调整和环节优化工作。

【推进投资项目高效审批】 继续深化投资项目在线监管平台全面应用，2019年以来，通过平台运行的项目有56个。全面推广工程建设项目全流程审批管理系统，与发改、自然资源与规划、消防、人防等相关部门联动审批，实现工程建设项目全流程审批100天内完成。建设单位全程网上申报，部门全程网上审批，建设单位自主打印批文。截至年末，立项用地规划许可阶段办理项目（含在办）16个、工程建设许可阶段项目（含在办）7个、施工许可阶段项目（含在办）共46个、竣工验收阶段项目（含在办）8个。

8月16日，推进一般企业投资项目全流程审批“最多100天”工作

【推进“浙里办”APP的应用与推广】 加快梳理“浙里办APP”事项清单，截至3月底，浙里办APP可受理521个事项。

3月8日，召开数据共享应用座谈交流会

【推进联办“一件事情”事项“最多跑一次”】 继续推进“一件事情”事项办理，明确责任、信息互通、统筹协办，修订完善2018年下半年出台的定海区部门联办“一件事情”实施方案。针对特殊领域，中心召集卫生、公安、社保、民政、残联等相关部门工作负责人会商，制定居民身后事“最多跑一次”工作方案，在死亡证明开具之后，各部门主动办理、上门办理“身后事””各项事项。

【开展“双学双比”专场活动】 3月23日，定海区进行“最多跑一次”改革双学双比专场活动，五个区级部门和五个镇街道参与评比，现场观摩了解各部门、镇（街道）“最多跑一次”的基本情况。运用广播电视等媒体力量进行为期一个月的电视电话暗访，对工作拖沓或推进不力等问题进行曝光，部门一把手现场表态。通过电话连线办事窗口的方式深入了解窗口工作人员的业务水平和服务态度，形成一批可看、可比、可学的典型样板，进一步推进全区“最多跑一次”改革。

3月23日，开展全区“最多跑一次”改革“双学双比”活动

【做好机构改革相关调整】 根据《舟山市定海区机构改革方案》做好机构改革带来的机构名称调整、职能划转、事项变更等一系列变化工作，完成浙江政务服务网上机构名称调整；根据各部门三定方案，协调做好进驻行政服务中心各窗口调整、业务划转等事宜，进一步梳理各部门“最多跑一次”清单，做好浙江政务服务网后台“最多跑一次”事项及办事指南的动态比对和调整。

（撰稿：王文艳）

“五水共治”重点工程

【概况】 定海区以“两提升、两创建”（提升河湖管护能力、提升水污染处理能力；创建污水零直排区、创建美丽河湖区）为目标，制定出台《定海区2018年治水治污大会战实施方案》《定海区“品质河道”创建行动方案》，明确2018年治水治污大会战重点项目清单，分解全区“品质河道”创建任务，及时巩固成效、强化统筹推进、敢于创新突破，“治水治污”工作得到新提升。全年“治水治污”计划实施项目30个，总投资13.58亿元，累计完成投资14.83亿元，完成年度目标的109%。

【标本兼治，强化源头治理】 截污纳管方面 全年完成新增城镇污水配套管网投资额3760万元，累计完成建设18.16公里，完成年度的目标106.5%；完成修复改造污水管网投资额3640万元，累计完成21.436公里，完成年度目标的100%；西北污水处理厂实现正常运行。

饮用水源保护方面 2018年，定海计划实施4 座水库和1 条饮用水河道的综合治理。截至12月底，虹桥水库（二期工程）已完成年度任务的100%；东岙弄水库已完成年度任务的222%；龙潭水库完成年度任务的100%；龙王堂水库已完成年度任务的100%；盐仓主河生态综合提升工程、盐仓流域水生态综合治理技术推广应用项目完成年度任务的100%。

河湖库清淤方面 计划开展河道综合治理18公里。截至12月底，完成投资额7949万元；计划完成清淤37.69万方、投资1847.79万元，截至12月底，完成清淤37.69万方、投资1849万元。

工业面源整治方面 重点区块完成投资额4100万元。其中定海工业园区东拓展区（马岙区块）配套污水管网工程全部完成；岑港烟墩工业区块环境整体提升工程污水重力管铺设1500余米；污水重力管所在半幅道路宕渣回填完成100%；雨水泵站施工完成100%。重点行业完成投资额27775万元，其中沥青行业和矿山行业均完成整治。特色企业计划整治涉水特色行业1家，截至12月底累计完成投资额500万元。

农业农村污染治理方面 是年，全区关闭畜禽养殖场15家。截至12月底，完成投资额155万元；建设美丽牧场2 个，500 头以上养殖场封闭式集粪棚计划改造6 个已完成6个，完成投资额16.5万元；不合理施用化肥减量27吨，完成年度任务107%；农药减量2.1吨，完成年度任务105%；推广商品有机肥1.3万吨，完成年度任务118.2%。；3个30 吨以上的农村生活污水处理设施标准化运维试点根据省厅文件标准，初步开展具体的创建工作，完成总进度的100%，完成投资额15万元；完成20个渔农村生活垃圾分类处理试点各类垃圾桶（箱）配置和发放。

入海排污口清理整治方面 完成8个入海排污口规范化整治提升，削减2个入海排污口，完成投资额515万元。向相关入海排污口未规范化设置企业下达入海排污口整治任务，完善相关企业入海排污口台帐资料。

【长效管护，深化剿劣成果】 落实“三级河长责任” 进一步健全“以制度为保障、以措施为手段、以考核为促动”的河长管理模式，促进各级“河长”主动深入包干河道开展巡查、掌握情况并及时发现解决问题。落实区级河长16名，镇级河长175名，村级河长185名。按照《定海区“河长制”管理工作考核办法》，对“河长”履职情况进行定期、不定期督查暗访。严格按照“六个有”（河道基本信息、河长姓名、河长职责、整治目标、河道保洁信息、监督电话）要求规范河长公示牌设置。深化河长履职电子化考核，建立节假日专人值班、定期电话抽查、“一周一提醒，一次一整改，一月一通报”三项制度，切实提升河长巡河率及轨迹覆盖率，全区巡河完成率全市第一，区镇村三级均达到100%，巡河轨迹覆盖率明显提高。

强化督办严格问责 治水工作列入年度考核和领导干部政绩和评优评先，将“治水治污”大会战列入区实绩亮相项目，作为对各镇（街道）及相关部门考核年度附加分的一项重要内容。将治水工作作为洁净乡村建设的重要内容，列入本年度区委区政府“双学双比”的内容。由区治水办（河长办）牵头，相继启动“治水治污1号”“治水治污2号”“治水治污大比武”等执法检查专项行动，对检查中发现的严重隐患和问题予以曝光。同时将有关工作落实情况列入年度考核中扣分的重要依据。

执行两项长效机制 健全河道保洁机制，落实巡查保洁员311名，网格巡查员81名，河道警长67名，小微水体警长40名，配备保洁船90艘，实现河道保洁全覆盖。健全联动执法机制，落实治水治污联合执法监察工作方案，由区综合执法部门牵头，联合环保、住建、水利、农林、公安等部门，协同各镇（街道）执法力量，以水体周边环境及排污口治理为抓手，大力开展餐饮、洗涤等“六小”行业偷排偷倒行为联合执法检查及河道涉渔违法行为综合整治行动。开展“六小”行业乱排污现象专项整治，全面排查“六小”行业分布情况及周边排水管网现状，发现问题41起，整改41起。

【共建共享，引导全民参与】 *加大宣传力度* 开展“五水共治”成果大宣传，围绕“五水共治”群众认知度、参与度、支持度、满意度和信心度提升宣传工作要求，开展媒体宣传，在定海新闻、舟山广电、舟山日报、舟山晚报开设专栏、专版。在定海各条公交线路等进行“五水共治”滚动式媒体宣传，展示定海区“五水共治”的生动实践。利用文化礼堂、电子显示屏、候车亭、社区公开栏、施工区域塑料草坪等进行五水共治知识宣传。

开展护水志愿活动 发挥机关、中小学、驻地部队等单位组织优势，开展形式多样、内容丰富的护水志愿活动；组织自行车环岛绿色骑行大型“节水、护水、亲水”宣传活动，在广场、集镇、人流密集的公共场所和全区各个学校发放“五水共治”宣传册等纪念品10余万份。利用村规民约、门前“三包”责任书等形式，加强道德规范和制度约束，引导广大群众形成亲水、爱水、惜水、护水的行动自觉，全面构建群策群力、共建共享的全民参与推进机制。

（撰稿：陈 璐）

“三改一拆”专项行动

【概况】 2018年，定海区三改一拆工作在区委、区政府领导下，贯彻省市区工作决策部署，以“无违建创建”为核心，坚持“坚决拆、大力改、抓巩固”工作思路，各项工作稳步推动。是年7月，定海被省里授予“基本无违建区”称号。

至年底，全区完成“三改”面积146.1万平方米，占全年工作目标的169.4%，其中城中村改造63.9万平方米，旧住宅改造74.4万平方米，旧厂区改造7.8万平方米；拆除违法建筑面积67.1万平方米，占全年工作目标的209.6%，拆后利用率达85%以上。

【开展“3+1”拆违专项整治】 是年，组织开展以历年国土违法用地案件清理、工业厂区内违建清理、重点区域个人住宅房前屋后违建清理和农国管理用户规范处置为主要内容的“3+1”拆违专项行动，全面排摸，紧抓落实，专项行动有序有效进行，累计拆除工业厂区违建63处，面积7.2万平方米，个人住宅房前屋后违建622处，面积4.3万平方米，农田管理房172处，面积0.7万平方米。

厂区违建点位拆除前

厂区违建点位拆除后

【“两路两侧”“四边三化”整治持续发力】 把“无违建区”创建与“两路两侧”“四边三化”、美丽乡村建设等重点工作有机结合，做到项目共建、成果共享。是年，全区累计整治“两路两侧”十大类省、市、区级“四边三化”问题点位140处，面积约2.5万平方米。投资8.8亿元打造1个省级精品示范入城口（滨海大道入口）、1条省级精品示范道路（东起青垒头路，西至甬舟高速双桥出口）力促“三改一拆”工作出形象、见成效。

滨海大道入口（部分）

滨海大道定海段（部分）

【构筑违建防控体系】　制定出台《中共舟山市定海区委区政府办公室关于建立健全违法建筑防控治理长效机制的通知》（定党政办发〔2018〕230号）。建立防违控违指挥中心，打造防违控违综合信息管理平台，利用平台实现巡查轨迹、违建定位、巡查上报等功能，建立起涵盖全区的“实时巡查、实时指挥、实时举报、实时处置”防违控违综合管理智慧体系。强化区、镇街、社区村三级网格化管理体系，组建各级“三改一拆”工作微信群，做到随时发现问题，第一时间反馈整改结果，提高工作实效。

【注重拆后利用】　结合旧城改造、新农村建设、城

违建管理房拆除前

违建管理房拆除复绿后

乡环境整治等工作，提升拆后综合治理质量，做到违建即拆即清、即拆即改。是年，已在17个城中村改造区域建成临时公共停车场，新增停车位千余个。是年，全区通过拆违共腾出土地58.8万平方米，利用50.7万平方米，其中复垦复绿13.4万平方米，规划建设37.3万平方米。

（撰稿：康哲源）

（本分目照片由“三改一拆”领导小组办公室提供）

城中村旧城改造

【概述】　2018年，定海区旧旧城改造办以“全面推进花园式国际人文港城建设”为工作主线，全力以赴，攻坚克难，稳步推进定海区城中村（旧城）区块改造，完成各项年度既定目标任务。

【推进区块拆迁】　旧城办联合城区四街道，在每个区块成立征迁指挥部，负责分析研判、方案制定等具体工作。坚持发扬“特别能战斗、特别能吃苦、特别

城东街道干部认真参加城中村改造政策考试

能攻坚、特别能奉献”定海拆迁铁军精神，助力政策宣传，营造良好氛围。落实“实绩亮相”“双学双比”考核机制，把区块拆迁、安置房建设、“最后一平米”等作为重要工作内容，实行责任上墙、进度倒排、挂图作战，确保城中村改造有序保质推进。是年，完成太平弄、舟胜蔡家墩、长岗山、义桥村、海洋学院北侧等区块拆迁16个，共3700余户，总建筑面积57.4万平方米。同时，积极推进已拆迁区块的“清零”工作，完成新泰三期、竹山门（昌国部分）、工农路、庄家湾区块剩余房屋的拆除工作。

【科学优化项目设计】　发挥规划在城中村（旧城）改造工作中的引导作用，提前启动区块规划编制，利用城中村改造时机，统筹考虑全区功能布局，补齐城市功能，推进古建筑保护利用，进一步完善城市道路网络，形成以城中村改造带动城市连片改造的大开发格局。至年底，全区完成区块规划12处，涉及规划面积143公顷，完成安置小区设计12个，总建筑面积95万平方米。

【推进项目建设】　全面优化整合安置区块拆迁、安置房项目规划建设等关键环节，缩短安置房交付时

白虎山路工地桩基施工现场

间，把区块拆迁改造全过程分为安置区块征迁、安置房项目前期工作、安置房项目建设阶段、安置房项目竣工验收阶段四个阶段，明确每个阶段的控制时间和责任单位，以进场摸底调查为起始基准日，控制在3年7个月时间内全面完成安置房建设验收等工作，其中，安置项目工程建设控制在2年8个月。推行安置小区品牌代建模式，通过招投标引进绿城等知名企业参与项目建设，加快项目建设速度，提高项目品质。加强在建工地文明规范化施工，设置绿色围挡，结合文明城市创建，开展公益广告宣传，保持城市整洁有序。是年，涉及在建工程项目建设15个，其中新开工项目6个，项目总建筑面积达95万平方米，至年末累计完成投资12.2亿元。

【完成小区安置】　加强安置分配力量，联合街道、城管、公安、公证、施工等相关单位和部门，整合部门和单位资源，组建安置房联合分配小组，确保安置工作按时有序推进。考虑安置户的实际困难与需求，制定合理安置方案，明确安置抽签规则、场地、规范运行发放通知书、看房答疑、摇号选房等一系列流程，由公证处全程监督，实现阳光操作，打造风清气正的安置环境。截至12月底，完成锦鸿雅苑、海城雅苑、东林雅苑、馨港苑等安置小区的住宅安置900余套。

馨港苑安置小区交房现场

【做好项目融资】　全面拓宽融资渠道，满足城中村（旧城）改造项目资金需求。争取上级支持，申报棚改项目，争取政策性银行贷款，目前在第一批34个项目列入省棚改计划的基础上，新增棚改项目17个，取得棚改贷款授信55.7亿元。主动对接金融机构，通过基金、债券等渠道融资18.3亿元。加快土地整理，推进土地出让，全年获得土地出让金25亿元，累计完成授信99亿元。

（撰稿：陈博闻）

（本分目图片由区旧城改造办提供）

责任编辑：王英伟

定海十景系列(二)

紫微幽谷

东海大峡谷景区位于浙江舟山本岛中部,享有“舟山小九寨”之美誉。峡谷原生态环境绝佳,山谷山岭风景优美,水库水系错落蜿蜒,古驿道沿途植被树种丰富,谷内负氧离子含量极高,是一处休闲游憩运动的上佳之地。景区已初步建成10余公里的健身观光步道——“东海漫道”,还有极速滑道、高空溜索、童趣园、紫微山庄、阳光餐厅等完善配套项目。2016年,东海大峡谷景区获批国家AAA级景区。景区还获得了“2014浙江最佳亲子旅游目的地”、“浙江省五星级生态休闲健身点”等荣誉称号。

大事记

1月

1日，区委、区政府召开定海区决战城中村(旧城)改造誓师大会，部署城中村(旧城)改造工作，区委副书记、区长侯富光主持会议，余河通、车志宽、张捷、周军刚、何徐华、毛铁年、顾飞舟、林世军、陈海平、林剑彪、邵辉等区四套班子领导出席会议。

是日，定海区城东街道小洋岙城中村改造区块签约正式启动。该区块是定海首个整村搬迁项目，包括杨家塘区块、双拥路区块以及双洋路东侧区块，涉及532户住户。

是日，定海区首届花卉节在柳永文化广场举行。

2日，区委十三届五次全体（扩大）会议举行，决定于1月8日召开中国共产党舟山市定海区第十三次代表大会第二次会议。区委书记庄继艳代表区委常委会向全会报告工作。区领导侯富光、余河通、车志宽、张捷、周军刚、陈剑、何徐华、毛铁年、顾飞舟、林世军、陈海平、林剑彪、邵辉等出席会议。

4日，由副市长蔡洪带领的调研组一行到定海调研城中村改造和城市建设工作。区委副书记、区长侯富光陪同调研并汇报工作，副区长夏泉陪同调研。

5日，上海瑞金医院科技楼举行科室执行主任聘任仪式，聘请金冶宁等23人为上海瑞金医院舟山分院专家，其中临床学科执行主任15名。受聘医务专家团队一行到定海参观考察瑞金医院舟山分院。区委副书记周军刚出席聘任仪式。区委常委、白泉镇党委书记林剑彪，副区长屠定玉陪同考察。

8日，中国共产党舟山市定海区第十三次代表大会第二次会议暨区委经济工作会议在舟山市艺术剧院开幕。区委书记庄继艳作题为“全面推进花园式国际人文港城建设为实现率先建成‘两个高水平’奋斗目标而不懈努力”的报告。区委副书记、区长侯富光主持会议。区领导余河通、车志宽、张捷、周军刚、陈剑、何徐华、毛铁年、顾飞舟、林世军、陈海平、林剑彪、邵辉出席会议。

10日，区十七届人大常委会举行第十次会议。区人大常委会主任余河通主持会议，区人大常委会副主任林伟康、范纲、张伟旭、孙忠定、王华杰、王金康出席会议，区委常委、常务副区长毛铁年列席会议。

是日，区委书记庄继艳带领相关部门负责人一行前往盐仓、白泉、干䃎等地开展春节前安全生产检查工作。区委常委、白泉镇党委书记林剑彪，区政协副主席林志刚参加检查。

12日，区工商联（总商会）举行四届三次主席（会长）扩大会议暨守法诚信专题论坛，传达全国工商联第十二次全国代表大会精神和区党代会精神，研究部署2018年工商联工作，并审议人事调整相关事项。区委常委、统战部部长林世军出席会议。

15日，由定海区政府主办的2017浙江舟山群岛新区全球海洋经济创业大赛·蓝海智造行业赛决赛结束，“多光谱融合红外夜视技术”“高精度X射线全谱分析装备研制与产业化”“水热固化海砂为低环境负荷的新型建筑材料”项目分别获得一、二、三等奖。

16日，双桥中心小学入选教育部第二批全国中小学中华优秀文化艺术传承学校名单。

19日，中国人民政治协商会议第六届舟山市定海区委员会第二次会议在舟山市艺术剧院开幕。区政协主席车志宽、区委书记庄继艳等领导出席大会。

是日，省“十二五”交通规划建设项目之一的金塘北围公路建成通车。金塘北围公路于2015年1月12日开工建设，起点位于甬舟高速公路金塘互通区环岛，穿越顾家岭隧道，经西堠村、樟树岙、里岙、龙王堂村，终点接北部鱼龙山围垦区，路线全长4.463千米，设置305米单洞隧道1座，1153米分离式隧道2座。该公路按一级公路标准设计，设计时速80千米，总投资4.3亿元。

是日，小城镇环境综合整治省级考核验收组到白泉镇对小城镇综合整治工作情况进行考核验收。区委副书记周军刚，区委常委、白泉镇党委书记林剑彪陪同考核验收。

20日，区十七届人大二次会议在舟山市艺术剧院开幕。区委副书记、区长侯富光代表区人民政府向大会作政府工作报告。

23日，西山路西侧城中村(旧城)改造区块全面完成签约工作，签约率达100%，该区块正式启动改造工作。该区块总占地面积10.9万平方米，其中建筑面积3.99万平方米，涉及产权户244户。

24日，区委副书记、区长侯富光带领区经信科技局、区财政局等相关部门和盐仓街道办事处负责人，就定海海洋科学城建设情况开展调研。

是日，作为中国·匈牙利文化交流项目的匈牙利“SIXTONES”阿卡贝拉清唱团迎春演唱会在定海匈牙利国际广场举行。区委常委、常务副区长毛铁年，匈牙利驻华大使馆文化参赞宋妮雅观看了演出。

26日，国内首艘2万吨级江海联运直达船——“江海直达1”完成试航工作。该船系中国第一艘既可通江又可达海的两万吨级散货船。

28日，“神行定海山” 2018第三届东海大峡谷越野赛暨舟山首届山地极致马拉松在东海大峡谷开赛。

是日，太平弄城中村（旧城）改造区块如期完成签约工作，签约率达100%，正式启动改造工作。该区块位于太平洋百货以东、以北区域，东至前太平弄，西至环城西路，北至昌国路，总建筑面积3.42万平方米，涉及住户501户。

29日，招商局港口控股有限公司考察团一行在其董事总经理白景涛的带领下到定海考察。市、区领导许小月、侯富光、陈海平、吴红卫参加座谈会或陪同考察。

30日，定海区统一战线学习贯彻十九大精神迎春茶话会。全区各民主党派、工商联、无党派人士及社会各界人士、港澳台同胞、海外侨胞和广大统一战线工作者共同出席参加。

是日，周家塘郑家塘区块个人住宅房屋征迁工作完成，签约率100%，正式启动改造。该区块位于环南街道蓬莱社区南侧，东至蓬莱新村，西至蓬莱河，南至环城南路石油大楼，北与蓬莱新村接壤，总占地面积约2.9万平方米，涉及产权户290户，其中266户为私房和商品房。

是月，中大街海洋文化一条街获中共浙江省委宣传部评选为“浙江省文化创意街区”称号，成为全市唯一入选街区。

是月，省生态文化协会和省林业厅发文公布第七批（2017年）“浙江省生态文化基地”名单，位于双桥街道紫微社区的东海大峡谷名列其中，成为定海继干石览镇新建社区后的第二个省级生态文化基地。

是月，浙江省商标品牌评价委员会确认定海区等8个县（市、区）为“浙江省商标品牌示范县（市、区）”，定海成为舟山市首个省商标品牌示范县区。截至2017年底，定海拥有注册商标2337件，其中中国地理标志（集体）证明商标2件，拥有中国驰名商标9件，省著名商标49件。

2月

1日，金塘文化中心项目竣工并正式投入使用。该项目总投资1.3亿元，用地面积18399平方米，总建筑面积17739平方米，是金塘小城市建设的核心项目之一。

5日，区纪委、区监委举行机关干部大会，第一时间专题传达学习省纪委十四届二次全会精神，研究贯彻落实意见。区委常委、区纪委书记、区监委主任顾飞舟主持会议并讲话。

是日，2017年度定海区政府质量奖评选落幕，舟山久意达机械有限公司、浙江台意德塑机制造有限公司和浙江金达电机电器有限公司获奖。

7日，省民政厅副厅长、省慈善联合总会副会长江宇一行到定海开展春节慰问活动。区人大常委会副主任、区慈善总会会长张伟旭，副区长刘波参加慰问。

9日，中国共产党舟山市定海区第十三届纪律检查委员会第三次全体会议举行。会议学习传达中央、省、市纪委全会精神，回顾总结2017年全区党风廉政建设和反腐败工作，研究部署2018年工作任务。区委书记庄继艳出席会议并讲话，侯富光、余河通、车志宽、周军刚、何徐华、顾飞舟、林世军、陈海平、林剑彪、邵辉等区领导出席会议。

22日，全区作风建设大会举行。区委书记庄继艳发表重要讲话，侯富光、余河通、车志宽等区领导出席会议。

23日，市委副书记、代市长何中伟一行到定海调研。区委书记庄继艳汇报工作，区领导侯富光、毛铁年等参加座谈会或陪同调研。

是日，区委书记庄继艳带领区发改局、区经信科技局、区财政局等部门主要负责人到定海海洋科学城调研。区委常委、组织部部长邵辉，副区长吴红卫参加调研。

是日，区委巡察办向小沙街道党工委、区经信科技局(区商务局)党组、区供销合作联社党委发出巡察通知书，标志着区委第四轮巡察工作启动，系2018年区委首轮巡察。

24日，定海区获浙江省2017年社会主义新农村建设优秀单位称号。

26日，定海区召开全区扫黑除恶专项斗争攻坚推进会，区委常委、政法委书记、区扫黑除恶专项斗争领导小组组长陈海平出席会议并讲话，副区长、区公安分局局长杨健主持会议，区扫黑除恶专项斗争领导小组副组长、各成员单位、镇街主要领导及分管领导出席会议。

3月

1日，定海海外联谊会举行第三届理事大会，选举产生新一届海外联谊会领导班子。区领导周军刚、毛铁年、林世军、林伟康、夏江龙、林志刚、陆翰恺出席会议。

是日，“定海十景”发布会暨乡村旅游论坛在干𥔲镇新建社区南洞艺谷景区举行，现场发布最新评选出的“定海十景”，首发“定海十景”风光明信片。区委常委、常务副区长毛铁年参加活动。

5日，区委副书记、区长侯富光带领交通、规划、旧城改造指挥部等部门负责人到白泉镇调研城市规划建设工作。区委常委、白泉镇党委书记林剑彪参加调研。

6日，定海区妇联十四届二次执委(扩大)会议暨庆“三八”表彰大会举行。

7日，区政府第二次全体会议举行，会议回顾总结2017年区政府工作，全面部署2018年区政府重点工作任务。区委副书记、区长侯富光出席会议并讲话，区政府领导班子其他成员出席会议。

11日，位于城东街道畚斗岙的葆三公园开工建设，系定海区五山公园绿道首个开工建设的入口公园。

12日，区委书记庄继艳，区委副书记、区长侯富光，区人大常委会主任余河通，区政协主席车志宽，区委副书记周军刚及林剑彪、张伟旭、王树辉、夏江龙等区领导到白泉镇河东社区白泉河岸边植树点参加义务植树活动。

13日，浙江省农村文化礼堂建设工作领导小组办公室公示2017年度浙江省五星级农村文化礼堂名单，定海区干𥔲镇新建社区文化礼堂、金塘镇柳行社区文化礼堂入选。

14日，定海区旧城区改造建设办公室公布2018年新一轮城中村（旧城）改造计划，涉及12个拆迁区块总面积111.8万平方米，建筑面积52.2万平方米，住户3346户。

15日，主题为“放心消费在新区”的大型宣传活动在定海文化广场举行。

16日，全区民族宗教工作会议举行，总结2017年度全区民族宗教工作，部署2018年工作，表彰2017年度考核优秀活动场所和优秀个人。区委常委、统战部部长林世军出席会议。

是日，舟山国际远洋水产品贸易中心成立暨浙江兴业集团有限公司新厂落成仪式在干𥔲镇举行，近300名中外嘉宾参加仪式。

17日，由国家安全生产应急救援指挥中心副主任王海军带领的国务院安委办安全生产督查组到定海督查安全生产工作。省安监局副局长王旭昉、副区长吴红卫陪同督查。

20日，义桥区块征收工作启动，涉及产权户700户左右，总建筑面积约12万平方米。

22日，区委书记庄继艳带领人力社保、交通运输、卫计、市场监管等部门负责人到位于白泉镇的瑞金医院舟山分院调研该院各项筹建工作。区委常委、白泉镇党委书记林剑彪，副区长屠定玉参加调研。

是日，区委武装工作暨国防动员委员会会议举行。区委书记、区人武部党委第一书记、区国防动员委员会第一主任庄继艳出席会议并讲话，区委副书记、区长、区国防动员委员会主任侯富光主持会议，区领导余河通、车志宽、何徐华、毛铁年、顾飞舟、汪勇健、陈海平、林剑彪、邵辉出席会议。

是日，定海不动产登记中心颁发舟山本岛首本海域使用权产权证书。

23日，“最多跑一次”改革“双学双比”活动举行。区委书记庄继艳对“双学双比”活动进行点评。区领导余河通、车志宽、周军刚、何徐华、毛铁年、顾飞舟、汪勇健、陈海平、林剑彪、邵辉等出席活动。

26—28日，区委书记庄继艳率定海区党政代表团赴湖州、南京等地考察乡村振兴工作。区领导侯富光、余河通、车志宽、周军刚、何徐华、林剑彪、邵辉等参加考察活动。

28日，加拿大高贵林教育代表团到定海参观交流。两地7所学校签订合作意向书，开展广泛交流合作，建立长期合作和互访机制。

是日，国内首艘2万吨级江海联运直达船——“江海直达1”离开浙江增洲造船有限公司的码头，正式开启首航。该船以后将装载铁矿石等大宗商品由沿海港口直接运输到长江腹地，开启江海联运“新时代”。

30日，全区党的建设工作会议举行。区委书记庄继艳出席会议并讲话，区委副书记、区长侯富光主持会议，余河通、车志宽、张捷、周军刚、何徐华、顾飞舟、林世军、陈海平、林剑彪、邵辉等区领导出席会议。

31日，区工商联（总商会）四届三次执委会议举行，听取审议区工商联（总商会）四届执委会工作报告，表彰2017年度工商联系统先进。区委副书记、区长侯富光出席会议并讲话，区领导林世军、范纲、吴红卫、陆翰恺出席会议。

是月，定海连续十三年被省委、省政府命名为“平安县（区）”。

4月

2日，浙江大学校长助理、海洋学院党委书记陈鹰带领的浙江大学调研组到定海走访调研，对接定海在科技、技术、人才等方面的需求，进一步推进产学研合作。区委常委、组织部部长邵辉陪同调研。

3日，定海区洁净乡村二年行动在干礦镇正式启动。

8日，全区统战工作会议举行，总结2017年全区统战工作，部署2018年重点工作。区委常委、统战部部长林世军出席会议。

9日，区委副书记、区长侯富光带领区交通运输、旅游、环保、国土等部门和岑港街道党工委负责人到册子月亮湾等地，就打造中国大桥风景旅游区事宜进行蹲点调研。区委常委、常务副区长毛铁年参加调研。

10日，全国文明城市创建工作推进会暨城乡环境综合整治工作会议举行。区委书记庄继艳出席会议并发表重要讲话。区领导周军刚、何徐华、王树辉、夏泉出席推进会。

12日，市委常委、组织部部长张明超一行到定海海洋科学城，调研定海科技创业领军人才企业发展和定海海洋科学城“5313”产业园建设等情况。区委书记庄继艳，区委常委、组织部部长邵辉陪同调研。

是日，区委理论学习中心组学习会举行。会议专题学习《中华人民共和国宪法修正案》和《中华人民共和国监察法》。区委书记庄继艳主持会议并讲话，区委理论学习中心组全体成员参加学习会。

13日，区委书记庄继艳带领区交通运输局、区农林与海洋渔业局、区旅游局等相关部门主要负责人调研马岙街道乡村振兴战略实施情况。区委副书记周军刚参加调研。

是日，全区民主党派工作会议举行。各民主党派领导班子和区属27家对口联系单位参加会议。区委常委、统战部部长林世军出席会议。

16日，位于昌国街道蟠洋山路5号的“海山农汇”舟山市名特优农产品定海体验中心开业。副区长、区农合联理事长刘波参加揭牌仪式。

18日，2018年定海区“宪法主题宣传月”暨“全民学法基层行”在浙江海洋大学东海科学技术学院启动。

20日，全区治水治污大会战（河长制）工作会议举行。会议旨在贯彻落实省、市关于治水治污工作的决策部署，回顾总结去年定海区“五水共治”、剿劣（河长制）工作，安排部署今年工作任务。副区长王树辉、吴红卫出席会议。

是日，由浙江省作家协会，中共定海区委、区政府主办的第二届“三毛散文奖”新闻发布会在定海举行，第二届“三毛散文奖”的征集、评选工作随之启动。浙江省作协党组书记、副主席臧军出席新闻发布会并致辞，区委常委、宣传部部长何徐华作新闻发布，副区长屠定玉主持新闻发布会。

22日，2018“书香定海”全民读书节启动。本届读节分“为爱阅读”“阅享定海”“岁阅留声”三大板块，包括“21天阅读之旅”系列活动、“岁阅为你留声”朗诵大赛、“小麦姐姐讲故事”等9项活动内容。

是日，2018“神行定海山”全国徒步大会在定海举行。2045号选手林木森和2199号选手黄飞分别以2时47分32秒、4时2分的成绩分获25公里精英组男女组别的冠军。

23日，共青团舟山市定海区十六届二次全委(扩大)会议举行。区委副书记周军刚出席会议。

26日，定海区人民政府与浙江大学海洋学院战略合作启动仪式举行。浙江大学党委常委、海洋学院院长王立忠，区委书记庄继艳分别致辞，陈鹰、侯富光、余河通、车志宽等校地领导出席。

是日，中集·长宏合作公司成立大会在舟山长宏国际船舶修造有限公司举行，标志着长宏国际和中集集团合作成功并开始运行。

27日，区十七届人大常委会日前举行第十二次会议，区人大常委会主任余河通主持会议。

28日，2018年白泉镇民俗文化节暨白泉文化公园落成庆典晚会举行，标志着白泉文化公园正式移交给当地政府，投入使用。该公园位于白泉镇核心区块，由上海晟地集团总裁陈伟兴出资捐建，总用地面积约8.3万平方米，分大竹山公园和小竹山公园两部分。

是月，海天大道提升工程—定海段日前动工建设，预计8月底可完工。该工程项目西起原昌洲大道青岭下，东至颐景园路，总长约4.1公里。

5月

1日，按照《2018年浙江省海洋休渔禁渔的通告》规定，定海区238艘应休渔船全部进港休渔，东海正式进入伏季休渔期。

是日，位于盐仓街道的舟胜（蔡家墩）区块启动签约。该区块东南起茅岭墩，北至武家山嘴（昌洲大道），西至邵家山嘴，征收面积约844亩，涉及产权户444户。

是日，全市首个申请式人行红绿灯装置在定海凯虹广场前的人行道启用。

2日，区委书记庄继艳就全区意识形态工作开展专题调研。区委常委、宣传部部长何徐华，区委常委、统战部部长林世军参加调研。

3日，全区道路交通安全领导小组工作会议举行，决定全区将开展交通安全“综治能力提升”行动、源头隐患“机制健全”行动、道路安全设施“防护提升”行动、交通安全宣传“进农村进学校进企业”行动、交通违法“专项整治”行动五大行动。

8日，四川省达州市宣汉县委书记唐廷教带领宣汉县党政代表团一行到定海考察交流。区委书记庄继艳，区委副书记、区长侯富光等出席相关活动。

9日，定海区开展2018年首次人工增殖放流活动，投放3400余万尾海蜇幼苗，改善水域生态环境。

10日，由区党管人才工作领导小组主办的2018定海区创新创业大赛正式启动。

12日，位于定海海滨公园的“心愿亭”向公众开放，是继人民南路、定海凯虹广场两处“心愿亭”后定海投用的第三座“心愿亭”。

13日，舟山市“千名河长大巡河”活动启动仪式在定海举行。市、区领导周松宽、张伟平、侯富光等出席启动仪式。

14日，区委书记庄继艳带领区属相关部门负责人到定海工业园区调研。

是日，全区“治水治污1号”执法检查专项行动启动。区治水办组织各镇(街道)治水办工作人员组成四个检查组，分别对城区和各镇（街道）的剿劣防反弹情况、河长制落实情况等进行检查。此次执法检查专项行动持续到6月6日。

15日，中国农业发展银行调研组到定海就乡村振兴发展情况开展调研。区委副书记、区长侯富光陪同调研。

16日，区委书记庄继艳到区住建局、区民政局和市国土局定海分局，就作风建设开展情况进行调研。区委常委、区纪委书记、区监委主任顾飞舟参加调研。

是日，由中交二航局四公司承建的富翅门大桥9号墩主塔完成封顶，标志着富翅门大桥第A合同段迈入上部结构施工快通道。

19日，位于双桥街道的舟山群岛旅游咨询服务中心正式启用。该中心于2016年底开工建设，占地1400余平方米，是舟山市五级旅游咨询服务体系的A类旅游形象门户中心。

20日，区委副书记、区长侯富光带领区属相关部门负责人到旧城区改造办公室调研。副区长夏泉、区政协副主席柳跃军参加调研。

是日，2018年舟山群岛新区科技活动周开幕式在文化广场举行。本届科技活动周的时间为5月19日至26日，活动期间主办方在全市范围内组织开展活动，展现近年来全市最前沿的科技创新成果。

23日，定海区举行船舶修造和水产加工企业排污情况排查整改工作专题会议，对全区船舶修造和水产加工企业排污情况排查整改工作进行部署。区委副书记、区长侯富光传达全市修船企业污水排放整改工作专题会议精神，并发表讲话。副区长王树辉参加会议。

24日，中国特色小(城)镇指数研究课题组发布《中国特色小（城）镇2018年发展指数报告》，定海区远洋渔业小镇入选全国最美特色小镇50强名单。

25日，全市招商引资大会战工作例会在定海举行，副市长许小月，副区长刘波出席会议。

27日，浙江舟山群岛新区（定海）招商引资促进会在上海举行首届会员大会。该促进会是由关心、支持定海招商引资工作的企业家、律师、学者等自愿组成，为联合性、非营利性社会组织。

29日，第二届中国·浙江舟山群岛新区全球海洋经济创业大赛在上海正式启动，此次大赛分人工智能、智慧海洋、蓝海智造、生命健康四个行业赛，定海将承办蓝海智造行业赛。

30日，区委书记庄继艳带领区平安办、区安委会等部门相关负责人，就平安建设工作开展调研。区领导陈海平、应朝阳参加调研。

6月

3日，区委副书记、区长侯富光带领区住建局、区交通运输局、市规划局定海分局等相关部门负责人就全区路网建设工作开展调研。副区长夏泉参加调研。

4日，定海工业园区中小企业科技孵化基地项目开建。该项目位于定海工业园区中南部，计划总投资约1.8亿元，总用地面积41870平方米，总建筑面积42545平方米，预计2019年底投入使用。

5日，浙江省生态环境保护大会暨中央环保督查整改工作推进会举行，定海区被授予2017年度美丽浙江建设工作考核优秀单位。

6日，区委理论学习中心组举行纪念马克思诞辰200周年暨《共产党宣言》发表170周年学习会。区委书记庄继艳主持会议并讲话，区委理论学习中心组全体成员参加学习会。

是日，富翅门大桥工程第B合同段项目10号墩主塔完成封顶。

8日，区委全面深化改革领导小组会议举行。区委书记、区委全面深化改革领导小组组长庄继艳发表讲话。区委全面深化改革领导小组成员、区改革办成员出席会议。

9日，来自上海瑞金医院的30余名学科负责人和专家考察上海瑞金医院舟山分院软硬件设施，综合评估该分院开业前的各项准备工作。

10日，富翅门大桥第A合同段项目斜拉索首挂完成。

11日，定海区社区村主任培训班开班仪式暨区委书记专题党课举行。区委书记庄继艳在开班仪式上讲话，并作专题党课报告。

13日，定海区全域“整治清空行动”启动仪式在海滨公园举行，助力全国文明城市创建和花园式国际人文港城建设。

14日，由定海海洋科学城承办的中国海洋学会海洋测绘专业委员会2018年年会暨首届“新时期海洋测绘发展论坛”举行。中国海洋学会理事长陈连增，副市长姜建明，副区长刘波出席会议。

15日，全区建设平安定海工作会议举行。区委书记庄继艳出席会议并讲话，区委副书记、区长侯富光主持会议，余河通、车志宽、周军刚等区领导出席会议。

19日，区委书记庄继艳带领相关部门负责人到岑港街道调研，副区长王树辉参加调研。

20—21日，2018舟山市金牌导游技能大赛在浙江舟山群岛新区旅游与健康职业学院举行，定海区选送的5名选手均在比赛中获奖。

21日，区委书记庄继艳主持召开区委十三届常委会第31次会议。会议传达学习习近平总书记对脱贫攻坚工作重要指示精神，研究贯彻落实意见，审议通过《定海区助力对口地区脱贫攻坚三年实施方案》和《定海区2018年助力对口地区脱贫攻坚年度计划》。

25日，区十七届人大常委会第十三次会议举行，区人大常委会主任余河通主持会议。

26日，《舟山市定海区人民代表大会志》编纂工作会议举行，区人大志编撰工作完成筹备，进入资料收集阶段。

27日，十三届区委第五轮巡察工作动员部署会举行，区委3个巡察组将分别对区委政法委、区教育局党组、区交通运输局党组、区农林与海洋渔业局党组、定海工业园区管委会党组和干碰镇党委开展巡察工作，区委第五轮巡察工作启动。

29日，庆祝建党97周年大会在舟山剧院举行。区委书记庄继艳出席会议并讲话，余河通、车志宽、周军刚等区领导出席会议。

是日，区人民检察院举行公益损害与诉讼违法举报中心揭牌仪式。

是日，位于环南街道的原西门车站安置项目开工，该项目系定海区启动建设的第二个安置项目。

是月，舟山首个园区公共法律服务工作站在定海海洋科学城挂牌，该工作站由区法律援助中心设立，旨在通过打造政企协同的公共法律服务体系，营造最佳法律服务营商环境。

7月

1日，2018农商对接大会暨知名农产品展示展销会闭幕，由定海区农业投资开发有限公司选送的舟山晚稻杨梅获“2018浙江省知名品牌农产品展示展销会时令农产品金奖”。

2日，浙江省首届军民两用技术创新应用大赛总决赛在杭州举行，有15个项目参赛。定海中电科(浙江)海洋通信技术有限公司的“智慧海洋海上通信项目”获大赛优胜奖。

是日，定海小学教育集团成立仪式在定海小学体艺馆举行。

4日，区委书记庄继艳带领区三防办、区水利围垦局主要负责人检查全区防汛防台工作。区领导林剑彪、王树辉参加检查。

6日，“全面推进定海花园式国际人文港城建设”研讨会举行。区委常委、宣传部部长何徐华出席研讨会。

10日，由市人大常委会副主任钱军、徐良波带领的市人大调研组到定海调研卫生服务体系建设工作。区领导张捷、王华杰、屠定玉参加调研。

11日，城东街道举行东门交通综合体招商接洽会，为商家入驻提供便利服务。

12日，区委书记庄继艳主持召开区委十三届常委会第三十四次会议，传达学习习近平总书记对浙江工作作出的重要指示精神和省委书记车俊在省委常委扩大会议、“八八战略”与习近平新时代中国特色社会主义思想座谈会上的讲话精神。

17日，全区城乡环境综合整治暨全国文明城市创建工作推进会举行。区领导周军刚、夏泉、董凯龙出席会议。

是日，全区生态环境保护大会暨中央环保督察整改工作推进会举行。区委书记庄继艳出席会议并发表讲话，区委副书记周军刚主持会议。

18日，定海区招商引资工作推进会举行。区委书记庄继艳参加会议并发表讲话。区领导毛铁年、王树辉、董凯龙、林志刚出席会议。

19日，定海区军民融合党建工作启动仪式暨昌国街道军民“共筑国防长城”推进会，在定海昌国街道举行。

20日，国家税务总局舟山市定海区税务局挂牌成立，原舟山市定海区国家税务局、舟山市定海地方税务局合并，定海区国税地税征管体制改革进入新阶段。

21日，浙江交投矿业以29.13亿元摘得岑港街道桃夭门社区大皇山建筑用石料（凝灰岩）矿的采矿权。该矿山资源储量约1.84亿吨，采矿年限15年，系定海最大经营性采矿项目。

是月，定海区城市管理局完成城区内古树名木后备资源的排摸、建档和挂牌工作。

23日，区委十三届常委会第三十五次会议举行，传达学习省委十四届三次全体(扩大)会议精神和省纪委十四届三次全会精神。区委书记庄继艳主持会议。

是日，由区党管人才工作领导小组主办的“奇思妙想创享未来”2018年定海区创新创业大赛决赛落幕，由中电科(浙江)海洋通信技术有限公司选送的“智慧海洋”海上通信技术项目获此次创新创业大赛的一等奖。

是日，定海海洋科学城企业服务中心投入使用。该中心位于定海科技大楼2楼，建筑面积约500平方米，设有注册代办、会计代理、法律咨询、知识产权、科技在线、金融服务、商务服务、双创咨询、人力资源等职能窗口。

24日，区政协党组举行理论学习中心组学习(扩大)会议，专题传达学习习近平总书记对浙江工作的重要指示精神。区政协主席、党组书记车志宽主持会议并讲话。

25—26日，海外高层次人才舟山群岛新区定海行活动举行。海外高层次人才参观考察定海相关产业平台及部分企业，进行相关项目对接洽谈。

26日，定海区举行全国文明城市创建志愿服务专项工作推进会，部署下阶段全国文明城市创建志愿服务专项工作。区委副书记周军刚出席会议。

27日，参加“青春飞扬·2018香港青年浙江行”活动的50余名香港青年走进干礁镇新建社区南洞艺谷景区，多角度体验定海的人文风情与发展现状。

29日，定海区首个“兼合式”党支部———城市新境小区“兼合式”党支部成立。

30日，区委副书记、区长侯富光带领区经信科技局、区交通运输局、区安监局等相关部门主要负责人到定海多地开展夏季高温安全检查。区政协副主席林志刚参加检查。

是日，区十七届人大常委会举行第十四次会议。区人大常委会主任余河通出席会议并讲话。

是日，2018年全区征兵工作会议举行，发布2018年征兵工作命令。2018年全区大学生征集比例不低于76%。

8月

2日，定海区慈善总会第三届理事会第五次会议举行。区委书记庄继艳到会祝贺并讲话，区领导余河通、车志宽、张伟旭、屠定玉出席会议。

是日，四川省达州市宣汉县考察团一行到定海开展考察交流。区委副书记、区长侯富光，副区长王树辉，宣汉县委副书记、县长冯永刚，县委常委、副县长吴红卫，副县长王德春等参加相关活动。

3日，区委书记庄继艳带领区文明办、区住建局、区城市管理局等相关部门主要负责人到环南街道调研。区委常委、副区长徐峻峰，副区长夏泉参加调研。

是日，全区首家远洋渔业专业合作社——舟山市定海区昌鑫渔业专业合作社在国家远洋渔业基地成立。

9日，由区政府主办的2018第二届中国·浙江舟山群岛新区全球海洋经济创业大赛蓝海智造行业赛第二场城市赛在深圳举行。20个项目参加现场路演，“农业无人机”“可取代塑料的安全无毒环保新材料的开发应用”等5个项目入围决赛。组委会将“AI云工具系统”等3个项目评为5315大学生创业项目。

10日，全区重点项目推进会举行。区委副书记、区长侯富光出席会议并讲话，区领导毛铁年、王树辉、屠定玉、董凯龙出席会议。

是日，全区创建全国文明城市交通秩序专项整治工作推进会举行。会议通报创建全国文明城市交通秩序专项整治工作情况，各街道和成员单位汇报前期工作和存在问题，并对下步工作进行具体布置。

15日，位于城东街道的东河家园西北侧区块签约完成，启动改造工作。该区块涉及产权户207户，总建筑面积约2.6万平方米，是定海区城中村(旧城)改造的重点区块。

16日，区委十三届六次全体（扩大）会议举行，区委常委会主持会议。区委书记庄继艳代表区委常委会作题为“以习近平党建思想为引领奋力推进新时代定海党的建设迈上新台阶”的报告。区委副书记、区长侯富光等出席会议。

17日，区委理论学习中心组举行专题学习会，传达学习习近平总书记对浙江工作的重要指示精神以及省委十四届三次全会精神。区委书记庄继艳主持会议并讲话，区领导侯富光、余河通、车志宽、周军刚等参加会议。

20日，区十七届人大常委会第十五次会议举行。区人大常委会主任余河通主持会议。

24日，区纪委十三届四次全会举行。会议学习贯彻习近平总书记对浙江工作的重要指示精神，按照省纪委十四届三次全会、市纪委七届三次全会和区委十三届六次全体(扩大)会议的部署，总结前阶段清廉定海建设工作，并对下阶段推进清廉定海建设进行研究部署。

28日，市人大常委会主任钟达、副市长许小月到定海专题调研南珍菜场创建文明城市工作。区委副书记、区长侯富光陪同调研。

28—29日，由省质监局产品质量监督稽查处处长沈华清带领的省考评组对定海开展省级食品安全区创建现场考评验收。区领导侯富光、毛铁年、王华杰、方家慧、陆翰恺陪同。

29日，区委书记庄继艳带领区文明办、区城市管理局、市市场监管局定海分局等相关部门负责人现场督查指导城东街道、环南街道、昌国街道全国文明城市创建工作。区委常委、宣传部部长何徐华参加督查活动。

是日，位于双桥街道的“万泰·三农汇”舟山三农农产品批发市场正式开业，系目前舟山规模最大的农产品综合批发市场。

是月，小沙街道庙桥增辉畈小流域治理项目获批2018年第二批国家农业综合开发土地治理项目。

是月，定海远洋渔业小镇景区获批国家AAA级旅游景区。

9月

3日，区十七届人大常委会党组理论学习中心组学习（扩大）会议举行，传达学习全省各级人大常委会主任学习会、全省深化“民生实事项目人大代表票决制”工作座谈会精神。区人大常委会主任余河通主持会议并讲话。

5日，区委书记庄继艳带领相关部门负责人先后走进定海小学教育集团昌东校区、碧水蓝天幼儿园、定海二中教育集团北校区，看望慰问工作在教学一线的教师。区领导屠定玉、陆翰恺参加慰问。

6日，区政协举行政情通报会。区委副书记、区长侯富光向区政协委员通报全区上半年经济社会发展和重点工作推进情况。区政协主席车志宽主持会议并讲话。

是日，浙江海洋大学举行2018年度新兵欢送仪式，为2018年全区应征入伍的118名新兵送行。部队首长武春辉，学校领导刘宏明、吴中平、胡国光，区领导庄继艳、毛铁年、汪勇健、林剑彪出席欢送仪式。

7日，位于盐仓街道的海富村安置项目开建，该项目是2018年定海区第三个启动建设的安置项目。

14日，全区宣传思想文化工作第二次例会举行，学习传达习近平总书记对浙江工作作出的重要指示精神和全国宣传思想工作会议精神。

15日，由区委宣传部开展的“我们的家园——万家农村文化礼堂庆丰收”系列活动在干䃎镇新建社区启动。

16日，民革浙江省委会“博爱·牵手”定海医疗服务基地在区中心医院揭牌。

18日，浙江商业职业技术学院与定海区政府合作推进会在定海海洋科学城举行。浙江商业职业技术学院党委书记骆光林，党委副书记、副校长应金萍，区委副书记、区长侯富光，副区长刘波出席活动。

19日，全国文明城市创建专题会议举行。区委书记庄继艳出席会议并发表讲话。区委常委、宣传部部长何徐华，副区长夏泉参加会议。

是日，位于册子岛的西堠门大跨越工程380米高的输电塔主体完成结顶，成为目前世界上最高的输电铁塔。

20日，创建全国文明城市工作例会举行，就广泛动员各行各业群众参与创建全国文明城市工作进行部署。

是日，区委副书记、区长侯富光带领区文明办、区财政局、区镇治办等单位相关负责人到双桥街道调研，强调要统筹推进全国文明城市创建工作和小城镇环境综合整治工作。

26日，位于东门交通综合体西侧的定海汽车东站(新东门车站)正式启用。

28日，浙江舟山至控智能装备技术有限公司在中国(舟山)海洋科学城定海园区正式开业。

29日，投资1500余万元的金塘镇仙人山森林公园提升工程完工。

是月，《定海区城市生活垃圾分类工作实施方案》下发，明确到2020年底，城区生活垃圾分类覆盖面将达到100%，且全部实施强制分类。

10月

1日，舟山500千伏联网输变电工程两座高380米的输电高塔结顶。

8日，上海瑞金医院舟山分院继正式开放普通门诊和专家门诊。

是日，2018年中国中小城市科学发展指数研究成果发布，定海区入选2018年度全国综合实力百强区榜单，同时入列2018年度全国中小城市绿色发展百强区、2018年度全国中小城市投资潜力百强区。

10日，区委理论学习中心组（扩大）学习会举行。会议传达学习李克强总理在舟山考察调研时的重要讲话精神，学习《浙江省地方党政领导干部安全生产责任制实施细则》。区委书记庄继艳主持会议并作传达，侯富光、余河通、车志宽、张捷等区领导出席会议。

是日，区人民法院公开审理被告人王某生产、销售不符合安全标准的食品罪一案。区人民检察院向区人民法院提起刑事附带民事公益诉讼，依法追究其刑事责任，并诉请其向公众赔礼道歉、消除影响。该案系全市首例刑事附带民事公益诉讼案件。

17日，区委副书记、区长侯富光带领区城市管理局相关负责人调研城区“断头路”“瓶颈路”建设工作。副区长夏泉参加调研。

是日，区政协常委会专题协商会举行。区委书记庄继艳，区政协主席车志宽出席会议。

18日，由市司法局、市渔农委、市委政法委、市民政局组成的考核组一行到定海考核验收市级“三治融合”示范社区（村）创建工作。

是日，定海区台胞台属联谊会第五次代表大会举行，听取区台联会第四届理事会工作报告，选举产生第五届理事会理事。

19日，全区扫黑除恶专项斗争工作推进会召开。

22日，全省宣传思想工作会议精神传达学习会举行。

24日，定海区农村生活垃圾分类处理工作推进会举行。区委副书记周军刚出席会议。

25日，全区组织工作会议举行。区委书记庄继艳出席会议并讲话。区领导周军刚、何徐华、林世军、林剑彪、邵辉出席会议。

26日，定海区举行创建全国文明城市工作例会，总结上阶段全区全国文明城市创建工作情况，研究部署下阶段创建任务。区委副书记周军刚，区委常委、宣传部部长何徐华参加会议。

是日，区委巡察整改工作推进会举行。区委书记庄继艳出席会议并发表讲话。区领导周军刚、何徐华、毛铁年、顾飞舟、林世军、陈海平、邵辉等出席会议。

27日，第十八届贝有添奖教奖学助学金颁发仪式在定海小学教育集团昌东校区举行，21名优秀教师和50名优秀学生受到表彰奖励，430名困难学生得到资助帮扶。

31日，区十七届人大常委会第十六次会议举行。区人大常委会主任余河通主持会议，区人大常委会副主任林伟康、范纲、张伟旭、孙忠定、王华杰、王金康出席会议。

是月，浙江增洲造船有限公司申报的基于新标准新规范要求的2万吨级江海直达船通过浙江省经济和信息化委员会首台套认定，并被授予浙江省首台（套）重大装备产品证书。

是月，蟠洋山路北段实现双向通车。该路段南起舟山建筑技术学校，北至海院路，道路总长约338米，按照省道品质建设标准施工。

是月，位于小沙街道怡然生态家庭农场出产的火龙果、西红柿、玉米、蓝莓等11个产品获得“丽水山耕”国际认证联盟证书，成为全区首家获得“丽水山耕”“品字标”品牌认证的企业。

11月

1日，定海区举行创建全国文明城市居民小区环境整治推进会，通报市居民小区专项组对居民小区环境整治情况的复核结果，部署下阶段居民小区环境整治工作。

4日，浙江省第二届工程造价技能竞赛总决赛落幕，区政府投资项目造价编审中心的造价师王裕竣获得省金牌造价师的称号。

5日，区委书记庄继艳带领区发改、区经信科技等部门相关负责人到部分企业开展调研。区领导王树辉、林志刚参加调研。

6日，定海区举行“决胜四季度夺取全年红”重点工作推进会，对全区各项重点工作任务进行分解和专题部署。区委副书记、区长侯富光出席会议并讲话。区领导毛铁年、王树辉、应朝阳、夏泉、刘波、董凯龙、徐峻峰出席会议。

8日，区政协六届七次常委会会议举行，审议通过《关于我区土地流转模式及政策的几点建议》，听取区文明办关于全国文明城市创建工作情况的通报。区政协主席车志宽主持会议并讲话，副主席方家慧、柳跃军、夏江龙、陆翰恺，秘书长华福耐出席会议。副区长董凯龙应邀参加。

是日，全区反走私工作例会举行，决定开展“国门利剑—2018”秋冬行动，重点打击成品油、白糖、粮食、冻品等走私违法行为，进一步规范市场经营秩序。

17日，区委副书记、区长侯富光到盐仓等地，就“大棚房”问题专项清理整治行动进行督查。副区长王树辉、董凯龙分别带队开展督查。

是日，位于干䃥镇新建社区的南洞艺谷户外成长营地正式对外开放。

19日，第二届舟山螺杆及配套资源展览会在舟山江海联运金塘物流园区3号展馆开幕。区委副书记、金塘管委会主任张捷出席。

20日，区委书记庄继艳带领区发改局、区经信科技局等部门主要负责人到舟山良海粮油有限公司、舟山群岛新区三农农副产品综合批发市场股份有限公司、浙江金鹰股份有限公司等民营企业调研企业发展状况。区领导范纲、王树辉参加调研。

21日，定海举行创新“枫桥经验”提升大调解机制工作推进会。区委书记庄继艳出席会议并发表讲话。区领导毛铁年、陈海平、徐峻峰、孙忠定、应朝阳、夏江龙出席会议。

22日，区委副书记、区长侯富光带领区发改局、区经信科技局、区财政局等部门主要负责人到浙江和泓环保纸业有限公司和舟山长宏国际船舶修造有限公司调研民营企业发展状况。

23—27日，2018浙江农业博览会在浙江新农都会展中心、杭州和平国际会展中心举行，定海区12家企业参会。浙江大洋世家股份有限公司的金枪鱼罐头获金奖，舟山金针食品有限公司的喇根鱼派牌海苔酥饼获新产品金奖，定海临金水产品食品加工有限公司的名老大牌呛蟹获优质奖。

27日，省小城镇环境综合整治行动考核组到定海机动考核验收。副区长夏泉陪同。

是日，定海区第四轮城乡环境综合整治运动拉开序幕。

28日，位于小沙街道的浙江增洲造船有限公司，为中国船舶重工集团公司第七研究院建造，船号为“ZZ111”的试验船开工建造，系市首个落地的智慧海洋和军民融合项目。

是日，定海区交通运输局启动为期三个月的专项督查行动，保障城市道路交通秩序的安全平稳有序，做好文明城市创建工作。

是月，定海区第一次全国海洋经济调查工作通过市级验收。

12月

3日，定海举行冲刺经济全年红专题会。区委书记庄继艳参加会议并讲话。区领导杜彬、毛铁年、林剑彪、王树辉出席会议。

7日，区政协主席会议开展民政民生实事项目建设专题视察活动。区政协主席车志宽，副主席方家慧、柳跃军、夏江龙、陆翰恺，秘书长华福耐参加活动。

是日，定海区香港青年创业实习基地在定海海洋科学城成立，系舟山市首个揭牌成立的香港青年创业实习基地。

10日，定海区双桥街道双桥灌区的高标准农田现代园项目全部完成，新的机耕路机耕桥等投入使用。

11日，定海区举行镇（街道）书记座谈会。区委书记庄继艳发表讲话。区领导林剑彪、邵辉、董凯龙出席会议。

12日，第二届中国·浙江舟山群岛新区全球海洋经济创业大赛总决赛落幕，由定海区主办的蓝海智造行业赛中获得前两名的“轻量级冷链货物安全监控系统项目”和“海洋多通道电法勘探系统成果转化及产业化项目”获得总决赛的银奖。市、区领导张明超、许小月、邵辉出席活动。

14日，定海区举行创新驱动发展“双学双比”活动。区委书记庄继艳对“双学双比”活动进行点评，区领导侯富光、车志宽、周军刚、杜彬、顾飞舟、邵辉、范纲出席活动。

15日，第二届“三毛散文奖”初评会议在定海举行，52部(篇)作品入围终评。

15—17日，亚洲休闲户外运动产业高峰论坛召开，定海区的南洞艺谷景区获得年度“行业优秀品质服务商奖”和“亚洲特色营地奖”。

18日，定海区举行创建全国文明城市专题会议，对全国文明城市创建工作进行再部署。区委书记庄继艳出席会议并发表讲话。区委副书记、区长侯富光主持会议，余河通、车志宽、周军刚、杜彬等区领导出席会议。

是日，富翅门大桥工程第A合同段边跨合龙。

20日，区委常委会召开会议，传达学习习近平总书记在庆祝改革开放40周年大会上的重要讲话精神。区委书记庄继艳主持会议并讲话。

24日，区人大常委会党组理论学习中心组学习(扩大)会议举行。区人大常委会主任余河通，区人大常委会副主任林伟康、范纲、张伟旭、孙忠定、王华杰、王金康出席会议。

29日，宁波舟山港外钓油品30万吨级码头投入试运营。

是月，区委巡察组结束第五轮第二批巡查工作，发现各类问题146个，干部问题线索10条，提出相关意见建议35条。

定海十景系列(三)

祖印问禅

祖印禅寺位于昌国路98号,寺规模宏大,历史悠久,是舟山市重点文物保护单位和省级重点寺院,素有“翁洲第一古禅林”的雅称。漫长的历史长河中,祖印寺曾数毁数兴,除正三间系近年重建外,其余皆为清代建筑。随着普陀今日祖印寺,古风重振,法炬复燃,释音续传,诵经礼佛,香烟缭绕,晨钟暮鼓,又震海山。山观音道场兴起,祖印寺成为善男信女候潮食宿处,由“接待寺”中转再到普陀山朝拜,故有“不到祖印寺,就等于没去普陀山”之说。

区情综述

历史沿革

定海历史悠久，早在四五万年前，就有哺乳类动物和人类在此共同生息繁衍。1999—2003年，在金塘海域打捞出水的各类晚更新世古哺乳动物骨骼化石1吨，其中有古菱齿象牙齿、德氏水牛上颌骨、四不像鹿左角等，还有人工痕迹木棒化石，经中科院古脊椎动物与古人类研究所鉴定确定，分别是2.5万年前的和4万至5万年前定海古人类活动的可靠物证。在20世纪70年代，定海白泉十字路、马岙三星社区等地考古发现大量新石器时代的陶器、石器。

春秋时属越，称“甬东”。秦王政二十五年（前222），置会稽郡，“甬东”为会稽郡鄮县东境。两汉、三国（吴）及晋、宋、齐梁、陈因之。隋开皇九年（589）废会稽郡，并鄞、鄮、余姚三县为句章县，“甬东”随鄮县并入句章县。唐武德四年（621）以句章、鄞、鄮地置鄞州，“甬东”归鄞州。八年（625），又废鄞州置鄮县，“甬东”属之。

唐开元二十六年（738），江南东道采访使齐澣奏请，析越州鄮县地，置鄮、慈溪、奉化、翁山（今定海）4县。古甬东境始为翁山县，下辖富都、安期、蓬莱3乡。鄮县县令王叔通兼翁山县首任县令。宝应元年（762）翁山设富都监，隶朝庭盐铁使。宝应元年（762）袁晁率众起义，据翁山。大历六年（771），翁山县废，属鄮县。五代开平三年（909），原翁山属吴越国明州望海军鄞县。

北宋太平兴国三年（978），翁山入浙东道明州。端拱二年（989）置巡检司。熙宁六年（1073）七月，应原鄞县令王安石奏请，析鄞之富都、安期、蓬莱3乡建昌国县。隶浙东道明州。元至元十五年（1278），因“海道险要”和“户口倍万”，升县为州，隶庆元路。明洪武二年（1369），昌国州复为县，隶明州府。十二年（1379），置昌国守御千户所。十四年（1381），改明州府为宁波府，昌国随属之。二十年（1387）六月，废昌国县，徙昌国卫于象山县南天门山。此后，始称昌国境为舟山，在舟山置中中、中左两千户所，隶昌国卫，二十五年改隶定海卫（今镇海）。

清康熙二十三年（1684），朝廷颁“展海令”，开海禁，舟山展复，被驱迁的原住民及外地移民陆续上岛垦荒，重建家园。移定海镇总兵于舟山。二十六年（1687）五月，康熙帝以“山名为舟，则动而不静”诏改舟山为定海山，并题“定海山”匾额。二十七年（1688），建定海县，原定海县改为镇海县。

道光二十年（1840），鸦片战争爆发，定海陷落。二十一年二月，释放安突德等18名战俘，英军撤离定海。定海镇总兵葛云飞、寿春镇总兵王锡朋、处州镇总兵郑国鸿率兵进驻定海，重建定海防务。是年四月，升定海县为直隶厅，隶宁绍台道。八月，英军再犯定海，三总兵率军激战六昼夜，壮烈牺牲，城陷。道光二十六年（1846）三月，《英军退还舟山条约》签订，六月，英国撤出定海。宣统三年（1911）八月，辛亥革命爆发。九月，浙江宣布独立，是月二十一日，定海光复，改直隶厅为县。

1949年7月，中共定海县委、定海县人民政府在宁波庄桥成立。1950年5月17日，定海解放，县委、县政府迁至定海城关。1953年3月16日，舟山专员公署成立。6月，原定海县析为定海、普陀、岱山3县。新设定海县辖城关镇及盘峙、金塘、小沙、盐仓、白泉、干䃍、临城7区，78乡，基本确立现定海区境域。1967年3月，舟山专区改为舟山地区，县随属。1987年1月，撤销舟山地区，建立舟山市，辖定海、普陀两区和岱山、嵊泗两县。3月14日，中共定海区委、区人民政府成立。

1987年3月，定海区设金塘直辖区（包括沥港镇、大丰乡、柳行乡、山潭乡，1989年撤销，所辖乡镇由定海区直辖），城关镇（1988年10月撤销，设昌国、解放、环南3个街道）、白泉镇、临城镇、岑港镇等4个直辖镇，小沙、长白、大沙、烟墩、马目、册子、石礁、盐仓、紫微、洞岙、荷花、长峙、皋泄、北蝉、干础、马岙、洋岙、盘峙、大猫19个直辖乡。

2001年7月，乡镇街道行政区划调整，全区设白泉、小沙、岑港、双桥、金塘、干础、马岙7个镇，北蝉、册子、长白3个乡，昌国、解放、环南、城东、盐仓、临城6个街道。2004年9月，临城街道由区政府委托舟山市新城管委会管理；2008年5月金塘镇建立舟山市金塘开发建设管理委员会，由市人民政府授权，在所辖区域内行使相关的市级经济管理权限和县级社会行政管理职能。

2017年8月，经舟山市人民政府批准同意，由舟山群岛新区新城管理委员会代为管理的临城街道，一分为二，分为两个街道。以千岛路西侧—329国道南侧—临长路、尖峰岗隧道西侧为界，界线以东区域命名为千岛街道，街道办事处驻海天大道1555号，以西区域设置为新的临城街道，街道办事处驻海景道528号。

截至2018年末，全区下辖昌国、环南、城东、临城、千岛、盐仓、小沙、岑港、马岙、双桥10个街道（其中临城街道和千岛街道委托舟山市新城管理委员会管理），金塘、白泉、干础3个镇，并设有小沙街道长白管理处、岑港街道册子管理处、白泉镇北蝉管理处，分别为小沙街道、岑港街道、白泉镇派出机构。是年，全区有城市社区41个，行政村80个（其中73个农村社区，7个城中村）。

（撰稿：王英伟）

地理概况

定海位于舟山群岛西南部，处于北纬29°55′—30°15′之间，东经121°38′—122°15′。东与舟山市普陀区接壤，西与杭州湾海域相连，南与宁波市北仑区隔海相望，北与岱山县为邻。处中国沿海南北航线与长江水道交汇点，是长三角地区对外开放的海上门户和江海联运重要枢纽，中国南北海运和远东国际航线的主通道之一。

境域总面积1444平方千米，其中陆域面积531.06平方千米，滩涂面积37.74平方千米，海域面积875.20平方千米。有大小岛屿127.5个，其中住人岛27.5个。有海礁120个，其中明礁12个、干出礁61个，暗礁47个。海岸线总长428.07千米，其中水深10米以上深水岸线68.70千米、水深20米以上深水岸线43.10千米。

区境大地构造处华夏古陆北东端，在浙东华夏褶皱象山嵊泗构造隆起带，属华南地层区，地质构造复杂。出露地层以中生界侏罗系上统为主，主要是火山喷出岩，属陆相酸性火山沉积岩构造。境内岛屿呈西南—东北排列。丘陵面积356平方千米，占陆地面积65%，由低山、高丘向低丘、平原延伸，呈环形分布。

介于舟山岛与金塘岛之间有横水洋，距城区西北42千米有灰鳖洋，北面长白岛与岱山县之间有大猫洋，南面大猫、摘箬诸岛与宁波穿山之间有崎头洋。金塘岛与穿山半岛间的金塘水道是定海通往宁波必经航道。册子岛与金塘岛之间的西堠门则是上海、沥港船舶往来常用通道。定海港东侧十六门，是定海通往沈家门必经航道。此外，小盘峙与小岠山之间的火烧门、大盘峙岛与西蟹峙岛之间的蟹峙门都是南来北往船舶进出定海港之必经航道。主要港口有定海港、老塘山港、岑港、西码头港、沥港、岙山港、三江港和册子港。

（撰稿：王英伟）

气候气象

全年平均气温比常年偏高，降水量略偏多，日照时数稍偏少；降水日数和雾日偏多，大风和霾日偏少，其中霾日已连续4年呈现下降趋势。

全年气候呈现冬较寒，春过暖，夏亦热，秋不凉景象。空气质量持续第四年向好。全年共受8个台风影响，影响台风个数为近14年来最多，列有气象记录以来第3位（1959、2004年均为9个）。气候总体评价：全年气温高、日照少，多春雾、台风，天气气候异常，气象灾害中等偏重。

全年平均气温为17.7℃，相比常年偏高0.9℃，比上年低0.1℃，连续第七年平均气温高于常年，全年仅2月、10月比常年偏低，其余月都偏高。4月平均气温16.8℃，为历年同期次高（仅次于1998年）；5月平均气温21.4℃，为历年同期最高。同比常年，冬季气温偏低0.3℃，春季、夏季和秋季分别偏高2.2℃、0.9℃和0.5℃，其中春季平均气温为历年同期最高。

3月23日入春，比常年推迟8天；5月12日入夏，比常年提早27天，为有气象记录以来最早入夏年份；10月1日入秋，比常年提前1天；12月5日入冬，比常年提前4天。

年极端最高气温35.3℃，出现在7月28日。

年极端最低气温-4.2℃，出现在1月13日。

年35℃及以上高温2天。

降水　年降水量为1442.3毫米，比常年偏多2%，同比上年偏多5%。

雨日　年降水日数158天，比常年偏多8.5天，比上年增多19天。

日照　年日照时数1709.4小时，比常年偏少9%，比上年偏少13%。

2018年定海区主要天气日数

表1　（单位：天）

雨日（≥0.1毫米）	大风日	大雾日	霾
139	11	29	7

（撰稿：阙成娇）

人口状况

【常住人口数据】　2018年，全区总户数153779户；总人口397569人，其中男性195430人，女性202139人，男女性别比为96.68：100（女性=100）；比2017年增加3529人，年增长率为8.96‰；全区省内迁入2398人，省外迁入2408人，迁往省内1517人，迁往省外1055人，人口机械增加4642人；全年出生登记2989人，死亡注销2761人，自然增长228人。全区人口按年龄段分布，18岁以下56911人，18～35岁71913人，35～60岁167391人，60岁以上101354人，60岁以上占总人口的25.49%。总人口中城东街道51481人，环南街道35672人，昌国街道53912人，临城街道44483人，千岛街道37154人，盐仓街道19741人，小沙街道20165人，岑港街道18422人，马岙街道9863人，双桥街道18442人，金塘镇40654人，白泉镇37506人，干[石览]镇10074人。（数据包括临城，截至2018年11月30日）

【暂住人口数据】　截至2018年6月30日，全区有暂住人口122621（不含新城），比2017年增加599人；其中男性76584人，占62.5%；女性46037人，占37.5%。

2018年定海区户籍人口情况

表2

指标	年末数（人）	比重（%）
全区总人口	397569	100.0
其中：男性	195430	49.2
女性	202139	50.8
其中：0～17岁	56911	14.3
18～34岁	71913	18.1
35～59岁	167391	42.1
60岁及以上	101354	25.5

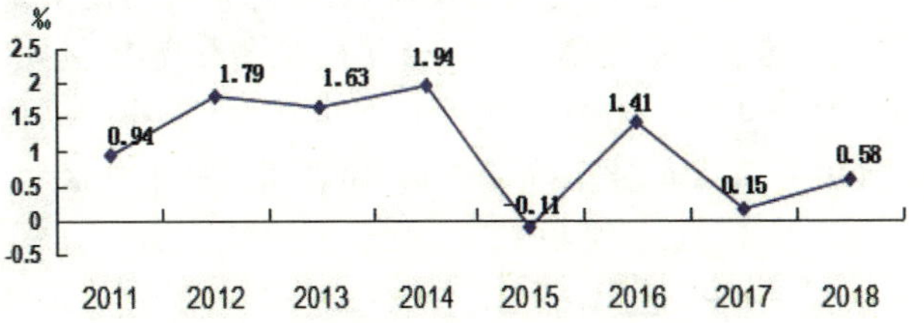

2011—2018年人口自然增长情况

（撰稿：张　燕）

经济和社会发展

【概况】　2018年，面对错综复杂的发展环境，全区上下紧紧围绕区委区政府工作部署，坚定不移沿着“八八战略”指引的路子，紧紧围绕打好“五大会战”、建设“四个舟山”的工作主线，坚持稳中求进工作总基调，聚焦聚力高质量发展，经济运行延续总体平稳、稳中有进、稳中提质态势，主要经济指标发展良好。

初步核算，全年全区实现地区生产总值548.93亿元，按可比价计算，比上年增长6.8%，高于全市平均0.1个百分点。其中，第一产业增加值10.18亿元，同比增长10.0%；第二产业增加值211.08亿元，同比增长4.5%；第三产业增加值327.67亿元，同比增长8.2%。三次产业比例为1.8∶38.5∶59.7。按户籍人口计算，人均地区生产总值138686元，约20958美元，同比增长5.7%。

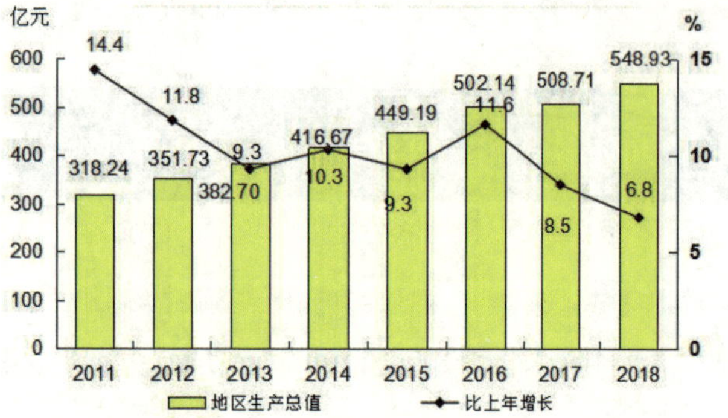

2011—2018年地区生产总值及其增长速度

全年全区实现海洋经济增加值303.48亿元，同比增长7.3%，占GDP的比重为55.3%。

全年全区实现财政总收入53.39亿元，同比增长0.7%，实现一般公共预算收入31.78亿元，同比下降2.7%，其中区本级实现一般公共预算收入18.76亿元，同比增长4.1%。在区本级一般公共预算收入中，增值税4.91亿元，同比下降14.3%；企业所得税2.02亿元，同比增长33.5%；契税1.53亿元，同比增长56.2%；个人所得税0.97亿元，同比增长23.3%。一般公共预算支出为46.37亿元，同比增长27.9%，其中，一般公共服务支出3.62亿元，同比增长3.8%，教育支出6.16亿元，同比下降1.3%，社会保障和就业支出3.16亿元，同比下降11.8%，医疗卫生与计划生育支出2.65亿元，同比下降28.2%。

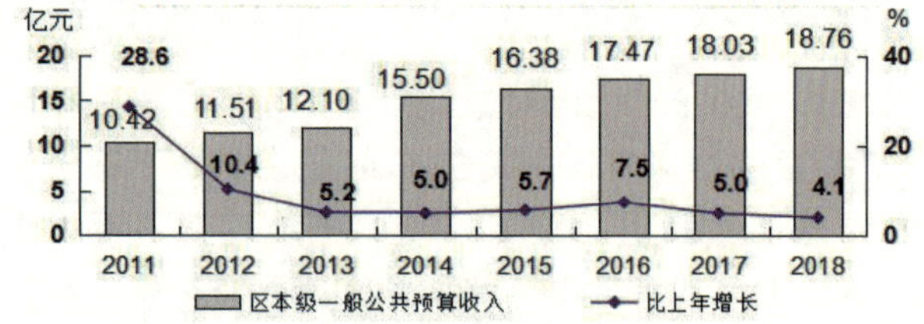

2011—2018年区本级一般公共预算收入及其增长速度

全年居民消费价格（CPI）比上年上涨2.8%，其中食品类价格上涨2.6%。商品零售价格上涨2.2%。工业生产者出厂价格（PPI）上涨2.9%。

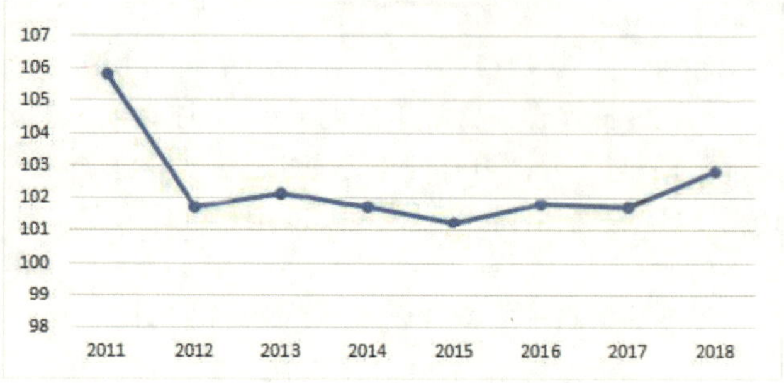

2011—2018年居民消费价格指数
（以上年为100）

【农林牧渔业】　全年农林牧渔业总产值18.03亿元，同比增长7.1%。其中，渔业总产值11.96亿元，同比增长17.9%；农业总产值4.60亿元，同比下降2.0%；畜牧业总产值1.10亿元，同比下降29.7%；林业总产值0.05亿元，同比增长25.1%。

全年农作物总播种面积8272公顷，同比下降7.2%。其中，粮食作物播种面积3038公顷，同比下降4.3%，粮食产量1.60万吨，同比下降4.3%；蔬菜播种面积3326公顷，同比下降9.6%，蔬菜产量7.55万吨，同比下降9.6%。全区共有果园面积3687公顷，同比下降3.2%，全年实现水果产量3.69万吨，同比增长5.7%；有茶园面积141公顷，同比增长6.8%，全年实现茶叶产量8吨，与上年持平。

年末生猪存栏1.99万头，同比下降42.8%；全年生猪出栏3.18万头，同比下降35.4%。年末家禽存栏16.18万只，同比增长3.3%；全年家禽出栏20.58万只，同比下降5.2%。全年肉类总产量0.34万吨，同比下降29.5%，其中，猪肉产量0.27万吨，同比下降33.7%。全年鸡鸭鹅蛋产量671吨，同比下降42.5%。

全年水产品总产量15.99万吨，同比增长16.3%。其中，近海捕捞产量3.0万吨，同比下降21.6%，远洋捕捞产量12.65万吨，同比增长34.9%。全区海水养殖面积372.67公顷，同比下降30.2%，海水养殖产量3134吨，同比下降5.5%；淡水养殖面积23公顷，同比下降96.5%，淡水养殖产量243吨，同比下降88.9%。

2018年农渔业主要产品产量

表3

农畜产品	产量（吨）	比上年±%	水产品	产量（吨）	比上年增长（%）
一、粮食	15998	-4.3	一、海水产品	159615	18.0
二、油料	1593	-22.1	1.近海捕捞	29988	-21.6
三、中草药材	1931	-8.1	#鱼类	12671	-39.6
四、蔬菜	75500	-9.6	甲壳类	15937	3.3
五、茶叶	8	持平	2.海水养殖	3134	-5.5
六、水果	36900	5.7	3.远洋捕捞	126493	34.9
七、肉类	3367	-29.5	#鱿鱼	69585	10.2
八、鸡鸭鹅蛋	671	-42.5	二、淡水产品	243	-88.9

年末全区有无公害农产品37个（国家级）、无公害养殖水产品11个（国家级）、绿色食品17个。全区有省级无公害农产品产地15个，面积5.13万亩；省级无公害水产品产地12个，面积274.59公顷。

年末全区有机动渔船428艘，比上年末减少28艘，其中，生产渔船384艘，减少32艘；辅助渔船44艘，增加4艘。渔船总吨位12.84万吨，增加0.76万吨，其中，生产渔船总吨位11.84万吨，增加0.38万吨。渔船总功率21.13万千瓦，增加4.55万千瓦，其中，生产渔船18.40万千瓦，增加3.52万千瓦。年末全区拥有远洋渔船154艘，比上年末增加30艘；总吨位达到10.35万吨，增加1.1万吨；总功率15.45万千瓦，增加4.36万千瓦。

【工业和建筑业】 全年全区132家规模以上工业企业产值同比增长6.9%。其中，重工业产值增长8.3%；轻工业产值增长2.6%。年末有工业产值上亿企业54家，产值同比增长8.5%，占全部规上工业产值的比重为90.4%。全区规模以上工业增加值同比增长6.0%。工业新产品产值增长53.0%，新产品产值率为22.3%。战略性新兴产业、高新技术产业和装备制造业增加值分别增长6.4%、8.4%和10.7%，占规模以上工业增加值的比重分别为59.9%、44.8%和42.6%。

2018年规模以上工业主要行业企业数和产值增速

表4

行业	企业数（家）	工业产值比上年增长（%）
石油化工业	4	11.4
船舶修造业	20	8.5
机械制造业	31	6.2
#塑料机械	22	8.7
粮油加工业	2	8.5
电力生产供应业	5	4.5
水产加工业	17	-2.8
纺织服装业	7	2.6

全年规模以上工业企业资产总计537.03亿元，同比增长3.7%；实现主营业务收入346.65亿元，同比增长4.2%；实现利税总额16.88亿元，同比下降28.6%，其中利润总额9.07亿元，同比下降31.1%。

全年规模以上工业企业综合能源消耗量71.83万吨标准煤（等价值），同比增长0.4%，单位工业增加值能耗同比下降5.3%。全区工业用电量10.46亿千瓦时，同比增长7.5%。

全年全区实现建筑业总产值216.93亿元，同比增长14.1%。年末区本级具有资质等级的总承包和专业承包建筑业企业77家，实现总产值190.77亿元，同比增长14.9%；房屋施工面积795.63万平方米，同比增长7.7%，其中新开工面积310.16万平方米，同比增长62.9%。

【固定资产投资和房地产开发】 2018年区本级累计完成固定资产投资147.03亿元。其中工业投资完成28.79亿元，服务业投资完成109.90亿元。民间投资、交通投资分别同比增长34.3%、57.6%，高新技术产业投资、生态环保和环境治理投资分别下降55.9%、52.0%。

全年全区房地产开发投资114.11亿元，其中区本级36.67亿元。年内房地产开发施工面积446.96万平方米，同比下降13.5%，其中年内新开工面积103.37万平方米，同比下降46.4%；房地产开发竣工面积62.9万平方米，同比下降58.3%。年内商品房销售面积114.15万平方米，同比下降9.4%，其中住宅销售面积100.20万平方米，同比下降16.0%；实现商品房销售额177.98亿元，同比增长3.5%。

【交通、邮电和旅游业】 年末全区海上货物运输船舶698艘，海运总运力达到259.55万载重吨，其中，万吨级以上船舶74艘，比2017年增加1艘，运力151.24万载重吨，比2017年增加3.29万载重吨。年末全区集装箱运输车辆数1643辆，总运力5.01万吨。年末全区民用汽车拥有量10.02万辆，同比增长11.6%，其中私人汽车拥有量8.20万辆，同比增长12.2%。

全年定海港域港口货物吞吐量1.55亿吨，同比增长6.1%。从主要品种看，石油及天然气吞吐量5849.24万吨，同比增长0.1%；矿建材料4342.89万吨，同比增长21.2%；金属矿石吞吐量1762.28万吨，同比下降12.8%；粮油类吞吐量660.49万吨，同比下降12.7%；煤炭及制品吞吐量634.50万吨，同比增长8.1%。全年集装箱吞吐量125.31万标箱，同比增长20.4%。

年末全区固定电话用户11.8万户，比上年末下降10.9%；移动电话用户85.28万户，同比增长10.0%；互联网宽带接入用户25.03万户，同比增长1.6%。年末全区有线电视用户数为12.42万户，有线电视入户率为80.8%。

全年全区接待国内外游客1345.15万人次，同比增长16.2%，其中：国内游客1335.89万人次，同比增长16.3%；国际游客9.26万人次，同比增长5.3%。旅游总收入189.10亿元，同比增长14.7%，其中，国内旅游收入187.70亿元，同比增长16.3%；国际旅游收入5279.45万美元，同比增长5.3%。年末全区有星级宾馆（饭店）6家，旅行社38家，AAA级旅游景区7个，AA级旅游景区8个，A级旅游景区7个，农（渔）家乐项目72家。

【国内贸易】 全年全区全社会消费品零售总额217.15亿元，同比增长8.6%，其中限额以上消费品零售额64.85亿元，同比增长3.4%。分地区看，城镇地区实现零售总额189.78亿元，同比增长8.9%；农村地区实现零售总额27.37亿元，同比增长6.5%。全年批发零售业商品销售额2258.02亿元，同比增长30.6%；住宿餐饮业营业额34.34亿元，同比增长11.5%。

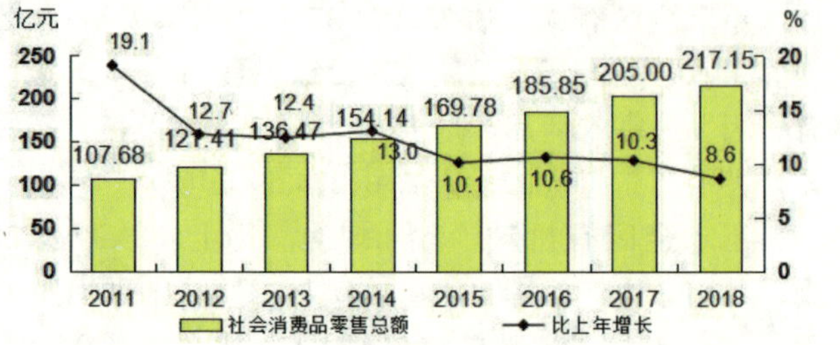

2011—2018年社会消费品零售总额及其增长速度

在限额以上批发零售业零售额中，石油制品类实现零售额11.5亿元，同比增长7.8%；汽车类实现零售额24.8亿元，同比增长0.4%，占限上零售额比重达38.2%；粮油食品类和家用电器类分别同比增长2.2%和3.4%；服装鞋帽针织品类和日用品类分别同比下降6.4%和13.3%。

年末全区有商品交易市场57个，其中，消费品市场52个，生产资料市场5个；全年商品交易市场成交额97.7亿元。年末全区有亿元市场14个，全年实现成交额85.14亿元。

【对外经济】 全年全区完成外贸进出口总额50.27亿美元，同比增长55.7%。其中，进口总额37.02亿美元，同比增长67.4%；出口总额13.24亿美元，同比增长30.2%。从出口产品分品种看，油品实现出口额2.61亿美元，同比增长36.2%；机电产品实现出口额

5.19亿美元，同比增长59.1%，其中船舶实现出口额3.78亿美元，同比增长93.7%；水产品实现出口额3.99亿美元，同比增长15.7%；纺织品实现出口额0.18亿美元，同比下降37.2%。分出口国别（地区）看，对日本的出口额为2.99亿美元，同比增长47.1%；对欧盟的出口额为2.38亿美元，同比增长74.2%；对美国的出口额为0.56亿美元，同比增长8.8%；对韩国的出口额为0.39亿美元，同比下降55.2%。

全年批准外资项目4个，协议利用外资金额0.69亿美元，实际利用外资金额0.38亿美元。全年实际利用市外资金82.38亿元，浙商回归省外到位资金40.80亿元。

【金融和保险业】 年末市级及定海金融机构本外币存款余额1270.61亿元，其中，金融机构人民币存款余额1229.94亿元，比上年末下降0.8%。年末市级及定海金融机构本外币贷款余额1398.93亿元，其中，金融机构人民币贷款余额1373.89亿元，比上年末增长20.2%。

全年全区保险公司保费收入23.57亿元，同比增长15.4%。其中，财产保险费收入9.87亿元，同比增长6.8%；人身保险费收入13.70亿元，同比增长22.6%。保险公司赔款支出7.54亿元，同比增长18.5%；给付支出1.51亿元，同比增长12.0%。

【科学技术和教育】 全年全区共申报各类科技项目161项，已被立项122项，其中，省级98项，市级11项；共受理专利申请2375项，授权1487项，其中授权发明367项；科技成果共18项，其中获省级科技进步奖1项。年末全区有国家高新技术企业44家，比上年增长10家，省级科技型中小企业201家，比上年增长44家。省级企业院士工作站1家、省级企业研究院2家，新认定国家知识产权优势企业1家、高新技术企业13家、科技型企业45家。7412工厂荣获省政府质量奖提名奖，森森集团、龙源四方获评“浙江制造”品字标。年末全区共有各类注册商标3133件，其中，国际注册商标170件，中国驰名商标5件。

年末全区普通初中（含一贯制）13所，全年招生2508人，在校学生7431人；普通小学18所，全年招生2976人，在校学生17427人；幼儿园46所，全年招生2929人，在园幼儿9346人。全区小学毕业生升学率100%，初中毕业生升高中段率达到99.56%。

【文化、体育和卫生】 年末全区有文化艺术表演团体13个，艺术表演场所7个，文化馆1个，文化站11个。开展送戏下乡260场，送电影1654场，送书32692册，举办“百姓课堂”文化公益培训424期。区图书馆、城市书房等阅读阵地接待量达16.6万余人次。

全区共举办体育活动与赛事88次，参加活动人数6.5万人次。新建全民健身路径41套，新增体育场地2.1万平方米。年内建设市级中心村体育休闲公园2个，创建省级体育先进社区2个，创建小康体育村26个。

年末全区有医疗卫生机构（含村卫生室）243家，其中医院8家；卫生机构开放床位3241张。卫生技术人员（含村卫生室）3790人，其中，执业（助理）医师1424人，注册护士1942人。全区有社区卫生服务中心（卫生院）6个，社区卫生服务站45个。全年社区卫生服务人口覆盖率97.14%。全区免费婚检率71.38%，产前检查率为98.59%，孕产妇住院分娩率99.96%，孕产妇死亡率0，计划生育率99.50%，5岁以下儿童死亡率为3.52‰。

【人民生活和社会保障】 全年定海区实现全体居民人均可支配收入53486元，同比增长8.8%。其中城镇常住居民人均可支配收入61927元，同比增长7.7%；农渔村常住居民人均可支配收入33909元，同比增长9.8%。城乡收入比由上年的1.86∶1缩小到1.83∶1。全体居民人均生活消费支出30343元，同比增长5.8%，其中城镇常住居民人均生活消费支出34800元，同比增长4.6%，农渔村常住居民人均生活消费支出20009元，同比增长7.3%。城镇居民恩格尔系数为34.04%，农渔村居民恩格尔系数为36.31%。年末城镇居民人均住房面积43.2平方米，农渔村居民人均住房面积66平方米。 2018年全区人均期望寿命79.46岁，比2013年增加1.07岁，全区居民健康素养水平为23.91%。

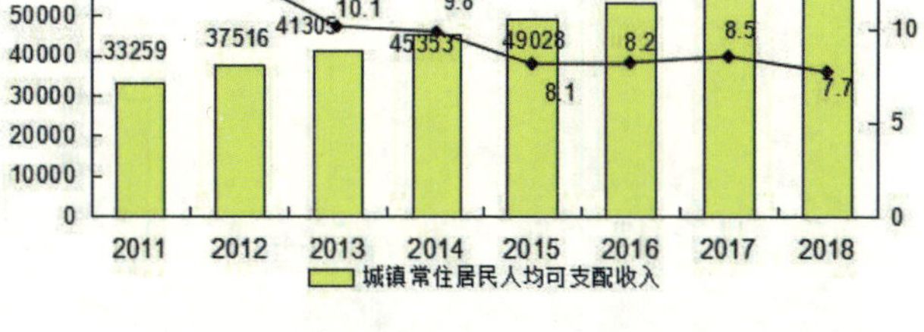

2011—2018年城镇常住居民人均可支配收入及其增长速度

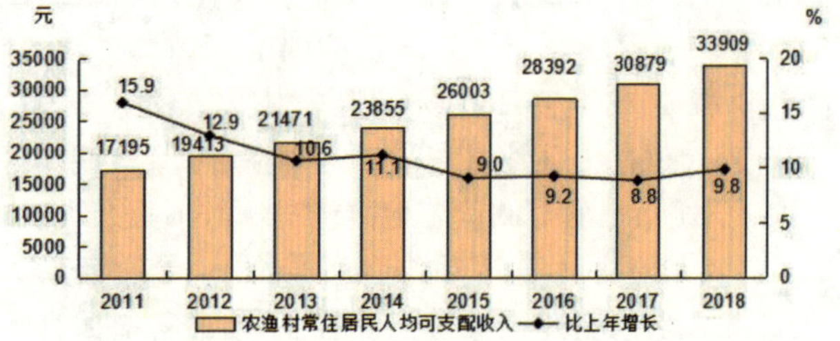

2011—2018年农渔村常住居民人均可支配收入及其增长速度

年末全区参加城乡居民基本医疗保险人数21.32万人，参保率为99.24%；参加城乡居民基本养老保险人数4.12万人，参保率为97.4%。全区被征地农民参加养老保险人数1.08万人。

年末全区有敬老院11所，社会福利院4所，总收养人数884人。城镇“三无”对象集中供养率80%，农渔村“五保”老人集中供养率96%。城乡居民得到政府最低生活保障人数2967人，其中农渔村低保对象2225人；城乡低保对象最低生活补助标准均为每人每月720元。

【生态建设、旧城改造和公共安全】 全区城区空气质量优良率为92.5%，PM2.5平均浓度为23微克/立方米，县级以上饮用水水源地水质达标率100%，地表水环境功能区达标率77.8%。马岙社区风情乡村建设成效显著，龙潭社区、叉河社区成功创建市级美丽乡村精品示范村，创建洁净乡村65个。完成彩色健康森林抚育2000亩、平原绿化530亩，改造提升农村公路50公里。环境综合整治强势推进。荣获治水“大禹鼎”，打造品质河道17条，大柳主干河获评省级“美丽河湖”。完成干䃎污水处理厂提标工程，修复改造污水管网38公里。关停整治企业15家，完成烟墩工业区块环境综合整治，建成东方环保、益民固废处置项目。

城中村（旧城）改造继续推进。完成蔡家墩、长岗山等16个区块征迁，改造面积累计57.4万平方米。开工建设安置房项目10个，锦鸿雅苑、馨港苑安置小区交付使用。

全年全区共发生各类生产安全事故19起，各类生产安全事故死亡（失踪）20人；亿元GDP生产安全事故死亡人数为0.036人。全年共发生道路交通事故12起，死亡人数12人。

（撰稿：徐　波）

责任编辑：王英伟

中共舟山市定海区委员会

区委领导

书　记：庄继艳
副书记：侯富光
　　　　张　捷
　　　　周军刚
常　委：陈　剑
　　　　何徐华
　　　　毛铁年
　　　　顾飞舟
　　　　林世军
　　　　汪勇健
　　　　陈海平
　　　　林剑彪
　　　　邵　辉
　　　　徐峻峰

综　述

2018年以来，区委深入学习贯彻习近平新时代中国特色社会主义思想，坚定不移沿着“八八战略”指引的路子，紧紧围绕打好“五大会战”、建设“四个舟山”的工作主线，团结带领全区各级党组织、广大党员和干部群众，积极应对错综复杂的外部形势变化和艰巨繁重的大事难事考验，担当有为、真抓实干，推动各项事业发展取得了新成绩，实现了全面建设花园式国际人文港城良好开局，朝着率先建成“两个高水平”奋斗目标迈出了新的步伐。预计全年实现地区生产总值增长7%，区本级一般公共预算收入增长4.1%，城镇和农渔村常住居民人均可支配收入分别增长8%和9%。连续四年入选全国综合实力、投资潜力“双百”强区并实现进位。

【转方式调结构 经济发展稳中有进】 加快创新发展三年行动计划深入实施，海洋经济发展量质齐升。预计全年实现海洋经济增加值增长7.3%。传统制造业改造提升取得阶段性成效，20个“全省3000项重点技术改造项目”加快实施，增洲造船2万吨级江海直达船通过省首台（套）重大装备认证，大洋兴和智能化生产线关键装备研发与示范列入省重大科技研发项目，7412工厂荣获省政府质量奖提名奖，科力尔环保成功挂牌新三板，全区规上工业新产品产值增长50%，获评“浙江省两化深度融合国家示范区”。海洋电子信息、军工装备制造等高技术产业加速培育。现代服务业发展势头良好，集装箱吞吐量继续保持两位数高速增长，浙石化马目油库等一批重大服务业项目加快建成。农渔业“接二连三”步伐加快，远洋渔业全产业链产值规模突破百亿，乡村旅游、民宿产业成为乡村经济新的增长点。与浙江大学海洋学院成立运行校地协同创新中心，新增院士工作站1家、省级企业研究院2家，新认定国家知识产权优势企业1家、高新技术企业13家，科技创新对经济发展的支撑更加有力。

【抓改革促开放 发展活力巩固激发】 以“最多跑一次”改革为牵引的全面深化改革逐步走向深入，有为政府和有效市场协同发力、相得益彰。区长坐堂“最多跑一次”、高频服务事项镇街道“无差别全科受理”在全市率先推行，257个民生事项实现“一证通办”，15个部门高频涉企事项实现“一件事情”证照联办，一般企业投资项目全流程审批实现“最多100天”，行政服务理念、作风、效率持续改进。“亩均论英雄”

改革纵深推进，试点出让“标准地”395亩，存量低效土地厂房再利用取得积极进展，土地节约集约利用工作获得国务院表彰并奖励1000亩用地指标，差别化要素配置体系更加健全。完成土地集中连片长期流转6775亩，获评全省农村综合改革工作优秀单位。开放能级在深化对外合作中进一步提升，两种资源与两个市场的作用得到切实发挥。1—11月，全区实现外贸进出口总额46.6亿美元、浙商回归省外到位资金36.8亿元，秘鲁海外渔业综合保障基地建成运行，金塘国际航线抵达“一带一路”沿线35个国家，新落地投资超10亿元省市县长项目工程 3个，新引进海外高层次人才（项目）20个，连续三年成为舟山市唯一实现省“千人计划”人才入选的县区。

【大创建大整治 环境面貌焕然一新】 创建全国文明城市打出强大声势，居民小区、农贸市场等15个重点领域整治取得明显成效。城中村（旧城）改造加力加速，全年完成区块征迁16个、57.4万平方米、3732户，开工建设安置小区10个、77.2万平方米，超额完成“三改一拆”年度任务。城市迎宾大道、沿河亲水廊道、海滨新天地特色街区成为新的品质地标，道路立面、城市公园、亮化彩化、路牌标识等细节景观加快改造，小城镇环境综合整治全面完成，首批65个洁净乡村达标创建取得实效，马岙社区风情乡村建设走在全省前列，8条“断头路”“瓶颈路”实现贯通，停车位、污水管网等一批突出功能短板加快补齐，城市整体面貌发生巨大变化。有力保障宁波舟山港主通道、329国道舟山岑白段、500千伏联网输变电等一批重大基础设施建设。中央环保督察反馈问题扎实有效整改，五峙山省级自然保护区规划启动修编，大柳主干河入选省级“美丽河湖”，成功捧回治水“大禹鼎”，全年空气质量优良率保持在93.5%以上，累计完成彩色健康森林抚育2000亩、抛荒土地景观作物复种9000亩，好山好水好空气成为定海城市的靓丽生态名片。

【办实事增福祉 人民生活持续改善】 低收入百姓增收工作有力推进，年收入14000元以下低收入家庭动态消除，12个集体经济经营性年收入10万元以下社区村实现增收。扎实做好与四川省宣汉县的对口扶贫工作。城乡居民基本养老保险、基本医疗保险参保率分别达到97.3%和99.2%，普通门诊保险支付比例从20%提高到25%。全年交付使用保障性住房4196套，完成农村危房治理改造721户。省级公共文化服务重点县区建设深入实施，第二届“三毛散文奖”完成征集初评工作，新建社区、柳行社区文化礼堂获评首批省五星级农村文化礼堂，定海传承优秀传统文化做法得到省政府领导批示肯定。平稳有序完成市区教育体制改革，城西小学获评省级数字校园示范学校，全区等级园、普惠性幼儿园覆盖率分别达到99%和91%。健康定海2030行动纲要制定实施，瑞金医院舟山分院开业试运营，全市首家医养护一体化的居家养老综合服务中心建成启用，“神行定海山”全国徒步大会等一批全民健身活动蓬勃开展。妇女儿童、残疾人、慈善等事业取得新进步。成功夺取平安定海建设十三连冠，区—镇街—社区村三级社会矛盾纠纷大调解机制深化完善，扫黑除恶专项斗争扎实开展，安全生产形势保持总体稳定，人民群众平安获得感不断增强。

【强党建转作风 铁军队伍更加坚强】 制定实施党的建设提升三年行动计划，全面吹响迈进新时代定海党的建设新征程的冲锋号角。持续推动党建工作系数法向区属部门延伸，严格落实各级党委（党组）主体责任和书记“第一责任人”责任，创新实施基层党建工作全员责任制，切实消除区属部门意识形态责任盲点，纵横联动、齐抓共管的大党建工作格局更加严密。始终把党的政治建设摆在首位，引导广大党员干部坚定信仰习近平新时代中国特色社会主义思想，牢固树立“四个意识”。制定出台干部正向激励实施办法，优化完善干部选拔任用体系，一线实干选人用人导向更加鲜明。淬炼打造“锋涌定海山”全域基层党建品牌，深入整治机关党建“灯下黑”和“两张皮”问题，全面完成换届后社区村党组织“回头看”，基层组织体系更加坚强有力。扎实推进“大学习大调研大抓落实”活动，深入开展重点工作“双学双比”，创新实施机关单位重点突破工作考核，比学赶超、创先争优的工作氛围更加浓厚。坚定不移向作风问题开刀，严格执行中央八项规定精神，小微权力腐败、有制度不执行、“新官不理旧账”“中梗阻”等一批痛点难点问题得到严肃整治。深入开展区委巡察，首创的巡察问题“全链条式”整改模式、巡察整改质询问责机制得到省纪委高度肯定。持续深化监察体制改革，在全省率先建立运用“四种形态”全程监督机制，严肃查处了一批违纪违法案件，山清水秀的政治生态得到有力巩固。

重要会议

【区委十三届五次全体（扩大）会议】 于2018年1月2日在区行政中心一号会议厅举行。会议审议和通过《区委十三届五次全会关于召开中国共产党舟山市定海区第十三次代表大会第二次会议暨区委经济工作会议的决议（草案）》；审议和通过区委、区纪委在区第十三次党代会第二次会议暨区委经济工作会议上的报告及关于两个报告的决议（草案）；审议中国共产党舟山市定海区第十三次代表大会第二次会议暨区委经济工作会议相关事宜。

【全区建设平安定海工作会议】 于6月15日在区行政中心一号会议厅举行。会议认真贯彻落实中央和省、市有关会议精神，总结2017年度全区建设平安定海工作，研究部署今后一个时期重点工作任务。

【区委十三届六次全体（扩大）会议】 于8月16日在区行政中心一号会议厅举行。会议听取区委十三届常委会工作报告。

【定海区基础教育发展大会】 于9月6日在舟山剧院举行。会议贯彻落实党的十九大、省委十四届三次全会和市委七届四次全会精神，学习领悟习近平新时代中国特色社会主义思想，总结回顾近年来全区教育改革和发展工作经验和成绩，表彰各级各类教育先进。

【全区组织工作会议】 于10月25日在区行政中心一号会议厅举行。会议认真学习贯彻习近平总书记在全国组织工作会议上的重要讲话精神和全省、全市组织工作会议精神，研究部署定海区党的建设和组织工作。

重大决策与重要工作

【“双学双比”活动】 为深入贯彻党的十九大、省市全会和区党代会精神，结合“作风建设深化年”活动，以“双学双比”活动为载体，以各镇街道和区级部门为活动实施主体，狠抓重点工作推进落地，强化项目建设精准服务，全面落实工作责任、工作进度和服务质量，按照2018年区委、区政府下达的各项目标任务，按照“一活动一主题”的工作思路，镇（街道）在“最多跑一次”改革、意识形态、城乡环境综合整治、创新驱动发展等各个方面开展比学赶超活动；发展服务部门围绕服务保障，结合本单位职能工作，在服务水平、办事效率、工作作风等方面开展比学赶超活动。

【全国文明城市创建】 2018年，定海区贯彻落实市委总体部署，坚持问题导向，狠抓短板补齐，把全国文明城市创建作为全区头等大事来抓。坚持区领导带头干，及时调整完善创建工作领导小组，对全区14个专项整改攻坚行动组和11个镇街道，指定分管区领导和联系区领导包干，高频率开展区领导及专项组不定期暗访督查以及问题现场反馈、限时整改，各专项组和镇街“一把手”负责，组织专班全天候点位排查，倒排进度、协同发力，同时加强创城工作正面报道有力和反面典型曝光，举办有声势有号召力的创建系列活动，让群众知晓有渠道、参与有载体，营造起浓厚的社会氛围，为全市创建全国文明城市取得全国第9的好成绩做出定海贡献。

【区委巡察工作】 按照区委一届任期内巡察全覆盖要求，在全市率先开展镇街道、部门巡察工作。突出政治巡察定位和问题靶向，组织三个巡察组，采取“一托二”模式，对12家单位的常规巡察，发现问题263个，提出建议90条，移送问题线索10条，党纪政务立案2件，诫勉谈话4人，推动出台全区性规范制度1个。创新推进“全链条式”巡察问题整改模式，首创巡察整改质询问责机制，开展“一对一”质询3家次，该做法得到省纪委高度肯定。建立巡察整改“双评估”机制，对2017年以来9家被巡察单位整改情况进行实地评估验收，将发现的27个未整改到位问题以清单形式呈送区委书记；对巡察组工作作风、能力，通过“问卷测评+随机谈话”方式进行评估，确保“打铁必需自身硬”。

区委区政府办公室工作

【概况】 2018年，区委区政府办公室落实习近平总书记“五个坚持”要求，深入学习贯彻党的十九大精神和省委、市委全会精神，围绕全区中心工作和决策部署，创新工作机制、狠抓工作落实，不断提高“三服务”水平，保障全区各项工作顺利运转。

【综合协调】 妥善处理好各方面的沟通协调，发挥好枢纽作用，确保区委各项工作部署严格落实。全年牵头组织各类会议200余场，顺利完成中央、省市领导到定海视察、巡视以及外地党政代表团到定海考察的接待任务。围绕全区发展大局这个中心，强化精品意识、创新理念，力求每篇文稿言简意赅、凸显新意，全年共撰写各类综合文稿300余篇，得到区领导的充分肯定和社会各界的普遍好评。按照“精简、规范”的原则，严把发文关，共发文件600余份。坚持把调查研究作为谋划推动工作的重要方法路径，结合“大学习大调研大抓落实”活动，切实推动全区领导干部开展蹲点调研。围绕中心工作和领导关切，开展调查研究，形成了关于提升“最多跑一次”改革满意度的调研报告、定海区招商引资存在困难及对策建议、关于定海区批发市场基本情况的调研报告等一批调研成果，为区领导决策提供参考。

【信息管理】 坚持“唯有常新，才能长青”工作理念，完善信息工作机制、加强信息员队伍建设，持续提高信息质量。全年被省市及以上党委、政府录用信息稿件164篇次，省市领导批示25篇次，《定海区建议在金塘港区打造国家级进口木材贸易加工示范区》《定海区“治标更治本”源头管控危化品安全风险实现连续12年“零事故”》分别获首届省府办、市委办“十佳信息稿件”，省政务信息工作位列全省各县区第15名，获评2018年度省委信息工作先进县区，经验做法在全省（仅2个县区）、全市交流。

【深化改革】 制定实施年度全面深化改革工作要点，统筹抓好改革谋划、推进、督察等各个环节，全面落实区领导联系重点改革项目制度，组织召开改革领导小组会议、区委常委会等各类改革推进会议20余次，广泛凝聚强大合力破解改革难题，38项重点突破改革项目完成率达92%。注重改革经验成效提炼总结，累计报送改革信息、案例29篇，其中3篇改革信息获省领导批示，“县管校聘”改革案例获得第五届“浙江省公共管理十佳创新奖”。

【督查考核】 创新督查方式，对“创建全国文明城市”“小城镇环境综合整治”等重大事项实施专项督查，开展“双学双比”“实绩亮相”、城乡环境综合整治社区擂台赛等活动，围绕“最多跑一次”、意识形态等主题组织“双学双比”活动4场，全年组织开展专项督查18次，联动督查6次，发挥督查问效的作用。制定完善综合考核评价体系，改区级机关单位“个性工作”考核为“重点突破工作”，全面推动党建工作系数法向区级机关覆盖延伸，进一步强化抓重点、强落实的工作导向。承办区人大代表建议101件、区政协提案159件，代表、委员对办理结果满意率为99.6%。办理区领导批示件和抄告单460件。

【队伍建设】 把党的政治建设摆在首要位置，坚持严管厚爱结合、激励约束并重，严肃党内政治生活，当好“先行军”“排头兵”。持续锤炼党性修养。以“大学习大调研大抓落实”为总抓手，扎实推进“两学一做”学习教育常态化制度化，提高各党支部专题学习会频次，引导党员干部自觉以习近平新时代中国特色社会主义思想武装头脑、指导实践、推动工作。持续深化优秀年轻干部队伍建设。贯彻习近平总书记提出的干部工作“五大体系”要求，突出忠诚干净担当标准，畅通优秀年轻干部借调挂职渠道，强化年轻干部压担历练，把想干事、敢干事、能成事的干部重用起来。持续绷紧制度化约束。严格落实干部监督管理各项制度，更加注重干部日常管理和“八小时之外”管理，推进实施干部正向激励，完善落实容错免责机制，调动干部干事创业的积极性主动性。

（撰稿：赵世凯）

组织工作

【概况】 2018年，区委组织部贯彻落实习近平新时代中国特色社会主义思想和党的十九大精神，紧扣中央和省市区委关于组织工作的部署要求，服务保障定海发展大局，强化政治统领、强化主责主业、强化担当作为，各项工作取得新突破新成效，为全面建设花园式国际人文港城提供坚强的组织保障。

至年底，全区有基层党组织1020个，其中党委71个，党总支78个，党支部871个。有党员19570名，其中女党员6794人，占党员总数的34.72%；30岁及以下2090人，占10.68%，31岁到40岁3945人，占20.16%，41岁到50岁3487人，占17.82%，51岁到60岁3496人，占17.86%，61岁以上6552人，占33.48%。研究生290人，占1.48%，大学本科5176人，占26.45%，大学专科3419人，占17.47%，中专1113人，占5.69%，高中中技2629人，占13.43%，初中及以下6943人，占35.48%。

全区有科级领导干部546名，其中正科级134名，副科级412名；部门局办科级领导干部368名，乡镇（街道）科级领导干部178名；女干部117名，非中共党员36名。大学及以上学历的489名，大专学历的56名，中专及高中以下学历的1名。

【选优配强干部队伍】 2018年调配区管领导干部3批次共70人次，其中新提任干部20人次（正科5人次，副科10人次，提任重要岗位5人次），同级交流36人次，退职、辞职等14人次；在调配中，坚持正确导向不放松，新提任干部中镇街及项目一线干部9人，占45%，其中2人为2017年度全区优秀基层干部，12人为2017年度考核优秀。

【推进干部教育培养】 将习近平新时代中国特色社会主义思想和党的十九大精神学习贯穿于干部教育培训始终，首次举办全区军转干部综合素质提升班，新设年轻干部“无围学院”分享课堂，联合扶贫结对地区开展异地干部培训；全年完成各类主体班次、省市调训、专题报告讲座培训教育2800余人次。制定出台《大力发现培养选拔优秀年轻干部的实施意见》，启动优秀年轻干部新一轮培养计划；先后抽调72名年轻干部到征地拆迁、昌州大道立面改造、文明城市创建等一线锻炼，3名年轻干部在挂职锻炼期间被提拔使用。

举行年轻干部“无围学院”分享课堂开班仪式

【加强干部严管厚爱】 研究制定《定海区干部正向激励实施办法（试行）》，充分释放激发干部奋发进取的强烈信号；重新修订《党政主要领导干部离任交接办法》，首次将重要工作、干部人事、重大信访等事项纳入交接范围，进一步破解“新官不理旧账”难题；从严执行《领导干部个人事项报告制度》，全年核查干部109人次，其中函询7人，组织约谈5人，诫勉1人；全面推进干部兼职专项清理，清理违规兼职200余人次，清退违规取酬120余万元，完成兼职审批14人次。

社区干部“红色大礼包”

【推进基层党建全域提升】 印发《2018年度定海区基层党建工作重点任务清单》，公开晾晒、跟踪落实133个党组织书记领办基层党建项目；深化党建工作系数法，拓展运用于区级机关单位；在全区范围内全面构建街道“大工委”和社区“大党委”，推进部门融入城市基层党建工作，组建成立“幸福红盟”“城南红”“红韵昌盛”等街道层级党建联盟以及“红耀湾区”“城南珍情”等社区层级党建联盟；在全市率先启动军民融合党建工作，累计吸纳27支部队通过参与城区街道党建联盟、与社区结对共建等方式开展军民融合党建共建；深入实施两新党建“蓝海红帆”工程，新打造“螺炘华园”和社会组织党群服务中心，形成示范带动效应。

定海区城市基层党建工作推进会召开

“无围学院”第二期“军民融合”在定海海洋科学城开讲

【抓实基层党建基础建设】　举办“组工干部大讲坛”“社区书记大讲坛”等主题讲坛3场，集中轮训社区村主职干部3批次，创编社区干部履职“红色大礼包”，选派70名优秀干部担任后进社区村和集体经济薄弱社区村“第一书记”，促使基层铁军队伍更加专业化；严格落实党员领导干部双重组织生活制度，深化细化

定海区组工干部大讲坛

党员积分量化管理，建立党员涉嫌违纪违法信息通报制度及日常负面信息处置机制。

【保障重大任务】　推行党建引领创城活动，面向全区党员发出“我是党员我先行”的创城倡议，发动4105名机关在职党员进社区报到，报到率达93.2%；抓实村企结对助消薄，全区67个社区村与83家企业完成村企结对，确定项目67个，完成26个，每年可增加集体经济收入6万～25万元不等，提升农渔村社区自我“造血”功能。

召开全区城中村（旧城）改造一线挂职动员大会

【搭建人才招引平台】　2018年推荐千人计划对象4人，并成功入选1人，成为全市连续三年唯一有千人计划人才入选的县区，新引进国家千人计划专家1人和外省千人计划专家1人来我区创新创业；加快推进科技创新平台建设，定海工业园区、海洋科学城等园区的科技人才项目承载力不断提高，2018年共推荐申报5313科技创业领军人才项目30个，入选10个；新增科技创业领军人才企业8家，注册资本5700万元，

举办第二届中国·浙江舟山群岛新区全球海洋经济创业大赛蓝海智造行业赛

全区累计已落户26家，注册资本2.71亿元；积极打造全球海洋经济创业大赛蓝海智造行业赛品牌，成功在上海、深圳、武汉举办了三场城市分赛，入围行业决赛项目15个，入选大学生创业项目7个。

【强化本土人才培育】 挖掘在外本土人才资源，重点实施定海籍人才雁归工程，成功举办定海海外高层次人才新区行和定海籍学子暑期集中实践等活动；扎实推进工匠人才培养，举办区第五届职业技能大比武活动，全区14家单位承办22个技能比武项目；开展职业技能集中培训、企业自主评价等，2018年，全区新增高技能人才1210人，5人入选市首届千岛工匠。

举行定海区第五届职业技能大比武

【优化人才服务保障】 制定出台《舟山市定海区人才分类认定办法》《舟山市定海区人才住房保障办法》《舟山市定海区人才服务保障办法》《舟山市定海区高层次人才引进培养推荐奖励办法》等四项人才新政实施细则；强化人才精准服务，安排入住人才公共租赁房78人、优秀人才体检100余人，发放政府津贴49.9

开展海外高层次人才定海行活动

万元；加强对人才的政治引领和吸纳，推荐3名人才为舟山市博士（后）联谊会会员，推荐4名人才为区青年联合会第四届委员会委员。

（撰稿：陈　刚）

（本分目图片由区委组织部提供）

宣传思想工作

【概况】 2018年，定海区宣传思想文化工作坚持以习近平新时代中国特色社会主义思想为引领，贯彻落实党的十九大精神，以及全国、全省宣传思想工作会议等中央、省市区重要会议精神，着眼“两个巩固”根本任务，坚持围绕中心、服务大局，履行意识形态工作责任制，为推动定海全面建设花园式国际人文港城提供思想舆论保证和良好的精神文化条件。

举办花园式国际人文港城研讨会

【基层意识形态工作主体责任落实】 开展意识形态工作责任制考核，强化问题任务清单式管理。建立意识形态比学赶超机制，举办宣传思想文化“互促争先、比学赶超”和全区意识形态“双学双比”活动，实地调研、特色展示、现场汇报等集中展现意识形态工作成效。加强阵地建设，择优培育“微言说理”群音荟、香园社区文化家园等15家阵地，推进“三个全民”APP、“定海山”小程序等线上阵地建设，探索社会化运营、文化众筹等模式，推动基层意识形态阵地多元联动发展。加强基层意识形态机制研究，调研文章《基层意识形态责任制落实机制建设的探索与思考》获全市宣传思想文化系统大调研课题一等奖。

【理论学习中心组制度化规范化特色化建设】 制定出台《定海区党委（党组）理论学习中心组学习实施

细则》。围绕习近平总书记“红船精神”重要论述、对浙江工作的重要指示精神，李克强总理考察舟山时的重要讲话精神，新修订宪法、监察法以及《共产党宣言》等内容，举办区委理论学习中心组专题学习会5次。加强对基层党委（党组）理论学习中心组的督查指导，表彰优秀党委（党组）理论学习中心组4家。舟山日版刊登区委理论学习中心组署名文章《推进五大转变 努力实干争先 创新续写“八八战略”定海篇章》，组织各级中心组撰写理论文章20余篇。

【“理论宣讲连锁超市”品牌深化】 以理论名嘴工作室为“总店”，公民素质教育讲师团、草根讲师团为“分店”，培育宣讲骨干93位，集结宣讲队伍150余支，宣讲员人数达2700余名。围绕习近平新时代中国特色社会主义思想、十九大精神、“八八战略”“乡村振兴”“最多跑一次”等主题，举办各类宣讲活动1000余场次。大力开展“好声音讲好故事”主题宣讲，重点讲好定海的红色故事、奋斗故事与“最美”故事。推出宣讲名嘴展示、专题备课会等宣讲骨干培育活动，指导推进“严贤丰工作室”、“东风工作室”等基层宣讲阵地建设。举办“弘扬红船精神，走好新时代的长征路”微型党课比赛，获省级优胜奖、市级二等奖。新建社区践行“两山”理论经验成果入选全省基层宣讲精品教案优秀选题。

举办2018微型党课比赛

【社科理论研究阐释】 举办“全面推进定海花园式国际人文港城建设”专题研讨会，邀请省内外专家学者为区域建设发展献计献策。组织全区社科理论工作者开展重大理论和现实问题调研，完成区级课题立项24项，入选市级课题6项，含重点课题1项。省社科联“四个强省实践的基层典型案例研究”专项课题顺利结题。向上级报送课题分获全市“蓝色经济”发展论坛征文一等奖，市第十六届社会科学优秀成果二、三等奖等荣誉。开展“奋进新时代、谱写新篇章”社科普及周活动，召开了全区二届二次社科联常务理事会和理事会。马岙博物馆获评第八批省级社科普及基地，昌国街道文昌社区社科普及基地获评省社科联考核优秀单位，双桥中心小学社科普及基地的“仁孝少年在行动”获评2018年度“浙江省社科普及创新项目”。

开展2018社科普及周活动

【文化礼堂培育长效机制建设】 完成年度6家礼堂新建任务，全区建成礼堂58家，农渔村覆盖率达79.5%。围绕“我们都是定海人•情满礼堂一家亲”主题，推出文化礼堂“星闪亮”“周日理论直通车”“指尖文化风景线”“乐享礼堂一家亲”“万家礼堂庆丰收”等系列活动900余场次，惠及群众超7万人次。举办“我的文化我做主”文化礼堂创作节目暨种文化

召开全区文化礼堂建设工作推进会

成果会演等活动，对优秀文化节目开展集中评比展示。创建“礼堂乐e路”文化品牌，以网上招募、网络直播、网民互动等形式提升礼堂知名度与群众参与度。推进文化礼堂建设改革满意度评估迎检工作。金塘镇河平社区文化礼堂、马岙街道马岙社区文化礼堂获评全省5星级文化礼堂，白泉镇宣传委员获评第二届浙江省“最美文化礼堂人”称号。礼堂文化培育成效获省委宣传部领导批示肯定。

举办乐享礼堂一家亲重阳有礼活动

【宣传文化人才培育】　研究制定《舟山市定海区百名宣传文化人才培养造就计划》。建立百名宣传文化人才库，吸纳全区宣传文化人才91名，评定新一批入库人才17人。张瀚云获评全市第三批宣传文化系统“五个一批”人才。按照区人才办人才认定相关工作要求，做好张高俊、张瀚云等区级特优人才认定审核相关工作。坚持项目化培育模式，开展“描画新时代歌颂新定海”主题宣传文化精品项目申报评审工作，优选27个精品项目开展重点扶持。与对口管理单位签订人才项目扶持协议，确保资金使用规范到位。夏雨缀、朱先马等多位宣传文化人才作品获中国轻工联合会金奖、入选中宣部全国爱国主义教育示范基地巡礼系列图书等省级以上荣誉。

【舆论引导服务中心工作】　围绕“五大会战”、新型城市化建设、全国文明城市创建、“乡村振兴”等重点工作，组织新闻发布及集中采访活动14期，区级及以上媒体刊发报道3万余篇，在央视、新华社、中新社、人民网、《浙江日报》、《舟山日报》等推出一系列有分量有品质的专版专题及重点报道1200余篇。开展了“走近新时代 建设新定海”大型新闻活动，深化“记者视线”“海山聚焦”等精品栏目建设，推进大型纪录片《千年定海山》等精品工程。

【对外宣传报道】　全年接待中央、省、市媒体300余批次，2200余篇重点稿件在境外、中央、省市各大主流媒体刊播。央视1套《我有传家宝》播出《绿水青山画舟山》、《连心惠百姓 跨海促腾飞》上下集专题宣传片。央视4套《城市1对1》聚焦定海古城保护开发、非遗文化传承等内容。央视2套《生财有道》播出专题片《生态中国系列（沿海行）——走进浙江舟山》。中国日报亚太分社拍摄并播出专题节目“fantastic”（中文名“妙趣横生”），展现定海贝雕、船拳、木偶戏等非遗文化。浙江卫视摄制组赴定海摄制五集纪录片《戚继光》。特邀浙江新闻频道赴新建社区开展全球直播全媒体互动活动《为地球朗读》，制作完成定海城市MV宣传片。开展“聚焦长三角 再看新定海”外宣活动，组织区级媒体赴台州临海市、杭州下城区、绍兴越城区等长三角先进地区开展异地采访与

浙江卫视五集纪录片《戚继光抗倭》到定海取景拍摄

开展“聚焦长三角 再看新定海”外宣活动

互动交流，围绕智慧城市管理、文明城市创建、历史街区开发打造等，在区级全媒体平台推出系列报道。

【"致敬奋斗者·我们都是定海人"主题宣传】 组织市区媒体深入挖掘定海区建设发展一线的实干典型，聚焦涌现在"五水共治"、"城中村"改造等重大项目一线的17位基层优秀干部，以专题专栏专版形式在"无限舟山"APP、《新周报》、舟山广播FM998、区融媒体中心等平台推出重点报道130余篇。强化新媒体传播，制作推出活动启动宣传视频、H5等适合网络传播的作品。开展了"点赞奋斗者"网络互动活动，线上参与人数达1.8万人次。策划举办"奋斗者说"报告会，以现场直播形式邀请奋斗者先锋人物至演播室现场分享实干故事，并在腾讯、优酷等网络渠道做好宣传推介，进一步宣传定海基层实干群像。

【"改革开放 40 周年"主题宣传】 开设"壮阔东方潮 奋进新时代"专栏，推出"聚焦改革开放大事件""走近改革开放亲历者"等系列报道。依托各级媒体资源，刊出反映定海改革开放40周年生动实践和经验成就的各类报道900余篇次。浙江新蓝网联合浙江传媒学院赴定海开展"庆祝改革开放四十周年"校媒联合大型新闻行动，刊播《海洋经济在深耕》等短视频和图文报道。开展"改革开放 40 周年"摄影大赛，征集展播定海区改革开放40周年成就的精彩照片。

【第二届"三毛散文奖"新闻发布及系列宣传活动】 邀请中央电视台、《光明日报》、人民网、凤凰网等30余家境外、中央、省市主流媒体和网络媒体参加第二届"三毛散文奖"新闻发布会并开展集中采访活动，共刊播原创报道30余篇，欧侨网、西班牙侨网等网络媒体转载报道10余篇，累计阅读量超105万人次，传播范围跨亚、欧、美、澳、非五大洲。

【党报党刊征订】 开展2019年度全区党报党刊征订工作，全程跟进督促各镇（街道）、区属各单位党报党刊征订工作进度，确保党报党刊工作圆满完成。截至11月30日，《人民日报》完成征订395份（为任务数的109.7%）、《求是》完成征订212份（为任务数的120.4%）、《浙江日报》完成征订1322份（为任务数的103.5%）、《今日浙江》完成征订467份（为任务数的107.3%）、《光明日报》完成征订21份（为任务数的116.6%）、《经济日报》完成征订81份（为任务数的119.1%）、《新华每日电讯》完成征订245份（为任务数的108.8%），《舟山日报》完成征订4835份（为任务数的103.5%）。

【网络舆情导控机制建设】 制订出台《定海区网络舆情风险预警实施办法》（定党政办发〔2018〕69号），探索建立网络舆情风险预警机制，对重大决策可能引发的网络舆情进行科学预测、综合研判，并提出风险防范和化解措施。2018年，指导区城市管理局对海天大道提升工程定海段开展网络舆情风险预警工作，提交《海天大道定海段提升工程网络舆情评估报告》。

【互联网属地管理】 开展"2018净网·清风迎春""净网2018""2018清朗"等专项行动，强化网络监管，严打负面有害信息。开展涉网络游戏信息内容、违法违规涉军网站账号有害信息、泛娱乐化不良信息等整治工作，关闭属地涉军网站中国军事模型网（ICP备案名为"博徽静颂"）。做好全区网信企业基本情况调查工作，了解13家网信企业的主营业务、核心竞争力、企业党建等基本信息情况。

【网络主题宣传】 全面做好全国"两会""八八战略"十五周年、"同心共话新时代""改革开放40周年"等重大主题网络宣传活动，组织新闻报道和解读，发动网宣队员转发、点赞。全力做好"三毛散文奖""我们都是定海人""创建全国文明城市"等本地网络主题宣传，制作新闻专题，两微端口开设专栏定期发表稿件，组织网宣队员撰写评论文章，10余篇稿件被观沧海等媒体录用。2018年，累计集纳和链接相关重点专题16个，发表相关稿件1000余篇，微博、微信相关文章浏览量200余万人次。

【"定海山"微信小程序上线】 "定海山"微信小程序于7月2日上线，这是全市首款综合新闻类小程序。小程序设有即时报、新闻、资讯、深度、视频、图集6大版块，为用户全天候集成推送及时、准确、优质的定海本地新闻资讯服务。2018年，有"定海发布""定海青年""定海旅游"等30余家微信公号完成首批入驻。

【"点赞定海之定海美美哒"网络宣传系列活动】围绕"文明定海""美颜定海""幸福定海"三大主题展开，向网民征集反映定海经济、社会、民生发展的视频作品，通过抖音、大舟山论坛等媒介和网宣队员转发、点赞等形式进行广泛传播。活动网上总阅读量超过5万余人次，收到视频作品100余件。"定海美美哒"获评舟山市第二届优秀网络行动风云榜。

【网络社会组织建设】 6月27日，定海"东海潮头"网络社会组织示范基地入选省委网信办公布的第一批浙江省网络社会组织"文润同心"工程示范基地。"点赞定海"项目入选首批浙江省网络社会组织品牌项目。

（撰稿：胡绿源）

（本分目照片由区委宣传部提供）

精神文明建设

【概况】 2018年，全区精神文明建设工作以培育和践行社会主义核心价值观为根本，推进全国文明城市创建工作，开展"德行定海山"建设，持续深化群众性精神文明创建活动，推进未成年人思想道德教育，提升公民文明素质和社会文明程度。

【全国文明城市创建工作责任机制】 成立定海区创建全国文明城市工作领导小组，区委书记庄继艳、区长侯富光任组长，领导小组下设14个专项工作组，细化落实创建专项任务。建立区领导联系镇（街道）创建工作和区领导督查巡查机制、居民小区环境整治专项行动领导干部包干责任制（30位区领导包干188个小区），累计带队开展实地督查和现场巡查百余次。召开区级层面各类推进（培训）会、工作例会、专题部署会33次，制定并印发《舟山市定海区全国文明城市创建任务分解表（2018版）》等规范性文件，分解落实工作任务。

定海区迎接浙江省城市文明程度指数测评专题部署会

【创城工单制】 8月份起，推行创建全国文明城市问题工作单制度，由各创建责任主体（创城专项组、责任单位、镇街道）将在工作中遇到的涉及责任单位多、整改难度大、历史欠债多等"疑难杂症"，以工作单的形式提交至区创建办，经核实后转交区分管领导或相关责任单位，并限期接单后三天内必须开展办理工作。2018年共收到工作单72份，由分管副区长牵头解决或区创建办、区城管局等责任单位协调解决，整改率达100%。

【全国文明城市创建工作快速反应、即时处置机制】通过微信督查、专项督查、巡访互查、新闻曝光等方式，构建动态性问题一周一查、专线性问题一月一查、区域内问题季度再巡查、难点问题重点曝光的全方位督查机制；2018年微信督查即时反馈、整改问题800多个，市民巡访团开展巡访互查43次，14个专项组累计下发各类抄告单163份，及时跟进新区聚焦、海山聚集等曝光问题和市创建办抄告单、督办单整改落实。

【全国文明城市创建宣传工作】 开展"讲文明树新风"公益广告宣传，2018年全区各类场所共计新增公益广告数近15000块，其中15条主次干道、2条商业大街制作公益广告6000余块，小区电子屏、候车厅、公共自行车棚公益广告实现全覆盖。邀请第三方测评

"创文明城市·庆国庆佳节"灯谜展猜

公司对全区600多个公益广告点位进行测评，累计反馈、整改问题千余个。开展入户宣传，累计入户近21万次，发放“创城须知”三折页、市民文明手册等宣传资料和宣传品60多万份。2018年国测反馈群众满意率名列前茅。

【全国文明城市创建志愿服务】 机关单位与城市社区结对、主要交通路口文明劝导、“城市啄木鸟”等志愿服务活动蓬勃开展，志愿者服务水平及质量明显提升。2018年39个城市社区注册志愿者人数29983人，占常住人口的19.0%；其中有时数的志愿者28060人，占注册志愿者比例93.6%；25小时以上志愿者人数为20717人，占注册志愿者比例69.1%。深化“礼让斑马线 排队讲秩序 共建花园城”主题活动，全区23个机关事业单位认领19个主要交通路口，累计志愿服务时数2万小时；完成5条爱心斑马线认领，并首次在凯虹广场斑马线启用申请式人行灯，推动重点斑马线礼让率基本稳定在80%以上。开展“3·5”学雷锋志愿服务月活动，参与志愿者数超700人次，惠及群众5000人次；建立区级“学雷锋·志愿驿站”，并获评全市首批“学雷锋·志愿驿站”。

【城乡环境综合整治擂台赛】 以环境卫生为评比重点，在全区39个城市社区和65个农村社区中分组开展，并安排38万元工作经费。城市组根据《全国文明城市测评体系》制定标准，侧重文明秩序和基础设施；农村组根据《定海区洁净乡村评分细则》制定标准，增加垃圾分类、河道净化等内容。擂台赛以两个月为周期，全年打擂4次，每次对城市社区前五名和农村社区前八名予以奖励，并将成绩与街道的年终考核挂钩。

城乡环境综合整治擂台赛抽签仪式

【中央、省城市文明程度指数测评工作】 针对中央、省城市文明程度指数测评，多次召开专题部署会、协调会。按照《全国文明城市(地级以上)测评体系操作手册（2018年版）》、《浙江省城市文明程度指数测评体系（2018年）》，开展实地考察点整改集中攻坚行动，排摸全区600余个考察点现状，即查即改推动各考察点达标水平有明显提升。

【镇街道文明指数测评工作】 对全区11个镇街在基础设施、环境卫生、群众性精神文明创建活动等方面的文明程度进行测评，根据2018年6月、9月舟山市文明城市第三方实地测评结果，结合城乡环境综合整治擂台赛成绩和镇（街道）日常工作开展情况进行综合排名。并安排19万元，用于奖励测评优秀乡镇（街道）。城东街道、白泉镇分列第一。

【“多城联创”工作】 完成第二轮国家卫生城市复审和第二轮省文明区复评工作。召开迎接第二轮国家卫生城市复审动员大会和第二轮省文明区复评工作部署会，区领导多次带队专项督查城乡农贸市场等难点工作，以“巩固国家卫生城市 创建全国文明城市”为主题，制作候车厅、公共自行车篷、社区电子屏、海报等广告，发送网格短信3万条。持续跟进省爱卫办反馈的28条问题整改清单，对新区聚焦、海山聚焦等曝光问题进行“回头看”，巩固整改成效。2018年，舟山市顺利通过国家卫生城市第二轮复审，定海区通过第二轮省文明区复评。

【道德先进评选表彰】 开展第五届定海区道德模范

定海区第五届道德模范评审会召开

评选表彰活动，该活动两年一届，通过基层推荐、考察审核、常委会确定、社会公示等程序，评选出在道德领域具有示范引领作用的先进人物，荣誉获得者可按政策享受生活、医疗、住房、就学等全方位优待。活动于8月启动，评选出曹杏娣等10名同志为“第五届舟山市定海区道德模范”，李秀维等12人为“第五届舟山市定海区道德模范提名奖”。常态化开展“最美”人物挖掘工作，推荐舟山好人28人（组）、创城好人2人（组），其中浦发银行舟山分行、郑海彬入选浙江好人榜。

【落实道德标兵、道德模范优待政策】 发放2017年下半年及2018上半年道德模范医疗补助34303元，惠及19人；发放2017年第四季度和2018年前三季度道德模范生活补助资金112288.8元，惠及7人；协调解决道德标兵黄耀棉直系亲属的就学问题；慰问彭淑希等9位道德模范，共计发放慰问金1.9万元；组织15位道德先进参加最美舟山人游舟山活动。

【文明示范系列评选工作】 以马岙、干䃍为试点，开展2018年村级、镇级文明示范户、评选。活动自1月启动，以群众评议为主要形式，通过召开党员、干部、村民代表等座谈会，结合实地考察等评选社区（村）级文明示范户和文明示范社区， 并动态跟踪逐年逐级晋升为镇街、区级。至今已评选社区（村）级文明示范户1500余户、镇街级文明示范户500余户，并在2019年新春期间为文明示范户挂上标识红灯笼，

【“网上道德汇”活动】 运用网络互动、活动直播、网上展厅等多种方式，展现定海最美人物群像风采，其中“新时代．道德说——听道德标兵讲故事”

开展“新时代·道德说”——听道德标兵讲故事活动

现场活动，邀请13位区第二届道德标兵现身说德，并进行实况转播、网络直播和弹幕分享。邀请武夏琴等9名道德标兵、道德模范参加“好人在身边”微访谈、微交流、微发布活动。另于线下组织10道德先进参加“万福送万家”活动，送“福”字进基层，送榜样到身边；组织3位道德模范参加道德巡回宣讲，发挥道德模范感召人、影响人、带动人的作用。

“好人在身边”——三微访谈走进城西小学

【民意征集助力城市建设】 开展“智汇定海．共建共享”系列征集活动，其中花园式国际人文港城建设妙点子征集活动共计收到建议791件，经三轮淘汰赛制后《建议在绿道建设过程中重点打造定海三条古道》《关于重新建设和恢复定海古城精神地标——东岳山的建议》等10条妙点子获奖，建立妙点子长效工作机制。开展定海电视塔征名活动，418人参与征名活动，征集到塔名1975个（含重名），确定“定海东岳山电视塔（简称东岳塔）”为正式塔名。

【古树名木认养】 以“认养古树 情定古城”为主

古树名木认养启动仪式

题，发动市民认养古树名木，展现定海古城文化。2018年完成两批次112棵古树名木的认养，制订《定海区古树名木养护暨认养资金管理办法》，进一步明确认养程序和资金管理。

【小城镇文明行动】 持续开展最美评比、志愿服务、公益宣传、道德践行等活动，深入推进小城镇文明行动。4个第一批小城镇文明行动样板小城镇（马岙、干𬒗、白泉、沥港）顺利通过省测评组验收3个第二批样板小城镇（双桥、小沙、岑港）的达标创建工作正在开展中。因地制宜打造“家风街景服务线”“马岙中心小学”“未成年人德育”3个乡风文明示范点。

【核心价值观培育和践行工作】 以“与礼仪牵手，携文明同行”为主题，开展“文明礼仪、经典诵读”进社区、进校园讲座19场，让礼仪融入村民的日常生活和行为举止。持续开展好家风征集活动，征集到100余条优秀家训和14则家训小故事，制成500份宣传册和展板进行宣传，传承家风美德。开展文化科技卫生“三下乡”活动，发放道德人物光荣谱等资料1500余册，涵养文明乡风。“点亮心灯 梦想启航”校园文化活动设诚信、友善、孝敬主题月活动，一月一主题践行核心价值观，丰富校园文化。开展优秀童谣征集工作，征集优秀童谣60余首，其中7首在市级获奖。

马岙社区“弘扬好家风 传承好家训 共筑文明城”主题宣讲活动

【“扣好人生第一粒扣子”主题活动】 开展“清明祭英烈”“童心向党”“向国旗敬礼”“美德少年”评选等系列主题活动，通过草根村晚、民俗体验、网上寄言、文明祭扫等多种形式，扩大社会宣传面，提高宣传效果，约3万余名学生在活动中接受教育。承办舟山市2018年“扣好人生第一粒扣子”主题教育实践活动——“新时代好少年”学习宣传活动，表彰100位区级新时代好少年。推荐市级新时代好少年5名，其中5名获奖。

新时代好少年颁奖典礼

【“春泥计划”工作】 全区有“春泥计划”实施村（社区）70个，乡村学校少年宫4所，“春泥”阵地实现全覆盖。举办全区“春泥计划”辅导员培训会，80余位辅导员参加培训。依托“社会、学校、家庭”三结合的教育网络，2018年共开展相关活动700余次，参与12000余人次。

【城乡基层创建】 深化文明单位（文明校园）、文明村镇创建活动，新申报全国、省级、市级文明单位2家、3家、3家，复评全国、省、市级文明单位2家、17家、60家；新申报市级文明校园4个。截至2018年12月，全区有国家、省、市、区级文明单位2家、17家、60家、104家。国家、市、区级文明校园1家、16家、32家；省、市、区文明镇（街道）6个、10个、10个。省、市、区文明社区9个、34个、37个；全国文明村、省级文明村、市级和谐文明新社区（市级文明村）和区级文明和谐新社区（区级文明村）4个、12个、29个、53个。

（撰稿：翁超慧）

（本分目图片由区精神文明建设指导中心提供）

统一战线工作

【概况】 2018年，在区委领导和市委统战部的指导下，全区统一战线工作贯彻落实中央、省委、市委统战工作会议精神和《中国共产党统一战线工作条例（试行）》《浙江省统一战线工作实施细则（试行）》，围绕全区发展大局，各领域统战工作取得新的成绩，为全面推进花园式国际人文港城建设，实现率先建成“两个高水平”奋斗目标做出贡献。

【深入学习贯彻习近平新时代中国特色社会主义思想和十九大精神】 以学习贯彻习近平总书记系列重要讲话精神和十九大精神为主线，举办党外代表人士重庆大学培训班、宗教界代表人士培训班、“五一口号”发布70周年“六个一”纪念活动等10余次，召开统一战线暑期读书会、全区党外代表人士理论学习会、企业界“八八战略”学习会等专题学习20余次，坚定统战成员、统战干部听党话、跟党走的思想自觉。

举办统一战线“八八战略”专题报告会

【开展主题教育活动】 在民主党派中深入开展“不忘合作初心·继续携手前进”专题教育；在党外知识分子中开展践行社会主义核心价值观主题活动；在非公经济领域开展“建立互动机制、涤清政商关系”主题教育活动；在宗教界开展“正言正行”专题活动；在港澳台海外代表人士中开展以“同根海联”为主题的实践活动，进一步增强统一战线成员“四个自信”。

【助力全国文明城市创建工作】 召开创城专题动员部署会，与党外代表人士交流座谈，发放创城倡议书，号召统战成员主动参与文明城市创建；召开“创建全国文明城市”情况通报会，发动各民主党派、统战团体开展专项民主监督工作，与创城专项工作组和相关对口联系单位积极对接，一批意见建议得到重视并及时整改；组织“统战同心·创城润心”主题调研活动，指导统战成员围绕文明城市创建中的热点难点问题，结合督查重点，开展《疏堵结合整治“马路”菜场》等6项课题调研，为区委、区政府提供决策依据。

召开“创建全国文明城市”情况通报会

【构建“大统战”格局】 牵头召开区委统一战线工作领导小组会议，进一步完善组统两部联席会议、民族宗教工作联席会议、新生代企业家培育工作联席会议等制度，印发《中共舟山市定海区委统一战线工作领导小组工作规则》，明确统一战线工作领导小组成员单位职责分工，发挥《统一战线工作年度考核办法》“指挥棒”作用，构建形成协作紧密、齐抓共管的大统战格局，巩固发展全党重视、全社会支持统战工作的良好局面。

召开区委统一战线工作领导小组会议

【打造三大“同心”品牌】 打造“同心之家”品牌，完成“同心之家”实体建设，制定出台工作职责和民主党派轮值制度，“同心之家”成为定海区统战文化展示、党的统一战线理论政策宣传和联谊交友主要平台。打造“同心服务”品牌，以统一战线全方位结对试点镇（街道）的工作模式，打造统战风采展示新阵地。在小沙街道成立“1+8”同心服务基地，面向社区、学校、医院、家庭农场等不同对象，开展菜单式、专业化、多对一的定点定向服务，惠及企业、群众近2000人次，为乡村振兴做出统一战线独特贡献。打造“同心扶贫”品牌，实施“百企帮百户”“百企结百村”计划，全区有64家民营企业与70户低收入家庭结对，57家民营企业与53个农村社区（村）结对，助力全区精准脱贫奔小康；做好“东西部扶贫协作对口帮扶四川”工作，区内10家镇（街道）商会与四川宣汉10个村签订了三年帮扶结对协议，首批落实结对帮扶资金50万元，岑港街道商会发动会员企业出资50万元援建希望小学；举行区光彩事业促进会第三次现场集中捐款，捐资额达85万元。

组织企业家代表赴四川宣汉开展扶贫结对考察活动

【彰显多党合作制度效能】 健全对口联系制度，27家职能单位和8个统战团体建立对口联系。制定2018年民主协商计划，支持民主党派积极参政议政，围绕全国文明城市创建和“最多跑一次”改革开展专项民主监督。在区政协六届二次会议上，各民主党派共提交各类提案74件，占大会总提案46.5%；上交大会集体提案33件，占大会集体提案的84.6%；有10篇材料被列为大会发言材料。

召开全区民主党派工作会议

【激发党外知识分子和新的社会阶层人士活力】 召开区知联会、区新联会2018年度工作会议，调整会领导班子内部分工，变更区知联会法人，完成年检工作。开展“创五好争四星”活动，评选出五好知联4家，知联之星22名。调整、配备好各基层知联会会领导班子成员，新吸收新联会会员9名。在南洞群岛美术馆、定海海洋科学城、定海伍玖文化创意中心建立3个新联会实践创新基地，开展“同心·知联讲堂”3期，知联·健康服务工作室服务4次，组建“知·新”领读营，开展“走进理事单位”、创业创新大讲堂等活动25期，举办庆祝定海区知联会成立十周年系列活动，把党外知识分子和新的社会阶层人士组织起来，作用发挥出来。

区知联会、区新联会召开2018年度工作会议

【深化民族宗教工作】 深化民族团结进步创建“六进”活动。组织“法润宗教——普法进宗教活动场所”等各类学习教育活动20次，受众达3500多人次，各团体合计捐款80余万元。完成全区133处宗教（民

间信仰）活动场所安全排查工作。建立完善宗教（民间信仰）领域巡查制度等机制，第一时间处置5处违规建设民间信仰活动场所，3起非法宗教活动，督促4处隐患场所完成整改。成立全区平安宗教活动场所创建工作领导小组，制定《高水平推进平安宗教场所创建工作实施方案》。开展民间信仰场所精品示范点建设“大比武”活动，培育集弘扬民俗文化、纪念历史名人和开发旅游产业等功能于一体的精品示范点11处，评选获奖场所6处。

召开民族宗教工作会议

【推进“两个健康”工作】 联合区招商局举行招商推介会，成立“定海区招商引资促进会”，浙银资产管理集团和上海商会网有限公司在会上与商促会签署了投资合作协议；接洽了海盐、重庆渝北区、四川达州市等5批工商界考察团等到定海考察，宣传了定海区位优势、投资项目及政策优势。深化政企交流平台，邀请区委副书记、区长侯富光作政情报告，并完善区领导联系商协会制度、联系重点非公企业等制度；深化维权服务平台，协同区法院建立“网上调解”机制，成立“定海区工商联（总商会）法律服务中心”；拓展融资服务平台，会同建设银行、邮政储蓄银行开展了银企洽谈、产品推介等活动，降低中小微企业的融资成本；健全政策宣传平台，利用门户网站、微信公众号等载体及时传递“两会”新政以及惠企政策。

举行区工商联（总商会）四届三次执委会议

【加强港澳台海外统战工作和侨务工作】 区委书记庄继艳带队参加定海联谊会第三届理事会就职典礼暨海外金塘人联谊会周年联欢晚会，畅叙乡情，共谋发展。完成定海海外联谊会换届，发挥海外联谊会联络联谊功能，全年接待港澳台同胞和海外华人华侨14批次，114人次。开展“梦想·寻根”“青春飞扬•2018香港青年浙江行”走进定海活动，成立全市首个香港青年创业实习基地，将香港青年实习纳入“雁归计划”，为定海籍香港青年搭建认知定海、成就事业的新平台。提高为侨服务水平，全年慰问重点及困难华人华侨、归侨侨眷93户，送上慰问品、慰问金合计6.6万元。

举行定海海外联谊会第三届理事大会

开展“梦想·寻根”定海籍香港青年走进定海活动

【探索“党建+乡贤”工作模式】 召开全区基层乡贤统战工作会议，出台《关于在全区建立乡贤组织服务乡村振兴战略的实施意见》，指导镇（街道）、社区（村）全面开展乡贤资源摸底排查。至年末，建立乡贤档案687份，实现全区一镇一社区（村）级乡贤组织建设。打造乡贤文化阵地，如金塘镇河平社区的“乡贤馆”，白泉文化公园的“古今乡贤”展示区等，传承弘扬乡贤文化。

定海区首家村级乡贤会成立

【强化党外代表人士队伍建设】 推进党外代表人士实职安排，新提拔党外干部2名（1名正科，1名副科），交流1名。开展新一轮党外代表人士后备队伍和在编在职党外中层干部摸底，建立党外中层干部基础信息库393名，其中区属部门331名，镇（街道）62名。调整充实全区无党派人士名单，现全区有无党派人士46名。

（撰稿：包静妮）

（本分目图片由区委统战部提供）

民族宗教工作

【概述】 2018年，全区民族宗教工作以党的十九大精神为指导，贯彻落实习近平新时代中国特色社会主义思想和党的民族宗教工作基本方针政策，围绕中心，服务大局，加强和创新全区民族宗教事务社会化管理水平，开创民族宗教工作新局面。

【引导宗教与社会主义社会相适应】 加强思想引领 组织各宗教团体、宗教活动场所认真学习贯彻党的十九大及省、市、区各类重要会议精神学习，邀请省十大优秀基层宣讲员、定海区委讲师团名誉团长等专家赴各宗教团体、宗教活动场所开展巡回宣讲，举办宣讲活动6次，受众达3500多人次；分层分类开展宗教界代表人士培训教育，组织19名佛教代表人士赴江西革命根据地和云居山学习考察，指导各宗教团体组织团体成员、教职人员和信徒骨干近100人观看爱国主义教育影片《厉害了！我的国》。

宗教活动场所十九大精神报告会

加强团体建设 完成基督教两会换届工作，将部分政治素质好、宗教学识高的年轻人吸收到团队中。

引导服务社会 引导宗教界广泛参与社会各类公益慈善活动，宗教界一年来为社会公益慈善捐款80余万元。

【完善工作体制机制】 发挥宗教工作三级网络和二级责任制作用，将宗教和民间信仰事务纳入全科网格管理，建立宗教（民间信仰）领域巡查制度，配备27名专职巡查员和110名社区联络员。实行清单式督导，通过“销号”、派发“工单”等形式，第一时间对巡查发现的问题进行意见反馈，对问题整改工作开展“回头看”，确保件件落到实处、问题整改到位。2018年共处置违规建设民间信仰活动场所5起，制止非法宗教活动3起。开展宗教活动场所和场所负责人年度考核工作，召开全区民族宗教工作会议，对老天福禅寺等9处考核优秀场所和徐立波等14名优秀个人进行表彰奖励。

【推进重点工作】 开展平安宗教活动场所创建，按照“1+9”创建指标体系，指导各团体和各宗教活动场所进一步完善各项管理制度，落实平安创建责任人和联络员，并全部上墙；场所内部均设置政策法规宣传窗和反邪教宣传栏，《宗教事务条例》上墙率达到100%；推进国旗进场所活动，全区39处场所按规定升挂国旗，占场所总数的93%；加强对各宗教团体和宗教活动场所财务监管，推进宗教财务信息化平台上线运行工作。抓好浙江掌上宗教数据平台原始数据录入和日常运行工作；开展以宪法为主题“十百千万”的普法活动，制订印发《宗教领域以宪法为主题的“十百千万”普法工程实施方案》，邀请区司法局相关科室负责人和律师等法律专家赴老天福禅寺、基督教慕恩堂等场所为各宗教界人士和信徒作关于《宪法》《宗教事务条例》等专题报告5次；指导各镇（街道）根据实际，开展宗教界人士法律知识座谈会、培训会、法律咨询等活动16场次，累计参加人数1000人次；指导老天福禅寺、定海天主堂和基督教定海慕恩堂等场所积极开展试点创建工作，指导场所成立普法工作小组，制定工作计划，建设普法宣传阵地，开展普法知识培训等工作，老天福禅寺在场所内设置了、30多米的宣传长廊，设立社会主义核心价值观、法律宣传标语等广告牌10余处，被命名为省级普法基地。定海天主堂、基督教定海慕恩堂组建法律义工小组，为信众开展相关培训，将法律知识与宗教教育相结合，提高普法培训的实效性和针对性。

全区民宗（民间信仰）领域专职巡查员培训会

【加强安全管理】 严格审批、备案各类宗教活动，加强活动期间安全监管，确保本年度佛教寺院及民间信仰场所祈福、基督教培灵会、天主教复活节、佘山朝圣、圣诞节等20余次活动安全有序举行。组织开展宗教界人士消防技能培训班和民间信仰活动场所负责人消防安全培训班，组队参加全市宗教界消防技能比赛，获团体二等奖。指导各镇（街道）与宗教活动场所全部签订安全管理责任书，会同镇（街道）及宗教团体开展经常性安全检查，完成全区133处宗教（民间信仰）活动场所房屋安全排查工作，排查出疑似危房建筑物18处，以属地管理原则由相关镇街道分步骤开展解危工作。做好宗教活动场所智慧用电管理系统的安装工作，安装设备55台。协调相关部门及街道，推进基督教岑港教堂危房拆扩建审批、基督教小沙真光堂危房迁建审批工作。

【提升城市少数民族工作水平】 开展民族团结进步创建“六进”活动 选取东山社区、东管庙社区、海润小学、老天福禅寺等6家单位为创建试点，将东管庙社区打造为全市首个民族团结进步教育基地，打造“一窗（宣传橱窗）、一廊(宣传走廊)、一室（综合活动室）”，进一步提升社区民族团结进步创建力度，该社区被确定为第一批省级民族团结进步创建重点培育单位。指导海润小学开展民族知识国旗下宣讲、民族团结主题班会、民族知识手抄报比赛等民族团结进步创建活动。

完善城市民族工作体系 利用“网格化管理、组团式服务”平台，对少数民族流动人口特别是重点人员进行动态管理，多次赴重点人员所在社区开展调研，指导社区以“三分”管理模式，即分时联合排查、分类管理调处、分层回访维稳做好管理与服务工作。会同区公安分局、城东街道做好有300多人次参加的伊斯兰教开斋节、古尔邦节外来穆斯林群众宗教活动安全工作，确保2次活动安全有序举行。

【发挥民间信仰在意识形态领域的积极作用】 探索党建引领宗教（民间信仰）工作模式 以区委意识形态领域“双学双比”活动为契机，制定印发全区《意识形态（涉宗）领域重点任务清单》和《党建引领民间信仰工作实施意见》。组织召开全区民间信仰工作会议和党建引领民间信仰工作现场会，承办全市民间信仰工作现场会。发挥社区（村）党组织的领导核心作用，通过社区（村）代管场所财务、社区（村）班子成员兼任场所负责人、社会主义核心价值观进场所等形式，实现基层党组织对场所的有效监管，发挥党组织领导核心作用，目前全区有11个社区（村）实现对场所直接管理，有118位党员直接参与到场所管理，提高场所管理人员的素质。岑港街道以退休老党员夏贤明为带头人，在马目保安庙内设立“夏贤明”工作室，组建一支50余人的志愿者团队，在文明创建、尊老敬老、纠纷调解、公益慈善等方面发挥作用。

强化价值融合　以社会主义核心价值观为引领，将民间信仰场所的文化内涵与地方优秀传统文化相融合，打造“第二文化礼堂”促进乡风文明。因地制宜融入优秀家风家训、文化古迹、休闲娱乐等内容，不定期开展开蒙礼、成人礼等传统仪式及舟山锣鼓、翁州走书、木偶戏等非遗项目展演等民俗活动，组织普法讲师团、草根讲师团等宣传骨干人员以微讲座、微故事等形式向信众普及法律法规等知识及主流社会价值观，实现场所文化基地功能、教育阵地功能和公共服务功能的有效拓展。

组织宗教界代表人士参观城市陈列馆

开展精品示范点建设“大比武”　培育出集弘扬民俗文化、纪念历史名人和开发旅游产业等功能于一体的精品示范点11处，通过评选，小沙大庙、岑港保安庙、昌国老茹候庙等6处场所分获一、二、三等奖。

参加宗教界消防技能比赛

（撰稿：庄玲君）

（本分目图片由区民宗局提供）

机构编制工作

【概况】　2018年，区编委办在区委区府办的领导和市编委办的指导下，不忘初心、牢记使命，有序推进行政体制改革和事业单位改革，加强机构编制管理创新力度，为全面推进定海花园式国际人文港城建设、实现率先建成“两个高水平”奋斗目标做出机构编制部门的贡献。

【机构改革工作】　科学制定改革方案　中央机构改革方案出台后，定海区本着“早谋划、早准备”的原则，在全市范围内率先开展机构改革前期调研工作，主要摸清全区各涉改单位机构运行的总体情况和存在的问题、部门下属承担行政职能事业单位的基本情况，包括具体行政权力和授权方式以及人员具体配备等运作情况，共完成调研事项73项，收集问题建议120余条，并以此为基础，认真梳理改革思路，确保定海区机构改革方案既符合省委、市委机构改革精神，又扎根定海区实际，充分适应定海区经济社会发展需要。

做实机构编制框架　定海区组建工作专班，严格执行机构设置、领导职数核定等机构改革相关规定，在前期调研摸底的基础上，根据部门职责划转情况，参照省、市相关部门机构编制框架，通盘考虑行政职能类事业单位职能回归和部门职能履行及现运行情况，合理确定部门内设机构数量、领导职数、人员编制等三定要素，确保机构编制框架准确公平合理，为下一步人员转隶和“三定”制定工作打下基础。

稳妥推进人员转隶　人员转隶工作涉及面广，情况复杂，为保证全区新老机构平稳过渡，转隶人员思想不乱、工作不断、队伍不散、干劲不减。定海区及时制定出台《区级机构改革人员转隶工作意见》，召开全区的人员转隶工作培训会议，明确人员转隶基本原则、办理流程和时间节点。由组织部门、机构编制部门和人力社保部门抽派人员组成人员转隶审核小组联合审核，重点把关是否符合职责、机构编制划转要求和划转职责对应的人员及其身份。对于个别单位协商后出现的特殊问题，在坚持原则的前提下，多方考虑各部门实际情况及历史原因，对转隶名单进行不断调整优化。目前，各单位涉及转隶的260名人员（行政43名，参公40名，事业98名，转隶编外用工79

人）均到岗到位。

完成“三定”工作　为确保“三定”规定的严肃性、科学性和权威性，区委编办提前搭建与省市和其他县区的沟通平台，及时获取省市“三定”规定，通过与区内各涉改部门定期沟通的方式，在严格按照有关国家法律、法规及相关文件的基础上，仔细比对省市和其他县区部门三定规定草案，对需要调整的内容提出有效指导建议，不断修改完善，努力做到权责对等，边界清晰。为在规定时间内完成三定工作，主动与区司法局对接，明确“三定”规定草案成熟一家，司法局的合法性审查就开展一家的流水线工作步骤，保证“三定”规定程序到位，提高工作效率。截至年底，全区除金塘镇以外的10家镇（街道）和28家党政部门“三定”规定草案均通过合法性审查，正式印发。

全区机构改革人员转隶和部门“三定”工作部署培训会召开

【“基层治理四平台”工作】　制定“基层治理四平台”年度工作任务，明确各单位职责分工和时间要求，建立健全工作长效运行体制机制，确保责任落实

区委编办组织召开四平台协调会

到位。会同区委政法委、区信访局和区指挥中心等单位，解决基层治理系统与平安系统、信访系统互联互通的技术难题。推进执法力量下沉，重新梳理区级部门基层派驻人员情况。指导督促各镇（街道）完成对区级派驻部门的年度考核工作，落实相关奖励经费。多途径破解实名制认证难的问题，不断提升手机APP注册率和使用率。配合提升全科网格建设，重新调整网格分布，加强专职网格员队伍建设。

【重点领域体制机制创新工作】　根据上级文件部署，持续深化推进监察体制改革试点工作，设立区委巡察办，并完成“三定”工作；配合区法制办完成行政复议体制改革，设立区行政复议局；优化热线管理体制，设立区统一政务咨询投诉举报平台管理办公室，统一履行公共服务热线平台综合管理职能；会同区教育局完成白泉高中、舟山机关幼儿园等8家教育机构的成建制划转工作，配合市里进一步理顺市、区教育管理体制。

【“双随机”抽查监管工作】　在环境保护、安全生产、文化等领域开展跨部门联合“双随机”抽查监管试点工作，建立健全跨部门联合“双随机”抽查监管的“一单两库”，制定出台相关实施意见。加快全省统一的“双随机”抽查管理系统推广应用工作，指导督促各单位按要求将年度抽查计划、“一单两库”等数据输入到全省统一的“浙江省企业信息交换共享平台”中，依托该系统开展具体抽查监管工作。

【事业单位分类改革工作】　分析研究试点地市行政类事业单位改革进展，结合实际提前谋划，开展行政职能事业单位调查摸底工作，对全区事业单位承担的行政职能进行全面梳理汇总。根据明确的涉改单位范围，全面清理事业单位承担的行政职能，除行政执法机构外，不再保留或新设承担行政职能事业单位。会同区城管局推进环卫城乡一体化改革，稳步推进环卫处生产经营职能剥离工作和人员分类管理。

【事业单位登记管理工作】　按照省事登局“最多跑一次”改革的要求，梳理经办依据、办理时限、办理材料等“八统一”事项，实施登记管理服务标准化。在将审核时限从法定的20个工作日压缩至3个工作日的基础上，再压缩再提速，做到无特殊情况当日审核或者隔日审核。2018年共办理事业单位设立2家、变更113家、注销20家。全面推进机关事业单位统一社会信用代码赋码工作，全年办理13家机关群团赋码及变更。根据全省统一部署和要求，完成了双桥街道环境卫生管理所等8家事业单位的登记清理规范工作。对受理的事业单位法人设立、变更、注销登记等事项通过相关网站及时公告，并将事业单位上一年度开展业务活动情况、资产损益情况、受奖惩情况等信息在相关网站予以公开，引导社会公众参与对事业单位的监督。全区257家事业单位均在舟山事业单位登记管理网站公示2017年度事业单位法人报告书。

【机构编制管理工作】 机构编制实名制管理全面提升 组织开展各单位对全区机构情况、台账管理、编制核定、领导职数配备、实有人员等五大方面情况进行全面自查，对实名制系统填报的机构编制信息的规范性、准确性、真实性进行核实，进一步核对机构编制台账及相关文件，确保机构编制历史沿革的完整性和信息数据的准确性，试行“互联网+机构编制监督检查”工作机制，随机抽取当月有人员变动情况的部门（单位），核查实名制系统数据信息，并督促各单位对实名制系统信息数据及时进行更新申报。机制实行以来，发现系统数据更新不及时和数据缺失、错误等现象30余起，均已整改完毕。

机构编制资源配置有效创新 继续做好“内部挖潜，盘活存量”工作，统筹编制资源。保障重点工作、重点领域用人用编，2018年增加核事业编制17名；因职能弱化核减事业编制2名。在全市首创增核临时编制制度，为旧城区改造建设办公室增核临时编制1名，待临时性工作完结后收回。在机构改革期间，通过整合、撤销部分职能弱化、消失的事业单位，收回事业编制36名。

机构编制管理方式更加规范 优化机构编制督查与巡察、审计协调配合机制，梳理机构编制巡察、审计清单。针对巡察发现问题，制定出台机关事业单位用人管理规范性文件。全面梳理各镇（街道）各类人员使用情况，制定出台镇（街道）专岗工作人员管理规定。开展全区各类人员混岗清理规范工作，明确机关事业单位混岗人员共计269名，并针对清退整改提出意见建议。制定出台《机关事业单位编制外用工管理办法》，促成编外用工使用管理规范化、常态化，重新核定53家单位编外用工控制数，结合单位实际优化设置具体岗位。严格执行机构编制审批与问题整改联动机制，对违纪违规整改不力的单位暂停受理机构编制审批事项。

（撰稿：鲍璟婧）

（本分目图片由区委编办提供）

区直机关工委工作

【概况】 2018年，区直机关工委按照全面从严治党的部署要求，坚持以习近平新时代中国特色社会主义思想为指导，学习贯彻党的十九大精神，围绕新时代党的建设总要求，全面推进机关党的政治、思想、组织、作风和纪律建设，把制度建设贯穿其中，坚持党的一切工作到支部的鲜明导向，提高机关党的建设质量，为全面建设花园式国际人文港城，实现率先建成“两个高水平”奋斗目标提供保证。

【实施“政治统领”工程】 开展“弘扬主旋律”系列宣传，抓好经常性思想教育，探索“互联网+”智慧党建。开展“走进新时代”系列学习，组织党员认真研读《习近平谈治国理政》和《习近平新时代中国特色社会主义思想学习纲要》等；组织开展“学理论、读经典、强修养”读书征文活动，送书千余册，征集征文50余篇；举办三场微型党课比赛，有51名选手参加，组建优秀微型党课宣讲团，组织10场巡回宣讲，听课党员累计500余人。严格执行每月一次支部主题党日活动制度，七一”前夕集中组织开展一次以“重温入党誓词、重温入党志愿”为主题的党日活动，开展百名支书讲党课等活动，过好“党员政治生日”，教育引导党员不忘入党初心。

开展微型党课巡回宣讲

【实施“堡垒升级”工程】 建立和完善机关党组织书记抓机关党建工作责任制，制定“三张清单”，开展机关党组织书记“双向述职”工作。推行基层支部规范化管理，以“堡垒先锋”工程和党建工作标准化认证为主线，实施党支部“堡垒指数”和党员“先锋指数”考评工作，指导20家单位做好按期换届及委员的出缺补选和优化党组织机构设置等工作。开展机关党建工作督查。按照“全领域建强、全区域提升”的要求，推进示范点建设。做好发展党员工作，坚持“四必审一清单”，编印《发展党员工作指导手册》，修订“入党积极分子百分制”考核办法，创新启用了成长手册，全年累计新发展党员33名，83名入党积极分子进行新一轮的考核，其中48名入党积极分子分3个月到区信访局接访大厅进行每人为期三天的协助接访。做好补选党代表和各级优秀基层党组织、优秀共产党员的推选工作。发挥机关党建研究会的作用，形成调研成果30余项。

入党积极分子到区信访局接访大厅进行协助接访

【实施“效能提升”工程】 完善“党建+志愿者”服务模式，深化党团员志愿服务，继续组织开展“微心愿”网上征集和认领活动，完成了操作系统升级，今年征集和认领微心愿累计976个，走访完成率达100%。围绕“两个高水平”建设，结合部门职能，融入业务工作，继续总结、深化和推广基层党组织具有特色的品牌项目，做好第一轮机关党建工作品牌的复评和第三轮机关党建工作品牌申报工作。做好党建引领全民创城工作，做好在职党员进社区工作，党员带头参加全国文明城市创建志愿服务、文明出行、党员亮相等相关工作，发放“文明出行 从我做起”车贴，并要求机关党员积极加入所在社区的兼合式党组织。已报到1900余名机关党员，并要求全部加入小区“兼合式”党组织。

机关党员参加志愿者活动

【实施“党建+区块”协作模式】 工委首次实行机关党建区块协作模式，并将44个区直机关党组织分为东西南北中5个区块，组织5名机关党组织书记赴台州路桥考察机关党建互学互评机制，到区民政局召开区块协作工作启动仪式暨党建活动阵地建设推进会，区块内党组织组织区直各机关党组织开展“大学习大调研大抓落实”活动、党建工作督查和党务干部业务大比武等活动，检查的结果作为年底机关党建系数考核赋分的标准之一，达到机关党建区域向上向好、全领域进位赶超。

召开区块协作工作启动仪式暨党建活动阵地建设推进会

【建立机关党务干部“知会堂”】 为提升党务干部履职能力，建立党务干部“知会堂”，成立区直机关党务知识讲师团，以应知应会党务知识为教材，采用主会场集中授课、分会场送教和示范点现场教学等方式，举办党员发展流程、微心愿网上操作流程、舟山共产党员E家APP管理平台的操作使用和“双指数”考评解读等四期培训，共有三百余人次参加。

举办党务干部“知会堂”

【推行“党建+互联网”工作模式】 探索机关智慧党建平台建设，坚持先试先行，按照“实用、智慧和便捷”的原则，建设好、用好党费云缴费操作系统、舟山共产党员E家APP管理操作系统、网上微心愿征集和认领系统等，以互联网为平台，抓好党员的日常教育管理，“倒逼”党组织建强堡垒，使“三会一课”基本制度和主题党日活动等党内组织生活更加长效有力，党组织书记履行主体责任和领导干部以普通党员身份参加组织生活会等更加自觉。

【实施“清风聚力”工程】 狠抓“两个”责任落实，制定工委党风廉政建设和反腐败工作组织领导与责任分工，层层签订党风廉政责任书。履行监督责任，对推荐、上报的各级优秀个人和先进基层党组织做好廉政审查工作，对有违纪党员的机关基层党组织实行一票否决。强化党风廉政教育，继续开展党章党规党纪学习、“书香沁家风”读书征文等廉政文化进机关活动，进一步增强党员干部“四个意识”。持续开展“正风肃纪”行动，配合区纪委开展效能检查3次，检查区直机关单位20余家；配合市直工委开展市级机关作风建设民主评议活动，收集意见建议十余条。严肃执纪问责，根据干部管理权限，对11名违纪党员出具党纪处理意见，对2名党员开展立案调查处理工作。

【实施“文化凝心”工程】 实施关爱工程，开展“献爱心、送温暖”活动，组织走访慰问和帮扶困难党员、职工等活动，完成对4名困难职工建档和1名职工进行爱心帮扶工作；完成2018年职工医疗互助保障参保工作，合计3040人15.2万元，本年度享受职工医疗互助经济资助95人次共9.6万余元。群团助力建新功，助力全国文明城市创建，开展8轮“垃圾分类我先行”网上知识竞赛活动，共两千余人次参加；开展“唱响主旋律•建功新时代”主题系列活动，四百余人参加。打造活力机关，持续开展“快乐工作、健康生活”机关业余文化体育行动，组织推广工间操活动，举办第五、六两届羽毛球团体争霸赛和第四届篮球赛，四百余人次参加；组队参加市青年职工篮球赛和定海区职工综合运动会，并取得较好成绩；组织开展“发现定海之美” 区直机关庆祝改革开放40周年摄影比赛。

举办羽毛球团体争霸赛

（撰稿：何舟娜）

（本分目照片由区直机关工委提供）

政策研究工作

【概况】 2018年，区政研室紧紧围绕区委区政府中心工作和重要部署，组织协调区级重点课题调研工作， 推进全面深化改革工作、“大学习大调研大抓落实”活动，牵头组织第一届定海区青年干部综合文字大赛，参与重要文稿起草工作。

【开展重点课题调研】 围绕中心工作深入开展调查研究，形成关于提升“最多跑一次”改革满意度的调研报告、定海区招商引资存在困难及对策建议、关于定海区批发市场基本情况的调研报告、凝聚人文合力共建花园式国际人文港城的路径研究等一批调研成果，积极开展乡村振兴、城中村改造等自主调研，编发《定海政研》4期。起草《党的建设提升三年行动计划》及项目清单等4个政策文件，推动区委决策落实。加强对各地各单位调研工作的指导，精心组织、做好重点调研课题选题和报送工作，落实课题推进计划，梳理并通报全区近三年课题申报情况，推动35个高质量课题研究及22项调研成果转化。做好新区政研室及兄弟单位到定海区调研的组织协调工作，配合开展新型城市化、军民融合等专题调研6次。

【推进全面深化改革工作】 抓好全面深化改革年度重点项目谋划，完善区领导联系重点项目、专题协调会等推进制度，组织召开改革领导小组会议、改革推进会等各类会议19次，开展专项督查37次，确保38个重点改革项目有序有效推进。牵头做好改革满意度迎评工作，重点做好8个测评项目责任单位、11个镇（街道）迎评工作的培训、指导、督促，召开专题推进会2次，组织做好10多万份宣传海报发放和折页张贴。注重改革经验成效提炼总结，加强改革办信息报送力量配备，累计向市改革办上报改革信息13篇，报送改革案例16篇，其中3篇改革工作信息获省领导批示，“县管校聘”改革案例获得第五届“浙江省公共管理十佳创新奖”。

【推进“大学习大调研大抓落实”活动】 起草下发活动实施意见，指导各地各部门迅速启动、务实推进。建立动态报送、跟踪指导制度，及时跟进区领导、责任部门、镇（街道）在抓学习、抓调研、抓落实方面的进展情况和主要成效，对落实不力的强化督查问责，推动活动落细落实。对接宣传部和新闻中心，做好经验总结和典型推广，持续浓厚活动氛围。

【搭建青年干部成长锻炼平台】 牵头组织第一届定海区青年干部综合文字大赛，联合组织部做好参赛发动，由第三方出卷评卷、纪委和区委组织部负责监考，通过以赛促学、以学促用，为青年干部搭建成长和展示的平台。有35个单位84名青年干部参加比赛，评选出一二三等奖14名。

【起草重要文稿】 参与起草区委十三届七次全会、区委第十三次代表大会第三次会议等重大会议报告，完成区委常委会民主生活会对照检查材料、军政座谈会领导讲话等一批重要文稿。

（撰稿：王晶晶）

信访工作

【概况】 2018年全年，接待群众来信来访1542件（批）3186件（人）次，去年同期为1049件（批）2522件（人）次，同比分别增加38%和26%。其中，受理来信80件，2017年同期为73件，同比增加9%；受理网上信访654件，2017年同期为301件，同比增加117%；受理个访653批934人次，2017年同期为589批915人次，同比分别增加10%和2%；受理集体访120批1620人次，2017年同期为86批1233人次，同比分别增加39%和31%。新区社会公共服务与监督平台定海分中心受理群众来电转办件17882件。

【压实信访工作责任】 区委、区政府与11个镇（街道）党委、政府分别签订《2018年度定海区信访工作目标管理责任书》，严格落实市、县（区）、镇（街道）层层签订信访工作责任制度，明确目标，落实责任。各镇（街道）对重点人员实行“直接责任人”制度，采取“一个群体一个专班”“一个事项一套班子”的工作方法。镇（街道）、部门领导干部每周开门接访，区管后备干部到项目一线开展群众工作，从源头稳控化解信访矛盾。

【提高信访效能指数】 围绕市局信访“效能指数”考评体系，聚焦初信初访中按期受理、按期答复、核实率、群众满意率、平均办理时长、月度受理量等6个维度，组织全区11个乡镇（街道）和15个相关单位的信访干部进行集中业务培训，对信访件办理提速、规范办结做了相关调整，明确接收转办和事权单

2018年定海区信访工作业务培训会召开

位签收在当天完成，确因工作原因需要延期的翌日完成；事权单位受理告知期、办理答复期从原先规定的工作时长再次缩短，有效缩短了工单办结时长，提速率达到35%，回访核实率达到100%。

【做好重点时期的信访工作】 在全国“两会”“上合峰会”“中非合作论坛峰会”等重要时期，建立由政法、维稳、公安、网宣、信访等部门组成的信访维稳安保指挥部，实行“每日维稳形势会商研判”和信息“零报告”机制。区四套班子领导每天轮流到区信访局视频会议室值班坐堂接访。成立“在定应急指挥中心”和“驻京应急劝返小组”，统一指挥、信息联动。

区委常委陈海平在“七一”重要节点部署工作

【持续推动信访积案化解】 全区集中交办市级信访积案6件、区级重点信访案件17件。对每个案件，均落实了区领导包案督查，各包案领导采取“听诊问诊”、“点题式研判”、“回头看”等方式，主抓落实，推动积案化解和重点人员稳控。截至年底，6个市级

市信访局到区督查信访积案

交办信访积案，签订息诉罢访承诺书3件，程序终结1件，其余2件化解也取得较大进展，自交办后信访人未上访。市级积案化解率达100%。

【深化领导干部接访机制】 区级领导全面实行值守接访工作，带头履行信访工作责任。区委书记庄继艳、区长侯富光按照2018年“区委书记大接访活动”方案安排，带领有关部门到镇（街道）下访调研，了解社情民意，解决基层热点、难点问题；区委副书记张捷等7位区领导在本单位安排值守接访；其他四套班子领导在区信访局视频会议室值守接访，除随机接访以外，还通过预约接访、主动约访、跟踪督访、会商协调等方式推动问题解决，全年接待群众188批，95%以上信访件得到有效处理或妥善化解。

区委副书记、区长侯富光到盐仓下访调研

（撰稿：刘珊珊）
（本分目图片由区信访局提供）

保密工作

【概况】 2018年，定海区保密工作在区委、区委保密委员会的领导下，在市保密部门的指导下，以习近平新时代中国特色社会主义思想为指导，贯彻落实习近平总书记系列重要讲话和对保密工作的重要批示精神，围绕区委中心工作，肩负党管保密的政治职责，精心部署，扎实开展，各项工作取得实效，保密各项工作2018年考核名列全市首位。

【强化议事机构作用】 区委高度重视保密工作，将保密工作列入区委重要议事日程，坚持做到保密工作

与业务工作同部署、同落实。健全区委保密委员会议事工作机制，重点解决保密工作薄弱短板。2018年全区保密委员会研究保密设备、保密环境、保密工作人员的短板，各单位保密议事机构根据上级精神，全面部署和落实了保密工作，健全专职保密干部队伍，解决了存在的短板，有力地改善了保密工作环境。区委保密委员会定期听取区国家保密局工作汇报，及时研究解决保密工作中存在的突出问题。

【坚持保密宣传教育】 开展保密领导小组组长讲党课活动，在每年度的全区保密工作会议上，由保密委员会主任亲自给参会人员上保密党课。各机关单位保密分管领导为本机关单位工作人员上保密党课，层层传达落实保密委员会会议精神。在市委党校承办全市涉密人员培训班，要请省保密局领导讲授保密形势教育、保密法律法规、涉密载体管理及计算机网络管理等方面的内容，提高定海区涉密人员管理水平，参训学员经保密知识考试合格后获得保密上岗证书。去年，全区有200余名涉密人员获得证书。开展订单式业务培训，特别针对宣传、政法等重点涉密部门，主动上门服务对接，及时解难释疑。联合区国家防线办，举办国家保密安全教育图片展，面向全区干部，分单位、分时段安排参观教育，累计参观1000人次。

【强化保密规范管理】 进一步完善全区保密技术监管平台，实现对各机关单位动态信息进行实施监管。有350台互联网计算机、70余家机关门户网站被纳入监管，杜绝网络失泄密隐患。进一步更新升级网络版多功能保密检查工作，并共享于区属重点涉密部门。在区行政中心落实供各单位内部资料销毁前暂存的保密库房，将各单位清缴的涉密文件进行核对、办理交接手续后放入库房，并统一集中到宁波市销毁中心进行定点销毁。全年送销5次，累计销毁20余吨。

【突出保密督促检查】 坚持配强保密检查队伍，不断探索更新与电信合作，抽调计算机管理专家、抽取全区各单位保密专职人员、有计算机管理任务单位的计算机方面技术骨干等多样化保密检查人员，成立由保密检查中心、计算机管理技术专家、保密专职人员为成员的保密检查队伍。每年对各镇（街道）、区属部门开展一次保密全方位体检。利用网上监管平台，对全区范围内的互联网计算机进行远程监管，实现实时动态检查。是年，利用网上平台检查互联网计算机300余次，组织各类检查4次，检查部门单位70余家，检查各类计算机1000台次。

（撰稿：王璐璐）

档案史志工作

【概况】 2018年，区档案馆以党的十九大为指引，贯彻习近平新时代中国特色社会主义思想，围绕“最多跑一次”改革，助力“五大会战”，推动档案史志事业发展，完成各项工作。是年，区档案馆有馆藏档案239个全宗、53845卷（册）/131896(件)（其中照片6234张）、资料4030册，其中开放档案183个全宗，7803卷（册）。

【助力“最多跑一次”】 将电子化归档工作纳入年度档案工作考核。在预归档开展较好的区安监局召开现场会，向相关单位讲解重难点及注意事项，推广经验并开展动员。专门召开定海区行政审批电子化档案建设工作推进会，邀请博通公司、浪潮公司技术员对30余家窗口单位工作人员进行集中培训与动员，并对审交办窗口单位上门开展一对一培训指导，确保其掌握操作方法，并督促做好电子文件归档移交。至12月底，有25家单位开展电子档案归档移交，通过省交换中心检测的归档档案达75456件。

全区行政审批电子化档案建设推进会召开

【打造馆室一体化舟山样板】 成功试点智慧档案云综合利用平台，进一步扩大档案数据利用范围。完成83个全宗862442条数据系统上传，优化系统平台，举办有11个镇（街道）档案员参加的馆室一体化培训班，增强全区基层档案员的实操能力，实现全区范围内馆室一体全覆盖，方便全区群众就近查档。《定海新闻》为此做《定海实现馆室一体化全覆盖》专题报道。

6月22日，举办馆室一体化培训班

【通过省级规范化登记备份中心测评认证】 是年，按照《浙江省档案登记备份工作规范》要求，建立定海区档案登记备份中心工作流程，制订完善定海区档案登记备份中心工作人员岗位职责、保管利用、鉴定销毁、机房管理等制度，配备服务器4台，磁盘阵列3套，存储空间约146TB，在电子政务外网上部署了档案登记备份平台，确保各单位通过平台进行自主登记、备份和上传。11月底，通过省市档案局检查组测评验收，成功创建省级规范化档案登记备份中心，成为全市四县（区）首家。

【完成档案数字化任务】 坚持“馆室联动、平衡发展”的原则，完成馆藏204个全宗档案数字化，计44912卷，134086件，馆藏现有档案应数字化率达100%。全区65家进馆单位全部完成2015年前室藏档案数字化及在线系统数据挂接工作。

【数字档案室创建】 3月，拟定三阶段创建规划，4月始，开展数字档案室建设测评标准解读培训，组织工作人员赴多家单位上门指导创建工作。9月底，完成区委统战部等23家单位数字档案室创建任务。其中，21家为规范化数字档案室，2家为示范数字档案室，提前一年完成省局“20%建成示范数字档案室”的创建要求。

测评组在白泉镇开展示范数字档案室实地验收

【重点建设项目档案指导和验收】 开辟服务企业绿色通道，主动加强对企业、建设项目档案的服务和指导。建立竣工验收档案当日接单制，强化重点建设项目档案指导和验收。完成了对定海农村合作银行柳行分社大楼基建项目等8家单位工程档案的指导，以及良海粮油公司12万吨粮食仓储设施建设项目等7家单位的工程档案验收。紧扣需求，量身设置培训班，为定海工业园区机关及下属企业举办科技档案专题培训，讲解企业档案管理业务知识，确保管理规范。

【加强档案业务指导】 5月，举办全区2018年档案业务培训班，为69家单位80余名档案员提供集中培训和指导。5月，对单位性质、职能发生变化的单位进行归档范围的重新申报指导，完成区委统战部等8家单位的文件材料归档范围和保管期限的审批。8月，根据修改完善后的年检评分表及考核细则，依次有序开展实地年检。至11月底，完成62家进馆单位的年度归档工作检查。

5月9日，举办全区2018年档案业务培训班

【开展作风建设】 是年，为定海区作风建设优化年，区档案局按照区委部署，开展系列自查自纠活动，压实党风廉政建设。2月，召开作风建设会议，作了动员、部署。3月，召开有30名基层档案员、党史编纂员、年鉴撰稿员参加的作风问题征集座谈会，汇总收集各类意见44条。4月，发动全体党员干部开展揭短自查，查出27条问题，制定翔实的整改责任清单。至年底，全部问题整改完毕，全局作风建设得到进一步加强。

3月9日，召开作风问题征集座谈会

【提升档案公共服务水平】 设置“共产党员服务岗”，落实首问责任制，提升服务质量。借助浙江省档案服务网平台，实现省内异地档案馆跨馆查档，群众不出远门即可获取所需档案。落实省际民生档案异地查档工作，可通过向区档案馆申请查询长三角地区民生档案，进一步突破了地域限制。全年查档窗口累计共接待利用档案1320余人次，共查阅档案1670余卷、2800余件，异地跨馆查档17例。出具证明2070余份，打印和复印9500余页、摘抄1128条，拍摄6张，来电来访咨查询830余人次。

【馆藏档案资源建设】 按照《档案法》和国家档案局令第8号、第9号要求，开展档案接收工作，严格按照《档案法》和国家档案局8、9号令要求，根据三年档案接收计划（定档〔2017〕5号），全年完成盐仓街道等15家单位33115件档案的核对、消毒、审核及接收工作；完成白泉股改档案的数量清点及目录校对工作。

【档案征集】 8月，征集接收已故爱国实业家周锦水先生的后人所捐赠的个人档案。包括周锦水先生一生所藏的信函、家庭照片、追悼会签到簿及其支援家乡发展建设的各种票据，这些档案浓缩其一生爱国爱乡的赤子情怀。

8月21日，举办周锦水先生个人档案捐赠仪式

【“千村档案”建设】 按照“一村一档”要求，组织相关人员和专家，围绕村落基本信息、村落环境、村落建筑、历史要素、民俗文化、文献资料、人物事件、保护与发展等八个方面，开展村落历史文化信息资源的搜集、整理。至12月底，完成柳行社区、大鹏村、里钓社区、后岸社区4个社区的文字材料、图片资料的收集和补充建档工作。至此，全区9个历史文化名村的“千村档案”数据库建设全部完成。

【档案史志宣传教育】 6月9日，以“档案见证改革开放”为主题，在定海柳永文化广场召开纪念改革开放四十周年暨“6·9”国际档案日系列活动。

举办大型主题朗诵会 举办“不忘初心，留存记忆——古韵定海·我们一起来朗读”活动。15个节目分“岁月留痕”“守望兰台”“开启新征程”三个篇章。除了作家诗人的自创自吟外，档案工作者也以朗读的形式，宣传档案文化，见证改革开放40年到定海取得的辉煌成就。期间还引入了多种艺术元素和互动环节，音乐、古琴、书法、渔歌号子、旗袍秀等穿插于三个篇章间。这是舟山历史上首次举办的以档案为主题的大型文艺节目，为群众奉献了耳目一新的大餐。

推出定海城市记忆展览 通过“史话海中洲、记忆老定海、定海革命斗争、岁月写沧桑、古城展新姿”五部分，制作精美展板80块，浓缩再现定海历史，展示海岛历史文化名城的文化底蕴。

档案谜语竞猜　挂出与档案知识、改革开放、定海文化相关的谜语200余条，引来市民争相竞猜。

国际档案日活动期间群众欣赏渔歌号子表演

【档案史志队伍建设】　制定党建工作清单，落实“三会一课”制度，组织广大党员干部学习习近平新时代中国特色社会主义思想、党的十九大、省委、市委、区委的重要会议精神。在“定海档案史志”公众号开辟“兰台之声”栏目，开展微宣讲活动，全年录制微宣讲十余条。落实“三会一课”，融入城市基层党建，开展各类党建、志愿创城活动。至年底，召开党员大会、主题党日活动20余次，领导干部上党课3次。组织干部参加省市档案部门组织各类培训、考试，增强专业技能。10月举办的全省“115”档案人才高级研修班暨全省中青年档案人才技能大赛中，区档案馆代表在开放鉴定项目中发挥出色，获个人单项第三。

6月30日，赴嘉兴南湖开展“不忘入党初心，永葆党员本色”主题党日活动

【召开《定海年鉴（2018）》编撰业务培训会】　该会议于3月22日在定海区政府2号会议室召开，来自区委区政府各直属部门、单位，各镇、街道，以及银行、保险等行业的年鉴撰稿员80余人参加会议。会议旨在进一步加强全区年鉴撰稿人员的业务能力，提升年鉴编纂质量。区史志办主任张樱回顾总结过往年鉴编纂积累的经验以及取得的成绩，指出当前年鉴编纂工作中还存在的不足之处，并对下一阶段年鉴编纂工作作出部署。舟山市史志办地方志工作处处长、《舟山年鉴》总纂徐飞舟以“如何编写地方综合年鉴”为题进行授课；区史志办副主任吴宏军结合定海年鉴编纂实际就“定海年鉴撰稿中需要注意的一些问题”与参会学员进行交流。

召开《定海年鉴（2018）》编撰业务培训会

【推广和利用地方志资源】　完成《定海区志（1988-2007）》向区属各部门、单位、镇（街道）、社区农家书屋等处的发放和寄送工作。至年底，发放区志900余套；完成《定海年鉴（2017）》发放工作，发放和寄换年鉴计850余册。完成区国土局有关定海房屋以红砖做建筑材料的情况、区新闻中心有关瞭望楼的历史资料、区文物办关于小洋岙周振扬与周家塘周祥生的关系等历史地情服务；接洽周锦水家族书稿捐赠区档案馆事宜；接待温州苍南沈氏家族查询族谱事宜；收集整理民国《定海县志》《定海乡土教科书》等资料给马岙街道，助力“王亨彦书院”建设；上报“今日定海·兰台撷英”栏目文章42篇；协助旅游局做好定海“阅读亭”建设工作；接待市规划局定海分局查阅收集反映定海改革开放时期城市面貌变迁相关图片的事宜；接待区政协有关鸦片战争时期山西籍牺牲将领处州镇镇标左营守备李跃

位于定海环城东路解放桥南侧河边的阅读亭

渊资料的查询；赴马岙街道开展小水潭井等四口水井相关资料的收集工作。

【编纂出版《定海年鉴（2018）》】 3月下旬发文启动编纂工作，6月中旬完成组稿、约稿、校稿工作，8月底完成初稿审校修改，10月底完成总纂任务，11月份安排送审及排版印刷工作，12月中旬完成总纂工作，12月底正式出版。《定海年鉴（2018）》有41个类目、301个分目、1925个条目；有卷首地图3幅、彩页照片63张、内容图照564张；附有中英文目录及

《定海年鉴（2018）》出版

要目索引、图标索引等；是定海区编纂的第15部综合性年鉴。

【推进地方志援藏工作】 参加省方志办援疆援藏业务培训班，与西藏那曲市尼玛县开展地方志援藏工作对接；自2017年底至2018年3月份，对《尼玛县志》（首轮志书）终审稿进行通读，梳理修改意见和建议，将书面意见发送至尼玛县志办，以供鉴别吸收；寄送1994年版《定海县志》和《定海区志（1988~2007）》，寄送《定海年鉴2016》《定海年鉴2017》等，寄送《定海区志编修始末》等资料给尼玛县方志办，供对方参考借鉴；坚持每月两次电话沟通，了解尼玛县志书编修进度以及年鉴编纂情况，有针对性地实施“一对一”帮扶指导。7月23—27日赴西藏开展方志对口指导工作。梳理《尼玛年鉴（2018年卷）》初稿的修改意见。加强对《尼玛县志》(二轮志书)在史料收集和初稿撰写方面的业务指导。

赴西藏那曲市开展方志援藏对接交流工作

【做好定海地情方志展览厅的日常接待】 展厅自建成后，占地面积约95平方米，主要由展板图文介绍、展柜实物陈列、多媒体影像播放、触摸屏阅读查询等四个功能区块组成，是集区境历史、文化、海岛风情、姓氏宗谱、方志成果、爱国主义教育以及各种地情资料一站式查询服务为一体的多功能综合展示厅。截至年底，接待来访市民近300余人次。

【完成其他各项工作任务】 完成《定海年鉴（2018）》大事记内容的撰稿工作；完成《舟山年鉴（2018）》定海篇内容的撰稿工作；完成科室2018年度重点突破工作的梳理上报；完成第五届全国地方志优秀成果（年鉴类）的申报；上报“今日定海·兰台

撷英”栏目文章39篇；开展地方志工作科“三个一”工作作风情况自查；配合完成“6·9”国际档案日各项宣传活动；完成地方志信息报送工作；配合做好全省地方志成果展览的相关事宜；配合完成各类巡查、督查以及检查工作；完成各类会议精神的学习任务。

【做好定海党史二卷编纂工作】 年初制订具体的工作进度计划表，明确各时间节点的目标任务和责任要求，完成定海党史二卷初稿本；组织编纂组成员学习编纂规范和市史志办业务会议精神；组织编纂组成员参加市史志办组织的党史二卷撰写业务交流会，会前对上级指定提交的有关章节初稿进行集体讨论修改，提出相关建议；重新整理印发规范文本给编纂组成员，帮助各编辑提高对编纂规范要求的认识和把握水准；编纂组成员个人完成对本人所撰初稿深入修改，查阅补充资料，进一步提高初稿质量；组织编纂组集体逐章审阅讨论二卷初稿，定期召开集体审稿讨论会议，发挥个人观点，形成统一审阅意见；完成对全部初稿的集体审阅、讨论和修改；开始进行统稿。

市史志办副主任胡光一行调研定海党史二卷编纂情况

【开展党史宣传教育】 开展党史理论业务学习，集中学习习近平关于党史研究的重要论述，撰写心得体会；收集整理纪念改革开放四十周年的定海新旧照片；开展以纪念改革开放40周年、国际档案日、定海红色记忆为主题的朗读会、图片展、灯谜会等活动。

举办纪念改革开放四十周年图片展

（撰稿：鲁学伟 王英伟）
（本分目图片由区档案馆提供）
责任编辑：王英伟

中共舟山市定海区纪律检查委员会
舟山市定海区监察委员会

区纪委、区监委领导

书　记：顾飞舟
副书记：方思宏
　　　　朱存波
常　委：吴慧琴
　　　　陈　军
　　　　潘琼颖
　　　　张小艇
主　任：顾飞舟
副主任：方思宏
　　　　朱存波
委　员：吴慧琴
　　　　陈　军
　　　　潘琼颖
　　　　王功跃

综　述

2018年是贯彻党的十九大精神的开局之年，是决胜全面建成小康社会、实施“十三五”规划承上启下的关键一年，也是国家监察体制改革全面深化的第一年。区委立场坚定、担当有力、以上率下，坚决扛起管党治党政治责任。全区各级纪检监察组织坚持严明党的纪律不动摇，聚焦监督执纪问责不偏离，深化标本兼治不松劲，坚定不移全面从严治党，各项工作深入推进、成效明显。

区委副书记顾飞舟带队到区水利围垦局实地开展巡察整改“问诊”

重要会议

【十三届纪律检查委员会第三次全体会议】　于2月9日召开。会议回顾总结2017年全区党风廉政建设和反

区纪委召开三次全体会议

腐败工作，部署2018年工作任务。区委书记庄继艳出席全会并作重要讲话，区委常委、纪委书记顾飞舟代表区纪委常委会作题为《突出政治监督　强化执纪问责　为率先建成“两个高水平”提供坚强保障》的工作报告。区四套班子领导出席会议，区纪委委员、各镇（街道）及区属各单位主要负责人、区纪委区监委派驻纪检监察组及市以上垂直管理单位在定派设机构负责人140余人参加会议。

【履行从面从严治党主体责任汇报会暨巡察整改质询会】 于3月30日召开。会议听取定海工业园区管委会党组、区民政局党组主体责任落实情况汇报和区旅游局党组、双桥街道党工委、昌国街道党工委巡察整改落实情况汇报，并通过现场点评、询问质询等方式从严督促其进一步履行“第一责任人”职责。会后对2家主体责任汇报单位发放《反馈问题整改落实的函》，7项整改意见得到全面落实。

从面从严治党主体责任汇报会暨巡察整改质询会

【全区纪检监察干部会议】 于7月19日召开。会议回顾总结上半年的工作，对照全年定海区纪检监察工作目标任务，对下半年工作进行研究部署。区委常委、纪委书记顾飞舟分别与区纪委监委班子、各镇（街道）纪委（纪工委）书记、区纪委区监委派驻纪检监察组负责人、委机关科室负责人签订党风廉政建设责任书。区纪委委员、各镇（街道）纪委（纪工委）书记、区纪委区监委派驻纪检监察组及市以上垂直管理单位在定派设机构负责人共70余人参加会议。

全区纪检监察干部会议召开

【区纪委常委会】 是年，区纪委召开常委会会议34次，部署安排全区纪检监察工作会议的召开及有关议程，讨论有关人事安排等事项，研究监察体制改革、区委巡察工作、党风政风监督、信访举报、执纪审查、宣传教育、案件审理、基层党风廉政建设等工作。

党风廉政建设

【落实落细管党治党“两个责任”】 协助区委建立完善党委主抓直管机制，督促各地各单位认真落实责任清单、约谈提醒、签字背书、履职情况报告等制度，进一步夯实管党治党政治责任。建立完善责任函告制度，向19位区领导书面呈送《落实分工责任函告书》，按季报告责任落实情况；将信访反映的有关科级干部问题线索、执纪监督、巡视巡察中发现的突出问题及时抄送给相关区领导和牵头责任部门，从严督促抓好整改。全面运行“两个责任”在线平台，做到责任落实全程留痕、有迹可查。各级党委（党组）主要领导带头落实“一岗双责”，及时向区委、区纪委报告履行主体责任和“第一责任人”职责情况。健全问责机制，适时对苗头性、倾向性问题进行函询，要求“一把手”签字背书，倒逼责任落实。加大“一案双查”力度，11名领导干部因履行“两个责任”不力被问责。

【全面推进“清廉定海”建设】 出台《关于落实落细“八大行动”加快推进清廉定海建设的实施意见》，建立工作机制，落实责任清单，形成齐抓共管的强大合力。坚持问题导向，分类建立清廉定海重点项目库，确立扶贫领域精准救助工程、群团助廉工程、小额工程规范发包管理等一批特色亮点项目，部分项目取得阶段性成效。凝聚社会共建合力，推动清廉国企、清廉学校、清廉医院等建设，清理注销无业务经营的国资及集体出资企业11家。清理整顿违规公租房，29户不符合条件家庭被取消资格。建立“1+1”廉洁征迁新模式，对3名评估人员违规问题作出处理，560余名科级领导干部签订廉洁拆迁承诺书。创新实施设计招投标联席会议制度、公开拍卖方式处置政府重大工程弃方等机制和举措，试行工程项目廉洁准入制。强化干部履职担当，会同相关部门对全国文明城市创建、无违建区创建等工作进行督查，约谈党员干部48人，问责9人。

作风建设

【强化重大决策部署监督检查】 加强对党的十九大精神、党章党纪党规和上级决策部署贯彻执行情况的监督检查。严格执行新形势下党内政治生活若干准则，对“三重一大”决策、民主集中制、党员发展、民主生活会、组织生活会等落实情况进行监督检查。开展政治生态动态分析评估，精准勾勒被巡察单位、班子及成员三张“政治画像”，为区委决策和干部考核评价、选拔任用提供重要依据。严把选人用人政治关、廉洁关、形象关，开展廉政审查20次，提出廉政意见建议37条。盯紧“关键少数”，对600余名领导干部及其配偶子女违规借贷、违规房产交易情况开展专项检查。对有信访反映但查无实据的干部，进行不定期廉政谈话；对因工作表现突出被提拔的此类干部，实时关注现实表现。一年来，共约谈镇（街道）、区属部门主要领导67人次，函询36次。

【持续擦亮作风建设“金名片”】 开展“新官不理旧账”“厉行节俭”“小微权力运行”“中梗阻”四大专项治理行动，聚焦“民生旧账”，推动完成整改事项11个、出台规范性制度1个，相关做法在《浙江日报》头版刊登并专题刊发评论员文章；聚焦食堂“微腐败”，发现并通报公务支出不规范等共性问题11个；聚焦“中梗阻”，着力整治不作为、慢作为、乱作为，约谈提醒11人，处理党员干部14人。开展形式主义、官僚主义集中整治，处置问题线索4件，处理人员14人；推动整治社区“三多”问题反弹，清理机构挂牌16块。深化扶贫领域腐败和作风问题专项治理，开展美丽乡村专项资金使用、渔业生产补贴发放等专项督查，对一起渔业生产成本补贴资金发放严重失职案件进行问责，处理人员7人，其中党纪政务处分4人。开展低保低边家庭注销情况专项检查，发现履职不

国内渔业生产成本补贴资金专项督查组到修船码头询问了解补贴发放落实情况

力、优亲厚友等问题线索3件，处理人员6人，其中党纪政务处分2人。牢牢抓住节假日等特殊时间节点，重申纪律要求，狠刹不正之风，严禁利用公款慰问基层站所搞变相福利。一年来，开展正风肃纪检查152次，发现问题42件，处理人员56人，通报曝光4起，其中查处违反中央八项规定精神问题13件15人，查处人数为去年的300%，释放出越往后执纪越严的强烈信号。

区委巡察工作

【开展区委巡察】 完成对4个街道、11个区属部门、3家国企单位的常规巡察、2个区属部门的专项巡察，发现问题409个，提出意见125条，移送问题线索20件，党纪政务立案6件，诫勉谈话9人。协助区委制定《关于加强区委巡察机构建设方案》，明确专职巡

纪委书记、监委主任与派驻纪检监察组组长签订责任书

察组设立及巡察办机构编制人数等内容；组建由10名科级领导干部和94名业务骨干组成的巡察组长库和人才库，扩容“巡察工作智囊库”。

【严肃巡察整改】 推行巡察问题查摆、整改、预防“全链条式”管理，受到省纪委领导批示肯定。创新实施巡察问题区领导督办领办制、巡察整改质询问责机制，专题召开巡察整改工作推进会，点名曝光整改中存在的短板和问题，进一步压实整改责任。探索推行“巡察整改+巡察工作”双向“后评估”机制，对2017年以来9家被巡察单位的整改情况进行评估验收，发现未整改到位问题27个，督促其再整改再落实；同步综合评价巡察组工作。深化省委巡视反馈问题整改“回头看”，高标准抓好巡视整改。

信访举报和执纪审查

【信访概况】 是年，全区受理群众信访举报139件，比去年增加4件。其中实名举报87件，占63%，重复信访46件，占33%。信访办结率96%，满意率89%，双满意率20%。移送案件线索93件，成案率2.8%。从反映的对象来看，反映社区村干部的占57%，从反映问题的性质来看，主要还是反映贪污贿赂行为和违反工作纪律行为，分别占29.8%和27.3%。

【践行监督执纪“四种形态”】 综合运用监督执纪“四种形态”，全省率先开发“四种形态”大数据管理平台，全年运用“四种形态”处理195人次，第一、二、三、四种形态分别占比66.2%、24.6%、3.1%和6.1%。健全公安部门无缝衔接、检察院提前介入、法院事先协商等工作机制，提升案件查办质效。做实做细“后半篇文章”，剖析案发单位政治生态及案发根源，针对工程及财务管理等方面漏洞，提出监察建议6条。

【加大执纪审查工作力度】 是年，全区各级纪检监察组织共接受信访举报138件次；处置问题线索219件、立案69件、结案64件、党纪政务处分59人，同比分别上升212.9%、30.2%、56.1%、43.9%，其中科级以上16人，移送司法机关10人，所办案件涉及《监察法》规定的全部6大类监察对象。重点查处舟山广播电视总台广播中心主任应吉军等3人贪污窝案，舟山市宏达交通工程有限责任公司副经理张莉青等2人职务犯罪串案，双桥敬老院报账员袁彤挪用公款案等严重违纪违法案。

自身建设

【派驻监督实现“提档升级”】 全区各派驻机构实行片组协作，开展一季度一主题联合监督执纪12次，参加被监督单位“三重一大”事项讨论300余次，提出监督建议70余条，否决议题7项。全区11个镇（街道）监察办公室挂牌运行以来，查办了全市首起监察对象失职失责案件。

【提升干部队伍综合素质】 开展“大学习大调研大抓落实”活动，坚持在调查研究中深化学习、破解难题、创新工作，形成调研成果32个。实施能力素质提升工程，通过业务骨干集中授课、专家辅导解读、技能比武等方式，打造业务精湛的干部队伍。注重深入一线补短提能，选派干部到省、市纪委及全国文明城市创建、城中村（旧城）改造等中心工作挂职锻炼。加强监督管理，严格遵守纪检监察干部行为规范和负面言行清单，严防“灯下黑”。强化纪检监察干部履责担当意识，落实“五张清单一张网”，进一步压实监督责任。

举办提升干部综合业务培训会

（撰稿：阮　芳）
（本类目图片由区纪委提供）
责任编辑：王英伟

舟山市定海区人民代表大会

区人大领导

主　任：余河通（2007.3—）；
副主任：林伟康（2017.2—）
　　　　范　纲（2014.2—）
　　　　张伟旭（2010.1—）
　　　　孙忠定（2014.2—）
　　　　王华杰（2017.2—）
　　　　王金康（2017.2—）
党组书记：余河通（2006.10—）；
党组副书记：林伟康（2016.12—）
党组成员：范　纲（2014.1—）
　　　　　张伟旭（2010.1—）；
　　　　　孙忠定（2014.1—）
　　　　　王华杰（2017.3—）
　　　　　卢建军（2010.4—）

综　述

2018年，定海区人大在中共舟山市定海区委的领导下，坚持以邓小平理论、“三个代表”重要思想、科学发展观、习近平新时代中国特色社会主义思想为指导，学习贯彻习近平总书记关于坚持和完善人民代表大会制度的重要思想，紧扣中央和省、市、区重大决策部署，围绕全区工作大局，依法履职尽责，担当作为，较好地完成区十七届人大二次会议确定的目标任务。全年召开常委会会议9次、主任会议17次，听取和审议“一府一委两院”工作报告36个，作出决议决定11项，发挥地方国家权力机关的作用，为全面建设花园式国际人文港城做出贡献。

重要会议

【区十七届人大二次会议】　舟山市定海区第十七届人民代表大会第二次会议于1月19日至1月22日在定海召开。207名区人大代表出席会议。区人民政府组成人员和在我区的省十三届、市七届人大代表，区委常委，金塘管委会负责人，区六届政协委员，区监察委员会、区人民法院、区人民检察院、区人武部负责人，区属有关单位、群众团体主要负责人，各镇、街道党（工）委书记，镇长、街道办事处主任，镇人大主席、副主席，区人大常委会各工委（办）负责人、各工委兼职委员，区人大常委会街道工作委员会负责人，市以上垂直管理单位在定派设机构的主要负责人，金融保险机构主要负责人，驻定部队和武警负责人，大会秘书处各组组长，定海区部分原领导干部共267人列席了会议。会议审议定海区2017年国民经济和社会发展计划执行情况及2018年国民经济和社会发展计划草案的报告、2017年财政预算执行情况和2018

区十七届人大二次会议召开

年财政预算草案的报告。听取和审查区人大常委会、区人民政府、区人民法院、区人民检察院的工作报告，审查批准2018年定海区国民经济和社会发展计划、区本级财政预算，并作出相应决议。大会对政府民生实事项目进行了票决，票决通过了10项政府重点实施的民生实事项目。

本次大会期间，代表们高举习近平新时代中国特色社会主义思想伟大旗帜，全面贯彻党的十九大精神，不忘初心、牢记使命，紧紧围绕率先建成“两个高水平”奋斗目标，以对人民高度负责的精神和求真务实的态度，认真履行宪法和法律赋予的职责，积极向大会提出议案。至本次大会规定的议案截止时间，大会秘书处共收到代表10人以上联名提出的议案66件（见附件1），其中政法内务方面22件、财政经济方面3件、教科文卫方面10件、城建环资方面24件、农业农村方面7件。同时，大会秘书处还收到代表提出的建议、批评和意见（以下简称建议）35件（见附件2）。经议案审查委员会研究，将66件议案均作为建议、批评和意见（以下简称建议）。将邵燕红等11名代表提出的《关于定海区城中村（旧城）改造区块中加大公共服务设施配套建设的议案》（第4号）、傅高伟等10名代表提出的《关于加大对企业上市挂牌工作扶持力度的议案》（第2号）、王吉生等11名代表提出的《关于要求进一步加强城区垃圾管理的议案》（第41号）、林法明等10名代表提出的《关于发展壮大村级集体经济的议案》（第7号）、俞嫦女等18名代表提出的《关于进一步落实多元化纠纷解决机制改革 不断满足人民群众多元司法需求的议案》（第19号）、张云富等12名代表提出的《关于加强全区固体废物处置管理的议案》（第59号）、於群依等11名代表提出的《关于做好开放式小区安全管理工作的议案》（第57号）、范碧芬代表提出的《关于加快城市书房建设的建议》（建2号）等8件建议作为本次大会重点建议。在本次大会结束后，这101件建议将由区人大常委会办事机构和区委区政府办公室交有关机关、组织研究处理，并负责答复代表，其中涉及临城街道、千岛街道范围内的建议，由区委区政府办公室集中转交市人民政府办公室，待市人民政府有关部门提出处理意见后，再由区委区政府办公室答复代表。

【区十七届人大常委会会议】 区十七届人大常委会十次会议 于1月10日召开。会议审议通过区人大常委会在区第十七届人大二次会议上的工作报告稿。审议通过区人大常委会2018年工作要点。听取区人大法制内司委、财经委工作报告。会议审议通过了代表资格审查委员会《关于代表变动及代表资格审查的情况报告》。会议决定相关人事任免事项。听取和初审区发改局局长刘世君受区人民政府委托所作的《关于舟山市定海区2017年国民经济和社会发展计划执行情况与2018年国民经济和社会发展计划草案的报告》，提出《关于舟山市定海区2017年国民经济和社会发展计划执行情况与2018年国民经济和社会发展计划草案的初审报告》。会议认为，报告客观地总结反映了过去一年定海区经济社会发展情况，2017年国民经济和社会发展计划执行情况总体较好；2018年的计划草案总体可行，各项工作部署重点突出。会议要求，区政府在2018年要以发展实体经济为着力点，进一步夯实经济发展基础；以提高经济发展质量为中心，着力推动产业转型升级；持续深化各项改革创新，进一步增强发展动力活力；加强保障和改善民生，促进经济持续健康发展和社会和谐稳定。会议听取区发改局局长刘世君受区人民政府委托所作的《关于舟山市定海区2017年政府民生实事代表票决项目完成情况和2018年政府民生实事候选项目情况的报告》。会议认为，2017年区政府及各责任部门在实施政府民生实事代表票决项目过程中，相关责任落实到位，工作举措切实可行，十大项目总体推进情况良好；2018年政府民生实事候选项目形成过程程序完整，项目内容、相关数据及责任主体较为清晰，为区人大代表在区十七届二次人代会上进行票决奠定了较为扎实的基础。会议要求，区政府要深化对全面推行票决制工作的认识，切实增强工作责任感和使命感，本着“群众期盼、普惠民生、政府能办、总体可行”的原则，认真总结吸纳实施票决制工作以来，在开展票决制项目建设过程中的工作经验和有益做法，补齐工作短板，积极探索实践，努力完成好票决制项目，提升代表满意度，切实增强人民群众的幸福感获得感。会议听取和初审了区财政局局长何红受区人民政府委托所作的《关于舟山市定海区2017年财政预算执行情况和2018年财政预算草案的报告》及《2018年人大审议单位部门预算编制情况》，提出了《关于舟山市定海区2017年财政预算执行情况和2018年财政预算草案的初审报告》。会议认为，2017年全区财政预算执行情况总体良好，实现了财政收入的稳定增长；报告提出的2018年预算草案工作重点突出，措施稳妥。会议要求，区政府要按照“保基本、守底线、促均衡、提质量”的理财新思路，积极培植壮大财源，努力调整优化财政收入结构；强化财政收入征管，不断增强财政可支配能力；优化财政支出结构，逐步减缓财政收支矛盾压力；坚持依法科学理财，有效防范化解政府债务风险。会议审查了区十七届人大一次会议上十个上会审议单位部门预算执行情况。会议认为，区政府把预算管理放在更加重要的位置，不断转变观念，切实加强领导，注重制度和规范化建设，各部门的预算执行意识不断增强，预算执行情况良好。会议要求，要继续树立过紧日子的思想，进一步严肃财经纪律，努力做好预算执行工作，提高资金使用效益，为全面建设花园式国际人文港城提供保障。

区十七届人大常委会十一次会议　于2月12日召开。会议决定人事任免事项。

区十七届人大常委会十二次会议　于4月27日召开。会议听取和审议区审交办主任庄旭东受区人民政府委托所作的《关于定海区“最多跑一次”改革推进情况的报告》和区人大常委会财经工委主任石江洋所作的《关于我区“最多跑一次”改革推进情况的调查报告》。经过审议，会议提出《关于进一步推进我区“最多跑一次”改革的审议意见》。会议听取区供销社主任胡学峰受区人民政府委托所作的《关于区供销社“三位一体”改革与建设情况的报告》和区人大常委会农业农村工委主任徐汉云所作的《关于区供销社“三位一体”改革与建设情况的调查报告》。会议认为，区政府按照省委、省政府的决策部署，以为农服务为宗旨，紧紧围绕整合生产、供销、信用等要素资源，充分发挥政府主导作用，服务平台有效搭载，工作机制不断完善，改革开局良好。会议要求，区政府要提高认识，深刻把握改革的重要意义，持之以恒地把“三位一体”改革不断推向深入；要突出重点，努力做好精准为农服务“三篇文章”，推动重点领域和关键环节取得突破；要统筹协调，合力推进改革向纵深发展，有效发挥叠加效应和聚合蝶变作用；要完善机制，确保改革各项工作落到实处，促进为农服务效益最大化。会议听取和审议区人民政府副区长刘波所作的《关于全区2017监督生态环境状况的报告》和区人大常委会城建环资工委主任蒋玲军所作的《关于定海区2017年度生态环境状况的调查报告》。经过认真审议，会议提出《关于进一步推进全区生态环境保护工作的审议意见》。会议决定相关人事任免事项。

区十七届人大常委会十三次会议　于6月25日召开。会议听取和审议区财政局局长何红受区人民政府委托所作的《关于定海区2017年财政决算情况的报告》，听取区审计局局长傅忠国受区人民政府委托所作的《关于2017年度区本级预算执行和其他财政收支审计情况的工作报告》，听取区人大财经委主任委员石江洋所作的《关于2017年度财政决算和其他财政收支情况的调查报告》。经过认真审议，会议通过《关于批准2017年度区本级财政决算的决议》。听取区城市管理局负责人受区人民政府委托所作的《关于全区城市管理工作的报告》和区人大常委会城建环资工委主任蒋玲军所作的《关于全区城市管理工作的调查报告》。会议认为，区政府近年来扎实推进城市管理标准化、法制化、智慧化建设，城市管理体制机制改革不断深化，城市基础设施建设日趋完善，城乡环境综合整治大力推进，城市管理水平和城市整体形象有了明显提升。会议要求，区政府要凝聚共识，形成合力，加快“大城管”体制机制融合，打造上下高效联动的城管工作格局；要完善地下综合管网、垃圾处理体系、静态交通网络等各项城市基础设施建设，大力解决马路市场、无证菜店等各项难点问题；要完善政策制度，加强宣传引导，强化督查考核，形成良好的城市管理体系；要强化人力和财力保障，创新投融资机制，提升城市管理实效。听取和审议区人民政府副区长屠定玉所作的《关于全区居家养老服务工作情况的报告》和区人大法制内司委主任委员俞嫦女所作的《关于我区居家养老服务工作推进情况的调查报告》。经过认真审议，会议提出了《关于进一步推进我区居家养老服务工作的审议意见》。会议听取区教育局局长鲍治杰受区人民政府委托所作的《关于定海区“美丽学校”建设情况的报告》和区人大常委会教科文卫与民宗侨工委主任叶立占所作的《关于全区“美丽学校”建设情况的调查报告》。会议认为，定海自2015年实施“美丽学校”建设活动以来，各学校基础设施和环境文化建设不断加强，精神文化建设深入推进，制度机制建设持续完善，较好地完成了三年目标。会议要求，区政府要充分认识做好“美丽学校”建设的重要意义，加强组织领导，建立健全考核机制，统筹推进相关工作；要扎实推进“美丽学校”内涵建设，打造校园文化品牌，加强教师队伍建设，创新学生培养模式；要强化基础设施建设和教育经费各项保障，优先考虑教师编制问题；要加强各部门协作，强化经验总结和成果交流，加大宣传力度，营造齐抓共建的良好氛围。会议审议修订了《舟山市定海区人民代表大会及其常务委员会选举或者任命的国家工作人员宪法宣誓的若干规定》。会议决定相关人事任免事项。

区十七届人大常委会十四次会议　于7月31日召开。会议决定人事任免事项。

区十七届人大常委会十五次会议　于8月20日召开。会议听取和审议区发改局负责人、区财政局局长何红分别受区人民政府委托所作的《关于定海区2018年上半年国民经济和社会发展计划执行情况的报告》和《关于舟山市定海区2018年财政预算上半年执行情况的报告》，听取了区人大常委会财经工委主任石江洋所作的《关于舟山市定海区2018年上半年国民经济和社会发展计划、财政预算执行情况的调查报告》。经过认真审议，会议提出了《舟山市定海区人民代表大会常务委员会关于全区2018年上半年国民经济和社会发展计划执行情况及财政预算执行情况的审议意见》。听取和审议区发改局负责人受区人民政府委托所作的《关于2018年定海区政府民生实事代表票决部分项目调整情况的报告》，经过认真审议，会议通过《舟山市定海区人民代表大会常务委员会关于批准调整2018年定海区政府民生实事代表票决部分项目的决议》。听取和审议了区委区府办负责人受区人民政府委托所作的《关于舟山市定海区第十七届人民代表大会第二次会议代表议案、建议办理情况的报告》和区人大常委会代表工委主任王跃芳所作的《关于区十七届人大二次会议代表建议办理情况的调查报告》。经过认真审议，会议提出了《舟山市定海区人民代表大会常务会员会关于定海区第十七届人民代表大会第二次会议代表议案办理情况的审议意见》。听取市国土局定海分局负责人受区人民政府委托所作的《关于全区土地管理（垦造地）情况的报告》和区人大常委会农业农村工委主任徐汉云所作的《关于全区土地管理（垦造地）情况的调查报告》，会议认为，近年来，区政府及职能部门积极做好土地资源规划，大力推进垦造地和土地综合整治项目建设，强化节约集约利用，各项工作成效显著。会议要求，政府及其职能部门要做好土地垦造工作，坚持生态优先，坚持规划引领，严格质量标准，积极争取支持，切实保障耕地占补平衡。要健全节约集约用地长效机制，加强用地计划指导，严格用地审批把关，强化用地监管，不断提高土地资源利用效率。要做好美丽乡村建设用地保障，及早布局合理安排美丽乡村建设用地，挖潜创新努力形成乡村土地利用新格局，精准发力切实维护群众合法利益，助推乡村振兴战略全力实施。要完善各类要素保障，不断强化对土地管理工作的有效支持。会议决定了人事撤职、辞职事项。

区十七届人大常委会十六次会议　于10月30日召开。会议听取区人民法院院长赵晖所作的《关于基层人民法庭工作情况的报告》和区人大常委会法制内司工委主任俞嫦女所作的《关于区人民法院基层人民法庭工作情况的调查报告》。会议认为，近年来，区人民法院大力实施品牌法庭建设，狠抓基层人民法庭案件审判质效，全面融入基层社会治理，各项工作成效显著，为辖区经济社会和谐稳定发展提供了强有力的司法保障。会议要求，区人民法院要进一步明确做好新形势下人民法庭工作的重要性，紧扣基层群众司法需求，进一步加强基层法庭思想政治业务能力建设和工作作风建设。要进一步提高基层法庭办案质效，兼顾法律效果与社会效果，通过以案说法开展法制宣传。要优化司法资源配置，加强队伍和司法能力建设，落实司法便民各项举措，进一步提升基层人民法庭司法服务保障能力。要完善多元矛盾纠纷化解机制，加强与基层党委政府沟通联系，进一步发挥基层人民法庭在基层治理中的优势作用。会议听取和审议区发改局局长刘世君受区人民政府委托所作的《关于舟山市定海区国民经济和社会发展第十三个五年规划纲要实施情况中期评估的报告》和《关于要求调整舟山市定海区国民经济和社会发展第十三个五年规划纲要部分主要指标和重大项目的报告》，听取了区人大常委会财经工委主任石江洋所作的《关于舟山市定海区国民经济和社会发展第十三个五年规划纲要实施情况中期评估的调查报告》。经过认真审议，会议提出了《舟山市定海区人民代表大会常务委员会关于舟山市定海区国民经济和社会发展第十三个五年规划纲要实施情况中期评估报告的审议意见》，通过了《舟山市定海区人民代表大会常务委员会关于批准调整舟山市定海区国民经济和社会发展第十三个五年规划纲要部分主要指标和重大项目的决议》。会议听取区卫计局局长章文斌受区人民政府委托所作的《关于定海区社区卫生服务体系建设工作的报告》和区人大常委会教科文卫与民宗侨工委主任叶立占所作的《关于定海区社区卫生服务体系建设工作的调查报告》。会议认为，近年来，区政府坚持政府主导和统筹规划，加大投入力度，区卫生服务机构设置日趋规范，服务功能逐步健全，社区卫生服务体系建设稳步推进。会议要求，政府及其职能部门要因地制宜，调整完善规划建设，协调一致推进工作，确保有限的医疗资源效用最大化。要多措并举，完善向一线倾斜的配套激励机制，建设精干高效的社区卫生服务队伍。要优化社区卫生服务机构运作模式，完善基础设施建设，切实改善社区医疗服务质量。要充分借助各类宣传阵地广泛宣传，提高社区卫生服务工作知晓率。会议听取和审议了旧城区改造办公室主任陈官平受区人民政府委托所作的《关于定海区城中村改造推进情况的报告》和区人大常委会城建环资工委主任蒋玲军所作的《关于全区城中村（旧城）改造推进情况的调查报告》。经过认真审议，会议提出《舟山市定海区人民代表大会常务会员会关于进一步推进定海城中村（旧城）改造工作的审议意见》。会议决定相关人事任免事项。

区十七届人大常委会十七次会议　于12月25日召开。会议决定人事任免事项。会议听取和审议了区财政局局长何红受区人民政府委托所作的《关于要求批准2018年定海区地方政府债务限额调整的报告》和《关于要求批准动用预算稳定调节基金的报告》。经过认真审议，会议通过《舟山市定海区人民代表大会常务委员会关于批准定海区2018年地方政府债务限额调整的决议》和《舟山市定海区人民代表大会常务委员会关于批准动用预算稳定调节基金的决议》。会议听取区发改局局长刘世君受区人民政府委托所作的《关于舟山市定海区2018年政府民生实事代表票决项目完成情况的报告》。会议认为，今年以来，区政府坚持以人民为中心，积极回应社会关切，主动担当作为，通过采取分解目标任务，注重协调统筹，强化建章立制，狠抓督查整改等措施，大部分项目已完成或基本完成年度目标任务，取得了一定成效。会议要求，区政府及相关职能部门要深化对代表票决制工作的思想认识，不断完善工作机制，推进票决制工作规范化常态化。要牢牢把握票决制的工作原则，对两年来的实际做法做好总结完善，合理安排2019年民生实事代表票决候选项目。要着力破解项目推进中出现的重点难点问题，争取在较短时间内完成今年未完成项目的扫尾工作。要对往年表决通过而未完成的项目下定决心全力推进，维护代表票决工作的严肃性和连贯性。会议还对2018年区政府民生实事代表票决项目完成情况进行了满意度测评。会议听取区审交办主任庄旭东受区人民政府委托所作的《关于进一步推进我区“最多跑一次”改革审议意见落实情况的报告》，区环保局局长方静卫受区人民政府委托所作的《关于进一步推进全区生态环境保护工作的审议意见落实情况的报告》，区民政局局长何斌受区人民政府委托所作的《关于进一步推进我区居家养老服务工作审议意见落实情况的报告》。会议书面审查了区政府《关于定海区第十七届人民代表大会第二次会议代表议案建议办理情况审议意见落实情况的报告》《关于全区2018年上半年国民经济和社会发展计划执行情况及财政预算执行情况审议意见落实情况的报告》《关于进一步推进我区城中村（旧城）改造工作审议意见落实情况的报告》《关于全区国民经济和社会发展第十三个五年规划纲要实施情况中期评估报告的审议意见落实情况的报告》。会议认为，区政府及职能部门高度重视人大常委会的审议意见，积极抓好贯彻落实，取得一系列显著的成效。会议还对“最多跑一次”改革、生态环境保护工作、居家养老服务工作等三个审议意见落实情况进行了满意度测评，测评结果均为满意。会议听取王佳佳、王佳颖、蒋涛、潘国锋等四位市七届人大代表的述职报告，尹志勇、吴桂贤、邱立军、邵汉军、陈艳红、陈德忠、蒋波、鲍明龙等八位市七届人大代表进行了书面述职报告。会议审议通过《关于召开舟山市定海区第十七届人民代表大会第三次会议的决定》。

监督、信访、指导工作

【助推经济社会高质量发展】　聚焦高质量支持深化改革　面对复杂严峻的外部环境变化和艰巨繁重的改革发展任务，常委会加强对财政经济工作的监督，听取和审议区政府关于计划、财政等工作报告，组织力量对上会部门预算开展认真细致的调研审查，督促政府抓住自贸区建设等战略机遇，以问题为导向，明晰工作重点，不断增强综合竞争实力。政府认真落实，转方式调结构，突出创新驱动，狠抓实体经济，推动经济高质量发展。组建专项调研组对“十三五”规划纲要实施情况开展中期评估，充分研判宏观经济发展态势，强调要正视融资环境收紧、资源要素制约增强、转型升级动能不足等问题，要求政府对症下药、明确措施，大力推进规划全面实施。高度重视“最多跑一次”改革，听取和审议政府专题报告，提出要深化政府数字化转型，推动企业投资项目、不动产登记领域等环节重点突破，最大限度释放改革红利等审议意见。政府狠抓落实，创新实施“区长坐堂”“局长坐班”“无差别全科受理”“一证通办”等推进改革的举措，有为政府和有效市场协同发力，为优化营商环境、推动新旧动能转换提供强大动力。

助推乡村振兴战略实施　常委会首次审议全区2017年环境状况和环境保护目标完成情况报告，重点就环保基础设施建设、近海海域环境质量、生态保护修复、固废物处理等环境风险短板问题提出意见建议，推动绿水青山发挥最大生态效益和经济社会效益。围绕供销社“三位一体”改革与建设情况开展深入调研，强调要培育新型农业主体，提升农产品品质，拓宽营销网络，扎实有序推进为农服务综合化、精准化。高度关注耕地保护和垦造地工作，经过审议提出了客观的意见建议。政府在强化规划引领、节约集约用地、完善土地执法监管等方面积极落实，加大重点投入，切实保障了耕地占补平衡。助推深化美丽乡村建设，常委会还开展了乡村治理体系建设、五峙山鸟岛保护利用等课题的调研，形成全面客观的专题调研报告，为区委区政府决策提供参考。

科学行使重大事项决定权　依法行使重大事项决定权是宪法和法律赋予人大的重要职权，常委会围绕全区改革发展重点，规范、依法、高效地行使决定权。为积极稳妥推进定海区经济社会发展，同意政府对“十三五”规划纲要部分主要指标和部分重点项目作适当调整，确保规划所确定的各项目标和任务按期完成。认真贯彻监督法、预算法有关规定，批准2017年度区本级财政决算，审议通过地方政府债务限额调整决议和动用预算稳定调节基金决议。同时，综合运用审议专项报告、专题调研、代表视察等多种方式进行跟踪问效，保证全区重点工作的有序推进。

【推动民生福祉改善】　完善民生实事票决工作　按照“群众提、代表定、政府办、人大督”的思路，不断完善民生实事代表票决程序和工作监督机制，对大会票决通过的年度实事项目，通过分专业组定期督查、年中代表集中视察、常委会组成人员年末满意度测评等措施跟踪监督，汇聚整体推进的强大合力。2018年度票决项目总体完成情况良好。同时，在区、镇两级票决制工作实现全覆盖的基础上，5个原农村区域的街道依托街道民主议事会议这一平台，也在全市率先开展这项工作，将街道以财政资金投入为主、具有普惠性、公益性的民生类公共事业项目，由全体议事会成员票决确定街道办事处重点实施的年度民生实事项目。通过这个载体，有效弥补街道民意表达平台缺失，畅通了民主参与渠道。

助推中心城区品质提升　城中村改造是定海加快推进花园式国际人文港城建设的基础工程，常委会专题听取和审议了城中村（旧城）改造推进情况报告，向政府提出针对性审议意见。区政府遵循整体开发、拆治结合原则，优化城中村改造工作环境，高质量建设安置小区，全面加强综合统筹，同步推进城中村和旧城改造，取得了明显成效。重视城市精细化管理，听取全区城市管理工作报告，直面城市管理中的难点和痛点，督促政府拉高建设标杆，完善长效管理机制，推动城市品质提升。文明是一座城市的核心品质，常委会助力全国文明城市创建，着重就诚信体系建设、基础设施完善、经营秩序规范等方面进行监督，问政短板，出谋划策，力促问题整改到位。

三级人大代表粉刷围墙助力创城

关注社会事业优质均衡发展　常委会以居家养老服务为重点议题开展专题调研。调研组在深入走访调查，掌握第一手资料的基础上，以询问监督的方式，就居家养老设施规划建设、产业扶持、医养结合等问题向政府询问，区政府及相关职能部门负责人认真到会应询。政府从扶助支持养老专业服务机构发展、健全完善养老服务体系等方面细化措施，推动定海区养老事业健康发展。为提升基层医疗卫生保健水平，听取社区卫生服务体系建设情况报告，督促政府加强社区卫生服务队伍，优化和提高服务管理水平，满足人民群众对卫生保健的基本要求。“美丽学校”建设对于促进校园环境外在美，提升学校办学内涵和教育质量具有重要作用。常委会通过专题调研审议，要求政府在提升学校硬件设施、内在品质、管理服务、制度建设等方面加大力度，打造新时代群岛新区“基础教育最优区”。

【加大司法监督力度】 按照监察法规定，稳妥推进人大监督监察委工作，听取区监察委关于贯彻落实监察法情况的专项工作报告。围绕司法体制改革推进与完善，持续推动审判、检察机关进一步健全司法权力运行机制、全面落实司法责任制，支持检察院推进公益诉讼工作，维护国家和社会公共利益，为促进定海经济社会发展提供强有力的司法保障。专题听取基层人民法庭工作情况报告，要求法院紧扣基层群众司法需求，发挥司法在乡村治理、法治乡村中的重要作用。法院积极落实，准确把握基层人民法庭的职能定位，在案件审判质效、创新便民利民举措、全面融入基层社会治理等工作上取得了显著成效。

【任免国家机关工作人员】 坚持党管干部原则和人大依法任免有机统一，认真贯彻执行党的干部路线和方针政策，严格落实拟任干部法律知识考试、表态发言、宪法宣誓、任后公告等制度，增强任命干部的宪法意识、公仆意识和责任意识。根据机构改革后部门调整的安排，及时任免部分区政府工作部门主要负责人。全年共依法任免国家机关工作人员40人次，补选市人大代表5名，批准定海区人民陪审员名额为150名，为新时代定海各项事业发展提供了组织保证。

【受理群众来信来访】 发挥人大信访在畅通群众诉求渠道、化解社会矛盾中的重要作用，坚持把妥善处置涉法涉诉信访事项纳入法治化轨道，全年受理群众来访来信107件，群众合法诉求得到依法妥善解决。加强规范性文件备案审查制度和能力建设，实行网上同步备案审查，全年对区政府及有关部门15件规范性文件进行备案审查，并提出了相应修正意见，从源头上制止行政管理和执法工作偏差。

区人大代表进选区接访

【参与立法调研工作】 配合做好上级人大立法工作，参与市人大《舟山市物业管理条例》等立法调研活动，及时反映基层意见建议，推动有关法律法规的完善和实施。

【加强基层人大工作指导】 把提升基层人大工作水平落到实处。加强对镇、街道人大工作的联系指导，健全常委会领导联系镇街人大工作制度，协调解决工作中遇到的困难和问题。定期组织召开全区镇、街道人大工作会议及例会，提出阶段性工作意见，推进基层人大精准行权。邀请镇、街道人大负责人列席常委会会议及参加多项视察、调研活动，不断开阔视野，力促基层人大更有作为。指导镇人大依法开好一年两次人代会、督办议案建议、丰富闭会期间活动，夯实基层善治根基。加强街道人大工作和基层民主监督的有益探索，健全街道民主议事会议制度，提升街道科学决策水平。支持和推动镇、街道民生实事项目票决

盐仓街道人大工委组织开展法治建设工作评议

制的全面实施，丰富人民民主的实践形式，人大工作的整体绩效显著提升。

代表与议案工作

【加强议案建议办理】 不断探索完善人大督办、政府办理、社会参与相结合的办理机制。对在区十七届人大二次会议期间和闭会期间收到的109件议案建议，实行面上整体督办和现场验收督办相结合、重点建议常委会领导督办和政府区长领办模式，推进议案建议办理质量全面提升。去年解决的议案建议（A类件）为47件，占 43.2%；正在解决或列入计划解决的（B类件）为31件，占28.4%。大会确定的8件重点建议全部办结，满意率均为100%。完善建议办理“回头看”机制，强化办理工作责任落实，一批事关经济社会发展和民生热点、难点问题得到较好解决。

【组织代表参与视察、培训等活动】 *巩固拓展代表履职阵地* 不断完善实体代表联络站。指导全区 13个实体代表联络站和87个联络点规范化运行，主动加强与省、市、区三级领导干部代表联系对接，将领导干部代表均编入相应的代表联络站。通过每月安排数次的固定接待、进站主题接待、就近到联络点接待等多种形式，形成常态化的社情民意汇聚渠道。去年组织各级人大代表进站300余人次，收集梳理意见建议274条，答复解决率达到90.7%。发挥网上联络站作用，动员人大代表通过网上渠道倾听群众呼声，以促进代表联系群众全天候与便捷化。

人大代表视察安置小区项目建设现场

三级人大代表视察城市基础设施建设

保障代表依法履职 坚持代表列席常委会会议、进“一府两院”单位部门、参与常委会课题调研等行之有效的做法，使代表工作更加聚焦中心、富有成效。拓展代表参与常委会工作的广度与深度，全年组织开展定向视察、三级人大代表会前集中视察民生实事项目、向选民述职、旁听区法院的庭审等活动350余人次，发动500余名各级人大代表积极参与创城志愿服务活动，使代表更加全面、准确了解社会动态和群众多元需求。举办基层人大代表培训班，加强代表素质教育，提高代表履职能力。深化代表述职评议，听取定海选举产生的12位市代表述职报告，增强代表的责任感和使命感。

举办人大代表培训班

【评选先进集体和个人】 是年，经各代表小组自荐和相互推荐，区人大常委会主任会议审定，评选出2个区人大代表活动先进小组和20名区人大代表活动积极分子。第一代表团（金塘镇）、第五代表团（环南街道）被评为2018年度区人大代表活动先进小组；乐伟国、王吉生、刘辉、邵金英、陈依坪、郝俐平、冯东海、沈行清、乐科龙、陈国波、夏启华、孙舟恩、孙魁、顾科惠、王妙君、林明、洪伟平、李培良 、何富、俞君霞等20名区人大代表被评为区人大代表活动积极分子。

【好议案、好建议评选】 是年，评选出2018年度区人大代表好议案、好建议6件，评选出5个承办议案建议先进单位和7名承办代表议案建议先进个人。好议案、好建议一等奖1件：姚佳敏等15名代表提出的《关于改进城区道路斑马线前车让人行为的议案》（第24号）；二等奖2件：於群依等11名代表提出的《关于做好开放式小区安全管理工作的议案》（第57号）、傅高伟等10名代表提出的《关于加大对企业上市挂牌工作扶持力度的议案》（第2号）；三等奖3件：王吉生等11名代表提出的《关于进一步加强城区垃圾管理的议案》（第41号）、陈国民等10名代表提出的《关于集中整治舟山农村农贸市场的议案》（第3号）、邵燕红等11名代表提出的《关于定海区城中村（旧城）改造区块中加大公共服设施配套建设的议案》（第4号）。区住建局、区交通运输局、区城管局、市国土局定海分局、市公安局交警支队定海大队被评为承办代表议案建议先进单位。区委区府办王波、区教育局董海平、区人力社保局傅追棠、区交通运输局沈振波、区城管局孙群、旧城区改造办公室李晔华、市公安局交警支队定海大队林晨雯被评为承办代表议案、建议先进个人。

【优秀镇（街道）人大代表联络站评选】　是年，白泉镇人大代表联络站和马岙街道人大代表联络站被评为2018年度优秀镇（街道）人大代表联络站。

自身建设

【加强思想政治建设】　树立“四个意识”，增强“四个自信”，做到“两个维护”，学习贯彻习近平总书记关于坚持和完善人民代表大会制度的重要思想，提高政治站位，准确把握人大工作方向，保证党的理论路线方针政策在人大工作中得到贯彻和执行。完善常委会党组理论学习中心组学习制度，推进“大学习大调研大抓落实”活动，把学习成效转化为推动人大工作的强大动力。加强人大机关党建工作，组建常委会机关党组，规范党内政治生活，造就一支忠诚干净担当的高素质人大工作队伍。

【提升履职能力】　采取专题学习、授课辅导、集中培训、实地教育等方式，加强对常委会组成人员和人大机关干部的培训，重点抓好宪法、监察法的深度学习。重视人大履职制度体系建设，对人大机关相关制度做好修改完善，提高机关管理科学化水平。注重发挥专委会、工作机构和兼职委员在调查研究、评议审议及跟踪监督等方面的职能作用，进一步增强工作合力。做好新形势下人大宣传工作，去年有200余篇信息被各级刊物和相关媒体录用，实现了人大依法监督与媒体舆论监督的有机结合。启动《舟山市定海区人民代表大会志》编纂，确保人大工作传承性和完整性。

【加强作风建设】　坚持民主集中制原则，对重大事项实行民主讨论、集体决定，更加自觉地把宗旨意识内化于心、外化于行。始终把调查研究作为做好人大工作的基本功，常委会主任会议成员带头深入基层开展专题调研，形成针对性强、富有建设性的调研报告20余篇，使人大工作更接地气、聚民意、有实效。严格执行中央八项规定精神，支持派驻第一纪检监察组开展工作，培育风清气正的机关文化。重视机关干部培养、使用和交流，做好离退休干部工作，不断增强机关活力和凝聚力。

（撰稿：方　祎）

（本类目图片由区人大提供）

责任编辑：王英伟

定海十景系列(四)

竹山忠魂——鸦片战争遗址

舟山鸦片战争遗址公园位于竹山公园，是一座以鸦片战争古战场为载体，以爱国主义教育为主题的纪念公园，作为全国爱国主义教育示范基地，见证着中国近代史的沧桑与悲壮。公园包括三总兵纪念广场、舟山鸦片战争纪念馆、三忠祠、抗英将士墓群、百将题碑以及新落成的柳永文化广场等景点，其中柳永文化广场已经落成三毛纪念馆、三毛书吧、柳永纪念馆三座展馆，古香古色，充满艺术情怀，成为舟山市一个全新的文化休闲旅游区。

舟山市定海区人民政府

区政府领导

区　　长：侯富光
常务副区长：毛铁年
副 区 长：王树辉
应朝阳
吴红卫
夏　泉
屠定玉
刘　波
董凯龙（2018.6 —）
徐俊峰（2018.7 —）
党组书记：侯富光
党组副书记：毛铁年
党组成员：王树辉
应朝阳
吴红卫
夏　泉
刘　波
董凯龙（2018.7 —）
徐俊峰（2018.8 —）
丁水华
夏怡辉

区政府重要会议

【区政府全体会议】　3月7日，区政府召开第二次全体会议。认真贯彻落实中央、省委省政府、市委市政府和区委的决策部署，以及区党代会、区“两会”精神，回顾总结2017年区政府工作，全面部署2018年区政府重点工作任务，动员全区政府机关工作人员积极投身花园式国际人文港城建设，为实现率先建成“两个高水平”奋斗目标打下坚实基础。会议通报表彰了2017年度政府工作创新奖、政府质量奖获奖单位，通报了2017年度全区重点项目完成情况。

【区政府常务会议】　2018年，区政府召开常务会议18次。

1月4日，主要讨论、研究事宜：学习《城中村改造之程序篇》；审议《政府工作报告》；审议《舟山市定海区2017年国民经济和社会发展计划执行情况和2018年国民经济和社会发展计划草案的报告》；审议《2017年财政预算执行情况和2018年财政预算草案》和《2018年定海区预算编制情况说明》；审议《重点企业、并购重组企业及重整企业帮扶工作领导小组和专项工作组》和《2018年区政府部分重点工作专项工作组》。

1月12日，主要讨论、研究事宜：听取关于2018年城中村改造计划的汇报；听取关于昚斗岙五山绿道入口公园命名事宜的汇报；听取关于舟山群岛新区海之桥美食广场有限公司要求借款的情况汇报；听取关于聘请古城保护顾问的情况汇报。

1月24日，主要讨论、研究事宜：听取2017年定海区政府工作创新奖评选情况汇报；听取2017年定海区政府质量奖评选情况汇报；听取关于定海工业园区中小企业科技孵化基地建设项目要求采用邀请招投标方式确定工程施工承包单位的汇报；

听取关于拨付宁波舟山港主通道项目补助资金的汇报；听取关于锦鸿雅苑剩余房源处置方案及价格的汇报。

2月1日，主要讨论、研究事宜：听取关于开通舟山跨海大桥沿线至普陀山航线的汇报；听取关于定马复线（马岙段）绿化提升工程直接发包的汇报；审议2017年定海区招商引资工作先进建议名单；听取关于新增城中村（旧城）改造委托建设管理项目的汇报；听取关于新泰三期项目历史遗留问题处置事宜的汇报；审议《舟山市定海区发展学前教育第三轮行动计划（2017—2020年）》；听取关于定海区学校新迁扩建项目委托建设管理的汇报。

2月11日，主要讨论、研究事宜：审议《舟山市定海区人民政府关于进一步扶持企业上市（挂牌）和并购重组的若干意见》；听取关于帮扶金鹰集团筹集股权质押保证金相关情况的汇报；审议2017年定海区招商引资工作先进建议名单；听取关于百威英博（舟山）啤酒有限公司地块收回事宜的汇报；听取关于规范和加强全区公安机关警务辅助人员管理工作的汇报；听取关于城区环卫保洁市场化合作项目相关事宜的汇报。

3月13日，主要讨论、研究事宜：审议《2017年度定海区固定资产投资考核优秀单位名单》；审议《2017年度定海区服务业发展奖和服务业明星企业名单》；听取关于"定海十景"征名工作的汇报；听取关于2013—2016年度区劳动模范和模范集体评选工作的汇报；审议《2017年度定海区工业、科技各类奖项名单》；听取关于定海电视塔命名征集情况的汇报；听取关于2018年第一轮城中村（旧城）改造计划的汇报；听取关于帮扶舟山群岛新区海之桥美食广场有限公司解决资产竞拍过度资金的汇报；听取全区公安机关部署安排扫黑除恶专项斗争情况的汇报。

4月13日，主要讨论、研究事宜：听取关于华晟牧场数字农业试点项目融资担保及费用减免事项的汇报；审议2017年度剿劣（河长制）工作先进集体和先进个人建议名单、《定海区2018年治水治污大会战实施方案》及《定海区"品质河道"创建行动方案》；听取关于以招商引资方式引进企业建立固废处置中心项目相关事宜的汇报；听取关于海天大道定海段、西山路改造、舟山植物园方案设计招投标情况的汇报；审议《定海区农村集体土地房屋征收安置补偿指导意见》；听取关于盐仓椅子山区块公园命名事宜的汇报；听取关于舟山市定海区国润旅游开发有限公司股权转让相关情况的汇报；审议《舟山市定海区招商引资绩效考核办法》；听取2018年定海区招商引资指标任务分解情况的汇报；听取关于定海五山公园绿道工程规划方案（勘察、设计）实行直接发包事宜的汇报。

5月14日，主要讨论、研究事宜：关于与新城管委会房产置换事宜的汇报；听取关于富明公司、鑫轮公司征收及其债务处置方案的汇报；听取关于城关第二幼儿园由绿城乐居建设管理有限公司代建事宜的汇报；听取关于要求和平路幼儿园装修工程立项事宜的汇报；关于要求将盐仓区域纳入城中村（旧城）改造范围的汇报。

5月27日，主要讨论、研究事宜：听取关于方舟粮食要求使用原规划道路退让部分土地情况的通报；听取关于2018年第一轮定海区城中村（旧城）改造剩余区块房屋征收相关事宜的汇报；审议《健康定海2030行动纲要》。

6月14日，主要讨论、研究事宜：审议《定海区农村危房治理改造工作实施办法（试行）》；听取关于2018年新一轮城中村（旧城）改造政策调整事宜的汇报；听取关于东门交通综合体一楼店面房销售事宜的汇报；审议《定海区白泉新泉华府农民公寓房申购办法》；听取关于《定海区白泉繁强地块房屋征收补偿安置实施方案》和《定海区白泉河东车站至73省道道路拓宽工程房屋征收补偿安置实施方案》的汇报;听取关于白泉弘业、恒康地块土地收储工作的汇报；审议《舟山市定海区重点建设项目管理办法（修订）》；审议《舟山市定海区政府投资项目管理实施细则（修订）》；审议《定海区助力对口地区脱贫攻坚三年实施方案》《定海区2018年助力对口地区脱贫攻坚年度计划》；审议《定海区担保公司2018年度代偿方案》；审议《定海区政府产业引导基金设立方案》；审议《关于健全政策性融资担保体系建设的意见》。

7月5日， 主要讨论、研究事宜：审议《关于全面深化"亩均论英雄"改革的实施意见》；听取关于东大塘5000吨级公用码头新一轮公开拍租情况的汇报；审议《定海区农村宅基地和房屋确权登记发证工作实施方案》;审议《定海区建设用地预申请办法》；听取关于明确2017年度美丽定海建设工作考核优秀单位名单的汇报；听取关于2018年定海区突出环境问题整治区领导包案任务分解方案的汇报。

8月31日，主要讨论、研究事宜：审议《关于城市建设服务类特殊项目邀请招标的若干规定》；审议《全区高层建筑消防安全综合治理工作方案》；审议《舟山市定海区消防安全责任制实施细则》；听取关于浙江增洲造船有限公司帮扶资金相关事项的汇报；听取关于定海区白泉镇金星废弃矿山治理情况的汇报；听取关于要求调整城中村（旧城）改造买卖户安置房产权登记交易税的汇报；听取关于要求调整定海区私人建房审批事项的汇报；审议《定海区企业投资项目“标准地”实施方案（试行）》；审议《定海区地质环境恢复治理项目和专项资金管理办法（暂行）》；听取关于东皋岭等隧道养护提升工程采用直接发包相关情况的汇报；听取关于定海区道路交通设施立体隔离工程采用直接发包相关情况的汇报。

9月17日，主要讨论、研究事宜：听取关于册子大皇山矿区政策处理初步补偿方案的汇报；听取关于2018年定海区政府质量奖评选情况的汇报；听取关于将册子大皇山3400万吨石块矿产资源划归至定海区畅道物流有限公司的汇报；听取关于定海五山公园绿道工程实施方案相关事宜的汇报。

10月22日，主要讨论、研究事宜：审议《舟山市定海区国民经济和社会发展第十三个五年规划纲要实施中期评估报告》；听取关于2017年度全区工业企业综合评价结果的汇报；审议《2018年定海区蓝天保卫战行动计划》；听取关于全区产业平台土地出让价格事宜的汇报；听取关于要求调整干䃎镇房屋征收补偿安置实施方案的汇报；审议《定海区高水平建设“四好农村路”助推乡村振兴战略三年（2018—2020）实施方案》；审议《定海区农村公路路长制工作方案》；听取全区公安机关扫黑除恶专项斗争工作情况汇报。

11月6日，主要讨论、研究事宜：传达全市防范化解地方政府隐性债务风险专项推进会会议精神；贯彻落实全省“决胜四季度夺取全年红”重点工作推进会任务部署；听取关于要求对S321（72省道）定海至盐仓段改建工程建设规模进行重大变更的汇报；审议《定海区洁净乡村长效管理办法（试行）》；听取关于2018年定海区海岸线整治修复项目立项申请的汇报。

11月22日，主要讨论、研究事宜：审议《中共舟山市定海区委 舟山市定海区人民政府关于开展质量提升行动的实施意见》；听取安全生产工作汇报；听取关于要求提高定海区中等偏低收入家庭公共租赁住房补贴标准的汇报；听取关于以直接发包方式确定工农路地块改造建设工程施工承包单位的汇报；听取定海区2018年新启动城中村（旧城）改造区块完成情况的汇报；听取关于海天大道提升工程—定海段（市政及景观绿化）设计采用直接发包事宜的汇报。

12月6日，主要讨论、研究事宜：听取关于定海区征地区片综合价调整事宜的汇报；听取关于明确上海瑞金医院舟山分院为定海区惠民医院协作医院的汇报；审议《定海区贯彻落实〈县乡法治政府建设行动计划（2018—2020年）〉的实施方案 》；审议《定海区行政执法监督规范化建设试点方案》。

12月21日，主要讨论、研究事宜：听取金塘管委会关于要求终止中澳现代产业园基础配套设施建设PPP项目的报告；审议《2019年区重点项目和政府投资项目计划安排》；听取2018年区政府民生实事项目完成情况汇报；审议《舟山市定海区2019年预算编制计划》；审议《定海区国企市场化改革工作方案》。

【区长办公会议】 2018年，召开区长办公会议9次。主要议题为听取上月内区政府各口子工作汇报及对政府月度工作进行部署。

【区政府专题会议】 2018年区政府召开专题会议31次。主要议题有：研究金塘北部东片区基础配套设施建设项目（一期）石渣回填工程建设程序完善及质量监督相关事宜;专题研究舟山跨海大桥（双桥至册子段）危化品运输相关事宜；研究三江污水处理厂项目相关事宜；研究马岙小舟黄岩涂塘及区域内河道水系工程建设相关事宜；研究川田实业等七家公司重整相关事宜；研究富翅门大桥工程料场弃渣处置等相关事宜；研究富翅门大桥项目爆破工程爆破器材海上运输相关事宜；研究设立光汇外钓岛北岛及白泉塘夹岙、浪西临时装卸作业点的相关事宜；研究大地房地产鸿毛湾地块开发后续相关事宜；研究岑港街道涨次水产、白泉镇大支水产自来水管网联网工程建设的相关事宜事宜研究新泰三期（和平苑三期）区块相关事宜；研究农村残疾人机动轮椅车退出运营安置相关事宜;研究定海区东园新村111—113号［原舟山市煤气公司（现为舟山市蓝焰燃气有限公司）宿舍楼］解危拆建及权证办理相关事宜；研究舟山金马劳务总经理聘任事宜相关事宜；研究绿色围挡灯箱广告工程审价事宜研究三农农副产品综合批发市场一期项目竣工验收相关事宜；研究近期拟出让三宗经营性地块相关事宜;研究三农农副产品批发市场项目配套道路工程建设费用相关事宜;研究粮油产业园区磷化铝处置相关事宜；研究嵊泗至定海公路马岙至定海疏港公路工程管线迁改相关事宜；研究在岑港街道增设到鱼山临时装卸作业点相关事宜；研究粮油产业园区磷化铝残渣外运及处置相关事宜；研究西山路原自来水厂区块电力开闭所建设事宜；研究新泰三期项目建设相关事宜；研究协调岑港街道册子大皇山矿区临时作业点设置相关事宜；研究定海六中扩建资金事宜;研究定海区禁毒社工管理相关工作；研究芙蓉洲路龙虾店安置房项目建设相关事宜；研究商量禁毒相关工作；研究协调环南街道青垒头路118号临时土方外运作业点设置相关工作。

区政府重要工作和重大决策

【坚持海洋经济转型升级】 深入贯彻新发展理念，海洋经济转型蹄疾步稳，预计海洋经济增加值增长7.3%。主攻船舶、石化、水产、粮油、机械五大重点产业，预计区本级规上工业总产值、增加值分别增长7%、6.8%。船舶研发制造取得新突破，太平洋海工2.6万方方浮式储存气化装置船实现国内首制，增洲造船2万吨级江海直达船通过省级首套重大装备认证，环保型多用途首制船、智慧海洋试验船开工建设。中钢海工装备项目基本建成。新增油品库容700万立方米，浙石化马目库区、光汇石油储运南岛工程、外钓油品应急储运工程、中海油泰富石化扩建工程相继建成。水产加工及关联企业加快集聚，兴业集团、大洋兴和、惠群冷链物流等项目建成投产。粮油吞吐能力达到3500万吨，良海粮油120万吨加工项目建成投产，热电联产、散粮输送带及公用码头竣工投用。机械制造加速升级，华业塑机等智能制造试点示范工厂建设完成，通达塑机、境界机械项目开工建设。现代服务业持续繁荣，成功列入省服务强县试点区。集装箱吞吐量突破120万标箱，预计港口货物吞吐量达到1.55亿吨，金塘大浦口集装箱码头二期工程加快推进。和平路商业中心、三农农产品批发市场、远洋渔业小镇渔人广场开市运营，西部商业中心、新天地广场建设完成。鸦片战争遗址公园等获批国家AAA级旅游景区，舟山群岛旅游咨询服务中心投入运营，获评全国民宿产业发展示范区。农渔业提速发展。完成土地长期连片流转6775亩，新建粮食高产示范区3个，改造提升“菜篮子”蔬菜基地290亩，新增水产精养面积114亩。岑港等特色农业强镇建设扎实推进，小沙“百果园”项目加快建设，“海山农汇”电商平台和农产品体验中心建立运营。远洋渔业全产业链产值规模突破百亿，远洋渔船增至196艘，秘鲁海外渔业综合保障基地建成运行，“兴业鱼露”获国际农交会金奖。

【深化改革开放创业创新】 坚持向改革要活力、向开放要潜力、向创新要动力，新旧动能加快转换。全面深化改革向纵深推进。实现1302个事项“最多跑一次”全覆盖，实现一般企业投资项目开工前审批“最多100天”，推行高频服务事项镇街道“无差别全科受理”。完成199家工业企业“亩均效益”综合评价，出让“标准地”395亩。政府产业引导基金设立运行，政策性融资担保公司组建成立。对外开放合作力度不断加强。预计实现外贸进出口总额329亿元、浙商回归省外到位资金41亿元。促成招商局集团、中集集团、物产中大、中农华鑫等“中字头”、500强企业与本地企业重组合作，落地10亿元以上县市长项目3个。完成154亩存量低效土地、3.9万平方米闲置厂房“二次招商”。有力保障329 国道舟山岑白段、500 千伏联网输变电工程等重大基础设施建设，完成大沙调蓄水库大坝主体工程。加快创新发展三年行动计划深入实施。预计完成工业技改投入16.5亿元，金鹰三元锂电池等20个项目列入省重点技改项目，荣获“浙江省两化深度融合国家示范区”称号。定海海洋科学城“一城三园”布局基本成型，注册引进企业109家，与浙江大学等3所高校共建协同创新中心。新增院士工作站1家、省级企业研究院2家，新认定国家知识产权优势企业1家、高新技术企业13家、科技型企业45家。7412工厂荣获省政府质量奖提名奖，森森集团、龙源四方获评“浙江制造”品字标。雷电船舶、江航船舶、创伟实业获得“民参军”资质。科力尔环保成功挂牌新三板，盛海达、沪航物联完成股改。人才新政系列配套政策制定出台，落户“5313”科技创业领军人才企业8家，新增“国千”和“省千”人才3名。

【城乡人居环境显著改善】 综合实施“拆、建、创、整”组合拳，全域提升城乡面貌和文明程度。城中村（旧城）改造持续发力。蔡家墩、长岗山等16个区块完成征迁，改造面积57.4万平方米。高品质安置房代建模式全面实施，开工建设安置房项目10个，锦鸿雅苑、馨港苑安置小区交付使用。城乡精致建设全面推进。东岳塔亮化工程建成使用。百里滨海大道、海天大道定海段提升工程基本建成，解放路沿街立面及总府路完成改造。城东河公园和环城东路、环城南路沿河亲水廊道建成使用，葆三公园、富都公园、小沙湿地公园加快建设。打通蟠洋山路、总府路延伸段等断头路8条，新增停车位近8000个。建筑工地绿色围挡全面推行，全市首创建筑垃圾资源化利用新模式，新改建星级公厕32个。金塘、白泉获评全国综合实力千强镇，小沙、岑港、双桥小城镇环境综合整治全面完成。马岙社区风情乡村建设成效显著，龙潭社区、叉河社区成功创建市级美丽乡村精品示范村，创建洁净乡村65个。完成彩色健康森林抚育2000亩、平原绿化530亩，改造提升农村公路50公里。完成盘峙、东岠等陆岛交通码头建设，建成强排泵站13座。荣获“美丽浙江”建设工作考核先进。全国文明城市创建工作扎实开展。农贸市场等15个专项整治行动全面实施，合源、西园等重点居民小区整治工作取得实效。“城市啄木鸟”行动获省志愿服务项目大赛铜奖。环境综合整治强势推进。荣获治水“大禹鼎”，打造品质河道17条，大柳主干河获评省级“美丽河湖”。完成干碶污水处理厂提标工程，修复改造污水管网38公里。扎实推进中央环保督察和国家海洋督察问题整改，关停整治企业15家。完成烟墩工业区块环境综合整治，建成东方环保、益民固废处置项目。土地节约集约利用工作获国务院表彰，并得到1000亩计划指标奖励。

【社会民生事业全面提升】 以群众满意为标准，十个方面民生实事项目扎实推进，民生支出达到31亿元，占一般公共预算支出的68%，同比增长20%。“村企结对”帮扶行动深入推进，投入农渔村集体经济项目资金1.2亿元，65个社区村年收入达到30万元以上。重点人群就业渠道有效拓展，通过残疾人“指尖”就业等措施，分类帮扶就业困难人员1720人。城乡居民基本养老保险、基本医疗保险参保率分别达到97.3%、99.2%，普通门诊保险支付比例从20%提高到25%。交付使用保障性住房近4200套。深度挖掘“定海山”十五古系列文化精髓，对古桥、古亭等进行立碑挂牌，正式开放非遗馆、民俗生活馆，公开认养北美红杉等古树112棵。盐仓总兵公园、白泉文化公园、小沙三毛主题文化广场建设完成，新建农村文化礼堂6个。顺利举行“神行定海山”全国徒步大会、舟山群岛骑游大会和全民运动会，成功举办首届花卉节和春兰、蕙兰展。原石礁中学等5所中小学、幼儿园建设加快推进，建成海滨小学、城北幼儿园和原商业局幼儿园改造工程，全面承接6所市属幼儿园管理职能。上海瑞金医院舟山分院开业试运营，定海居家养老综合服务中心投入使用，建成社区居家养老服务照料中心7个。“雪亮工程”全面推进，区、镇两级社会治理综合指挥平台进一步规范提升。大调解机制不断完善。全面开展水上交通、道路交通、危化品、船舶、消防五大领域安全整治，19个重大安全隐患销号清零。实现平安定海建设十三连冠。成功创建国家级农产品质量安全区和省级食品安全区。

坚持以人民为中心，十个方面民生实事项目高质量完成，民生支出达到26.2亿元，占一般公共预算支出的72.2%。加快推进扶贫开发奔小康工程，建立零就业家庭动态归零帮扶机制。实现医保跨省就医直接结算，全面承接市级下放的人力资源与社会保障职权。定海第五社会福利院、区居家养老综合服务中心、环南敬老院投入使用。残疾人家庭无障碍设施服务实现全覆盖。交付使用保障房1869套，城区75幢D级危房全部解危。柳永文化广场建成开放，金塘文化中心建成投用，新建农渔村文化礼堂5座。建成全国首条海岛国家登山健身步道，举办首届“三毛散文奖”“神行定海山”国家登山健身步道联赛总决赛。通过省教育基本现代化区创建评估，白泉高中、廷佐小学等中小学完成改扩建，城北、和平路、金塘大丰等7个幼儿园建设加快推进。瑞金医院舟山分院一期建设完成，区中心医院救治能力有效提升。完善精准化社会治理源头防控体系，建成基层治理体系“四个平台”，全科网格规范化试点建设稳步推进。打击“三强三霸”、非法集资等违法行为，电瓶车物联网智能管控取得实效。推进互联网金融风险整治，取缔相关机构36家。完成水路货运船舶安全三年整治行动，安全生产三项指标持续下降。成功夺取“平安金鼎”，圆满完成党的十九大等维稳安保任务。

【加强政府自身建设】 牢固树立“四个意识”，扎实开展“大学习大调研大抓落实”活动，政府执行力、公信力不断提高。坚持“两学一做”学习教育常态化制度化，建立实施区政府党组会议“政论一刻钟”和常务会议“学法30分钟”制度。全面加强廉政建设，认真履行党风廉政主体责任，严格落实“一岗双责”。坚决贯彻中央八项规定实施细则精神，完成事业单位和国企公车改革。政府数字化建设步伐加快，政务钉钉实现全覆盖。区长坐堂“最多跑一次”活动创新开展，建立推行重点工作清单制度和项目年中安排制度。“双学双比”、实绩亮相活动扎实开展，攻克“最后一平米”13个。“七五”普法规划深入实施，获评省法治政府建设先进单位。坚持重大事项决策出台前向人大报告，与政协协商。认真办理人大议案建议、政协提案268件，满意和基本满意率达99.6%。军民、军政联系更为紧密，四川宣汉对口扶贫工作全面推进，档案、史志、民族宗教、物价、人防、反邪教、侨务、对台、爱国卫生、反走私、老龄、慈善、供销、税务、气象等工作取得了新成绩。

（撰稿：周燕峰）

政务公开工作

【概况】 2018年，定海区根据国家和省、市关于政务公开的工作部署，严格按照《浙江省人民政府办公厅关于印发浙江省全面推进政务公开工作实施细则的通知》（浙政办〔2017〕42号）和《浙江省人民政府办公厅关于印发2018年浙江省政务公开工作要点的通知》（浙政办发〔2018〕54号）要求，加强组织领导，狠抓责任落实，突出公开重点，拓宽公开渠道，创新公开形式。

【加大推行政务公开力度】 成立政务公开领导小组，并将政务公开工作纳入绩效考核。积极推进一般事项公开向重点事项公开、结果公开向全过程公开、自定公开内容向群众点题公开“三个转变”。努力做到公开内容更加充实、公开时间更加及时、公开重点更加突出。

【完成集约化建设】 根据国务院、省、市对政府门户网站开展集约化建设要求，为加强定海区政府网站的安全管理和防护水平，保障网站安全稳定运行，2018年8月底前，定海区根据浙江省统一规划和实际情况顺利完成了区政府网站群集约化建设和系统迁移，全区40家子站已整合到“中国定海”政府门户网站，区政府网站群整体迁移到更安全、稳定的浙江省电子政务云平台，部署在浙江省统一的政府网站平台上，实现“统一平台，统一运维，统一安全保障”。

【加强事项目录梳理】 一是重点公布“最多跑一次”事项目录。根据省“八统一”规范目录，我区结合实际，梳理公布事项1302个，除省文件明确规定的内地公民收养子女登记不列入“最多跑一次”事项外，实现“最多跑一次”改革100%全覆盖。梳理四星以上事项比例66.74%，五星比例42.78%。推进“两集中、两到位”，除省里规定的不宜进驻中心的事项外已全部进驻中心，进驻率达到100%。二是实现数据共享。对接省、市系统、“1253”公共数据共享体系，加快推进政务服务网事项“网上办”“移动办”，推进“浙里办”APP事项配置完善，目前已有366个事项可以实现掌上办，积极突破民生领域“一证通办”，做好高频事项的数据需求和数源确认工作。

【不断完善依申请公开】 2018年，通过区委区府办、区法制办、相关职能部门的共同协作，共受理依申请公开58件，均在规定时间内给予答复。今年的依申请公开中呈现出较多的重复申请、多部门申请现象，部门之间信息互通，多部门协调沟通更为加强。依法受理行政复议，对复议案件通过复议听证，提高复议案件审理的透明度，全年区本级共受理行政复议案件14件、不予受理1件，办结行政复议案件14件。积极落实复议听证机制，除撤回和不予受理的案件外，其他复议案件均召开听证，确保案件公平公正审理。

【加强舆论引导】 一是积极利用政府网站、电视、报刊等新闻媒体，通过区长信箱、意见征集、在线调查等相关栏目，积极征集民情，及时反馈和解决群众的实际问题，尤其是对重大事项及时征求广大公众的意见和建议，从而进一步规范重大行政决策行为。积极利用政务微博、微信、政务app等新兴媒体，及时发布相关信息并回复有关提问，增强微博、微信的互动性，同时，筛选、分析微博、微信中带有共性的问题和好的工作建议，以供决策参考。二是通过在线访谈、政策解读等栏目，积极回应社会关切问题。今年以来，“中国定海”政府门户网站在线访谈栏目邀请了各镇（街道）一把手访谈，总体介绍了各（镇）街道目前发展情况以及展现在新的一年如何贯彻落实十九大精神。对出台的政府规章、行政规范性文件以及涉及面广、与民生密切、社会关注度高或专业性强的重要政策文件，及时做好政策解读，便于群众更细致、深入的了解政策。

（撰稿：吴琼烨）

外事侨务

【概况】 2018年，定海区外侨办在区委区政府的正确领导下，深入贯彻落实党十九大、十九届二中、三中全会重要精神，自觉围绕中心，服务大局，牢固树立四个意识，认真履行职能，服务侨胞侨眷，各项工作取得了新的进展。

【因公出国（境）及外国人来华审核】 2018年，区外侨办审核因公赴港自组团组3批次19人次，因公出国自组团组6批次26人次；审核参加省市因公赴港团组1人次，参加省市因公出国团组8人次。共为18家涉外企业办理了68份邀请函，邀请外国人104人次。

【推进友城工作】 加强定海与友好城市之间的交流合作，着重做好定海与匈牙利文化交流活动，提升定海海外知名度。1月24日，中国匈牙利文化交流项目——匈牙利Sixtones阿卡贝拉清唱团迎春演唱会在盐仓街道的匈牙利国际广场隆重举办。在近一个半小时的演唱会中，匈牙利的清唱团现场演唱了《昏暗中的小可爱》《五月之夜》《夜色下的佩斯美女》等匈牙利歌曲十几首。当天有近五百名观众到场观看，感受到异国独特的文化艺术，受到当地群众的热烈欢迎。

【深化千校结对】 将千校结对工作列为区外侨办年度重点工作，搭建国际交流平台，开拓千校结对领域，加强与海（境）外中小学的交流工作。3月30日，香港钟声慈善社胡陈金枝中学校长朱伟明、香港舟山新区青年联合会会长余兴龙带领师生一行来到定海六中开展教育教学交流活动。3月28日，在区外侨办的牵线下，定海区学校和加拿大高贵林教育参访团的教育交流活动在定海檀枫小学举行。在交流座谈会上，双方介绍了各自教育的基本情况，定海区学校将与加拿大阳光国际教育中心加强联系，促进两地学校交流。随后双方各有七所学校签订了初步合作的意向书。这次的活动为定海区中小学校与加拿大学校的深入交流迈出了坚实的一步。

【以侨引才引智】 做好海外高层次人才工作，服务人才强区战略。7月25日至26日，为贯彻“智汇定海·创新引领”战略，大力推动定海区与海内外高层次人才的交流，吸引定海在外高层次人才回归定海创业创新。经中国定海—美国海外引才引智工作联络站前期宣传发动，第二届海外高层次人才舟山群岛新区定海行举行。本次海外高层次人才团队共由17位博士和专业人士组成，姚海涛博士任团长，并有以下几个特点：1、乡情浓郁，50%是定海籍的海外博士；2、涉及领域广，分别是贸易物流、生物医药、城市规划、科技制造、金融法律、教育文化等领域的知名专家、教授和企业家；3、年龄优势充分显现，80后，90后的优秀人才占60%以上。

【加强联络联谊】 2018年，区外侨办接待重点华人华侨、港澳同胞、外国友人14批次，114人次。1月，组织定海区华侨华人代表、留学人员代表、重点归侨侨眷代表参加全市侨界迎新春座谈会和全区统一战线2018迎春茶话会；3月，组织归侨侨眷、港澳同胞、留学人员眷属40余人参加市侨联在“侨之家”举办的元宵活动；4月，为进一步丰富中老年侨眷和留学生家属的业余生活，增强保健意识，组织归侨、侨眷和留学生家属参加应急救护与老年保健；6月，组织归侨侨眷、留学人员眷属、基层侨务干部开展“端阳情·侨看定海”联谊活动；9月，举办“海山侨情”纪念改革开放四十周年画展，通过“文化育侨”和“书画结缘”的方式，团结广大归侨侨眷，加强艺术交流合作，弘扬海洋文化艺术；中秋佳节，组织侨胞侨眷参加全市侨界代表中秋座谈会；9月底国庆来临之际，组织侨胞侨眷参加全市侨界“迎国庆”趣味休闲运动会。

【构建和谐侨界】 关注归侨侨眷民生　2018年，区外侨办（侨联）走访慰问了重点及困难归侨侨眷、港澳居民眷属、外籍华人眷属93人次，发放慰问品、慰问金6.6万元。做好涉侨信访工作，维护侨胞合法权益。为华侨华人、港澳居民的子女办理入学证明11人次，受理“三侨生”身份审核2人次，受理华侨回国定居手续3人次。接待受理涉侨来信来访14件。

加快建设长白“侨思馆”　今年，区外侨办多次到小沙街道长白侨思馆建设工地调研，现场了解施工安全、工程进度、经费使用等情况，提出指导意见并推进工作。下阶段将重点做好两项工作：一是收集资料，如老华侨的衣物、护照、书信、照片、生活用品等，并在侨思馆建设完成前妥善保存；二是解决经费问题，在争取上级侨务部门支持的同时，要尽可能发动热情高、热衷公益的华侨华人捐资捐物。

【组织队伍建设】 组建志愿服务队伍　区外侨办积

极响应舟山市创建全国文明城市工作的总体要求和定海区全面建设花园式国际人文港城目标，成立全市首支侨界志愿服务队助力文明城市创建。目前有队员25名，由海外华侨华人、归侨侨眷、侨务干部等侨界人士组成。10月配套成立定海区首家为侨平台——环南街道为侨志愿服务驿站。采取联谊座谈、网上宣传、文艺表演等形式引导侨胞们加入到志愿者队伍中，面向需要社会帮助的各类群体，开展帮扶慰问、垃圾清理、环境整治、交通劝导等活动。昌国街道侨台联“侨之声”艺术社，用有趣生动的表演，向侨界群众宣传文明城市创建。2018年，共开展志愿活动30余次，参与100人次。

完善侨务组织系统　开展舟山籍华人华侨（港澳同胞）重点人士（高层次人才）情况调查工作和全区机关事业单位侨情调查工作，全面了解和准确把握定海区侨情，深入分析海内外侨情变化，夯实侨务工作基础，更好地为区委、区政府提供侨务工作决策依据，为全面建设“花园式国际人文港城”服务。深化“最多跑一次”改革，做好“无差别全科受理”与事项网上申办系统搭建。到金塘调研侨务工作开展情况，实地走访金塘河平社区文化礼堂，仔细查看了礼堂里面“致善暖人心”等侨情布置情况，听取金塘镇侨台联合会基本情况及活动开展简要介绍。

【基层侨台联工作】　2018年，定海区各基层侨台联也在各个节假日期间，走访探望侨胞，举办多项丰富多彩的联谊活动，如迎新春侨胞座谈会，元宵灯谜竞猜，立夏送蛋送温暖，端午送上“爱心粽”，迎中秋·庆国庆联谊会、重阳暖侨敬老，暑期进社区为孩子们开展道德讲座等。

（撰稿：王　凯）
（本分目图片由区外侨办提供）

台湾事务

【概况】　2018年，区台办在区委、区政府的正确领导下，在市台办、区委统战部的关心指导下，按照中央对台工作方针政策和省委、市委对台工作部署，以做好台湾人民工作为主线，围绕工作大局，积极推进定台两地经济社会等领域的交流合作，不断推动定海区对台工作取得新进展。

【对台交流工作】　深化两地文化交流　是年，区台办以“三毛散文奖”为品牌核心，开展“三毛”系列活动，充分发挥“三毛文化”品牌在开展对台文化交流、促进和平统一中的重要作用。先后开展了“怀念你小沙女——三毛”朗诵会；“梨花开尽春又来——三毛诞辰75周年纪念活动”；“永远的小沙女——纪念三毛故乡行29周年分享会”，“说时依旧——寻找三毛书友会”等“三毛”系列活动。4月20日举办第二届“三毛散文奖”新闻发布会，并在《舟台微讯》、台湾《联合报》及其电子网站上大篇幅刊登定海“三毛散文奖”活动信息及作品征集。6月9日，在台北举办了“三毛文学影响与三毛散文奖座谈会”，邀请16名台湾作家、出版社代表、三毛亲友等参加，共同交流文学，同时也宣传推介定海及“三毛散文奖”。

推进基层交流　是年，区台办深耕基层交流，切

4月20日，举办第二届“三毛散文奖”新闻发布会

6月9日，在台北举办“三毛文学影响与三毛散文奖座谈会”

实增进定台两地民众的相互了解和友谊，实现根与根的交融。4月，在舟台两地民宿论坛上推介定海民宿，

同时利用赴台期间，参访南投清境农场及民宿、桃米社区、台一休闲农场、梅子梦工厂等，加强与南投的基层交流。6月，南投国姓乡基层交流参访团一行20人来定考察，参访了新建社区、金山社区，并就新农村、社区建设等进行了座谈交流。9月，浙台邻里节暨第四期“海相连心相印”——舟山籍第二、三代台湾家庭寻根之旅参访团一行30人来到定海，区台办组织两岸亲友开展“喜乐迎中秋 共叙故乡情”联欢活动。 12月，台湾南投县国姓乡妇联会文化交流团20余人到定海参观考察，既有民俗文化、教育教学交流，又有生态农业、乡村旅游交流，内容丰富，两地同胞收获良多。全年共接待南投参访团、舟山籍台湾家庭寻根之旅参访团、台北舟山同乡会、基隆舟山同乡会、两岸姐妹互助协会、台湾两岸阳光创业促进会、三毛亲友、重要台商等13批次。

【因公赴台管理】 区台办严格按照因公赴台管理规定，认真做好因公赴台报批及赴台人员的行前教育工作。是年，全区共有教育、乡村振兴、科技创新、文化等4个团组共35人次赴台考察交流，均顺利完成赴台交流任务。

9月19日，区台办组织两岸亲友开展“喜乐迎中秋 共叙故乡情”联欢活动

【服务台胞台属】 是年，区台办通过元旦、春节、端午的“送温暖”活动共走访慰问困难定居台胞、滞留台胞28人次，重点台胞台属50余人次，送去慰问品、慰问金约5万余元。寒暑假期间，走访慰问返家的在台就读大学生，并做好安全教育工作。认真做好台胞台属的来信来访接待工作，妥善处理各类涉台事务及纠纷，如8月下旬，救助因证件遗失的困难滞留台胞蔡某顺利返台。一年来，共协助办理台胞身份证明、涉台寻人、涉台房屋纠纷等18起，接待来访来电30余人次。协调处理好三毛文物委托舟山市博物馆保管等相关事宜。做好“台湾居民居住证申领发放办法”的政策解读宣传，并配合公安局做好在定台胞的居住证申领等工作，该办法自9月1日实施以来，截至12月底，全区共有92名台胞申领了居住证。

【捐赠资金管理】 继续做好台胞贝有添家人、王颜林家人与区教育局之间的联系沟通，加强捐赠资金的跟踪监督管理，确保捐赠资金按相关规定合理使用。10月27日在定海小学举行贝有添奖教奖学助学金颁发仪式，共奖教21名、奖学50名、助学180名，共计30万元；王颜林助学金资助贫困生100名，共计10万元；杨兆雄助学金、张荫亚助学金分别资助贫困生100名和50名，共计10万元和5万元。

【台联会工作】 10月18日上午，舟山市定海区台胞台属联谊会第五次代表大会在区行政中心一号会议室举行。会议听取和审议了区台联会第四届理事会工作报告，审议通过《舟山市定海区台胞台属联谊会章程》（修订草案），选举产生新一届理事会，赵大伟当选为新一届理事会会长。定海区委常委、统战部部长林世军、舟山市台联会副会长孙碧海出席会议并讲话，兄弟县（区）台联会会长到会祝贺。

10月18日上午，召开舟山市定海区台胞台属联谊会第五次代表大会。

（撰稿：王　玲）
（本分目图片由区台办提供）

审批服务与公共资源交易管理

【概况】 2018年，区审批服务与公共资源交易管理办公室认真贯彻落实国务院、省市区部署要求，着力深化“最多跑一次”改革，创新审批体制，规范公共资源交易，切实提升区公共服务水平。

2018年，各窗口共受理各类行政审批事项118.77万件，办结118.84万件，其中网上办理26.5万件，占比22.31%，日均办件4754件。共组织联合勘察35次67家，为企业群众提供预约服务96次，上门服务80次，延时服务256次。收到社会各界送来锦旗40面、表扬（感谢）171封，满意率为99%。

区公共资源交易平台累计成交项目356宗，交易额297695.14万元，其中工程建设项目224宗，中标金额280711.07万元，节约48482.31万元，平均节约率14.73%；政府采购项目51宗，中标金额9620.35万元，节约986.79万元，平均节约率为10.26%；产权交易项目81宗，成交金额8350.51万元，溢价588.77万元，总溢价率7.59%。

【深化行政审批制度改革】 实行“无差别全科受理” 7月11日，召开定海区“无差别全科受理”推进会，确定“无差别全科受理”九个板块（不动产登记、税务服务、公积金管理、社保医保、婚姻登记、商事登记、公安服务、投资项目和综合事务）。梳理第一批综合事务板块52项高频事项，7月18日起全面开展“无差别全科受理”业务培训，各版块共计培训30余次，培训人次700余人。统一设置前台“无差别综合受理”窗口，调整后台区域布局，形成“前台综合受理，后台分类审批”模式。各镇（街道）“5+x”窗口整合为“无差别全科受理”窗口，4月初梳理出镇（街道）高频事项30项，明确受理条件和办事指南。4月18日，召开部门和镇（街道）协调会，调查排摸、科学论证相关细节，确定“无差别受理”新模式，并推进民政、人力社保、残联、卫计培训工作。

加快投资项目审批速度 推进投资项目领域“最多跑一次”改革，明确主要目标、重点任务、责任分工和工作步骤，加快全区省级以上特色小镇和定海工业园区等开发主体高质量编制区域能评、区域环评、区域防洪评价、水资源利用评价、水土保持评价、地质灾害等区域评价报告，全面推行企业投资项目“标准地”改革；推进联合图审、竣工测验合一，开展相关培训和配套设备采购；深化投资项目在线监管平台2.0版全面应用，在四个百分百基础上，加强100%上传批复文件，正式通过平台运行的项目389个。推进一般企业投资项目全流程审批“最多100天”，2018年已有17个投资项目实现。

推进商事登记改革 扩大“证照分离”事项范围，根据《舟山市推进“证照分离”改革试点方案》要求，98项行政审批项目全面落实改革审批方式五项举措，商事登实现“一窗受理”。与企业和创业者办事密切的餐饮服务、食品经营、商场超市、美容美发等行业，共15个部门36个项高频涉企证照的事项纳入一件事情证照联办；涉及企业主体资格和经营资格的148项涉企证照事项纳入由市场监管部门通办，实行“一窗受理、集成服务”；设置涉及地税和市场监管的个人股权转让综合窗口，股权转让交易可直接在综合窗口办理，实现个人股权转让最多跑一次。

实现数据共享 对接省、市系统、“1253”公共数据共享体系，加快推进政务服务网事项“网上办”“移动办”“异地办”，推进电子印章、电子证照与申请人互动审批。积极突破民生领域“一证通办”，做好高频事项的数据需求和数源确认工作。2018年，舟山市公共数据查询平台已纳入省共享开放数据135类、市共享数据109类，参考市级证照材料目录，进一步梳理制定区本级目录72项，根据省数据共享应用要求，加快各部门进行证照的归集入库和调用工作，至2018年底，定海区入库证照（材料）数量11930条，调用省数据库数据25509条。

开展“区长坐堂、局长坐班” 制定《区长坐堂“最多跑一次”活动实施方案》和《局长坐班“最多跑一次”活动实施方案》，1月起全面开展“区长坐堂、局长坐班”活动，从决策者、服务者和体验者的身份转换中发现审批服务中的薄弱环节，摸清“最多跑一次”事项流程设置的科学性、合理性，审批服务的标准化、规范化以及如何优化流程、精简材料等问题，全面了解办事群众的诉求，发现问题、解决问题，更好地服务于群众。2018年，开展区长坐堂80余次，接待人员101人次，为群众和企业解决难题91个，局长坐班200余次。

加强项目审批无偿代办 利用区审交办审批资源集中的平台优势，以自愿委托、合法高效为原则，由企业自主选择，并由企业自愿申请委托全程或部分代办服务，代替企业完成审批，变企业跑为各审批部门各司其职、全面咨询、系统会诊，帮助业主找准审批的重点难点，突破堵点，提高审批效率。2018年共代办舟山市定海同仁纸品厂、舟山市定海弘方螺杆制造有限公司年产500套螺杆制造等13个企业备案项目，涉及投资金额约16.62亿元。完成舟山凯舟置业有限公司舟山艾格地块等10个项目的审批代办工作。

推出便民服务措施 推行周末办理服务，主中心公安和市民卡窗口周六周日全天办事，东山和西园分中心周六上午可办理不动产13个事项、就业社保26个事项；民政窗口加快推进服务事项同城通办，23项事项确认为同城通办；安监窗口为绿色石化项目开通绿色通道，提供绿色审批服务；环保窗口实施“区域环评+环境标准”改革，在高质量完成区域规划环评、各类管理清单清晰可行的改革区域，环评审批负面清单外且符合准入环境标准的项目可降低环评等级；水利窗口按照“不推行标准地是例外”原则，积极实施“标准地”制度；不动产登记中心全面实现不动产登记平均2个工作日内办结；市场监管窗口核发首家全国统一“多证合一”营业执照。

【规范公共资源交易】 *严格控制招标方式改变* 严格控制采用邀请招标和直接发包的项目数量和规模，2018年共召开招投标审核小组专题会议5次，对38个政府投资项目改变招标方式的申请予以审核，否决2个项目（涉及金额2421万元）。通过分类分级审核监管，切实从源头上统一归口严控招标方式的改变，为政府投资项目的高效推进和筑牢工程建设项目廉政防线打下坚实基础。同时，对于工程招投标审核小组审核确认的项目，在会议纪要中对招标人提出相关要求，明确招标人主体责任。

加强交易平台监督管理 参与区委巡察，派人参与区委对机关部门2018年的三轮巡察工作。建立基层平台“三项”机制，依托区公共资源交易网和基层平台上报数据，对基层平台进行动态跟踪核实，及时发现基层平台工程项目招标可能存在的违规行为，按季度将基层平台交易情况、动态核实结果和处理情况报告给纪检监察部门。2018年共发现4宗工程项目招标无效，责令其重新招标，叫停1宗已发布招标公告的工程项目，叫停2宗已发出拍卖公告但尚未拍卖的产权交易项目，责令其进区级平台交易。

服务城中村改造 服务城中村（旧城）改造项目招投标工作，通过上门对接，听取存在问题和相关要求，做好新政策解读，了解后续项目安排，落实专人跟踪服务。同时优化服务流程，建立项目标前对接制度，实行容缺核准，开通绿色通道，招标文件预备案、预审查，缩短招标时间，确保最短在13个自然日做好施工及监理项目邀请招投标工作。2018年共完成10个项目的招标代理选取、7个项目的施工及监理的招投标，成交金额13.8亿元。

创新政府采购服务举措 在全市率先取消网上超市履约保证金，依托“政采云平台”，区级电子卖场（网上超市）直接采用供应商与市交易中心协议签订结果，取消现场协议签订环节，取消供应商履约保证金，“跑零次”入围协议供应商，2018年累计取消履约保证金244万元。简化分散采购交易资料，分散采购项目进场仅保留场地联系单和预算确认书。缩短供应商入库审核时间，初审由7天缩短至1天，终审当场完成，公示由9天缩短至5天。

完善政府采购操作规程 做好政府采购信息发布公开，所有采购项目均在浙江省政府采购网、定海区政府网、定海区公共资源交易网、定海区政府采购网上公开公告，实施采购。利用“政采云”平台，做好集采、协采、网超等工作，切实保证全操作、全流程线上留痕，集采项目除现场投标外，全部线上完成。采购后严格按照国家有关规定对中标单位进行公示，接受供应商质疑并调查回复，所有文字、音视频资料及时整理和存档。

加强供应商诚信管理 通过“信用中国”、中国政府采购网查询，对列入失信被执行人、重大税收违法案件当事人名单、政府采购严重违法失信行为记录名单的供应商，拒绝其投标。对招标需求中要求提供的产品属于节能清单中政府强制采购节能产品品目的，投标供应商产品不在财政部、环境保护部发布有效期内环境标志产品政府采购清单以及财政部、发改委联合发布有效期内节能产品政府采购清单内的，拒绝其投标。支持节能环保产品采购，支持小微、残疾人福利企业，在项目评审时对小型和微型企业、残疾人福利性企业投标报价给予6%的扣除，取扣除后的价格作为最终投标报价。

年度政府采购集采机构考核等次优秀 2016—2017年，考核小组从机构建设、制度建设、业务建设、队伍建设等四大模块进行量化打分，认为政府采购工作总体情况较好，采购程序到位，采购效率高效、采

购质量较好、采购服务反馈较好，交易中心获得优秀。

【建设行政服务平台】 加强窗口（分中心）建设 在2017年整合政务资源的基础上，将东山、西园两个分中心纳入统一考核管理。做好日巡查、周检查、月考核、年考评，进一步加强对作风效能、办事效率、服务态度的监督，提升行政效能。开展趣味体育比赛和党团妇各类活动，丰富工作人员业余文化生活，提升中心凝聚力。统一制作工作人员胸牌、上岗台牌、上岗照片、便民服务手册等，提升中心整体形象。

实现制度办事管人 建立常态化督导检查机制，完善首问责任、一次性告知、AB岗等各类服务制度，对工作人员的思想状态、精神面貌、工作态度等进行定期和不定期督查，实现按制度办事，靠制度管人。出台镇（街道）公共资源交易平台《水利小额工程施工招标文件》《定海区基层公共资源交易平台工程招投标档案管理暂行办法》等文件，规范水利小额工程招投标行为，提升基层平台公共资源交易工作规范化和制度化水平。建立电子招投标内部应急机制，规范电子招投标管理。

提升人员软实力 组织参加省市区组织的各类业务培训和交流会，召开业务协调会，加强机关和窗口工作人员的队伍建设，全面提高工作人员的思想、业务素质。认真执行党风廉政建设，自觉接受社会各界的监督检查，坚决杜绝审批过程中吃拿卡要和公共资源交易中权钱交易、暗箱操作等腐败行为。

提供硬件设施支撑 完成综合事务板块大厅改造，为15个部门488个事项实施“无差别全科受理”提供硬件支撑。完成一楼、七楼开标场地扩容，由原只能容纳30人和100人的开标大厅扩大到可容纳70人和200人，以适应市政府投资建设项目预选企业名录废止后投标单位大幅增加的需求。增补监控死角探头，完善现场音频视频监控系统，全年升级改造两次，巡检一次，增加视频监控摄像头7只。完善工程交易保证金系统，调整部分电子招投标系统板块，优化交易网站，增补监控死角探头，完善现场音频视频监控，做好硬件设施保障。

规范交易服务行为 对6月1日起进入区交易平台的国有资金控股或占主导地位的投资建设项目免去招标人的交易服务费，另外自11月1日起又调整公共资源交易服务收费标准，根据工程施工、材料设备、工程设计、工程监理等招投标中标价，分档定额计收交易服务费。开展2011年至2016年工程建设项目投标保证金第二轮清退，通过网站公告、邮件、电话等方式告知仍未前来办理保证金退款手续的投标单位。开展2007年至2018年政府采购项目投标保证金、履约保证金第四轮清退，通过网站公告、邮件、电话等方式告知仍未前来办理保证金退款手续的供应商。完善政府采购项目公开招标、竞争性磋商、单一来源三种采购方式的采购文件及其开标、评标流程范本。

打造产权竞租平台 深化公共资源交易电子化改革，创新国有资产处置招租举措，提升公共资源交易服务水平，全力打造产权网上竞租平台。建设完成产权交易保证金收退系统，打造投标人保证金缴纳查询、虚拟子账户项目管理、基本账户核对、保证金本息退付等功能，投标人保证金缴纳由“线下当面”向“网上保密”转变，通过基本账户“原路来回”，自动获取保证金利息，全程保密，降低了投标单位信息泄露的风险。组织举办网上竞价系统问题研讨会和工作人员系统操作培训会。协助主管部门完成《行政事业单位房屋出租租赁权交易（网络竞价）规则》等制度建设。建设完成产权交易网上竞价系统并于2018年11月28日上线试运行。

（撰稿：吕建飞）

口岸海防和反走私

【概况】 2018年，定海区口岸海防反走私工作，在区委区政府的正确领导和新区口岸海防办的大力支持下，以服务系列国家战略落地和定海重大项目实施为重点，不断扩大口岸开放，创新口岸监管，优化口岸环境，扎实开展“军民融合”大海防建设与反走私综合治理，取得了一定成绩。

【推进项目口岸对外开放】 加强已开放区域内建成项目口岸基础设施建设指导力度，跟踪舟山港外钓油品应急储运有限公司30万吨级油品公共码头、舟山惠群远洋渔业发展有限公司3号码头、舟山金海船业有限公司（华丰船业）码头船坞、宁波—舟山港老塘山港区外钓岛光汇万吨级油品码头工程等项目建设进程，对照国家口岸查验监管要求，积极做好口岸开放准备。其中舟山金海船业有限公司（华丰船业）1#2#码头1#船坞，通过省政府组织的启用验收实现正式开放；舟山港外钓油品应急储运有限公司30万吨级油品公共码头获省口岸办同意，实现临时开放（期限2018年12月27日至2019年3月31日）。

【争取水陆域开放获军方支持】 加快推进马岙港区小沙作业区和干礁作业区水陆域划定工作，积极对接驻军部队，争取获得军方批复同意，为项目对外开放打好基础。因浙江大洋世家股份有限公司总部落户舟山国家远洋渔业基地，需新增开放码头一座，对马岙港区干礁作业区水陆域作出调整开放范围重新申报处理，多次对接部队，已初步达成意见，预计2019年可获军方批复同意。

【争取“十三五”规划首批项目立项】 全力做好在建重点项目口岸扩大开放审批服务，确保舟山群岛新区国家远洋渔业基地配套码头项目、舟山金能石化有限公司油品码头项目等4个项目扩大开放报送国务院，争取列入国家口岸办2018计划，为“十三五”首批项目审批奠定良好基础。

【统筹落实海防年度建设任务】 交付使用2016年度5条海防执勤道路及仙人山海防直升机停机坪接线道路，完成2016年度海防置换项目（岑港海防执勤（交通）码头）选址并开工建设（年度建设资金1965万元）。开展2017年度海防基础设施建设项目（年度建设资金1556万元）建设工作，已建成东岙底海防道路1条、东山停机坪1座及全部视频监控站升级改造任务，青垒头路虹庙等8条海防执勤道路正在建设中。获批2018年度海防基础设施建设计划（年度建设资金2215万元，含海防执勤道路7条19.5公里、海防视频监控站升级5座），完成项目设计、预算、施工图审查等前期准备工作。

【上报2019年度海防拟建项目】 结合定海区海防建设实际需求，在前期的摸底调查、走访调研的基础上，及时上报了2019年度海防建设项目，上报海防执勤道路10条，共24公里，向上争取资金1800余万元。

【不断完善海防设施养护工作】 自《舟山市定海区海防基础设施养护管理办法》出台并与各海防基础设施项目所在地9个社区（村）签订2018年度养护协议并支付2018年度养护经费约21万元。自协议签订2年以来，取得了较好效益，发挥已建海防设施的使用效果，不断提升了海防管控水平。

【强化组织领导落实反走私责任】 分管副区长多次听取工作汇报，亲自指导、检查，督促反走私工作，并及时做出重要批示及工作部署。通过健全组织机构、强化责任落实，进一步夯实反走私综合治理力量。重新调整全区23家单位及11个镇（街道）纳入反走私综合治理领导小组成员单位。强化基层反走私责任制建设，将反走私工作与社会治安综合治理考核相挂钩，建立健全责任追究制。区政府与全区11个镇（街道）、9家区属主要责任单位，各镇（街道）与社区（村）及辖区内重点进出口企业、码头、油库，区边防大队及各边防所与辖区内船舶业主，三个层面共签订责任书500余份，真正做到责任落实“横向到边，纵向到底”。制订区反走私工作联络、联勤制度，提高反走私办与公安、边防、工商等职能部门联动协调能力。

【统一部署行动全力打击走私】 开展“国门利剑2018”和打击洋垃圾走私“蓝天2018”专项行动，全力打击“洋垃圾”、成品油、农产品走私及资源性产品等涉税商品走私。不断加大对船舶、港岙口、油库等的巡逻、检查和阵地控制，严密控制重点船舶、重点人员的活动轨迹，清除管理“死角”。共查获无合法买卖各类案件25起。涉及成品油案件21起，缴获成品油1418.262吨；查获走私冻品案2起，缴获冻品190余吨；查获特大走私白糖案1起，缴获白糖1800余吨；疑似白糖走私案一起，截获白糖61.8吨。共查扣涉案船舶14艘，油罐车等涉案车辆32辆。

【加大走访力度提升技防水平】 累计走访码头175座，油库13家，冻库20家，船舶修造企业20家，登记完善“一点一策”企业68家。并将沿海散货码头、冻库及货运公司作为重点关注对象，动态监控企业经营行为。借力海防视频监控站联网建设，进一步提高反走私技术防控能力。共投资建设5个边防派出所视频监控站点及2个社区布点，总投资1186万元。2018年新投资726万元对5个视频监控站16个视频监控点进行升级改造，基本实现对定海辖区内海域全面覆盖及实时监控。

【强化宣传教育健全举报奖惩】 通过“三进一上”进村入企活动，扩大反走私宣传阵地及范围，在人群聚集地的菜场、小区、企业、客运中心等设点宣传，累计发放宣传品4000余份。开展短信宣传，每月定期向码头业主、企业主等定向推送警示信息，累计推送信息1000余条，形成打击走私贩私的强大舆论攻势，不断扩大社会的知晓率、参与率。建立健全反走私举报制度，及时公布反走私举报110电话，鼓励群众积极举报走私行为，保护举报者并给予奖励。

（撰稿：郑海波）

突发事件应急管理

【概况】 2018年，定海区应急管理工作紧紧围绕区委、区政府中心工作，坚持预防与应对并重、常态与非常态相结合，突出问题导向，强化工作措施，创新工作机制，全面提升突发事件应急处置能力，统筹兼顾，进一步完善应急管理体系，夯实应急管理基础，加强和改进应急管理工作，全面提升应急管理科学化水平，保证人民生命财产安全，为促进经济健康发展创造良好环境。

【预案体系建设】 查漏补缺，努力做好区本级专项应急预案修订工作。审核完成了区民政局、区水利局等部门提请的《舟山市定海区自然灾害救助应急预案》《舟山市定海区突发环境事件应急预案》《舟山市定海区水利工工程险情处置应急预案》和《定海区防汛防台抗旱应急预案》等预案，并由相关部门提请区政府进行了印发，进一步完善了定海区应对自然灾害预案体系。同时通过指导、协调，进一步加强基层预案建设，进一步将应急预案体系网覆盖每个社区（村）、学校、企业。

【基层应急管理建设】 为进一步完善基层应急管理体系建设，提升基层应急管理能力，结合当前定海区基层应急管理实际，在全区范围内开展了应急管理“进社区、进农村、进企业、进学校”活动，并召开镇（街道）应急管理工作会议动员部署活动有关事项。通过有步骤、有计划的实施，将基层应急管理工作融入和谐社区创建、平安农家创建、安全生产工作、和谐校园创建中，建立健全基层应急管理组织体系、完善基层应急预案、筑牢应急管理基层第一道防线，不断提升基层应急保障能力。

【应急预案演练】 统筹部署全区应急预案演练工作，印发了《2018年全区应急预案演练计划》，重点围绕人员疏散、劳资纠纷、建设工程质量安全、抗台抢险、道路抢险、旅游景点安全、森林防火、公共卫生、安全生产事故、环境污染、地质灾害等方面开展演练。区消防大队开展了人口密集场所灭火救人演练。结合“5·12”防灾减灾日，在人员密集的学校、社区、企业、商场等场所，组织开展了应急疏散演练活动，强化社会公众参与的自觉性，以及掌握紧急避险和自救互救方法的主动性。

【风险隐患排查】 严格落实《区委区政府办公室关于建立健全突发公共事件风险隐患排查监管常态化工作机制的通知》文件精神，做好各镇（街道）、区政府相关单位风险隐患常态排查每季度数据上报汇总分析工作，对可能造成各类突发事件的危险源、危险区域等进行登记汇总，建立健全分级、分类管理制度，完善风险隐患数据库；并对镇（街道）上报的不可控风险落实责任单位，指导做好整改工作，各类突发事件风险隐患得到有效管控，预防和减少了各类突发事件的发生。根据定海区应急管理薄弱环节，结合定海区工作实际，制订下发了《2018年全区应急管理工作要点》，特别强调了重点建设项目重大风险防范，进一步健全重点建设项目风险隐患动态排查防控机制和风险管理长效机制，加强重大决策社会稳定风险评估，扎实做好各类风险隐患的识别、登记、分析、评估、防控等工作。着重布置了2018年定海区的各项应急管理工作，并通过召开全区应急管理工作例会等形式，促进全区应急管理要点规定的相关工作在各镇（街道）、区属部门得到落实。

【应对持续低温天气】 今年年初，定海区出现持续低温雨雪天气灾害。根据舟山市人民政府突发公共事件应急管理办公室《关于做好持续雨雪低温天气应对工作的紧急通知》精神，着重做好重点领域风险隐患排查、特殊人群救助转移、应急队伍、装备等应急资源统计及加强灾害应对宣传引导等相关工作，并组织全区各相关单位从组织领导、隐患排查、监测预警、值班值守、应急处置，以及宣教引导等方面完成准备情况汇总报告，并报送市应急办，为领导科学决策服务，确保了寒潮及雨雪冰冻天气灾害应对工作有序开展。

【参与区重点项目建设】　为推动应急管理主动参与全区重点建设项目，区应急办在充分调查研究的基础上，确定“强化重点建设项目重大风险防范”作为“应急管理主动参与重点建设项目工作不够”的突破口，并列入全区应急管理年度计划。专题召开镇（街道）应急办负责人会议，具体对“进一步健全重点建设项目风险隐患动态排查防控机制和风险管理长效机制”工作进行布置。到各镇（街道）就“重点建设项目风险隐患动态排查防控机制和风险管理长效机制”建设工作进行了指导督促，同时将重点建设项目重大风险防范工作纳入全区应急管理共性考核内容。有效预防和减少相关突发事件发生，推动重点建设项目顺利推进。

（撰稿：吴旭军）

（本分目图片由区应急局提供）

接待工作

【概况】　2018年，定海区接待办紧紧围绕全市建设“四个舟山”、打好“五大会战”等要求，按照定海建设花园式国际人文港城的战略部署，严格执行“中央八项规定”和省、市、区党政机关国内公务接待管理办法的同时，深入贯彻落实党的十九大，十九届三中全会精神和习近平新时代中国特色社会主义思想，按照“从简、从细、从严”的要求，认真履职，树立窗口形象，较好地完成了各项接待任务。

【提高接待责任性】　党的十九大提出实施乡村振兴战略，新农村考察队伍与日俱增。多层次共建结对，定海区跟四川、新疆、贵州全方位合作，密切交流。招商工作也是重中之重，今年商务接待又呈现上升趋势。通过整合接待资源、强化整体联动、做细工作流程。

【整合接待资源】　做好同社会餐饮酒店的联系沟通工作，特别是公务接待管理办法出台后，在用餐标准以及菜品等方面及时与相关酒店沟通，得到了他们的大力支持。做好农家乐的培育引导工作，在菜品和服务上加以指导，打造农家乐名牌效应。做好机关食堂服务人员的培训工作，安排人员到华侨、钻石楼酒店进行岗位培训，不断提升定海的接待服务水平。

【强化整体联动】　加强区级部门的联系交流，在今年的高层次海外人才代表团、香港全国政协委员考察团、乡镇振兴大会等大型接待任务中，充分贯彻整体联动思路，在各部门、街道合作下圆满完成了各项接待任务。加强同市接待办和兄弟县区及交通客运等相关部门的联系交流，力求做到接待资源的互补共享。加强同市级部门的联系交流，共享城市推广新名片，如舟山城市展览馆、育华国际学校等。

【做细工作流程】　以“人性化、精细化、规范化”服务为指导，按照“热情、周到、安全、节约”的要求，做好详细周密的接待方案。认真实施，事前通过多方途径收集信息，尽可能地了解来宾喜好，在突出本地特色的基础上，照顾不同宾客的风俗习惯、膳食要求等，精心安排饮食菜肴，妥善安排各类宴会。接待任务结束后，总结反思在接待任务中各个环节，积累经验，不断提升接待水平。

【完善规章制度】　“中央八项规定”的提出促使区接待办对接待工作进行新的深刻的反思，转变工作作风，强化干部队伍建设，以效能求发展，才是长远之道。一是转变观念，坚持原则。以贯彻执行《党政机关厉行节约反对浪费条例》，特别是根据中央、省、市、区《党政机关国内公务接待管理办法》等新规条例，严格执行规定的什么可以做，什么不可以做，重新定位当前形势下的接待工作，确保工作合规、有序、节俭、廉洁，做好有章可循可依。严格按照公务接待标准，做到简化礼仪而不失文明礼貌，尽地主之谊而不超规定标准，减少陪同人员而不失工作高效，轻车简从而不失热情周到。二是建章立制，加强管理。结合工作实际，区接待办为规范接待程序，在公务接待通知单、来宾记录单、接待清单的基础上又增加了来访报告单、叙餐方案等，严格带头执行事前审批、事后凭相关单据结算的制度。有效推进了接待工作规范化、科学化、制度化。加强痕迹管理。对接待方案、接待指南、接待登记等进行收集整理归档保存，做到接待工作有痕迹，查询资料有依据。三是厉行节约，强化监管。继续坚持“从简、从细、从严”要求，与各定点接待单位重新签订了符合国内公务接待管理办法的消费协议，并实行比价定点，节约接待经费。

（撰稿：刘佳丽）

机关事务管理

【概况】 2018年，区机关事务局以习近平新时代中国特色社会主义思想和党的十九大精神为指导，动员全局干部职工以“八八战略”为指引，紧紧围绕后勤服务、管理、保障工作重点，勇于创新，担当有为，有力推进各项工作开展，为定海全面推进花园式国际人文港城建设汇聚起后勤力量。

【行政中心管理】 3月，区行政中心管理委员会与24家成员单位签订《2018年定海区行政中心治安、消防安全工作责任书》，明确各成员单位责任分工，各单位联系机关事务工作实际提出问题建议，有力保证机关后勤工作的开展。

3月12日，召开行政中心管委会全体会议

【会务服务】 是年，机关服务中心着力探索会务服务精细化办法，规范会务工作流程，不断提高会务服务水平。设备设施方面，完成一、三、五号会议室桌椅等设备维修，完成三、五号投影仪设备更换，遥控系统无线改造工作，所有会议室进行无线网络全覆盖，满足会议等网络要求，受到会议主办单位的一致好评。会务培训方面，制定出台全年培训计划，加强会务人员业务能力和素养，规范工作流程，确保会务服务水平稳中有升。全年共为各单位提供会务服务950场次，服务与会人员45700余人次。港务大厦二楼会议中心为各单位提供服务240场次，服务与会人员12300余人次。

【餐饮服务】 做好区行政中心、东山路食堂、港务大厦食堂的管理，加大力度提升机关食堂餐饮服务，改进菜肴品质，增加菜色品种，推出厨师长轮换机制，由各厨师长轮流配菜，以此达到菜品变化的新鲜感。做好机关食堂工作人员服务礼仪培训工作，食堂工作人员统一佩戴胸牌，建立工作人员投诉机制，规范工作态度，努力提升餐饮服务满意率。新装修领导自助餐厅，开办大众自助餐厅，提升干部职工就餐体验，增加公务接待能力。搭建果蔬直销平台，从果蔬基地直接供应平价果蔬，让干部职工及时吃到新鲜果蔬。出台《定海区行政中心机关食堂就餐卡、搭伙卡管理办法》，做好食堂饭卡清理，减少外来就餐人员，保障广大干部职工就餐需求。

【财会服务】 完成2017年度全年凭证档案归档、2017年度财务决算报告编制、2018年各单位部门预算信息公开、各单位2017年度决算公开相关系列表格及相关概况说明等工作。认真学习政采云采购平台相关业务知识，规范单位采购流程。及时准确编报11家财务服务单位的年度预决算，认真做好11家财务服务单位工资福利发放、公积金、社保计算缴存等工作，准确编报两办和本局财务分析报告，为领导决策提供参考依据。与各服务单位和财政部门进行工作对接，为各财务服务单位提供合理化的财务意见并做好流水结报，有效保障了各单位的正常运转。全年共完成现金、内转、银付托收等9938笔。

【公务用车平台管理】 根据省市统一研究部署，对下属事业单位车辆情况进行摸底调查，做好相关车辆的数据填报和审核汇总，做到如实填报、数据准确。做好公务用车平台标准化建设，为所有平台驾驶员配备蓝牙耳机和手机支架，定期召开安全例会，开展驾驶员安全教育，增强驾驶员安全责任意识。采取不定期抽查的方式加强对公务用车使用情况的监督，尤其是夜间停车和节假日车辆使用情况检查，确保了平台公务用车不出现违规使用情况。公务用车平台全年共为全区涉改单位提供公务用车服务6300余次。

【行政中心安保管理】 是年，按照公开招标方式，完成新一轮安保服务政府采购。切实履行区行政中心消防安全管理职责，做好因拆迁、道路改造等非正常上访人员情绪疏导、上访秩序维护等工作，全年共有效劝阻非正常群访80起1280余人次，处置个访440余人次，劝阻上访车辆78辆。严格执行邮件包裹寄递物流实名登记及开包验视检查，共盘查安检快递包裹14300余件。做好区行政中心车辆人员出入管理，全年共登记出入车辆2万余车次，登记外来人员16865人次。港务大厦门岗共盘查登记外来车辆9861辆，大厦及外围巡查3968次，询问外来办事人员25200余人次。

【公共机构节能管理】 区行政中心能源监管平台项目于2018年5月8日正式上线运行。该监测平台将区行政中心各楼宇的水电能耗纳入平台统计范围，具有能耗自动采集、实时在线监测管理、能耗报警等功能。能源监测平台投入使用后，为行政中心分析掌握能耗使用情况、识别有效能耗与无效功耗、建立公共机构能耗定额及考核机制等提供有效的依据。在全国节能宣传周期间，提前策划，精心组织，发放印有节能宣传语的购物袋、垃圾分类手册等节能宣传品；积极参加《节能在我身边》征文比赛；组织开展绿色低碳徒步活动，认真践行绿色生态发展理念，助力美丽定海建设。

6月9日，开展“节能降耗 保卫蓝天”全国节能宣传周活动

【国家级节约型公共机构示范单位创建】 是年，成立局创建工作领导小组，每月汇报创建工作进度，提出创建工作中存在的问题与困难，把难点分解到各科室共同努力解决。请省社科院开展能源审计，到市信息中心收集佐证资料，最终区行政中心以98.5分（合格分为85分）的高分顺利通过验收。在区行政中心建筑楼宇和相关设施相对老旧的基础上，能够因地制宜开展节能工作，努力做到机构、人员、资金三到位，在全市四县区中率先列入政府目标考核，得到国家验收组的充分肯定。

【重点项目工程】 区行政中心领导自助餐厅装修工程，建筑面积约260平方米，在市局的大力支持下于3月完成全部食堂用房的腾空工作，5月开始组织施工，8月投入使用。大众自助餐厅装修工程，建筑面积约150平方米，于10月8日正式投入使用。港务大厦食堂改装修工程，建筑面积约1100平方米，于7月完工并正式投入使用。区城管局—新闻中心的食堂工程，建筑面积约300平米，于9月完工并正式投入使用。

【办公用房管理】 为配合旧城改造工作，严格按时间节点完成西大街96号集体宿舍的租户拆迁腾空和水电销户工作，于4月20日正式移交区旧城改造办公室。根据区城镇危旧住宅改造工作领导小组办公室的统一部署和要求，组织人员完成区行政中心院内25栋（以房屋产权证计）办公用房的资料收集和实地调查工作，将房屋安全排查信息录入全省城镇既有住宅房屋调查登记管理系统，圆满完成了第二次城镇房屋安全排查（区行政中心范围）工作。按照《舟山市人民政府专题会议纪要》〔2017〕57号文件精神，积极与市局联系，完成12处共计23620.87平方市属在定房产的接收工作。

【全国文明城市创建】 立足本职，多措并举，积极助力舟山市全国文明城市创建工作。于9月22日组织全体党员干部及局中层以上干部到结对社区昌东社区开展志愿活动，清理社区花坛烟蒂、白色垃圾，清理

9月22日，到结对社区昌东社区开展志愿活动

社区地面垃圾、碎石，引导人们维护整洁干净的社区环境。根据《定海城区“路长制”责任单位实施办法》（定创建办〔2018〕15号）文件要求，明确职责，落实责任，及时制定路长制责任单位工作计划安排表，班子成员带头参加路长制，协助城管对责任街巷开展工作巡查、文明劝导、宣传教育等。根据留芳社区提出的整改意见，联系交警支队对后门原有绿化带（废弃）进行改造，统一改造停车位，规范后门停车秩序，对后门原墙体进行重新粉刷，装饰社会主义核心价值观等宣传画，对原有破损广告牌进行拆除，对机关食堂后门垃圾桶进行移位，放置在社区规定的统一区域，对区行政中心内老旧设施进行更换。

（撰稿：陈思思）

（本分目图片由区机关事务管理局提供）

责任编辑：王英伟

政协舟山市定海区委员会

区政协领导

主　　席：车志宽
副 主 席：方家慧
　　　　　柳跃军
　　　　　夏江龙
　　　　　林志刚
　　　　　陆翰恺
秘 书 长：华福耐
党组书记：车志宽
副 书 记：方家慧
成　　员：柳跃军
　　　　　夏江龙
　　　　　华福耐

综　述

2018年，区政协常委会在中共舟山市定海区委的坚强领导下，高举习近平新时代中国特色社会主义思想伟大旗帜，全面贯彻中共十九大精神，紧紧围绕区委的决策部署，主动服务大局，倾力服务发展，真情服务群众，全力履行职能，为全面推进定海花园式国际人文港城建设，实现率先建成“两个高水平”奋斗目标发挥了积极作用。

是年，召开常委会议4次、主席会议9次。

重要会议

【六届二次会议】　1月19—21日，区政协六届二次会议在定海召开。会议审议通过车志宽主席所作的《政协第六届舟山市定海区委员会常务委员会工作报告》和柳跃军副主席所作的《政协第六届舟山市定海区委员会常务委员会关于提案工作情况的报告》。与会人员还列席舟山市定海区十七届人大二次会议，听取并讨论《政府工作报告》及其他报告；审议通过关于政协第六届舟山市定海区委员会第二次会议提案审查情况的报告和会议决议。本次会议共收到提案184件，立案157件。表彰六届一次会议以来优秀提案及提案办理工作先进单位和先进个人、表彰2017年度参政议政积极分子、表彰2017年度反映社情民意信息工作先进单位（个人）。

区政协六届二次会议召开

【常委会会议】　六届五次常委会会议　于1月21日召开。区政协常委参加会议，区政协各专委会副主任及办公室有关同志列席会议。会议听取大会秘书处关于各组讨论情况综合汇报；审议《区政协提案委员会关于六届二次会提案审查情况的报告（草案）》；审议《区政协六届二次会议决议（草案）》。

六届六次常委会会议暨常委读书会　于8月29日

召开区政协六届五次常委会会议

召开。会议分两个阶段进行，区政协各常委会组成成员全程出席会议并围绕学习主题、提案通报、调研报告等积极发言；各界别、委员工作室负责人参加第一阶段会议；邀请区政府领导、区委区府办分管领导出席第二阶段会议；区政协各专委会副主任及办公室有关同志列席会议。会议第一阶段召开“习近平总书记关于加强和改进人民政协工作的重要思想”专题学习会。第二阶段听取讨论区政府关于区政协六届二次会议以来提案办理情况的通报；审议通过关于《畅行千年古城 岙游多彩海山 全力打造定海“十八岙”乡村旅游核心品牌》的调研报告（审议稿）；审议通过关于《建立健全共商共建机制，推进以民主促民生促发展》的调研报告（审议稿）。

六届七次常委会会议　于11月8日下午举行。区

六届六次常委会会议召开

政协主席车志宽主持会议并讲话，副主席方家慧、柳跃军、夏江龙、陆翰恺，秘书长华福耐出席会议。副区长董凯龙应邀参加会议，区农林与海洋渔业局、市国土局定海分局有关负责人和有关区政协委员列席会议。会议审议通过《关于我区土地流转模式及政策的几点建议》的调研报告，听取区文明办关于全国文明城市创建工作的情况通报。

六届八次常委会会议　于12月24日召开。会议传达学习习近平总书记在庆祝改革开放40周年大会上的重要讲话精神。会议决定于2019年1月21日召开区政协六届三次会议。区政协主席车志宽主持会议，副主席方家慧、柳跃军、夏江龙、林志刚、陆翰恺，秘书长华福耐出席会议。会议审议通过区政协六届三次会议议程（草案）和日程（草案），审议通过区政协常委会工作报告（审议稿）和提案工作报告（审议稿）。会议还审议通过区政协六届三次会议各次大会执行主席和主持人名单，秘书长、副秘书长名单，提案截止时间及区政协常委会工作报告和提案工作报告报告人名单。会议还学习《中共舟山市委关于加强和改进人民政协民主监督工作的实施意见》。

【政情通报会】　9月6日上午，区政协举行政情通报会，邀请区委副书记、区长侯富光通报全区经济社会发展和重点工作推进情况。区政协主席车志宽主持会议，副主席方家慧、柳跃军、林志刚、陆翰恺，秘书长华福耐出席会议。全体区政协委员，区政协各参加单位、各专委会、各界别、各委员工作室负责人、区政协机关全体干部及部分住定市政协委员参加通报会。侯富光在通报中指出，今年以来，区政府认真贯彻落实市委、市政府和区委各项决策部署，紧紧围绕打好“五大会战”、建设“四个舟山”这一工作主线，攻坚克难、苦干实干，扎实推进各项工作，经济社会实现平稳较快发展。上半年区本级一般公共预算收入、外贸出口总额两项指标排名全市第一，地区生产总值、固定资产投资、社会消费品零售总额、农渔村常住居民人均可支配收入等六项指标排名全市第二。侯富光在通报中指出，在下步工作中，区政府将持续抓好以下工作：一是着力推动经济高质量发展；重点是狠抓重点项目建设，加快重点平台建设，着力提高亩均效益，促进企业提升发展。二是攻坚推进海上花园城建设；重点是拆整结合推进城中村（旧城）改造，推进城市精致建设，以全国文明城市创建为抓手强化城市精细管理。三是大力实施乡村振兴战略；重点是推进农村土地集中连片利用，加快省级现代农业园建设，打造马岙海岛第一村和册子月亮湾，开展洁净乡村建设和小城镇环境综合整治，推进农村路网和治水项目建设，消除集体经济薄弱村。车志宽在主持

会议时指出，侯区长的通报内容全面、客观具体、图文并茂、形象直观，是对全区经济社会发展坦诚务实的解读，有利于委员们更好地知情明政，更好地开展调研视察，更好地把握履职方向和重点，更好地提升议政建言的质量和水平。他要求，广大政协委员要坚持以习近平新时代中国特色社会主义思想特别是关于加强和改进人民政协工作的重要思想为指导，切实强化“四个意识”、增强“四个自信”，加强对新形势新情况新问题的调查研究，进一步把握政情，吃透区情，突出重点，精准发力，紧扣经济社会发展的重大问题、改革创新的难点问题、富民惠民的热点问题来协商议政、监督建言，努力把政协的智力优势转化为助推定海经济社会发展的实际行动，为全面提升定海城市能级、品质与核心竞争力，全力跑出定海花园式国际人文港城建设加速度做出应有贡献。

9月6日，区政协举行政情通报会

【工作研讨会】 12月12日一整天，区政协开展了一场“头脑风暴”：区政协主席车志宽主持召开全区政协工作研讨会。会上，区政协副主席方家慧、柳跃军、夏江龙、林志刚、陆翰恺和秘书长华福耐紧密结合谋划2019年工作思路作了重点发言，各专委会主任、副主任和委员工作室负责人作了交流发言。2018年，区政协以奋发有为的精神、争创一流的干劲，竭智尽力谋发展、团结各界促和谐、创新举措增活力、认真履职树形象，形成了许多创新的做法，很多工作在原来基础上又有新的发展。车志宽充分肯定区政协各方面工作，并着重围绕“当前形势怎么看”“明年工作怎么干”这两个问题作了讲话。车志宽指出，从中央层面来看，高度重视加强对政协工作的全面领导，对新时代人民政协事业发展作出了许多新部署；从政协层面来看，新一届全国政协、省政协把方向、抓关键、做示范，就加强和改进人民政协工作推出了许多新举措；从我们区层面来看，区委、区政府对政协工作相当重视，各项工作标准高要求严。要准确把握大局大势，立足新时代，扛起新使命，谋划新思路，展现新作为，继续推动定海政协工作提质增效实现高质量发展。车志宽强调，要认真贯彻落实中央、省市区委和上级政协的部署要求，聚焦聚力做好加强和改进政协工作这篇大文章。要突出党建引领，进一步强化政治定力；要突出系统谋划，努力在提高课题质量上下功夫，更好地发挥协商式监督优势作用，不断促进协商成果的有效转化，进一步增强协商合力；要突出质量导向，进一步提升调查研究水平，进一步提高提案工作质量，进一步做好反映社情民意信息工作，进一步提升议政能力；要突出固本强基，切实抓好自身建设，切实抓好委员队伍建设，切实抓好机关建设，进一步增强履职效力。

12月12日，区政协召开全区政协工作研讨会

【专题协商会】 10月17日下午，区政协举行常委会专题协商会。区委书记庄继艳出席会议并讲话，区政协主席车志宽主持会议。副区长刘波，区政协副主席方家慧、柳跃军、夏江龙、林志刚、陆翰恺，秘书长华福耐和区政协常委会组成成员、部分区政协委员和13家区属部门主要负责人等共80余人参加会议。会议听取了“建立健全共商共建机制 推进以民主促民生促发展”专题调研情况汇报和周钢、夏良铭、芮海峰、王万军、顾百明、俞舟娜等6位委员围绕主题所作的协商交流发言。庄继艳对课题调研成果给予了充分肯定，并感谢广大政协委员对“建立健全共商共建

机制 推进以民主促民生促发展”工作提出的宝贵意见和建议，希望委员们能继续关心、支持定海各项工作，为定海推进以民主促民生促发展工作作出积极贡献。庄继艳强调，要积极建立群众参与党委政府决策的机制，形成系统化的工作机制。区委要在政协调研的基础上进一步细化目标，出台关于建立以民主促民生促发展工作机制的意见，不断完善区级层面制度化安排。区政府要事前公示部分涉及民生的重大事项，并将其写入政府工作报告，多措并举向社会公示，征求意见。宣传部门要积极探索，依靠“定海山”微信公众号等渠道，搭建起与群众互动且相对固定的民主民生平台；在宣传的同时吸引群众交流讨论，征求群众意见。各职能部门特别是民生部门要依据区委制定的相关工作意见严格落实执行，并建立工作机制，察民情、顺民意，保障人民的知情权、参与权，最大限度地维护好人民最关心、最直接、最现实的利益问题。各镇（街道）及基层社区要根据各自实际情况，充分利用党群服务中心，文化礼堂等相关阵地，建立群众、党员议事厅，充分听取民意、集中民智，通过各项实践以民主方式保障和改善民生、促进发展。车志宽在主持会议时表示，区政协常委会将认真贯彻落实区委的决策、部署，团结带领广大委员牢固树立维护定海形象、支持定海工作、参与定海发展的意识，持续关注以民主促科学决策、促民生改善、促治理创新各项工作的进展，积极协商议政、监督建言，有新的好的意见建议将及时整理形成相关材料，提交区委、区政府决策参考，努力为全面提升定海城市能级、品质与核心竞争力，全力跑出定海花园式国际人文港城建设加速度做出应有贡献。据了解，“建立健全共商共建机制，推进以民主促民生促发展” 是区政协常委会年度重点调研课题，列入区委、区政府、区政协年度重大协商工作计划，会前进行了深入调研，并形成了专题调研报告。报告客观分析了定海区推进以民主促民生促发展工作的现状和问题，并针对性地提出了科学划分民生事项、分层分类征求民意，探索创新沟通方式、不断拓宽沟通渠道，构建完善机制体系、激发公众参与热情等意见、建议。

职能工作

【协商议政】 常委会始终把围绕中心、服务大局贯穿到政协工作的全过程，努力发挥协商民主重要渠道和专门协商机构作用。

主动协商 把协商议政作为履职的重点，与区委、区政府共同确定议题，共同制定计划，共同推进协商，形成“专题协商、界别协商、对口协商、提案办理协商和基层民主协商”广泛多层协商工作格局。积极搭建党政领导与政协委员互动协商平台，精心准备大会发言材料32份，激发企业创新活力、重塑新乡贤文化、优化定海矛盾纠纷大调解格局等8个发言，切实提高全会协商的质量。精心组织区政协常委会专题协商会，依托政情通报会拓宽委员知情明政渠道。完善界别协商和对口协商，就土地流转、农村污水管网建设、“十八岙”乡村旅游品牌打造等课题，与委员开展协商10次，许多意见建议转化为推动工作的具体举措。

召开区政协常委会专题协商会

建言献策 坚持调查研究，瞄准健康体育产业发展、水利工程物业化管理等重点课题集中发力，形成调研成果11份，提出意见建议100余条。对找准定海军民融合发展的产业重点，科学合理确定小城镇环境综合整治重点内容，在企业重组兼并、股权转让中加强税收征管等问题深入调研、精准建言，为相关工作的科学实施，有效推进提供了重要参考。持续跟踪古城核心区保护与活化利用工作，实地视察旧城（城中村）的突出民生问题，为旧城改造所提的建议被纳入党政决策。

强化监督 首次把民主监督列入年度重大协商工作计划，寓监督于协商会议、提案建议、专题调研、大会发言、反映社情民意等活动中，切实做到敢监督不缺位、真监督不任性、善监督不应付。盯住民生“关键小事”，组织主席会议成员视察民政民生实事项目，围绕“城乡生活垃圾分类处理”和“中央环保督察反馈意见整改落实”，三级政协委员近400人次联动开展专项集体民主监督15次，向省、市政协上报监督意见80余条。把提案督办作为推进民主监督的重要手段，从区政协六届二次会议以来立案的159件提案中筛选10件进行重点督办，对一批民生提案进行现场办理，对15件B类、C类件实施“回头看”，常委会会议专题听取区政府关于提案办理情况的通报，推动政协提案中的意见建议落到实处。

【服务民生】　常委会始终把民生问题作为履职实践的重要内容，把关注民生作为政协履职的价值取向，投身民生改善主战场，不断提升群众获得感、幸福感。

反映民意　进一步畅通社情民意渠道，坚持从政协会议中摘编信息、从调研视察中捕捉信息、从委员提案中筛选信息。注重提升社情民意反映质量，每季度根据民情走向和热点动向，召开研判会提出指导性意见。全年撰写报送社情民意91篇，其中省、市政协录用31篇，委员们反映的《关于探索建立农村宅基地退出机制的建议》等一批社情民意得到了政府的高度重视和督办。

服务群众　高度关注城中村（旧城）改造后新居民管理问题，组织专题调研并形成报告提交区委、区政府决策参考。充分发挥委员工作室在加强基层协商民主、联系服务群众中的积极作用。依托政协各参加单位、各界别，经常性开展慈善捐赠、送医送药、扶贫帮困、家电维修等活动，受到基层群众和社会各界的广泛好评。在马岙街道三星社区开展“三下乡”为民服务活动时，部分委员还对村民反映的村道养护不及时问题进行实地走访，将社情民意转交相关部门跟进落实，受到当地群众的欢迎。

开展“三下乡”为民服务活动

助力创城　第一时间向全体区政协委员发出助力全国文明城市创建倡议书，广大区政协委员走进社区、深入基层参与文明城市创建活动，当好文明倡导者、参谋者、维护者和示范者。区政协驻会常委、委员和机关干部持续做好文明交通劝导等志愿服务工作，到结对社区常态化开展创城宣传、环境卫生整治等活动，提高群众对创城工作的知晓率、支持率和参与率。常委会会议专题听取全区创城工作情况通报，通过调研视察及时了解、收集、梳理人民群众对创城工作的意见、愿望和诉求，向区委区政府提交专项视察报告，推动创城工作中民生热点问题和薄弱环节的解决。

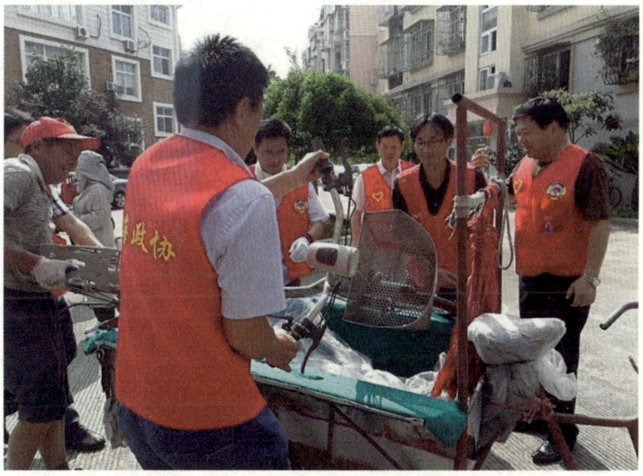

赴结对社区开展环境卫生整治

【团结民主】　常委会始终把团结和民主两大主题体现于政协各项工作之中，以共同的目标凝聚人心，以充分的交流增进共识，为促进全区和谐稳定贡献力量。

紧密沟通　注重同民主党派、工商联、人民团体、无党派人士的合作共事，及时沟通情况，主动征求意见，共同推动工作。全年，各民主党派、工商联和无党派人士累计参加政协调研视察150余人次，提交大会发言8篇，提案建议47件，其中4件被确定为重点提案。邀请各民主党派负责人担任民主监督调研小组组长，充分发挥党外人士在协商监督、参政议政、反映民意中的重要作用。举办“我们都是定海人”主题论坛，11位委员结合界别特色和工作实际，就如何增强“定海人身份认同，体现家乡发展、人人有责”畅所欲言，进一步夯实共建美好家园的思想基础。

深化协作　加强与海外人士、港澳台侨、外来引进人才、新的社会阶层人士、在外定海人、异地商会的联络联谊，重视发挥在定市政协委员作用，通过邀请参加重要会议、重大活动、提供提案线索等方式，彼此交流工作经验，互相取长补短，借力服务定海改革发展。举办“我们健康生活”委员运动会，加强团结联谊、增进了合作交流。进一步拓展与省内外政协组织的联系沟通，和10余个外地政协开展调研学习，研讨共同关心的问题，宣传推荐定海特色亮点工作，提高定海对外知名度。

加强宣传　发挥政协文史“存史资政、团结育人”社会功能，编辑出版《古城印迹·上册》，为“海上古城千年定海”的保护和活化利用提供可借鉴的文史资料。深入推进理论研究工作，常委会组成成员带头撰写理论文章11篇上报省、市政协，其中1篇入选省政协专题理论研讨会论文集，1篇在市级媒体公开发表，《新时代加强和改进人民政协民主监督工作的思考》获省人民政协理论研究会年度优秀论文。健全宣传机，拓宽传播渠道，《联谊报》《舟山日报》、定海新闻等媒体对政协工作的报道密度更高，篇幅更大，定海政协微信公众号改版上线，影响力在全市政协系统微信公众号中名列前茅，居各县区之首。

【组织建设】　常委会始终把自身建设作为提升履职能力的根本保障，引导委员自觉改进作风、认真干事创业，努力做到“懂政协、会协商、善议政”，积极践行“守纪律、讲规矩、重品行”。

深化学习　学坚持把学习贯彻习近平新时代中国特色社会主义思想和中共十九大精神，作为思想政治建设的首要任务。通过组织常委读书会，召开专题学习会等方式，深入学习研讨习近平总书记关于加强和改进人民政协工作的重要思想，认真传达学习习近平总书记在庆祝改革开放40周年大会上的重要讲话精神，把学习行为转化为做好政协工作的务实举措和具体行动。始终把坚持和发展中国特色社会主义作为巩固共同思想政治基础的主轴，广泛引导参加区政协的各党派团体和各族各界人士强化“四个意识”，增强“四个自信”，践行“两个坚决维护”。

加强党建　贯彻落实全国政协、省政协和中办发〔2018〕48号文件关于政协党建工作的部署要求，充分发挥政协党组的领导核心作用、机关党总支的组织协调作用、党支部的战斗堡垒作用。自觉服从和接受区委领导，坚持重大事项、重点工作事前请示，事后报告，促进政协工作与全局工作同向合拍、同频共振。成立区政协机关党组，建立完善党建各项制度，切实发挥政协机关党员干部的先锋模范作用。加强党员委员的履职考核，推动党员委员更好地团结人、影响人、带动人。

激发活力　进一步完善区政协班子成员联系常委、常委联系委员制度，修订《委员履行职责情况统计与通报办法》，完善委员动态管理和退出机制，推动政协工作制度化、规范化、程序化。制定下发“人文定海•书香政协”年度学习计划，组织委员共同观看爱国主义影片，向每位委员赠阅经典畅销书籍，收到“读好书、写心得”体会文章108篇。在安徽师范大学举办“书香政协·品读乡村”委员培训班。健全委员履职档案，激发广大委员爱岗敬业，努力奉献，为定海改革发展，各项事业进步，社会和谐稳定，人民安居乐业，贡献了智慧和力量。

提升效能　严守政治纪律、政治规矩，严格落实“三会一课”制度，推动机关党建工作规范有序。扎实推进“大学习大调研大抓落实”活动，积极开展“作风建设优化年”活动，持续深入抓好党风廉政建设和机关效能建设，营造风清气正、干事创业的良好氛围。探索运用委员微信工作群等联络平台，打造服务委员的全天候“驿站”，做到委员有呼声、政协有回应。机关运转规范有序，服务工作扎实有效，为政协工作的开展提供了坚实保障。

提案工作

【提案办理】　是年，收到提案186件，经审查立案159件，并案14件，不予立案13件。其中，立案提案中所提建议已解决或基本解决的95件（A类），占立案总数的59.8%；正在解决或列入计划解决的53件（B类），占33.3%；需待条件成熟后逐步解决的11件（C类），占6.9%。从收到的反馈情况看，委员对办理结果的满意和基本满意率为99.4%。

【提高提案整体质量】　组织召开通报会、专题协商会，组织委员就社会热点难点问题参与调研视察，扩大委员知情的广度和深度。坚持通过调研视察、座谈交流、网络征集等各种形式广泛征集提案线索，整理编辑《政协提案选题参考目录》寄发全体委员，为委员提出高质量的提案提供选题参考。坚持按照《政协舟山市定海区委员会提案审查立案实施细则》对提案人资格、提案内容、格式等进行严格审查，坚持做到高标准立案。继续做好提案的预审、复审和联审，确保了提案质量。

【增强提案办理实效】　紧扣区委、区政府重点工作开展重点提案遴选，由区委、区政府领导分工领办，政协主席会议成员分工督办。推进重点提案专题协商，研究提出具体对策和建议，供区委区政府参考。落实提案跟踪问效机制，坚持提案领办领导和督办领导共同参加面商会，提高提案的办理成效。

【提高提案工作水平】　规范提案办理协商程序，实行“办前了解意图、办中沟通协商、办后及时回访”的沟通协商机制。进一步优化重点提案主席会议制度和重点提案主席会议成员联合督办机制，修订和完善提案办理工作考核内容、评分标准、提案主协办单位会办和提案办理“满意度”二次反馈制度。注重发挥宣传媒体作用，充分展示提案办理的成效和委员履职的成果，提高提案工作公开度和社会关注度。坚持做好优秀提案的评选表彰工作，进一步激发委员参政议政热情。

（撰稿：徐　芬）

（本类目图片由区政协提供）

责任编辑：王英伟

定海十景系列(五)

南洞艺谷

芳草绿树掩映古朴村落,花间弄堂串联白墙黑瓦,这就是南洞艺谷。南洞艺谷位于定海区干览镇新建社区,这里有绚丽多彩的民俗壁画村,有四季花开的火车广场,有原汁原味的地道农家乐,有江南独特的山野别墅“海岛心宿”。近年来,依托良好的自然生态环境、乡土艺术优势,以及特有的民俗风情,大力发展美丽经济,中国戏剧基地、全国艺术院校大学生实习采风基地、全国休闲养生基地、全国村官培训基地等纷纷落户南洞,成为美丽乡村建设的典范。2015年5月25日,习总书记考察南洞艺谷。习总书记的到访,让充满着浓浓文艺范儿的南洞艺谷闻名全国。2017年,南洞艺谷获批国家AAA级旅游景区,新建村获评舟山市首批3A级景区村庄,南洞艺谷成为全国乡村旅游的典范。

民主党派

民革定海区支部

【概况】　中国国民党革命委员会舟山市委员会定海区支部（简称民革舟山市定海区支部）由刘勇平任主任委员，汪和芬、徐国中任副主任委员，郑国庆、陈雪芬、何琪玲任委员。民革定海支部有正式党员32名，其中女党员15名，具有大学及以上学历党员26人。支部党员中有区六届政协委员8人，其中常委3人，七届市政协委员2人，其中常委1人，区人大常委1人，市人大常委1人。是年，发展张松军、殷佳梦2名新党员。

10月15日，助力全国文明城市创建工作

【学习教育】　组织党员学习全国两会精神、政府工作报告、中共中央《深化党和国家机构改革方案》、十九大会议精神等；在开展全国文明城市创建期间，组织学习了《舟山市文明行为促进条例》，围绕创城发表意见。是年4月和6月，组织党员分别到宁波溪口参观蒋氏故居、雪窦山张学良禁所，到蚂蚁岛精神红色教育基地参观马金星《军港之夜》词作创作纪念室、全国第一个人民公社旧址等，重温多党合作之路。支部副主委徐国中参加区政协常委读书会和区统一战线暑期读书会，与党员林洁、孙剑刚一同参与区委统战部组织的重庆专题研修班；党员储慧参加市委会组织的民革骨干培训班；党员叶天星、钟小义、林洁参加学习十九大精神暨祖统工作培训班、各民主党派新成员培训班等。

6月30日，登访蚂蚁岛开展迎“七一”活动

【组织建设】 坚持以“五好”基层组织创建为主线，春节、重阳节等重要节日开展了敬老爱老活动，上门逐户走访慰问支部七十岁以上老同志，关心党员晚年生活。支部注重骨干党员、年轻党员的培养、推荐和重用。在定海区台胞台属联谊会第五次代表大会上，支部推荐的党员赵大伟，成功当选为五届理事会会长；主委刘勇平当选为第一届省网络界人士联谊会常务理事、被市税务局聘为特约监察员；沈永康被聘为民革市委会监察委员会委员；孙剑刚当选为区青联会委员，等等。支部2018年成功获评中共市委统战部“五星”基层组织，被民革市委会评为2017年度先进支部、信息先进支部和参政议政先进支部，被区委统战部评为2017年综合先进支部。

【参政议政】 市两会期间，提交2篇政协大会发言，政协个人提案6件，人大个人议案1件。其中《跑出城中村改造加速度，提升新区城市新品质》大会发言获市领导批示。在区“两会”期间，支部提交政协大会集体提案7件，个人提案9件，人大个人议案1件，转社情民意2件，内容涉及城市建设、深化改革、法治建设、人才发展、治安管理、文化建设等诸多方面。其中，徐国中、林洁代表支部分别作《跑出城中村改造加速度　提升定海城市新品质》的口头发言和《加强事中事后监管　深化市场监管体系改革》的书面发言，汪和芬代表妇联界作《加强培训市场管理 保障多元教育需求》的口头发言，储慧代表文艺界作《保护小小图书馆旧址 传承红色基因文化》的书面发言；集体提案《跑出城中村改造加速度 提升定海城市新品质》和陈雪芬个人提案《关于加大力度吸引高校毕业生来定就业创业的建议》被列为2018年度区政协重点提案，获定海区常务副区长毛铁年、区政协副主席方家慧亲自领办和督办。支部集体提案《关于合力推进“基本解决执行难”工作的建议》被评为区政协六届一次会议以来优秀提案，徐国中、储慧被评为区政协2017年度参政议政积极分子。支部党员全年撰写社情民意、信息40余篇。其中，10余篇被市政协录用，4篇被市政协专报刊登，3篇获市领导批示，钟小义撰写的《定海区政协围绕水利工程物业化管理建言献策》被省政协联谊报采用。陈雪芬等4名党员被评为民革市委会、区政协优秀信息员，钟小义被市、区政协办评为2017年度社情民意工作先进个人，刘勇平被评为2017年度市政协优秀委员。支部被评为区政协2017年度反映社情民意信息工作先进单位。

5月25日，民革定海支部开展对口联系工作座谈会

【民主监督】 是年，主委刘勇平参加舟山广播电台“阳光热线”直播节目10期，话题涉及远光灯乱象、公共文明指数、市民文明意识、城市管理精细化等城市管理和社会生活方方面面；参加舟山电视台“电视问政”直播节目1期，以特约评论员身份问政建言，更好地服务新区建设、服务经济社会发展。徐国中、张松军等参加了区政协组织开展的“城市生活垃圾分类处理”专项集体民主监督活动；汪和芬参加区政协组织的“城中村改造中如何加强新居民服务管理”的专题调研活动；何琪玲、张惠芬参加了市政协组织的重点提案办理情况跟踪督办会。支部关注全国文明城市创建中的重点工程、热点问题和薄弱环节，提交《关于公园广场建立高效的投诉处理机制的几点建议》

9月22日，联合民盟民建开展中医药一体化、全国文明城市创建调研工作

《关于加强整治住宅区餐饮业的建议》《关于给城区路灯杆、窨井盖逐一编号助力全国文明城市创建的建议》等社情民意多篇。

【服务联谊】 支部成立“博爱”志愿服务队，组织“博爱”公益法律服务活动40余场次。牵手民工子弟，相继走进育才学校、海润学校、蓝天学校和城西小学，开展“博爱在心法律随行”青少年私人法律顾问签约活动，提供法律援助案件11起。是年4月，联合民革省委会文化服务团一同走进舟山市普济老人公寓，为老人们带去“心系夕阳”慰问演出和轮椅、助行器等慰问品。6月21日，参与统一战线“同心服务”系列活动启动仪式，相继在小沙街道、长白岛太平洋

7月25日，走进海岛开展结对基地“同心服务”

海工公司开展了法律“义诊”活动。党员孙剑刚作为公益法律服务倡导者之一，全年参加公益普法宣传活动50余场次，深入偏远海岛嵊泗、岱山、白沙、长白等地开展法治讲座8场次；蔡锡顶号召舟山妇幼保健医院医生专家开展“关注矮小，青春童行”大型公益活动。支部进一步加强与区台办、区法律援助中心合作，主委刘勇平与区台办领导一同看望了在定海的3名滞留台胞，支部发挥党员医生资源优势，专门配备保健医生、护士随行，为他们送上了常用药品、保健小贴士及日常防暑、养生常识等健康服务。6月15日，支部联合区台办邀请部分在定海台胞、台属，参观摘箬山岛上的东海火山地质馆，了解舟山海岛火山石漫长历史和火山文化，考察摘箬山岛海洋科技试验基地建设情况。9月23日，支部部分党员参加了浙台邻里节暨第四期“海相连心相印”舟山籍台湾家庭寻根之旅联谊活动。

【表彰名录】 党员按照党章要求，立足本职、爱岗敬业，把爱国主义的实际行动融合到平凡的工作岗位中，取得成绩。袁优红被中共舟山市委评为第八届专业技术拔尖人才，其教学论文在全国专业刊物上发表；储慧撰写的《“书香定海——读好书、写心得”》微征文被区政协评为一等奖，参与撰写舟山民革成立三十周年的《音画诗》，多篇作品发表；何琪玲被市委、市政府评为2017年度全市十九大及互联网先进个人；孙剑刚被市委统战部评为“2017年度民主党派工作社会服务积极分子”、被市司法局评为司法行政工作“先进个人”称号，被区司法局评为“定海区法律援助先进个人”等；蔡锡顶参加“宁波舟山生长发育研讨会”和“舟山市生长发育研讨会”并做了病例分享，等等。

（撰稿：汪和芬）

（本分目图片由民革定海区支部提供）

民盟定海区支部

【概况】 2018年，中国民主同盟舟山市委员会定海区支部（简称民盟定海区支部）新吸收盟员2名，至年底，民盟定海区支部人数达到28人，男盟员13人，女盟员15人，盟员中有区政协委员4人，市政协委员2人，市人大代表1人。有中级以上职称者21人，其中高级职称者11人，大学本科以上学历者22人，其中研究生学历者3人，平均年龄51岁，分散在教育、医疗、行政、营销等各领域，盟员分布更合理，年龄梯队更优化。

是年，支部被民盟省委会评为“坚持和发展中国特色社会主义学习实践活动先进集体”；被民盟舟山市委会评为年度综合先进集体；被定海区委统战部评为参政议政工作先进集体。

【参政议政】 *提高参政议政能力* 支部参加盟市委、区政协、区委统战部的课题调研工作，围绕定海区经济社会发展的重点，发挥盟员的参政议政能力，形成提案17篇，各类社情民意、信息等18篇。其中钟舟杰的《关于对喷泉等公共区域带电设备进行专项检查的建议》和《关于舟山尝试增加按年龄作为儿童票标准的建议》被民盟浙江省委会录用；毛凯的《关于进一步优化礼让斑马线软硬环境的建设》、王风的《关于加强舟山城市道路路面坑洞整修的》、钟舟杰的

《关于加快改造公用电话亭的建议》被舟山市政协录用；支部被盟市委录用社情民意11篇、信息2篇。支部在信息的专业性等方面取得进步，在全区经济贸易、产业发展、文化教育、文明社会、基础建设等方面提出富有建设性的意见和建议，产生社会效果。

参与政府重点工作建设　响应今年市、区的各项热点工作的号召，在盟市委、区政协、区委统战部等部门的带领下，参加文明城市创建、“最多跑一次”改革、“亩产论英雄”改革、“美丽乡村建设”“五一口号”纪念活动、改革开放40周年纪念活动等，为各项工作开展建言献策，拓宽工作思路，获得参政议政的第一手材料。

支部政协委员参加政协会议

【开展盟务建设】　是年，民盟定海区支部开展丰富多彩的盟务活动，进一步凝聚支部向心力，增强支部活力。

建设支委班子　支部选举毛凯为支部副主委，健全支部领导班子的建设。建设学习、团结、求实、进取的领导班子，发挥班子作用。加强班子自身的学习也是支委会的重要工作，支委会每季度召开，多次召开支委会扩大会议，学习十九大精神、五一口号精神、改革开放40周年纪念活动等。认真贯彻盟市委、区委统战部的决议决定，将政治理论知识学以致用，坚持重大问题集体讨论决定。

加强理论学习　支部重视集体学习。4月下旬，蒋海裕等3位盟员参加区委统战部组织的赴重庆党外人士培训。5月，支部组织盟员学习五一口号精神；8月，林志刚等8位盟员参加市、区两级组织的“八八战略”精神学习会。

开展服务基层活动　王风、李毅、程迪等盟员参加市政府团拜会义演、学习十九大职工活动义演，等公益演出数十次；支部与小沙中学结对，开展同心服务活动，俞舟波盟员送课下乡，建立长期合作关系，定期送客下乡，组织活动等；支部一直与文昌社区成为结对关系，进社区进行服务；暑假期间，举办联合暑期公益活动，手贴画等结对义教活动。单友娟医师、李艳华医师、曹春宇医师参加各种形式的医疗下乡活动。

民盟定海区支部结对小沙中学开展同心服务

加强与对口联系单位和兄弟单位合作工作　政府部门与民主党派对口联系是统一战线的重要工作内容之一，支部对口联系单位是区公安局、区发改局、区劳动局、区教育局，林志刚主委非常重视对口联系单位的工作，带队赴区公安局完善和落实对口联系制度和渠道，双方约定实行重大事项通报协商，相邀参加社会服务，联合开展调研。与民革定海区支部赴丽水等地，联合调研文明城市创建，社区菜店治理等，加

民盟定海区支部赴定海区公安局联系对口工作

强党派间的合作，利用不同党派的界别优势，提高调研质量。与文艺支部、直属支部一起举办新春联谊会，探讨盟务工作，加强支部间合作，也互相学习，提高彼此的工作。

【展示支部风采】 支部盟员在盟务工作方面成绩突出。洪俊留被盟市委评为综合优秀盟员；罗官丰被盟市委评为坚持和发展中国特色社会主义学习实践活动“先进个人”；王风被盟市委评为社会服务先进个人；芮海峰被盟市委评为民盟优秀宣传委员；石意志被区政协评为参政议政积极分子；芮海峰被区政协评为优秀信息员；毛凯被区委统战部评为民主党派工作先进个人等。

支部盟员立足本职工作，产生一批优秀成果。俞舟波被省教育指导中心评为全省社区教育“优秀志愿者”称号；石意志的《谈劳动与技术拓展性课程中任务式项目教学的实施》在浙江省中小学劳动与技术教学论文拼比中获三等奖；李毅在全省职工合唱大赛获金奖；俞舟波的纸杯娃娃或舟山市中小学课堂教学评比一等奖；芮海峰的美术作品入选国际环太平洋国家作品展、浙江省第十四届水彩画作品展、浙江省第二届水彩写生作品展；唐志平的《基于语言情景的普通高中古诗文阅读有效教学法》获舟山市小课题成果二等奖；王风被评为定海区学校德育先进；夏亚萍被评为定海区优秀班主任，等等，这些成绩只是各位盟员璀璨成绩中的部分亮点，更多的成绩都是在默默的奉献与付出。

（撰稿：钟舟杰）

（本分目照片由民盟定海区支部提供）

民建定海区支部

【概况】 2018年，中国民主建国会舟山市工作委员会定海区支部（以下简称民建定海区支部）区委统战部的指导下，在各对口联系单位的配合下，贯彻落实各项工作部署，学习贯彻习近平新时代中国特色社会主义思想和中共十九大、民建十一大精神，加强自身建设，履行参政党职能，推进落实各方面工作，服务定海花园式国际人文港城建设，各项工作取得实效。

是年，王军安主委被舟山市人大常委会评为“市人大代表积极分子”，并荣获“全省民建系统改革开放四十周年优秀企业家”称号；朱燕莉委员被民建舟山市工委授予“综合工作先进个人”称号；蒋涛委员被民建舟山市工委授予“参政议政工作先进个人”称号；李志业会员被民建舟山市工委授予“思想宣传工作先进个人”称号；陈林德会员被民建舟山市工委授予“社会服务工作先进个人”称号。施友奋会员被舟山市住房和城乡建设局评为“舟山市园林绿化工作先进个人”，并被聘任为“浙江省小城镇环境综合整治规划设计专家服务团”专家。

【加强思想政治学习】 支部把学习贯彻习近平新时代中国特色社会主义思想和中共十九大精神作为首要政治任务，围绕“不忘合作初心，继续携手前进”主题教育活动，结合中共中央发布“五一口号”70周年、改革开放40周年等重大纪念活动，不断加强思想政治教育，夯实多党合作共同思想政治基础。开展学习“五一口号”由来和相关历史，以及全国“两会”相关工作报告、习近平总书记相关重要讲话等。组织会员参加统一战线读书会、暑期读书会、党外代表人士培训班等各类培训学习，凝聚共识、集聚力量，保证了正确的政治方向。是年，支部组织、参加学习12次，进一步坚定理想信念，深化教育内涵。支部注重宣传阵地建设，坚持发出民建好声音，被浙江民建录用2篇，舟山民建录用6篇、区委统战部录用5篇，切实做好思想引导工作。李志业会员的改革开放40年征文《悠悠千岛民建心 拳拳之忠报国情》被民建浙江省委会选登。

【强化组织队伍建设】 坚持以思想建设为核心，以组织建设为基础，以制度建设为保证，着眼于提高会的整体素质、强化会的整体功能，探索和建立会的有

8月13日，召开年中班子民主生活会

效工作机制。加强支委班子建设，以民主集中制建设为重点，明确支委分工，加强团结合作，增强组织效能。组织会员前往台州、重庆交流学习；赴施复亮故居学习考察；参与“同心·迈向新时代”舟山市纪念中共中央发布“五一口号”70周年主题活动的演出，展现支部风采。支部建设好高素质人才队伍，打造优秀人才梯队，李志业正式批准加入中国民主建国会，邵佳颖、周丹华列为入会积极分子。

【履行参政议政职责】　支部围绕区委、区政府中心工作，利用人大、政协平台认真履职，积极参政议政。在2018年的“两会”上，支部3名区政协委员，3名市人大代表深入基层、企业、农村，聚焦社会热点难点，提交人大议案、政协提案13件（其中人大议案6件，政协提案7件），其中《关于大力扶持舟山快递物流业转型升级 助力舟山自贸区发展和美丽花园城市打造的议案》评为“2018年度市人大代表好议案好建议”。王军安和蒋涛均被授予“2018年度代表活动积极分子”称号。会员参加“如何撰写高质量提案”的辅导培训和2018年民建全省参政议政工作研讨班培训，提升参政议政工作水平。支部还参加“全国文明城市创建”和“城乡生活垃圾分类处理”两大专项民主监督活动、三农农副产品综合批发市场专题调研活动。在创城工作中，支部会员主动前往丽水莲都区学习考察，参与通报会，加入创城志愿者队伍，开展农贸市场再监督活动，发挥党派优势和作用。

10月13日，赴桔园菜场开展农贸市场再监督活动

【提升社会服务能力】　2018年，支部及时调整思路、整合资源，找准工作切入点和角度，创新社会服务工作方式和内容。会员加入舟山民建思源志愿服务队，赴小沙敬老院、岑港敬老院开展敬老慰问。多次赴“同心服务基地”小沙镇大沙社区开展精准帮扶，建立长效产业帮扶机制；重点筹建“定海民建应急救援中心”，致力打造定海民建品牌。搭建平台做好服务会员工作，开展“进企业、访会员、听民声”活动；召开会员企业家座谈会，学习习近平总书记在民营企业座谈会的重要讲话精神，及时走访会员企业，推动会员企业健康高质发展。

8月3日，赴大沙社区开展实地调研

（撰稿：朱瑾瑾）
（本分目照片由民建定海区支部提供）

民进定海区支部

【概况】　中国民主促进会舟山市委员会定海支部（以下民进定海支部）成立于2002年1月，现有会员23名，其中在职会员17名，支部委员5名。支部男女比例13∶10，平均年龄52.7周岁，其中1980年后出生会员5人。支部具有大学及以上学历会员20人，占87%；具有高级技术职称的14人，中级职称8人。支部现有市人大代表2名，市政协委员2名；区人大代表1名，区政协委员3名，其中区政协常委1名。会员行业分布：医卫界1名，占4.3 %；教育界13人，占56.5%；科技、环保、行政9人，占39.1%。

2018年，民进定海支部在民进舟山市委会和中共定海区委统战部的领导下，在区政协的关心和各对口联系单位的支持下，在支部委员会及全体会员的努力下，以习近平主席新时代统一战线理论为指引，以争创更高标准的“星级”基层组织为目标，“不忘合作初心，继续携手前进”，参与到定海区全面推进花园式国际人文港城建设的各项事业中。通过深化支部组织建设，做好参政议政、民主监督工作，丰富社会服务形式和内容，各项工作取得新进展。是年，支部被民进省委会评为“民进全省宣传思想工作先进集体”；莫金刚会员被民进中央评为 “民进全国宣传思想工作先进个人”。

【锤炼综合素质】 组织学习贯彻习近平主席新时代统一战线理论精神，坚持不忘初心跟党走，以党为师行正道。认真组织会员参加“不忘合作初心·继续携手前进”专题教育，凝聚全会的思想共识。组织支部会员参加全区党外代表人士培训班、统一战线读书会、暑期读书会、党外代表人士培训班等各类培训学习，提高会员政治把握能力。完善支部学习制度，丰富学习载体，定期组织开展思想教育活动，全面把握会员思想动态。

【夯实组织建设】 建设完善市级四星级“星级”基层组织，进一步深化组织的班子建设、队伍建设、制度建设、活动创造和作用体现。凝聚组织向心力，组织开展“三八妇女节”庆祝活动、教师节庆祝活动、水果采摘、农家乐调研、重阳节敬老慰问等集体活动，多名会员参加了全市纪念中共中央发布“五一口号”70周年主题活动、市委会“初心. 印迹”民进经典咏读活动和“民进服务岛夏季服务日”活动。加强组织队伍建设，组织年青会员、骨干会员、新进会员参与各类会议和活动，提高支部会员的综合素质。按照讲数量、求质量，成熟一个发展一个，以德为先的会员发展原则，做好新会员的考察工作。

【履行政治职责】 “两会”期间，支部三名市、区人大代表，四名市、区政协委员聚焦新区各项建设事业开展建言献策，提出人大建议、政协提案11件（其中集体提案5件，个人建议、提案6件），支部集体提案《对定海“十八岙”乡村旅游集聚差异化发展的几点建议》在大会上由毛媛主委口头发言，被列入重点提案，莫金刚会员的《关于在基础设施领域推行PPP模式的几点建议》被列入书面发言材料，范碧芳会员的《关于加快城市书屋建设的建议》被列入大会重点建议。重视信息报送，向民进中央、省委会、市委会及区政协、区统战等部门报送各类调研文章、社情民意、信息报道等40余篇，其中12篇被民进中央、省委会及市、区政协专报或政协信息录用，2篇得到区领导批示。

【创新社会服务】 支部会员在本职岗位上践行民进会员责任，树立良好的民进会员形象，部分会员在本职工作上不断取得突破：毛媛主委的各项工作得到区委区政府的认可，被提拔为区档案局局长；方晓华会员十数年如一日醉心水彩画，被全国美术家协会吸收为会员；张瀚云会员和方晓华会员入选全市“五个一批” 人才，成为全市宣传文化系统的典范。强化社会服务职能，以“同心服务”平台服务乡村振兴为契机，助力小沙街道“同心服务·实践基地”和统一战线“同心服务站”，结对小沙中心小学开展送教活动，将小沙中心小学打造为支部长期的支教送教点，定期组织开展服务活动。

（撰稿：莫金刚）

中国农工民主党定海区总支部委员会

【概况】 2018年，中国农工民主党（简称农工党）定海总支有党员39人。其中男党员19名，女党员20名，医卫界18人，文化教育界5人，经济界6人，行政界10人。中级职称22人，高级职称14人。是年新发展于磊、姜立波、姚政成3名党员， 韩亚玲任主委，俞晓燕、何优芬任副主委，俞晓燕兼任组织委员、郑斌任宣传委员、吴常裕任社会服务委员。党员中有市人大代表1名，市政协委员4名，市政协常委1名，区政协委员7名，区政协常委1名。

【学习教育】 是年，组织党员认真学习十九大精神和习近平新时代中国特色社会主义思想，学习习近平在改革开放40周年、“八八战略”实施15周年之际对浙江工作作出的重要批示，学习李克强考察舟山讲话精神，组织党员学习研讨如何继承和发扬“五一口号”精神，学习领会全国、省、市、区两会精神。组织骨干党员积极参加市委会组织的报告会、读书会、培训班等。参加区委统战部、区政协组织的各类学习会、情况通报会、座谈会、征求意见会等。有1名党员参加了市委统战部组织的党外县处级领导干部培训班，1名党员参加了市委统战部组织的民主党派领导成员培训班，3名党员参加了区委组织部、区委统战部联合在重庆大学举办的2018年度定海区党外代表人士培训班。

【参政议政】 是年，发动党员针对当前定海经济社会发展中的突出问题和党委、政府关注的重大问题，以及人民群众反映强烈的热点问题，深入开展调查研究，收集第一手资料，撰写大会发言和提案，发挥参政议政作用。区“两会”期间，总支提交2件大会发言件，党员郑斌代表总支作了《加快定海制造业智能化升级，助力定海创新发展》的大会口头发言，韩亚玲主委代表总支作了《大力发展海洋电子信息产业，加速培育我区经济发展新动能》的大会书面发言。14篇集体提案：《关于加快定海制造业智能化升级，助力定海创新发展的建议》《关于大力发展海洋电子信息产业， 加速培育我区经济发展新动能的建议》、《关于尽快完善我区各家医院和社区卫生院的医学影像及临床检验资源共享的建议》《关于规范药店驻店医生用药，切实保障人民群众身心健康的建议》《关于我区老年人免费接种流感和肺炎疫苗或将纳入城镇职工医疗个人账户和新农合报销范围的建议》《关于进一步推进我区分级诊疗，节约医疗资源，提高就诊效率的建议》《关于切实保护好定海区水库水源水质的建议》《关于优化粮油园区投资环境的建议》《关于尽快出台定海既有住宅加装电梯的具体政策的建议》《关于在芙蓉洲路、中西大街提升改造过程中配置特色化“城市家具”的建议》《关于加快我区水产加工业改造提升的建议》《关于加强定海城区小学“课间文化”建设的建议》《关于定海海滨公园立“六国港口”碑，彰显定海国际人文港城历史底蕴的建议》《关于激活传统文化，重建仿古状元桥的建议》。其中：《关于在芙蓉洲路、中西大街提升改造过程中配置特色化“城市家具”的建议》被列为区重点提案，《关于大力发展海洋电子信息产业， 加速培育我区经济发展新动能的建议》被评为区优秀提案。区两会期间委员提交个人提案7件。市两会期间提交集体提案1件，个人提案6件，人大个人建议2件。向农工党市委会、区政协、区委统战部报送信息30多条。其中：《中美贸易摩擦对舟山水产品出口影响不容忽视政府应及早应对提高企业抗风险能力》被省政协录用获省委书记车俊批示，《关于将城市核心区军队房产转地方运作的建议》《严重影响学生健康定海凯虹广场大屏幕光污染亟需整治》等编入市政协专报，获市领导批示，《关于应对我区水产品加工企业劳动力短缺问题的建议》等编入区委统战部党外人士“同心直通车”建言献策专报。《关于加强城区老旧小区有害垃圾收集的建议》等多条社情民意信息编入区政协专报，获区领导批示。

【民主监督】 2018年，农工党定海总支积极参与和助力创建工作。组织开展了创建全国文明城市专项民主监督活动，总支班子带队到定海中心医院、定海妇保医院、瑞金医院舟山分院对创建情况进行了专项督察，共提出意见建议10余条。参加了区委统战部组织的最多跑一次改革民主监督。牵头组织区政协农工党界别委员和党员骨干对双桥街道开展了农村生活垃圾分类专项民主监督工作以及中央环保督察问题整改工作中涉及的水库环境保护开展专项民主监督工作。

【社会服务】 打造“同心服务”社会服务品牌，做好定海区小沙社区卫生服务中心 “同心服务”长期社会服务基地工作，建立长效服务机制，经常性开展服务活动。定期重点开展人员带教培训、医疗业务咨询、培训讲座等多种形式的帮扶活动，提高基层医疗水平和服务管理能力。党员吴常裕在小沙社区卫生服务中心开展《中国急诊高血压专家共识》等讲座，获得基层医务人员的一致好评。定海总支医卫专家对服务基地医疗抢救设备使用、公共卫生开展和基础医疗工作进行指导。2018年，在小沙街道大沙社区开展“同心服务”健康惠民服务活动，在干䃟镇开展了“迎新春健康惠民服务活动”，六一期间组织党员到干䃟镇中心幼儿园开展送健康服务活动，定海总支积极参与农工党市委会社会服务基地工作，总支多名党员参加彩虹堂特殊儿童关爱活动。

【爱岗敬业】 总支党员立足本职、爱岗敬业、勇于创新，塑造农工党员的良好形象。2018年，总支党员主持开展2项科研项目，有3篇论文在学术期刊上发表。其中，党员鲍红璐荣获2018年度农工党省委会参政议政、反映社情民意工作先进个人、市政协优秀委员，朱云飞荣获实行最严格水资源管理省级先进个人，竹晓岚荣获舟山市首届“最美医师”称号，何优芬被评为市政协优秀委员、市政协反映社情民意工作先进个人，区政协反映社情民意信息先进个人，朱治琼荣获区政协参政议政积极分子，还有多名党员被所属的业务系统评为先进个人。

（撰稿：韩亚玲）

（本分目照片由农工党定海区总支部提供）

九三学社定海支社

【概况】 2018年，九三学社定海支社现有社员27人（已退休5人），其中女社员11人，平均年龄48.5岁。本科及以上学历25人，高级职称9人（其中正高1人），中级职称13人，中高级职称占比81.5%。副科级及以上领导干部6人。市人大代表2名，市政协委员2名，区人大代表2名，区政协委员5名（其中区人大常委、区政协常委各1名）。社员分别来自农林、经济金融、医卫、司法、环保及民营企业等多个行业、部门。是年，支社在全市各民主党派基层组织“星级”评比活动中获评“四星”基层组织称号；支社被社市委授予“2018年度新闻宣传工作先进集体”称号。

【加强政治理论学习】 坚持把思想建设作为自身建设的基础与核心，以巩固思想政治共识为抓手，牢固树立“四个自信”、持续增强“四个意识”，进一步夯实多党合作的思想政治基础。学习贯彻全国、省、市、区“两会”精神、习近平总书记对浙江工作作出的重要指示精神、李克强总理在舟山考察调研时的重要讲话精神、省委十四届三次全会精神、市委七届四次全体（扩大）会议精神、贯彻落实创建全国文明城市誓师大会精神、全区作风建设大会等，开展学习活动，真学、真懂、真信、真用，在全体社员中形成上下联动、主旨明确、形式多样、氛围浓厚的政治思想学习风气。

【提升参政议政水平】 建言献策 参加由中共定海区委主要领导主持的全区统一战线工作领导小组会议、“八八战略”专题报告会、纪念中共中央“五一口号”发布70周年座谈会等，支社主要负责人应邀参加区第十三次党代会第二次会议工作报告、区政府年度工作报告的意见建议征求会。7月，联合区交通部门，开展“全国文明城市创建”专项民主监督。9月，根据市、区政协部署要求，参与开展中央环保督查整改情况专项集体民主监督。

撰写提案建议 立足市区“两会”平台，围绕党委、政府中心工作，不断增强建言献策主动性和针对性，提交大会发言1件，集体提案7件，代表（委员）个人议案（提案）11件。其中，《关于完善保障性住房租赁补贴政策的建议》被列为市政协领导督办重点提案；《重塑新乡贤文化 助力乡村振兴发展》大会发言获区委主要领导批示；《关于提升地方食品品质突显定海区域特色的几点建议》被列为六届区政协二次会议重点提案、优秀提案。

开展课题调研 年初，按照区委要求，围绕农房的物业管理、新农村建设等课题，分别赴杭州、安徽宣城等地开展专题调研活动，形成调研报告转区属相关部门落实。支社主要负责人牵头开展《科学合理确定小城镇环境综合整治重点内容》和《推动健康体育产业在定海发展》两个重点调研课题。4月，联合社内专家社员，赴定海区长白岛开展乡村振兴调研，就产业谋划、配套设施建设等交流意见建议。6月，联合区政协，以“关注餐厨垃圾，完善垃圾分类”为主题，赴全区各镇（街道）开展联合调研活动，助力省级食品安全区创建工作。11月，赴舟山绿色石化基地调研，就项目基本情况、进展情况以及社员关心的安全生产、环境保护等情况开展交流探讨。

11月，赴舟山绿色石化基地调研

报送社情民意 以文明城市创建、五大会战、民生实事为重点，2018年累计报送社情民意信息15篇，其中《关于进一步巩固深化“小微水体”整治的建议》被社省委录用，《加大时令水果质量安全抽检力度》等4篇信息被市政协录用，《九三课堂 让科学传递爱》被人民政协报录用。

【强化组织自身建设】 坚持“人才强社”战略，吸纳优秀人才入社，严格把好新社员质量关。全年发展新社员2名。

【开展特色活动】 坚持发挥社员专业领域特长，开展特色社会服务活动，参加社市委组织的“百名专家下海岛”等社会服务活动外，参与“我们都是定海人·同心共建新定海”主题活动。5月，到马岙祥农农产品专业合作社和新青农果蔬专业合作社开展惠农社会服务活动并向农户们赠送修剪工具。6月，助力2018年舟山市晚稻杨梅擂台赛，支社作为活动协办单位，组织参与整个活动的观评。9月，联合区新联会赴小沙街道“同心”服务基地开展社会服务活动，参观调研了结对单位——和盛果蔬专业合作社、怡然生态农场，与两家单位就经营情况、存在困难、发展前景及下步结对帮扶事宜等进行深入交流并为结对单位免费设计制作果蔬礼包包装箱。对因突发暴雨引发作物受淹，支社及时慰问并帮助开展灾后处理补救、向上级部门争取政策支持，与基地合力渡过难关。

【立足岗位建功立业】 郭金伟的“大棚草莓地后茬作物栽培技术研究与推广”项目被浙江省农业厅评为2017年度浙江省农业丰收奖二等奖、获评社市委“2018年社会服务工作先进个人”。叶晓波被社省委评为“2018年度新闻宣传工作先进二等奖”和“2018年度优秀新闻作品二等奖”。梅娜被社省委评为“坚持和发展中国特色社会主义学习实践活动先进个人”、被社市委评为“2018年度先进社员”、被区政协评为“2018年参政议政积极分子”。邱立军被评为“舟山市第八届专业技术拔尖人才”、被市人大办授予“ 2018年度市人大活动积极分子”称号。倪识行《工业用地亩产税收差异化分析——以舟山市定海区为例 》论文获评舟山市第十六次社会科学优秀成果奖。竺妮娜被社市委评为“2018年社会服务工作先进个人”。朱燕华被社市委评为2018年度“一社员一建议”活动二等奖、被区政协评为2018年度反映社情民意信息工作先进个人。刘瑞廷、江静分获区政协举办的“书香政协—读好书、写心得”微征文活动二、三等奖。

（撰稿：朱燕华）

(本分目图片由九三学社定海支社提供)

责任编辑：王英伟

社会团体

定海区总工会

【概况】 2018年，区总工会在区委和市总工会的领导下，全面贯彻党的十九大精神和区第十三次党代会精神，围绕“五大会战”建设“四个舟山”这一工作主线，以建设新“三型”工会为目标，深化工会改革，凝聚思想共识，汇聚职工力量，不断开创工会工作新局面。

是年，区总工会机关内设办公室、财务部、基层工作部、权益保障部、经济保护部5个职能科室，下辖舟山市定海区工人文化宫、舟山市定海区职工服务中心2家事业单位，有机关干部职工24人。至年底，全区有镇（街道）总工会11个，区属工会工委7个，行业工会2个，基层工会1071个（其中独立工会888家，联合工会183个）；覆盖单位4658家，职工100982人，会员99963人。

区委书记庄继艳一行看望慰问高温一线工作人员

【深化工会改革】 贯彻落实作风建设优化年活动，修订出台《舟山市定海区总工会工作制度》，推动党员干部转变观念、改进作风。配合主席经济责任审计和区委第二巡察组驻点巡察工作，整改巡察指出的28条问题清单。加强对镇（街道）工会改革试点单位工作指导，协助制定工作清单，指导完成改革方案。

配合区委巡察工作

【理想信念教育】 学习贯彻党的十九大精神、习近平总书记重要指示和群团改革工作座谈会精神，年初制定完成全年学习计划。落实党建责任主体，严格执行党员主题活动日制度，实施一月一活动。制定出台《中共舟山市定海区总工会支部工作细则》（定总工党支〔2018〕4号），提升支部工作制度化、规范化水平。全年开展党组理论中心组学习12次，工作例会专题学习会12次，中心发言36人次。

【健全联系基层制度】 落实区委关于开展“大学习、大调研、大抓落实”的精神要求，制定《区总工会大学习、大调研、大抓落实活动实施计划》，确定全年12个主题学习内容和10项调研课题。进一步加大联系走访服务，制定出台《关于区总工会班子领导联系走访服务基层活动的通知》，创新开展以“聚焦发展、服务基层”为主题的工会系统大调研。全年走访企业55家，发放调查问卷1100余份，访谈职工136人，收集到涉及职工生活类的问题56个，生产类的问题25个，及时进行反馈解决。

开展劳模工匠精神进基层活动

【工会代表会议】　于3月9日召开。来自全区的工会委员、经审委员等64人参加会议，会议选举产生定海区出席舟山市工会第七次代表大会的正式代表52名。

3月9日，定海区召开工会代表会议

【全委扩大会议】　3月9日下午，定海区总工会召开第十二届二次全委（扩大）会议。全体委员、经审委员以及乡镇街道直属单位工会负责人共84人参加会议。大会邀请区委讲师团名誉团长郝理金专题宣讲党的十九大精神。会议表彰2017年度各类先进；总结2017年全区工会工作和工会经费审查工作，对2018年工会工作进行全面部署。

定海区总工会十二届二次全委（扩大）会议召开

【弘扬劳模精神】　开启新一届区级劳动模范和模范集体评选活动，评选出新一届区级劳动模范25名，模范集体8家。推进“工人先锋号”创建活动，命名25个集体为定海区2016—2017年度“工人先锋号”。认真做好省五一劳动奖项和市劳动模范、模范集体的推荐工作，舟山中天重工有限公司行政部长黄胜海获评浙江省五一劳动奖章、浙江增洲造船公司数控切割班获得省工人先锋号荣誉称号；浙江金鹰机械有限公司总经理潘明忠等6人获得舟山市劳动模范，浙江龙文精密设备股份有限公司荣获舟山市模范集体。是年，定海区共有全国劳动模范5人、全国五一劳动奖章4人、1956—1964年省级先进生产工作者2人、省部级劳动模范25人，省五一劳动奖章5人，市级劳模36人，市五一劳动奖章2人，区级劳动模范75人。

4月25日，召开2018年定海区劳动模范表彰大会

【劳动竞赛和技能比武】　指导推动职工岗位大练兵、大比武活动，以第五届职业技能大赛为契机，认真制订方案，搭好三级平台，落实相关工作经费，全年开

展了21个工种的职业技能比武，进一步拓展了职工技能提升新渠道。围绕“建设生态宜居海上花园城，打造美丽海岛示范区”工作目标，大力开展城中村（旧城）改造专项立功竞赛活动，全速推进城中村改造工作，全年表彰了12个优胜社区（村）和82名先进个人。

8月17日，举办定海区第五届职业技能大比武

【职工技能培训】 启动职工素质提升工程，联合舟山职业技术学校举办初级、中级、高级工培训班，助推职工职业技能晋升。以“定海工匠”评选为抓手，规划建立产业工人培训体系，推荐参加上级组织的精英化劳动竞赛，浙江金鹰股份有限公司何育才工作室团队和中海石油舟山石化有限公司陈进旺团队分别获得舟山市首届职工技术创新成果一等奖、中国海油总公司技术进步二等奖。

组织职工举行职业技能培训

【工会规范建设】 实施“六有”基层工会创建工作，完成“六有”工会三年创建计划，8家单位被评选表彰为舟山市“‘六有’示范基层工会”称号。开展特色工会创建活动，评选表彰“特色工会”6家。

【职工文化活动】 组织开展党的十九大精神系列宣讲活动，以送学进企业的形式，聘请区委讲师团专家分别到小沙、马岙、双桥等企业进行巡回宣讲，参与职工500余名。深化职工流动服务，开展农民工法律服务、“办事不出岛”夏日送服务、“八八战略”主题宣传等职工流动服务6期。开展职工文体活动，召开“建人文港城 做幸福职工”定海区职工综合运动会和女职工趣味运动会。围绕春节、“五一”劳动节、国庆等重大节日，组织开展“2018温暖回家路·悦读新时代”、女职工健康保健、文明礼仪、巡回慰问演出等各类专题活动18次，单身青年交友活动2场，发放各类资料9000余册。

举办“建花园港城 做幸福女人”女职工专题讲座

10月21日，举行”军民一家亲“单身青年职工交友联谊活动

【打造服务阵地品牌】 以群团改革试点单位和区域性职工集聚区为重点，整合职工活动服务区、健身区、休闲区以及党群工作展示区等功能布局，在定海工业园区和金塘西堠工业园区分别打造区域化职工服务中心。进一步贴近职工需求，创新职工服务活动载

体，以文艺小分队的形式走进基层，服务职工，在全区5个镇（街道）的6家企业开展了“干在实处 走在前列 勇立潮头 争当新区建设主力军”巡回慰问演出。围绕全国文明城市创建工作，启动“创文明厂区 做文明职工”主题活动，推动全区各基层工会和企业积极参与创评。着眼于工会服务升级，按照“五个一”的标准，在全市建立首家五一爱心驿站，全区已建立7家五一爱心驿站。

组织文艺小分队在客运中心进行宣传活动

【推进和谐劳动关系发展】 开展2018年工资集体协商“要约行动”和区总工会区级以上和谐企业创建回头看活动，先后5次检查全区多家企业的劳动用工、集体合同签订等方面的情况，督促企业履行劳动合同制度和集体合同制度，规范企业用工行为。在73家区级以上和谐企业和市级六有工会企业中全面开展规范化工资集体协商工作，新增区级规范化开展工资集体协商试点企业2家。围绕开展“劳动关系和谐”企业创建活动，以维护职工合法权益为主线，进一步加强《劳动合同法》和《中华人民共和国劳动争议调解仲裁法》的宣传力度，规模以上建会企业全部建立劳动争议协调组织。

【实施困难职工帮扶工作】 按照困难职工家庭认定标准和建档要求，做好困难职工家庭申报建档工作，全年建档困难职工家庭92户，同比去年减少126户，其中全国级48户、省级20户、市级12户、区级12户。实行部门联动审核，加强与民政部门对接沟通，通过民政部门的社会救助查询平台，精准掌握申报对象的经济状况。2018年“两节慰问”建档83户，其中45户纳入特困职工家庭，发放爱心帮扶证，“爱心透析”新建档1户、“金秋助学”新建档7户、“临时救助”新建档2户，1户因病故脱档。全年累计帮扶救助困难性职工家庭173户次178人次，帮扶款40.289万元。

【扎实开展职工医疗互助保障工作】 进一步强化责任、量化任务，不断加强宣传引导，稳步推进职工医疗互助保障工作。2018年度定海区职工医疗互助参保总量持续增长，共有226家参保单位15537人，参保金额达776850元，比上一年度增加16家参保单位968人，保障金增加48400元，参保单位增幅7.6%，参保人数和参保金增幅6.6%，参保人数增幅居全市首位，比全市平均高出4.8个百分点，实现了“扩面、提质、增效”的工作目标。持续做好职工医疗互助日常报销工作，2018保障年度内，共发生报销787人次，报销金额76.2万元。

【聚力助推对口帮扶项目】 根据市总工会、市发改委、市财政局、市人社局、市旅委五家单位联合发文的《关于进一步加强职工疗休养工作的通知》，结合《中共舟山市定海区委区政府办公室关于印发定海区助力对口地区脱贫攻坚三年实施方案和2018年助力对口地区脱贫攻坚年度计划的通知》（定党政办发〔2018〕133号）精神，将定海区对口帮扶的达州市宣汉县，纳入定海职工疗休目的地范围，原则上要求对口帮扶期间，定海区职工跨省疗休养目的地优先安排为四川省宣汉县。9月，区总工会与巴山大峡谷景区管理中心签订了《工会职工疗休养合作意向书》。作为定海区赴宣汉疗休养的首发团，10月份区总工会组织了20名劳模开展休养活动，助力扶贫项目顺利展开。

区总工会和巴山大峡谷景区管理中心
签订《工会职工疗休养合作意向书》

【财务经审工作】 编制完成全国总工会、省总工会关于本级（下属事业单位）及镇、街道总工会工会资产的统计上报工作和本级经费预决算等各类报表；足额收缴基层工会上半年工会经费，更新完成基层工会经费上解情况数据库；加大经费审查力度，对9个镇（街道）总工会、1家工业园区工会工委及2家基层工会进行工会经费收支情况进行实务审计，对2017年度审计审查的20余家单位实施整改落实情况“回头看”，进一步推动工会经费使用规范化。

(撰稿：刘　磊)

（本分目照片由区总工会提供）

共青团定海区委

【概况】 2018年，全区有14~28周岁青年28972人，其中共青团员4130人。团区委下辖团（工）委27个，其中镇（街道）11个、区属（机关）企事业单位12个、学校2所、网络青年自组织1个，有团（总）支部437个。非公企业团组织182家。平均年龄28.3岁，均为本科以上学历。是年，团区委围绕区委、区政府中心工作和上级团组织的部署，以共青团改革为抓手，着力构建“凝聚青年、服务大局、当好桥梁、从严治团”四维工作格局，完成区委、区政府交付的各项任务，团的工作取得新突破。

【夯实青年群众基础】 突出政治引领 牢牢把握主线，把学习宣传贯彻党的十九大精神作为当前及今后一段时期共青团的首要政治任务，着眼“学懂、弄通、做实”，以最高标准、最大力度在团员青年中迅速掀起学习热潮。

创新形式载体 成立定海“青年习新学院”，组建青年宣讲团，针对不同青年群体分层分类“精准”引导，广泛开展形式多样的主题教育活动，切实增强青年听党话、跟党走的思想自觉和行动自觉。

实施智慧团建 进一步摸清家底，对团组织、团员和团干部进行数据采集、基础团务管理、考核评价，应用大数据分析开展工作。依托青联换届进一步夯实在定海优秀青年组织基础。设计推出“团徽点亮头像”小程序，将团费收缴、年度团籍注册等功能添加到小程序中，组织引导团员青年点亮团徽亮明身份，进一步提升团员的荣誉感和使命感。

打造新媒体矩阵 依托“两微一网”新媒体架构，创新开展微信团建，组建区、镇街、社区三级联动的团组织微信群，全面形成共青团组织的网络新媒体矩阵，让团员青年与团组织之间“一键直达”。

深化联动融合 以“团定定”个人微信号为核心，全面整合“定海青年”微信公众号信息资源，探索实现团务、志愿者、综合服务等信息的深度融合，不断提升团属新媒体覆盖面与影响力，有效传播党的声音和正确价值导向。

培植青年文化 挖掘海洋历史文化名城底蕴，在优秀传统文化的基础上，融入现代元素，积极打造健康向上、符合时代特征和青年需求的定海青年精神，培养青年树立正确的价值追求。

发挥榜样力量 挖掘在定海花园式国际人文港城建设过程中涌现的优秀青年，持续开展新“五四”标兵、“美德少年”“向上向善好青年”等评选活动，传播青春正能量，引导广大青年学习榜样、见贤思齐。

【助力全区中心工作】 服务“创新” 着力强化政策供给，对创业创新扶持政策进行全面梳理汇总形成条目式“干货”，出版“定海青年创业地图”和“青年创业一本通”，利用“青年之声”等平台搭建线上线下的政策解读沟通平台，让创业政策精准兑现。着力强化服务供给。进一步深化“银团合作”，在现有“青年创业银行”的基础上寻找“多行”共识，让更多本地银行提供均等服务。着力强化阵地供给。依托已建成的“众创空间”，定期举办创业沙龙、技能培训等活动，组织开展各类创业创新大赛，吸引区外创业青年向定海海洋科学城等平台集聚。

促进“开放” 做大开放的增量，以平台开放和交通开放为主攻方向，以“义甬舟”大通道建设为契机，联合义乌、宁波等地团委共同实施“义甬舟创新人才直通车”工程，加强三地的创业人才、产业平台、信息资源等的交流与合作。挖掘青企协资源，以改革开放四十周年为契机，在“五四”等重点节庆日实施“青年定商回归”活动，引导更多在外创业的定海青年带着资本和项目参与家乡建设。做优开放的存量，继续开展青企协会员到政府部门挂职工作，推动政企间的良性互动。深化校地共建，实施“家燕归巢”计划，安排优秀高校青年深入产业平台、重大项目一线进行挂职锻炼，提升青年综合能力，在重大项目推进中发挥高校科研与人才资源优势。

助力“城市化” 积极参与城中村(旧城)改造。

充分发挥青年突击队作用，把团组织建到征迁一线上，鼓励机关青年到城中村(旧城)改造一线挂职锻炼，挖掘和表彰一批在征迁工作中表现突出的青年骨干，形成“一线要青年”“青年赴一线”的良好导向。不断提升志愿服务水平。按照全国文明城市创建要求，持续开展“城市啄木鸟”行动和每月五号“我们一起做义工”，继续深化“守”字品牌志愿服务活动，引导更多社会力量参与志愿服务工作。

传承古城传统文化　实施“星火文化”传承计划，继续推广舟山方言教学，创作推出一批主题性强、针对性强的原创文化产品，多渠道传播定海的海洋历史文化，引导青少年自觉参与定海文化遗产保护、传承与利用。

【搭建双向沟通平台】　打造多元化主体　加强青年社会自组织培育，选取具有一定专业背景的青年社会自组织进行重点扶持，按照组织优势和市场法则，将部分可市场化运作的工作打包，通过政府购买服务的形式交由社会自组织执行，使青年社会组织成为服务青年的“新终端”。加强部门协同共建。继续深化与人才办、经信科技、旅游等部门和在定海高校的合作，实现“1+1>2”的资源叠加效应。

建设有活力阵地　搭好阵地架构，按照“2+11+N”的“青年之家”建设模式，在已经建成的2个区级“青年之家”基础上，重点推动镇（街道）“青年之家”全覆盖，在每个镇（街道）打造2～3个各具特色的社区（村）“青年之家”，基本完成团属阵地的架构建设。提升阵地品质。以门店经营理念打造符合花园式国际人文港城气质的精品团属阵地，牢固树立精品意识，把团属阵地打造成为青少年精神家园。强化阵地经营。用活全区各领域、各层次团属阵地，推动“青年之家”进驻微信云平台，通过“线上组织+线下参与”的双线互动模式，引导广大青少年走进身边的“青年之家”参与活动、加强交流、共同成长，持续保持团属阵地的青春活力。

提供更精准服务　坚持问题导向，推动预防青少年违法犯罪工作，以组团服务、上门帮扶等形式，对各镇（街道）重点青少年开展心理疏导、生活援助、就业创业、法律咨询等帮扶活动。坚持需求导向，探索实施“交友联谊”新模式，开展“约定海那边”四季婚恋交友活动，打破常规相亲模式，组织开展爱心公益、读书分享、文艺教学、户外素质拓展和志愿服务等活动，为适龄青年提供交友服务平台。坚持效果导向，整合青联、青企协、青年团干等团属资源，探索建立青年“帮帮团”，依托基层团组织和团属新媒体触角，畅通青少年群体反映困难诉求及解决渠道，第一时间帮助青少年解决实际问题。

【深化群团改革成效】　严抓团组织　围绕党建带群团的改革方向，做好共青团改革向镇街、社区（村）团组织的延伸，建立各镇街“1+X+Y”的组织架构，加强“一团一品”特色团建打造。进一步抓好团组织的基层覆盖，重点加强产业平台、创业园区、社会组织等新领域组织覆盖。加快建立“团干部＋社工＋志愿者”的工作队伍，实现工作资源、工作项目、工作力量向基层倾斜，形成大抓基层的工作导向。

严管团干部　加强对团干部“1+100”联系服务青年工作的督查指导，将青年评议引入到对基层团组织的考核中，进一步推动团干部转变作风、沉下身子，真心实意服务青年。实施团干部素质提升工程，加强同省内外团组织的交流联系，定期组织外出学习考察，帮助团干部拓宽视野、补齐短板，进一步提升做好新形势下共青团工作的能力与水平。

严格团员管理　严把团员发展“入口关”，实行发展团员总量调控，按共青团改革要求保持合适的团学比、团青比，突出团员青年先进性。强化团员经常性教育，规范推行团、队仪式教育，增强团员、队员身份意识和荣誉感。发挥团员模范带头作用，探索实施星级团员管理办法，根据团员实际表现，进行量化积分考核，评定1至5星的相应等级，每年对5星团员进行表彰奖励，有效激发团员争先意识。

（撰稿：徐涵妮）

定海区妇女联合会

【概况】　2018年，全区有妇女19万余人，镇（街道）妇联11个，村和社区妇联121个，机关事业单位妇委会（妇工委）9个，社会组织妇联6个，专兼职妇联队伍人数达1051人。区妇联机关内设办公室、权益儿少部。实有机关干部职工8人，其中主席1人，副主席2人，编外职工2人。另有挂职副主席2人，兼职副主席2人。是年5月，费淑波因年龄到时不再担任区妇联办公室主任一职，由田芳萍接任办公室主任。11月，原区妇联副主席唐宏燕因年龄到时不再担任副主席一职，至年底，实有副主席1人。11月，费淑波从主任科员职级晋升为副处职级。

是年，区妇联以习近平新时代中国特色社会主义思想和党的十九大精神为指导，贯彻落实中央、省、市妇代会精神，从服务中心、服务大局全局的高度，致力妇联工作改革创新，拓展妇联组织覆盖面，提升联系服务妇女群众工作的能力和水平，团结带领广大妇女，为助力定海在全省争先进位、在全市走在前列而努力贡献巾帼力量，谱写定海花园式国际人文港城建设巾帼新篇章。

【强化核心价值引领】 2018年，区妇联以“巾帼心向党·建功新时代”为主题，开展系列宣传教育活动，推动“大学习大调研大抓落实”工作的推进。重点开展省委十四届三次全会、市委七届四次会议、区委十三届六次全会和省十四次妇代会精神学习。开展“文润同心·争做巾帼好网民”活动，开辟“百千万巾帼大宣讲”“我与时代同行”“我的岗位故事”三个版块，线上线下互通，重点宣传改革开放40周年以来所取得的伟大成就和宝贵经验。组织开展网络文化产品征集活动，挖掘全国“三八红旗手”朱缀绒、美之声演唱团、爱心奶奶工作室等优秀女性和女性社会组织，持续宣传基层一线优秀女性成长的感人故事，进一步筑牢听党话、跟党走的思想根基，营造积极向上的网络文化。发布巾帼姐妹微课堂80余场次，女性故事10余个系列、摄影作品200余张，点赞观看人数破万。

【深化家庭文明建设】 继续推进寻找“最美家庭”活动，聆听获首批“全国文明家庭”的武夏琴、获全国最美家庭的梁宝迪等故事分享会，晒出最美家庭照片，举办三八节“女人花开声动袭来”亲子阅读会，实时感受“最美家庭”正能量。是年，王丁雷家庭等45户家庭被评为区级“最美家庭”，胡懿、吴桂贤、刘海芳、黄亦禧、张信云、夏伊娜、徐丰舟、方燕家庭等8户家庭获市级“最美家庭”，曹杏娣、吴桂贤、黄亦禧、张信云、徐丰舟、刘海芳家庭等6户家庭被评为省级“最美家庭”。区妇联在母亲节期间组织开展了“感恩母亲”主题征文，用故事讲述人生，用岁月传递真情，全区征集文章200余篇，感受母爱在不同家庭中的传承。持续开展“传承好家风家训”主题活动，征集好家风家训故事，经过层层筛选、微网投票、专家评审，3个故事被评为市级好家风家训故事。在马岙街道打造“家风街景服务线”，串联家规、祖训、家风、村规等版块，挖掘古今文化，弘扬贤德文化。

【优化家庭教育指导】 实施“爱尚美·幸福+”家庭成长计划，建立家庭成长讲师团队，选树定海区图书馆、定海区岛上书屋等家庭成长驿站5个，探索建立家庭成长微信群5个，覆盖人数达1000人以上。是年5月，举办家庭成长课堂，联合麦乐之家、海博教育开展“家庭成长·感恩大会”美文朗诵大赛，引导全社会树立尊重母亲、热爱母亲、感恩母亲的良好社会风尚，促进家庭教育与学校教育、社会教育形成合力，营造有利于儿童健康快乐成长的家庭环境和社会氛围。巩固社区家长学校平台，完善上墙、台账、场地等要求，趁势而上补齐短板，助推全国文明城市创建。开展规范化家庭教育指导服务活动30余场，受益群众5000余人次，引导家长以身作则、积极践行，让社会主义核心价值观在下一代生根开花。

【服务乡村振兴发展战略】 是年，区妇联围绕，坚持“洁、齐、绿、美、景、韵”六美标准，着重在马岙社区、三江社区、皋泄社区、新建社区、龙潭社区村等“风情乡村”建设点，创建美丽庭院1000户，评选区级“美丽庭院”100户，推荐50户市级“最美庭院”。尤其是在马岙社区将美丽庭院打造融入到美丽乡村建设，把沿线10余户家庭改造升级，带动周边整个区域美化提升。特邀“美丽庭院示范户”、园艺指导师陈芝芬老师开展创建指导、就庭院美化、废物利用、园艺摄影等主题活动，开展“美丽庭院”分享会，带动广大妇女在活动的参与中体会美化家园的快乐，增强美化庭院的意愿。

【助力文明城市创建】 是年，区妇联围绕“巾帼虹·创城你我+”主题，凝聚妇女力量，全力以赴争创全国文明城市。组织巾帼志愿者分发倡议书和相关宣传资料，征集“创城她寄语”，开展文明交通劝导、公交站台清洗、清除小广告等，引领全区142个各级“巾帼文明岗”和173支巾帼志愿者服务队，带动妇女、联动家庭，展示出定海妇女最好的文明风尚。启动“阿拉娘家人·巾帼志愿在行动”活动，联动各级妇联组织、妇女社会组织、家庭成长驿站，因地制宜，发挥优势，采取多种方式传播正能量，为推进创城工作发挥好“半边天”的作用。如美之声演唱团以“快闪”的形式开展创城宣传活动，并编排《文明在哪里》节目，陆续在各社区进行表演，最大限度把广大妇女吸引过来、凝聚起来。

【开展“垃圾分类”宣传】 是年，区妇联围绕“巾帼虹·主妇当家垃圾分家”主题，利用三下乡、科技周宣传契机，向广大妇女群众和家庭，宣传垃圾分类知识，提升垃圾分类普及率和参与率，为美丽定海贡献巾帼力量。运用“定海微女性”微信公众平台、家长学校平台，开展垃圾分类宣传，构筑了全方位的宣传网络。以党建为引领，在东山社区开展“巾帼虹·家园美”项目，开展入户宣传、亲子活动等，分发宣传资料5000余份，通过巾帼宣传队伍的组建、项目活动的开展、活动成果的展示来助力全国文明城市创建，充分发挥妇女群众在家庭家务中的作用，把垃圾分类工作落细落实到家庭，促进垃圾减量。

【推动区域化大联合】 是年，区妇联继续深化党建带妇建活动，以“爱·尚·美”妇女之家为载体，覆盖到11个镇（街道）党群服务中心，在行政事业单位——定海工业园区、非公有制经济——浙江华业塑机有限公司和社会组织——金塘螺杆小镇、城东街道美之声演唱团、盐仓街道军嫂义工艺术团、金塘阳光志愿者协会、巾帼红促进会等7家组织中拓展建立妇联组织。为对改革后的妇联干部进行理论和实践多层次的培训，是年4月，区妇联组织45名妇联干部到杭州、金华等地进行区域化共建经验的学习考察，提升妇联干部的综合素质。搭建“党建+妇建+品牌”长效发展机制，增强妇联工作的社会辨识度。重点推进干砚镇新建社区--她路·新建美、金塘镇—巾帼虹·螺杆链、城东街道桔北社区—美丽家·老邻舍等基层妇联改革创新和区域化共建示范点，成为全市基层妇联品牌工作样版。其中，金塘螺杆小镇建设被列入区域化建设省级基层妇联改革试点；新建社区基层妇联组织被列入全市女性社会组织培训班参观学习的基地。

【推动网络化大联网】 是年，区妇联通过各级妇联主导的244个QQ群、微信群，712名网格妇建员，开展妇女微议事，传播“她”声音。加强新媒体矩阵发声效应，根据宣传形势需要做好微信拉练动员，开展“红船好女儿”“我与时代同行”“创城·她行动”等主题宣传。开设“网络服务”平台，通过“她行动”“女王的教室”“幸福家园”等版块，做好微红娘、微课堂、微公益等，加强网聚能力，增强网络服务的服务性和互动性。目前，“定海微女性”公众号关注达4000多人，访问量达2万多人次。依托花椒网络直播，开展“姐妹微课堂”网络实时共享，主要有插花教学、家庭教育、阅读分享等，目前已发布课程35课次100余小时，活动点赞达10000多人，覆盖群众近4万人次。

【推动项目化大联动】 是年11月，区妇联在定海区社会组织服务中心（原市社保局5楼和7楼）成立定海区女性社会组织枢纽分中心，下辖20余家女性社会组织，实施女性社会组织孵化培育计划，为妇女儿童和家庭提供精准服务。成立的区女性社会组织枢纽分中心将打造成定海区集社会组织党建活动阵地、社会组织孵化培育平台、社会组织服务社会窗口、社工教育实践基地、社区建设指导督导于一体的综合性社会工作服务机构，邀请全区范围内有行业影响力、有发展潜力、社会急需的萌芽型、初创型、支持型社会组织入驻该中心办公，并免费为入驻的社会组织提供项目对接、财务托管、能力建设、项目扶持、信息共享、管理咨询等服务，培养一批治理结构完善、诚信自律、创新发展、作用明显的新型社会组织，使之成为社会组织的“大本营”。中心通过政府购买服务的形式，引进在国内有丰富社会工作经验的团队—嘉兴青鸟社会服务中心运营管理，促进社会组织向组织化、专业化和规范化方向发展围绕创城、乡村振兴、五水共治、垃圾分类等党政中心工作，对接和服务广大家庭和各类女性群体的实际需求，调动各类社会组织、自组织等力量参与中心工作和公益服务，增强妇联工作融入党政大局的紧密度。开展“巾帼虹·幸福家园”项目申领，加强对基层妇联组织和女性社会组织的发展和引导，确保妇女儿童得实惠、普受惠、常受惠。通过女性社会组织、村和社区自主申报、镇（街道）妇联择优推荐、区妇联综合评审，重点实施23个助力中心行动及公益家庭服务项目，下拨扶持资金32.3万元，开展党群区域化共建，培育女性社会组织，形成一批有基础有梯队的公益服务项目品牌群。在9个幸福社区推进“阿拉娘家人”服务品牌建设，通过组建服务团队，规范“阿拉娘家人”工作制度，实施一批“阿拉娘家人”公益项目。

【加大源头维权】 是年，区妇联开展“三八”妇女维权服务、“平安家庭”宣传、女律师维权沙龙、“幸福婚姻大讲堂”等活动，开辟维权指导、法律咨询、心理疏导、公益红娘等服务项目。深化“阿拉娘家人”婚姻家庭服务中心、家事法庭、巾帼志愿律师团建设，开展婚姻家庭矛盾纠纷排查化解督导工作，探讨婚姻家庭公益项目的瓶颈和突破点。推荐家事调解员参与法院家事审判和婚姻家庭协调工作。至年底，区妇联接待群众来信来访95件，成功调解、劝导婚姻家庭案件50余件，联动司法部门开展一起未成年人父母双亡情况下监护人双向选择调解案例。在小沙街道三龙社区开展“东海渔嫂”助推平安渔区建设试点工作，建立巾帼网格促平安宣传队，组织开展学雷锋、普法宣传、免费体检等，助力平安舟山；以道德模范傅国明医疗诊所为点建立“爱心释放站”，开展爱心捐赠、爱心义卖、爱心服务等活动。

【推进“两规”实施】 按照定海“十三五”妇女儿童发展规划的要求，区妇联组织召开全区妇女儿童工作会议和培训，撰写区“十三五”妇女儿童发展规划中期评估报告，全面及时掌握全区妇女儿童发展状况。特别是加强对两规中的重点难点热点问题的专项调查研究，为党委政府正确决策提供参考依据。履行妇儿工委办公室职责，组织开展《妇女权益保障法》《婚姻法》《反家暴法》等法律法规和省高院《关于妥善审理涉及夫妻债务纠纷案件的通知》的学习和宣传。向政协、人大呼吁，努力推动区妇女儿童活动中心、女性社会组织成长的关注和落实解决。

【关爱困难群体】 是年，利用“三八”契机，联合区慈善总会开展老年村妇代会主任专项走访慰问，慰问75～84周岁以上老妇女主任60人，慰问金额达6万元。母亲节，联合区慈善总会开展“关爱母亲·美丽女性”活动，向全区70名贫困母亲发放慈善爱心款7万元。“六一”儿童节，组织区四套班子领导慰问7所学校、5所幼儿园，二个儿童之家，慰问资金8.9万元；安排3万元资金为100位贫困儿童送去温暖。是年，继续开展城乡妇女免费“两癌”检查，做好宣传推广，扩大筛查范围，完成宫颈癌检查7300例，乳腺癌检查7300例，做好15名贫困妇女“两癌”救助项目信息排摸和申报。继续推进“爱心助航美丽行动”，今年新增9对爱心助学，资助金额达5万元。

【参加创新创业大赛】 是年，区妇联围绕经济发展新常态，主动对接区人力社保局、人才办等单位，参与定海区创新创业大赛，区妇联推荐了8名优秀创业妇女报名，章海燕的“共享式木工坊”项目进入十强赛，获2018创新创业大赛优胜奖。引领妇女主动作为，建功立业，主动向各部门推荐优秀女性人才，“康美菌业”王俊获2018年定海区创业新星，金塘全其美家庭农场桃子获2018年精品瓜果展销会参展桃类金奖，双桥昌隆农产品专业合作社火龙果获评火龙果类金奖。在“定海新女性”微信公众号平台上通过“乡村振兴巾帼行”“她创故事”等推广巾帼创业基地和创业女性，营造支持妇女创业兴业、崇尚创新创造的良好分氛围。

【搭建服务平台】 是年，区妇联在全国巾帼现代农业科技示范基地——白泉镇传奇庄园建成舟山群岛新区“她创”产品线下直营店，集创业女性空间、资金、资源等各种要素，打造全市首家巾帼众创空间，为创业妇女建立一个宣传、推广和销售的平台，达到互赢共利。8月，区妇联运用“妇联+”模式，成功举办定海区第五届职业技能大比武茶艺师比赛，吸引众多茶艺高手参加，通过理论和实操比拼，最终6个选手被评为三级（高级工）茶艺师，其他成绩合格者被评为四级（中级工）茶艺师，推进赛事成果转化。走访挖掘出双桥街道“者里”、干䃭镇“心宿”2家民宿，组织参加市妇联成长项目。推荐民宿女主人、女农家乐经营者等参加全市民间美厨娘争霸赛，助力发展乡村旅游，服务妇女创业就业。

【发挥“巾帼文明岗”力量】 加大对各级“巾帼文明岗”的创建分类指导力度，开展各级“巾帼文明岗”创岗培训，发动“巾帼文明岗”投身创城热潮，参与“公益一杯水”、交通劝导、普惠金融宣传、垃圾分类宣传等，提升创岗质量和水平。举行家庭成长沙龙暨“巾帼虹·她梦想”项目签约仪式，通过创业创新成长、家庭成长、女性社会组织成长，联动妇女自组织团队间互助发展，抱团成长，引导广大妇女坚定理想信念，集聚向上力量。围绕“巾帼虹——勇立潮头行”主题，举办姐妹微课堂比赛，进一步激发妇女干部“比、学、赶、超”的工作热情，争当新时代红船好儿女，争创高水平巾帼新业绩。是年，城东街道美之声演唱团获省级“三八”红旗集体称号；金塘镇妇联、环南街道妇联、马岙街道马岙社区村妇联获省级先进妇女组织称号；白泉镇金山社区家长学校被评为省级示范家长学校；区妇联主任科员费淑波、盐仓街道妇联主席（区妇联挂职副主席）张臻获省级优秀妇女干部称号；区妇联副主席陈祎红被评为省级“千村示范，万村整治”工程和美丽浙江建设突出贡献先进个人；环南街道顾亚海家庭被推选为浙江特色十佳“最美家庭”；盐仓街道黄亦禧家庭被推选为第四季度浙江“最美家庭”；马岙街道郑侯法、白泉镇金正飞、双桥街道羊荣地获省级“绿色家庭”称号。

（撰稿：费淑波）

定海区工商业联合会（总商会）

【概况】 2018年，区工商联（总商会）贯彻落实习近平新时代中国特色社会主义思想和各级统战工作会议精神，紧扣“两个健康”工作主题，围绕中心、服务大局，开拓创新、狠抓落实，各项工作取得新进展。是年，区工商联本单位再度获评全省工商联系统先进集体。

【教育引导】 开展党的十九大主题教育实践活动，宣讲十九大精神和习近平新时代中国特色社会主义思想，据统计，受教育人数1200余人。组织学习习近平总书记“八八战略”重要批示。11月1日中央民营企业座谈会后，组织20名企业界人士座谈学习“习总书记在民营企业座谈会上讲话”精神。实施“建立互动机制、涤清政商关系”主题教育活动，向广大企业界人士发出“亲清共融谋发展，同心助力新定海”倡议书，在企业会领导签订“亲清”廉诺书；制定公职人员和企业家《政商关系行为守则》，引导企业界人士守住底线、恪守商德、洁身自好，把握好政商交往的红线和底线。

召开传达学习习近平总书记重要指示精神专题会

【培训服务】 实施“走出去、请进来”等形式，拓展培训渠道，狠抓教育培训工作，组织参加“企业家管理素质提升班”“航空产业建设发展研修班”“企业家创新能力提升研修班”等培训班，举办“两会”热点及政策报告、“企业投资增资研讨会”“企业税收策划及法律风险防范讲座”“制造业技术研发扶持政策解读会”等培训，提升非公经济人士队伍素质。

组织企业家进行企业税收策划及法律风险防范讲座

【商会党建】 完善非公有制经济代表人士数据库建设，做好2018年度非公有制经济代表人士综合评价工作。配合两新组织党工委抓好商会党建工作，新建定海广东商会党支部、区新生代企业家联谊会党支部、区工商联直属商会党支部。深化新生代铸魂工程，开展“青春凝聚在党旗下”主题系列活动。

区工商联直属商会三届会员大会暨商会党支部成立大会

【先进典型】 运用《定海商会》会刊、工商联网站、企业家微信群等媒介，宣传11名优秀企业家在“爱国敬业、守法经营、创业创新、回报社会”的典型事迹。召开区工商联四届三次执委会，表彰21家优秀会员企业、20家光彩事业先进单位。舟山沥港船舶修造有限公司董事长俞永华等企业家获 “舟山慈善奖”；森森集团股份有限公司、浙江金鹰集团股份有限公司等会员单位获评“舟山慈善奖”，彰显区民营企业家良好的社会形象。

区工商联表彰21家优秀会员企业

【参政议政】 参加政协六届二次会议，以《弘扬企业家精神，再创定海民营经济发展期新辉煌》为题作大会发言。撰写《关于对推进“清廉定海”建设的实施意见（征求意见稿）》的建议》和《构建亲清政商关系 促进“两个健康”》情况报告。开展乡村振兴战略特色旅游考察调研活动和“小餐饮店”专项视察调研，撰写《关于加大对我区小餐饮监管的建议》和《关于我区民营企业参与精准帮扶工作情况的调研报告》。采取召开座谈会、书面问卷、上门走访等形式，开展2015—2017年度民营企业社会责任调研、民营企业融资情况专项调研、2017年度上规模民营企业调研和优质民营企业专题走访调研活动，撰写《关于我区中小企业融资情况报告》等调研报告。全面调查基层商会，形成《定海区工商联所属商会改革和发展情况报告》上报省、市工商联，并向全国工商联赴舟调研组作反映。

区工商联开展民营企业融资情况专项调研

【精准帮扶】 联合区委统战部实施“百企帮百户，携手奔小康”三年帮扶计划，按照“产业帮扶、商贸帮扶、就业帮扶、智力扶贫”等精准帮扶方式，全区落实70户低收入家庭与64家民营企业结对，累计完成三年结对目标的70%。联合区委组织部等实施“百企结百村，消除集体经济薄弱村”三年结对计划，全区36家会员企业与36个社区村签订结对协议。实施“东西部扶贫协作对口帮扶四川”工作任务，区内13家商协会与四川宣汉10个村签订三年帮扶结对协议，首批落实结对帮扶资金50万元。举行区光彩事业促进会第三次现场集中捐款，捐资额85万元；动员广大工商联会员和非公经济人士助力全国文明城市创建，发出倡议书，彰显民营企业良好社会形象。

东西部扶贫协作对口帮扶四川宣汉

【以商引商】 发挥组织网络优势和企业家的资源优势，助力“招商引资一号工程”，联合区招商局在上海举行招商推介会，成立“定海区招商引资促进会”，多批次组织异地客商到定海实地开展投资考察和项目洽谈。接洽海盐县工商联考察团、重庆渝北区工商界考察团、四川达州市工商联产业对接考察团、南京市秦淮区企业界考察团等到定海考察。

重庆市渝北区工商联赴定海考察交流会

【服务平台】 完善区领导联系商协会制度、联系重点非公企业制度、联系重点企业界代表人士制度、企业家座谈会制度和政情通报制度。组织企业界代表人士参与全区政情通报会、意见征求会、统一战线暑期读书会。加强与公检法司联同合作，协同区法院开辟了“网上调解”工作机制。成立“定海区工商联（总商会）法律服务中心”。做好税务、安监、环保、住建、消防等部门的联系沟通，帮助会员企业解决相关问题。发挥“劳动关系三方机制”的作用，为民营企业发展保驾护航。加强与工行、浦发等商业银行和海洋农商银行以及邮储银行等金融机构的联系，建立战略合作关系，搭建好区总商会投融资服务中心综合服务功能，为企业提供个性化融资服务。

区工商联法律服务中心成立

【组织建设】 推进直属、金塘、盐仓、广东、天津等商会、协会建立监事会机制，探索成立直属商会统一管理下的环南、昌国、城东、小沙分会组织体系和运行模式。开展“四好”商会建设活动，坚持商协会秘书长季度工作例会和异地商会联席会议制度，举行“新时代、新担当、新贡献”商协会工作主题研讨会。组织镇（街道）商会会长、秘书长赴宁波奉化区纯湖镇商会、象山县丹西街道商会开展了学习考察。做好天津、北京、杭州、双桥、直属等相关基层组织的换届指导。组织开展“转型升级与企业家精神”跨区交流活动，考察7412工厂和浙江华业塑料机械有限公司；以“访名企名家”为切入点，组织考察六横龙山船厂等优质企业；以光彩行动为抓手，赴四川宣汉开展扶贫结对考察活动。增选1名副会长，5名执常委，新增会员69名。

定海杭州商会组织会员参观浙江华业塑料机械有限公司

（撰稿：陈雅芬）

（本分目照片由区工商联提供）

定海区残疾人联合会

【概况】 2018年，定海区残疾人联合会（以下简称区

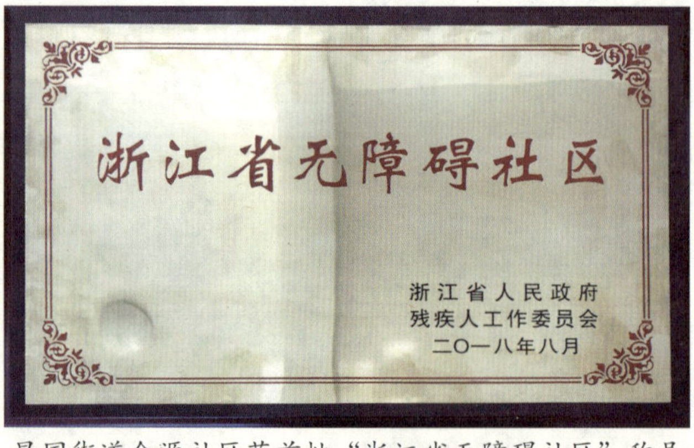

昌国街道合源社区获首批“浙江省无障碍社区”称号

残联）以加快推进残疾人全面小康进程和实施残疾人事业发展“十三五”规划为重点，突出问题导向，强化责任担当，坚持精准服务，全区残疾人各项工作顺利推进。是年，全区有持证残疾人11111人。

【保障残疾人基本民生】 生活补贴和护理补贴制度 加强与民政、卫健等部门的数据互通和比对，实施定期核查，确保补助对象“不漏不重”、救助资金发放到位。全年有2433名残疾人享受困难残疾人生活补贴，全年发放补助金679万元；有4831名残疾人享受重度残疾人护理补贴，全年发放补助金1791.2万元。

社会保险补贴制度 为2家残疾人小康·阳光庇护中心购买机构责任险，共投保45张床位，投入资金3825元。实施自谋职业和灵活就业残疾人城镇职工养老、医疗保险补贴，养老保险补贴666人，投入资金157.79万元；医疗保险补贴332人，投入资金80.82万元。开展城乡居民基本医疗保险补助，精神残对象医保补助覆盖率为100%。为残疾人购买意外保险，增强残疾人抵御意外风险的能力，投入资金55万元。

帮扶救助制度 做好特困人员申报、审核、资金发放工作，全区有特困残疾人223户，295人。全年慰问困难残疾人342人次，计资金38.91万元。

【提升残疾人基本公共服务水平】 开展远程康复服务 利用区康复中心的人力及设备资源，开展远程康复服务，完善残疾人康复服务网络。

提高机构康复救助标准 按家庭经济状况、康复时长等进行分类补助，其中贫困家庭每年最高补助提高到10000元，其他家庭5000元。全年为43名残疾人提供机构康复救助。

提升基本康复服务水平 实施残疾人精准康复服务行动，全年配发助听器200台，适配助视器44件，白内障手术补助8例，安装假肢17条，髋(膝)关节置换手术补助39例。推进残疾儿童基本康复服务，全年开展儿童康复训练补助63人。做好辅具常规性配发，采用自行购买和集中配发相结合的形式，审批补助251件，补助金额16.15万元。加快家庭责任医生签约服务，0~6周岁残疾儿童、精神残疾人和“三瘫一截”等成年重度残疾人三类人群的签约服务率比往年有大幅提升，有2815人签约，签约率81.42%。落实精神残免费基本用药和集中康复治疗补助政策，发放免费服药卡1033张，集中康复治疗审批73人，实现需求服务率100%。

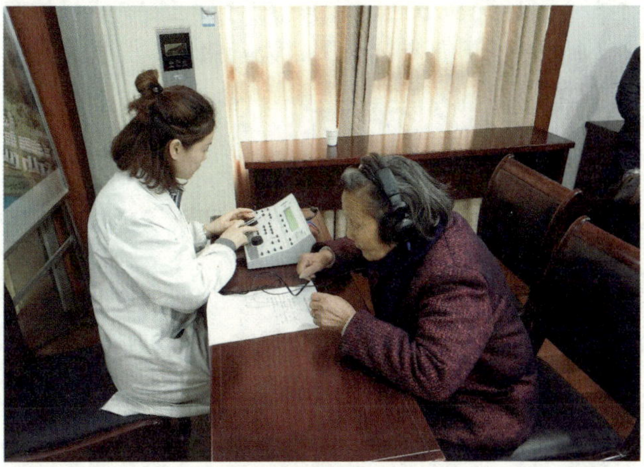

进行助听器验配

抓好残疾人教育 开展随班就读、送教上门等形式，确保残疾学生义务教育入学率100%。加大助学补助政策，全年有12名残疾大学生获得学费和住宿费用减免13.3万元；有70名残疾人和贫困残疾人子女得到各级政府和部门补助28.7万元。推荐2名残疾人参加浙江省特殊教育学院的入学考试并被录取。

加强文化供给 组织开展残疾人文化艺术周，做好文化助残“五个一”工程活动。深入3个镇（街道）、2个福利院、1个广场开展6场文艺演出，组织残疾人及亲友参观游览公园1次，赠送福利企业爱心书屋杂志书刊300册。

文化助残“五个一”工程进农村文化礼堂巡演

推进无障碍环境创建 以设施改造为重点，开展无障碍设施进家庭项目。在全面满足贫困残疾人的基础上，向一般残疾人家庭扩展延伸，全年实施141户，其中涉及改造40户，配发辅具307件。开展省级无障碍社区创建，昌国街道合源社区获首批“浙江省无障碍社区”称号。

残疾人数据动态更新　对10783名残疾人开展基本服务和状况动态更新工作，配合第三方调查机构对242名残疾人开展收入监测，为残疾人事业发展决策提供数据支撑。

【推进残疾人就业创业】　多形式推进残疾人就业　继续推进行政事业单位和国有企业带头安置残疾人工作，全年推出事业和国有企业岗位各1个。残疾人电商孵化基地作用发挥明显，定海“创客工厂”残疾人创业孵化基地正式获批省级残疾人电商孵化基地。“开心农场”低收入残疾人精准扶贫项目步入正轨，稳定安置8名低收入残疾人就业。残疾人辅助性就业有新突破，新增舟山“东帆”残疾人小康·阳光庇护中心，20名智力、精神和其他重度残疾人实现辅助性就业。做好按比例安置残疾人就业工作，开展以“就业帮扶，真情相助，不让一个困难残疾人掉队”为主题的残疾人就业援助专项活动，全年新增按比例就业36名；做好残疾人按比例就业审核工作，集中审核用人单位301家，核定按比例安置残疾人537人。

到“东帆”残疾人小康•阳光庇护中心送图书

组织残疾人实用技能培训和竞赛　区本级、各镇（街道）和各类培训机构举办残疾人实用技术培训班14次，培训残疾人251人次。

发放残疾人就业创业补贴　对11名自主创业残疾人发放补助5.5万元，对27名残疾人发放贷款贴息补贴21.9万元；对10家省、市和区级农村残疾人就业创业示范基地发放补助资金36.2万元；对5家超比例安置残疾人就业用人单位发放奖励金2.06万元。

【优化残疾人事业发展环境】　推进“志愿者在行动”项目　健全助残志愿者的招募注册、服务对接、服务记录、组织管理、评价激励、权益维护等制度，截至目前，全区有助残志愿者277名。全年组织志愿者服务队下海岛、入镇（街道）、进福利院，开展集中助残活动15次。

提高残疾人社会融合度　精心设计载体，搭建舞台，帮助广大残疾人走出家庭、融入社会、展示风采。在浙江省第十届残疾人运动会中，定海获得4银、1铜的成绩；在市第十届残疾人运动会中，定海获得23金、13银、11铜的成绩，并取得团体第一。为使重度残疾人通过体育运动得到康复，开展康复体育进家庭项目，配发残疾人康复体育器材335件，共计资金1.03万元。鼓励残疾人走进影院，发放舟山影院电影卡150张。支持残疾人专门协会开展活动。

扩大扶残助残宣传　在全国助残日期间，开展“全面建成小康社会，残疾人一个也不能少”主题活动，弘扬助残风尚，展现残疾人风采。为残疾人家庭免费安装itv（宽带互联网视听业务），通过应用平台的政策宣传、通知公告等及时更新残疾人相关政策，全区有721名残疾人家庭接入应用平台，年投入资金14.42万元。

开展全国助残日庆祝活动暨定海区
“助残志愿者在行动”启动仪式

残疾人合法权益维护　全年向残疾人提供法律、政策咨询200余人次，接待来电来访58次，法律援助6起。出台相关政策，积极稳妥地做好农村9辆残疾人机动轮椅车退出营运处置工作。

【增强残联组织建设】　抓好二代残疾人证系统　按《浙江省残疾人证管理细则》（试行），经申请、受理、评定、公示、审批、制证等程序，进一步规范残疾人证的核发和管理，通过每季度开展残疾人基本信息核查工作，每月开展死亡人员公示注销，确保数据翔实、信息准确。全年通过医院评定和入户评定做发残疾人证1086本，注销517人。

抓好残联队伍建设　加强残疾人工作者的业务能力培训，4月份组织各镇（街道）残联理事长、专职委员及区残联部分机关干部到湖州学习考察，学习当地的优秀经验。深化“走亲连心、真情服务”党建服务品牌创建，不断增强党员干部的责任意识、服务意识、创新意识。

开展“大学习大调研大抓落实”活动　贯彻落实“大学习大调研大抓落实”活动要求，加强机关干部政治理论素质和业务能力水平。通过集中学习、自学、网络学习、主题发言、知识竞赛等形式，使机关干部自觉将学习成果运用到实践中。结合“作风建设年”活动，区残联领导班子和科室负责人深入基层，通过走访调研、座谈交流等方式，摸实情、找原因、理思路、提对策，以调研促整改，切实解决重点难点问题。配合做好区委、区政府中心工作，多次参与檀东社区、昌东社区环境整治工作，履行“路长”职责，及时反馈巡路中发现的问题，做好残疾人乞讨人员救助等工作，助力文明城区创建。

（撰稿：徐露楠）

（本分目照片由区残联提供）

定海区文学艺术界联合会

【概况】　2018年，区文联按照年度工作计划和上级部署任务开展各项活动，为建设舟山群岛新区提供精神动力和文化支持。是年，文联下辖作家、书法、美术、摄影、戏剧曲艺、音乐、舞蹈和民间文艺家8个协会，有会员504名，其中全国协会会员14人，省协会会员70人，市协会会员160人，各类文艺团队10余支。文联与各协会全年举办（承办、协办）各类文艺活动50余次，影响较大的有确立承办首届三毛散文奖等活动。会员全国、省级以上获奖、出版、入选、演出、展出、发表作品200余件。其中，出版作品8部，各类文艺作品获市级奖项50余件，省级以上60余件。3月，召开三届六次全委会会议。

【学习贯彻党的十九大精神】　区文联坚持把组织学习贯彻党的十九大精神和习近平新时代中国特色社会主义思想，学习贯彻习近平总书记系列重要讲话，特别是习总书记关于文艺工作的重要讲话精神，作为重大的政治任务，精心组织学习贯彻，凝聚共识、指导创作。组织各协会骨干会员参加了省文联和各文艺协会举办的学习培训班。同时，利用半年常委会、协会理事会议，分层次组织学习党的十九大精神，深刻领会精神实质。通过学习研讨，引导广大文艺工作者不断提高思想理论修养，增强文艺工作在新时代肩负新使命的认识。

【中国作协党组书记、副主席钱小芊率调研组到定海调研】　11月20日，中国作协党组书记、副主席钱小芊率调研组到定海调研。调研组一行先后到中大街、西大街、舟山名人馆，干礅镇新建社区，小沙街道“三毛祖居”进行实地考察，并举行了舟山市基层作家座谈会。座谈会上，听取了定海举办三毛散文奖情况汇报。中国作协办公厅主任李一鸣，文艺报社总编

召开定海区文联三届六次全委会

中国作协党组书记、副主席钱小芊调研组来定海调研

辑梁鸿鹰，中国作协办公厅行政处副处长刘正祥，浙江省作协党组书记、副主席臧军参加调研。市区领导钱军、庄继艳、何徐华陪同调研。

【执行承办第二届“三毛散文奖”系列活动】 名人文化是一座城市建设和发展独特的宝贵资源，可以提升一座城市的知名度，增强一个城市的精神气韵，更是一座城市向外宣传的一张有内涵的文化名片。为此，区文联协助区委区政府努力打造“三毛文化”品牌，进一步提升定海及舟山的知名度、影响力，把“三毛散文奖”作为一个重点文化品牌来经营。区文联执行承办第二届“三毛散文奖”系列活动，做好“三毛散文奖”的启动、作品征集和评奖工作。

举办2018年华语散文定海论坛

6月9日，在台北与台湾学者、专家举行“三毛文学影响与三毛散文奖”座谈会。研讨交流三毛文学在两岸读者中的影响，以及三毛散文奖的意义和价值。

与台湾学者及专家举行“三毛文学影响与三毛散文奖”座谈会

第二届“三毛散文奖”的征集从4月20日开始到10月底截止，收到参评作品650件（其中散文集251部、单篇散文399篇）。12月15日，召开初评会议，评出终评入围作品52件。中国大陆和香港特别行政区及台湾地区的作家，还有来自美国、加拿大、日本、马来西亚等国家的华语作家，纷纷投寄作品参与评选。

举办第二届“三毛散文奖”学者粉丝对话会

【举办各种文艺活动】 送文艺下乡和文艺进军营、进学校、进企业活动　区文联认真组织文艺工作者和文艺家送文艺下乡，开展丰富多彩的文艺服务活动。书法家协会王忠军等多人参加下乡活动，为广大群众免费书写春联、赠送图书杂志。

开展文艺进军营活动

联合举办“古韵定海·我们一起来朗读”活动　在定海柳永文化广场举行“百花迎春”2018定海区喜迎新年朗诵会，“诗韵春天——古韵定海，我们一起来朗读”活动，让现场的市民和朗读爱好者们享受了一场文化大餐。举办“纪念三毛逝世27周年专场朗诵会”等多个主题朗诵会，打造定海朗读广场。

举办“古韵定海·我们一起来朗读”活动

联合举办2018“唱响定海”“书香定海”系列活动　文联参与2018“唱响定海”“书香定海”系列活动。组织文艺家参与策划、指导、创作。

联合举办文艺作品展览　联合举办“问梅消息”纪念改革开放四十周年梅花诗词书法展、十镜百美摄影展等十次展览活动。

【文艺创作成果】　三人舞《摇篮》、女声表演唱《农庄小娘》获浙江省群星奖，被选送全国第十八届“群星奖”备选作品。双桥街道获浙江省政府颁发的木偶戏终身学习品牌，这是区民间文艺家协会副主席、木偶戏传承人侯雅飞多年来努力坚持的成果。

文艺创新成果—三人舞《摇篮》

【各协会创作成果】　作家协会　陈锟的长篇小说《暴跌》出版，李强的网络小说《铁血战将》（1—3册）出版，白马《一代词宗：柳永传》再版，白马《三毛传》列入浙江省作协优秀作品扶持项目。《最美乡村：新建社区》出版，白马编著的《舟山鸦片战争纪念公园》10月出版。区文联编印《爱满定海慈善摄影集——暨2017爱满定海摄影比赛作品选》《筑梦田园——定海区“乡村振兴杯”摄影大赛作品集》两本摄影画册。白马、陈锟、侯宏琦、何伊娜、储慧、陈瑶、颜珊珍等作品入选《浙江省五年文学作品选》（舟山卷）。李强在咪咕阅读网发表现代军事小说《悍兵》，截至年底连载48万字，马园园的网络小说《“完”美婚姻》连载于“咪咕阅读”，截至年底有63万的点击量。

区作家协会创作的新成果展示

戏曲协会　刘俊峰参演小品《触警生情》等多场；刘俊峰创作拍摄制作微电影《背影》《较量》等；沈洁、袁健露创作的音乐小品《为“爱”停留》荣获舟山市文艺精品创作展演双金奖，同时荣获个人最佳编剧奖；徐霞女参演的微电影《因为有你》参加浙江省微电影大赛荣获最佳女演员。

音乐协会　韩侃凯参与创作的美声独唱《爱的暖流》获舟山市文艺作品创作节目展演创作表演一等奖；陆冠瑜、刘涛创作的表演唱《爱在夕阳》获舟山市文艺作品创作节目展演表演一等奖，创作二等奖。陆冠瑜、刘涛创作的歌曲《嬗变》参加浙江省纪念改革开放四十周年村歌大赛获铜奖。

舞蹈协会　潘侠、张瀚云、乐凯凯创作的舞蹈《初·海》获2018浙江省群众舞蹈大赛银奖，舟山市文艺作品创作节目展演创作一等奖。张颖颖参与创作的排舞《舞动新时代》获2018浙江省“舞动新时代”广场舞展演银奖。靓姨舞蹈队创作的节目获2018浙江省“新时代”老年人健身秧歌展演优胜奖。排舞《霸气》在2018唱响定海.舞比幸福排舞大赛中荣获冠军；舞蹈《秋送》在2018唱响定海.我的文化我的团综艺SHOW中荣获冠军。七彩舞蹈协会的舞蹈《心声》在2018唱响定海.我的文化我的团综艺SHOW中获季军。

摄影协会　陈莺摄影作品集《且摄且行》出版。曾其龙《矾厂》获浙江省文化馆主办的浙江省百名摄影家“聚焦世界矾都”现场摄影抓拍赛优秀奖，曾其龙的摄影作品《窠》（组照）入选2018浙江省第17届摄影艺术展，刘引华《朱家年味》在《大众摄影》杂志社主办的“视界金峰杯”乡土中国全国摄影大赛中入展；景汉锋《姐妹情深》在《大众摄影》杂志社主办的第五届中国好风光全国摄影大展（凯里站）入展。

书法协会　王平汐、王忠军、胡炳华等多名书法家为定海河道、亭廊创作书法作品。同时组织会员积极创作作品参加各类国家级、省级比赛，一年来有33人次入展入选省级相关展览。孙幼旭、俞舟波作品入展浙江省第五届女书法家作品展。孙幼旭、付世风、陈迦勒、俞文军、徐晓虹作品入展“陆维钊奖”第八届浙江省中青年书法篆刻展。胡炳华作品入展新峰精英书法40家精品展（省书协）。徐晓虹作品入选“卫夫人杯”全国妇女书法展（省书协）。孙幼旭作品入展浙江省女书法家百家精品展（省书协）。胡炳华作品荣获浙江省群星正书大展金奖，张海明获提名奖（省文化厅）。王维芳作品荣获浙江省群星扇面书法大展铜奖。

美术协会　组织会员创作作品参加各类全国、省级展览、比赛。抓创作出成绩，专业美术、民间美术齐头并进。马跃峰入展《走进大师——香如故》纪念何香凝先生诞辰140周年暨首届相邻如故全国美术作品展；江文佳《巴山夜雨》入选第六届全国青年美术作品展；方晓华《岛蚀•红礁》获浙江省第十五届水彩画作品展学术奖；芮海峰《有标记的变电箱》入选浙江省第15届水彩粉画作品展、《石塘夕照》入选2018年环太平洋国家作品展；柴波《夜徘徊》入选浙江省水彩画展、《隔江唤得渔船守》获浙江省第七届青年美展优秀奖(最高奖)并发表于中国美术家协会主办的《美术》杂志。周朝龙、高松松《穿・越系列之一》入选“勇立潮头——浙江省第七届青年美术作品展”、《加油•海门》“江海门户通天下” 入选全国中国画作品展；包凤佴《山有浮光》入选“勇立潮头”——浙江省第七届青年美展 ；韩加波渔民画作品获浙江省现代民间绘画邀请展金奖；姚美飞、周雪琴、江强兴、包凤佴、朱国安5幅渔民画作品获浙江省现代民间绘画邀请展铜奖；朱松祥《鱼腥飘香东海来》获2018全国农民画优秀作品展收藏作品奖。

民间文艺协会　首届浙江民间艺术精品展演暨第七届浙江民间文艺“映山红”奖・优秀民间艺术表演评选活动中，舟山锣鼓、跳蚤舞获奖。朱良成在定海非遗科协助下挖掘民间音乐（贺郎调）经一个月调查走访民间艺人，录像、材料搜集整理，经专家评选成功入选市级非遗保护项目。

【为民服务系列活动】　送文艺下乡活动　1—12月，组织文艺工作者和文艺家送文艺下乡到街道、社区、文化礼堂等开展丰富多彩文艺服务活动。书法家下乡为广大群众免费书写春联。

“百姓课堂”系列公益培训　区文联与区文化新闻出版局开设“百姓课堂”系列公益培训活动，将活动纳入年度工作计划，每个月都组织安排“书法艺术”“音乐舞蹈”“美术”“戏曲表演”等系列公益培训，由各协会文艺骨干担任专业指导老师，在文化馆教室免费为市民培训指导。

举办版画培训班

【办好文艺园地】　是年，出刊《望潮》4期，40多万字，推出“采风作品”特辑2次，得到读者好评。12月，在浙江省文化系统组织的2018年度全省群众文化期刊评比中，《望潮》文艺杂志获全省群众文化期刊评比“兰花银奖”。

荣誉证书

《望潮》

在 2018 年度全省群众文化期刊评比中荣获银奖。特发此证，以资鼓励。

浙江省文化馆

2018 年 12 月

《望潮》文艺杂志获全省群众文化期刊评比“兰花银奖”

（撰稿：白　马）

（本分目照片由区文联提供）

定海区慈善总会

【概况】　2018年，定海区慈善总会高举习近平新时代中国特色社会主义伟大旗帜，围绕区委、区政府工作大局，探索慈善工作新路子，推动慈善事业健康持续发展，完成年度各项工作任务。是年，总会募集善款（物）1897万元，比上年增加296万元，完成年初计划1200万元筹资目标的158%。各分会持续发挥募集优势，在创城、旧城改造等重点工作任务繁重的情况下，18个分会募集善款898万元，占善款募集总额的47%。

【召开三届五次理事会】　8月2日，区慈善总会三届五次理事会召开。区领导庄继艳、余河通、车志宽、张伟旭、屠定玉，区慈善总会一、二届会长兰连根，区慈善总会副会长黄静、何斌、林坚定、俞永华、释印忠、谢海常等参加会议，现场有55个爱心企业、单位和个人向区慈善总会捐款，合计人民币890.8万元。

8月2日，定海区慈善总会举行第三届理事会第五次会议

【开展募集善款】　“慈善一日捐”　总会制定“慈善一日捐”工作方案，明确募集任务，区党政办为“慈善一日捐”联合发文，各镇（街道）由主要领导牵头，村、社区、企业层层发动，营造良好的社会氛围，各局办实施活动。“慈善一日捐”全年募集善款233万元。

爱心企业捐赠　2018年，企业捐赠计884万元，占善款募集总额的47%。企业界是全区慈善捐款的主力军，其中浙江金鹰股份有限公司、森森集团股份有限公司连续多年每年捐赠50万元以上；浙江华定集团有限公司、浙江和海集团有限公司等爱心企业也连续多年捐赠善款，支撑全区慈善事业的健康发展。

冠名基金　小额冠名慈善基金成为“平民慈善”发展的新引擎。是年，总会新建出租车行业协会“爱的基金”、舟山市爱心联盟联合会“爱心联盟慈善基金”、舟山市仙草生态农业开发有限公司“东海瑞草慈善基金”、舟山宁远海运有限公司“冬日暖衣慈善基金”。小额冠名慈善基金增加至15家。

众筹募集　2018年，先后为陷入困境的重大病患者发起5起网络众筹，捐款达到127万元。其中，为身患白血病的男童夏某发起的众筹，花费短短十余个小时，成功众筹50万元手术费，创下众筹时间、众筹额度新记录。总会还开展公益众筹，为新疆阿克苏地区温宿县尤咯克斯日木村幼儿园筹集到价值6000余元的羽绒衣裤“爱心冬衣”；为四川宣汉地区5名贫困大学生公益众筹到2.5万元的助学善款。

市外合作渠道　以助老项目为载体，争取到宁波市镇海区、鄞州区、北仑区慈善总会的支持，2018年募集到资金131万元。其中，60万元用于定海区居家养老服务中心建设，26万元用于岑港街道敬老院建设，25万元用于金塘镇山潭社区居家养老服务中心建设，10万元用于双桥街道敬老院建设，10万元用于白泉镇北蝉敬老院建设。

【品牌项目推进扶贫济困】　2018年，总会继续加大慈善救助力度，扩大救助覆盖面，以传统品牌救助项目为基点，探索救助项目新领域，累计救助支出1774

万元，达上年总收入的94%，惠及18248户(人次)。

“共度春节” 温暖人心　是年，发放“春节送温暖”慰问金260万元（其中总会122万元，分会138万元），惠及困难群众1600人（次）。

“金秋助学”圆梦学子　浙江金鹰集团有限公司、万向集团、中化兴中石油转运（舟山）有限公司、市区佛教协会、浙江和海集团“海基金”等企业、单位通过定向、结对等多种形式持续开展爱心助学活动。全年帮助近400名贫困学子，发放助学善款110万余元。

“重阳助老”情暖夕阳　重阳节期间，总会和各分会共安排28万元，惠及全区422名困难老人。舟山怡东凯丽大酒店慰问各镇（街道）敬老院近100名老人，送去爱心月饼和爱心餐。浙江海洋大学东科学院志愿者们定期到定海城区有关街道上门走访慰问失独老人，为老人送去关怀和温暖。

“冬日暖衣”奉献爱心　舟山宁远海运有限公司出资5万元为全区各镇（街道）敬老院217名困难老人送去全新的套装冬衣。春节来临之际，他们又向200名环卫工人赠送了200套总价值5万元的御寒冬衣。

“森森爱心”惠泽患者　森森集团股份有限公司冠名的“森森爱心”大病医疗救助项目，2018年发放救助金20万元，惠及大病患者25人（次）。

1月15日，2018年度“森森爱心大病医疗救助”发放仪式在马岙街道举行

“陈伟兴慈善基金”　陈伟兴冠名的“救助困难家庭尿毒症”项目，发放48.5万元善款，救助全区112名困难尿毒症患者。

“爱眼光明行”　湖南爱眼公益基金会携舟山爱尔光明眼科医院设立的“关爱定海区失独、空巢及困难老人复明工程”基金，至2018年底，出资75万元成功为全区483名55周岁以上的困难白内障患者实施免费手术。

“应急救助”促和谐　继续发挥慈善在应急救助中的积极作用，促进社会和谐稳定。2018年总会发放8.5万元善款，救助7名困难人员。

“双拥共建”鱼水情深　2018年总会安排近45.4万元，走访慰问全区96名现役、退伍困难官兵及军属。

关爱“儿童之家”项目　2018年，总会与省、市慈善总会共同出资20万元，选择在金塘、盐仓建立2个“关爱儿童之家”项目，组织开展各种形式的帮扶活动，让留守儿童得到关爱。

“爱满定海”公益慈善月月行活动　从1月开始，总会启动“爱满定海”公益慈善月月行活动，联合爱心单位、爱心人士每月围绕一个不同的主题，对不同的困难群体开展救助，活动全年救助金额达19万元，惠及人数达2500人（次）。

9月30日，开展“爱满定海”公益慈善月月行活动——慰问道德模范钟耿平

爱心基地“慈善超市”　总会尝试慈善实体化建设模式，与区民政局共同打造全市首家综合性慈善超市——定海区慈善超市，超市集特卖、义卖、捐赠、公益活动等功能于一体。12月8日，慈善超市试运营后吸引爱心人士和企业加入，其中爱心人士90岁的郑云卿老人捐赠6万多元的生活用品，慈善超市成为总会一个新的爱心基地。

12月8日，定海区民政局和定海区慈善总会共同打造的定海区慈善超市试营业

【宣传和推广慈善文化】 总会借力新闻媒体，运用多种载体，通过多种形式广泛宣扬慈善理念，营造“人人可慈善，处处皆慈善”的浓厚氛围。

围绕多家新闻媒体开展宣传 与《舟山日报》《舟山晚报》《定海新闻》等主流媒体合作，宣传慈善人物、慈善活动。积极向省市有关刊物投送稿件，2018年定海海滨公园“心愿亭”启用宣传活动被《浙江慈善》第75期采用。在自有媒体定海慈善网站、定海区慈善总会微信公众号上发布定海慈善各类救助、慈善文化宣传活动等咨讯。

围绕“爱满定海”主题开展宣传 “爱满定海”是总会推出的一项品牌系列活动，旨在慈善文化底蕴的积淀，宣传弘扬慈善文化。每月围绕不同的主题进行救助、慰问，推进“爱满定海”公益慈善月月行活动；编印“爱满定海”慈善摄影集画册，展现定海弘扬正气，倡行大爱的动人风采；在《舟山晚报》“爱满定海”专栏，继续每月一期整版宣传定海慈善人物、慈善单位、慈善义工，传递慈善正能量。

围绕各类活动载体开展宣传 按照“以活动促宣传，以活动树品牌”的工作思路，精心策划各种形式的慈善活动。在“神行定海山”全国徒步大型活动上开展“一元捐”活动；在舟山·金塘老北京文化庙会上中开展汇聚爱心的募捐活动；在长峙岛香樟湖广场举行“益起来”海基金成立五周年善心毅行活动；在海山公园推出慈游埠“爱心特卖”活动；在东海大峡谷越野赛上开展“捐出一份爱心，奉献一片真情”的慈善公益宣传活动。

【慈善义工活动】 以义工项目为引领，发挥义工项目品牌效应，义工活动形式多样， 全年开展各项义工活动1060次，参与人数22250人(次)，服务时间44500小时。创建全国文明城市活动期间，义工志愿者们为创城增砖加瓦，参与各类服务活动达500余次，用善行义举、点滴行动向社会传递着慈善正能量。

3月30日，义工分会组织百名义工开展“缅怀革命先烈 清扫烈士陵园”活动

“爱心奶奶”郭玲娣传递关怀能量 为定海白泉育才初中的两名同学举行一次爱心牵手助学帮困活动；开展迎六一爱心麦片大派送活动，为城区部分小学和外来务工子弟学校送去物品。开展志愿者义教进校园，组织学生参观博物馆，参加交流展示会，参与“世界海洋日”“ 科普嘉年华”等活动。

慈善拥军车队传递帮扶能量 开展拥军活动服务驻舟山部队官兵、家属1200人次；开展“爱循环·衣循环”活动8次，把近万件慈善捐衣送到工厂、大桥建设者手中；每月一次到盐仓敬老院包饺子、擀面条，不定时到盐仓敬老院陪老人聊天、打扫卫生，慰问敬老院老人110人（次)；每星期一次开展护河护绿活动；爱心结对安徽籍贫困新居民、新四军历史研究会的老同志，为有困难的人送去关怀和帮助。

“爱心联盟”传递强大爱心能量 为偏远大猫岛敬老院的老人们过生日送去年夜饭；和慈善拥军车队联合组织“粥暖人间‘腊八节’”活动，为定海盐仓、小沙、白泉等地的贫困新居民送去腊八粥；和佳贝艾特奶粉公司、商源贸易有限公司联合举办优爱奶粉捐赠行动，为45户新居民贫困儿童发放7.8万元的奶粉。

“慈艺爱心演出队”传递美丽能量 采用歌舞、

小品、走秀等形式，在城区乡镇对慈善理念、慈善人物进行宣传。到白泉敬老院开展送爱心、送温暖慰问活动；为偏远小岛刺山岛的空巢老人们，定期开展结对慰问服务和演出活动。

【内部管理和自身建设】 重视规章制度建设，把制度管人、制度管事、制度管钱放在首位。完善原有的规章、制度，使总会的各项工作始终做到有章可循、有据可依。运用慈善网站，定期向社会公众展示慈善工作动态，公布慈善募捐、慈善救助等情况，促进慈善行为的透明公开规范化运作。组织总会全体工作人员学习《慈善法》，结合工作实际就《慈善法》的相关内容进行研讨，加深理解，提高总会工作人员职业素质。2018年初，经舟山市社会组织评估委员会复评，区慈善总会顺利通过AAAAA社团复评工作。6月，舟山市第三次慈善大会授予总会 “慈善工作先进集体”称号。

3月，总会获评为AAAAA级社会组织

（撰稿：江园园）
（本分目照片由区慈善总会提供）

定海区老年人体育协会

【概况】 2018年，区老年体协工作者完成全年工作任务，取得一定实效，得到社会认可和上级部门肯定。区老年体协、岑港街道老年体协被浙江省老年体协评为老年体育先进协会，董美玲被评为2011至2017年度浙江省老体工作荣誉奖；徐赛浙、钟月娥等六位老体骨干被评为2011至2017年度浙江省老体工作贡献奖。朱珊君被评为浙江省最美社会体育指导员；邱广田、邱桂英、俞再兴等三人被评为第八届浙江省健康老人。环南街道港务广场、昌国街道众乐回春等8个健身站，被评为2013—2018年度舟山市老年体育“健康人力秀”先进集体，余汉珠、林 斌、王水菊等31人被评为2013—2018年度舟山市老年体育“健康人力秀”先进个人。区老年体协、长岗山阳光健身队等7支团队被定海区人民政府评为定海区第九届群众文化政府奖优秀体育团队，王亚珠、谢伊肃等22人被评为优秀文体带头人；靓姨健身站被定海区文体局、定海区文联联合评为“年度优秀团队”，海浪花健身站、长岗山阳光健身站、海之星健身站、东韵健身站、米岭广场舞队、韵舞韵律舞蹈队、雪莲花魅力舞蹈队、西安阳光腰鼓队被舟山市文体局、舟山市广场舞指导中心评为年度优秀团队。

【召开各类会议】 *老体骨干迎春茶话会* 1月11日上午，区老年体协在白泉镇召开老体骨干迎春茶话会。40多名老体健身项目带头人、城区各健身站站长代表和志愿者代表参加会议。会议由区老体协常务副主席叶英军主持，副主席王素青、副秘书长朱珊君分别回顾总结过去一年城区健身站和区老体协志愿者直属分队工作开展情况。与会人员各抒己见，共话老体发展事业，为新一年定海老体事业发展建言献策。常务副主席叶英军在会上讲话。

五届三次全体会议 3月22日上午，定海区老年人体育协会五届三次全体会议在区政府1号会议室举行。区五届老体协全体委员出席会议，区属有关部门、镇、街道老年体协工作人员，部分示范社区老年体协主席，区老年体协项目带头人，受表彰的优秀志愿者列席会议，会议由区老年体协副主席王素青主持。会议通报表彰2017年度老体志愿服务先进集体和

区老年体协五届三次会议召开

先进个人，通报2017年老年体协受各级表彰的各类先进；听取区老年体协常务副主席叶英军所作的常委会工作报告；区人大常委会副主任兼区老年体协主席孙忠定作重要讲话。会议要求全区各级老年体协和广大老体工作者在新的一年里，要以党的十九大精神和习近平新时代中国特色社会主义重要思想为指导，不忘初心，奋勇争先，勇担使命，为定海区老体事业新的发展做出更大的贡献。

竞赛委员会会议 4月11日上午，定海区老年体协在区环保局一楼会议室召开竞赛委员会会议。竞赛委员会副主任王素青主持会议，区老体常务副主席竞赛委员会主任叶英军在会上讲话。会议回顾总结2017年区老体比赛活动情况，明确2018年工作任务。与会成员为更好开展全区老年体育工作出谋划策，会议通报研究参加市以上有关交流比赛项目事宜。

科学健身指导委员会会议 4月10日上午，区老年体协召开科学健身指导委员会会议。民政、卫计、红十字会等成员单位领导参加会议。会议回顾2017年区科学健身指导委员会的工作。会议确定，2018年区科学健身指导委员会的各成员单位继续履行自己的职责，抓好“送健康进社区”活动，在“万民益寿”大讲堂中普及科学健身知识的同时，开展义诊活动。为健康老龄化、积极老龄化贡献力量。

【推进规范化建设】 是年，市规范化检查组到双桥街道复评验收，听取街道老年体协规范化建设开展情况汇报，查看有关台账。经汇总审核，双桥街道再次被确认为舟山市“规范化老年体协”，得到通报表彰和奖励。

【创建省老年体育活动中心（俱乐部）】 2018年，协会继续加强对创建活动的指导。岑港街道烟墩、盐仓街道虹桥、金塘镇柳行等三个社区被省体育局授予“浙江省老年体育活动中心（俱乐部）”。至此，全区有16个社区获此命名。

【组织开展老年体育活动】 区老年体协举办钓鱼比赛、庆重阳中老年木兰双扇交流展示等近千名运动员参加比赛（展示）。各乡镇街道组织开展丰富多彩的活动。据统计，2018年全区各级老年体协举办各类老体活动383 次，29122 人次参与。区级层面组织比赛展示9次，42支队伍， 1286 名运动员参赛，参加活动的总人数为1444 人。

老体骨干迎春趣味活动 1月11日下午，由区老年体协主办，白泉镇老年体协承办的定海区老年体育骨干迎春趣味活动在白泉镇举行，近40名老体骨干参加本次活动。本次趣味活动设置“套圈、孖球过盆、投毽进篓、环环相扣”等4个项目。陈莲红夺得套圈、孖球过盆二项冠军；俞再兴拔得投毽进篓头筹、宋平获环环相扣第一名。

老年人钓鱼比赛 4月16日上午，由区老体协组织举办的定海区老年人钓鱼比赛在盐仓街道开钓，来自区属、街道的10支团队近50名选手参加比赛。赛事设团体、个人两个竞赛项目，按参赛团队、个人在规定的时间内钓鱼总尾数计算成绩，团队和个人钓鱼尾数在前三名分别有奖。经过一个多小时角逐，获团队前三名的依次为昌国街道、盐仓街道、区人大；获个人前三名的依次为昌国街道陈恩夫、区人大李善岳、盐仓街道蔡全法。

举办老年人钓鱼比赛

老年人“定海麻将”比赛 6月15日，区老体协组织的“2018年老年人‘定海麻将’比赛”在市老体中心举行，来自全区镇、街道和区直单位的16支代表队60多人参赛。举办此次老年人“定海麻将”比赛，旨在为定海老年人搭建多渠道健身交流平台，传承“定海麻将”文化，展示老年人麻将业余爱好技艺，丰富老年人的文体生活。

“8·8”全民健身日健身项目展示活动 7月26日，区老年体协在海山公园举行“8·8”全民健身日健身项目展示活动，来自18个健身站的250多名队员参加“全民健身日”健身项目展示活动。活动内容丰富，形式多样，展示定海老年人的多彩文娱生活。

举办“8·8”全民健身日健身项目展示活动

老体骨干“庆中秋、迎国庆”趣味运动会 9月21日，区老体协在定海西园小公园举行老体骨干“庆中秋、迎国庆”趣味运动会，来自城区三个街道的60余位老体骨干和老体志愿者代表参加这次比赛活动。活动设妙手插株、纸牌接龙、持拍运球、持棒赶球4个比赛项目，寓比赛于娱乐之中，趣味性十足。

“庆重阳中老年木兰双扇交流展示”活动 10月13日上午，由定海区民政局、定海区老龄工作委员会办公室、定海区老年人体育协会联合举办的2018年“庆重阳中老年木兰双扇交流展示”活动在海滨公园举行。上午8时半，交流展示活动在380多名中老年人集体展示的木兰双扇在旋律优美的《中国大舞台》中拉开序幕。来自全区镇、街道和区直单位的30支老体团队按城乡团队分别展示，城乡16支代表队交流表演以扇子为道具的木兰扇、功夫扇、健身秧歌、健身舞蹈等自选曲目。金塘镇代表队自选节目扇子舞《淮海戏情》获农村片第一名；昌国街道茅岭健身站自选节目太极单扇28式《渔家姑娘》获城区片第一名。

昌国街道西安健身站表演的《中国大舞台》

区直属单位老年人趣味比赛活动 10月31日上午，定海区老年人体育协会在西园小公园举行区直属单位老年人趣味比赛活动，来自区直属单位的近60名退休老年人参加活动。本次比赛活动分两个组合，进行四个比赛项目，分别为“障碍运动、翻牌接龙和持拍运球、旱地插秧”。经过角逐，区公安局的刘沂勇获“障碍运球”第一名；区教退的戴载扬获“翻牌接龙”第一名；区环卫处的王瑶珥获“持拍运球”第一名；区委区府办的陈惠敏获“旱地插秧”第一名。

举办区直机关老年人趣味项目比赛活动

【参加市以上比赛】 2018年，参加市级以上比赛22次，组建57支代表队，499人次参赛。获团体一等奖12个，冠军1个；二等奖12个，亚军1个，三等奖6个，优胜奖9个。其中：4月28—29日，定海中华木兰队代表舟山市队参加由绍兴市上虞区体育总会举办的2018全省木兰拳、木兰扇邀请赛，分别夺得木兰拳规定套路、木兰扇自选套路二等奖。11月5—7日，环南靓姨健身站在金华市参加由浙江省老年人体育协会主办、金华市老年人体育协会承办的“2018浙江省新时代老年人健身秧歌交流展示活动”，获得规定套路和自选节目两项“优胜奖”。

【参加社会公益活动】 是年，区老年体协团队参加市、区组织的各种庆典活动和大型社会活动，参加各项公益活动11场926人次。

参加“舟山市全民健身日系列活动”开幕式 8月8日晚，竹山米岭健身站、西安腰鼓健身站、香园健身站、长岗山健身站、海山靓丽姐妹健身站等10个老体团队300名老年朋友参加由舟山市文化广电新闻出版局（体育局）、浙江省黄龙体育中心联合在临城体育馆隆重主办的“舟山市全民健身日系列活动”开幕式。

舞动新时代　争创文明城活动　9月19日，舟山市文化馆组织的舞动新时代 、争创文明城活动在海滨公园举行，西山姐妹花、竹山米岭、长岗山阳光、海浪花65人参加该活动。

第二届全民运动会暨“活力定海”太极拳锦标赛　6月13日，定海区文体局、定海太极拳协会举办的2018年定海区第二届全民运动会暨“活力定海”太极拳锦标赛在热浪体育馆举行，和谐、茅岭、木兰、火巨、海霞、西园80人展示节目。

【开展体育交流】　2018年，全区体育交流以交流健艺、加深友谊、取人之长、补已之短、共同提高为目的继续推进。。

金塘沥平社区“泰河杯”门球邀请赛　5月4 日，金塘沥平社区举行“泰河杯”门球邀请赛在沥平门球场举行，来自宁波、定海、岱山两市三地的鄞州五乡队，岱山桥头队，定海电力队、西安队等8支门球队近80名运动员、裁判员和教练员应邀参加。马岙、小沙、盐仓等街道分别举行门球邀请赛，12支门球队参加比赛。

“体彩杯”全国百城千村健身气功交流　4月，国家体育总局举办的2018年“体彩杯”全国百城千村健身气功交流在岱山举行，长岗山和谐队、东海队、海山队、茅岭队56 人参加交流。

“文化中国、情动香江盛世夕阳红中华文艺邀请赛　西山姐妹花韵律队应邀参加“文化中国、情动香江盛世夕阳红中华文艺邀请赛（系列活动）。活动期间交流文艺节目，演出的舞蹈“舟山新区海岛俏娘乐”获银奖。

旅游与体育交流相结合　各健身团队还把旅游与体育交流融为一体，自发组织该类活动。海浪花健身站到大衢旅游时，参加当地社区“庆端午 、父亲节“文艺联欢演出。港务广场健身站与浙江澳尔法集团结对，到普陀人家唱歌、拔河比赛。

【开展“送健康进社区”活动】　2018年，区老体以“万民益寿大讲堂”运动与健康讲座分别到盐仓街道兴舟社区、岑港街道桃夭门社区、双桥街道浬溪社区，西园健身站开展健康讲座活动，举办四期“运动与健康讲座”；活动期间赠送适合老年人娱乐与锻炼的乒乓球、羽毛球拍、中国象棋跳棋等文体用品。区老体还组织300余名老年人参加了市老体联办的“全民健康生活方式‘三减+三健’知名健康教育专家巡讲行动”科普大巡讲走进舟山活动。各街道（镇）的老体组织参与到这项惠及广大老年人的公益服务活动中来。至年末，全区组织健康讲座42次2800多人听讲，配合区红十字会，到有关社区、敬老院组织义诊24次；服务老年人4930人次。

举办送健康进社区“运动与健康”讲座

【组织各类培训】　是年，全区各级老年体协举培训班93期，参加培训4486人次。

健身球操骨干培训班　3月24—25日，区老年体协在市老体活动中心举办为期两天的“三易”项目健身球操骨干培训班，来自全区各镇、街道和团队的90余名健身骨干参加培训活动。培训活动由余汉珠任主教、董婉萍、张伟飞任助教。

木兰扇教练员培训班　5月8~9日，区老体协举办的木兰扇教练员培训班在市老体中心开训，来自全区

开办木兰扇教练员培训班

镇、街道、区属单位老体团队的76名教练员参加培训。资深木兰扇老师陈秀珠任主教，沈海芬、王明珍任助教为参训学员授课示范。培训结束后，参训学员掌握基本要领。

中老年木兰扇教练员复习培训班 9月，举办中老年木兰扇教练员复习培训班，全区镇、街道、区属单位老体团队的教练员73人参加培训，由郑秀珠任主教，沈海芬任助教。岑港街道、金塘镇、双桥街道、白泉镇等老年体协面向各社区老体团队，先后举办排舞、广场舞、健身气功、木兰双扇培训班。

【开展各类志愿服务】 2018年，志愿者无偿提供的各种服务6845次，服务总时间达21540小时，103688位老年人接受志愿服务。区老体项目带头人、老体志愿者和骨干们承担下团队、下站点辅导任务。每逢节假日、节庆日到来之前，老体骨干和志愿者经常帮助基层团队辅导排练文体节目，耐心施教，传承技艺，满足基层需求；凡是老体搞活动、举行赛事，志愿者们主动承担起现场布置、安全保障等任务。许多老体志愿者围绕文明城市创建这项中心工作，担当起小区车辆秩序维护、清洁卫生检查、安全保卫巡视等工作。

【文体惠老】 2018年，文体惠老继续开展。组织竹山文艺队老体志愿者为定海第五福利院老人们送去乐器合奏、越剧折子戏、女声小合唱、舞蹈、说唱等十余个老年朋友喜闻乐见的节目。组织七彩文艺队20多名队员到白泉镇北蝉敬老院进行文艺慰问演出，为老年人送去舞蹈、越剧、小品、戏曲、独唱、红歌联唱等10余个节目，得到老年朋友的喜爱和欢迎。各老体团发挥各自优势，坚持组织文艺分队到基层农村、社区、敬老院慰问演出。中华木兰健身站到环南街道盘峙敬老院，为老人们送去她们的拿手好戏——木兰系列表演。为满足老人们的观赏需求，她们从姐妹团队邀请越剧歌手，一并演出，受到海岛老人们欢迎；环南街道竹山文艺队先后来到定海区第一福利院、光华医院敬老院、干礅镇新建社区为老人们送去了精彩的文艺节目，联动临城、沈家门文艺团队来到白泉镇河东社区陈家老宅为当地群众演出文艺节目。是年，全区各团队分别到敬老院、进社区为老年人慰问演出30余次。

开展“文体惠老”慰问演出

【发展体育旅游】 是年，开展以游玩线路不一、路途远近不一，参加团队人员多少不一，消费额度不一的春季踏青游、秋冬黄金游、文体项目交流游等形式，推进老体体育旅游工作的发展。基层老年体协以及定海城区各健身团队组织外出旅游。区老年体协先后两次参加市老体组织的外出学习考察活动，6月底自行组织一次红色教育游。全年组织老体旅游232批，12697人次。

【加强宣传报道】 更新区老年体协网站的内容，对全区老体工作的动态、各种会议、各项活动进行及时添加更新；按时编印《定海老年体育》简报，搜集反映全区老体工作开展情况，捕捉基层老体工作的动态，使简报更加体现真实性、时效性、地方性、指导性的特点，把《定海老年体育》简报办成宣传党和政府的方针政策、传递上级老体工作的要求精神、交流经验推进工作的重要平台，全年完成6期《定海老年体育》简报；主动争取媒体参与，把老体工作纳入媒体宣传的内容之一，举办和开展老体活动，邀请新闻媒体参加介入，发挥媒体宣传效应和主题引领效应。

（撰稿：王素青）

（本分目照片由区老年体协提供）

责任编辑：王英伟

法　　治

政法委及社会治安综合治理

【概述】　2018年，政法战线学习贯彻中央和省市区政法工作会议精神，围绕全区经济社会发展大局，主动服务“五大会战”“四个舟山”建设等中心工作，建立重大项目、重点工程政法服务保障机制，强化责任担当，创新社会治理，严格公正文明执法，强势扫黑除恶，夯实基层基础，推进平安定海建设，稳定社会政治，提升社会正气，连续13年被省委省政府命名为“平安区”，是全省首批平安金鼎县区之一。

区委书记庄继艳调研平安定海建设工作

【做好重大活动维稳安保统筹协调工作】　围绕春节、各级“两会”、上海进博会、世界互联网大会等开展“大排查、大化解、大稳控”专项活动，制定维稳安保工作方案，牵头组建维稳安保指挥部，抽调网信、信访、公安、民政等部门组建专班，进驻指挥中心进行实体运作，执行“零报告”、情报会商和视频调度会议制度，协调相关单位处置涉稳事件，分层分类落实化解稳控措施。

召开全区维稳形势分析会

【组织落实涉稳问题排查化解工作】　是年，针对影响社会稳定的突出问题和隐患，对互联网金融、环境保护、企业改制、实体市场、房地产行业等重点领域进行摸排，全年排摸掌握各类矛盾纠纷4937起，矛盾纠纷化解率为99.87%。

【推进重大决策稳评工作】　经区稳评工作领导小组、全区各镇街排摸，及区稳评办征求各相关单位意见，梳理确定定海五山公园绿道建设项目、白泉二小新建工程等42项重大决策为2018年度区级重大决策社会稳定风险评估重点项目，被浙江省社会稳定风险评估信息管理系统最终立项40件，完成稳评36件。针对梳理确定的稳评项目，11个镇街及13个风险评估工作领导小组成员单位负责组织实施。区发改局、区人民法院等13个部门制定适用于本部门实际工作的风险评估工作实施细则，把好各项目的“稳评“关。对部分涉及面广、实施难度大、风险等级高的重大决策，由区委政法委牵头实施评估，评估完成后全程跟踪决策实施情况，形成反馈，根据实际工作开展情况调整决策实施方案，化解矛盾，清除隐患。

【护航保障中心工作重大项目】 投入护航保障中心工作、重大项目，关注城中村（旧城）改造、500千伏联网输变电工程、“一桥一路”重点项目等推进过程中出现的问题，破获“三强三霸”案件2起。发挥职能优势，强化维稳保障举措，妥善处置昌国街道总府路改造工程、原自来水厂地块开闭所建设、机场路区块旧城改造引发的问题等，推进“无障碍施工”。牵头成立定海区城中村(旧城)改造维稳保障和事项处置专项工作指挥部，设立群众工作、维稳保障、信访接待、舆情导控四个专项组。健全维稳保障专案经营机制，重点加强对拆迁类涉稳隐患排查力度，参与事件现场处置，协调处理各类涉稳风险，以工单形式落实限时化解，实现项目联系全覆盖，法治服务无盲区。

【深化平安督查考核机制】 推行全员平安责任制，强化平安镇（街道）、平安社区（村）规范化创建及考核评定工作，提升基层平安创建意识和水平。坚持区委区政府领导带班督查机制，区委书记亲自带班，对平安创建重点隐患点进行实地督查，召集重点部门专题研究整改举措。印发《2018年度平安定海创建重点整改项目清单》。是年，开展23批次督查，发布情况通报6期。严格落实季度及不定期平安暗访抽查工作，组建平安暗访检查专家库，由区平安办牵头，全年检查单位场所565家，发现问题215个，发布问题通报8期，暗访督查结果及问题整改情况纳入镇街道和部门(单位)年度工作目标绩效考核。

【提升平安宣传氛围】 以“十个一”平安宣传活动为载体，完善平安建设“大宣传机制”。拓宽平安宣传阵地，建立平安定海建设展示区、平安主题公园等，展示平安金鼎夺取历程，学习交通、消防、禁毒、盗抢骗等防范知识，激发市民参与热情，提升平安“三率”。制作公益宣传片，利用“平安定海”电视节目、微博、微信、报纸等媒体及公交车、宣传栏、电子显示屏等路面宣传载体扩大宣传影响力。开展平安建设成果巡回展、“凝心聚力、共创平安”大签名等主题宣传活动。加强平安app、平安定海公众号宣传推广，开展网络平安三率调查，群众参与调查数达到5万之多，位于全市前列。

创建全国文明城市平安法治宣传活动

【召开平安定海工作会议】 该会议于6月15日召开。区四套班子主要领导、区委常委，“法治定海”建设委员会、区委建设平安定海领导小组及区综治、信访工作领导小组，区委政法委委员、区信访局班子成员、区政法各部门班子成员及中层科、所、队、庭、室负责人和边防大队负责人，区属有关单位、部分市以上垂直管理单位在定派设机构主要负责人，各镇（街道）党委主要负责人、分管副书记、综治办专职副主任、信访办主任、司法所所长，各社区（村）书记以及2017年度各类先进代表近320余人。会议命名城东街道檀树社区等115个社区（村）为2017年度平安社区（村），授予环南街道蓬莱社区等31个社区（村）为平安金鼎社区（村），区安监局等10家单位为2017年度社会治安综合治理工作先进集体，区人力社保局等5家单位为2017年度维护稳定工作先进集体，区法院等5家单位为2017年度建设法治定海工作先进集体，区信访局等10家单位为2017年度建设平安定海工作先进集体，昌国街道开源社区等20家单位为2017年度建设平安定海工作优秀社区，授予朱彦波等6人为2017年社会治安综合治理工作优胜单位责任人，朱春益等50人为2017年度社会治安综合治理工作先进个人，林盈等22人为2017年度建设平安定海工作先进个人。区公安分局、盐仓街道、小沙街道、环南街道东山社区就平安建设工作进行交流发言。区委书记、区委建设平安定海领导小组组长庄继艳作重要讲话。

平安定海工作会议上向社区（村）授予平安金鼎

【推进扫黑除恶专项斗争】　成立全区扫黑除恶专项斗争领导小组及五个专项工作组，制定出台实施方案，多次召开专题会议，构建“党政总揽、政法牵头、公安主力、部门联责、层层推进”的扫黑除恶整体格局。建立完善扫黑除恶有奖举报制度，公告热线电话2563247，畅通微信、邮箱、来信来访等举报渠道，鼓励广大人民群众举报各类涉恶涉恶违法犯罪行为。开展扫黑除恶专项斗争宣传“五进”活动，利用街面LED电子屏、广告专栏播放扫黑除恶专项斗争标语，在“定海山”“今日定海”等栏目、各行业微信群、QQ群等不定期发布有关涉黑涉恶举报方式和扫黑除恶专项斗争宣传报道。是年，全区开展集中宣传活动20余场。深入重点领域，全面开展线索排摸，排摸梳理线索112条，其中24条被列为重点案件线索，打击收网21条。破获9类涉黑涉恶案件49起。

全区扫黑除恶专项斗争领导小组（扩大）会议

【推广“枫桥经验”新模式】　成立全区总结提升推广新时代“枫桥经验”工作领导小组，制定实施方案。推进“大调解”机制建设，促进工作流程更新再造，打造“海上枫桥”升级版。构建“一平台+两中心+多条线”的联动格局，实现在线平台与人民调解、司法调解、行政调解、治安调解、劳动仲裁等工作的有效衔接，促进现场与远程、线上与线下的结合。是年，平台注册调解组织22家、调解员445人，累计受理申请在线调解案件1789件，调解成功1732件，成功率96.81%。整合专（兼）职调解员队伍，建立三个品牌调解工作室，把“调解优先”原则贯穿于司法、执法、仲裁办案全过程，减少矛盾纠纷直接进入执法司法渠道的数量，实现纠纷化解“一次不用跑”。

传承“枫桥经验”完善大调解机制工作研讨会

【创新发展基层治理新路径】　规范提升全科网格建设，调整划分网格222个，设立专职网格员222人，建立网格民情站182家，网格微信群300余个6500余人。以东园社区、檀东社区为试点，推广“网格管多多”等特色做法，通过系列项目化运作，深化全科网格工作。整合各镇街综治、信访、司法、公检法、人力社保、人武部等资源，完成全区11个镇街综治中心标准化建设工作。开展社会组织等级评估，打造社会工作综合服务阵地，成立城区29家社工服务站，孵化蓝海小候鸟驿站、夕阳红歌唱队等10余家社会组织有效参与社会治理工作。推进社会心理服务体系建设，建立多部门参与的社会心理服务工作机制，实体建成区社会心理服务指导中心，打造3支心理健康服务专业化团队，为群众提供“一站式”心理测评、咨询、心理疏导等服务。是年，全区累计建成各级各类心理服务工作站（室）140个，镇（街道）社会服务站建成率100%，社区心理咨询室建成率72.5%。

全科网格建设工作会议召开

【召开全市乡镇（街道）综治中心标准化建设现场推进会】 该会议于8月17日召开。市、县区（管委会）综治办、法院、卫生和计生局分管领导及相关处室负责人，全市部分镇、街道负责人等参加会议。区综治办就乡镇（街道）综治中心标准化建设工作情况进行了交流发言，市卫生和计生局、市法院分别通报了社会心理服务体系建设情况和在线矛盾纠纷多元化解平台（ODR）建设情况，市综治办就下步全市乡镇（街道）综治中心标准化建设作出部署。参会人员实地参观双桥街道综治中心，现场观摩中心的运作情况。

全市乡镇（街道）综治平台标准化建设现场推进会

【召开创新“枫桥经验”提升大调解机制工作推进会】 该会议于11月21日召开。区委有关领导，区综治委主任、副主任，区法检两长出席会议，区属有关单位主要负责人，各镇（街道）党委（党工委）书记、分管副书记、综治办专职副主任、司法所所长，各社区（村）书记，各行业性专业性调委会、各区属律师事务所和各法律服务所主任近250余人参加会议。会议学习传达中央政法委和浙江省委在绍兴联合召开的“枫桥经验”纪念大会精神，总结回顾定海大调解的工作情况，区法院、区交调委、小沙街道、环南街道西园社区和浙江京衡律师事务所等5个单位进行交流发言。区委书记庄继艳作重要讲话。

创新“枫桥经验”提升大调解机制工作推进会

【组织专职网格员选聘工作】 12月17日，区网格办向社会公开招聘专职网格员35名。招聘以面试+笔试的方式进行，报名参加者达100余名。录用的专职网格员分配给城东、环南、昌国三个城区街道所辖社区，用于缓解城区街道人口密度集中、网格众多而专职网格员数量少的情况。

【启动城区“智慧安防”小区三年建设计划】 委机关综治办牵头，公安负责实施，主要对老旧小区安全技术防范设施建设管理、维护和安防设施配置进行升级改造，推广应用智安小区智能管理系统，在小区主要出入口安装人脸和车牌抓拍装置，构建以小区内部车辆、人员无障碍进出，未经授权车辆、人员闯入报警功能为重点的防控网络。计划2018—2019年完成城区各街道总量60%以上“智安”小区建设，2020年完成100%。是年，全区选取环南街道西园社区、城东街道檀香社区、昌国街道东管庙社区为试点，采取因地制宜方式，对暂时没有条件实施周界“物理化”封闭隔离的西园社区和东管庙社区，推行“视频围墙”封闭建设工程，实现小区周界视频全覆盖；对有条件实施周界“物理化”封闭隔离的檀香社区，在小区各出入口、小区内主要通道、机动车停放区域安装接入公安共享平台的视频监控、车辆出入、人脸抓拍系统。

省督查组到定海督查“雪亮工程”、全科网格建设工作

【推进“法治定海建设”】 持续深化法治定海建设，制定出台《“法治定海”建设工作实施方案》，聚焦“自由贸易港区、海上花园城市”两个战略重点，推进依法执政、依法行政、公正司法、全民守法，进一步发挥法治在新区开发开放和定海现代化建设中的保障和引领作用。重点提升法治建设整体水平，加强改革发展法治保障；推进德法并治，形成守法崇德良好氛围；重抓执法司法规范，营造公平公正法治环境；加强队伍建设，推动法治建设取得实效。明确阶段目标任务，逐级分解责任、要求。各项目牵头单位履行主体责任，开展实效鉴定与阶段性评比。区法治办会同区督考办等部门，采取定期督查、重点抽查等形式进行督促检查，定期分析研判工作形势，对工作开展不力的进行通报批评并限期整改。

【健全“三治融合”基层社会治理体系】 制定出台《定海区“三治融合”创建工作实施方案》，将“民主法治社区（村）”创建工作纳入美丽定海建设和乡村振兴规划。启动“三治融合”基层社会治理体系推广工程建设，首批18个市级“三治融合”示范社区（村）经过集中打造，已经成功创出。打造全市首个宪法广场和各种普法阵地，推进基层民主政治建设，巩固党的执政基础，推进全民参与制订修订村规民约、社区公约工作。6个省级民主法治社区（村）、6个市级民主法治社区（村）和6个“善治”示范社区（村）创建工作有序推进，规模化的“法治文化区域”逐步形成，基层民主法治氛围进一步浓厚。

【开展执法监督工作】 牵头推进定海司法责任制改革，加强执法监督效能。是年，接处涉法涉诉信访案4件，对一些久拖不决的涉法案件召集专题协调会。统筹协调定海一体化办案系统应用推广工作，对检察机关不捕不诉案件及公安机关久立不结或先立案后撤案的经侦案件进行梳理，完成案件评查61件。推进涉法涉诉信访积案化解，排查案件14件15人，均落实领导包案予以妥善化解或处置。推进“解决执行难”，深化“执转破”程序运用，对接政府危困企业帮扶机制，平稳将豪舟控股集团及关联公司导入破产程序。开展司法救助工作，是年委机关办理司法救助案件3件，落实救助金11万元。

【推广应用政法一体化办案系统】 该系统是浙江省政法数字化协同工程一号示范项目，主要通过跨部门的业务协同、数据共享、流程再造，破除政法各部门执法办案信息系统之间的数据壁垒。是年4月，定海被列为该系统试点推广单位，由委机关牵头政法部门开展系统建设。在系统人员配备上，区法院、检察院、公安分局分别落实专人专职负责一体化系统运行维护和前期培训指导工作；在资金保障上，区公安分局筹措88万余元用于硬件设施保障升级，在全局19个执法办案单位配齐高速扫描仪及高拍仪。在操作运行上，定海参照省厅培训方案，由业务部门骨干干警先行自学自训，逐步熟悉操作流程，并利用晚间休息时间，组织各办案部门执法办案干警及分管领导进行实操观摩培训。

【开展作风建设年活动】 是年，委机关部署开展作风“体检”、正风肃纪、提质增效、提升基层基础四大行动贯彻落实作风建设年活动。作风“体检”：以问题为导向，结合民主生活会、组织生活会等，对干部职工自查互查等发现的个人问题，采取清单式限时整改。正风肃纪：以纪律为导向，对“三重一大”、财务、公务接待、公务用车等已有制度进行再梳理，加强自查督导，确保制度执行到位。提质增效：以发展为导向，健全重大项目维稳保障专案经营机制，建立部门联合会商制度，协调督促政法各部门全程做好重点工作执法保障，以工单形式落实涉稳问题限时化解，实现项目联系全覆盖，法治服务无盲区。基层基础提升：以服务为导向，班子带头深入基层，开展政法重点项目专题调研，解决在处理群众诉求等事项中不作为、乱作为、慢作为问题。采取自查互查形式，发现问题35个，落实整改措施，按照相应要求梳理相关制度条例。

3月12日，召开作风问题征集座谈会

（撰稿：王羽莹）
（本分目图片由区委政法委提供）

法制政府建设

【概况】 2018年，定海区政府法制工作在区委区政府的领导和市法制办的指导下，贯彻省政府法制工作会议精神，围绕区委区政府工作大局，主动作为，各项工作取得实绩，为推进定海花园式国际人文港城建设提供法制保障。

【加强制度建设和管理】 把牢行政规范性文件的程序关、法律关 落实《浙江省行政规范性文件管理办法》，审查《舟山市定海区人民政府关于进一步扶持企业上市（挂牌）和并购重组的若干意见（送审稿）》《定海区农村集体土地房屋征收安置补偿政策指导意见》等各类政策性文件、工作方案33件。履行备案职责，向舟山市政府和定海区人大常委会备案区政府实行“三统一”的行政规范性文件16件，审查区属各单位及各镇（街道）报送的备案文件24件。抓好行政规范性文件清理，对区政府及区委区府办自1998年以来发布的所有行政规范性文件开展集中清理，公布继续有效行政规范性文件183件、暂定继续有效（拟修改）的行政规范性文件15件、废止29件，失效12件。开展涉及产权保护领域、黑名单及网上办事数据共享领域、著名商标制度、民营经济领域等5次专项规范性文件专项清理。

试行重大行政决策目录化管理 按照《浙江省重大行政决策程序规定》《舟山市人民政府重大行政决策程序规定》，将定海区城区环卫保洁市场化合作项目、定海区农村危房治理改造工作实施办法等4个项目（包括规范性文件）作为年度重大行政决策目录，并公布在门户网站，接受监督。

【行政执法监督】 贯彻《浙江省行政执法监督实施办法》，制定《舟山市定海区行政执法专项监督办法》，下发《关于助推全区作风建设活动开展行政许可执法领域专项监督检查的通知》，是年，开展对2017年以来尤其是“最多跑一次”改革实施以后，全区执法机关作出的行政许可事项的监督抽查。开展贯彻落实《浙江省行政程序办法》实施情况检查。开展重点执法单位实地检查，抽查行政许可案卷15件。开展行政机关行政处罚结果网上公开情况、行政处罚运行系统检查。

组织特邀行政执法监督员参与案卷评查

【落实重大行政执法决定法制审核制度】 出台《舟山市定海区报送区政府审批的出台《舟山市定海区报送区政府审批的行政执法决定法制审核规程（试行）》《舟山市定海区报送区政府审批的行政执法决定事项目录》，梳理重大行政执法决定事项目录72项，审核有关生态环境领域重大行政执法决定3件。加强行政执法主体资格管理。开展拟参考人员、到期换证人员的主体资格审核，确保行政执法人员主体资格的合法有效。是年，组织拟上岗执法人员综合法律知识考试3次，80余人参加考试，新领、换发行政执法证件172本。开展定海区行政执法监督规范化建设。出台《定海区贯彻落实《县乡法治政府行动计划（2018—2020年）实施方案》，分解任务，落实行动。以依法行政监督制约体系“最佳实践”培育试点为契机，出台《定海区行政执法监督规范化建设试点方案》，成立定海区行政执法监督规范化建设试点工作领导小组。组建以政府法制机构、律师、特邀执法监督员、各主要执法单位业务为骨干的监督队伍。建立日常监督体系、制度制约体系、协作监督体系、组织保障体系、监督结果运用体系“五大”监督体系，创新行政执法监督模式，提升监督制约的力度。制定2018年度行政执法部门及镇（街道）法治政府建设（依法行政）考核实施细则，纳入全区综合考核。

集体研究《定海区贯彻落实《<县乡法治政府行动计划（2018—2020年）>》实施方案

【行政复议体制改革】　制定《舟山市定海区全面深化行政复议体制改革实施方案》，是年1月22日获市法制办、市编委办联合批复。是年2月13日，“定海区行政复议局”挂牌成立，增设内设科室“行政复议科”。

【行政复议案件办理】　规范行政复议案件办理工作，尊重和保护行政相对人的合法权利，依法受理、办理行政复议案件。是年，区本级共受理行政复议案件14件、不予受理1件，2017年遗留案件2件，办结行政复议案件15件，未办结1件。其中维持3件、驳回复议申请6件、因申请人撤回复议申请作出终止决定的3件、确认违法1件、作出撤销或部分撤销2件。调解撤诉率占已办结案件的20%，纠错率占已办结案件的20%。审查以区政府名义答复的信息公开案件4起。办理以区政府为被申请人的行政复议案件9件，涉及批地建房的2起、涉及信息公开的2起、涉及环保决定的1起，涉及行政强制的1起、涉及林地权属、土地征收、侵犯自留山权益的各1起，与去年同期相比增长了800%。

【行政应诉案办理】　建立健全行政应诉案件报告备案制度，是年，以区政府为被告的行政诉讼案件23件（一审19件，二审4件），与去年同期相比，增长了53.3%。除1起被撤销重新处理、1起被确认违法外，其余均维持区政府的决定。当事人徐某代理的4件三轮车强制案件，经最高人民法院再审程序，全部驳回申请。

【加强府院良性互动】　加强与定海区法院的良性互动，与区法院联合出台《舟山市定海区涉诉行政争议调解中心工作规则》，积极提升涉诉案件的行政调解成功率。

【民商事仲裁】　持续开展民商事仲裁化解经济纠纷。是年，新收各类民商事仲裁案件4件，办结4件（其中裁决1件，调解3件），调撤率75%，涉案争议标的650余万元。

【政府法律服务】　围绕区委区政府中心工作，参与政府管理重点难点问题研究，论证把关相关政策以及协调处理有关工作中出现的法律问题。重点参与公路沿路设摊、国润旅游历史遗留问题、五洲船厂破产资产处置税收、新茂超市破产、大洋世家项目设矿相关事宜、研究百威英博（舟山）啤酒有限公司地块收储相关事宜、关于成立新的定海区政策性融资担保公司相关事宜、定海云枫苑东侧城中村五户产权户征迁腾退事宜、舟山祥森公司锦绣游乐城项目等协调会议100余次，提出法律建议200余条。加强行政合同审查，防范经济和法律风险。是年，审查各类投资框架协议、粮油产业园区招商、土地出租等行政合同、商事合同30余件。加强法律顾问聘用信息及工作记录情况检查。2018年，全区法律顾问覆盖率达100%，法律顾问作用发挥较为明显，已逐步从“有形覆盖”向“有效覆盖”过渡。着眼法治意识提升，紧抓领导干部“关键少数”，量身定制学法内容，推动开展政府常务会议学法、领导干部法律知识考试等活动，组织领导干部集体学法4次。紧抓普通干部“重点多数”，开展3次综合法律知识测试。

（撰稿人：李灵华）

（本分目图片由区司法局提供）

公　安

【定海区公安分局】 2018年，分局紧紧围绕全市公安机关打造“全省乃至全国治安最好城市”总目标和“四大工程”建设要求，结合提升推广新时代“枫桥经验”和系列打击整治专项行动，坚持补短板、抓优势、促创新、打品牌，积极打造智能化现代警务机制，全面构建品质治安、智慧公安、满意民安。该分局设有职能科室（大队）21个、监管场所2个，下辖治安派出所7个、专业派出所1个、边防派出所5个，有公安民警416人、职工6人、事业编制14人、辅警676人。是年，该分局立刑事案件2051起，侦破1546起，其中侦破现行案件986起，抓获犯罪嫌疑人643人；受理治安案件3690起，查处 3690 起，查处违法人员1598人，其中治安拘留681人次；侦破涉毒案件20起，抓获各类毒品违法人员47人次；侦破经济案件20起，抓获犯罪嫌疑人40人，挽回经济损失400余万元。年内，该分局被省公安厅评为公安信访考核县级优秀单位，并获得全市公安机关年度综合考评“优秀单位”，有40个集体、180人次受到各级表彰，涌现出全市“最美公务员”王英，全市“最美政法人”童宇平，定海区道德模范江灏，全省“枫桥式”基层所队盐仓派出所等一批先进集体和个人。

【防范打击邪教组织非法活动】 2018年，国保部门开展与“法轮功”等邪教组织的斗争，破获“0814”法轮功专案；开展打击处置“全能神”邪教组织专项行动，组织开展“0611”专案侦察工作，共抓获“全能神”骨干6名，其中刑拘1名，取保候审3名，教育释放1名，移交外地公安机关1名；落实“心灵法门”防范和处置工作。

【高校安全保卫】 2018年，加强对辖区高校东海科技学院的安全保卫工作，开展“宗教向高校渗透情况摸点调查”工作，配合高校加强对信教师生的引导和管理，防止形成高校基督“团契”组织，配合化解网上舆情1起。

【加强基础工作】 2018年，国保部门先后开展基础调查90余（人、船）次；排摸全区“心灵法门”人员247名；梳理邪教信息在册人员97名；完成全区42个宗教场所（含基督教私设聚会点24个）的排查和数据录入工作；搜集编报情报信息657条。

【严打涉众型经济犯罪】 2018年7月，分局制订《2018年全区公安机关深入推进打击涉众型经济犯罪专项行动方案》，健全打击涉众型经济犯罪专项行动领导小组组织体系和职责分工，对互联网金融领域非法集资犯罪、网络传销犯罪、各类违法交易场所非法经营、非法发行证券、合同诈骗、非法集资犯罪给予重点打击。全年共侦破非法吸收公众存款案16起，占破案总数的69.6%，涉案金额5000余万元，抓获犯罪嫌疑人26名，挽回经济损失400万元。先后侦破“舟山阔誉投资管理有限公司非法吸收公众存款案”“干文君等人非法吸收公众存款案”等受害群众多、金额高的案件。

【金融投资风险防控】 2018年，经侦大队联合区金融办等单位开展“金融乱象”整治，对在册的投资理财类企业走访排查，建全基础台账，做到底数清、动态明。对重点监管企业，落实相应的侦控和挤压管控措施，共排查各类企业165家，对20家疑似类金融企业进行进一步核查，后对11家实体存在的投资理财公司，进行重点约谈，掌握公司运行情况，开展风险评估，并劝导良性退出或者规范营业。

【经侦宣传】 2018年，将金融风险防控宣传作为一项常态工作，纳入经侦大队重点项目工作。一方面，结合市区两级“心防”工程工作要求，开展金融风险防范宣传，通过微信朋友圈、微信公众号、舟山日报、社区警务报等媒体各类宣传媒体，动员社会各界和广大人民群众，提供犯罪线索，协助抓获犯罪分子。另一方面，联合定海区金融办，在文化广场大屏幕，开展各类防范宣传，揭露典型经济犯罪的手法和社会危害，重点对打处P2P等互联网金融犯罪案件进行宣传。

5月15日，经侦大队联合定海区金融办、市市场监督管理局定海分局、全市各大银行等13家单位，在定海文化广场、盐仓广场开展“与民同心、为您守护——2018年“5·15”全国公安机关打击和防范经济犯罪宣传日”活动。现场共发放各类宣传资料2000余份，征求意见50余条，赠送趣味礼品800余份。全年开展百人以上受众的宣传活动8次，受众群体达万人以上。

5月15日，分局在定海文化广场开展“与民同心、为您守—2018年‘5·15’全国公安机关打击和防范经济犯罪宣传日”活动

【打击暴力犯罪】　2018年，刑侦大队以“把案件处置在始发阶段”为目标，按照“速战速决”要求，全力侦破命案等影响社会治安稳定的暴力犯罪。是年，9起恶性案件（其中命案2起、强奸案件7起）全部破获，命案侦查实现连续16年无积案。

【扫黑除恶专项斗争】　1月23日，中央政法委召开全国扫黑除恶专项斗争电视电话会议后，分局迅速行动，第一时间召集相关业务部门学习传达上级关于开展扫黑除恶工作各项指示精神，多次召开局党委专题会议、研讨会，制订下发《全区公安机关扫黑除恶专项斗争方案》，成立以应朝阳局长为组长，分管刑侦、治安副局长为副组长的领导小组，建立三层专项行动组织架构，即分局层面抽调业务大队、各派出所警力成立扫黑除恶工作专班，刑侦大队和治安大队在原来基础上分别成立有组织犯罪侦查中队和打击黄赌整治专业队，各派出所成立扫黑除恶专班小组。分局多次召开扫黑除恶工作推进会，局长与分局各部门、各派出所负责人分别签订《扫黑除恶责任状》。落实“两个一律”“五个严禁”等工作要求，遵守各项纪律规定，落实线索核查“三长责任制”和线索排摸“四长责任制”要求，提升有效线索转化为打击成果的效能。期间，共排查梳理疑似黑恶警情747条，排摸搜集有效线索99条，并对18条重点线索进行督办核查，其中省厅督办线索3条，市局督办线索7条，交办线索11条。发起专案集中收网行动4次，刑事拘留犯罪嫌疑人35人。是年，抓获刑拘以上涉黑恶犯罪嫌疑人241人，移送起诉186人，同比分别上升77.5%和68.4%，打掉3人3起恶势力团伙4个，抓获涉黑涉恶逃犯42名。

【打击侵财犯罪】　2018年，刑侦部门突出重点，转变侦查方式，通过完善优化人员配置，构建以市局两个中心为龙头，分局刑侦大队信息研判室为补充，专业侦查中队为支撑的一体化侵财犯罪合成打击新模式。在市局合成作战中心支持下，由刑侦大队专业中队负责跨区域系列性传统侵财犯罪和现发重大传统侵财案件重点攻坚，快侦快破，城区驻所刑侦中队和农村派出所刑侦探组协同参与，重点做好辖区普通侵财案件“逢案必查”和初侦初查，对各有线索的案件，由各所通过刑专系统流转上报，刑侦信息研判室牵头开展合成研判侦破，指令专业侦查中队牵头抓捕追逃，提升打处实效。4月，根据公安部、省厅、市局关于开展全国打击入室盗窃犯罪专项行动工作部署，分局在全区范围内组织开展为期6个月的打击入室盗窃犯罪专案行动。是年，全区侵财案件发2906起，同比下降3.97%。破获侵财型案件513起，抓获侵财型犯罪嫌疑人178名，同比下降30.2%。

【打击电信诈骗犯罪】　2018年6月，根据市局统一部署，分局组织开展打击通讯网络诈骗犯罪专项行动。制订《2018年全区公安机关严打通讯网络诈骗犯罪专项行动工作方案》，成立专项行动指挥部，重点打击全区发案突出的境内通讯网络诈骗犯罪类案。刑侦部门以通讯网络犯罪侦查中队为核心成立打击专班，在

6月16日，5·14特大通讯（网络）诈骗案工作组凯旋

督促各派出所规范接警、录入电诈平台的同时，开展反诈信息封堵拦截和合成研判。反诈专班依托市局反诈中心对每起案件均开展初侦初查，确保所有通网诈骗案件初侦初查率为100%。其间，分局多次召开打击电信诈骗犯罪工作推进会，局主要领导听取工作汇报。是年，分局反诈工作专班封堵冻结诈骗银行账户632个，冻结涉案资金756.5万元，冻结资金返还155余万元。全年共破获本地通讯网络诈骗案件20起，带破外省案件105起，抓获犯罪嫌疑人311名。

【“破小案、多破案、保民安”专项行动】 2018年年末，分局组织开展为期两个月的“破小案、多破案、保民安”专项行动，打击影响民生的“盗抢骗”多发性传统侵财违法犯罪。确立“小案必侦、小案大破、小赃必追”理念，以打促防、打防并举，最大限度地减少岁末年初社会治安隐患。行动期间，全局共打处人员137名，环比上升210%，破获案件161起，案件发案率下降39%，赃款赃物追缴率38%，实现打击破案成效大幅提升，传统侵财发案大幅下降，人民群众的安全感和满意度增长的目标，确保岁末年初全区社会治安稳定。

【完善三级打击架构】 2018年，按照省市公安机关刑侦体制改革总体规划，分局主动融入全市一体化打击机制，进一步完善刑侦大队-城区责任区刑侦中队-农村派出所刑侦组（专干）三级打击架构。刑侦部门按照“5+X”专业模式，组建通讯网络犯罪侦查中队。各中队推行探长负责制和案件侦破组侦团制，打造刑侦专业最小作战单元。建强城区刑侦中队，城东、解放两个城区驻所刑侦中队，按照派出所负责队伍管理，刑侦大队负责业务指导和专业支撑的原则，以大队专业侦查中队骨干力量为主，组建驻所中队民警参与打击“两车一瓶”、打击通网诈骗犯罪、扫黑除恶督办案件线索核查、视频侦查等工作专班等，以专班带动城区刑侦力量对突出类案和新型犯罪的侦破打击，实战练兵提升中队民警的专业素质和能力，形成以大队专业中队引领专案侦查，经营抓捕，外出追捕和审查攻坚，驻所中队取证补强，办案移送的一体化、专业化打击格局。

【刑事技术】 2018年，刑事技术继续打造定海品牌，连续6年，工作绩效列全市第一。是年，在现场勘查量持续下降的情况下，技术室转变传统观念，做到逢案必勘、逢案必串，追求现场勘查质量，强化“现场保护、采痕取证、痕迹比对、检验鉴定、物证保全”五项规范，提高刑事技术服务侦查破案和起诉审判双重能力。在痕迹物证利用上，应用技术“三库一系统”，实施滚动式比对，保证案件串并的准确度和案件对象的认定率。截至12月20日，技术勘查现场516起，串并15串65起，破获7串25起，利用痕迹物证认定犯罪嫌疑人72人（指纹认定39人56起，鞋印认定12人12起，DNA认定42人34起），刑拘30人，直接认定案件87起。

【物联网实战应用】 2018年4月，根据上级公安机关部署，分局进一步强化物联网实战应用，组织开展为期三个月的打击“两车一瓶”违法犯罪专项行动。制订下发《全区公安机关打击“两车一瓶”违法犯罪专项行动实施方案》，成立全区公安机关打击盗窃“两车一瓶”违法犯罪工作专班，抽调刑侦、治安、情指中心、巡特警、派出所等骨干量共同参与。工作专班利用物联网系统分析发案时间和区域特点，划定重点时间段和区域，及时掌握违法犯罪的动向，予以打击。是年，共抓获盗窃电动车（电瓶）违法犯罪嫌疑人59名，采取刑事强制措施 20名，行政拘留28人，破获案件93起，追缴返还赃车80辆、电瓶50只，找回非案件车辆500余辆，案件同比去年下降47.1%。

【视频人像比对系统应用】 2018年，根据省市公安机关的统一部署，刑侦部门结合省厅涉案视频库试运行及人像比对破案会战的工作要求，制订工作规范，以培训和实战应用建强全局视频应用队伍，推进分局视频侦查工作转型升级和人脸图像比对深入应用。全年，分局运用视频人像应用系统共比中各类对象76名，抓获70名，破获各类案件93起，在全省人像破案会战中超额完成市局下发的任务指标，全年完成省厅涉案视频库采集涉案视频455起，合格率达100%。

【“刑专系统”深度应用】 2018年1月，根据省市公安机关有关要求，分局制订下发《全区公安机关深入应用刑专系统实施方案》，进一步明确工作目标和职责分工。刑侦部门以“刑专系统”和其他警务大数据平台的建设和应用为中心，开展刑事信息质量建设、打击专业情报研判能力、信息深度应用能力和合成作战水平能力提升。坚持“每案必勘、每案必采、每案必侦、每案必串、每案必合”，开展刑侦全员培训，开展实战认领比武。是年，运用刑专系统串并案件49串，涉及案件190起，破获32串，142起，形成情报产品63个，其中A级1个，C级3个，提供打击对象70余人。分局参与省厅和市局的刑专比武3次，其中全市刑专系统应用实战比武分局获全市第一。

【监所管理】 2018年，定海区看守所累计收押刑拘、逮捕嫌疑人1358名，拘留所收押拘留人员1265名，投送监狱执行刑罚338人。以监所安全文明为目标，依托全市公安机关“四大工程”和分局2018年立项工作，抓队伍管理，建立健全规章制度，加强勤务机制改革，狠抓各项工作落实，实现监所连续24年安全无事故。

【“智慧监所”建设】 2018年，根据上级公安机关“智慧监所”建设要求，分局按照“实战、实用、实效”原则，制订《定海区公安分局“智慧监所”建设规划实施方案》和《定海区看守所“智慧监所”设计方案》，“智慧监所”建设列入分局年度立项工作。其间，局领导多次听取汇报，看守所、警务保障室、信息通信科相互配合，落实工作责任和工作措施。是年，看守所“智慧监所”建设投入资金387万元，按照规划逐步完成高清视频监控、监室智能终端、监管实战平台、服务打击平台、生物识别系统、多岗联动系统、风险评估系统、绩效考核系统、医疗管理系统等系统平台建设，年底投入使用。

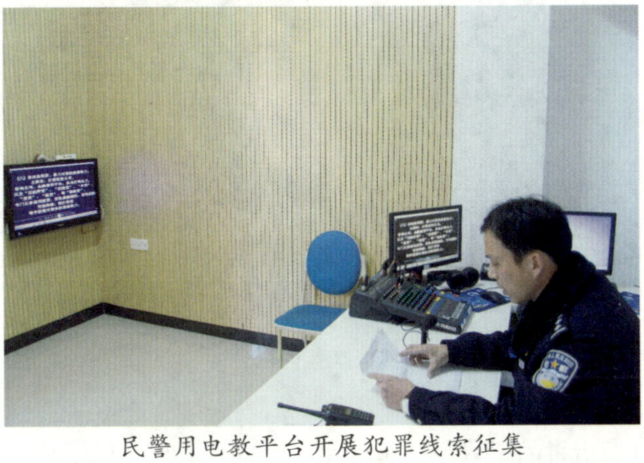

民警用电教平台开展犯罪线索征集

【开展军事化管理】 2018年，看守所以内务、作息、行为“三统一”为标准，强化日常训练、集体演练、竞赛提高，推行被监管人员日常行为军事化管理，提升监所秩序管控能力。同时，要求被监管人员学习掌握《定海区看守所在押人员读本》《被监管人员一日生活规范视频》等规范性读物，做到“坐有坐姿、行有形象、秩序井然、举止得体”，监区秩序改善，被监管人员服从性提高。是年，监所共计处理打架类违规27起。

【伙房管理专项整改】 2018年，根据《看守所伙房管理办法（试行）》和《浙江省看守所伙房管理专项整改达标工作方案》要求，看守所加强伙房改造和专项管理工作。其间，多次对伙房内部管理、建立健全各项规章制度等工作进行讨论研究，投入资金5万元，配置伙房从业人员使用的口罩、一次性食品专用薄膜手套、清真饮食专用餐具、消毒柜和数字化高清监控、门禁等设施设备。6月，监所伙房改造完成并通过验收。

【监室悬挂点专项整治】 4月，根据省厅监管总队关于《整治看守所监室悬挂点等安全隐患专项活动实施方案》要求，看守所开展监所安全清查专项行动，对被监管人员所有生活用品、衣服被褥和床铺、过道门、墙面、监室门窗、门锁等设施、悬挂点以及供电、供水系统等进行清查，共发现存在的安全隐患10余处，先后累计投入资金15万元，完成看守所、拘留所监室第二道栅栏门金刚网加装，监室电视机防悬挂包裹，监室照明灯防爆处理和监区玻璃窗防爆膜张贴。

【医疗卫生专业化建设】 对被监管对象继续实施“三级三色”风险评估，建立“一人一档”医疗档案，每月对当月新入所被监管人员进行体检，每季度对当季新入所被监管人员进行HIV抗体检测。开展分类特色医疗，对糖尿病、胃病术后等特需病犯设立低糖、流食、蛋白餐等多种病号餐。是年，共体检1240人次，HIV抗体检测933人次，7人因病变更强制措施。12月15日始，监所全面落实收押人员入所“五项健康体检”，保障被监管人员健康权。

【拘留所矛盾化解工作】 贯彻落实全省公安机关提升推广新时代“枫桥经验”部署要求，立足教育矫治，发挥自身阵地作用，提升社会矛盾排查化解工作能力。所领导带头，民警分头包干，定人定量定责开展矛盾化解，与司法部门建立联系机制，联合组建“司法拘留矛盾化解室”，组建社会矛盾化解专班，加强与办案部门、法院及政府相关部门沟通，采取对话、和解、仲裁、复议等多种手段开展调解，提高调解成功率，最大限度地将矛盾化解在拘所内。全年，拘留所开展矛盾化解次数137起，化解社会矛盾41起，在拘留期间履行执行款218余万元。

【监管“善文化”】 2018年，继续构建“扬善、劝善、向善、从善”的“善文化”体系，打造“善文化+”定海品牌。优化监区环境，在监区设立“善文化+”各个版块内容；与区图书馆、浙江海洋大学图书馆等签订共建协议，定期免费提供书籍和期刊供被监管人员定期借阅、浏览，共获赠800余册的图书和期刊。针对被监管人员在不同诉讼环节的思想状态和情感变化，将“善文化+”融入诉讼环节及被监管人员教育管理制度，使被监管人员在潜移默化中接受善文化熏陶。与舟山市警校、浙江海洋大学等单位建立长期合作关系，借助学校教师教学资源，在每月固定时间，通过聘请大学教授、心理疏导专家、医疗专家和法律工作者以“国学劝善”“法律释善”“心理辅善”为专题开展大课教育，把教育感化工作做进被监管人员心坎里。全年组织“礼仪进监所”“心理压力管理”“慢性疾病防控”等12次大讲堂活动。

【刑事执法办案工作】 2018年，预审部门严格落实审核把关制度，推行刑事案件“定检”制度（即利用周末时间，抽调相关人员分批次对在办的刑事案件进行审核指导），在全市率先运行“政法一体化工作”和“刑拘直诉机制”。年内，刑事拘留犯罪嫌疑人548人，取保候审332人，监视居住25人；提请批准逮捕229件373人，执行逮捕187件294人，批捕准确率95.2%；移送审查起诉370件691人，退查35件，退查率6.5 %，不诉85件92人，增诉4人，起诉准确率97.1%。未发生无罪判决和申请国家赔偿案件。

【网络侦查】 2018年，网警大队按照上级公安机关部署，开展网上秩序打击整治专项行动（代号“净网2018”），重点打击黑客攻击、网上侵犯公民个人信息、网络赌博等突出网络犯罪。共破获“12·11”开设赌场案、“7·18”侵犯公民个人信息案（省厅督办案件）、王某袆等人非法出售、提供试题、答案（公安部督办案件）、程某涉嫌非法控制计算机信息系统案等刑事案件11起，移送起诉61人，打击数同比上升144%；配合抓获各类犯罪嫌疑人42名，抓获全国逃犯10名。

【网络基础管理】 2018年，网警大队继续建立覆盖全区重要道路卡口、重点部位、主要商业区、城区主干道等地的网络设备。推进公共无线Wi-Fi安全技术措施建设与应用，新增商业Wi-Fi模式安全审计场所411家。完成10X项目第四期40套设备建设，四期建设共安装460套设备和20套车载设备。开展关键信息基础设施网络安全执法检查工作，维护关键信息基础设施和大数据安全。对已迁入政务云平台的104家政府网站，联合区指挥中心、区网信办等部门，落实监管和防护措施。全区网站备案总数300家，向有关单位负责人宣传贯彻《网络安全法》，对未进行备案的4家网站予以行政处罚。完成3家政府网站等级保护。强化上网重点场所的排摸和管控，推动“最多跑一次”工程，集中为新开网吧办理审批业务，网吧实名登记率达100%。上网酒店宾馆安全技术措施在线率91%。

网吧实名制登记检查

【打击毒品犯罪】 2018年，全区公安机关以“禁毒2018两打两控”“百日攻坚”“2018秋冬扫毒会战”等专项行动工作为契机，加大打击毒品犯罪力度，共侦破毒品犯罪案件22起（贩卖毒品13起，容留他人吸毒8起，运输毒品案件1起），同比下降29%，抓获犯罪嫌疑人51名，移送起诉52名，抓获数同比下降8.9%。侦破公安部毒品目标案件1起、省毒品目标案件1起。侦破一案六人犯罪团伙案件2起，一案三人犯罪团伙案件5起。

【查处吸毒人员】　2018年，全区公安机关查处吸毒人员309人次，同比下降13.7%。强制隔离戒毒81名（其中4名未入所），与上年持平。责令社区戒毒129人，同比下降20.9%。查获的吸毒人员中，有36名同时伴有其他（如贩毒、寻衅滋事、盗窃）刑事犯罪，占查获吸毒人员总数的11.7%。

【毒情分析】　2018年，定海区毒品违法犯罪形势总体呈现下降趋势。近年来全区重视基础管控工作，严查网吧、旅馆等公复场所，挤压效应显现，吸贩毒前科人员已呈现入住出租房且跳跃式入住的现象。定海的冰毒、麻古主要来自广东、江西、四川等地，以陆地自驾车运输的渠道渗透进入，定海属于毒品消费地。在高压缉毒态势下，全区毒品价格快速走高，出现价格高、质量差的现象，导致吸毒人员减少，违法犯罪行为更加隐蔽，给毒品打处工作带来困难。吸毒人员同时伴有其他刑事犯罪（贩毒、寻衅滋事、盗窃）现象明显，并与赌博、卖淫嫖娼、殴打他人等治安违法相互交织，是影响社会治安稳定的重大隐患问题。截至12月31日，全区在册定海籍吸毒人员1252名，其中死亡登记18人，在服刑人员69名，看守所羁押人员53名，强制隔离戒毒人员75名，社区戒毒人员138名，社区康复人员107名。

【易制毒化学品管控】　2018年，禁毒部门落实“最多跑一次”，规范网上行政审批，办理第二类、第三类易制毒化学品购买备案证明534份，第三类易制毒化学品运输备案证明58份。按照“属地管控”原则，开展对易制毒化学品企业实地检查，签订禁毒责任书，加强购销、运输、存储环节管控，实地检查易制毒化学品企业78家185次，落实双随机检查2次4家，开展易制毒路面道路运输检查4次，组织召开安监、市场、卫计、公安等部门参加的易制毒化学品管理联席会议2次，开展重点易制毒化学品专项督查活动2次，相关信息及时规范录入信息系统。年内，排查养殖店212家，宠物店26家，农资店50家，未发现单位有使用高锰酸钾等易制毒化学品的情况；检查走访医药企业2家，排出化学实验室13处，签订禁毒责任书，未发现新精神活性物质。

10月19日，分局禁毒大队联合安监局和市场局对易制毒化学品企业进行实地检查

【禁毒宣传】　2018年，禁毒部门根据“心防工程”建设部署要求，按照每月有宣传重点，投入禁毒宣传经费12万元，组织开展“禁毒流动课堂”“全民禁毒宣传月”“不让毒品进我家”等主题宣传教育活动。开展形式多样的禁毒“流动课堂”活动，利用春节、元宵、3·5学雷锋日、3·8妇女节、端午节、中秋节等节日，深入车站、码头、广场、文化礼堂等部位，通过做灯笼、猜灯谜、吃汤圆、包粽子等形式，让群众在娱乐中接受毒品预防教育。6月，协调工会、妇联、教育等禁毒成员单位，高频繁开展禁毒宣传活动进社区、集市、广场、公园等人口聚集地，营造浓厚的禁毒宣传氛围。6月26日，市、区两级禁毒办在定海文化广场举行“6·26”国际禁毒日“拒绝毒品，共创无毒家园”主题宣传教育活动。春、秋开学之初，动员禁毒社工深入各中小校园广泛宣传，利用各类毒品仿真样品、禁毒宣传展板、张贴禁毒宣传标语，发放各类宣传资料，开展禁毒知识讲座。暑假期间，联合浙江海洋大学东海科学技术学院开展“青春传递正能量 禁毒防艾我先行”实践活动，通过走进社区、禁毒教育基地、吸毒人员家庭等主题活动，开展禁毒志愿者宣传系列活动。10月，全区推广应用“全国青少年毒品预防教育数字化平台”，至年底学校

7月12日，禁毒大队联合东海科技学院在舟山市禁毒教育基地开展“青春传递正能量，禁毒防艾我先行”暑期主题活动

接入率100%，学生注册率达到100%，课时完成率98%，进一步加强青少年禁毒意识。

【维稳安保】 2018年，巡特警大队协同参与处置城东街道、白虎山路、茅岭村拆迁，新茂股东讨薪、飞机场路拆迁上访等各类群体性事件52起，出动警力950人次，其中市政府维稳8起，区政府维稳23起，街道维稳11起。参与市区“两会”“五一”、中秋、国庆等小长假期间以及除夕夜寿山庙、普陀山香会节、朱家尖音乐晚会、干榄镇渔业小镇开市、油商大会、乌镇互联网安保、舟山马拉松等安全保卫工作34起，出动警力807人次。参与分局“扫黑除恶”专项整治行动，配合交警、治安、城区两所和城管等部门开展各类治安清查整顿等工作，集中打击一系列黄、赌、毒等违法犯罪活动，有效整治社会治安环境。

【设卡盘查】 2018年，巡特警大队规范设卡勤务的标准化运作，提升设卡勤务对违法犯罪活动的震慑效能，加强出城卡点夜间设卡力量，加大出城车辆查控。根据分局信息平台以及城区发案情况和治安形势的变化，合理调整临时卡设置的时间、地点。在登记出租车的同时，加强对过往卡点摩托车、电瓶车以及私家车等其他车辆的检查盘问，尤其是下半夜，加强对外地牌照车辆及人员的登记检查。是年，共采集虚拟旅馆信息14974条，设卡检查车辆17131辆，查获违法犯罪人员95人次，其中刑事拘留9人次，治安拘留12人次，移交法院12人次，酒驾及无证驾驶处罚56人次，教育释放6人。

【训练演练】 2018年，巡特警大队结合分局开展的“苗子工程”“师徒结对”等活动，按照“1+1”师徒模式，通过“以老带新，以强带弱”提高整体技能水平。选取优秀民警担任教官，重点在常用警务技能、体能以及武装巡逻、设卡规范等专业技能方面给予授课。鼓励青年民警上讲台，不定期为保安公司、中小学校、企事业单位授课。7月，大队采取紧急集合、整体拉动、限时整装到达指定地点集结、进行情景对抗演练等形式，开展应急拉练训练。同月18日，30余名队员参加在渔山举行的舟山本岛特警应急力量跨区集结增援拉练，强化队员实战意识，提升协同作战、快速反应能力。是年，大队民警叶奇超被选聘为省级教官，多次应省厅聘请到各地授课，10月受邀前往四川阿坝州公安局送教。

10月26日，叶奇超到四川阿坝州茂县公安局送教

【警犬建设】 2018年，巡特警大队将“强化警犬工作，提升实战效能”作为立项工作，加强建设。根据《全市警犬展示方案》《舟山市公安机关警犬训练工作考评细则（试行）》《警犬调用规范》等规定，巡特警大队制订警犬训练方案，包括搜毒、搜爆、扑咬、障碍、命令服从等技能，细化每月、每周、每日的训练计划，以警犬技术贴近实战为目标，对重点科目进行强化训练。完善警犬饲养、训练、使用和管理等各项规章制度，规范警犬日常管理。巡特警警犬基地达到省厅要求的县二级警犬基地标准，有警犬12条，警犬输送车1辆，警犬训导员10名，3人次参加市局组

织的治安防暴犬训练技术复训班。警犬应用于社会面治安巡逻、设卡堵截工作，发挥警犬挤压犯罪空间的震慑作用。全年，出动警犬参加武装巡逻和设卡工作313头次。

【构建反恐防范体系】 2018年，贯彻执行《舟山市定海区反恐怖主义工作责任制实施规定》，实现反恐工作新常态。落实全区各单位反恐怖工作领导责任制，特别是“一把手”责任；强化属地及部门责任，细化部门责任、单位责任、岗位责任，建立健全纵向到底、横向到边的反恐怖责任体系；强化社会责任，加强督导检查，督促企业、行业和社会单位严格落实反恐怖责任，严格执行《中华人民共和国反恐怖主义法》。

6月20日，全区反恐怖工作会议在定海区政府召开

【深化“四联三防”建设】 2018年，反恐部门严密社会面防控，深入推进定海文化广场商圈“四联三防”建设。成立由成员单位的自卫力量小组、社区街道群防群治力量、公安机关专业力量组成的应急处置队伍，全年组织召开相关工作会议5次，组织专业保安力量15人，组织发动商铺业主、志愿者82人，开展宣传和发动群众800余人次，召开培训会2次。同时，相关成员单位均已配发防爆器材柜、一键报警按钮、隔离装置等硬件设施。定海文化广场商圈“四联三防”建设相关经验在全市推广。

【反恐处突机制建设】 2018年，继续强化“1、3、5”快速反应控制圈建设，对应市反恐应急处置最小作战单元工作要求，建立第一响应力量，完善第一响应力量工作机制。职能部门按照责任制规定内容，督促有关行业和单位加强反恐怖应急预案建设，汽车站、广场、商场、重要党政机关、水、电、煤气供应单位等人员密集、易受袭击场所，根据刀砍、车撞、放火、爆炸等暴恐袭击方式，按照“一地一预案”的要求，制定应急预案，并开展常态演练。

定期在广场、车站等人员密集场所反恐处突应急演练

【警卫工作】 2018年，分局共完成警卫任务6起（其中一级警卫任务1起，三级警卫任务5起），共投入安保警力300余人。

【涉黄涉赌整治】 2018年，分局按照系统治理、依法治理、综合治理、源头治理的原则，开展“主动打击、主动防范、主动整治”，多措并举推进打击涉黄涉赌违法犯罪活动。全区共计破获黄赌刑事案件25起，采取刑事强制措施101人，移送起诉78人；查处黄赌行政案件107起，行政处罚 412人。共接报黄赌警情2387起，同比下降41%，其中涉赌警情2108起，同比下降44%，涉黄警情279起，同比下降1%。

【深化“项目警务定制”】 2018年，分局进一步健全完善“以项目警务定制和警务站（室）为基础，以6+X专业组为支撑”的工作平台，落实重大项目风险评估、分级关注等稳控措施，推行“连队化、网格化、科技化”管理模式，制订下发《定海区公安分局关于进一步深化重大项目建设服务保障机制的通知》，主动对接“329”国道改建重点工程、册子大皇山矿开采项目、500千伏等重大工程项目和小洋岙拆迁安置、豪舟破产重组等社会影响大的群体性事件，保障推进重大建设项目。全年共对全区168项省市区重点建设项目，逐一落实“项目警务定制”工作机制，建立各类警务室（点）27个，成立内部自治组织50个，处置各类群体性事件30余起，其中30～50人 6起，50～100人3起，百人以上的5起，累计出动相关维稳警力2700余人次。

【护航城中村改造】 2018年，分局按照“发现得早、控制得住、处置得当”的要求，加强矛盾化解、信息研判、风险评估、依法处置等各项保障措施，主动融入、全力护航全区城中村改造攻坚行动，共参与执法保障38场次，投入警力1050人次，保障拆违面积数1500平方米；共排查化解不安定因素2起，未发生涉及城中村改造的刑事、治安案件。

【打击整治枪爆违法犯罪专项行动】 5月，分局牵头建立全区打击整治枪支爆炸物品违法犯罪联席会议，召集区委宣传部（区网信办）、区综治办等18家区属成员单位召开全区打击整治枪爆违法犯罪联席会议暨全区专项行动部署会，下发《定海区打击整治枪爆违法犯罪专项行动实施方案》《定海区打击整治枪爆违法犯罪联席会议成员单位职责任务》和《定海区打击整治枪爆违法犯罪联席会议制度》，明确围绕严厉打击涉枪涉爆违法犯罪、全面加强危爆物品整治等七项工作措施开展相关工作，各有关单位按职责分工做好相关行业领域打击整治工作。以联席会议为平台，相继召开爆破行业安全隐患集中排查整治工作部署会等会议，对专项行动进行再动员再部署，通过“定领导、定民警、定任务、定责任”等措施，层层签订责任书，抓好贯彻落实。年内，共处理爆破从业单位3家，罚款18.5万元，1家单位因整改措施未落实到位被停业整改；收缴制式汽枪2把、子弹382发、雷管40枚、炮弹8枚、过期烟花爆竹69箱87件，仿真枪5支，管制刀具86把，累计出动警力300余人次，发放各类宣传资料2000余份。9月20日，专项行动中收缴的非法枪支、管制刀具及废旧炮弹、信号弹、烟花爆竹等危险物品被集中统一销毁。

9月20日，分局集中统一销毁一批非法枪爆物品

【易制爆（剧毒）化学品管理】 2018年，分局制订《定海区易制爆危险化学品专项整治实施方案》《定海区公安分局易制爆危险化学品管理工作规范》，按“属地管理”原则，摸清行业单位基础底数，建立健全管理工作档案。落实单位内部治安保卫责任，将剧毒、易制爆和构成重大危险源的危险化学品从业单位纳入治安保卫重点单位，整治人防、物防、技防和制度建设等方面存在的安全隐患。检查涉危涉爆单位200余家次，发现隐患30余处，均全部整改。对全区42家易制爆危险化学品从业单位以查台帐、查流向、查备案、查安全等方式开展“抄底式”检查，共10家易制爆危险化学品从业单位被处罚，其中9家被行政罚款， 1家被责令改正。

【行业场所积分制管理】 2018年，根据市局“四大工程”的工作部署，分局通过前期调研、完善办法、集中整改、落实常态管控等措施，进一步深化全区娱乐服务场所积分制管理工作，基本实现娱乐服务场所分级管理、定期考核、动态升降的积分制治安管理模式。全区83家娱乐服务场所纳入积分制管理，其中歌舞娱乐场所61家，营业面积超过200平方米的桑拿洗浴按摩（宿夜浴室）、足浴等休闲服务场所22家。其间，对因硬件设施不到位提出整改意见的场所5家次，扣分处理5家次；对因人员信息登记不到位提出整改意见的24家，扣分处理24家。是年，分局共走访检查旅馆、民宿（农家乐）共6000余家次，核对住宿人员信息70000余条，其中275名旅馆服务员因未按规定登记住宿旅客信息均被处罚款；188家旅馆因未按规定将住宿旅客的登记信息资料录入旅馆业治安管理信息系统被责令整改；129家旅馆因未按规定将住宿旅客的登记信息资料录入旅馆业治安管理信息系统，经责令改正后仍未改正，被处罚款；不按规定登记住宿旅客信息走一般程序处罚的有5起。截至12月31日，定海区共有旅馆307家，其中民宿（农家乐）10家，留宿洗浴（足浴）场所11家。

【寄递行业联查联控机制】 2018年4月，根据省、市关于寄递行业实名制工作的相关要求，分局制订《舟山市公安局定海区分局关于建立全区寄递行业联查联控工作机制的意见》，通过探索建立与邮政管理部门的联查联控工作机制，制定工作流程规范，实现联勤检查常态化、线索移交集约化、监督处罚规范化，强化实名登记、信息采集和主体责任、教育处罚等各项工作措施。结合《快递暂行条例》，加强对寄递企业和从业人员的宣传教育。在重大安保活动等敏感时间节点，组织开展三次联查联控集中检查行动。联查联控工作机制施行以来，共实地检查寄递业经营点159家次，视频巡查39家次，发现并整改隐患26处，移交处罚线索数16条，市邮政管理局对6家寄递企业进行不同程度的处罚，其中处罚1家，发放责令整改通知书5家。

【社会保安联勤联防机制】 2018年2月，分局探索实施“社会保安联防联勤”工作机制，将保安作为警力延伸全部纳入联防联勤统一指挥平台，保安员全部持证上岗，保安派工用工单位法人（主要负责人）、分管负责人和保安员基本情况、保安服务区域及安防设施基本情况全部录入“浙江省保安服务监管信息系统”。建立分局和派出所两级指挥调度平台，公安派出所和保安联防联勤单位对保安员实行双重管理，通过每月联席会议共同研究部署区域内社会治安防控工作，派出所通过对讲机定位呼叫功能对各单位保安进行勤务点名、巡控监督和工作指导。保安公司、派出所社区民警根据保安服务岗位需要定期进行法律法规、保安专业知识和技能的培训。8月，分局负责承办首届全区保安员职业技能竞赛。是年，通过保安联防联勤平台累计发布案情预警和防范建议284条，保安参与协助警情处置260起，群体性事件23起，抓获违法犯罪嫌疑人33名，解决矛盾纠纷130余起，排查发现不安定因素80余起，治安安全隐患160余处，落实关注重点人员信息136条，相关治安类警情同比下降22.61%。截至12月31日，定海共有保安从业人员5180名，保安公司7家，保安用工单位603家，其中企业用工单位381家，事业用工单位120家，党政机关用工17家，小区物业77家，其他8家。

【内部单位安全保卫】 2018年，根据省厅“创安工作”部署和市局创安工作要求，分局按照安全防范量化标准，对内保单位开展排查、评估，抓好基础工作建设，强化情报信息工作和单位不稳定因素的排查。对全区75家重点单位加强督促、检查力度，检查指导单位的安保组织、制度、基础台账建设，进行走访，上门服务；落实人防、物防、技防设施，发现安全隐患，落实整改措施。共发现安全隐患32处，已整改31处，安全合格率达97%。

【打造“平安校园”】 2018年，分局以“护校安园”、分层分类管理为载体，以校园警务+为抓手，重点做好校园内部安全管理和重点学生监管，深化中高职驻校警务机制，探索和创新重点学生的帮扶教育新模式，打造校园安保工作新格局。护航中高考等安保工作，落实“一把手”责任制，对高考期间的考点周边路面控制、考点安全、考区治安巡逻、涉考保密工作等进行详细的安排部署，做到定人、定岗、定责。做好校园及周边隐患排查整治，全年未发生校园安全重大案事件。是年，全区共有各类学校84所，在籍学生49091人，教职工4829人。其中大学1所，职业技术学校3所，中学15所，小学19所，幼儿园46所。

3月26日，分局在城东小学开展“做自己的首席安全官—平安校园行”主题活动

【社区警务】 2018年3月，分局根据市局“社区警务+”战略部署，围绕“发案少、秩序好、群众满意、社会稳定”的总目标，突出社区警务专职化、社会化、精细化、信息化导向，推进“社区警务+”战略落地见效。制订《全区公安机关关于实施“社区警务+”强化重点社区警务室建设工作意见》，确定市级重点警务室3个，区级重点警务室12个，重点社区警务室民警专职化，实行1+2+X模式，“1”即指专职化

社区民警，“2”指辅警（500∶1至800∶1配置），“X”指根据社区特点，配备符合本辖区实际的工作力量。根据社区的不同治安情况及社区群众的需求，对重点社区警务室进行“分类分层”打造，如解放所的西园社区实施“重点型”警务，盐仓所的兴舟社区实施“特色型”警务，西码头所的新建社区实施“旅游型”警务。是年，全局共配备社区民警89名，占全局总警力的14.98%，占派出所总警力的38.27%，配备社区专职辅警128名，落实社区巡逻警力200余人、社区群防群治力量8000余人、保安联防联勤力量1280余名。全区警情同比下降10.1%，新登记流动人口、出租房同比分别增加13.2%、20.3%，采集流动高危人员信息1342名，带破各类案件198起，抓获违法犯罪嫌疑人员175名。

【“智安小区”建设】 2018年，分局以安防基础薄弱的老旧小区和开放式小区为重点，推进“智安小区”建设，打造新时代“平安社区”加强版。区委区政府将“智安小区”建设纳入区域科学发展示范点建设规划和“平安建设”总体布局，制定三年实施计划，出台全区《推进“智安小区”建设工作的指导意见》，搭建区、镇（街道）、社区（村委会）和居民四级共建格局。将“智安小区”按照“三类”进行打造，即城区社区“智安”试点建设、城区老旧小区“智安”改造建设以及新建居民住宅小区“智安”规范建设。在西园社区、东管庙社区、檀香社区试点小区分别安装人脸识别、车牌识别、自动抬杆、RFID电动车信息感应、MAC信息采集等设备，共投入资金210万元。其间，省公安厅党委副书记、副厅长毛善恩，市委常委、市公安局局长魏明，定海区委书记庄继艳等领导到试点小区对该项工作开展实地调研，给予充分肯定，并指出要推广“智安小区”建设定海经验。投入使用后，三个试点小区警情同比分别下降40.2%、36.8%、54.2%，各类刑事治安案件同比分别下降56.7%、39.7%、57.8%，其中可防性刑事案件同比分别下降46.7%、38.6%、36.2%。累计采集车牌数据25万余条、电瓶车轨迹87万余条、人脸轨迹数据43万余条、无线智能终端特征码97万余条。

4月17日，省厅党委副书记、副厅长毛善恩到定海调研指导西园社区警务室智安小区建设工作

【“最多跑一次”】 2018年，办证中心公安窗口规范开展户籍身份证管理、行政许可受理等业务，推进“最多跑一次”改革工作。根据省公安厅下发的全省公安系统群众和企业到政府办事事项指导目录和服务指南，共梳理办事事项120项，其中许可类29项、备案类18项、其他类72项、公共服务类1项，达到“最多跑一次”事项120项，“最多跑一次”事项占比100%，各事项最新的服务指南全部调整到位，同时政务服务网也同步更新到位。按照市局统一部署，完成民生警务43050项，完成办理“告知承诺”12项。

【户籍管理】 2018年，分局继续开展户籍身份证管理、户口清理整顿工作。9月1日始，受理港澳台居民居住证申领。做好2018年前民政火化常口未注销、失踪寻回业务核查、死亡注销业务核查、民政火化常口未销、公安部下发照片相似度人员核查等工作。是年，全区办理出生申报户口2989人，死亡注销户口2761人，变更姓名、出生日期210项，户口迁移业务14992项，指纹身份证业务16451项，其中身份证省内邮政快递业务7166项，省内本籍身份证11778项，省内异地身份证2509项，省外异地身份证2164项，军人身份证 1477项，指纹身份证离线采集上门服务34条，临时身份证3558项，办理边境通行证业务66项。

【常住人口数据】 2018年，全区总户数153779户；总人口397569人，其中男性195430人，女性202139人，男女性别比为96.68∶100（女性=100）；比 2017年增加3529人，年增长率为8.96‰；全区省内迁入2398人，省外迁入2408人，迁往省内1517人，迁往省外1055人，人口机械增加4642人；全年出生登记2989人，死亡注销2761人，自然增长228人。全区人口按年龄段分布，18岁以下56911人，18～35岁

71913人，35～60岁167391人，60岁以上101354人，60岁以上占总人口的25.49%。总人口中城东街道51481人，环南街道35672人，昌国街道53912人，临城街道44483人，千岛街道37154人，盐仓街道19741人，小沙街道20165人，岑港街道18422人，马岙街道9863人，双桥街道18442人，金塘镇40654人，白泉镇37506人，干礁镇10074人。（数据包括临城，截至2018年11月30日）

【暂住人口数据】 截至2018年6月30日，全区有暂住人口122621人（不含新城），比2017年增加599人；其中男性76584人，占62.5%；女性46037人，占37.5%。

【临时入境境外人员和常住境外人员】 2018年，分局共登记管理临时到定海的外国人和“四种人”（华侨、港、澳、台）12704人次。其中，外国人9815人次，华侨91人次，港澳同胞1037人次，台湾居民1761人次。截至12月31日，全区实有常住境外人员493人，其中外国人182人，港澳同胞32人，台湾居民265人，华侨14人。

【公民因私出国（境）受理】 2018年，分局出入境管理部门共受理公民因私出国（境）申请18211人次，其中出国8408人次、因私赴台2285人次（探亲361人次、团队旅游131人次、个人旅游1289人次、定居21人次、其他3人次、仅办证无签注480人次）、赴港澳7519人次（旅游6581人次、商务53人次、探亲136人次、逗留12人次、定居10人次、仅办证无签注727人次）。受理跨区域申请2532人次（其中市内跨县区1954人次、省内跨地市262人次、省外316人次）。

【签证签发管控】 2018年，出入境管理部门继续强化两个“报备库”建设，采集不准出境人员报备数据459条，撤销87条。新增国家工作人员报备数据178条，撤销596条，变更10条。新增企业商务备案5家，年审7家。

【涉外案事件查处】 2018年，分局共发现、查处涉外案（事）件28起，其中境外人员逾期非法居留22起、未按规定办理暂住登记2起、外国人非正常死亡4起。

【窗口服务新举措】 2018年，分局出入境管理部门对照“最多跑一次”工作目标，落实公安部八项便利措施，通过宣传手册及浙江政务服务网对六大类二十一项跑改事项予以公布，努力达成一网办、一证办目标。继续做好“预约服务、容缺受理、紧急办证”，全年通过网上、电话、窗口共预约申请2125人次、容缺受理165人次、加急办证19人次。通过自助签注机办理2084人次，电子支付1899人次。

【接警出动及火灾情况】 2018年，全区共接警出动631次（含增援），出动消防车1230辆次，消防人员6956人次，抢救被困人员63人，疏散人员125人，抢救财产价值1294万元。全区共发生火灾22起，直接财产损失69.97万元，无人员伤亡，未发生较大以上火灾事故。其中，生产经营性火灾7起，直接财产损失23.87万元。火灾起数同比下降29%，火灾直接财产损失下降95.6%。

【落实消防安全责任】 3月6日，召开全区消防安全重点单位会议，268家重点单位消防责任人及管理人参加。3月27日，召开全区安全生产（消防）工作会议，与11个镇（街道）人民政府和7个行业部门签订消防安全责任书。9月，区政府常务会议讨论通过《舟山市定海区消防安全责任制实施细则》和《全区高层建筑消防安全综合治理工作方案》，进一步理清各单位、部门的消防安全责任，全面推动全区高层建筑消防安全综合整治工作。

【消防基础管理】 2018年，全区防火工作围绕“三年翻身仗”这一中心任务，紧密跟进消防安全隐患集中排查整治行动，紧盯7类重点整治对象和辖区43家不放心区域、单位、场所，精准发力，聚力实现“消防隐患清零”。由区消防安全委员会牵头协调安监、公安、教育、民政、民宗、文化、旅游等部门相继开展沿街商铺消防安全综合整治、高层建筑消防安全综合整治、大型综合体消防安全综合整治、夏季消防安全检查、电动自行车商铺消防安全隐患专项整治、博物馆、文物建筑和宗教活动场所消防安全大检查等各项工作任务，确保了火灾形势的稳定。是年，列管消防安全重点单位268家，检查社会单位2369家次，制发《责令立即/限期改正通知书》1670份，立案查处141起，责令“三停”15起，行政拘留6人，临时查封20起，罚金33.79万元。开展完成审核项目22个、验收项目20个，开业检查项目82个，设计备案30个、验收备案41个。年初，全区排摸出4家重大火灾隐患单位，分别是浙江海洋大学东海科学技术学院、舟山市第一百货商店有限公司、金尊蓝湾府小区、定海解放西路226 号大楼并挂牌督办。督办整改期间，由区消防安全委员会牵头各相关单位定期深入企业、单位做好业务指导，优化整改方案，10月底，4家企业、单位的火灾隐患已全部完成整改。

【开展火灾隐患排查治理】 通过政府挂牌督办、联合执法检查等措施，部署开展冬春火灾防控和夏季消防检查，持续推进电气火灾和高层建筑综合治理，紧盯居住出租房、高层建筑等重点场所及电气、电动自行车等重点领域，狠抓古文物建筑、寺庙等人员密集场所消防安全知识培训和消防安全隐患大排查工作，逐一排查摸底、登记建档，分类开展整治，加强常态监管。深化执法业务能力建设，对消防行政处罚和行政强制执行情况开展“回头看”，严格落实“错时检查”制度，持续加大消防执法力度，进一步提升执法总量和质量。

【深化消防行政审批改革】 2018年，消防大队行政审批窗口全面梳理审批事项和申报材料，缩小审批范围，减少申报资料；完成事项清单具体举措、实现途径、快递送达、网上公示等工作，并向社会公布；推行建设工程消防设计预审核制度；推广工业企业“零土地”技术改造项目消防“零审批”承诺制，并在1个工作日完成审查；逐一明确市政府“三重”项目消防服务责任人和联络人，实施项目前期对接、上门服务、消防疑难问题专题研讨、实时信息沟通等，主动协调解决项目推进过程中涉及消防审批的相关事项和技术难题，确保“三重”项目有序推进。

【灭火救援】 2018年，消防大队共制作修订完善数字化预案299份，开展灭火救援演练246余次，重点单位熟悉430家，微型消防站检查拉动1196余次，维修保养消火栓897余个，协助总队完成3D数字化预案16家。是年，大队在全市消防部队春季运动会中取得团体第三名，在省总队夏训科目比武中获得全省第三名的成绩。

【消防宣传培训】 2018年，为扩大消防宣传覆盖面，推行消防车开进社区、农村、学校、企业等50余次，定点楼宇电视滚动播放防火常识，发动社会各界积极参与排查整治活动，利用微博、微信等新媒体定期发送防灭火消防常识，在小区、社区内建立消防宣传专栏500余个，张贴消防宣传海报5500余张。同时，公安、住建、消防等部门组织重点单位、镇（街道）网格员开展消防安全培训70余次，培训人员3000余人，提升全社会的关注度。组织开展第四期少年消防警校教育，组织近2000名学生走入消防宣传教育点；通过119消防宣传月活动，组织近千名东海科技学院师生进行校内消防疏散逃生演练，提升全区大学校园师生的消防安全意识。

11月6日，组织东海科技学院师生
进行校内消防疏散逃生演练

【交通违法行为查处】 2018年，交警大队接处交通事故24115起，发生道路交通事故139起，死亡19人，受伤153人，直接经济损失489100元，未发生死亡3人以上道路交通事故，死亡人数控制在省定指标内。共查处各类道路交通违法行为174697起，其中现场查处69273起，酒后驾驶200起，斑马线未礼让523起，非机动车违法查处44439起。

【重点人车源头监管】 2018年，交警大队盯紧“两客一危一重”逾期未检验、未报废、3次以上违法未处理等源头隐患，联合交通运输、安监等部门，定期对重点企业GPS动态监管、内部考核奖惩等进行检查，督促企业落实安全主体责任；实行滚动排查、挂图销号，每周列出清单、落实专人进行催告，“两客一危”车辆检验率、报废率、违法处理率均达到100%，重型货车检验率、报废率、违法处理率分别为98%、100%、95.4%。

交警“两客一危一重”车辆进行临检

【道路隐患源头治理】 2018年，交警大队落实辖区道路安全隐患治理长效机制与“一路一方案”制度，依托政府“包干”职能，紧盯事故多发点段、临水临崖高落差危险路段的隐患治理，推进道路安全隐患排查治理工作。全年，辖区共排查确定市级挂牌1处，其他安全隐患3处，4个隐患点位均已治理完成。此外，大队对鸭东线、双坝线等91处道路隐患进行摸排，并提出整改方案，敦促相关部门开展落实。

【交通安全“心防”宣传】 紧密结合交通安全宣传“进农村进学校进企业”行动，深入开展交通安全“心防”宣传。针对务工人员、老年人、电动车、工程车等群体，深入农村文化礼堂、老年活动室、学校、工地等，通过播放教育警示片、签订“十不准”承诺书、“小手牵大手”、体验安全出行、驾驶员VR体验、事故图版讲解、路口小喇叭等形式，大张旗鼓地开展宣教活动。尤其是联合企业开发设计VR模拟驾驶体验，通过VR实景操作开展宣传，取得较好的社会效应。全年，大队共进入辖区各中小学、幼儿园开展校园交通安全宣传35次，开展针对老年人宣传19次，走进辖区社区、各大中小企业、4S店等开展行车安全宣传17次，走进辖区重点车辆运输单位、施工工地开展面对面宣传20次。

【城乡环境综合整治“三项行动”】 2018年，根据《定海区2018年城乡环境综合整治大会战方案》要求，交警部门发挥整治办牵头抓总作用，协调推进城区停车秩序整治、交通隔离设施改造提升和“两非”车辆巩固提升三项行动。截至年底，辖区共新施划停车泊位5892个，完成原定200个指标的2946%，同时施划非机动车泊位17714个；安装隔离设施共18公里，完成原上报计划提升6700米的383.7%，覆盖城区16条主次干道；提升交通标志311块、交通标线2.3910万平方米，并安排专业人员加强巡查维护，及时修缮、清洗各类交通标志，保持交通标志清晰美观。对14块拆迁地块改造成临时停车场，允许社会车辆停放，可以停放1280辆。同时针对人行道机动车违停现象，通过安装3000根挡车杆、2000根隔离桩的方式，消除违停发生空间，人行道机动车违停现象减少。同时，大队调整警力，将辖区城北东湾区域和城东金叶菜场区域等区域列为整治重点区域，集中部署整治路段和整治时段，制订具体的方案措施，组织开展凌晨、拂晓等集中行动40次，开展针对性地打击“两非”车辆，查扣“两非”车辆367辆，查处正三轮摩托车闯禁150起、人力三轮车加装动力装置99起，力争重点整治区域内“两非”车辆“零发现”，确保不反弹、不回潮。

查处两非车辆

【文明礼让斑马线活动】 2018年，定海交警大队加大违法查处力度，组织路面整治勤务，在民警现场集中查处的同时，依托不礼让抓拍设备，持续强化对不礼让违法行为的全天候监管，共处罚斑马线不礼让行为509起，形成强大的震慑效应。强化违法抄告曝光，主动协调区文明办，完成全区行政事业单位、国企车辆公车和私家车更新建库，完善违法抄告机制，对272辆不礼让斑马线的车辆第一时间抄告相关单位主要领导。与全市主流媒体深度合作，依托“报、台、网、端”传播矩阵和交警微信等平台，对300余辆次不礼让斑马线的违法车辆进行曝光。

【市区货车限行整治】 2018年2月16日起，根据有关规定，本市区实行新的货车限制。交警部门依托主流媒体，向社会发布通告，深入货运企业、货运停车场等地，向驾驶员发放《告知书》，“面对面”解读货车限行整治政策。明确通行证办理相关流程，简化办证手续，延长服务时间，方便群众办理。突出监管，围绕重点路段、重点区域、重点时段，采取集中统一行动和日常严管相结合、定点检查和动态巡逻相结合，加强货车“闯禁”的路面管控，累计处罚货车“闯禁”行为1481起。辖区中心城区货车“闯禁”现象减少。

【全国文明城市创建交通秩序整治】 2018年7月，定海区创建全国文明城市工作领导小组办公室制定下发《2018年定海区创建全国文明城市交通秩序整治百日大会战行动方案》，成立交通秩序整治百日大会战领导小组，明确各镇（街道）政府、区公安分局、区委宣传部、区文明办、区住建局（规划局）、区交通运输局、区城管局（综合行政执法局）、区教育局、团区委、三管办等部门职责分工，实行政府牵头、部门联动。按照条块结合、属地管理的整治原则，各地各部门按照工作职责任务，压实主体责任，形成部门共治、社会参与的工作格局。各相关部门根据各自职责，组织义工志愿者，组织签订《守法驾驶电动车承诺书》，开展交通违法劝导行动，严格超标电动车销售环节源头管控，完善道路交通设施，改善非机动车通行环境。交警部门发挥主力军作用，坚持“严管促秩序、严管促自觉”，运用“大交警”格局，实施规模用警，严厉查处“机动车10项、非机动车10项、行人4项”重点交通违法行为，对重点区域违停车辆实行全部拖曳，营造强大的整治声势。全年，辖区共查处电动车交通违法44439起，拖曳违停车辆947辆。

【铁骑勤务运行】 2018年7月，根据市交警支队部署安排，定海交警大队组建由25辆高性能摩托车组成的铁骑队伍，启动“铁骑勤务”运行模式。制订《定海交警大队铁骑勤务管理实施方案》，明确工作目标，细化运行模式，落实督察考核。“铁骑”主要以巡逻执法为主、定点值勤为辅，发挥铁骑机动灵活和反应迅速的特点，通过高密度巡逻提升“见警率”和“管事率”。“铁骑勤务”打破区域勤务瓶颈，在情报信息和科技装备的支撑下，不断提升精准防范、精确打击、精细服务的能力水平，在交通堵点、交通事故、交通违法等快速处置中，形成良好的社会效果。

定海交警大队铁骑队伍上路执勤

【“五位一体”工程车管服体系建设】 2018年，交警部门对工程车实施标准化、连队化管理，建立宣传、监督、驾驶员学习常态化机制，落实企业“自我监管”，深化工程车等重点对象源头管理。辖区1034辆工程车纳入连队化管理，共建连队22个、排29个、班172个。

【“大交警”管理格局建设】 2018年4月，为深化警务机制改革，探索建立交警主导、多警联动、属地推动的“大交警”格局，构建公安交管共治体系，根据市局统一部署，分局制订下发《全区公安机关构建公安交管共治体系实施方案》，城区实行派出所、巡特警、交警“三警联动、四联共治”的勤务运作模式；在金塘建立以交警为主，派出所警力和基层治保力量协同参与农村道路交通安全工作新机制、新举措；在长白、册子、盘峙等偏远海岛实施“委托交通管理”模式，委托辖区边防派出所代为承担除需依法予以行政处罚和交通事故调查以外的交通管理职责。5月始，全区“大交警”管理进入常态化实施阶段。

【旅游警务一体化】 2018年，交警部门固化节假日、旅游旺季应急疏堵指挥、恶劣天气应急处置等多部门协同机制，实行节假日交通疏堵保畅工作专班常态化运作，对道路交通突发情况进行快速协调处置。深化外地旅游车辆运行轨迹、交通违法特点、交通事故隐患、交通拥堵指数等方面的研判，第一时间进行“点对点”告知提醒，针对性提升驾驶员安全防范意识，引导车辆错峰出行。

【渔船民管理】　2018年，制订完善船管工作例会制度，组织辖区船务公司涉海企事业单位、船老大召开工作会议10余次，通过问题通报、法律法规学习、工作重点强调，强化出海船舶源头管理。加强休渔期渔船民管理工作，开展渔船民走访核查和禁渔宣传教育工作，累计核查出海船舶1416艘、渔船民3642人，掌握辖区渔船民情况和海上治安动态。推广使用“浙江边防APP”，推动最多跑一次改革工作深入开展。

【海上创安】　2018年，边防部门主动走访海事、渔政、舟山高速交警支队等部门，协调建立区域性执法协作机制，健全完善信息交流互通机制，发挥部门优势，提升对辖区重点海域、重点船舶的动态管控能力。结合休渔期“三战”行动和全区水路货运整治工作，联合海事、渔政部门开展海上联合执法90余次，查处无证驾驶机动船舶案件28起，查处边防行政案件339起，累计出动警力60余人次，配合市海洋渔业局、海事等部门开展非法开采海砂整治行动。开展固边5号暨钱江潮2018专项行动，打击走私犯罪活动。全年共查破走私案件20起，其中走私成品油案件17起，查获成品油1298吨；走私冻品案件2起，缴获冻品190余吨；查获特大白糖走私案1起，缴获白糖1800余吨。同时在案件办理过程中查扣涉案船舶13艘，油罐车等涉案车辆28辆。

定海边防大队联合海事、渔政部门开展海上联合执法

【警务督察】　2018年，共执行现场督察78次，出动督察警力286人次，发现纠正各类问题198个，开展网上巡查47.3万余次，发现纠正各类问题353个。

【重大警务活动督察】　2018年，督察部门围绕系列重大活动安保及重要节假日安保工作、扫黑除恶专项行动等重点工作、专项工作，组织开展现场督察51次，出动督察警力147人次，共检查基层单位、所队卡点180家次，重点人管控落实情况89人次，场所单位行业204家，发现整改问题123个，督促各项工作措施落到实处。

【执法督察】　2018年，针对执法问题督察扣分问责11人次。牵头开展全区公安机关内部人员泄露公民个人信息问题专项治理工作，开展专项督察3次，对3名违规查询信息的民警予以通报追责。

【警风警纪督察】　围绕贯彻落实中央“八项精神”“三项纪律”“饮酒报备”制度等重点，加强日常警务纪律监督，共开展内部管理现场督察27次，检查基层单位308个次，发现纠正问题75个，其中围绕“枪车酒赌”、公安网信息管理等重点，开展制度执行情况督察，共检查公务用枪422支次，机动车37辆次，开展饮酒报备落实专项督察5次，每月会同分局其他部门开展队伍正规化检查。紧盯执法执勤、内部管理、窗口服务等工作开展常态化网上督察，共开展网上巡查472716次，巡查基层所队4404个次，查听音频信息92195条，发现并纠正问题353个，点对点实时提醒人员380人次。

【督察机制建设】　6月12日，重新制订《舟山市公安局定海区分局督察扣分管理办法》，突出对各部门二级督察的要求，加大责任追究力度，把督察扣分与扣发考核奖挂钩。全年共发督察通报18期，网上督察通报12期。每月一次对全局队伍纪律作风状况进行分析。

【投诉案件处理】　2018年，全局共受理12389、阳光热线和群众直接来电、来人投诉270起；其中12389投诉27起，全部做到核查回复。

【民警维权】　2018年，共办理民警维权案件25起，处理违法犯罪嫌疑人28人，其中刑拘3人，治拘（含并处罚款）16人，罚款9人；慰问民警12人，发放慰问金16000元。

【后勤保障】 2018年，全局经费支出共21550.77万元，其中1929.99万元用于后勤保障，分别为车辆购置70.98万元；防暴、通讯、刑侦等专用设备购置402.55万元；办公设备购置84.57万元；网络信息设备购置531.82万元；其他设备购置9.00万元；维修（护）费831.07万元（其中用于解放路派出所维修650万元，网络信息运行与维护62.70万元，其他房屋等维修118.37万元）。

【车辆管理】 根据《浙江省公安机关警用车辆使用管理规定》和区纪委、区监察局联合下发的《关于进一步加强全区党政机关、事业单位公务车辆管理的通知》等规定精神，3月6日，分局重新制订《定海区公安分局警用车辆管理规定》，进一步明确警务保障室、政治纪监部门及各单位管理职责，以及车辆使用有关规定。是年，全局共有警用车辆73辆，其中4辆警用车辆得以更新，1辆新增。

【装备管理】 2018年，警务保障部门对部分易过期装备采取少买快送的方式，在各部门和分局仓库少备此类装备，督促装备供货单位缩短发货时间，一般响应时间七日，部分三日。对急救包、急救箱等装备采用“换内料”的方式降低支出。是年，警务保障室共采购警用装备700余件，投入资金13.16万元，其中防化服8件，停车示意牌10个，催泪喷射器270个，强光手电80个，喊话器15个，夏盔30顶，金属手铐50副，钢叉8个，急救包100个，警戒带40卷，伸缩警棍60根，攀登绳索5根，消防斧5把，审讯椅1把，指挥棒5根。

【基建管理】 2018年，分局投资650万元完成解放路派出所临时用房装修工程。原环城西路12号解放路派出所拆迁后，由区政府调剂至放生池路28号（原定海三中旧址），该建筑为4层砖混结构的教学楼用房，建筑面积约3654平方米。5月中旬，包括附属工程、加固工程、消防工程、外立面改造工程、弱电工程等项目开始装修。9月投入使用。12月，完成刑侦业务用房及技术实验室装修工程的施工图纸设计、招投标等工作，该项目投资概算金额350万元，装修面积约1600平方米，工期150天，2019年初进场装修。是年，完成分局理发室、信访室、刑大法医室、情指联勤中心、双桥射击场等装修改造工作，完成分局机关及所属单位用房零星修缮工作。配合定海区危改办对分局下属单位用房进行房屋安全排查，完成白泉派出所、新港派出所、巡特警大队、双桥警犬训练基地等老旧用房排查工作。

【“雪亮工程”建设】 根据“雪亮工程”2018年推进计划和市局“智能防控”建设的要求，信息通信科围绕目标任务，开展各项建设。3月，完成视频监控九期改造扩容项目中的新增视频监控建设任务，双桥街道、小沙街道和定海工业园新增视频监控共计新增高清视频监控37个。同月底，组织开展视频监控十期建设，共完成机箱安装142个，立杆安装109个，开通视频监控图像253个，其中高空鹰眼图像5个。

10月12日，市委副书记、政法委书记华伟到定海调研“雪亮工程”建设

【前端感知体系建设】 紧扣“云上公安、智能防控”战略，继续深化社会治安防控体系升级版建设。增加前端人脸抓拍摄像机安装数量，在舟山长途客运中心、鸭蛋山轮渡码头、定海客运南站、民间客运码头、三江客运码头和海丰码头新增人脸抓拍摄像机16个，增强车站码头主要出入口人员管控效果。继续推进物联网基站建设，按照新增治安监控点的建设进度，协调相关公司在新增监控立杆上做好物联网基站的安装，确保视频监控和物联网建设同步覆盖，新增物联网基站109个。对高清视频治安卡口进行改造，2011年建设的5个出入城区的视频卡口共计10套设备进行换代更新，6月底全面完成。经改造后的卡口抓拍图像清晰、车牌识别准确、设备运行稳定。

【区域科技智能防控】 打造金塘岛科技管控网建设，

制订金塘科技防控岛的实施方案。新安装人脸抓拍摄像机2个，新增视频监控图像79路，安装并开通新增卡口9个。开展智能安防小区试点建设。西园社区改造完成视频监控32个，新增安装高清视频监控10个，车辆卡口7个，全局人脸抓拍摄像机14套。檀香社区改造完成视频监控48个，新增高清视频监控2个，改造车辆出入口管理系统2套，新增安装人脸抓拍摄像机6套，安装独立式烟感报警器41个。

【社会视频监控联网】　推进“店安工程”监控联网建设，对接联通视频监控平台，利用联通公司在沿街店面的宽带资源新增店安监控154个。联网社区监控新增图像，定期与电信、广电、移动和联通等运营商平台进行核对，新增联网社区监控424个。通过与水利部门对接，联网水利监控图像共计191路。

【信息化应用】　2018年5月，为贯彻落实省厅党委提出的“云上公安、智能防控”大数据战略，提升全警信息化应用水平，推进智慧公安建设，分局制订《全区公安机关信息化应用提升八项措施》，成立全区公安机关信息化建设应用领导小组及办公室，将信息化建设应用工作作为“一把手”工程，明确信息化应用以领导带头、全警参与、以训促用、以用促建的培训目标。组建信息化建设应用工作专班，做好各类信息化技术应用的推广及培训，提升分局民警综合应用操作能力。开展优秀技战法和精品案例评选活动，总结提炼新型技战法12篇，典型应用案例18例。

【接处警工作】　2018年1月，分局制订《全区公安机关接处警规范化建设专项行动实施方案》，从执法源头——接处警环节入手，开展“接处警规范季”专项整治行动。成立接处警规范化建设专项行动领导小组，明确各部门职责分工；根据接处警规范要求，对近年来的110警情处置工作进行梳理和自查，对存在问题，逐项研究解决办法，提出针对性整改措施。其间，分局督察部门通过现场检查、网上巡查、线索回溯等方式开展督查，并落实追责问责。是年，共接处警68689起，通过现场检查、视频跟查、网络巡查等形式，共跟踪检查全区接处警警情34315起，发布督查通报166期，发现并纠正接处警欠规范问题警情1865起。经过检查—反馈—整改—再反馈，平均每日接处警欠规范问题控制在5次以下，同比下降50%以上，相关投诉下降60%以上。全年接处警信息录入准确率达94.5%。

【情指行一体化建设】　2018年6月，分局贯彻落实上级公安机关“联勤联动、合成作战”机制建设要求，推进“情指行”合成作战体系建设，制订《全区公安机关“情指行”合成作战工作机制》，明确“情指行”合成作战中心的组织架构，完善情指行一体化体系相关配套工作制度，完成合成作战中心场地升级改造及硬件设施的配备，情指、网警、刑侦作为常驻警种正式进驻开展实体化合成作战。在即时重大警情服务，关注类警情案件防控，涉稳领域领导提前感知并作出决策等方面发挥重要作用。是年，共接收处理各类情报信息1527条，发布各类常规性情报产品360余件，完成“十九届三中全会”“全国两会”及“上合峰会”期间各类人员稳控、信息等维稳安保工作。

【档案数字化工作】　2018年，分局各部门与北京八九数码科技有限公司相互配合，相互协作，截至12月31日，完成1992年至2016年文书档案的图像扫描和条目录入工作，共计扫描图像352901张，录入条目75729条；完成2016年至2001年录入文书档案条目的校对工作。完成部分派出所户籍资料的图像扫描工作和条目著录工作，共计扫描图像1054329张，录入条目523216条。

【机要密码工作】　2018年，分局以“精品年”活动为契机，以密码岗位练兵活动为抓手，推进一级机要室创建工作，加强密码通信保障。是年，分局获全市密码通信岗位练兵活动团体第一；分局机要室被评为县级机关一级机要室。

【社会应急联动】　2017年12月13日，区应急联动中心职能移交分局情指联勤中心。为提高处突快速反应能力，修订完善处置重大突发案事件工作基本预案、重大突发案事件组织指挥体系人员构成及职责规定及群体性事件和集访活动应急指挥处置工作流程等配套预案，同时完善全区应急联动工作机制，落实平时监督考核，进一步整合各类应急力量、应急资源，高效应对各类突发事件，维护公共安全和社会稳定。2018年共处置应急联动警情1029起，均已办结。

【"四季规范"执法管理】 2018年，为适应以审判为中心的刑事诉讼制度改革，分局围绕执法管理全要素环节，每季一主题，相继开展"接处警工作规范季""涉案财物规范季""办案区管理规范季""执法管理模块规范季"建设活动，并开设执法晾晒平台。通过执法规范季管理举措，进一步明确执法标准，强化执法监督，减少执法瑕疵，提升公安机关执法公信力和人民群众满意度。通过现场检查、视频跟查、网络巡查等形式，共检查全区接处警警情8210余起，涉案财物案件200多起，办案区巡查500余次，执法管理模块指出问题216件，专题通报10期，分管局领导下所反馈督导7次。

【创新"三调联动"机制】 2018年，分局成立"三调联动"创新建设专项行动领导小组，赴外地学习考察，学习探讨诉调衔接、司法确认工作；走访区人民法院、区法制办、区司法局等单位，制订调解协议司法确认工作制度，执行"所庭对接"，提高矛盾纠纷调解协议履行率，赋予非诉调解协议强制执行力，完成全市首起矛盾纠纷调解协议司法确认。确定盐仓派出所为"三调联动"创新试点单位，将调解工作前移至警务室，建立全市首个警务驿站，重点置入调解室功能，开展"家门口调解"，改变以往"等案上门""坐堂办案"的调解方式。同时健全审核把关、跟进回访、指导培训、考核激励等机制，通过抽查考评、交流学习、以奖代补等形式提升专职人民调解员业务技能和综合素质。11月23日，分局在盐仓派出所召开全区"三调联动"工作现场推进会。全年共完成66起调解协议司法确认。

【探索试行见证人制度】 为贯彻执行《刑事诉讼法》《公安机关办理刑事案件程序规定》《公安机关办理行政案件程序规定》等法律法规，适应以审判为中心的诉讼制度改革，规范见证人的见证行为，2018年1月，分局探索试行见证人制度，制订《定海区公安分局见证人见证规定》，明确见证人应当具备的条件、见证时应当承担的义务、见证范围，并把见证人补贴列入财政预算。根据辖区发案量，全区选取64名符合条件的人员作为固定人选，确定各执法办案单位分管领导及联络员名单，以"结队"形式保障各单位见证人使用频率及效率。年内，开展见证人（合适成年人）见证1171次，发放补贴147900元。

【政法一体化办案系统应用】 2018年5月，根据省委政法委和省公安厅、市公安局的统一部署，分局推广应用全省政法一体化办案系统。成立由分管局领导为组长，法制、预审及各办案单位负责人为成员的工作专班，多次研究探讨工作运行机制及系统操作流程。分局筹资88万余元，用于政法一体化系统配套建设，配齐配强硬件设备保障，全局19个执法办案单位均配备高速扫描仪及高拍仪。法制预审部门分别落实一名专职民警负责一体化系统运行维护和培训指导工作。按照市局"分阶段、分步骤"实施的策略要求，分局全部刑事案件的提请逮捕、移送起诉逐步通过政法一体化办案系统推送。其间，法制预审部门多次对接检察院、法院，就案卷扫描、证据上传等达成一致意见，并在案件推送过程中，协调解决因推送要求不同引起的案件移交不畅、主要证据无法推送等问题。截至12月31日，分局通过政法一体化系统上传推送报捕、起诉案件654次。

【执法素质提升】 将抓主体能力作为执法规范化建设的根本，继续执行中层领导执法办案目标制，落实网上追责通报；探索试行所队"一把手"出庭应诉制度。通过庭审旁听、执法点评、专家授课、模拟法庭、法律素质测试等多种载体，夯实民警常态学法基础，挖掘年轻民警发展潜力。搭建"法制沙龙"学习平台，通过典型案例分析、会商，提高办案民警实战能力。开展常态化法律知识测试，尤其是抓好新警基本级执法资格培训，通过"传帮带"指引新警树立正确执法观，提升用法律来分析、判断及处理问题的能力。是年，全局基本级执法资格通过率100%，中级75%以上，执法勤务类机构负责人及主办侦查员、案件审核民警全部通过中级考试。

分局组织民警参加出庭作证庭审旁听

【信访工作职能调整】 2018年5月，根据《舟山市公安局关于加强全市公安信访工作的实施意见》要求，分局对信访工作职能进行调整，从监察室（督察大队）调整至法制大队。同时，在分局东楼一楼大厅，专辟150余平方米建设信访接待场所，进一步规范接访窗口的标识、标牌。紧扣“甄别受理、办理督办、审结答复、告知引导、网上录入、时限规定”等关键环节，规范信访办理流程，细化业务规范和可操作的具体办法，确保每一起信访事项每个环节都有迹可查。全年，分局共接收群众来信来访111件，同比上升32%，在期限内均按时办结答复，办结率为100%。局领导阅批群众来信来访87件达100%。接收领导信箱、监督投诉、咨询、举报等网上信访136件，在期限内按时办结答复的136件，办结率100%。通过查处信访问题，提供违法线索2条，抓获违法人员6名，挽回经济损失100余万元。通过日常工作排查与专项工作排查，排查出矛盾纠纷6起，化解4 起。

4月20日，局长应朝阳接待来访群众

【清廉警队试点建设】 2018年年初，市局确定分局为全市公安机关“清廉警队”建设试点单位，分局在盐仓派出所开展试点工作。5月，分局制订《全区公安机关“清廉警队”建设实施方案》，成立以党委副书记、政委为组长，党委委员、纪委书记为副组长，政治处、监察、督察、警保、法制和预审等部门负责人为成员的领导小组，并在盐仓所成立工作专班。同月31日，分局召开全区公安机关“清廉警队”建设动员会议，部署全区推进此项工作。分局围绕民警清正、队伍清廉、政治清明总体要求，立足“早发现、早提醒、早预防”的理念，通过实施“三心葆忠诚”“三单明职责”“三色促预警”“三化强规范”和“三圈提正气”的“五三工程”，实现“对党忠诚的政治信念更加坚定，服务人民的宗旨意识更加牢固，执法公正的法治理念更加深化，纪律严明的作风形象更加凸显，从严治警的主体责任更加夯实，清廉警队的建设氛围更加浓厚”的建设目标。其间，全局416名民警和696名辅警、事业编制人员均与所在部门签订《定海区公安分局民警纪律作风承诺书》和《廉洁从警承诺书》；分局层面共开展各类谈话80人次，其中对相关责任人员开展诫勉谈话9人次。落实岗位廉政风险动态排查防控，召开特邀监督员座谈会，向11名2018年至2021年新一届特邀督员颁发聘书，制订《定海区公安分局队伍分色管理实施办法（试行）》，进一步落实廉政监督。11月13日，全市公安机关“清廉警队”试点工作现场会在定海召开，总结推广分局“清廉警队”试点工作经验。

11月13日，全市公安机关“清廉警队”试点工作现场会在定海召开

【纪律作风集中教育】 2018年3月，分局部署开展贯穿全年的全区公安机关“建铁纪警队，做忠诚卫士”作风建设主题活动，成立以局长任组长，其他党委委员任副组长，各部门主要负责人为成员的作风建设主题活动领导小组，党委班子成员按照分管和联系单位实行包干责任制。对标过硬、清廉警队建设要求，确定政治纪律、履职担当等八方面工作重点，分阶段落实“问题集中排查、专题学习、警纪警规测试、专项督察、建立健全制度”等12项具体工作措施。其间，以全体民警、职工、警务辅助人员和各部门为对象，共排查共性问题102个，其中重点问题42个，分别填写问题整改清单，明确整改措施。结合全区作风建设“三个一”工作要求，排查出7大类问题，所有问题均

明确具体整改计划，逐一落实整改。此外聚焦形式主义、官僚主义，开展厉行节俭专项治理、“新官不理旧账”专项治理，开展“四风”问题排查整改、公职人员从事微商、网店等经营性活动自查、领导干部违规房产交易、违规借贷专项排查治理工作、办公用房清理整顿、全区公安机关违规投资和借贷专项治理工作等，持续开展“正风肃纪”。

督察大队对民警警纪警规执行情况进行现场督察

【廉政文化建设】 落实廉政谈话制度，1月，分局党委书记对分局全体中层干部进行集体廉政谈话。同时，落实党委书记与班子成员、分管局领导对分管部门领导班子成员、部门领导对民警廉政谈话。完善日常教育机制，把深入学习党章党规、系列讲话纳入廉政谈话、廉政党课、干部培训及日常学习教育中，同时在分局主页开设相关专栏，印发《党纪政纪警纪制度汇编》便于广大民警学习。落实“浙江公安廉政文化网络课堂”学习，组织全体民警警纪警规测试、观看警示教育片，开展廉政警示教育，并通过节日期间发警示短信，加强对廉洁守纪的教育警示，筑牢拒腐防变思想防线。

【审计工作】 2018年，分局完成对网警大队、巡特警大队2名中层主职的任中经济责任审计；完成25名中层干部经济事项交接监督工作。配合市局开展治安警种执法活动财物后续审计、行政处罚执行情况审计；落实审计问题整改，堵塞权力监管漏洞。9月，分局发文明确专职审计员，进一步理顺审计工作机制。

【督考工作】 2018年，为进一步推动各项重点工作任务落实，提升全区公安机关工作执行力，规范绩效评估考核，分局成立督考委员会，明确督考委员会成员。制订《舟山市公安局定海区分局2018年立项工作》《2018年立项工作推进计划》《全区公安机关2018年度立项工作考核办法》《全区公安机关2018年度综合考评办法》以及业务部门、派出所考核办法。牵头单位监察室，每月抽调分局机关中层骨干开展集中办公，对各单位工作完成情况进行督考并上墙晾晒、通报。制订《全区公安机关重点工作督导方案》，通过重点项目会商督导、落后项目重点督导、开展全区公安机关“双比双学”创优争先主题活动等形式强化推进。全年由局领导主持，就相关重点工作召开推进会29次，开展专项督察6次，发督考通报12期，“双比双学”晾晒台通报12期。

【干部管理】 2018年，分局新提拔股级干部20名，其中中层正职6名、中层副职14名，39名中层和51名民警进行岗位调整交流。截至12月31日，有中层正职干部52名、中层副职干部56名。年内，新招录民警11名，其中公安院校毕业生8名、社招生3名，新招录事业工作人员2名，安置军转干部1名，退休7人，公务员转入2人、转出4人，开除1人，有3名事业工作人员与分局解除聘用合同。年内办理警衔首授16人、警衔晋升98人，新警转正定级14人，新晋升公务员职级9人（均为晋升副科职级）。

【警察职务套改】 2018年12月，按照上级公安机关和组织部门的统一部署，全区公安机关人民警察职务套改全部完成，并开展首次晋升。根据现有编制数确定执法勤务职位数410个、警务技术职位35个。共有376人参加执法勤务警员职务套改，其中套改为二级高级警长2人、四级高级警长20人、一级警长78人、二级警长31人、三级警长62人、四级警长40人、一级警员143人；共有26人参加警务技术职务套改，其中套改为警务技术四级主任1人、警务技术三级主管8人、警务技术四级主管3人、警务技术员14人。首次职务晋升，执法勤务警员共有212人晋升职务，其中晋升四级高级警长17人、一级警长5人、二级警长51人、三级警长16人、四级警长123人；警务技术警员共有23人晋升职务，其中晋升警务技术二级主管7人、警务技术三级主管2人、警务技术四级主管14人。

【教育训练】 2018年，分局以市局举行的全警信息化应用竞赛为抓手，制订信息化应用提升八项措施，组建信息化应用专班，强化尖子骨干深度应用，定期举行“信息化应用沙龙”，开展信息化应用送教下所推广培训，备战全市信息化应用业务警种比武，其中刑侦、治安警种分别取得团体第一和团体第二。制订定海区公安分局兼职教官聘任管理办法，并按照市局确定的16个专业方向和条件要素，挖掘建立22名专业人才库，涵盖12个专业，6名同志入选到市级专业人才库，2名民警被聘为省级教官，4名民警被聘为市级教官。

【公安宣传】 2018年，分局适应“互联网+”时代宣传工作新变化、新形势，创新宣传机制和手段，量化指标考核，构建品质治安、智慧公安、满意民安，助推“平安定海”“法治定海”建设。是年，完成发行《社区警务报》11期，在各级媒体上共刊发稿件847件，其中中央级媒体6件，国家级14件，省级215件，“定海公安”官方微信发布563条，微博发布386条，答复网民咨询信息220余条。其中，定海警方打掉制贩枪团伙、5·14特大诈骗案抓捕行动被央视专题栏目以及新闻联播录用，分局特色保安联防联勤机制以及驻校警务机制被《法制日报》《人民公安报》《浙江日报》《浙江法制报》平安时报等部省市区各级媒体录用。

【“心防”工程建设】 根据全市公安机关2018年“心防”工程建设规划，分局成立“心防”工程建设工作专班，构筑以“通讯（网络）诈骗、交通事故、金融风险防范、消防安全”等为主要内容的“心防”工程。推进警务室、消控室、安全防范体验“馆、室、车”等公共安全防范基地建设，依托“网上+网下”，强化通讯（网络）诈骗、交通事故、金融风险防范、消防安全等多渠道立体化宣传，实现“心防”宣传“每周有互动”“一月一主题”“一季一集中采访”，网上“台报网端”有宣传，网下实体活动有载体。先后推出首部以反通讯网络诈骗为主题的原创微电影《胡大帅“网恋”记》、防范通讯网络诈骗广场舞曲《防骗歌》及防骗舞蹈、“一口气读完防诈骗顺口溜”、15秒“防诈骗宣传”公益广告，奏响防骗“五部曲”。《胡大帅“网恋”记》获第三届全国公安机关“三微”大赛优胜奖，在市委政法委组织的“平安舟山”“三微”大赛中获一等奖。进一步完善以“西园中心警务室”为重点的派出所安全防范展示区建设，探索建成定海本岛局级警校合作共享安防体验馆1个，金塘海岛安防体验馆以及其他8个安防体验区。

7月4日，全市通讯网络诈骗“心防工程”宣传月活动启动仪式在定海举行

【见义勇为】 2018年9月，见义勇为工作责任部门原先由分局政治处负责调整为治安管理大队负责。年内，方忠明、顾大明、盛文洪等3人被定海区政府授予见义勇为三等功，分别颁发奖金1万元。11月22日第三个“浙江省见义勇为宣传日”，治安派出所在辖区分别组织开展见义勇为宣传活动。

【典型选树】 2018年，分局树立“服务中心、宣传正面、树立典型”的宣传理念，健全完善先进典型发现、培育、推树、宣传机制，出台分局先进典型选树、宣传规定，进一步规范典型选树工作。年内相继选树“千名好民警（辅警）”傅逞东、虞立波、屠夏斌、虞敏杰、周浩一、刘蜜风、“全市优秀公务员”王英、“全市最美政法人”童宇平等典型。同时开展每月“警营之星”评选活动，共有10位民警被评选为市级“警营之星”，70位民警被评选为区级“警营之星”。

【暖警工程】 制订2018年暖警工作项目计划，推进落实爱警措施，落实民警人身保险（含家属）、休假、疗休养、体检等制度，落实发放民警工作日外加班补贴，建成启用分局理发室，调整分局及部分派出所食堂运行模式，改善民（辅）警膳食，开展健康义诊进警营活动，协调解决17名民警子女入园入托和12名民警子女就学困难。制订《定海区公安分局走访慰问制度》，结合元旦、七一、春节等重要节日，围绕民警生病住院、生育、执法侵害等及时开展走访慰问活动。全年共开展走访慰问60余人次，发放慰问金9万余元。年内，1个集体荣立集体二等功，4个集体荣立集体三等功，11名个人荣立三等功，6名民警（辅警）入选全省2018年度“千名好民警（辅警），1个集体、21名民警获嘉奖。

【爱民扶贫】 2018年，分局继续开展扶贫帮困、慈善一日捐、义务献血和“微心愿”认领活动。年内，全局436名民警（职工）、事业人员与130户困难群众开展新一轮扶贫结对帮扶，落实帮扶资金20.8万元。开展“慈善一日捐”活动，共捐款4.57万元。组织无偿献血活动，共献血2.15万毫升。全局党员、入党积极分子主动认领困难群众“微心愿”148个。

【辅警制度改革】 2018年，根据公安部、省厅、市局有关规定，分局制订《定海区规范和加强全区公安机关警务辅助人员管理工作实施细则》，稳步推进辅警制度改革工作。完善辅警的层级、薪酬、考核、抚恤补助、走访慰问等制度。6月完成对存量辅警清理优化，通过新的标准招聘辅警57人，辞退辅警3名，自动辞职207人。11月，制订《舟山市公安局定海区分局警务辅助人员着装管理规定》，分局在编在职的勤务和文职辅警，全部按规定穿着统一的制式服装。至12月31日，实有辅警队员668人。年内，31名辅警被评为先进辅警队员，99名辅警年终考核评为优秀等级，共对生病住院辅警慰问10人次，执勤受伤慰问4人次，春节慰问8人次。

【公安党建】 2018年，分局围绕“党建带队建、党务促警务”工作思路，加强党建引领带动队伍建设。分局党委制订出台加强党建工作推进队伍建设工作意见，明确4类16项党建工作重点任务及计划清单，推进党建带队建工作长效机制。年内，组织开展纪念建党97周年、清明祭扫、“五四”青年节、重阳节等节日党建活动，开展“护航发展 先锋行动”集中走访服务活动，以城市社区“大党委”机制和“兼合式”党支部建设为契机，强化党建引领融入文明城市创建工作。升级“红色园地”党建智能网，举行人民警察荣誉仪式，集中发放“红色书刊”党建礼包，召开“七一”表彰大会，对五个先锋党支部和15名先锋党员、党务工作者进行表彰，实行并开展支部党建述职考评。各支部合理布建党建会议室，制作“警营走廊”党建文化墙，在党员个人工作电脑设置“红色格言、经典名句”屏保。按照“一支部一品牌”创建要求，培育支部党建品牌，形成双桥所“爱农护农”党群和金塘所“水之韵”警营党建工作示范点。强化战时党建工作，成立轮值轮训和“5·14”特大跨境网络诈骗专案临时党支部，发挥临时党支部引领作用。推介讲述定海警察党员故事，年内先后有全国劳模方国平、全国三八红旗手、“最美公务员”王英、区劳模孙峥辉、区优秀共产党员江灏、区“三八红旗手”刘海英等先进党员事迹在省级以上媒体刊登宣传。

6月21日，分局组织开展“护航发展·先锋行动”集中走访服务日活动

【首届机关党委】 为加强全区公安机关党的基层组织建设，推进党建带队建工作机制，7月5日，分局召开全区公安机关“七一”表彰暨机关党委成立大会。根据区直机关工委同意分局成立机关党委的批准意见，经选举产生中共舟山市定海区公安分局第一届机关委员会，由朱文彪、汪静伟、沈滨、张伟、张芝玲、范明富、俞凯等七人组成，张伟任第一届机关党委书记，朱文彪、汪静伟任第一届机关党委副书记。同步选举产生中共舟山市定海区公安分局第一届机关纪律检查委员会由王斌、孙峥辉、汪静伟等三人组成，汪静伟任第一届机关纪委书记。

【团工委】 2018年，分局团工委围绕推进青年民警素质提升要求，开展以“比实绩、比能力、学先进、学典型”为主要内容的“双比双学”创优争先主题活动。组织青年民警参加执法、司法考试、各类业务能力竞赛，依托“创人民满意大走访活动”，组织青年民警开展以防盗、防骗、禁毒等安防宣传和上门为困难群体提供帮助为主的服务活动。鼓励民警积极投身“创城”各项工作，引领青年民警在各自的工作岗位上强化执法素质、提高服务水平，发挥共青团的青年主力军作用。3月28日，发动90余名青年民警、辅警参与献血；9月下旬，2名青年民警赶赴新疆参与援助工作；10月11日，新民警参加“不忘初心，忠诚使命”民警荣休暨新警入警仪式，进一步增强使命感谢、责任感。截至12月31日，分局共有团员35名，同比增加1名，下设8个团支部，其中团工委干部5名。

【典型案例】 侦破“2018.1.30”特大通讯诈骗案件 1月30日，定海分局接到报案，78岁的定海人朱某（女）通过电视购物购买风湿药品等物，被人以办理国家扶贫保障卡可获购药补贴为由，骗走现金80余万元。接报后，分局组成“1.30”专案组开展侦查。专案组在市局合成作战中心和相关业务部门的协助下，辗转广东、江西、湖北等地，于2月6日、10日在广州、武汉抓获犯罪嫌疑人潘某佳（男，22岁，贵州人）、李某牧（男，28岁，湖北人）。经审讯，潘某佳、李某牧交代2017年1月至2018年1月间，以冒充教授、行长、部长等身份诈骗朱某共计近130万元的犯罪事实。7月31日，犯罪嫌疑人潘某佳被定海区人民法院判处有期徒刑十一年六个月，并处罚金人民币五万元；犯罪嫌疑人李某牧被判处有期徒刑七年，并处罚金三万元。

侦破“2018.5.14”跨境特大通讯诈骗案件 5月14日，被害人方某向新城公安分局报案称，其经网友介绍进入“腾讯竞猜游戏”赌博游戏平台，共计被骗880万元。接报后，副省长、公安厅长王双全，副厅长、政治部主任刘静和市委常委、市公安局党委书记、局长魏明分别作出重要批示，对案件侦破工作提出具体要求。市局启动大要案合成作战机制，抽调市县区两级公安机关精干警力，在省厅刑侦总队的协助下，侦查发现一隐藏境外，以福建、江西籍人员为主的特大通讯（网络）诈骗团伙。6月12日，市局从全市调集200余名警力，在公安部统一指挥下，与云南警方采取跨境联合行动，在江西、福建、云南及境外多地同步展开集中收网，共抓获团伙主犯陈某某等犯罪嫌疑人188人，其中境外抓获152人、国内收网36人，现场缴获电脑、手机、银行卡等一批作案工具和涉案物品。6月16日，经市局指定管辖，该案由定海刑侦大队负责承办。后续办理过程中又陆续抓获110余名犯罪嫌疑人。办案民警辗转全国23个省市，询问取证被害人100余人，甄别冻结资金300余万元，涉及银行账户400余个，基本理清犯罪团伙以陈某杰、吴某锋为首的组织架构，形成一个闭环证据链。截至12月20日，该案共有97人被批准逮捕，15人被取保候审，101人被移送起诉。破获本地通讯网络诈骗案件2起，带破外省案件247起。

侦破“2018—74”省毒品目标案件 2017年8月，分局禁毒大队工作中发现王某军（男，44岁，舟山定海区人）有贩卖毒品重大嫌疑。2018年1月23日，王某军被立案侦查。经侦查，发现以王某峰（男，1976年生，舟山市定海区人）为主，从四川到舟山的贩毒渠道，涉案人员40余名，贩毒数量500克以上。4月6日，该案被省厅确立为省毒品目标“2018—74”案件。经三个月专案经营，4月30日，专案组开展收网抓捕集中行动，在舟山市跨海大桥双桥收费站，抓获贩毒嫌疑人魏某（男，1988年出生，四川省三台县人）、冯某衡（男，1988年出生，四川省三台县人），从其驾驶的汽车内查获冰毒疑似物495余克（后经鉴定未检出甲基苯丙胺成分）；后相继抓获贩毒嫌疑人王某峰、顾某国、泮某等9人。该案共抓获犯罪嫌疑人11名，查处吸毒人员18名，缴获作案车辆1辆，毒资1.72万元。2018年9月，王某峰等11名犯罪嫌疑人被移送起诉。

侦破“2018—493”部毒品目标案件 2017年7月，分局禁毒大队在工作中获得线索：有一名叫陈某（男，1985年出生，舟山市定海区人）在定海进行贩毒活动。2018年4月4日，分局立案侦查。经查证，该案是以陈某、齐某益（男，1978年出生，舟山市临城人）为核心的贩毒网络，涉案人员达60余名，贩毒数量达千克以上。7月18日，该案被公安部列为“2018—493”目标案件。根据该案特点，专案组联合宁波、江西、湖南的警方分批对涉案对象进行收网行动。8月15日，专案组在甬舟大桥双桥收费站抓获贩毒嫌疑人杨某标（男，1985年出生，安徽阜阳人），李某明（男，1990年出生，江西南昌人）。9月5日，在江西警方配合下，专案组在江西南昌抓获杨某标的“上家”熊某华（男，1989年出生，江西南昌人）。10月9日，专案组在宁波警方的配合下，在宁波市汽车南站抓获贩毒嫌疑人胡某浩（男，1971年出生，湖北宜昌市人）；又相继抓获齐某益、胡某建（男，1971年出生，湖北省宜昌市人）。10月30日，专案组在普陀抓获贩毒嫌疑人张某德（男，1963年出生，江西萍乡市人）。11月9日，专案组在定海抓获贩毒嫌疑人陈某。11月26日，在湖北警方的配合下，专案组在湖北省武汉市东西湖区抓获陈华的上家李某健（男，1961年出生，湖北省武汉市人）。截至11月底，该案主要团伙成员全部落网，共抓获陈某、齐某益等贩毒嫌疑人23人，吸毒行政处罚41名。

侦破公安部督办“2018.9.17”非法出售、提供试题、答案案　9月17日，定海网警大队工作中发现有人在网上非法出售全国一级建造师统一考试试题、答案。经线索梳理和落地分析查证，在定海区长白乡一建筑工地宿舍抓获犯罪嫌疑人王某祎（男，25岁，河南省尉氏县人），现场查获涉案光盘4张，硬盘1个，电脑1台，手机2只，U盘1个，非法获利5000余元。经审讯和电子数据勘验，发现王某祎的两名上家，许某鹏（男，32岁，河南省郑州市人）、李某林（男，29岁，山东省安丘市人）。12月，该案被公安部“净网2018”专项行动办公室列为挂牌督办的案件。其间，公安部副部长林锐，副省长、公安厅长王双全，市委常委、公安局长魏明等领导多次批示，对案件侦破提出具体要求。专案组经网上寻线追踪，通过大量调查工作、实地侦查和线索研判，于12月5日，在贵州省六盘水市盘县某工地抓获犯罪嫌疑人许某鹏。经审讯，许某鹏交代购买其答案的下家10余名，非法获利10000余元的犯罪事实。另经查证，犯罪嫌疑人李某林因涉嫌非法出售、提供试题、答案罪已被山东警方抓获，作另案处理。此案涉案地域广，销售对象多，专案组先后完成涉及全国7个省市涉案人员的调查取证工作。2019年2月27日，王某祎、许某鹏被移送审查起诉。

侦破省厅督办“2018.7.18”侵犯公民个人信息案　5月中旬，定海网警大队通过线索举报和网上侦查，发现舟山某房地产顾问有限公司涉嫌侵犯公民个人信息。分局抽调网警大队、派出所精干力量成立专案组开展前期侦查。在市局网安支队的协助下，经2个月的前期侦查，理清涉嫌侵犯公民个人信息的主要群体、信息类型、传播途径。7月18日，专案组开展集中收网行动，相继在舟山、宁波等地抓获犯罪嫌疑人23名，捣毁利用非法信息开展业务的公司1个。扣押手机14部，电脑4台，U盘3个，非法所得10000余元。经审查，涉案人员均为房产开发、销售、中介、物业等内部人员，利用职务便利，非法收集、交换、出售公民个人信息，从中牟利。专案组对扣押的电子物证通过检查、提取、远程勘验等手段截获取被侵犯的公民个人信息数据20余万条，并在舟山市不动产登记中心的配合下，对截获的公民个人信息的真实性逐一进行比对。经5个多月的侦办，11月22日，该案中的19名犯罪嫌疑人因涉嫌侵犯公民个人信息罪已移送起诉，另外4名犯罪嫌疑人作另案处理。12月，该案被省公安厅“净网2018”专项行动领导小组办公室列为“净网2018”专项行动第四批挂牌督办案件。

（撰稿：张　燕）

（本分目图片由区公安分局提供）

检　察

【概况】　2018年，区检察院以习近平新时代中国特色社会主义思想为指导，围绕定海率先建成“两个高水平”奋斗目标和新时代检察工作“讲政治、顾大局、谋发展、重自强”总体要求，履行宪法法律赋予的职责，各项工作再上新台阶。

【维护社会稳定】　依法履行刑事检察职能，精准打击各类刑事犯罪。经审查批准逮捕266件453人，提起公诉360件591人。贯彻扫黑除恶专项斗争决策部署，严厉打击“软暴力”“套路贷”“三强三霸”等涉黑涉恶犯罪，办理上述案件19件67人。投入平安定海建设，快捕快诉恶性暴力、“两抢一盗”、涉黄涉赌涉毒等严重危害社会治安案件301件482人。严惩电信网络诈骗、侵犯公民个人信息、非法集资等互联网犯罪和涉众型犯罪，集中力量办理“5·14”特大跨境网络诈骗案，做到第一时间提前介入，点对点引导侦查取证，10天内批捕犯罪嫌疑人98人，相关做法得到省、市检察院主要领导批示肯定，被评为全省检察机关审查逮捕十佳优秀案例。

办理“5·14” 特大跨境网络诈骗案

【保障中心工作】 围绕大局真抓实干，做到党委中心工作推进到哪里，检察服务保障就跟进到哪里。聚焦蓝天保卫战和洁净乡村行动，依法惩治破坏环境资源犯罪，启动“治水土、清固废”专题公益诉讼，督促清理、平整、恢复受污染地块15000余平方米。聚焦清廉定海建设，合力打击腐败，依法办理职务犯罪案件5人。聚焦“创城”、城中村改造等重点工作，就“城市牛皮癣”、征用苗木被盗等问题向党委政府提出对策建议。聚焦自贸区建设，探索刑事合规风险防范工作，为自贸区企业提供风险预警和防控建议，服务区域健康发展。

启用无人机对环境污染地区进行侦查

【完善社会治理】 贯彻新时代“枫桥经验”，完善检察环节矛盾纠纷预防化解机制。依法落实少捕慎诉，对犯罪情节轻微的决定不批捕56人、不起诉112人。对因亲友、邻里纠纷引起的轻伤害、交通肇事等轻微刑事案件促成和解21件，为4名生活确有困难的刑事被害人发放司法救助金4.8万元。打造“诚·爱”未成年人检察特色品牌，成立全市首家未成年人法治教育基地和法治网校，推出检察官公益讲座、家长课堂等多元关护措施，对16名涉罪未成年人落实不捕不诉、附条件不起诉等宽缓政策。精准适用逮捕强制措施，推进外来人员“同城司法待遇”。坚持“谁执法、谁普法”，检察长带头担任法治副校长，深入开展检察官以案释法，让典型案例成为全民法治公开课。

乐志盛检察长受邀担任定海一中法治副校长

【开展刑事诉讼全域监督】 将法律监督贯穿刑事诉讼活动始终，建立法律监督事项案件化办理制度，对批捕、起诉等检察环节所有案件进行法律监督事项审查，推进检察监督体系法制化。在定海、新城公安分局设立检察官办公室，运行重大案件提前介入、瑕疵案件季度抄告等机制，统一证据标准，推动法律监督关口前移，督促公安机关立案32人，撤案7人，1人立案后被判有期徒刑八年，排除非法证据12份，追捕、追诉漏犯、漏罪6人3条。加强刑事审判监督，提出刑事抗诉2件，其中1件因量刑失当获得改判。维护刑事执行公平公正，约谈在押人员1000余人次，依法保障合法权益，经羁押必要性审查，建议对15人变更强制措施，督促20名罪犯缴纳财产刑16.6万元，经监督3名社区矫正人员被收监执行。

【加强民事行政检察监督】 构建内通外联、立体开放的多元化监督格局。强化检法对接，在法院设立检察官联络工作室，检察长列席法院审判委员会发表意见。对认为确有错误的生效裁判、虚假诉讼依法提请抗诉，1件民事提抗案件获改判，为当事人挽回经济损失350万元，被评为全省检察机关民事行政虚假诉讼监督优秀案例。加大对“执行难”问题的监督力度，监督纠正一起涉案标的1100余万元的民事执行违法案件，被评为全省检察机关民事行政执行监督精品案例。优化行政执法监督，针对违反禁渔期规定、城乡环境综合整治等热点问题促进相关主管部门及时有效整改。

【推进公益诉讼】 持续把公益诉讼作为检察机关的工作重点，全年在生态环境和资源保护、食药品安全、国有资产保护等领域共办理公益诉讼案件13件，“检察官是公共利益的代表”社会共识初步形成。在环保部门设立检察官办公室，与海洋渔业部门联合成立全省首个“护海护渔护岛”平台。启动“保障千家万户舌尖上的安全”专项检察，对一起销售“海丝螺”案件提起全市首例刑事附带民事公益诉讼，被告人在受到刑事处罚的同时，登报道歉并缴纳十倍惩罚性赔偿金；率先引入生态修复补偿机制，监督三名倾倒固废、毁坏林地的犯罪嫌疑人补植复绿6000余平方米；关注国有资产流失问题，敦促相关主管单位履职到位，追回被长期拖欠的国有资产近200万元。多起案件被各级媒体深度报道，社会反响良好。获评全省“全面开展公益诉讼工作一周年成绩突出集体”。

联合海洋渔业局成立三护平台

【深化检察改革】 健全以司法责任制为核心的检察人员分类管理、检察官独立办案、领导干部带头办案等机制，部署“捕诉一体”等新一轮司法改革，更加符合检察权运行规律的办案新模式逐步形成。加强职务犯罪公诉工作，会同区监察委出台《关于健全工作协作机制的意见》，共筑反腐合力；建立专案组、引导调查、检察长督办等手段优质高效办好职务犯罪案件，将教育预防融入庭审指控，沈小伍受贿案庭审赢得旁听干部群众一致点赞，推进检察环节惩防职务犯罪工作。深化刑事诉讼制度改革，对48%的案件试行认罪认罚从宽处理机制，推行刑拘直诉等案件繁简分流办理机制，促进公正与效率相统一；推行诉前会议、侦查人员、鉴定人、证人、有专门知识的人出庭作证制度，推进庭审实质化。

【加强内外监督】 建立案件专人审核、专项评查、流程通报等机制，强化案件质量实时动态监控，构建以检察权规范行使为核心的内部监督制约体系。运行政法机关一体化办案系统，加强智慧公诉辅助系统、远程提审、无人机取证等技术的业务应用，为规范办案提供技术支持。深化阳光检察，公开案件程序性信息1073件、终结性法律文书521份，邀请人民监督员监督、评议案件136件，重视新媒体宣传，推送检察工作情况1000余条，主动接受社会各界监督。

【运行新举报中心】 适应检察机关职能大调整、检察工作面临转型发展的新形势新要求，成立公益损害与诉讼违法举报中心，并嵌入12309检察服务中心，面向社会提供“一站式”服务。开通掌上检务和“随手拍”手机举报平台，建立“12309”与“12345”信息共享机制，同步推进举报控告和检察服务工作，进一步拓展司法为民渠道，成立半年以来共接受“信、访、电、网”各渠道举报线索100余条。

公益损害和诉讼违法举报中心暨12309检察服务中心揭牌

【坚持政治建检】 把政治建设放在首位，深入开展“大学习大调研大抓落实”活动，严格落实意识形态工作主体责任，引导干警增强“四个意识”，践行“两个坚决维护”，巩固风清气正的良好政治生态。开展检察机关恢复重建四十周年系列纪念活动，促进检察人员法律信仰和职业道德养成。坚持“一切工作到支部”，扎实开展“服务民企”“生态检察”等党建品牌建设，基层党组织战斗力进一步增强。

【筑牢廉洁从检基石】　把纪律作风挺在前面，推动全面从严治党治检向纵深发展。以“转作风、强服务”为主题开门纳谏，深化检律对话和动态交流机制，查摆问题并整改落实。狠抓廉洁从检教育，抓好党风廉政建设，落实中央八项规定精神，开展纠正“四风”专项行动，确保铁规禁令持续发力生威。坚持严管就是厚爱，常态化开展检务督察和专项检查，用好监督执纪“四种形态”，让遵纪守法成为行动自觉。

【提升业务能力】　开展“素质强员”工程，开展案例分析、辩论对抗、笔录制作等岗位练兵活动，创设检察官课堂、定检论坛等实务共享平台，推行检察长导师制，以“比学练”“传帮带”提升队伍整体素质，在省级各类竞赛评比中获表彰10件次。打破人才交流壁垒，5名干警参与上挂下派，增强干事创业的实战能力。开展检校合作，与浙江工商大学法学院建立合作关系，搭建高层次人才培养平台。强化检察实务研究，3篇理论调研成果获得国家级、省级奖项。

举行“素质强员”笔录制作业务竞赛

（撰稿：陈洪娜）

（本分目图片由区检察院提供）

法　院

【概况】2018年，区人民法院以习近平新时代中国特色社会主义思想为指引，围绕司法为民、公正司法工作主线，推进法院“四项建设”，全面加强执法办案、服务大局、司法改革等各项工作，勇当新时代司法排头兵。全年受理各类案件10009件，办结9842件，同比分别下降5.8%和3.2%；法官人均结案259件，同比增加15.8件。呈现收案数量下降、同期结案率上升的良好态势，办案质量、效率、效果的主要指标持续向好。

是年，区人民法院获评省级“示范数字档案室”、全省法院宣传工作考核优秀单位，执行局获评全省法院先进集体；沈妙军被评为“全国法院办案标兵”；姚卡、邱依君被授予全省法院个人二等功。

2月23日，区法院法官举行宪法宣誓仪式

【依法惩治刑事犯罪】　坚持打击和防范并举，审结刑事案件377件，同比下降17.7%，判处罪犯624人，平安定海建设持续 深入推进。严惩危害人民群众生命财产安全犯罪，审结故意杀人、故意重伤、强奸等严重危害社会治安案件71件，审结交通肇事、危险驾驶案件54件、“两抢一盗”案件106件、“黄赌毒”案件46件，维护良好社会秩序。开展扫黑除恶专项斗争，审理恶势力团伙犯罪案件2件33人，打击黑恶势力嚣张气焰。依法严惩腐败，推动司法审判与国家监察的有机衔接，审结职务犯罪案件5件。深化以审判为中心的刑事诉讼制度改革，启用隐蔽作证保护系统，侦查人员、证人出庭作证14人次。会同检察院、公安局、司法局建立轻微刑事案件适用刑拘直诉快速办理机制，适用认罪认罚从宽制度。推进律师辩护全覆盖，为130名未聘请律师的被告人通知援助律师到庭辩护。

3月15日，区法院联合区纪委区监察委组织全区100多名党员干部开展典型职务犯罪案件庭审旁听活动

【加强民事审判工作】 审结民商事案件5464件，同比上升9.1%，解决争议标的金额26.4亿元。落实党和国家民生保障政策，加强婚姻家庭、劳动保障、住房等民生领域案件审判。完成家事审判方式改革省级试点工作，建立心理干预、感情冷静期、案后回访等制度，完善家事纠纷联动化解机制，审结婚姻家庭、继承类案件434件，调解撤诉率61%，维护家庭和谐稳定。贯彻“房住不炒、租购并举”，审结房屋买卖、租赁、中介等纠纷568件，促进房地产市场健康发展。深化道路交通事故纠纷“网上数据一体化处理”平台应用，高效化解交通事故纠纷318件，实现一网办理、一键理赔。坚持开展岁末年初为农民工讨薪维权专项活动，审结劳动争议案件187件，保护劳动者合法权益和企业用工权益。落实军产不流失、群众利益不受损原则，服务国防和军队建设，助推军民融合发展。

【妥善化解行政争议】 审结行政案件58件，依法审查被诉行政行为，行政机关败诉率6.9%。推动行政机关负责人出庭应诉工作，行政机关负责人出庭36件次，出庭应诉率100%。注重行政争议实质性化解，与区法制办设立“行政争议调解中心”，加大协调力度，促使原告撤回起诉16件。深入推进非诉行政案件“裁执分离”工作机制，审查行政非诉执行案件130件，准予执行率97.7%。出台《关于依法服务和保障城中村（旧城）改造的意见》，助推征收拆迁工作法治化，一批涉“城中村”改造、“断头路”打通等行政争议得到妥善处理。设立全省首个城市管理巡回法庭，依法处理涉城市执法相关行政争议，促进城市治理精细化。建立环境执法与司法协调联动机制，审结环保部门申请强制执行污染环境案件23件，助推花园式国际人文港城建设。

1月18日，全省首家“城市管理巡回法庭”在区城市管理局挂牌设立

【服务供给侧结构性改革】 进一步加强破产审判工作，完善市场主体救治和退出机制，依法稳妥处置“僵尸企业”，受理破产案件12件，其中破产重整9件、破产清算3件。强化“执行转破产”工作，平稳将豪舟控股集团及11家关联公司导入破产程序。在全省率先推动地方商业银行开展破产企业融资业务，舟山上和房产公司破产清算案获得首笔破产企业贷款

1月6日，区法院召开新茂百货等三公司破产重整第一次债权人会议

2800万元，实现“上和国际”楼盘续建竣工并入市销售。秉持“尽可能多兼并重组，少破产清算”的思路，审结浙江川田实业投资有限公司等7家公司合并破产重整案，三分之二以上普通债权得以清偿，受偿比例、受偿效率刷新舟山重整纪录，为腾笼换鸟、转型升级提供保障。

【服务经济发展重大战略】　服务自贸试验区建设，处理涉浙石化炼化一体化、浙石化库区马目—鱼山输油管线等重大项目建设中的纠纷。妥善办理涉油品类、涉大宗商品交易案件38件，司法处置两罐2.58万公吨煤油馏分油，以1.5亿元成交额创下2018年司法网拍最高纪录。落实产权司法保护政策，平等保护企业合法权益，审结企业兼并、改制、股份转让纠纷39件，服务民营经济发展。办案中树立谦抑、审慎、公正司法理念，最大限度减少司法活动对涉案民营企业的负面影响。提升金融审判能力，坚决打好防范化解重大风险攻坚战，审结民间借贷、金融借款等案件2510件16.3亿元，审结集资诈骗、非法吸收公众存款等涉众型经济犯罪案件13件，维护金融安全。

【打造“海上枫桥”升级版】　主动把法院的调解工作置于党委政府的大治理格局中，建立起诉前化解、立案调解和简案速裁“三网过滤”的递进式矛盾纠纷分层过滤体系。推进在线矛盾纠纷多元化解平台推广应用，组建“员额法官+法官助理+书记员”工作团队，引导22家调解组织、440名调解员入驻平台，全区受理申请在线调解案件1822件，调解成功1761件，成功率96.9%。民商事案件数量增幅放缓，诉前化解率19.1%，推动形成“社会调解优先，法院诉讼断后”的矛盾纠纷解决理念。落实“谁执法谁普法”责任制，在互联网公布裁判文书6895篇，开展直播庭审218次，发布典型案例198件，让审判成为公正司法、全民普法的法治“公开课”，扩大办案的社会效果。创建“星级人民法庭”，四个法庭妥善办结各类案件2357件，推动健全自治、法治、德治相结合的乡村治理体系，服务乡村振兴战略。

4月11日，区委书记庄继艳一行来区法院调研“大调解”机制建设和基本解决执行难工作

【方便人民群众诉讼】　改善硬件环境，诉讼服务中心和白泉法庭审判用房投入使用。中心设置立案、调解、咨询等15个服务窗口，基层人民法庭均建成诉讼服务专区，形成“1个诉讼服务中心+4个诉讼服务点”便捷高效的司法服务网络，为当事人提供线上线下、方便快捷的一站式、全方位诉讼服务。落实立案登记制，利用互联网思维拓展司法为民领域，当场登记立案率达到99%，网上立案、跨域立案1983件，基本实现立案服务“最多跑一次、最好不要跑”的目标。推广应用“浙江移动微法院”，开启移动电子诉讼的新模式，让当事人足不出户、动动手指就能申请立案、参与诉讼。健全司法救助工作机制，推进司法救助与法律援助、社会救助有机衔接，为困难当事人发放救助金16.2万元，缓、减、免交诉讼费41.1万元，加强权利救济，传递司法温暖。

2月1日，区法院召开在线矛盾纠纷多元化解（ODR）平台定海区试点上线运行仪式暨新闻通气会

【让有理的当事人打得赢官司】　守住案件质量生命线，完善院庭长、法官和司法辅助人员的工作标准、权力清单和责任清单，提高审判工作的规范化水平。构建新型审判监督管理机制，完善审判执行质效评估

体系，实现监督考核数据化，提升办案质量和效率。加强律师执业权利保障，建立投诉快速办理机制。推进律师调解试点，签发律师调查令80份，发挥其维护当事人合法权益、维护司法公正的重要作用。畅通申诉信访渠道，依法审查申诉、申请再审案件10件，确保有错误的案件得到纠正。生效裁判息诉率99.5%，裁判的可接受度显著提升。

【保障胜诉当事人合法权益】 以打赢基本解决执行难这场硬仗为目标，坚持问题导向，实施挂图作战，破除实现公平正义的最后一道藩篱。强化执行措施，实现执行指挥中心实体化运行，借助执行指挥系统建立起统一管理、统一协调、统一指挥的执行管理体制，部署开展“春雷行动”“夏日雷霆”“秋季攻势”等专项行动。深化执行协作联动，健全“总对总”“点对点”查控机制，对被执行人银行存款、房地产等主要财产“一网打尽”，冻结款项5105.3万元，查封房产、车辆1314件，借助布控机制抓获被执行人589人。用足强制手段，实施“三个一律”，限制高消费、限制出境3672人，罚款、拘留617人，以拒不执行判决、裁定罪追究刑事责任1人。强化失信联合惩戒，落实限制招投标、乘坐飞机高铁等措施，发布失信被执行人信息1288条，让失信被执行人“一处失信，处处受限”。深化网络司法拍卖，实现涉讼资产100%网拍，累计成交拍品262件，成交金额7.5亿元，溢价率40.7%，为当事人节省佣金1586.9万元。健全从内到外全方位的执行工作监督体系，派驻纪检监察组全程监督涉执行信访案件办理，配合区检察院在执行服务专区设立检察工作室，邀请人大代表观摩、见证重大案件执行过程，确保规范执行。执结案件3790件，执行到位8.6亿元，实际执行率74.6%。是年，基本解决执行难“四项核心指标”全部达标，破解执行难成效显著。

区法院与区环保局共同建立环境执法与司法协调联动机制

【加强理想信念教育】 组织开展“不忘初心、牢记使命”主题教育，开展“大学习大调研大抓落实”活动。运用“一把手”上党课、宪法宣誓等方式，激励干警坚定理想信念。以党组会、理论中心组学习会、支部会、全院干警大会及各类培训会等多种形式，全方位学习习近平新时代中国特色社会主义思想。推动党建工作与服务大局工作、与业务工作深度融合，开展主题党日活动。广大党员参加各类志愿活动累计3100小时，全员参与全国文明城市创建，提升干警精神面貌。发挥先进典型引领作用，涌现出全国法院办案标兵、优秀共产党员等一大批先进典型。

7月3日，区法院组织离退休党员老干部开展“不忘初心跟党走、快乐生活健康行”主题党日活动

【推进司法改革】 按照“从严控制、竞争择优”原则，完成首批高级法官等级选升工作。健全员额法官进出机制，遴选第三批员额法官1名，退出1名。优化新型审判团队，实现人员配置最优化、办案效能最大化。坚持扁平化管理与专业化建设相结合，加快推进内设机构改革。实现院庭长办案常态化，办案数量占全院诉讼案件的65.3%。推进案件繁简分流改革，推广远程视频庭审、要素式庭审，实现简案快审，简易程序适用率76.8%，案件平均审理天数53.3天，当庭裁判率38%，居全市基层法院首位。

12月18日，区法院首次运用移动微法院成功开庭审理一起网络购物合同纠纷案件

【深化从严治院】　落实“两个责任”，加强教育，严格管理，强化监督，推动全面从严治党治院向纵深发展。开展“作风建设优化年”活动，面向律师、当事人及社会公众广泛征求意见建议，梳理作风建设问题整改清单。坚持问题导向，运用好领导干部经济责任审计、省高院政治督查反馈整改成果，同步健全风险防控机制。立足“四种形态”，分层开展廉政谈话100余人次，进行提醒谈话11人次、诫勉谈话3人次。严惩司法腐败，对违法违纪干警予以及时、严肃处理。

【自觉接受监督】　贯彻人大及其常委会的决议、决定，认真办理区人大常委会交办的信访件。主动报告工作，区人大常委会专题审议基本解决执行难工作和基层人民法庭工作情况的汇报。注重沟通联络，认真办理“加大执行力度，提高执行质效”等2件提案建议。加强与人大代表、政协委员联络沟通，以上门走访、邀请座谈、旁听庭审等途径听取代表、委员意见建议。配合检察机关依法履行法律监督职责，落实检察长列席审判委员会制度，办理检察建议，维护公平正义。自觉接受社会监督，举行公众开放日15次，千余名各界群众走进法院“零距离”感受司法公正。贯彻落实人民陪审员法，一审普通程序案件陪审率99.8%，促进和彰显司法民主。

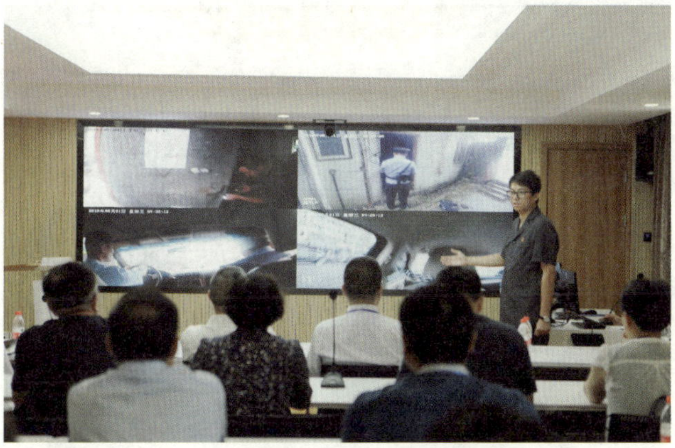

8月1日，区法院组织“执行开放日”活动

（撰稿：周　洁）

（本分目图片由区法院提供）

司法行政

【概况】　2018年，区司法局以党的十九大精神和习近平新时代中国特色社会主义思想为指导，围绕定海建设花园式国际人文港城大局，以建设公共法律服务体系为主线，主动有为助发展，开拓创新求实效，各项工作取得新成绩，实现新发展，迈上新台阶。是年，区司法局获评全省指导人民调解工作先进集体；白泉司法所获评全国先进司法所，所长林杰获评全国人民调解工作先进个人。

【优化法律服务工作】　围绕服务中心工作，推动和引导律师、基层法律服务工作者为“三重”项目提供优质法律服务。遴选优秀干部、等级人民调解员进驻拆迁项目指挥部、拆迁地块，主动服务旧城改造工作，协助解决房产权属、赡养、共有产分割等矛盾纠纷331件。培育军地共建服务品牌，成立法律咨询服务中心，开辟科普教育示范基地。成立涉军法律服务专团，开展军事普法教育活动7场次，为舟山警备区

调解房地产（宅基地）买卖纠纷

保障部与41家租户的房屋租赁合同纠纷提供法律服务，为部队挽回经济损失460余万元。探索“指尖”公共法律服务新模式，推进区、街道（镇）、社区（村）三级公共法律“e服务微信群”建设，健全“互联网+”公共法律服务矩阵，是年，全区搭建完成五级塔群87个，提供法律咨询172人次，开展法制宣传566次。

【完善法律援助制度】 整合法律援助、公证咨询、律师服务、人民调解职能，为弱势群体提供“一站式”办理通道。以“中心工作人员+律师团成员+受援人”三方会谈形式，成立群体性案件“讨薪律师助力团”，保证讨薪维权取得最优效果。是年，接待残疾人、妇女儿童来访咨询1230余人次，联合区妇联调解婚姻家庭纠纷5件。受理农民工集体欠薪案件5批次，涉及160余人，涉案金额达500万余元。完成法律援助资源库换届，向辖区14家市属、区属律师事务所和法律服务所公开招募第二届资源库成员42名，进一步强化资源库队伍力量。推行法律援助网上申办，推广浙江省法律援助微信公众号，实现“网上网下齐头并进、线上线下同步进行”的公共法律服务一体化格局。

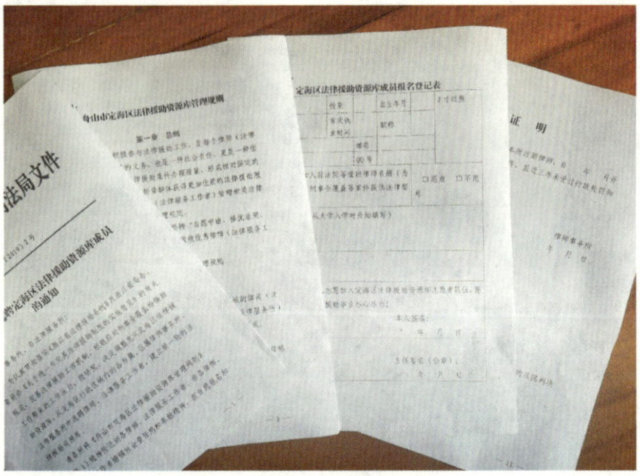

招聘法律援助资源库成员文件

【全面强化法治建设】 成立定海区“七五”普法中期工作自查领导小组，出台《定海区“七五”普法中期督导检查工作方案》《关于进一步健全完善“谁执法谁普法”普法责任制的实施意见》，全面落实中期督导，健全“大普法”工作机制。出台《关于建立定海区媒体公益普法制度的意见》，落实“公益普法”责任制。深化“法律十进”，打造最佳营商环境、助推全国文明城市创建，开启“全民学法基层行”活动。健全自治、法治、德治相结合的乡村治理体系，出台《定海区“三治融合”创建工作实施方案》，推进基层社会治理创新。是年，全区成功创建首批18个市级“三治融合”示范社区（村）、4个省级民主法治社区（村）、6个市级民主法治社区（村）。

2018年定海区“宪法宣传月”暨“全民学法基层行”启动仪式

【筑牢特殊人群防线】 完成区级社区矫正中心改建工作，构建一体指挥，实现多级联动。完成“两节”、“两会”、中国国际进口博览会等重点时段的维稳安保工作。发挥社区矫正基地（出监教育基地）、关心桥驿站等平台教育功能，以团区委城市啄木鸟志愿服务等专项活动为载体，开展修心教育活动。开展“扫黑除恶专题教育活动”。是年，全区累计接收社区服刑人员404人，警告33人次，提请收监执行1人，提请撤销缓刑2人，提请撤销假释1人，漏罪终止社区矫正1人。

在香园社区开展修心教育活动

【完善“大调解”体系】 优化完善多元矛盾纠纷调解机制，制定全面深化大调解实施方案和区社会矛盾纠纷调处中心工作规程。深化“诉调对接”工作机制，在区公共法律服务中心设立律师调解工作室，在交调委设立巡回法庭。采取政府购买服务的方式扶持品牌创建，成立姚心放个人品牌调解工作室。出台《关于开展人民调解参与信访矛盾化解专项活动和实现“无信访积案县（区）”的实施方案》，组建定海区人民调解参与信访矛盾化解专项活动领导小组和专家库，健全“访调对接”组织架构，规范“访调对接”工作模式，落实“访调对接”工作任务，实现信访矛盾纠纷不上交。加强涉企纠纷化解，在舟山综保区、中澳现代产业园（舟山）、舟山高新技术产业园区、舟山船舶装备商新技术产业园区设立调解组织。构建“大数据+人民调解”新模式，推广浙江法网和浙江ODR平台，发挥互联网优势，打造线下线上多渠道纠纷化解途径，是年，ODR平台注册人民调解员389名，累计受理咨询14件，受理调解1822件，调解成功1761件。

召开提升大调解机制工作推进会

【强化基层基础保障】 出台《定海区“文明规范公正”司法所建设办法》，做好1个省级、3个市级、3个区级“文明规范公正”司法所创建指导工作。加强司法行政队伍建设，通过集中培训、专题讲座、典型教育等形式开展思想政治、纪律作风、业务知识的培训教育，提升队伍的综合素质，提高实战能力。

举办人民调解员业务培训

法律服务

【概况】 截至年底，全区有律师事务所11家和法律服务所3家，分别是浙江泽大（舟山）律师事务所、浙江京衡（浙江自贸区）律师事务所、浙江乾勇律师事务所、上海瀛泰（舟山）律师事务所、浙江兰羽律师事务所、浙江恒禾律师事务所、浙江合飞律师事务所、浙江海务律师事务所、浙江金众（舟山）律师事务所、浙江五奎律师事务所、浙江丰良律师事务所、舟山市定海区恒平法律服务所、舟山市定海区秉拯法律服务所、舟山市定海区海山法律服务所。专职律师63人，兼职律师3人，法律服务工作者24人。业务领域涉及涉外、金融、破产、证券、公司改制、房地产、破产管理、债券发行等。是年，实现业务收入4868.05万元，办理诉讼业务2488件，非诉讼业务91件，仲裁业务85件。

协调处理太平洋百货商事纠纷

【规范法律服务市场】 以深化“三名工程”培育为契机，严把律师执业准入关，强化律师及律所考核，引导律师做精做优，律师事务所做大做强。引导各所找准服务定位，精准核心业务，错位发展律所特色化建设。开展基层法律服务队伍“双规范”专项教育整治活动，提升基层法律服务行业执业水平和执业形象。严格法律服务事中事后监管，落实“双随机一公开”机制。是年，对全区法律服务队伍按比例进行抽查，并进行100%的书面检查，实现抽查对象、执法人员、现场检查公开透明。

开展法律服务业务培训

【服务经济社会发展】 开展“打造最佳法律营商环境专项行动”，为新茂百货破产、天禄（弘生）集团帮扶、正和造船重整帮扶等工作提供法律服务。以定海海洋科学城为平台，强化法律服务推进军民融合发展。发挥律师“智库”和“高参”作用，开展企业“法律会诊”。聚力“编队护航”行动，当好企业法律服务“参谋员”。是年，在中澳现代产业园、舟山船舶装备高新技术产业园区、中国（舟山）海洋科学城定海园区新建公共法律服务点3个，与区工商联联合成立“舟山市定海区工商联（总商会）法律服务中心”1个。

中澳现代产业园公共法律服务点挂牌成立

（撰稿：林 波）
（本分目图片由区司法局提供）
责任编辑：王英伟

流动人口服务管理

【推进新型居住证制度】 4月8日启动居住证量化工作，5月31日截止；有657人提出申请，其中申请初中有245人，申请小学有433人，申请2名子女入学的有21人；根据指标供应情况，有463人获得公办入学资格（初中144人，小学319人；其中城区初中有8人，小学有15人）。是年，有657人参加量化管理，去年是534人，同比增加23.0%；通过量化管理渠道获得公办学校入读的人数也进一步增加，录取率提升到70%，城区由17人增加到23人；全区实施全域积分，11个镇街道统一设立受理窗口，统一积分和审核，覆盖范围广。

举办居住证量化管理工作培训

【实施首批量化入住工作计划】 首批量化入住工作计划提供30套位于盐仓街道惠舟新村房源（面积28平方米，租金为12元/平方米/月）。与区房管局研究商定居住证量化入住申请标准及办理程序，7月发布《关于2018年度居住证量化入住申请受理时间的公告》，并组织全区11个镇（街道）流管所、18个相关成员单位的工作人员进行培训，为开展居住证量化入住工作打好基础。8月27日开始接受量化入住申请，9月21日截止。全区受理申请17人，1人因不符合申领条件，其余16名符合积分入住条件者于10月下旬进行公示，11月将安排办理入住手续。

【拓展新型居住证功能】 根据省市工作要求，重点拓展新型居住证功能。自2017年开始实施居住证量化入学、2018年新增居住证量化入住实施项目等社会紧缺资源服务管理保障工作。落实启动全区新居民公共服务的景区凭证购票优惠功能和图书文化馆借阅功能。在全区各景区可持居住证享受与本地市民同样门票优惠功能，新居民出示本人身份证缴纳部分押金就可以开通借阅功能。与各电影院、移动和联通公司进行对接，开通居住证在舟山太平洋百货太平洋影城、东港美乐汇广场中影星美国际影城、临城大光明影城、定海凯虹广场上影联和影城等四家观影购票优惠活动和办理套餐优惠的业务活动。对接省居住证拓展功能技术保障公司广信公司，了解企业管理平台使用条件，实现对华业螺杆和长宏国际新型IC卡居住证加载考勤、门禁功能。打通新型IC卡居住证分为邮政和农信不同版本的存取款、汇款、转帐等金融办理功能。

【开展优化动态监测体系建设】 2018年，调整43个流动人口监测点，其中重点企业22个、学校4个、社区15个、新居民组织2个，对新增重点项目企业外来用工进行长期动态监测；对流动人口综合信息平台的操作人员实名登记和专人专用情况进行核查，确保操作使用规范和数据信息安全保密。定海区连续两年被作为省流管工作领导小组办公室指定的春节后流动人口状况抽样调查区域。3月5～7日，联合区公安分局、区卫计局等单位，在全区专门组织开展春节期间流动人口的回乡和返城状况抽样调查活动。本次活动以车站码头、人力资源市场、用工企业、出租房屋、建筑工地、网吧为主要调查地点，以调查问卷为主要形式，对流动人口的回乡返城、就业情况等13个方面主要内容抽样分析。先后对1200名流动人口进行抽样调查，并对10余家重点企业生产经营和用工状况进行走访调查，重点了解企业经营情况和节后外来用工状况，结合监测点数据进行分全面析研判。调研数据报送省流管工作领导小组办公室，作为全省流动人口流动状况调查的重要采样数据。围绕全区关于“加强我区城中村（旧城）改造后新居民的服务管理”调研工作的要求，开展定海城区拆迁社区流动人口情况排查，对拆迁区域流动人口进行监测，主要对庆丰工业园区、竹山门、工农路、念亩墩、周家塘、郑家塘、白虎山、太平洋北侧、上李家、西山路、小洋岙等11个区域的人口变化情况进行统计分析。据统计，拆迁涉及10个社区（村），拆迁前居住流动人口11366人，拆迁后减少到7002人，减少流动人口4385人，降幅达38.6%；重点走访环南拆迁区域，对竹山门区块流动人口的流向进行抽样调查，结合城中村（旧城）新居民服务管理的现状，存在的主要问题和面临的困难，加大分析力度，提出具体对策和建议，为党委政府决策提供数据支持。

启动2018年度居住证量化入住申请受理工作

【推进基层基础建设】 以“最多跑一次”改革为支点，为加快实现居住证签注、居住信息变更现场办理相关业务“跑一次”，配备流管通200部，用于日常信息采集和主管部门检查考核使用，开展流动人口居住登记“流管通”移动终端操作使用培训，进一步提升基层流动人口信息采集效率和质量；推进流管所（站）规范化、品牌化工作，年初组织对全区11个镇街、12个重点社区、10家重点企业、3个新居民中心进行检查指导，听取流管工作意见建议，了解企业用工需求和流动人口的公共服务诉求，确定2018年度基层基础建设工作重点项目和总体思路，部署基层基础重点活动的工作要点。以基层工作创新为动力，结合居住证量化管理工作，对全区13个示范所站的特色载体平台进行梳理，坚持问题导向，抓住关键重点，逐步将基层所站品牌化建设引向深入；根据省市区关于流动人口服务管理提升工程的工作要求，制定定海区

召开全区流动人口服务管理工作会议

总结提升推广新时代“枫桥经验”流动人口服务管理提升工程实施方案，在6月份的全区流动人口服务管理工作会议上传达工作要点，部署下阶段主要工作任务；对盐仓新居民服务管理中心典型试点建设进行指导和帮教，完善特色载体；配合开展扫黑除恶“五进”活动，按照总体要求，采取区域摸排和重点摸排相结合方式，对涉黑涉恶问题开展全面摸排，统筹安排各流管所站人员，深入一线，参与排摸，掌握实情，落实各专项工作，将部分线索交至相关部门。

【加强新居民社会融合工作】　*开展系列主题宣传教育活动*　将3月份定为居住证量化管理集中宣传月，联合多个部门，选择定海城区、西部、北部等重点区块和11个镇街、社区、企业等流动人口集聚区域作为宣传点，分阶段、成系列组织开展各类流动人口主题宣教活动，向流动人口宣传有关法律、法规、各项规章制度。同时结合城中村（旧城）改造、文明城市创建等重点工作，6月份启动为期半年的“珍爱生命、平安出行”交通安全宣传教育活动，以“如何安全驾驶电动车”、“中小学生如何做到安全出行”等主要内容，采取“音、视、图”三位一体的宣传做法（即听一堂交通安全教育课，看一部宣传教育片，浏览一次交通安全事故宣传展板），开展进社区、进企业、进学校等系列活动，营造和谐社会氛围。是年，累计开展30余次集中宣传活动，参与30000余人次，接受咨询800余人次，发放各类法规宣传册50000余本，宣传挂图、海报2000余份。

召开定海区动员新居民参与创建工作部署会议

开展特色公益服务活动　依托116个社区流管站，发挥新居民党员特色服务队（义务巡逻队、矛盾调解队、绿化美化护工队、新居民宣教队、新居民服务联络工作室）作用，带动新居民群体参与各类志愿服务活动，融入城市建设发展的方方面面。累计开展各类特色服务活动80余次，参与人数4800多人次。搭建新居民家庭教育学习平台，邀请区内外名校（园）长及行业专家，免费开设“新居民父母课堂”，针对亲子关系、心理健康、交通法规、传染病预防、行为习惯养成、有效阅读等方面的家庭教育认知、能力问题，运用现代教育方法、技巧，解答新居民教育子女时遇到的难题。开设“新居民父母课堂”6期，参加的新居民家长500余名。结合居住证量化工作，对获得培训结业证书者，可在参与居住证量化入学申请时享受加分。

在文化广场开展创建全国文明城市专题普法宣传教育活动

加强人文关爱活动　会同镇街道、区教育局等相关单位，为新居民子女开展“家庭图书角”捐赠活动（根据学生年级定制书架，为学生挑选20本适合阅读书籍，以及家长阅读书籍），捐赠的对象包括海润学校以及蓝天、育才等民工子弟学校，有100个新居民家庭受到捐赠。

（撰稿人：蒋海芬）

（本分目图片由区流管服务心提供）

军　　事

概　述

2018年以来，定海区人武部以习近平主席关于加强新时代后备力量建设的一系列重要指示精神为指导，贯彻省军区、警备区党委扩大会议精神，加强党的建设和思想政治工作，狠抓“十三五”时期民兵调整改革、民兵军事训练和比武竞赛、海上渔船动员演练、征兵工作、国防教育、国防数据采集、国防设施保护等工作，整体提升多样化军事斗争准备能力，夯实国防动员系统军改后的动员基础，促进定海区后备力量全面建设良好发展。

党管武装

【召开宣布新任政治委员命令大会】 2月6日，区人武部召开宣布新任政治委员命令大会。舟山警备区党委书记政治委员冯皋营、区委书记、区人武部党委第一书记庄继艳、及人武部全体党委成员和各镇(街)专武部长参加会议。会议由区委常委、区人武部部长汪勇健主持。舟山警备区党委书记政治委员冯皋营，宣布原区人武部政治委员刘少平的调令及新任区人武部政治委员崔亚东的任职命令。原区人武部政治委员刘少平作离别发言，新任区人武部政治委员崔亚东作任职表态发言，区委常委、区人武部部长汪勇健作表态发言。区委书记、区人武部党委第一书记庄继艳从履行党管武装职责、拥护支持军队改革和推进军民融合发展三个方面作指示。舟山警备区党委书记、政治委员冯皋营在肯定定海区人武部近年来取得成绩的基础上指出，要全面学习贯彻党的十九大精神，加强党委班子建设，聚力抓好新时代练兵备战，持续抓好安全稳定工作。

定海区人武部宣布命令大会召开

【召开区委武装工作暨区国防动员委员会会议】 3月21日，定海区召开区委武装工作暨区国防动员委员会会议。参加会议的有区委党委，区人大、区政协主要领导，区人武部党委成员，各镇(街)党(工)委书记(含临城街道、千岛街道)，区国动委成员单位党组织主要负责人，驻定省(部)、市、区属人武部单位分管武装工作

召开区委武装工作暨区国防动员委员会会议

领导，重要民兵分队编组单位分管领导，全体专职人武干部。区委副书记、区长侯富光主持会议，区委常委、常务副区长毛铁年通报2017年受上级表彰的先进单位和先进个人，宣读区2017年度武装工作先进单位和先

进个人的表彰通报。环南街道党(工)委书记林建刚、昌国街道党(工)委书记张宣杰和干𥕢镇党(工)委书记徐君芬作党管武装工作述职。区委常委、区人武部部长汪勇健总结回顾2017年度武装工作开展情况，部署2018年度武装工作任务。区委常委、常务副区长毛铁年讲评区专职人武干部队伍建设情况。区委书记、区人武部党委第一书记庄继艳讲话，对新年度党管武装工作和国防后备力量建设提出具体要求。

【召开区人武部党委民主生活会】 6月27日，根据舟山警备区关于围绕习主席在新一届军委第一次常务会议上提出的“六个必须”(对照必须对党忠诚、听党指挥方面；对照必须善谋打仗、能打胜仗方面；对照必须对党忠诚、听党指挥方面；对照必须科学统筹、科学管理方面；对照必须厉行法治、从严治军方面；对照必须作风过硬、作出表率方面)要求，突出问题导向、深入检查剖析，召开党委民主生活会。会议邀请舟山警备区党委书记政治委员冯阜营莅临指导，区人武部全体党委成员参加会议，区人武部政治委员崔亚东主持会议。会上区人武部党委书记崔亚东、区人武部党委副书记汪勇健、党委委员雷方圆、彭梁等分别进行剖析发言和批评与自我批评。区人武部党委书记崔亚东还对区人武部党委委班子进行对照剖析和检查。舟山警备区党委书记政治委员冯阜营作重要讲话。舟山警备区动员处参谋孙佳、舟山警备区政治工作处干事李俊楠，定海区人武部军事科参谋俞建林、定海区人武部保障科助理员王嘉宁列席会议。

【召开区委常委议军会议】 7月12日，区委第十三届党委会第34次会议(2018年第11次会议)研究议军议题，研究听取区党管武装工作建设形势，及区人武部现役干部转改文职人员配套政策落实情况汇报；研究审议区四套班子2018年军事日活动方案。区委书记、区人武部党委第一书记庄继艳主持会议，区委在家常委参加会议，区人武部政治委员崔亚东列席会议。区委常委、区人武部部长汪勇健汇报区党管武装工作建设形势，区人武部政治委员崔亚东汇报现役干部转改文职人员配套政策落实方案，及区四套班子2018年军事日活动的方案。区委书记、区人武部党委第一书记庄继艳对区党管武装工作进行讲评，会议讨论通过区人武部两名现役转改文职人员配套政策落实的方案及区四套班子2018年军事日活动的方案。

【组织开展区四套班子“军事日”活动】 7月26日下午，区人武部组织区四套班子领导、法检两长，金塘管委会班子成员，区委区府办、区人大办、区政协办主要负责人，各镇(街)党委(党工委)书记，区人武部党委成员等70余人参加活动。参观海军驱逐舰第六支队军史馆，到警备区教导队进行由海防302旅负责保障的新式轻武器实弹射击体验，对海防302旅进行“八一”慰问。活动密切军地联系，强化区四套班子成员经济建设与国防建设协调发展的观念，增强关心国防，支持部队建设的责任意识，浓厚“人人关心国防、人人重视国防”的良好氛围。

民兵整组及训练

【开展“十三五”期间民兵调整改革】 2018年是“十三五”时期民兵调整改革初始之年，民兵基干组织调整为“应急、专业、特殊”三种力量。按照“结构优化、布局合理、编组科学”的要求，一季度，采取召开专武部长例会、下基层调研等形式，部领导多次带领军事科人员与军兵种部队、局办企事业、乡镇街道进行需求对接，先后2次组织27个单位开展座谈，研究论证需求，制定整组方案。1月份，召开全区民兵整组工作任务部署会，明确标准要求。针对编制调整较大的单位不同程度地出现积极性不高、不愿意调换的问题，及时成立指导组，全程跟踪，上门解决，得到编兵单位领导的理解和支持，完成编兵任务。针对定海区人口基数少，民兵党员基数少的实际，按照“实事求是”的原则，注重于区委组织部对接，调阅近10年退伍军人档案，核对党员数量和退伍军人数量，最大限度将党员和退伍军人编入基干民兵队伍。为确保整组实效，4月中上旬，加强整组

召开民兵调整改革任务部署会

点验，突出民兵到点率、官兵相识相知、专业对口率、出入队率等重点内容，逐一对各分队集中点验验收。5月初，市应急营、区应急连接受省军区拉动点验，受到省军区首长肯定和表扬。10至11月份，为迎接军委国防动员部“十三五”时期民兵调整检查，对上半年整组工作过细重新梳理，对标完善，先后2次在警备区阶段性检查中，均给予肯定。

【组织民兵骨干及专业分队开展训练】 落实省军区“温州会议”精神，按照新《军事训练大纲》要求，开展民兵训练，强化民兵战斗力提升。完成年初14支分队780人训练任务，消耗手枪弹1500发，步枪弹5750发。突出一线指挥员训练。围绕必备、急需、应知内容，增强业务开展工作能力，4月下旬，组织全区13个镇(街道)13名专武干部暨60名民兵营连长集训，突出武装工作政策法规学习，规范基层武装工作。发挥驻军优势，开展重点队伍带训、帮训、驻训、联训等活动。1月份，结合“双节”战备任务，组织区应急连战备拉动演练；5月上中旬，各镇（街道）组织共同专业基础训，区应急连、双25高炮营组织共同基础暨专业训练；5下旬至6月中旬，结合省军区民兵大比武活动，全区出动医疗救护、交通运输、应急、专武干部、民兵干部24名骨干参与训练、比武，其中应急专业取得个人综合第三名的成绩。

组织民兵骨干及专业分队开展训练

【组织区应急指挥组演练】 6月13日下午，区人武部组织应急指挥组，在警备区教导队训练场进行拉动演练，检验应急指挥组闻令展开的效果，贯彻省军区、警备区《关于做好接受全军战备拉动检查的通知》精神。

6月11日接省军区、警备区《关于做好接受全军战备拉动检查的通知》后，部值班室迅速将通知主要精神传达至部全体人员。6月12日早交班会上，崔亚东政委全文传达通知，汪勇健部长对迎接战备拉动进行预先部署。6月12日下午，部党委召开党委扩大会议专题研究部署迎接全军战备拉动检查工作，并责任到人。由汪勇健部长亲自修改完善拉动方案预案，细化综合协调、通信联络、政治工作、后勤保障、安全警戒等内容，由各科科长分头具体抓好落实。会议决定：6月13日上午由部里组织应急指挥组携装演练，下午协调区电力公司、卫计局、联通公司车辆和技术保障人员，及双桥街道应急排，分三组编队到警备区教导队训练场进行应急指挥组拉动演练。通知辖区所有乡镇（街道）人武部，按照应急拉动要求做好各项准备工作。

6月13日，区电力公司、卫计局、联通公司车辆和技术保障人员，及双桥街道应急排，分三组编队前出到警备区教导队训练场开展应急指挥组拉动演练。演练圆满完成预定内容。

组织应急指挥组携装演练

【召开军兵种基干民兵训练协调工作会议】 10月17日，区人武部组织召开对口保障军兵种（海军专业）民兵训练工作协调会，贯彻落实定海区对口保障军兵种专业分队按纲施训要求。

会议由舟山警备区战备建设处处长史玉峰作主持发言，强调民兵军事训练是积极适应新形势下军队作战体系建设需要，是提高民兵战斗力生成的重要手段，定海区因其特殊战略位置，近年来一直积极配合完成辖区内各项对口保障军兵种民兵训练任务。会上，海军单位、警备区与人武部依据新下发《民兵军事训练大

军兵种基干民兵训练协调会召开

纲》《浙江省后备力量建设“十三五”规划》等文件指示精神，就此次民兵对口保障海军专业训练任务的方案计划、组织实施、保障方法等进行研究探讨，合力协商解决组织联训中涉及的经费、场地、人员等问题。区人武部部长汪勇健表示将紧紧围绕民兵担负的支援保障作战等使命任务，配合海军部队对口保障联战联训的组织与实施，搞好联合训练保障，提升名民兵军事训练实战化水平，强化民兵队伍具备成建制遂行任务的能力。

【加强海上民兵队伍建设】　突出实战化运用，加强海上民兵分队建设。利用休渔期，组织海上任务渔船、信息渔船集训，通过理论授课、实装操作、编组演练等方式，强化队伍专攻精炼实际水平，持续增强遂行海上应对行动能力。以海上情报信息侦搜为抓手，年初结合海上获情情况通报，召开民兵情报信息表彰大会，调动民兵情报信息员的报情积极性。

召开民兵情报信息表彰大会

【组织海上民兵分队迎接国防部部长魏凤和的视频检验】　7月17—23日，组织海上信息分队、策应掩护分队迎接国防部长魏凤和的视频检查调研。出动盐仓街道、小沙街道、白泉镇、干石览镇渔船12艘，海上民兵72人。全区海上民兵以良好的姿态，过硬的作风，展示定海海上民兵的建设成果，受到首长高度肯定。

海上民兵分队迎接国防部部长魏凤和的视频检验

【组织海上民兵分队迎接国防部动员部部长盛斌的调研检查】　10月6—11日，海上信息分队高标准迎接军委国防动员部部长盛斌检查调研活动，出动盐仓街道渔船6艘，海上民兵40人。广大海上民兵展示定海海上民兵的建设成果，得到首长及工作组人员一致好评。

海上民兵分队迎接国防部动员部部长盛斌的调研检查

兵役征集

【超指标完成征兵任务】 完成上级布置的新兵征集任务。所征兵员中大学生比例达到86.9%(上级任务指标75%),大学生应届毕业生比例达19.5%(上级任务指标16%),超标准完成上级赋予的任务,无退兵率发生,兵役征集工作持续走在全市全省前列。

【高标准组织征兵领导】 省、市征兵工作会议后,成立以常务副区长为组长的征兵工作领导小组和征兵办公室。7月30日,联合区委、区政府召集公安、卫计、交通、财政、民政、纪委等征兵工作领导小组成员单位负责领导及各镇(街道)镇长(主任)、人武部长召开全区征兵工作会议。区委常委、常务副区长毛铁年,区委常委、人武部部长汪勇健,区委区政府办公室副主任王成华出席会议,会议由人武部政委崔亚东主持。会上传达上级征兵工作会议精神,表彰2017年度征兵先进单位和个人,宣布2018年度征兵命令,部长汪勇健总结2017

召开2018年全区征兵工作会议

年征兵工作,分析2018年征兵工作形势,并对下步征兵工作作出明确部署。区委常委、常务副区长毛铁年围绕“强化政治意识、强化协作意识、强化服务意识、强化廉洁意识”作出重要指示。

【全员额落实兵役登记】 按照“一季征兵,全年准备”的要求,3月份,指导各基层武装部成立兵役登记领导小组,组织兵役登记工作人员业务培训,累计培训125人次,设立兵役登记站18个,全区网上兵役登记率达到100%。

落实兵役登记

【开展征兵宣传】 印发宣传单10000余份,结合目测初检、上站体检等时机,扩大大学生入伍新政策宣传力度。征兵期间,区新闻中心在《定海新闻》《汪大姐来了》《舟山晚报》“千岛国防网”等媒体开辟专栏;各镇街道开展征兵宣传“五进”(进校园、进机关、进企业、进社区、进家庭)活动。由区国教委、区人武部组成征兵宣传小分队,深入浙江海洋大学、舟山职业技术学校,及其他各专业技术学校开展宣传教育,汪勇健部长、崔亚东政委亲自给大学生上征兵宣传课。利用广场、商业中心、银行、公交、车站等公众电子显示屏,滚动播出征兵内容,提升宣传效果。

举办征兵工作宣传专题讲座

【组织体验培训】 协调区卫计局、医院、公安局、各派出所、武装系统抽派作风过硬、政治素质强的人员,按照军委国防动员部“五率”考评检查标准等有关规定进

召开征兵体检动员大会暨业务培训会

行培训，强化标准做到“四杜绝、四清楚”，建立征兵工作责任卡，谁调查、谁签字、谁负责。设立“封闭式”征兵体检站，配备性能良好的体检器材，按照标准要求对每名上站体检青年进行过细检查，确保兵源体检达标。

【落实政治审查】 严把应征青年实际年龄关、现实表现关、文化学历关，指导各镇街道成立政治考核领导小组落实“五走访”活动，推进三级会审和区域联审制度，重点审查人户分离、外出务工经商人员的政审，做到去向明、情况清，确保应征青年政治纯洁可靠。

【确保廉洁征兵】 贯彻上级廉洁征兵指示要求，坚持阳光征集，透明征集。征兵期间，会同区纪检部门成立廉洁征兵监督组，专人负责，设立举报信箱和举报电话，发放征接兵工作人员和适龄青年及家长廉洁征兵卡，区、镇（街道）建立日廉洁征兵“零报告”制度，没有发生一起征兵问题。

2018年定海区廉洁征兵工作会议召开

【举办欢送仪式】 9月6日，区人武部组织在浙江海洋大学（长峙校区）杨存国会展中心隆重举行2018年度新兵欢送仪式。舟山警备区，浙江海洋大学，浙江国际海运职业技术学院，定海区委、区政府，定海区人武部，以及定海区征兵工作领导小组成员、各镇（街）党政主要负责人和全体专武干部出席欢送会，全体新兵及亲友和浙江海洋大学在校大学生代表500余人参加欢送仪式。舟山警备区司令员武春辉、中共舟山市定海区委书记庄继艳、浙江海洋大学副书记吴中平、浙江国际海运职业技术学院党委副书记胡国光、定海区常务副区长毛铁年、定海区委常委白泉镇书记林剑彪、舟山警备区动员处处长王桂宝、定海区委常委人武部部长汪勇健、定海区人武部政治委员崔亚东等领导参加会议。会上，毛铁年、吴中平分别向全体新兵进行致词。浙江海洋大学应届毕业生、准备奔赴西藏当兵的新兵代表高翔上台表决心发言，定海区盐仓街道新兵董旭的父亲董自波代表新兵家长发言。与会领导与全体新兵会后进行合影留念。

【组织新兵回访】 按照省军区要求，区人武部于10月8~12日，由人武部政委崔亚东带队，由各镇（街）专武干部组织成的第一批新兵回访组，前往定海新兵集训的所在地重庆、成都进行新兵回访。于10月15~19日，由人武部军事科长俞建林、保障科长彭梁带队，由各镇

新兵欢送仪式合影留念

（街）专武干部组织成的第二批新兵回访组，前往定海新兵集训的所在地海口、湛江、南京、青岛进行新兵回访。通过回访带去家乡政府和亲人的慰问，缓解新兵入伍后的思乡之情，化解出现退兵情况的隐患，确保全区没有发生一起退兵问题。

【举行退役士兵返乡（返校）暨就业培训会】 11月28

日，区人武部联合区民政局举行2018年度退役士兵返乡（返校）暨就业培训会。定海区副区长屠定玉出席会议并讲话，区人武部政委崔亚东出席会议并讲话，浙江海洋大学人武部部长张宏波和区民政局副局长周斌进行交流，区劳动局党委成员何嗣斌为全体退役战士进行就业培训，区民政局局长何斌主持会议。区专武干部参加会议。

参加会议的领导为退役士兵颁发退役纪念章，3名退役战士分别代表退役的义务兵、退役重返校园继续学习的大学生、退役的士官进行发言。区人武部政委崔亚东在会上讲话，要求广大退役战士要始终保持军人的本色不忘，时刻坚守军队好作风；要投身家乡的经济建设，开创一片新天地；要做到一日从军终身为武，为家乡的武装工作做出新贡献。

举行退役士兵返乡（返校）暨就业培训会

【走村户进行军属慰问】 根据省军区通知要求，春节前区人武部专门下发通知，要求各镇（街）对所属辖区营下以官兵进行走访慰问，送上由省军区专门制作下发的慰问信及按规定要求的慰问品。要求编配海上民兵的各镇（街）对船老大进行慰问。由区人武部组织对定海籍团级现役干部和荣立三等功以上奖励的官兵进行慰问，由舟山警备区组织对定海籍现役师级干部进行慰问，由省军区组织对定海籍现役军职领导进行慰问。通过走访慰问，密切军政军民鱼水情谊，以实际行动贯彻落实习主席倡导的：让军人成为全社会尊崇的职业的最高指示。

进村户开展军属慰问

【组织"光荣之家"挂牌活动】 12月21日，区人武部、区民政局等单位联合组织，启动为烈属、军属、退役军人等家庭悬挂光荣牌开局工作。工作组走访辖区5家具有代表性的军人家庭，为其悬挂"光荣之家"匾牌，向他们表达对军人的问候，肯定军人对国家、对社会的特殊贡献，赞扬他们舍家为国的无私奉献精神。区人武部、民政局将继续发扬军爱民、民拥军的光荣传统，不断巩固军政军民关系，落实好全辖区军人"光荣之家"匾牌悬挂工作，营造拥军、爱军的良好社会风尚，提升军人家庭的幸福感和获得感。舟山市民政局副局长李昌、定海区人武部部长汪勇健、区民政局局长何斌参加此次活动。

组织"光荣之家"挂牌活动

国防动员教育

【开展大国防教育】 采取多种途径和方式，进行经常性、普及性国防教育。区国教委邀请老领导、老革命、军内外知名专家教授，在全区开展国防教育系列讲座。区国教委和人武部领导，深入各机关企事业单位的培训场所和各中小学校，对公务人员、职工和青少年学生进行国防教育专题授课，结合“双节”军属慰问、国家公祭日和征兵季，深入开展国防宣传，并做到常态开展。连续14年在定海二中（北校区）开展“人防杯”海洋国防知识竞赛，取得较好效果。针对社会组织形式多元化的特点，把国防教育向政府、向社区、向乡村和企业延伸。利用创建文明城市契机，突出国防教育场所建设，把国防教育与党建工作、社区文化礼堂结合，专门下拨国防教育经费，建设社区国防教育宣传栏。协调各乡镇、街道编排充满兵味、军味的文艺节目参加送兵晚会，遴选优秀节目到各乡镇、街道进行巡回演出，将国防教育融入民众生活中去。7月中旬，联合民政局举办

举办国防教育日讲座

“海山增辉”2018唱响定海——驻定海部队官兵才艺秀活动，展示驻定海部队官兵的良好精神风貌。运用现代信息传媒辐射作用，创建“网站、电视、广播、报刊、手机”五位一体的国防教育立体宣传网络，在区府网站上建立国防教育网页，在“定海山”手机APP公众平台上建立“国防教育专栏”。协调电台、电视台和报刊传媒开设国防教育专题节目、栏目，组织对定海籍及驻军中先进模范和立功授奖军人进行宣传报道，强化教育效果。

国防设施保护

【深化国防动员体系建设】 贯彻上级国动委指示精神，突出重点工作，注重完善机制，狠抓末端落实，动员能力持续巩固加强。3月份，调整完善国动委班子成员，以全区武装工作会议、联合演训等时机，组织国动委成员单位领导系统学习《国防动员建设纲要》，推动工作运行基础有保证。按照“列清单、明责任、逐项抠”的思路，结合省军区通知要求，修订完善1个总案9个专项方案，基本形成指挥一体、上下衔接、军地联合。10月份，结合省军区国防动员潜力数据采集任务，加强对动员潜力分析评估，开展国防动员潜力调查，按照“见人、见物、见帐”的要求，落实通用物资储备，签订了储备协议，制定征用计划。11月份，完成省军区动员1号系统相关数据录入，进一步完善全区国防动员力量潜力数据。

【开展军事设施保护宣传教育活动】 区人武部根据舟山警备区军事设施保护宣传教育活动具体安排，结合实际，联合民政、人防、发改及各镇（街道）等单位开展军事设施保护普法宣传活动。活动开展采取层层发动、发放资料及末端宣传等方法，通过与辖区各局办、镇（街道）对接，合力将活动传导至末端，使普法宣传活动得到有效宣传，增强广大市民群众的国家安全意识、国防意识、保密意识和敌情观念，在全区形成“人人关心国防建设，人人维护军事设施”的良好氛围。结合定海地区军事设施多、保护矛盾焦点突出等特点，定期组织开展国防工程普查，梳理军事设施保护限制地（海）域清单、协调办理地方经济建设项目涉及军事设施保护事宜，实现军地齐抓共管，形成合力。

开展军事设施保护宣传教育

【强化国防工程保护】 落实各级关于军事设施保护的指示精神，采取“军队自护、军民联护、依法保护”的办法，有效保护军事设施。7月，组织开展“军事设施保护宣传周”活动，形成军民协力共护军事设施的良好氛围。参照市军事设施保护委员会成员调整模式，10月，区军事设施保护委员会及时组织调整人员，确保组织全、人员全。是年，区负责国防工程由3处增至100处。10月，利用2周时间进行国防工程数据采集，彻底摸清底数。结合国防工程数据采集工作，推进“两区两范围”划定工作，作为军事设施保护牵头单位，牵头组织区政府、海洋渔业、港航、国土资源等地方相关职能部门与涉及此项工作单位进行对接，发挥桥梁作用。

开展国防工程数据采集工作

安全管理和保障工作

【纠治风气不懈】 区人武部党委正副书记带头严格执行新规禁令，落实主体责任和监督责任，以上带下、挺

举行党员承诺宣誓仪式

纪在前，教育引导广大干部职工，严格执行中央八项规定、中央军委十项规定实施细则和禁酒令，肃清郭徐影响，绝对清除侥幸心理和“打擦边球”念头，确保干部职工，进一步适应越来越紧的政治新常态，在诱惑面前保持定力，在交往方面坚持原则，做到既对组织忠诚，也对家庭和本人负责。

【狠抓安全不松】 区人武部党委坚持每月分析安全形势，排查安全隐患，消除安全漏洞。着眼军委国防动员部明确的“人车枪弹密、水火电钱网、酒油黄赌毒，涉外涉地方”等“17个风险点”，从被动应付转变到主动预防上来，把防范方法从抓“事”转变到抓“人”上来，坚持军政主官负总责，分管参谋具体抓落实，各科按职能分工各负其责，做到责权分明。每月由政委带队对照安全

开展安全隐患排查

大检查标准要求，逐一进行检查，重点对兵器室、作战值班室、营门、伙房进行检查，仔细核查各库室的登统计、数质量情况，确保账物相符。核查涉密文件资料、办公电脑，清理办公电脑无机密级以上文件和跨年度文档，做到十九大以前的书籍资料全部清零，移动存储介质能够按照规定存放使用。针对排查中发现的问题，利用交班会进行讲评，明确责任人和时限，限期进行整改，确保隐患问题在规定的时限内“清零”。

【组织民兵开展创建文明城市活动】 区人武部按照区委、区政府的要求，定期组织各镇（街）专武干部和企事业广大民兵，划区分片，走上街头、下到乡村，响应舟山市创建全国文明城市的号召，开展创城活动，为全区创建文明城市贡献民兵力量。

参与全国文明城市创建

（撰稿：崔亚东）
（以上分目图片由区人武部提供）

人民防空

【概况】 2018年，区人防办内设综合科、指挥通信科、工程管理科三个科室，核定行政编制3名、编外5名，有工作人员14人，现有主任1名，副主任2名。有下属事业单位定海区人防地面指挥中心，核定事业编制6名。

是年，人防工作以"战时防空、平时服务、应急支援"为使命，加强人防防护体系、指挥体系、疏散体系建设，提升人防工程建设规模、速度和品质均有大幅，为完善国防动员体系，建设"四个舟山"贡献力量。

【抓好城市地下空间开发与管理】 根据《浙江省实施〈中华人民共和国人民防空法〉办法》《舟山市人民政府办公室关于调整人防结建政策的通知》等文件，严把结合民用建筑修建防空地下室关，结合《"品质舟山"建设三年(2017—2020)行动计划》，推进结建人防地下室建设。是年，完成人防结建工程审批项目24个；完成人防易地建设费征收金额2395.97万元(包含催缴)；完成人防结建竣工项目9个，新增人防地下室停车位约1900个。完成2018年度品质舟山计划任务。全区续建新建人防地下室项目38个，完成质量监督工作160余次，下发整改通知书80余份。

【完善人防工程规划布局及配套功能】 根据《舟山市城市人民防空规划》(2006—2020)和《舟山群岛新区中心城区地下空间开发利用规划》，做好定海人防工程建设规划。建立多部门联运机制、明确分工、创新思路，在控规阶段推进人防设施配建指标的落实，主动参与设计方案评审。探索重点建设区块进行人防工程集中连建，使城市基础设施配套建设与防护工程建设结合，避免低层次重复建设。完善人防工程配套功能，在人防工程等级和战时用途审批环节中，重点协调防空、医疗、疏散等功能规划与城市综合安全体系建设的关系，完善城市防护体系。截至年底，舟山市三农农副产品批发市场一期项目抢险专业队工程(人防建筑面积4924平方米)主体结构完成，绿城HY-01地块人防战时物资库工程完成竣工验收，人防物资库面积4000平方米。

【理顺人防工程质量监督职能】 落实人防质量监督属地管理要求，根据全市人防工程质量监督工作会议精神，完成全区人防工程审批到验收备案全部由窗口一窗受理，特别是质量监督手续办理由市级窗口办理到区级窗口的办理；配合做好人防工程质量监督工作，解决人防质监人员不足问题，人防质量监督检查由市区两级人防部门共同参与完成，保证人防工程顺利通过竣工验收。至年底，新受理人防质量监督工程5个，完成平时关键人防质量监督检查30余次。

【加强人防地下室平时利用与管理】 落实"双随机、一公开"，提高对全区人防地下室事中事后监管效率。配合舟山创建全国文明城市开展人防地下室专项整治行动，排查全区范围内已竣工在用的结建人防工程安全隐患。经检查，定海人防地下室总体形势良好，但个别竣工验收较早的人防地下室人防设备存在老化破损情况，对存在问题的地下室均下发整改通知单，督促限期整改。

【完善人防指挥机构建设】 建立健全人民防空指挥机构，明确职责，建立常态化工作运行机制。修订完成人民防空指挥部机构编成人员及编组分工。按照市办统一部署，完成防护目标数据采集工作。完成人防涉密信息系统和人防非涉密计算机专网建设，完善网络办公安全环境，提高信息化办公水平。抓好区人防地面指挥所安全工作，完成区人防地面指挥中心保安监控和防盗警报系统维护检修工作，做到对指挥所实现实时监控。

【推进人防指挥平台建设】 结合"品质舟山"建设要

求，进一步加强指挥部常态化运行、制度化管理、实战化建设，提升组织指挥手段智能化、信息化、数字化水平。总投资160万元的区地面指挥中心信息系统升级和设备更新项目完成项目竣工验收。完成建设总投资100万元的岑港街道人防（民防）应急指挥中心项目。完成区“两室两库”建设（人防指挥室、战备值班室、战备资料库和战备器材库）。

9月12日，区人防办对白泉镇民防应急指挥平台进行验收

【加强防空警报器维护与管理】 5月4日，组织召开全区防空警报器操作管理培训，提高全区警报器管理员业务技能，保障人民防空的通信、警报畅通。完成2台电动防空警报器更换为电声防空警报器，加强全区警报器检修工作。完成“5·12”全区警报试鸣任务。完成防空警报社会化管理，与中国铁塔公司舟山分公司签订防空警报设施维护合作协议。完成信息保障队伍训练计划，区人防地面指挥中心共与市办联络完成单边带电台参训24次，出联24次，合格24次；视频会议系统参训16次，出联16次，合格16次。

【抓好年度训练演练工作】 调研全区人防专业队伍和应急专业队伍融合建设和整体运行问题，探索人防专业化队伍整组训练方式，重点做好人防特种专业队伍的编组与训练，加强队伍应急反应能力建设，实现管理规范化、训练常态化。统筹防空组织资源，结合全国防灾减灾日和全市警报试鸣日，开展急救援训练和防空防灾综合演练。

5月12日，区人防办联合海山小学开展人防疏散演习

【行政审批改革工作】 推进“最多跑一次”改革“最多跑一次”事项实行“八统一”，人防办重新梳理人防审批事项，优化审批流程，减少审批材料。重新编制人防审批事项办事指南，梳理“最多跑一次”事项主项11项、子项17项。

配合完善浙江政务网运作完成涉及人防审批的四个事项（应建防空地下室的民用建筑项目报建审批、人防工程易地建设核实及人防工程易地建设费征收、大型单建人防工程施工图设计审批（5万平方米以下）、人防工程施工质量监督检查）的事项流程和信息输入工作。

配合完成“一窗受理、集成服务”改革根据市政府改革要求，人防窗口已作为投资项目综合窗口的后台来运作。所有“最多跑一次”事项全部进行政服务中心，所有投资项目在综合窗口受理，经由综合窗口转交至人防窗口后台进行审批办结，最终由窗口统一出件并送达。

推进建筑工程“竣工测验合一”改革根据相关文件精神及要求参与实施方案起草工作，配合做好《舟山市建筑工程竣工综合联测联核综合技术指南（试行）》，配合完善《建筑工程建筑面积计算规则和竣工综合测量技术规程》。根据省政务云关于施工图电子图审平台实现网上办理和提供相关技术服务，提升施工图审查效率和审查质量。

【提高人防知识知晓率】 主要通过结对社区、人防规

5月12日，区人防办进社区开展人防（民防）宣传教育讲课

范化社区建设把人防宣传资料送到百姓家中，2018年重点在颐景园、合源、金寿、惠舟等6个社区开展人防宣传教育活动，全年发放宣传册3000余份，发放宣传帽、宣传袋1000余份。通过社区党课，播放防空防灾视频短片，现场讲解演示等，提高居民人防知识知晓率和人防知识普及率。

【开展宣传教育活动】 “3·1”国际民防日，联合干石览中心学校开展人防知识宣传讲课活动。“5·12”防灾减灾日，联合定海五中、颐景园社区进行人防疏散演练，累计1500人参与；联合定海二中举行第十四届“人防杯”海洋国防民防知识竞赛。开展第十八个全民国防教育日暨纪念“九一八”事变87周年活动，邀请区人武

5月12日，举办第十三届“人防杯”海洋国防民防知识大赛

部部长为舟山职业技术学校师生们进行国防教育知识授课；与结对社区盐仓街道惠舟社区开展活动，为社区50多名干部群众讲授人防知识，通过发放宣传册、纪念手袋、现场宣讲等形式，让人防意识走进群众。

【开展人防宣传教育“五进”工作】 同移动公司签订短信服务业务，扩大宣传面，达到定点精准宣传。建立目标对像群，有针对性地发布各类人防知识信息，接收对象覆盖机关单位、企业、学校、社区等，全年发送5万条

2月28日，区人防办联合定海区檀枫小学开展人防宣传教育活动

信息。重新编印《防空防灾知识手册》，通过二维码扫描即可查看手册全部内容，截至10月底，发放手册2000余份。强化媒体宣传，结合“5·12”“九一八”等重要节点，在《今日定海》刊登人民防空小知识、“勿忘国耻，砥砺前行”纪念“九一八”事变87周年公益广告等。

（撰稿：王光兵）

（本分目图片由区住建局人防科提供）

责任编辑：王英伟

农业　农村

概　述

2018年，全区农渔业总产值达到18.03亿元，同比增长7.1 %；农渔村常住居民人均可支配收入33909元，同比增长9.8%。粮食总播种面积3040公顷，比上年的3920公顷减少2.25%；粮食总产量1.60万吨。建成“菜篮子”蔬菜基地改造提升19.33公顷，蔬菜播种面积3326.67公顷，比上年3680公顷减少9.6%。全区生猪饲养量5.14万头、家禽饲养量22.57万羽。是年，经济林面积达5055.27公顷。茶叶种植面积166.47公顷（采摘面积70.47公顷）。花卉苗木基地面积273.40公顷， 新植珍贵树10.8万株，完成省下达的年度种植任务。

种植业

【概况】　2018年，全区农作物播种总面积8273.33公顷，比上年的9480公顷减少12.73%，粮食总播种面积3040公顷，比上年的3920公顷减少2.25%；粮食总产量1.60万吨。其中晚稻1666.67公顷，比上年2026.67公顷减少17.76%；小麦49公顷，产量164吨，比上年39公顷减少16.85%；油菜656公顷，产量1593吨，比上年374公顷增加75.4%；豆类577公顷，较上年略少。蔬菜播种面积3326.67公顷，比上年3680公顷减少9.6%。

【农业水环境治理】　示范推广商品有机肥、病虫绿色防控技术和作物水肥一体化灌溉技术，减少化肥农药使用量，保护农业生态环境。2018年全区推广测土配方施肥技术面积7466.67公顷，减少化肥使用27吨，推广农作物病虫害统防统治1933.33公顷、减少农药使用量2.1吨，农药废弃包装物回收处置35.85吨，处置率100%。。

【“菜篮子”基地提升】　2018年改造提升蔬菜基地2个，建设放心菜园1个，总计面积19.33公顷，分别为：新青农智能肥水一体化项目6.67公顷，小沙怡然生态家庭农场蔬菜基地提升6.67公顷，溯源蔬菜专业合作社精品蔬菜基地6公顷。

【标准农田地力提升】　根据标准农田地力提升实施方案，2018年继续做好标准农田地力提升续建工作，分别在双桥吨粮田和小沙街道小沙畈等田块实施提升，续建面积253.33公顷。建设内容包括秸秆还田、深耕深翻、测土配方施肥、种植紫云英等绿肥，推广商品有机肥使用2309.3吨。

【实施农业三项补贴】　是年，完成耕地地力保护补贴，涉及农户39404户，受益面积4051.90公顷，发放补贴资金364.29万元。规模种粮大户66户，面积734.17公顷，发放补贴资金110.12611万元。社会化服务作业464.16公顷，补贴金额15.8717804万元。

【优良品种、高效栽培模式推广】　引进试种越心草莓、白草莓小白、白雪公主、浙秀3号黄瓜、浙樱粉1号番茄、浙粉706大番茄等新颖优质良种，推广种植甬甜5号甜瓜、杭茄2010、嘉58水稻等适推品种。继续推广应用水稻基质育秧、两壮两高栽培技术、水稻全程机械化直播、蔬菜水肥一体化技术等，开展蔬菜轻简化栽培技术推广。

马岙稻田

【开展春季农田统一灭鼠】 是年4月中旬开展全区农田统一灭鼠工作，用“溴鼠灵”毒饵2350公斤，投放农田近1667.67公顷。

【无公害蔬菜瓜果病虫害综合防治】 强化对“菜篮子”基地蔬菜瓜果用药指导和监管，严格规范产品上市前的检测，全区1—12月份共抽检蔬菜样品9177批

黄篮板 性诱捕器

种植紫云英防治病虫害

次，合格率99.9%。应用杀虫灯、色板、性诱剂和无公害生物农药等绿色防控技术防治病虫害，减少农药使用量，保护农业生态环境。

【开展农产品质量安全“智慧监管”】 建成集区级、乡镇、村（社区）三级监管、三位一体、互联互通、信息共享、实时联动的农产品质量安全“智慧监管APP”网格化体系，进一步明确村（社区）协管员工作职责、管理目标、考核机制，打造全区农产品质量安全管控一张网。全年开展巡查1020条，第一时间开展对生产基地进行安全监管工作，确保农产品质量安全。

农产品质量安全“智慧监管APP”培训班

【实施农产品合格证管理工作】 做好一次全区农产品生产主体、规模生产者大调查工作，进一步删选并建立130家全区农产品生产三大主体和规模种养大户

建设数据库。举办全区农产品质量安全追溯（合格证二合一）系统建设工作培训班1期，培训主体60家左右，新建51家农业追溯主体。

【农产品质量安全监管】 加强抽样检测工作，制定《2018年度监测计划》，针对定海区重点农产品、上市农产品开展大抽检和重点抽检、快速检测。全区开展快速检测9177批次，合格率99.9%；定量检测 240批次，合格率100%。

【开展农技推广】 完成6个省级农业科技示范基地建设。组织做好全区—镇街2级共77名农技人员集中知识更新培训。开展集中式为农服务和宣传活动。围绕全区春耕备耕“五送”服务月集中行动，举办专题知识讲座、农产品安全宣传活动、科技周宣传活动、三下乡宣传活动等，科技下乡和专题宣传15次，参加农技人员和领导120余人次，赠送科技书册资料3600余本，赠送种子农资1000包，画板展示60块次。

【农产品出岛行动】 组织16家企业参观浙江省农博会、森博会，浙江大洋世家股份有限公司的金枪鱼罐头获金奖，舟山金针食品有限公司的喇根鱼派牌海苔酥饼获新产品金奖，定海临金水产品食品加工有限公司的名老大牌呛蟹获优质奖。通过农民信箱发布“每日一助”销售信息，助农销售55万元。

【打造美丽农业】 以舟山跨海大桥、329国道、北向疏港公路三条线为重点，通过免费发放油菜、紫云英等种子和政策性补助，发动农户种植油菜、紫云英、

马岙“中国海岛第一村”田园景观

向日葵等观光与效益相结合的农作物，适度打造农业景观带，累计发放各类种植种子4650公斤，价值近30万元。引导、鼓励有能力的规模生产主体，改善基础服务设施，以特色水果种植、现代设施栽培、农耕文化展示等为主，重点发展休闲采摘、农事体验、农业观光等项目，拓展产业功能，进一步提升农业效益，增加农民收入。

【农业标技术推广】 开展科技创新和技术指导，提升农业生产效益。打造6个省级现代农业科技示范基地。做好“三品一标”（三品：绿色、无公害、有机农产品；一标：农产品地理标志。）认定工作。新申报绿色产品10个、面积89.83公顷，无公害产品6个、面积104.5亩；全区有效期内“三品一标”产品68个，总面积3493.33公顷。

【农业产业发展】 做好省级“一区一镇”（一区：现代园区；一镇：特色农业强镇）全面开展省级定海区现代农业园区建设，围绕“一村一带两基地”规划目标，完成建设任务的65%。开展岑港市级重点农业乡镇建设，做好农业龙头企业培育工作，新培育3家市级渔农业龙头企业，1家区级渔农业龙头企业。

进港路景观风车节点

【现代生态循环农业】 开展岑港省级区域性现代生态循环示范项目，完成岑港区域性现代生态循环农业项目专项资金中期绩效自评报告。开展绿色先行示范区创建，制定了2018—2020年创建目标和措施。指导开展农业面源污染治理，在马岙、岑港农业“两区”

建设氮磷生态拦截沟渠示范点2个，完成创建省级秸秆利用技术示范基地1个。做好农业污染源普查工作。

林 业

【概况】 是年，经济林面积达5010公顷。其中，杨梅种植面积3078.6公顷，产量8440吨，产值4173万元；柑橘种植面积1040.67公顷，产量11510吨，产值3250万元，金塘李栽培面积237.33公顷，产量2500吨。茶叶种植面积166.47公顷（采摘面积70.47公顷）。花卉苗木基地面积273.40公顷。

2018年茶叶和水果生产情况

表5

指标名称	计量单位	数量	指标名称	计量单位	数量
一、茶叶生产			8.猕猴桃园	公顷	19
(一)茶园总面积	公顷	166	9.其他果园	公顷	316
本年新增面积	公顷	0	(二)水果总产量	吨	42161
本年采摘面积	公顷	70	1.柑橘	吨	11510
(二)茶叶总产量	吨	5	柑	吨	1900
1.春 茶	吨	5	橘	吨	10000
2.夏 茶	吨	0	橙	吨	
3.秋 茶	吨	0	柚	吨	3690
二、水果生产			2.梨	吨	1100
(一)果园面积合计	公顷	5010	3.桃子	吨	900
1.柑橘园	公顷	1041	4.杨梅	吨	8440
2.梨 园	公顷	60	5.枇杷	吨	190
3.桃 园	公顷	90	6.柿子	吨	460
4.杨梅园	公顷	3079	7.葡萄	吨	2000
5.枇杷园	公顷	49	8.猕猴桃	吨	30
6.柿子园	公顷	55	9.果用瓜	吨	14593
7.葡萄园	公顷	139	10.其他水果	吨	2938

马岙的葡萄熟了（周维平摄）

【森林定海建设】 是年，成功创建国家级森林城市。创建省级“一村万树”示范村2个，分别为白泉镇金山社区和小沙街道毛峙社区。建设林区道路5.5公里，其中马岙街道2公里，环南街道1公里，盐仓街道2.5公里。完成森林抚育暨彩色健康森林建设133.33公顷，建设景观示范林20公顷，涉及双桥、盐仓、白泉、干䃎、马岙、小沙、岑港、金塘等镇、街道。完成平原绿化35.33公顷。新植珍贵树10.8万株。

岑港彩色健康森林建设

【森林资源管理】 是年，依法办理建设项目使用林地审核审批，办理各类建设项目征占用林地许可27件，其中长期占用林地14件，临时占用林地 6件，林业生产设施占用林地7件，涉及各类林地面积114公顷。加强森林植物检疫管理，去年核发植物检疫证书73张。执行“十三五”采伐限额管理制度，落实凭证采伐，打击无证采伐。办理林木采伐许可证13份，森林采伐总蓄积751立方米，全部为征占用林地审核审批后发生的其他采伐，其中商品林采伐555立方米，公益林采伐196立方米。做好公益林非林地剔除工作，完善公益林矢量数据库，经多次汇报，省林业厅同意全区核减国家级公益林196.60公顷，在此基础上定海正在申请核减省级公益林429.87公顷，一定程度上缓解用林压力，为定海经济发展建设提供要素保障。加强古树名木保护宣传，挖掘古树名木故事，更新完善古树名木信息管理系统，为区属200余株古树制定二维码，统一制作古树介绍碑，统一制作围栏加以保护。弘扬花卉文化，元旦期间，协助区政府办好定海首届花卉节。元宵期间，联合区兰花协会，举办定海春兰展。4月，联合区兰花协会和绍兴银行，举办“金兰杯”定海蕙兰展。

2018年定海春兰展

2018年“金兰杯”定海兰花展

【林业特色产业建设】 2018年，全区经济林面积5000公顷，新发展果园27.07公顷，定海主导特色林果晚稻杨梅、金塘李、皋泄香柚种植面积稳中有降，产量和产值随着水果大小年变化而稳步发展。是年，全区茶叶总产量5吨，比去年减少增加0.3吨，产值560万元，比上年增长40万元；完成2018年定海山茶的生产工作，完成定海山茶系列产品的视觉可识别系统设计；定海山茶叶专业合作社代表定海自有茶叶品牌，参展第二届中国国际茶叶博览会、舟山市佛茶文化节、第十一届义乌国际森博会。2018年度完成1个市现代农业专项资金——定海山白茶园建设项目，3个市林业发展与管理专项资金——定海精准农业大棚水果示范项目、白泉枣花香精品枣园建设项目、白泉水管口茶场提升改造项目的项目立项、实施和验收工作。同时，完成区科技局的定海山佛珠茶试制项目结题工作，继续实施定海山红茶试制科技项目，实施市现代农业资金——定海山茶产业示范区项目，区基金会项目——皋泄香柚品质提升项目。

【定海优质水果全省获奖】 区农投公司的晚稻杨梅代表定海参加省知名品牌农产品展示展销会，获得浙江省时令农产品金奖；定海区怡然家庭农场选送的蓝莓参加浙江省农业之最——蓝莓擂台赛，获得第二名，实现定海区蓝莓奖项零突破；定海区三家主体参加浙江省精品水果展，有两家获得浙江省精品水果展展销会金奖。

【扩大经济林产业影响力】 主办“2018舟山市晚稻杨梅擂台赛”，全市20个晚稻杨梅擂台赛参赛选手，定海区占17个的绝对优势，最终定海小沙兴舟杨梅种植场获得最甜晚稻杨梅，白泉皋泄杨梅基地获得最重晚稻杨梅。主办“2018定海夏季精品瓜果展销会暨巨峰葡萄擂台赛”，有12个主体参加巨峰葡萄擂台赛，

2018定海夏季精品瓜果展销会暨巨峰葡萄擂台赛

38家主体参加展销会，32个产品参加展销会的金奖产品评比，展销会当天吸引游客近千人，达成交易10万余元。

林业执法

【概况】 是年，森林公安工作践行“绿水青山就是金山银山”重要思想，坚持以科学发展观为指导，坚持“立警为公，执法为民”理念，围绕建设“森林定海、美丽定海”目标，强化队伍建设，履行岗位职能，推进森林公安、森林消防、野生动物保护等一系列工作顺利开展，实施系列打击破坏森林资源的执法专项行动，促进林区生态建设和林区治安和谐稳定。

【林业执法】 是年，在全区范围内开展“飓风1号”“春雷2018”专项打击行动、“2018雷霆行动”、林区禁种铲毒专项行动、春季鸟类巡护和执法检查工作、“绿剑2018”专项打击行动，同时配合地方公安机关落实“扫黑除恶”专项斗争。期间，出动执法人员200多人次，车辆100多台次。检查酒店宾馆60家、农贸市场5个、野生动物驯养户20家。根据群众举报线索拆除非法捕鸟网4处，利用无人机在全区开展毒品原植物种植情况检查行动。开展2018年度森林督查工作，对省里卫星遥感到的51处图斑开展自查工作，对发现的违法违规占用林地行为，局里依法立案查处。执法行动震慑犯罪分子，遏制林业案件的高发态势，保护森林资源，规范野生动物管理秩序。查处各类林业行政案件21起，林业刑事案件2起。与去年同期相比，林业行政案件数量增加一倍，林业刑事案件也有突破。

林业执法检查

【森林火灾控制】 是年，全区无森林火灾发生，春节、元宵、清明节期间以及“全国两会”期间，全区抓牢“严除火患，严查火案，保护森林，维护稳定”行动主题，提前部署、严密组织、及时处置，确保森林消防平安稳定。实现森林火灾受害率控制在0.8‰以内，森林火灾发生率按林地面积2.87万公顷计算，远低于20次/10万公顷的要求，森林火灾控制率均在8公顷/起以内的考核目标。

【森林消防宣传】 是年3月份，组织开展“浙江省森林消防宣传月活动”，在全区各中小学开展以“森林消防，从我做起”为主题的“五个一”教育活动。清明节期间，分发《清明节森林防火告家长书》、《森林防火宣传图册》等宣传资料5000余份。在春节、清明期间，按照“无火情、无火灾、无事故”的要求，执

开展森林消防宣传

行市“森林禁火令”内容，分发市《森林禁火令通告》300余份。

【引水上山防火情】　2018年，全区实施“引水上山”工程，进一步提升森林防火能力，投入资金30万元，在原有172个森林消防蓄水桶的基础上，又补充购置95个森林消防蓄水桶，发放至各镇、街道，在各地山林重点部位安装蓄水桶，作为小型蓄水点，实现“引水上山”功能，配合高压水泵的使用，为森林火灾扑救提供水源支持，达到“以水灭火”的目的。

【野生动物保护】　是年4月，在“爱鸟周”和“陆生野生动物宣传月”期间，宣传《野生动物保护法》《野生动物保护实施条例》和《浙江省陆生野生动物保护条例》。救助各类受伤或病弱的野生动物60多只，视具体情况送青青世界野生动物救护点暂养或在野外放生。对全区的野生动物驯养繁殖场所开展“双随机”监管抽查活动，按照“双随机”抽查内容的要求，对野生动物养殖场所的证件资质、场地设施、养殖技术、卫生防疫等方面进行检查。

【湿地保护】　是年，根据区里制定的《定海区湿地保护规划》要求，开展湿地保护管理相关工作。结合“世界湿地日”宣传活动，与五峙山鸟岛管理站密切配合，共同开展以五峙山列岛鸟类省级自然保护区湿地环境保护及“湿地减少灾害风险”为主题的湿地保护宣传活动。展示宣传五峙山鸟岛环境、鸟类等照片的图板30多块，宣传介绍五峙山鸟岛保护区的基本情况和丰富的湿地资源，以及在岛上生存繁衍的黑嘴端凤头燕鸥、白天鹅、黑脸琵鹭、黄嘴白鹭等国家级珍惜鸟类，了解湿地存在的重要意义以及湿地对减少自然灾害的所起到的积极作用，提高民众保护湿地环境意识。

畜牧业

【概况】　是年，把发展畜牧业作为农业结构战略性调整、农民增收的重要途径来抓，拓思路、出措施，推进畜牧业转型升级。是年，全区畜牧业总产值1.1亿元，同比减少32.1%，其中，生猪存栏2.13万头、出栏3.01万头；羊存栏0.49万头，兔存栏0.25万只，牛存栏256头。家禽存栏9.81万羽，出栏12.76万羽。全区生猪养殖户10户，存栏规模都在1000头以上，规模化率达到100%；禽类养殖户409户，规模以上（鸡、鸭存栏2000羽，鹅存栏500羽）养殖户6户，占总户数的1.47%。肉类、禽蛋分别达到2459.8吨和736.1吨，畜牧综合生产能力稳中有降。

【养殖污染整治持续推进】　是年，全区关停畜禽养殖场15家（包括空场3家），涉及资金155万元，涉及栏舍面积0.26万平方米，涉及生猪53头，禽类13.91万羽，其他畜禽417只；完成拆除废弃沼气池2座，作封存处理3座；投入资金16.75万元，完成7家规模生猪养殖场的堆粪棚全密闭式改造。

养殖场污水处理设施运行情况检查

【畜牧产业提升】　是年，提升美丽牧场建设。成功打造2家“场区布局合理、设施制度完善、生产全程高效、资源循环利用”的省级美丽牧场。深化牧场转型升级，打造健康养殖新牧场，建成标准化、规模

华晟牧场

化、生态立体化生猪养殖示范基地1公顷，打造以净化排泄物治理为核心的养殖模式。

【动物疫病防控】 是年，在全区全面推广政府购买动物防疫服务，形成政府组织、部门监督指导、社会力量具体承接落实动物防疫公共服务的工作模式，进一步健全基层动物防疫工作长效机制，促进基层动物防疫力量的稳定。开展重大动物疫病日常免疫和春秋两季集中免疫。是年，做好禽流感免疫14.16万羽，口蹄疫15.71万头次，规模养殖场的免疫密度、牲畜二维码佩戴率、免疫档案建档率均达到100%。开展重大动物疫病监测，应对H7N9亚型流感病毒，共抽检禽类血样296份，牲畜血样486份，抗体检测合格率均在70%以上。

【开展非洲猪瘟防控】 是年，贯彻落实非洲猪瘟防控工作要求，普及防控知识、开展联防联控工作。是年，排查生猪养殖场388家次，排查生猪126余万头次，发放《告知书》260余份，落实封闭饲养、场区消毒、出入人员管理、禁止泔水饲喂行为等措施，开展跨海大桥部门联合检查工作。

2018年畜牧业生产情况

表6

指标名称	计量单位	数量	指标名称	计量单位	数量
一、生　猪			(3)鹅	万羽	1.3
1.生猪年末存栏头数（含未断奶小猪）	万头	2.13	五、兔		
(1)繁殖的母猪	万头	0.17	1.兔年末存栏只数	万只	0.25
(2)其他生猪	万头	1.96	(1)皮肉兼用兔	万只	0.03
2.年内肥猪出栏头数	万头	3.01	(2)长毛兔	万只	0.22
3.猪全年饲养量	万头	5.14	2.兔年内出栏只数	万只	0.03
二、牛			六、养蜂年末箱数	箱	0
1.牛年末存栏头数	头	256	七、畜禽产品产量		
其中：良种及改良种乳牛	头		1.肉类产量	吨	2459.8
2.年内牛出栏头数	头	29	(1)猪肉	吨	2104.1
三、羊			(2)牛肉	吨	5.8
1.羊年末存栏只数	万只	0.49	(3)羊肉	吨	80.8
2.年内羊出栏只数	万只	0.54	(4)兔肉	吨	0.4
四、家　禽			(5)禽肉	吨	226.8
1.家禽年末存栏只数	万羽	9.81	(6)其他	吨	41.9
其中：肉　禽	万羽	4.36	2.禽蛋产量	吨	736.1
蛋　禽	万羽	5.45	3.蜂蜜产量	吨	0
2.家禽年内出栏只数	万羽	12.76	4.蜂皇浆产量	公斤	
(1)鸡	万羽	7.23	5.牛奶产量	吨	
(2)鸭	万羽	4.23	6.兔毛产量	吨	1.81

非洲猪瘟跨海大桥联合执法检查

【畜产品安全监管】 是年，全区实施规模养殖生态畜牧业发展、动物疫病防控、畜产品质量安全监管的“三元合一”管理模式，加强瘦肉精等违禁药物检测，进一步提升全区畜牧产业发展后劲。加大生猪尿液“瘦肉精”检测抽检力度，抽检养殖环节盐酸克伦特罗、莱克多巴胺、沙丁胺醇538份，检测结果均为阴性，合格率100%。开展多项畜牧业投入品及肉品专项检查，进一步加大对饲料、兽药生产经营单位、养殖场、肉品交易市场和屠宰企业的检查力度，检查兽药经营店和养殖场160家次，出动执法人员300人次，未发现违规行为。是年，狠抓动物流通监管与检疫管理，严格调入备案和调入地报验制度。实施家畜产地检疫3万头，家禽产地检疫10.81万羽。签发《浙江省调入动物和动物产品备案单》55份。打击动物卫生违法行为。办结运输未附有有效动物检疫合格证明案件1件，罚款金额3500元。

农业机械装备

【概况】 是年，全区机械总动力110294千瓦，其中柴油机 92944千瓦，汽油机2983千瓦，电动机14367千瓦。拥有耕作机械835台，6849千瓦；种植机械70台，587千瓦，其中水稻插秧机66台；收获机械122台，5530千瓦，其中联合收割机120台，5524千瓦；农产品初加工机械369台，3409千瓦；植保机械339台，855千瓦；排灌机械2019台，7930千瓦；运输机械390台，6228千瓦；其他机械379台，5987千瓦。农业机械原值24386万元，净值 12425万元。全区粮食生产综合机械化水平达到78.4%，农业机械化程度显著提升。

【农机购置补贴政策】 是年，部署农机各项补贴宣传活动，首次引入浙江农机补贴app，方便购机者办理补贴手续，农机补贴政策实施顺利。是年，全区购置补贴机具218台，享受各级财政补贴资金163.656万元，其中中央补贴资金113.016万元，省级补贴资金35.448万元，县级补贴资金15.192万元。在农机购置补贴政策的带动下，全区农业机械得到快速发展，全区无人植保飞机引入3台，提升全区水稻植保机械水平。

【农业领域“机器换人”】 部署落实农业领域“机器换人”示范乡镇、示范基地创建工作。定海区双桥丕杰家庭农场（果蔬设施）、五惠农机合作社（水稻）经市级审核上报后通过省级认定，双桥丕杰家庭农场（果蔬设施）也是舟山第一家水稻产业以外的机器换人示范基地，农场拥有连栋大棚1.33公顷，大棚外遮阳1套，水肥自动化控制设备1套，冷藏保鲜库1座，配备脉冲弥雾机1台、遥控自走式耕作机1台、柴油发电机强排系统等机具10台套，在设施、种植、灌溉、施肥、植保、贮藏、防灾等环节均达到“机器换人”示范基地建设的要求和目标。

【农机安全宣传教育】 根据定海农机生产特点，年初制定《2018年度农机安全宣传教育工作计划》。结合春运农机安全生产工作、“安全生产年”“打非治违”“安全生产宣传月”、 农机安全生产大排查大整治等各项专项整治行动，利用电视、广播等新闻媒体，运用农民信箱农机信息平台、宣传窗、横幅标语、宣传车等宣传工具，有针对性地开展安全宣传教育。深入镇（街道）、村、户宣传《中华人民共和国道路交通安全法》《农业机械安全监督管理条例》等农机安全生产法律法规、农机安全操作知识、农机典型事故案例等，普及农机安全生产知识。组织农机安全片组工作座谈会及开展农机安全生产知识咨询宣传活动、农机安全知识培训等形式，开展宣教活动，增强广大农机操作人员安全生产意识。

【农机安全专项整治】 强化源头管理，严把拖拉机注册登记、驾驶员培训考试以及年度检审验关。是年，检验上道路行驶拖拉机371台，检验率超90%。开展农机安全专项整治行动，开展农机行业“安全生产年”活动、“打非治违”专项行动和农机安全生产大排查大整治专项整治行动，重点查处报废拖拉机上路、酒后驾驶、拖拉机违法载人、超载超速、无牌无证行驶等各类违法、违规行为。是年，开展安全执法检查14次，组织检查人员60人次，检查上道路拖拉机700余台，查处各类违法违规行为65起；检查纯农田作业农机具90余台；检查农机维修网点20家次，排查出4项安全隐患，得到整改。开展拖拉机集中报废解体工作，全年办理拖拉机报废手续91台，其中大中型拖拉机71台，小型变型拖拉机20台。

农机公安联合执法检查

农业经营管理

【农村产权交易平台运行正常】　是年，定海区农渔村产权交易网上服务平台稳定运行，内容涉及集体房屋、土地流转（耕地）、非农建设用地、土地流转（鱼塘）、设备、个人股权、工程建设等交易项目。从2016年起，单项底价在50万元及以上的农渔村产权交易项目，原则上纳入区农渔村产权交易中心统一交易；单项底价在50万元以下的农渔村产权交易项目，纳入镇（街道）农渔村产权交易中心统一交易。是年，完成交易额40万元。

【加强股份经济合作社指导与管理】　是年，贯彻中共中央国务院《关于稳步推进农村集体产权制度改革的意见》，开展经济合作社股份合作制改革的“查漏补缺”和“回头看”，发放未发的股权证，做好股改后续工作，妥善处理有关股改的信访件，至年底累计发放股权证83865本。是年，加强股份经济合作社预决算和收益分配监督管理，指导监督股份经济合作社正确确定当年可分配净收益的范围，按规定的顺序进行收益分配，规范收益分配方案的确定程序。是年，5个股份经济合作社按规定开展收益分配，分配金额1402.5万元。是年加强与农村金融机构的沟通协作，按《定海区渔农村股份经济合作社股权质押贷款管理办法（试行）》的规定，逐渐扩大股权质押融资试点的范围，推行农村集体资产股权质押贷款业务，继续探索赋能活权，逐步使农民手中的“硬本本”变为实用的“活资产”，累计发放贷款509万元。

【农民专业合作社】　是年，全区开展以“清理整顿、规范提升、发展壮大”为核心内容的农民专业合作社提升活动，组织合作社开展示范性规范化创建。新认定区级规范化农民专业合作社1家，市示范性农民专业合作社3家，到年底农民专业合作社189家，区级规范化以上合作社50家，其中省级示范性农民专业合作社2家。36家合作社的基地或产品被认定为无公害基地或无公害农产品，其中绿色食品7个，无公害农产品29个。注册产品商标的合作社27家，其中市级著名商标4个。多个合作社的产品在市级、区级评比中获奖。2018年新认定区级规范化家庭农场6家，市示范性家庭农场 5家；至年底累计注册家庭农场123家，区级规范化以上家庭农场19家，其中省级示范性家庭农场3家。2018年组织开展农旅结合的市示范性采摘基地建设。是年，新认定市示范性农旅采摘基地5个。

【三位一体建设】　是年，生产、供销、信用“三位一体”农民合作经济组织体系建设继续深化，区、镇（街道）农合联运行正常，农合联农业生产服务中心、农合联农民合作基金、区农合联农民资金互助会从生产、销售、金融、信息、品牌、培训等方面为农民合作经济组织和广大农户提供综合性、一站式、精准化服务，促进农村社会经济的发展。

【继续加强农渔村集体“三资”管理】　是年，继续加强农渔村集体“三资”监管。按照省农业厅要求开展农村集体资产清产核资和数据填报工作，重点清查核实未承包到户的资源性资产和集体统一经营的经营性资产以及现金、债权债务等，并把“三资”数据录入到全国农村集体资产清产核资管理系统，做到“三资”总量清、资产状况清、使用情况清、经营收益清、管理责任清。继续贯彻落实《浙江省农村集体资产管理条例》，组织开展农村集体“三资”管理集中整治工作，严控非生产性开支，严查不规范合同，规范工程项目管理和村级财务公开。是年，进一步规范村级财务管理。组织开展农村集体资产和财务管理专项检查工作，重点抓好村级非生产性开支、财务票据、重大财务事项，收益分配等制度落实，进一步扎紧制度笼子，确保资产安全运行和保值增值。进一步规范财务公开，推行重大事项“五议二公开”制度，将民主管理、民主监督作为村级财务管理的工作主线。加强基层财务审计。按照《浙江省农村集体经济审计办法》规定，继续组织实施“三年一轮审”，通过镇（街道）自审、互审、区站重点审计等方式，有序推进农村财务审计工作，强化审计整改和结果公开。是年完成审计项目30个，审计资金总额8268万元，提出审计意见建议125条。

【农村土地承包经营权确权登记颁证工作】 是年，全区土地承包经营确权登记颁证工作基本完成，截至年末， 114个村（社），涉及农户39606户，调查实测承包地面积4051.27公顷。后因人均耕地少于0.13公顷、土地规划开发预征等原因暂缓3个村（社）确权，又由于个别村组土地征用、整户消亡等原因，目前实际确权111个村（社），完善土地承包合同份数34655户，确认家庭承包耕地面积3361.33公顷，地块数65189块，通过市级土地确权工作综合验收。开展土地确权纸质档案资料的规范化整理和数字化处理，建成全区较为完整的农村土地承包经营权确权数据库。

【开展土地集中连片长期流转工作】 是年，全区开展农村土地集中连片长期流转工作，引导农村土地流转向10年以上期限、1.33公顷以上规模经营户方向发展。马岙、小沙、双桥、岑港四个重点镇、街完成土地集中连片长期流转面积451.67公顷，进一步优化全区农村土地资源配置，改善农村土地抛荒现象。同时在岑港街道册北社区村组建土地股份合作社1家，入股土地面积约240.67公顷，社员数360人。

【推进农渔村集体经济发展】 是年，全区在进一步巩固“消薄”成果，确保142个股份经济合作社年收入达到10万元、年经营性收入达到5万元以上的基础上，重点加快村级集体经济项目建设，增强村集体经济“造血”功能，通过认真把握产业导向，因地制宜谋划发展思路，有效利用自身区位、资源优势等手段，全区71个农渔村集体经济发展项目通过区级立项。是年，召开消除集体经济薄弱村工作推进会，67个年收入30万元以下或经营性收入10万元以下农渔村社区村与80余家区属国有企业、非公企业达成“村企结对”意愿，签订“村企结对”协议书。

【明确农民负担监督管理职责】 是年，继续实行农渔民负担党政“一把手”负总责制度和“谁主管、谁负责”的部门工作目标责任制及责任追究制度。强化源头控制，严格执行村级报刊订阅限额制和向村级组织收费审核、向农渔民收费申报制度。根据省农监办《关于印发2018年全省减轻农民负担工作要点的通知》（浙农监办〔2018〕4号文件）精神，年初明确各镇（街道）源头监管工作的分管领导和具体审核责任人，监管工作落实到位。2018年度村级报刊实际订阅情况进行检查，没有发现超限额订阅情况。规范“一事一议筹资筹劳”财政奖补项目监管，是年，会同区财政局审定全区36个 “一事一议”筹资筹劳项目，这些项目总投资为3000万元，其中省级财政奖补1500万元，区、镇财政安排750万元，村级自筹资金750万元。通过“一事一议”财政奖补项目，农村排污管网、村级道路、停车场等基础设施建设得以顺利开展，村容村貌有了很大改善。

农业行政执法

【农资信用体系建设】 是年，为进一步规范农资市场秩序，保障农业生产安全，维护农民合法权益，促进农业和农村经济持续健康发展，根据《定海区农资信用体系建设实施意见》和《定海区农资信用体系等级评价办法》，联合舟山市市场监督管理局定海分局、定海区供销联社组成区农资信用体系等级考评小组对全区38家农资企业进行信用等级评定；完善“三网三制”（农资现代流通网、农资监管监督网、农资信用信息网和农资企业生产经营诚信制度、农资企业信用评价制度、农民利益受损补偿制度）；与全区农资经营企业签订诚信经营承诺书，要求农资经营企业诚信经营，并实行高毒高风险农药定点实名专柜销售，禁限用农药退市承诺。

【“绿剑3+X”系列执法行动】 是年1—2月，围绕元旦、春节期间农产品供应安全，开展“绿剑”冬季集中执法行动；3—5月份，以种子、种苗、农药、肥料为检查重点开展“绿剑”春季集中执法行动；6—9月份，开展以农药产品（包括卫生杀虫剂）为检查重点 的“绿剑”夏季集中执法行动；9—10月，开展以保障“中秋”、“国庆”两节农产品质量安全的“绿剑”保安全专项行动；10—11月，开展以兽药、饲料及饲料添加剂产品、种畜禽以及农产品种养殖基地为检查重点的“绿剑”秋季集中执法行动。开展茶叶、草莓等专项执法检查行动。全年出动农业执法人员476人次，检查农资经营单位450家次，检查种养殖基地102家次；监督抽样农业投入品36批次（农药15批次，肥料5批次，种子7批次，饲料及饲料添加剂6批次，兽药3批次），农业投入品抽样合格率达100%；例行抽样农产品76批次，抽样合格率达100%。全年持续加强对辖区内各农资经营企业的监管与巡查力度，同时与宣传教育齐头并进，对违法经营行为形成高压态势，使辖区内农业违法案件呈明显下降趋势。全年办理农业行政处罚案件三起，涉案金额998元，罚没款7030元；启动现场快速调解机制，针对一些小农资纠纷，大队开展各种灵活机动模式，及时化解纠纷。

【农资打假联合执法行动】 是年，区农林执法大队与区市场监督管理局组成联合执法检查组，对全区主要农资生产企业、经营单位开展联合执法检查。重点检查农资经营主体资质是否合法；种子、农药、肥料、兽药、饲料的经销档案是否完整规范；农资产品质量和标签标识是否存在违规行为；是否存在经营销售禁用农药、兽药的违法行为。

【放心农资下乡】 是年，联合区供销联社和乡镇农办，在马岙、干䃎等地开展“2018放心农资下乡保障春耕生产”服务活动，为农民送去质优价廉的农资和内容丰富的农业耕作技术，发挥净化春耕农资市场、服务农业生产、保障农资及农产品质量安全的职能作用，受到群众的热烈欢迎。活动接待当地群众3000余人，接受咨询100余人次，免费发放小包装种子4000包，小包装农药4000瓶，让利销售化肥6吨、发放各类宣传资料5000余册。

【高毒农药管控】 是年，加强高毒高风险等禁、限用农药的管控。强调农资经营单位要严格落实高毒高风险农药销售制度，执行高毒高风险农药分开存放专柜销售，设置明显的警示标识；建立高毒高风险农药实名购销记录制度，做好实名销售台账，实现流向可追溯，并指导购买者科学、合理用药，减少高毒限用农药的施用，推广绿色、低毒、低残留农药。

【加拿大一枝黄花防除成效显著】 是年，根据省、市重大农业疫情防控指挥部文件的精神，全区上下动员起来，围剿一枝黄花工作。据统计，全年加拿大一枝黄花发生面积达372公顷，除治面积为372公顷，除治率达100%。除治分春季和秋季两阶段进行，春季以化学防治为主（即喷洒化学除草剂），除治面积为198.67公顷；秋季利用药方防除和人工割除，防治面积为173.33公顷。春秋两季总用工数为3386工，市、区、乡三级累计投入资金约70万元，到10月底，定海的一枝黄花防除任务基本结束，取得良好效果。

新农村建设

【美丽乡村建设】 是年，出台《定海区深化美丽乡村建设三年行动方案（2018—2010）》，累计投入资金5930万元，整治了65个社区村，创建美丽庭院1000户，打造县级美丽渔农村12个，市级美丽乡村精品村2个。为全面打造美丽乡村升级版，实现全域整洁干净，进一步提升农渔村人居环境，提高农渔民生活质量，开展创建洁净乡村，治理公厕163个，清理露天粪缸5183个，整治家禽放养848处，清理陈年垃圾28871吨，整治占道经营793处，整治乱堆乱放10643处，整治乱贴乱画13628处，生活污水治理新增1140户，整改623户，更换窨井盖1234个，新增垃圾箱10108套，更换垃圾箱4909套，新增绿化646处，新增美丽庭院486户，日常保洁人员838个，集中整治参与人次26337个（其中群众参与人次17333个），全面提升农渔村环境面貌，建立洁净乡村长效管理机制。

马岙一见棕情停车场

【农村生活垃圾分类收集处理】　是年，除9个拆迁村外，其余71个社区村参照舟山市城镇生活垃圾分类标准全域推进农村生活垃圾分类工作，对创建的30个社区村同步进行扩面提升，全区发放入户宣传指导手册7万份，小型有害垃圾袋56万个，购置公共分类垃圾桶11000余个，户分垃圾桶37000余个，全区农村生活垃圾分类处理基本进行运作，实现垃圾分类行政村（除拆迁村）全覆盖。

盐仓街道昌洲村农村生活垃圾分类收集点

【开展农渔村水环境治理】　是年，继续开展水源地农村生活污水治理，完成双桥街道蚂蟥山水库、盐仓街道虹桥水库、昌国街道城北水库、岑港街道岑港水库上游农村生活污水治理工程，基本完成环南街道东岠岙水库上游生活污水治理工程。新建PKA湿地14座，新增受益农户1396户。

【美丽风景示范线建设】　是年，打造马岙社区村风情乡村（美丽风景示范线）1条，投入5000万元，完成路面改造、交通设施建设、集市场改造、绿化整治提升等10个项目，提升干䃎龙潭美丽风景线，完成主干道两侧田园风光打造。

马岙海岛第一村

【开展指导员工作】　是年，全区有81名农村工作指导员派驻社区，其中市派指导员25名，区派指导员56名。指导员在驻社区期中，走村入户，为百姓排忧解难；发挥自身优势，为社区出谋划策，有力地推进了各项工作的开展。期间，走访农渔户6176户，调处矛盾纠纷567次，落实基础、公共服务、经济项目149项，落实扶贫资金260.9万元，捐赠物资26.87万元，指导党组织生活203次。

【推进扶贫开发工作】　是年，全区以农渔民（以户为单位）共同生活的家庭人员人均月收入低于最低生活保障标准的2倍左右为标准（以家庭人均收入16000元为标准），核定在册低收入农渔户3381户，5364人，其中低保户1989户，2494人；低保边缘户914户，1801人；其他经济困难户478户，1069人。建立扶贫基地20个，吸纳低收入农渔户99户；鼓励村经济合作社等非财政拨款主体吸纳低收入农渔户，提供公益性岗位5个，吸纳低收入农渔户5户；鼓励8户有劳动能力并有创意增收意向的低收入农渔户成为“星火计划”培育人。向市农委申报对478户在册低收入农渔户的物资赠送；向市扶贫办申报低收入渔农户新入学子女10人，补助资金5万；医疗救助对象5人，补助资金3.7万元。

【就业培训】 是年，根据浙江省“千万农民素质提升工程”培训要求，完成省农民大学高级实用人才培训75人；以农民学校为平台，以农村劳动力为对象，完成初级实用人才培训525人，新型职业农民培训100人，普及性培训2880人次，农村富余劳动力转移就业培训70人，转移就业57人，转移率81.4%。

定海区渔农村讲解员培训

【农渔村历史文化保护】 是年，第三批省级历史文化村落保护利用项目重点村马岙社区村和一般村后岸社区村成功通过省级验收，其中马岙社区村获得全省优秀等次。岑港街道里钓山村累计投入75万余元资金，完成文化礼堂及办公室维修、古民居修复、小公园建设、古村道修复、村口牌坊改造等项目，完成第四批省级历史文化村落保护利用一般村建设任务。第五批省级历史文化村落保护利用重点村金塘镇柳行社区村基本完成民俗文化中心主体建设，完成古建筑修复及立面改造规划设计和招投标工作，累计投入资金2700万元。金塘镇大鹏村成功申报第七批省级历史文化村落保护利用一般村。

（撰稿：裘晶晶）

（本类目图片由区农业农村局提供）

责任编辑：鲁学伟

海 洋 渔 业

概　述

2018年，定海区海洋与渔业工作紧扣“十三五”海洋与渔业工作任务，以深化供给侧结构性改革为主线，推动海洋与渔业工作转型升级，完成各项目标任务。是年，全区捕捞总产量15.6481万吨，总产值19.2996亿元，分别比上年增加18.55%和22.12%。其中捕捞总产量2.9988万吨，总产值25472亿元，比上年减少21.58%和增长0.94%。；远洋捕捞总产量12.6493万吨，总产值16.7524亿元，分别比上年增加34.91%和26.14%；水产养殖3377吨，实现产值1.08亿元。

海洋综合管理

【概况】 是年，完成用海项目确权36个，核发海域使用权证36本，确权用海面积525.3213公顷，其中变更项目24个，面积249.8423公顷，新增项目12个，面积275.4790公顷；全区新用海项目功能区划符合率、环评审核率、确权发证率和海域使用金征收率均达到100%。

【海域使用权招拍挂】 是年，根据《浙江省海域使用管理条例》和《浙江省招标拍卖挂牌出让海域使用权管理暂行办法》等有关规定，继续做好海域使用权招拍挂工作。是年，有3宗用海已成功挂牌出让，分别为金塘北部1号拟出让海域、东岠岛北侧拟出让海域、金塘岛北部2号拟出让海域。

【用海项目审批】 严格执行海域使用审批权限和程序要求，贯彻国家海洋局《关于进一步规范地方海域使用论证报告评审工作的若干意见》和《关于进一步规范海域使用项目审批工作的意见》两个文件，进一步规范海域使用项目审批工作。是年，完成舟山大神洲造船有限公司舾装码头扩建项目（扩建部分）等用海项目审批32个。

用海项目现场检查

【海洋环境管理】 严格用海项目审查，强化对海洋工程建设项目的监督管理，督促业主单位认真编制海洋环评报告，做好海洋工程海洋环境影响评价报告专家审查工作。是年，全区所有的海洋工程建设项目均按要求编制环境影响评价报告书（表），出具核准意见2份，涉海项目环评率100%。

【陆源入海排污口监测】 根据《浙江省海洋环境监测管理规定》和《2018年浙江省海洋生态环境监测工作计划》的要求，委托舟山市海洋环境监测预报中心对定海区39个陆源入海排污口进行监测工作，完成2018年度定海区全部39个陆源入海排污口的水质取样、分析等工作，上报相关数据。

【海洋环境监测】 根据《浙江省海洋环境监测管理规定》和本年度海洋环境监督管理的任务要求，制定完成《2018年舟山市定海区海洋环境监测实施方案》，委托舟山市海洋环境监测预报中心对定海区海洋环境进行监测，完成四个季度定海区海洋环境质量监测工作，监测数据全部上报浙江省海洋监测预报中心。

海洋环境监测

【做好海岛整治修复项目的监管工作】 是年，全部完成浙江省舟山市定海区干𬒗镇环境保护和整治修复项目。完成新建污水主干管网长9339米，500平方米/日提升泵站1座。完成整治河道全长2362米，新建、修复护岸挡墙3429米，绿化面积6395平方米。舟山市定海区环南街道摘箬山岛海岛整治修复项目码头整治及修复工程（300吨登陆艇泊位1个，包括60米×20米斜坡1座，4×5×3.4米靠船墩2座及相关配套设施）建设完成，并通过竣工验收；道路部分完成东岙到北岙段（3.6公里），北岙到西岙段（1.7公里）未完成。

干𬒗镇海岛整治修复项目

【开展岸线调查工作】 落实《国家海洋局关于全面建立实施海洋生态红线制度的意见》（国海发（2016）4号），贯彻省政府办公厅印发的《关于加强海岸线统筹协调管理工作通知》（浙政办函（2015）19号）精神，根据《浙江省海洋与渔业局关于开展全省海岛岸线调查的通知》，开展全省海岛岸线及保护与利用现状调查，重点掌握海岛基岩、砂砾质、粉砂淤泥质岸线资源情况，形成统一的资源和利用现状本底。于2017年8月开始组织实施定海区海岛岸线调查工作，截至2018年底，定海区海岛岸线调查项目测量海岛140.5个，测量海岛岸线长度424201.32米，其中人工岸线228108.46米，自然岸线长度195809.70米，河口岸线283.16米，完成定海区海岛岸线长度的100%；植被调查海岛个数120个，调查路线315条，调查面积382044254.07平方米，占植被总面积的100%。数据库全部入库完毕，相关表格和图件都制作完成，全部岛屿的内业、外业工作都完成并通过省局验收。

海岸线调查

【开展第一次全国海洋经济调查工作】第一次全国海洋经济调查是一项重大的国情国力调查，按照国务院统一部署，按照省、市两级海经调办要求，定海区于2017开展海洋定海区第一次海洋经济调查工作，是年7月，完成全部调查的数据采集任务，主要包括完成清查任务形成定海区涉海单位名录、完成1136家涉海企业产业调查任务、完成6项专题调查工作任务。是年定海区第一次全国海洋经济调查工作通过验收。

海洋捕捞

【概况】 至2018年底，全区有机动渔船428艘，比上年末减少28艘，总功率21.1342万千瓦，总吨位12.8417万吨。捕捞总产量15.6481万吨，比上年增加18.55%，总产值19.2996亿元，比上年增长22.12%。其中国内捕捞渔船267艘，主要以拖网为主，占国内捕捞总产量的71.86%。捕捞作业类型有拖网（包括双拖、单拖和拖虾）、张网（包括张网和帆张网）、围网、刺网和蟹笼等，主要分布全区7个镇、街道。国内捕捞总产量2.9988万吨，总产值25472亿元，比上年减少21.58%和增长0.94%。远洋捕捞渔船151艘，比上年末增加27艘，主要以鱿钓作业为主，总产量12.6493万吨，总产值16.7524亿元，分别比上年增加34.91%和26.14%。

【捕捞转型升级】 推进渔船更新建造，总投资4800万元，实施4艘远洋渔船更新改造。更新改造国内捕捞渔船25艘。

【油价补贴发放】 落实国家成品油价格补贴政策，发放渔业油价补助资金17647.47万元，329艘渔船受益。其中发放国内捕捞生产成本补贴资金2543.84万元，远洋捕捞资源开发利用补助资金15103.63万元。

【传统海洋捕捞渔民养老保障】 是年，定海区界定传统海洋捕捞渔民数3819人，传统海洋捕捞渔民参保人数2792人，其中按城镇职工水平1266人，按城乡居民水平718人，其他参保和保障808人。2017年享受传统渔民生活补助10元，每月2103人，2018年增至2125人。2018年5月完成全区2017年度传统海洋捕捞渔民可申领职保缴费80元/月补助工作，1266人14574个月，发放资金1165920元。2017年遗孀总人数663人，其中因海难死亡渔民的遗孀52人，每月补助7.15万元;2018年遗孀总人数742人，其中因海难死亡渔民的遗孀54人，每月补助7.96万元，截至年底遗孀总人数812人。

水产养殖

【概况】 是年，全区拥有水产养殖面积460公顷，水产养殖产量3377吨，实现产值1.08亿元。海水养殖面积373.33公顷，产量3134吨，产值1.05亿元；淡水面积23公顷，产量243吨，产值358万元。

【虾蟹养殖】 是年，南美白对虾高位池精养面积已达到252.87公顷，大棚养殖面积42.33公顷，有19家单位从事南美白对虾高位池精养，有15家单位从事钢质塑料大棚工厂化养殖。2018年度投放南美白对虾苗2.98亿余尾，产量2746吨，产值8937万元。南美白对虾大棚设施精养年均亩产达2500公斤，亩效益7.5万元； 高位池精养亩产1000公斤左右，亩效益3万元；比一般养殖户每亩增产500 公斤，亩效益增收10000元。三疣梭子蟹底增氧高产精养亩产达 50公斤，亩效益达6000元，较一般养殖户亩增产25公斤，亩效益增收3000元。水产养殖经济效益和社会效益不断提升。

定海大巨水产养殖场南美白对虾高位池及大棚

【水产养殖生态化改造】 是年，完成水产养殖塘生态化改造（新建）180亩，完成投资180万元。开展渔业水质和底质常规监测74批次，完成投资18万元。

【标准化养殖】　是年，全区省级标准化示范养殖面积达到365.53公顷。通过认证的无公害产地12家、产品11个，面积279.26公顷。新换证无公害产地2家。新建农业部绿色健康示范养殖场1家，复评1家。

【开展病害测报】　是年，继续做好全区水产养殖病害测报工作，开展渔药店零售监测、南美白对虾流行病学调查和苗种病害检疫工作。设立13个水产病害监测点，其中南美白对虾11个，三疣梭子蟹2个，监测面积97.07公顷，监测品种2个。

【水产品质量安全】　是年，开展初级水产品质量安全抽样67批次，初级水产品质量安全宣传培训19场次，共计285人次，发放宣传资料960余份，媒体宣传1次。

养殖场水产养殖三项纪录情况检查

【公益性增殖放流】　是年，继续开展公益性增殖放流活动。区农林与海洋渔业局投入资金50万元，将近3315万尾海蜇幼苗，50万尾黄姑鱼和55万尾黑鲷幼苗分别放流到灰鳖洋和环南诸岛海域上。

渔业增殖放流

【渔业油价补贴】　是年，落实国家成品油价格补贴政策，发放渔业油价补助资金共17647.47万元，329艘渔船受益。其中发放国内捕捞生产成本补贴资金2543.84万元，远洋捕捞资源开发利用补助资金15103.63万元。

渔港建设

【定海区西码头中心渔港扩建工程】　是年，定海区在建渔港项目一个，即定海区西码头中心渔港扩建工程。该工程由定海区渔港建设开发有限公司申报并实施。2016年4月《省发改委关于浙江省舟山市定海区西码头中心渔港扩建工程初步设计的批复》明确其建设内容及规模为：新建渔业码头6座，其中5000吨级1座(码头平台长140米、引桥长105米)、1000吨级3座（码头平台总长260米、引桥总长364米）、500吨级2座（码头平台总长100米、引桥总长316米）；建设护岸550米，港池航道疏浚25万立方米，炸礁10.59万立方米；陆域回填8.2万平方米以及水电、通讯等配套设施，投资概算17503万元。截至2018年底，工程累计完成投资8828.39万元。

【渔港项目进展情况】　护岸回填项目完工；港池疏浚及炸礁项目完成所有开工前的准备工作，但由于政策处理未完成，目前该项目暂缓开工；500吨级浮码头项目已完成施工、监理招投标工作，并签订合同，正在做进场准备；上园山建筑用石料（凝灰岩）矿地质灾害及生态恢复治理工程于10月18日开工，完成整体工程量的65%。

渔业安全

【概况】　是年，全区渔业安全生产形势总体平稳，未发生等级以上事故，无人员伤亡。

【落实安全责任】　对各镇、街道渔业安全责任书落实情况进行检查考核，并对安全生产责任书内容进行细化、修改和完善，督促乡镇、街道—村社区站—渔船主机签订安全责任书，落实好渔船编组生产、渔船了望、锚泊值班、船长管理“三项制度”、渔船动态管理制度、二套系统正常使用开机制度、定人联船、防台联络等各类制度。开展脱管、挂靠渔船排查，进一步明确安全管理责任，消除管理盲点。

【开展宣传教育】 利用伏休期间渔船回港机会，召开老大会议，对渔民群众进行面对面安全生产教育（召开老大会14次，张贴横幅20条，发放宣传资料800余册），船东船长面对面培训人数达170人。利用系统平台，及时传达上级渔业主管部门关于加强渔船安全生产的指示指令。利用平时执法检查，适时开展安全生产知识宣传。从坚持教育实效出发，制定船东、船长“面对面”教育工作方案。

渔业安全生产宣传

【加强安全监管】 开展渔业安全生产隐患大排查，以基层渔船管理单位为主体，以渔船为行动单元，以渔业主管部门为监督，采取渔船自查与基层渔船管理单位复查、基层渔船管理单位自查与渔业主管部门抽查相结合的方法，对排查整治对象和内容进行逐个排查。检查各类渔船200余艘，基层监管运行落实个数11个，检查状况总体良好，未发现重大隐患船舶，但是也存在救生、消防设备短缺的情况，检查完成以后及时的要求其整改。开展安全督察，督促各乡镇（街道）做好渔业安全管理台账记录、编队编组等安全管理制度的建立和落实工作督查，落实各项渔业管理制度及措施。定期召开渔业安全生产动态分析会，针对全区渔业现状，分析管理漏洞，提出应对措施，形成管理合力。加强节假日和汛期、雾季、大风等特殊时期的渔业安全管理，落实人员值班督促渔船落实安全防范工作，做好渔船动态管理，通过单边带、信息系统督促渔船落实安全防范工作。

渔业安全生产检查

【做好海事调处】 规范渔船海事调处工作程序，加强与其他县区海事调处部门的沟通协调，加大海事渔事纠纷调处力度，按照“四不放过”原则处理每起渔业海上交通事故，做好事故原因分析。是年，调处海事纠纷5起，结案率100%。

【抓好安全演练】 伏休期间，督促各涉渔镇（街道）开展渔船单船安全演练工作，演练重点是渔船消防、应急逃生等课目。有60艘渔船，近千名渔民，参与并完成伏休期间渔船安全与消防演练，为开捕后的全区渔业安全生产打下基础。

【定海区西码头渔政渔港监督管理分站运行良好】 舟山市定海区渔政渔监站西码头分站、中华人民共和国西码头渔港监督站自2015年9月份成立以来，履行渔港监督管理职能，加强渔船安全检查，落实渔船进出港签证，优化渔港管理服务，目前运行良好，维护渔港秩序，促进渔港繁荣。

【完成渔船受理检验发证工作】 是年1至12月，定海区船舶检验站检验渔船560艘，其中12米以上渔船346艘，12米以下渔船214艘，定海籍渔船全部完成受检发证。进一步落实省局开展的各种专项整治活动，特别是对“船证不符”和“证业不符”的情况进行了严格整治。对每艘受检渔船进行“船证”核查，对可疑渔船，重新丈量、核对船舶主尺度，对每艘渔船柴油机参数按照型谱进行比对，核查柴油机是否有“大机小标”嫌疑。加强营运渔船的检验力度，严格落实渔船救生、消防、通讯导航等重要设备的配备。针对定海区渔船进入老旧高峰期的现状，加强对老旧渔船的监控，对到达限制使用船龄的渔船，提前告知船东，加强对老旧渔船检验和管理力度，对检验不合格的老旧渔船，一律禁止发证，杜绝带病渔船出海生产。

【内河聚乙烯滚塑船建造检验】 继续做好内河聚乙烯滚塑渔船的建造检验，定海区检验站各验船师通过对新材料、新技术、新规则的不断学习掌握，完成对杭州地区6.5米与10.10米两个船型近120艘聚乙烯滚塑渔船的检验，确保新型渔船的建造质量。

【渔船、船员保险】 是年，全区投保渔船169艘，渔民1549人，收取渔业互保费582.72万元，发生理赔案件58起，赔付199.56万元，其中渔船案件32起，赔付63.35万元；雇主案件26起，赔付136.20万元。配合做好渔业安全生产工作，浙江省渔业互保协会定海办事处为定海区渔船修造厂提供雇主责任互助保险，分担船厂的风险压力。渔民的保险意识不断提高，渔民的雇险主险保额都达到70万元以上，部分保险意识强的会员达到150万元。

渔业、海洋执法管理

【概况】 2018年是伏休管理制度实施第二十四年，全区有238艘伏休渔船按规定休渔，根据省委、省政府修复振兴浙江渔场暨“一打三整治”工作要求，全面开展渔业执法工作。2018年开展渔业执法检查277次，出动执法人员1490人次，执法车203车次6645公里，执法船只69航次4056海里。检查渔船631艘，排查安全隐患30起，办案渔业案件80宗（含涉刑案件一起），罚没款47.43万元，查扣并拆解三无渔船13艘，清理禁用渔具1602顶。开展海监执法检查82次，出动执法人员219人次，执法车79次，检查用海单位及用海项目等相关单位186家，行程2450公里，检查岛屿172个，出动执法船艇29次，航程1665海里。

【开展三战宣传】 是年，区委区政府制定定海区2018年“三战”工作实施方案》，明确海洋渔业、市场监督、公安交警、城市管理等各部门职责，建立常态化执法巡查和联合执法巡查机制，覆盖全面伏休期间违禁渔获物流通各个环节，上下联动发力，部门协同配合，共同打击全面伏休期间捕捞销售违禁渔获物行为。同时实施海上、港口码头、市场、餐饮场所、定点收购单位包干巡查。海上按照辖区分片包干，重点港口码头、市场、餐饮场所、定点收购单位按属地监管原则明确监管责任人，各包干区对结果负责，区协调办对各部门包干巡查工作进行监督。实现“沿岸不见绝户网、海上不见应休船、市场不见违禁鱼”的目标。在渔船、码头、市场等各地发放各类宣传资料5000余份，制作“伏休保卫、幼鱼保护”为主题的公益广告在《定海新闻》连续播放，营造强大宣传氛围。

召开全区三战工作会议

【把好休渔关】 是年，制定《2018年定海区伏季休渔实施方案》，按层级管理的要求逐级签订“伏休责任状”，落实岸上管理组和海上检查组，建立渔政船艇日常巡航机制，制定《伏休渔政船巡航计划》，落实涉渔乡镇、街道对应休渔船的梳理工作。对应休渔船进行了“三重确认”，即镇（街道）自查确认、渔船动态监控系统确认以及渔业执法部门现场排查确认。严格按照 “船进港、人上岸、网入库、证集中”的目标做好伏休管理四项集中。伏休前期间，全区238艘应休渔船按时休渔。落实渔船“定人联船”制度，更新2018年定海区渔船“定人联船”联络表，对渔船进行登记造册，确保海上不见应休渔船。

【严查“一电四网”，推进渔具整治工作】 把好备战渔船开捕关，严抓“一电四网”清缴工作。根据省局相关文件精神要求，定海区制定专项工作方案，落实相关部门、镇（街）属地管理职能，联合公安（边防）、经信、市场监督等相关职能部门全面步署开展“一电四网”违法违规行为。在8月1日、9月16日等节点前，对全区开捕渔船开展全面的登船检验，重点对是否携带电脉冲惊虾仪；是否随船携带有违禁网具；随船网具是否符合规定网目尺寸；是否携带密眼衬网；对渔船安全设备设施、渔船持证情况、船舶适航状况进行全面检查，和每个船老大签订《依法依规生产承诺书》，按照省局要求拍照并建立一船一档。落实检查一艘、合格一艘、开捕一艘的规定，推进合规渔具的使用，杜绝渔船带病出海生产。是年，检查183艘渔船，排除安全隐患30起，目前都整改完毕。

测量渔具网目尺寸

【开展陆上联合执法检查】 定海成立伏休期间陆上市场联合检查执法工作组。工作组整合全区市场监管、渔业、商务、经信、公安、综合执法等部门执法力量，采取集中办公、联合行动、综合执法的方式，专项负责“三战”陆上执法工作。通过包干巡查、突击检查、道路设卡、宣传告知等方式，从5月8日起，一天开展2次市场巡查，同时不定期在高速出口、可疑地点开展蹲点和突击检查，重点对农贸市场（23家）、宾馆、饭店（大型40家）、夜排档（33家）、农渔家乐等开展检查，严厉查处各类非法销售、收购、代冻违禁渔获物行为，实现市场不见违禁鱼。8月1日以来，陆上市场联合检查执法工作组发现农贸市场中存在售卖的抱卵梭子蟹行为，针对这一新问题。陆上联合检查执法工作组继续强化日常市场检查，同时渔业部门做好海上、港口、码头等场所对捕捞渔船及捕捞辅助渔船的监管工作，市场部门基层监管人员督促市场举办方对销售主体的资质、进货渠道进行严格把关，杜绝抱卵梭子蟹、幼蟹进场交易，严格索证索票管理。综合执法部门开展无证流动设摊整治行动，在蓬莱路、城西菜场、南珍菜场等城区13处重点区域实施定时、定点、定人、定责管理，加强日常巡查力度，及时查处违章流动设摊行为。陆上检查联合小组共检查农贸市场、路边摊1506家次，餐饮企业518家次，没收违禁渔获物896.72公斤。

开展禁渔期市场联合检查

【开展禁用渔具整治】 落实滩长制，确保专人对辖区内沿岸地笼网、滩涂串网等进行分片包干清理。根据制定的渔政船巡查计划，对全区海域进行每日巡查，对滩涂串网、地笼网，发现一处，取缔一处，全

清理滩涂地笼网

年组织24次清理行动，累计清理滩涂地笼网、串网1602顶，确保实现沿岸滩涂不见“绝户网”。

【开展渔船安全执法检查】 是年，中队联合边防与各涉渔镇街道对全区渔船开展安全检查，出动执法人员124人次，检查港口，岙口48次，检查渔船312艘次，重点检查渔船和渔民持证情况；渔船消防和救生设备配备情况；渔船违章载客载货等情况；携带和使用禁用渔具情况等，规范全区渔业生产秩序。

【开展抢险救灾】 根据省局春雾季和冬季定点值班任务的要求，渔政33110计划开展值班8航次，88天。至年末，开展定点值班4个航次，航时139.5小时，航程3195海里，全年无抢险救灾任务。

【“三无”渔船长效监管】 “伏休”以来，定海继续保持对涉渔“三无”船舶高压打击态势，根据全区渔业工作实际和《定海区清理取缔“三无”小型渔船工作方案》要求，确立以打击“三无”渔船为主线，建立长效常态化管理机制为重点的打击取缔工作目标。5月1日开始，全区开展每日巡查，同时要求各镇街落实责任人，密切关注辖区港口码头岙口，一经发现“三无”渔船，立即上报。“三战”期间，根据前期信息摸排情况，采取常规巡查、蹲点执法，措时执法等方法，提升执法行动效率。特别是今年7月20日海蜇专项捕捞开始后，重点加大对小型“三无”渔船的打击取缔，对发现的“三无”渔船一律予以没收拆解。9月16日，在金塘海域查获一起三无渔船非法电鱼案件，对该三无渔船予以扣押，并将涉及刑事违法的人员移交公安部门处理。今年查处涉渔“三无”船舶13艘，全部拆解。

查扣和拆解三无渔船

【初级水产品质量执法检查】 重常态，严把初级水产品质量安全执法防线。检查水产养殖场（苗种场），是否储存、使用国家禁用药物，包括药房、饲料仓库、容器、池壁、遗弃物和记录中的可疑迹象；是否使用或存储有人用药、原料药；三项记录（特别是养殖用药记录）是否真实完整。是年，全区13家水产养殖单位进行检查，抽样14批次，未发违规用药等行为。

【海洋执法管理】 是年，落实用海项目“回头看”及“海盾、碧海2018”专项整治工作。按照“规划用海、科学用海、集约用海、生态用海、依法用海”的要求，对全区用海企业开展了海陆联动执法检查，对用海项目进行全面梳理，将涉嫌违规用海项目上报局领导。对于在建的重点工程开展监察，掌握工程进度及持证情况，确保用海规范有序。开展海监执法检查75次，出动执法人员184人次，执法车75次，检查用海单位及用海项目等相关单位133家，查处海洋工程环境影响报告书未经核准擅自开工案一起，已结案；

【开展“护岛2018”专项执法行动】 是年，全区有岛屿141个，其中无居民岛屿102个，有居民岛屿39个。根据“护岛2018”方案的要求，联合海域科，对全区的海岛按季度、分区域开展巡查。重点对团鸡山等四个省第一批可开发利用的无居民岛屿及五峙山鸟岛自然保护区、定海南部诸岛、金塘北部岛群等岛进行环岛巡查，对团鸡山等岛屿开展登岛检查，2018年

开展护岛巡查

开展海上巡岛检查24次，更新岛屿资料41个，未发现违法用岛行为。

【开展围填海大排查工作】 是年，为做好中央环保督察和国家海洋督察整改工作，防止新增非法围填海问题发生，加强对海洋统筹开发利用，建立违法围填海监管执法长效机制，全年开展围填海大排查专项行动26次，出动执法人员75人次，车程300余公里，航程800余海里，检查区域用海规划1个，检查涉海项目58个，发现违法填海一起，因违法面积较小，责令当事人整改后恢复海域原状。

【开展水路货运船舶安全和临时砂石装卸作业点专项整治】 是年，与水利、国土、安监、港航等部门密切配合，协作联动，在海况条件允许的情况下，以每周一次联合执法行动的频率，保持严厉打击高压态势，同时有计划、分步骤地对环南、长白水道、金塘等地开展检查，出动车艇6次，执法人员18人次，对排查的问题及时汇总上报定海区水路货运整治办，并提出相关整治意见，震慑违法违规行为，维护海洋生态环境和海上航运安全。

渔业科技与服务

【推进渔船安全救助信息系统建设】 截至2018年底，安装同博固定式北斗船舶示位仪示91套；60马力以上渔船安装AIS防碰终端192艘；185马力以上安装普适北斗卫星终端172艘；安装中电科海洋通信技术有限公司海洋Wi-Fi产品设备98套。

安装渔船卫星设备

【督促渔船通信终端设备正常开机】 做好信息系统工作月度上报、离线渔船核查、终端设备年检等工作。每天对平台渔船在线情况进行检查并台账记录，对离线渔船、脱离编组渔船及时查清原因，跟踪设备故障渔船，督促其到港后及时维修。另外对省信息系统工作管理平台中离线渔船的信息进行核实反馈并跟踪，直至设备故障处理完成。

维修渔船通信设备

【加强各类信息系统运行维护管理】 做好新建、转让、更新、报废渔船的终端设备入网、变更或注销手续，办理26艘渔船注销、178艘渔船入网；做好24小时应急值班工作，全年通过信息系统短信平台、单边带电台、海上Wi-Fi、老大手机发布宣传、警示、扫黑除恶以及气象等各类短信131600条，安全救助信息系统平台接收渔船位置信号丢失超过2小时报警703起，接收渔船终端报警1起；接受“12345”原“967201”海洋与渔业违法行为举报电话的接听受理9次；加强舟山渔船动态点平台管理，督促各镇（街道）及时完成渔船点验工作；按上级要求开通浙江省海洋与渔业综合管理系统，注册用户57个。

（撰稿：裘晶晶）

（本类目图片由区海洋渔业局提供）

责任编辑：鲁学伟

定海十景系列(六)

西堠观桥

月亮湾风景区位于“鮸鱼之乡”册子岛,景区包括旭日涌波、波心涌动桥、临风聚仙台、流霞飞仙台等16处景点,还可以近距离欣赏有“中华金门”之称的西堠门大桥。在月亮湾可以体验“舌尖上的中国”之册子岛地道海鲜“鮸鱼十吃”,也可以拔蟹笼、海边真人CS、露营、烧烤等海岛休闲活动。这里濒依东海大门,原生态的海洋乡土文化,旖旎的海洋生态景观,让人不禁陶醉其中。

工业经济和信息化

概　述

2018年，区经信局深入贯彻党的十九大精神，紧紧围绕定海现代化建设战略目标，以“五大会战”、建设“四个舟山”为主线，以“工业强区、科技强区”建设、产业结构调整、文明城市创建为重点，打好传统产业改造提升、创新发展三年行动计划实施、商超专项整治提升等系列组合拳，坚持创新引领、稳中求进，推进全区工业经济平稳健康发展、科技创新发展。

是年，全区规上工业产值同比增长6.9%，其中区本级规上工业产值同比增长7.4%；全区规上工业增加值同比增长6.0%；其中区本级规上工业增加值同比增长6.9%；完成工业性投入28.79亿元，其中技改投入16.65亿元，占总投资的58%；万元GDP能耗同比下降4.3%，单位工业增加值能耗同比下降5.3%，能源消费总量增长2.1%，煤炭消费总量下降13.4%　。

2018年定海区信息化指数为96.36，两化融合总指数为70.95，数字经济综合评价指数为75.1，均居全市四县区第一，全省中等水平。成功创建2018年工业和信息化重点领域（行业）试点示范（两化融合示范区）。

工业经济

【工业经济运行态势分析】　是年，完成全区“十三五”规划中期评价(工业经济)工作，起草促进工业和科技信息化发展政策措施。强化运行预警预测，深入企业及时了解掌握重点行业、重点企业运行动态、产能释放情况、开工情况等，做好工业经济运行分析，起草《以高质量发展为引领振兴定海实体经济》《当前我区工业企业用工紧缺的现状与对策》《浅谈“亩均论英雄”促进定海经济转型》等市区领导相关调研课题的初稿，为领导准确研判经济形势提供依据。

工业分行业情况

表7

行业分类	规模以上企业个数	规模以上工业产值累计同比±%
合　计	132	6.9
区本级	116	7.4
机械制造业	38	6.2
其中：塑机螺杆	22	8.7
水产品加工业	17	-2.8
船舶修造业	20	8.5
纺织服装业	7	2.6
化工业	4	11.4
建材业	15	16.4
电子电机业	7	11.4
电力生产供应业	5	4.5
粮油加工业	2	8.5

规模以上工业分镇（街道）情况

表8

镇（街道）名称	累计产值同比±%	累计增加值同比±%
合 计	6.9	6.0
区本级	7.4	6.9
金 塘	18.6	11.1
小 沙	7.3	19.8
岑 港	20.8	8.5
双 桥	7.6	3.7
白 泉	5.2	7.2
干 石览	-4.5	-11.9
马 岙	8.5	-0.2
盐 仓	-2.4	-4.4
环 南	9.5	8.8
昌 国	—	—
城 东	—	—

【深化“亩均论英雄”改革】 成立定海区深化“亩均论英雄”改革工作领导小组，先后出台《定海区企业综合评价暂行办法》、《定海区关于全面深化“亩均论英雄”改革的实施意见》（试行）等政策文件，制定全区深化 “亩均论英雄”改革年度工作方案，对规上工业企业和用地5亩以上规下工业企业实行综合评价，并将评价结果应用于区工业经济政策中，在用能、用水、土地、排污等方面实行差别化政策，倒逼低效企业整治提升。全面开展亩均税收万元以下低效工业企业整治提升。召集28家上年亩均税收万元以下企业进行座谈，完成情况摸排，制定《定海区亩均税收万元以下低效工业企业整治提升行动方案》及一企一策整治方案。组织环保、安监等职能部门开展低效企业执法检查。

【重点技改项目】 是年，全区完成工业性投入28.79亿元，其中技改投入16.65亿元，占总投资的58%。中海粮油、良海粮油、兴业、蓝天等20个市级重点技改项目，实现投资8.5亿元，超额完成市下达目标（重点技改目标7.7亿元）的110%。

【推进十类重点项目（企业）建设】 是年，全区共有31个项目（企业）列入市十类重大项目（企业）库，包括新投资、重点推进、创业创新、合作重组等十大类，是全市各县区之首。截至四季度，有21个项目（企业）符合预期完成年度目标，其中浙江和泓环保纸业有限公司年产20万吨瓦楞原纸项目、浙江兴业集团有限公司迁建项目、金海船业、宇锦水泥合作重组等8个项目（企业）提前或超额完成年度目标。另有3个项目暂停，7个项目未达预期。

十类重大工业项目（企业）推进会

2018年定海区重点项目建设情况

表9　　单位：万元

项 目 名 称	计划总投资额	本年累计投资额
浙石化库区	300000	70564
科鑫重工	50800	2898
浙江交工大桥配套设备生产基地	56000	0
新奥泛能站	13000	0
东方印染	18000	4774
和泓环保纸业	28000	22409
大洋兴和	13500	6182
兴业集团迁建	56000	4577
舟渔明珠	36900	0

【优化供给侧结构】 一方面做过剩产能“减法”，已实施7家企业落后产能淘汰，整治“低小散”企业（作坊）15家（超额完成目标），加快2家“僵尸企业”闲置资源盘活重生，腾出用能5600吨标煤。另一方面加快产业提升“加法”， 新增定海区海洋文创产业园1家小微企业园，新集聚入园企业53家（市定指标30家），制定小微园今后五年建设目标。重点推动8家企业股改上市步伐，并以30余个重点项目建设为抓手，集聚持续发展新动能。

【建立中小企业培育信息库】 开展中小企业梯度培育，推进中小企业公共服务体系建设，指导小微企业创业创新。是年，全区55家“专精特新”培育企业实现入库，推荐华业塑机申报工信部专精特新“小巨人”企业，4家企业获评市级“专精特新”企业，10家企业实现小升规，科力尔新三板挂牌，长宏与中集开展股权合作，宇锦水泥重组且实现当年“小升规”。

【全区船舶行业环保整治】 5月，对全区47家船舶修造企业进行梳理，经多次会商，针对性制定并印发《定海区规模以下“低散乱”船舶修造企业整治提升方案》，研究确定全区整治提升名单，要求到2018年底，所有的整改企业必须完成生产作业场地硬化，油污水排放、固废处置达标的阶段性目标。联合区环保局先后召开4场船舶修造企业整治提升工作推进会，分别邀请全区规模以上及以下的船舶修造企业和各镇（街道）相关负责人参会，传达解读市政府有关文件，部署相关工作。7、8月集中开展船舶修造企业整治计划及方案排查。10、11月牵头对企业整治进度进行督查，2019年1月初，与区环保局联合对全区船舶修造企业进行全面执法检查，对不合规的企业予以现场处理并下发处理通知，对规下未达标的企业要求停产整治。截至1月底，规上16家企业已关闭1家（泰通），（增洲、大神洲等）规上造船企业封闭喷涂、污水处置基本达到环保要求；31家规下企业中，已关闭3家（志舟、竹山、中洲），停产7家（龙江、五星、兴港、前岸、正和、永波、成路等短期内不会恢复生产），处于停产整治阶段的2家(富生、良港)，进度相对滞后的4家（启帆、浙海、螺头、弘洲），其余15家企业已基本完成年度三项治理任务，企业厂容厂貌得到较大改观。

船舶修造企业整治提升工作推进会

【军民融合发展】 根据《定海区“十三五”军民融合产业发展实施意见》，推进“3611工程”建设，着力推进全区军民产业融合发展工作。制定完善《定海区2018年军民融合产业发展行动实施方案》，提出针对性的工作目标。开展企业培育，组织企业参加省武器装备科研生产单位保密资格认定办法培训，并组织易航海、中电科等企业参加省军民两用技术创新应用大赛。2018年，全区新增雷电船舶、中电科、华威防务、舟远实业、原邦材料、7412工厂、凯灵船厂和江航船舶等8家骨干企业，军民融合骨干企业总数达16家，雷电船舶成功取得保密资格证书，成为全区第二家取得“民参军”资格的企业（三证），另有江航船舶、创伟实业及华为防务等企业分别取得了“国军标”、武器装备承制资格等证书。中电科的“智慧海洋海上通信项目”在省军民两用技术创新应用大赛总决赛获得优胜奖。

【企业技术创新扶持】 是年，对全区机械、水产、船舶等行业开展调查，完成2018年定海区企业项目库。推进“机器换人”技术创新与合作，鼓励企业“引进来、走出去”与国内外大院名所就项目创新、工艺改进、前沿技术开发等开展产学研合作，帮助企业申报省市级项目，获得相关扶持。是年，全区有18个项目完成省级新产品（新技术）备案（含新城），7412工厂的偏心螺栓、宇泽橡机丁基胶片复合生产线等9个项目成功通过省级新产品（新技术）鉴定（含新城）。华业塑机、大洋兴和、良海粮油等3个项目被认定为市级智能制造试点示范工厂（车间）建设项目，7412工厂、华业塑机和光明机械等3个项目被列入浙江制造精品项目。增洲造船的江海联运船成功通过2018年省级首台（套）项目认定，是全市唯一，也是定海区首例。

浙江大洋兴和食品有限公司示范工厂（车间）建设

【财政资金扶持】 发挥财政资金杠杆作用，确保工业发展资金有效使用。全年配合市财政局完成对定海区2015年以来市级财政资金绩效检查，并启动2018年省、市工业发展专项资金申报工作，包括省级资金1220万元和市级资金2557万元，根据相关要求，对技改投资、机器换人及智能化工厂（车间）项目予以重点扶持，相关资金已下达到位，技改类资金惠及企业27家。

【提升企业层次】 帮助企业申报省、市级企业技术中心，加强对企业技术中心申报指导，2018年，帮助通达机械、德玛吉机械申报市级技术中心。组织华业、森森等企业申报国家第三批制造业单项冠军企业和单项冠军产品，并帮助正龙食品、中海粮油等企业入驻省政采云平台——浙江制造（精品）馆。

【企业技能人才培育】 组织2018年定海区临港工业职业技能大比武工作。全共有65名选手参加电工、钳工、车工和数控车工四个工种角逐，其中电工和钳工为精英挑战赛。有16名选手获奖，4806工厂、神华国华舟山电厂、精制机械、金星螺杆等4家企业选送的选手分别获得四个工种第一名。大比武活动已成为技能人才成长成才的绿色通道，全年有8名选手通过大比武晋升了职业资格，12名选手荣获“定海区技术能手”称号。同时选派8名选手参加市级技能大比武，均取得良好名次。

舟山市定海区第五届职业技能大比武

定海区第五届职业技能大比武—电工技能精英挑战赛

【企业规范化生产】 强化民爆行业安全管理和监督、落实企业主体责任。2018年，根据定海区实际，制定并印发《定海区民爆行业生产安全事故应急预案》，并与企业签订责任书，严格落实属地安全监管责任，按照安全生产工作“四真”的监管工作要求，开展民爆企业安全检查，及时发现问题并督促企业整改，确保做到问题整改的闭环管理。

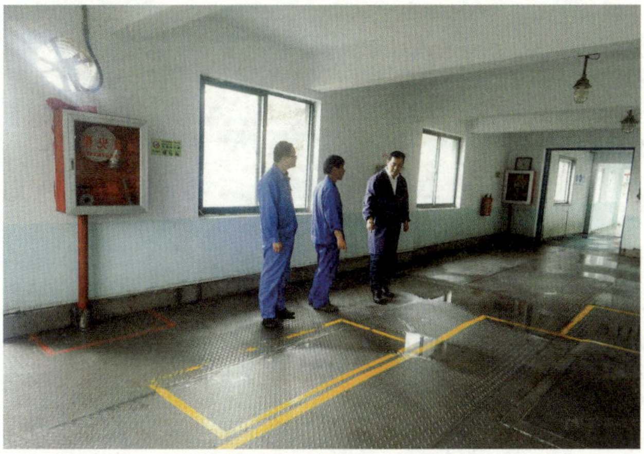
对民爆企业实施安全检查

【无动力修造船舶防台工作】　是年，更新无动力修造船舶防台风工作联系人网络，修订完善本企业无动力修造船舶防台风应急预案。各镇（街道）经贸办、船企无动力修造船舶防台风工作队伍认真学习《舟山市无动力修造船舶防台风安全管理工作手册》等相关资料，及时组织报送半月报和日报。成功做好了2018年第7、8、12、14、15、18号和25号台风防御工作。

无动力船舶防台工作检查

【“打非治违”专项行动】　开展“一打三整治”清厂联合执法行动，组织相关镇（街道）对全区范围内的涉渔船舶修（建）造企业、渔具（网）生产企业、冷库等进行宣传和检查，联合区市场局、区农林与海洋渔业局等单位开展联合执法，检查渔网厂、冷库、渔具销售点等50余家次，打击违法生产经营行为。

信息化建设

【智慧工厂的示范建设】　是年，实施《舟山市定海区企业信息化专项提升暂行实施办法》，围绕企业资源计划（ERP）、制造执行系统（MES）、产品生命周期管理系统（PLM）、供应链管理系统（SCM）普及率这4个主要指标，向企业提供信息化服务。确认7412工厂、金鹰塑机、金达电机等20家试点企业的名单，涉及螺杆、机械、水产、新材料等行业，已促成试点企业和第三方公司签订合同。

【骨干企业信息化管理体系建设】　是年，开展两化融合管理体系贯标工作，加快良海粮油、森森集团等企业创建工信部两化融合管理体系贯标企业。推进浙江金鹰塑机、金达电机等企业内部研发设计、生产制造、经营管理等环节的信息化系统综合集成，促进产业链企业间生产计划、物流仓储、加工配送、财务结算、技术及研发等业务系统的联网、集成与协同。

定海区获评浙江省两化深度融合国家示范区

【海洋电子信息产业】　是年，对全区电子信息产业摸底统计，梳理电子信息企业和各类项目。64家企业列入企业库名单，其中电子制造业31家，软件和信息服务业33家。引进重点发展项目，跟进智慧海洋重大工程实施进度，结合定海产业特点和优势，争取部分高端项目在定海落户。中电科、东方国信、“5313”科技创业领军人才项目等重点企业有10余家在园区落户。加大项目申报力度，争取浙江省软件产业发展专项资金支持，扶持重点项目和成长性企业。久意达机械、中海粮油、金鹰塑机3家企业入选2018年省级制造业与互联网融合发展示范试点企业。

召开电子信息产业座谈会

全省处置“僵尸企业”业务培训

【工业企业上云行动】 是年，加快推动大中小“企业上云”，面向工业企业生产经营的重点环节，提供工业设计、工艺设计、产品研发、企业管理等云服务，提升企业运营管理和研发创新能力。组织开展“企业上云”专题培训，加强企业对上云的认识和理解，做好“企业上云”的引导和咨询工作。提高“企业上云”意识和积极性，2018年全区新增上云企业500家，累计1000家，易航海被评为全市唯一一家上云标杆企业。

【数字经济基础设施完善】 优化两化融合基础环境，提升信息基础设施综合服务能力，加快推进“无线城市”的建设。采用先进的宽带无线接入标准和无线城域网技术，有重点、分阶段地建成覆盖全区的无线宽带网络，逐步构建多层次、广覆盖、多热点的无线宽带泛在网络。无线宽带接入基本实现全覆盖，鼓励信息消费，全面推进“宽带下乡”、“信息惠农”。城域网出口带宽达到400Gbps以上，企业用户接入能力达到1000 Mbps，城市用户接入能力达到100 Mbps，农村用户接入能力达到20 Mbps以上。

生产服务

【“腾笼换鸟”目标考核】 是年，开展“腾笼换鸟”重点任务各类摸底调查4次，确定年度目标任务。2018年实施淘汰落后产能7个，整治“低小散”15家，处置“僵尸企业”1家，新增小微企业园1个，建设标准厂房8.97万平方米，集聚入园企业53家。荣获2017年度省“腾笼换鸟”考核先进县称号。

【改造提升海洋农副食品制造业】 制定2018年工作推进计划，建立联络员及季报制度。对标发展质量效益、集群建设水平及企业竞争能力，制定对标提升工作计划。对试点工作进行定性定量评估，上报年度自评报告。制定印发专项资金使用管理办法，下达传统产业提升专项资金306.53万元。完成《关于推动我区海洋农副食品制造业（粮油和水产品加工业）改造提升的思考》调研报告。

【强化去产能工作力度】 多次走访重点任务镇（街道），实地检查有关企业（作坊）14家，对情况摸底不足、整治进度较慢的镇（街道）进行通报。编制“低小散”治理业务培训资料，加强基层业务指导。开展企业中（工）频炉使用情况专项核查，确定合规企业1家、整治企业7家（计划2019年完成）。完成全区工业企业搬迁（关停）后厂房租赁及安全管理情况调查摸底。组织申报2018年定海区工业转型升级（第二批）“低小散”整治资金，对5个镇（街道）下达补助资金123.43万元。

【海洋特色小微企业园】 加快推进海洋特色小微企业园扩容升级。对4个小微园及80家小微企业开展专题调研，掌握全区小微园建设管理工作现状。制定小微园今后五年建设目标，争取到2022年新增小微园4个，新集聚企业150家。2018年，着力打造定海区海洋文创产业园，重点推进园区整体形象提升及产业招商工程。对定海区海洋科技创业园获评省级创业创新示范园进行奖励。

【推进“三名”工程联动培育】 是年，森森、7412

三年培育期满完成验收，龙文、金星、光明、越洋4家企业列入区级第三批试点，金星、龙文、光明3家企业列入市级第五批试点，并完成试点责任书编制及签订。

【加大企业管理创新力度】 是年，森森、中海粮油、光明、大洋4家企业列入省管理试点，数量占全市一半。

【服务型制造转型成效】 是年，舟山群岛新区水产品交易中心、中国螺杆产业公共服务平台列入省服务型制造示范平台，华业全生命周期管理项目列入省服务型制造示范企业，并推荐华业申报服务型制造典型案例。

【企业股改上市】 协助3家企业做好股改上市准备工作，组织10余家企业参加股改上市政策实务专题培训。

【“一企一服务”帮扶】 制定工作实施方案，强化对长宏、森森、大洋水产等5家企业涉及推进协调问题的月度跟进，解决金鹰塑机等3家企业参加2018中国义乌国际智能装备博览会。

参加2018中国义乌国际智能装备博览会

【提升小微企业特色】 是年，开展“专精特新”“隐形冠军”培育。55家年度“专精特新” 培育企业实现入库，推荐久意达、台意德等企业申报“隐形冠军”培育企业。开展 “创新型示范中小企业”培育。推荐龙文、光明、恒通等企业申报省创新型示范中小企业，开展“一对一”诊断辅导服务。组织浙江好项目·2018舟山工业企业创新创业大赛。举办定海海选赛，举办平台定海区海洋科技创业园荣获2018年浙江好项目市级赛区优秀园区。

【人才保障】 以“三名”、管理创新、股改上市等企业为重点，组织企业经营管理人员赴南京、厦门等各地参加各类素质提升培训10场次，计280人次。2018年，对全区规上企业开展企业人才基本情况调查和企业人才需求情况调查，完成人才购房补贴审核4人、人才租赁房资格审核15人。

举办企业家综合素质能力提升培训班

举办企业经营管理人才素质提升研修班

【企业融资担保】 建立以服务小微企业和“三农”为主的区级政策性融资担保体系。出台《舟山市定海区人民政府关于健全政策性融资担保体系建设的意见》，成立区融资担保体系建设工作领导小组，新组建区政策性融资担保机构。建立“中国制造2025浙江行动计划“专项信贷支持机制。定期筛选推荐一批有融资需求的重点企业列入省、市级重点企业信贷支持名单库，已推荐57家。强化融资担保行业监管。完成3家融资担保机构年度合规性审查，实地检查2家融资担保机构，做好区经济担保公司小微企业贷款担保业务风险补偿资金申报。

资源和能源利用

【淘汰落后产能指标】　是年，通过对浙江泰通船舶有限公司、浙江成路造船有限公司，舟山市宇锦新型墙体材料有限公司、舟山市立洲水产有限公司等企业的关停、拆迁，腾出用能空间10000吨标煤。

【清洁生产审核】　是年，对舟山银马水泥有限公司、浙江台意德塑机制造有限公司2家企业开展清洁生产审核，2家企业均已通过预审核验收。

【区域能评】　是年，对舟山市定海远洋渔业小镇、舟山国际粮油产业园区、金塘西堠工业园区、定海工业园区开展区域能评改革，4个园区均已完成该项工作。

【有序用电工作】　是年，召开全区有序用电工作会议，印发《2018年定海区有序用电方案》，对全区电力迎峰度夏和有序用电工作进行了部署，做细、做深、做实各项措施，确保夏季用电和谐有序。

【重点用能单位节能目标监督】　是年，督促本辖区内企业按时完成浙江省能源系统数据月报报送。根据2018年工作安排，对7家重点用能企业开展能源监察工作，其中工业企业5家，非工单位2家。监察的主要内容包括落后用能工艺、设备淘汰情况监察和高耗能行业专项监察。7家企业均已完成能源监察工作。

【夏季室内空调温度专项监察】　是年，区能源监察大队联合区机关事务管理局开展夏季室内空调温度专项监察行动，检查6家区属机关及镇（街道）、2家宾馆超市和2家金融机构，各单位“严格控制夏季空调温度不低于26℃”的意识逐步加强，抽查的10家单位中空调温度都高于26℃，机关单位办公室中都张贴了节约用电标识，各项管理措施落实的比较到位。

【五水共治】　是年，根据《浙江省舟山市定海区河长制河湖管护实施方案》（定治水办〔2018〕7号）文件对金塘大柳河开展河长制专项巡察工作，针对河道水域保洁、“无违建河道”创建、河道范围内企业节水、减排等工作内容开展每月2次专项巡察行动。

【双随机抽查】　是年，根据节能监察“双随机”抽查计划工作，抽查重点用能单位5家，公共机构4家，其中现场核查6家，书面检查3家。

【节能重点项目申报】　组织企业申报2018年省节能与工业循环经济项目，推动节能技术改造项目的实施，鼓励企业通过节能技术改造实现节能降耗。2018年，在定海区机械、化工、粮油加工等重点行业筛选出5家企业组织申报，项目申报材料均已审核完成，共获得资金补助180万元。

【节能宣传】　是年，组织开展“节能降耗 保卫蓝天 ”为主题的2018年全国节能宣传和全国低碳日活动，大力宣传节能、低碳工作，提高公众节能和低碳意识。活动期间，发放节能宣传资料300 份，发放节能灯200 个。

（撰稿：陈代杰）

（以上各分目图片由区经信科技局提供）

开展“节能降耗 保卫蓝天”2018年定海区节能科普宣传周活动

电力工业

【概况】 2018年，定海供电分局完成售电量23.47亿千瓦时，同比增长5.44%，应收电费16.72亿元，电费回收率100%。最高负荷50.14万千瓦，同比上升0.12%。完成新装、增容业扩报装容量41.87万千伏安，同比增长21.24%。

是年，定海供电分局贯彻落实省市公司各项工作要求，助力舟山全国文明城市创建，各项工作取得明显成效，完成表箱修复整改4000余个；建设配网技改项目50个，大修项目11个，总预算资金1.67亿元；加快推进城乡电网改造升级，总计拔除500余基电杆；完成实施综合能源项目31个，舟山单机容量最大光伏项目开始投产使用；提升计量管理规范性，通过省市场监督管理局专项计量授权复核。打造“全能型”“五星级”供电所，提升供所管理水平，金塘所获省公司标准化五星级供电所称号。

开展线路落地工程建设

【推进电网建设】 对接区委区政府统筹城乡发展战略，推行“政府牵头、属地负责、企业实施”的协调联动机制，协调解决500千伏联网输变电工程政策处理等方面工作；加快推进乡镇农网改造升级，推动城乡电网共同发展升级；开展10千伏电力电缆专业基础数据普查工作，完成1677个电缆中间接头经纬度系统录入，建立信息数据的动态、实时维护更新机制；有序开展自动化和新技术项目，完成49个开关站自动化改造；推行配网不停电作业，强化带电作业刚性管理，发挥带电作业优势；严格落实“一检多修”，结合停电检修计划进行综合检修19次，减少重复停电次数，提高供电可靠性。

500千伏联网工程 富翅大跨越

【推广综合能源】 探索从传统的电能供应商向新型综合能源服务商转型。以园区、工业、服务业大客户及公共建筑为切入点，推行以电为中心，分布式光伏、储能和冷、热、气等多能互补的“1+N”综合能源服务模式。累计完成电能替代项目5个，实现替代电量0.52亿千瓦时，光伏并网总容量4148千伏安，累计发电量186万千伏时。加快推进电动汽车服务基础设施建设，2018年完成8个充电站，合计48个快冲桩和25个慢充桩。开展智慧电务工作，精准“把脉”企业用能，实现企业生产成本最低化、生产效益最大化，累计完成智慧电务业务签约企业、政府等客户31家；推广“多表合一”建设，完成系统上线1128只。

电动汽车充电桩调试

【优化营商环境】 开展“三减一加”（“减环节、减时间、减成本、加服务”）专项行动，深化供电服务“最多跑一次”。配合落实市公司试点水电气公共服务一窗通办服务；多部门驻点完成西山路、小洋岙拆迁

开展拆迁区销户工作

地块800余户用户销户工作；深入推广“掌上电力”APP、“电e宝”等便民服务，在营业厅实现掌上电力投屏功能，打开“互联网+”推广局面，依托线上服务为客户提供“一次都不跑”和全过程无纸化服务。支持民营企业发展，创新提出“客户经理团队制”嵌入式服务，量身定制《浙石化供电服务手册》，建立常态联络机制，将业务办理“串联改并联”，节约办理时间60%。推进优化营商环境工作，配合完成四轮一般工商业电价调整，降低企业用能成本4177万元，开展临时接电费清退工作，退费617户，退费金额4259万余元。

（撰稿：江　萍）

（本分目图片由市电力局定海分局提供）

定海工业园区

【概况】 2018年，定海工业园区坚持以党的十九大精神为引领，以优化经济结构为导向，响应全区打造花园式国际人文港城号召，围绕“优服务、促转型、抓项目、提形象”开展各项工作，确保新时代园区经济社会持续稳健发展。

是年，完成固定资产投资9.8亿元。实现工业总产值128.5亿元，同比增长15%。实现规上工业产值123.5亿元；实现规上工业增加值同比增长20.2%。实际到位市外资金投资额14.47亿元，完成年度计划的36.2%；浙商回归引进到位资金6.72亿元，完成年度计划的33.6%。新引进项目7家，完成年度计划的117%。

【重大项目推进】 是年，推动中集集团与长宏国际合作重组、招商局港口（舟山）滚装物流等项目进程，完成中集集团与长宏国际合作重组、招商局港口（舟山）滚装物流重组工作，增强产业发展后劲。全面实施团队化服务，加快推进浙石化、科鑫重工、泰富、和泓等10个重点项目建设，增强产业发展活力。实现新开工项目5家，完成年度计划的100%；实现新投产项目5家，完成年度计划的100%。

浙江增洲造船有限公司建造的国内2万吨级江海直达首制船

【园区整体形象提升】 是年，为全方位提升形象层次，明确园区形象提升工作实施方案和领导小组，全方位打造园区宣传片、标识、门面形象等，提升园区整体形象和知名度。至年底，与相应专业公司、团队签订合作协议，各项工作有序推进，园区宣传片、出口标志、沙盘及一楼展厅制作、企业及道路指示牌等工作完成，园区菜场、公共自行车、园区导航等配套服务陆续投入使用，园区党群服务中心建成启用，入口标志及创园大道各节点标志基本建设完成。

园区党群服务中心建成

【加快完善硬件配套功能】 是年，围绕企业发展优化升级硬件配套功能，开展东大塘区、东拓展区（马岙区块）规划编制工作，完成基础建设投入近1亿元，重点完成园区综合服务中心西侧道路、16#道路延伸段、16#道路1支路、22#道路、东拓展区（马岙区块）配套污水管网、和泓纸业原水管网及炮台岗（四、五期）矿区山体边坡生态环境综合治理等工程建设，完成园区短了尚山咀整平工程建设40%，完成园区中小企业科技孵化基地建设60%，完成舟山市定海西北片污水处理厂环保验收并委托由舟山市污水处理有限公司运行。

【开展园区环境综合大整治】 是年，深化生态园区建设，强化园区环保监管，开展园区“污水零直排”创建工作，制定实施《浙江定海工业园区污水零直排区建设方案》，至年底完成工程量80%，排查企业55家、排查道路15条。同时根据上级环保部门要求，建立园区水环境管理档案，完成全国第二次污染源普查工作。扎实推进平安园区建设，全面落实安全生产企业主体责任，切实加强安全生产执法监管，推进船舶企业安全管理规范化班组建设及职业卫生工作，做好企业欠薪排查处置工作，确保园区安全和谐。推进五水共治、清洁园区建设，制定落实《定海工业园区环境卫生清洁工程实施方案》，做好园区主要道路、河道的日常保洁工作，确保园区环境整洁有序。

【资金用地保障】 是年，加大融资力度，提升资金运作水平，归还贷款本金2.30亿元，新增融资金额1.72亿元，做好园区中小企业科技孵化基地项目1.1亿元贷款前期有关工作，围绕工程建设、征地拆迁、还本付息等款项切实加强对资金的科学合理使用。推进坞垳社区有关集体土地征用以及园区新建10千伏电力线路（浙石化专线）、宁波舟山港主通道工程、舟山—鱼山220千伏电力线路建设涉及的园区土地征用工作，做好园区短了尚山和长了尚山嘴区块土地征用以及园区公墓地、祖堂移交工作。加大土地报批力度，努力盘活存量土地资源，促使3家僵尸企业（富瑞森、弘听、链合）开工建设、2家僵尸企业（蓝洋、甬舟）投产。

【其他重要事项】 1月 定海工业园区被列入省市区基层群团改革试点单位之一。

1月4日 中共浙江定海工业园区工作委员会经区委批准成立。

3月 浙江增洲造船有限公司建造的国内2万吨级江海直达首制船成功交付。该船总长150米，设计吃水8.9米，载货量2.2万吨，是国内首艘由交通运输部、中国船级社、舟山市政府联合设计研发，针对宁波舟山港—马鞍山港特定海域、特定航线、特定船型的特定江海联运直达船。

7月27日 共青团浙江定海工业园区工作委员会经团区委批准成立。

8月1日 浙江定海工业园区妇女联合会经园区党工委批准成立。

8月9日 浙江定海工业园区科学技术协会经园区党工委批准成立。

（撰稿：张静琼）

（本分目图片由定海工业园区管委会提供）

定海海洋科学城

【概况】 2018年，区海洋科技产业园管理处围绕区委区政府中心工作，以建设“一城三园”为目标，落实《中国（舟山）海洋科学城定海园区建设实施方案》《定海区加快创新发展三年行动计划》等文件要求，凝心聚力、真抓实干，各项工作取得成效。

是年，园区新注册企业55家，其中海洋战略新兴类企业26家、军民融合类企业5家、文化创意类企业13家，三大产业占比80%，实际利用市外资本金1.01亿元，实现地方财政收入417万元。截至2018年12月底，园区累计新注册企业110家，其中海洋战略新兴类企业44家、军民融合类企业19家、文化创意类企业21家，注册资本金16.7亿元，实现产值1.1亿元。培育高新技术企业3家、浙江省科技型中小企业14家，集聚国家“千人计划”2人、省“千人计划”4人，引进高层次人才博士13人、硕士22人，拥有知识产权143项，其中发明专利19项。

【“两学一做”教育】 园区把学习习近平新时代中国特色社会主义思想、党的十九大精神和《中国共产党纪律处分条例》作为主要学习任务常抓不懈，坚持“两学一做”常态化教育，通过集中学习、个人自学、专题讨论、撰写心得等学习形式，精准把握学习内涵。组织党员干部开展组织生活会，开展批评与自我批评，促进党员自我净化、自我完善、自我革新和自我提高。组织园区党员干部赴上海一大会址、嘉兴南湖革命纪念馆等地开展红色之旅主题党日活动，邀请区直机关工委来园开展微型党课宣讲活动。联合区财政局举行党组中心组联合学习会，通过与区财政局互提意见建议，促进双方携手并进、通力合作。组织党员干部专题学习5次。同时，认真贯彻落实党风廉政建设责任制，明确“一把手”负总责、班子成员各司其责的分工格局，根据领导班子成员责任分工，落实“一岗双责”，并签订《党风廉政建设责任书》，逐级落实党风廉政建设工作职责，确保党风廉政建设和作风建设工作落到实处。此外，进一步完善园区组织机构，做好党支部、团支部、工会、新联会实践创新基地等工作。

【加快建章立制】 制定出台《舟山市定海区海洋科

区直机关工委微型党课宣讲活动

技产业园管理处信息宣传考核办法（试行）》《舟山市定海区海洋科技产业园管理处工作人员平时考核办法（试行）》《舟山市定海区海洋科技产业园管理处专业技术岗位聘任和晋升管理办法（试行）》《商务接待管理办法》《公务用车管理办法》等多项规章制度，切实做到日常管理运行有规可依、有章可循。同时，为满足园区快速发展需求，提高各类工程招投标、技术服务采购等办事效率，设立舟山市定海区海洋科技产业园管理处公共资源交易中心和招投标平台，为园区中小型项目快速落地提供保障。自招投标平台成立以来，已累计开展招投标工作2次。

【优化内部管理】 分解园区年度重点工作，当月完成的挂“☆”，未完成的挂“△”，重点工作年度完成情况与各部门负责人年度评优评先直接挂钩，以确保园区重点工作开展。强化部门风险防控建设，提高部门之间流转效率。

【开展各项培训和承办大型论坛】 承办由中国海洋学会主办的首届“新时期海洋测绘发展论坛——水下地形测量技术的机遇与挑战”，6月14日来自中国海洋学会、国家海洋局南海分局、各相关部队、高等院校的院士、专家、学者、企业负责人等300余人参与。同时，坚持做好干部职工日常培训工作，包括商务礼仪培训、公文处理常识培训、政务信息撰写培训等，统筹整合资源，注重干部职工培训与园区企业培训的同步性和差异性。

浙江商业职业技术学院动漫设计实践教育基地授牌

【招商引资成效显著】 坚持靶向招商。今年以来，主要领导分别带队赴北京、上海、沈阳、成都、连云港、武汉、杭州等地与航天科工、中电科、中船重工、浙江中控集团、振芯科技等知名企业进行对接，开展“点对点”招商工作。截至目前，已累计接待客商156批次，对接企业175家。坚持以商招商。是年，通过浙江弘憬文化投资有限公司引进舟山联众文化旅游发展有限公司等文创类企业8家；通过浙江舟山焕发船舶技术服务有限公司引进浙江舟山至控智能装备技术有限公司；通过舟山煜辉新材料有限公司引进郑州大学教授姚志强“高导热DPC陶瓷基电子产品技术的开发与应用”项目并成功入选舟山市科技创业领军人才项目。坚持借力招商。以参加浙江大学海底观测科学大会、杭州国际人才交流与合作大会、深圳国际人才交流大会、海南国际高新技术博览会、上海招商引资推介会等各类主题招商活动为契机，提升园区知名度和影响力。

【助力企业产业转型升级】 组织舟山海慧海洋科技有限公司、中电科（浙江）海洋通信技术有限公司等企业申报省科技型中小企业、舟山麦克斯韦物联网科技有限公司申报国家高新技术企业和国家万人计划，浙江赛威通信技术有限公司申报省千人计划；鼓励浙江至控智能装备技术有限公司等6家企业申报市创业领军人才扶持项目，其中获评5项，占全区总获评数的50%。组织企业参加各项创新创业大赛并获得优异成绩。搭建平台，促进企业产学研合作交流；加快军民融合产业基地创建。

校地合作签约仪式

【各级领导调研园区】 7月25日，浙江省省长袁家军调研浙江易航海信息技术有限公司。

8月1日，浙江省科技厅副厅长章一文调研浙江易航海信息技术有限公司。

9月18日，浙江省军区冯司令员调研浙江易航海信息技术有限公司。

11月21日，舟山市市长何中伟在园区召开海洋电子信息企业座谈会。

袁家军调研园区

【接待参观考察洽谈】 5月30日，青岛古镇口军民融合保障中心到园区考察。

（撰稿：俞　超）

（本分目图片由区海洋科技产业园管理中心提供）

舟山国际粮油产业园区

【概况】 2018年，舟山国际粮油产业园区围绕打好“五大会战”、建设“四个舟山”的工作主线，积极推动舟山热电联产等综合开发项目落地，紧抓项目建设、招商引资和基础设施建设，全力打造国际化、全产业链、专业化的粮油产业园区。全年完成规上企业工业产值44.59亿元，粮油加工量123.93万吨；完成固定资产投入6.02亿元，其中工业性投入3.57亿元；粮油吞吐量753.27万吨；贸易额31.64亿元，进出口额6.05亿美元（其中，出口额0.92亿美元），实现税收3190.89万元。

【推进粮食加工仓储项目】 良海粮油一期及二期项目占地面积约300亩，总投资约10亿元，计划建设270万吨进口大豆压榨加工项目。一期项目主要建设120万吨加工项目和12万吨仓储项目，自2018年5月开始生产，全年共生产大豆约20万吨；二期项目计划建设150万吨加工项目，已完成土地的摘牌工作，先行实施9万吨仓储设施项目。和润物流40万吨仓储项目总用地面积137亩，总投资约5.7亿元，计划建设27座混凝土浅圆仓，已建成12万吨筒仓，剩余28万吨完成总工程量80%。江海粮食物流60万吨仓储项目总用地面积103亩，总投资12.6亿元，计划建设34座混凝土浅圆仓及综合车间等相关配套设施，该项目暂时处于停工状态。省直属粮库第三期项目总投资约2.42亿元，计划建设15万吨浅圆仓及其配套辅助设施，基本完成项目施工图审图及招投标文件编制工作。

【产业配套项目建设情况】 园区热电联产项目总用地面积约83亩，总投资约2.87亿元，新建燃煤锅炉3台，配备2台B15MW高温高压背压式汽轮发电机组，1#锅炉于2018年年初建成，并于10月份完成倒送电；2#锅炉完成安装及保温防腐工程，发电机组安装完成工程量50%。供热管网工程投资额约1200万元，建设华和热电至良海粮油段约3公里二条管网基础工程和一条供热管网。园区公用码头工程建设5000吨级件杂货出运泊位2个（兼顾部分食用油出运），1号泊位已于7月底投入使用，全年累计出运豆粕约4万吨；2号泊位基本完成建设。园区散粮输送带项目总投资2.03亿元，主要连接三期、五期码头与园区内粮油企业，连接五期码头至良海粮油段已完成，累计入库约27万吨；连接五期码头至三期码头及有关粮油企业段完成建设。

【园区基础配套设施建设情况】 畈潮整村搬迁安置小区及配套道路项目签约并腾空124户，签约率及腾空率均为98%，安置小区完成主体结构工程，工程进度约95%，配套道路完成路基塘渣填筑及雨污水管铺设，工程进度约73%。园区配套道路二期工程一标段完成路基塘渣填筑工程，完成总工程量的87%左右。绿化工程一期于2018年7月完工，完成园区景观标志点绿化和良海区块、园区一期道路部分路段绿化。形象提升工程完成企业门牌安装，南区路牌安装，完成临港1路、良海东路企业导视牌安装；完成机电园区区块公共道路以及河岸清理工程，并种植草坪。

【招商引资工作】 一是加强招商宣传推介。参加首届中国粮食交易大会，并成功入围该会议展示的4个重点推介项目，有效提升园区对外的知名度；参加浙江国际农产品贸易中心推介会和第21届中国国际烘焙展览会，通过发放招商手册、重点推介等方式，扩大招商宣传面；完善招商宣传资料，委托专业机构制作园区的招商宣传片。二是盘活闲置土地资源。通过收购招租形式，在原英博啤酒公司闲置土地，引进舟山市金科资源再生有限公司建设定海区固废处置项目。三是坚持“走出去招商”原则。通过登门拜访邦吉、嘉吉、路易达孚、物产中大等国内外知名粮油企业，做到“精准招商”；与中国食品进出口土畜食品商会、大连商品交易所以及海关、国检、商务、外管等职能部门的对接交流，明确建设进口粮食保税交易中心需突破的政策清单。

【强化企业服务工作】 一是建立重点企业（项目）联系制度。项目联系领导全面了解重点企业以及重点项目整体情况，及时掌握项目动态，加强日常协调和指导帮助，及时解决项目推进过程中的各类问题和困难。二是组建园区企业（项目）综合服务团队。抽调团队人员赴区审交办、定海规划分局等单位挂职学习，落实专人在企业生产经营以及项目报批、项目申报补助资金等环节做好保障服务工作，及时有效帮助项目落地以及解决企业实际困难，提升服务企业的专业化水平。2018年累计帮助企业向上争取各类资金590万元。

【省级“污水零直排区”创建工作】 2018年7月以来，园区联合双桥街道、区环保局，引进第三方资质单位开展整治工作，完成35家企业的地面调查，33家企业的地下管道检测。累计排摸雨污管道20.93公里，其中雨水管道17.85公里，污水管道3.08公里。建立了一企一报告，针对存在问题明确整改方案、整改期限。于年底完成排查检测整改等相关工作，并通过区里初步验收，以及完成省里复查。

【各级领导调研园区】 2月6日，舟山市商务局副局长薛余斌一行就建设浙江国际农产品贸易中心事宜赴园区调研。

3月29日，市经信委一行就舟山粮油特色小镇建设情况赴园区进行考评。

4月27日，市政府副市长许小月一行就进口粮食保税交易中心事宜赴园区调研。

5月10日，省粮食局局长周维亮、总工程师叶晓云等一行赴园区调研。

6月6日，国家发改委综合运输研究院罗萍一行赴园区调研。

6月8日，省人大常委会副主任史济锡一行赴园区调研。

6月13日，定海区委书记庄继艳一行赴良海粮油调研。

7月23日，新区口岸办副主任林海伟一行就改善口岸营商环境、减少通关时间事宜赴园区调研。

7月31日，省“污水零直排区”推进专项督导组一行赴园区进行督查。

8月31日，市经信委总经济师毛润洲一行就定海区海洋农副食品制造业改造提升事宜赴园区调研。

11月20日，定海区委书记庄继艳一行赴良海粮油调研企业产能释放情况。

【接待参观考察洽谈】 4月26日，松原市粮食局副局长陈锋一行赴园区考察。

6月9日，开封市祥符区粮食局局长李树斌一行赴园区考察。

10月18日，国家粮食与物资储备局局长张务锋一行赴园区考察。

11月7日，中国食品土畜进出口商会粮油部主任陈颖一行赴园区考察。

【园区赴外调研】 3月27日，园区管管委会常务副主任姚庆一行赴松原市调研。

（撰稿：李 远）

（本分目图片由舟山国际粮油产业园区管理中心提供）

舟山国际水产品产业园区

【概况】 2018年，舟山国际水产品产业园区紧紧围绕基地全产业发展、重点项目建设、小镇创建、产业服务配套等方面，对照落实年初确定的各项重点工作任务，实现快速发展。园区1~12月完成区块内总投资25.01亿元，同比增长2.42%，规上工业总产值25.76亿元，同比下降4.45%。特色小镇完成投资 14.6 亿元，累计完成总投资 51.89 亿元，提前完成三年计划投资 50 亿元要求。

【重点项目建设有序推进】 是年，安排重点建设项目 37 个，其中续建基础配套设施项目有7个，产业投资项目有10个，新建基础配套设施项目有9个，产业投资项目有11个。快速推进远洋（进口）水产品交易市场、宇培舟山冷链产业园、浙江鸿大食品有限公司、舟山国家远洋渔业基地渔人广场、110千伏变电站、舟山市定海区西码头中心渔港扩建工程、惠群二期冷库及小镇景观提升项目等重点项目建设进度，加

3月9日，召开产业联盟座谈会

快舟山渔明珠工业园、欧亚水产品精深加工项目、中信国安冷链物流项目等前期手续办理。浙江兴业集团公司迁建项目建成投产，远洋（进口）水产品交易市场主体结构结顶，园区集中供热管网正式供气，干礁污水处理厂投入运行，基地主要道路规划一路、规划二路建设完工。

【加大招商引资力度】 基地在加强产业发展研究基础上，围绕产业功能定位，实施精准招商，筛选产业

3月16日，举行舟山国际远洋水产品贸易中心成立暨浙江兴业集团有限公司新厂落成仪式

关联度高、发展前景好、带动面广的优质项目，结合远洋渔业全产业链发展和产业转型升级的要求，调整招商引资工作重心，更大程度释放产能。按照“谁洽谈，谁跟踪”的原则，对投资规模大、产业附加值高等重大招商引资项目，由主要领导亲自谋划、对接跟踪，协调推进政策处理工作和项目建设中的困难，力促项目早日开工建设。瞄准重点领域重点企业，灵活运用产业链招商、以商招商、存量资源招商等举措，积极“走出去”、主动“请进来”。赴宁波参加浙洽会，完成重大项目签约活动，参加青岛渔博会、省农博会、比利时布鲁塞尔水产展等重大展会活动，提高基地影响及舟山远洋水产品在国内外知名度。1~12月基地新增注册企业16 家，实际利用市外资金12 亿元，其中完成市外注册资金到位 2.05 亿元，完成市外投资 8.95 亿元。舟山国际水产品产业园区获2017年定海区招商引资实绩先进奖金奖。

【定海远洋渔业小镇开市、AAA级景区创建完成】 围绕“海上花园城市”建设，按照小镇全域景观化要

求，实施小镇景观提升改造工程，培育健康休闲经济，提升小镇人居环境品质。完成部分小镇沿街立面、渔港沿线景观环境改造，完成打造小镇客厅、小镇游客服务中心。1月，定海远洋渔业小镇游客服务中心启用；8月23日，新区党工委书记、管委会主任、市委书记俞东来开启小镇之门，定海远洋渔业小镇正式开市，同月小镇获批为国家AAA级旅游景区。小镇突出远洋特色，打造以远洋海鲜为主题，集餐饮、娱乐、购物于一体的远洋渔都风情美食商业街，推进小镇管理运营，累计吸引游客达 33.6万人次。

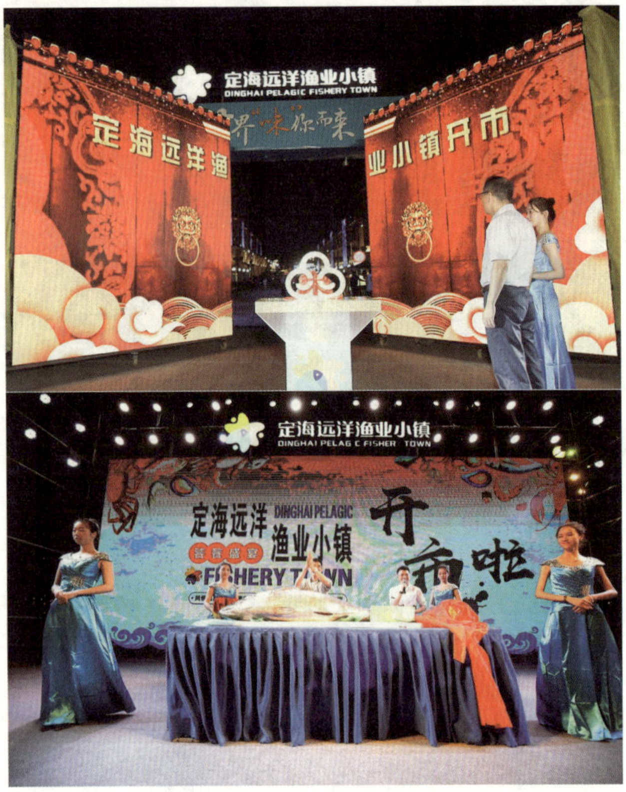

定海远洋渔业小镇开市

【开启智慧小镇建设】 利用物联网、移动互联网、云计算和大数据等新一代信息技术，与小镇的整体资源进行深度融合，从智能、全域互联网、信息、安全、大数据、运营、小镇客厅七大建设维度打造小镇智慧服务平台，形成社交活跃、数据共享、经济、科技、生态有机统一的小镇生态圈，专项设置小镇微信公众号平台和小镇官网，推进“小镇大脑”云平台建设，让小镇的各类企业和个人分享信息建设红利。

【强化远洋捕捞】 通过整合、更新、招引等方式，扩大远洋渔业捕捞规模，全市远洋捕捞企业35家，远洋渔船达546艘，占全省的90%、全国的20%，完成更新改造船只28艘，完成33艘渔船欧盟卫生标准注册申报工作。推进南极磷虾捕捞加工一体化项目实施。鼓励远洋渔业企业做大做强做精，研究创新远洋渔业运输管理经营模式，促进远洋捕捞、运输产业资源有效整合。参与莫桑比克渔业部、坦桑尼亚渔业部、葡萄牙渔业部、法国电视台、安哥拉渔业部等5次重大外事接洽，寻求对外国际渔业合作机会，推进安哥拉、基里巴斯、伊朗、莫桑比克、阿根廷等重点过洋性项目建设。建立秘鲁海外渔业基地，常态化运作秘鲁工作组和海上生产指挥船，为远洋船队提供更有力的海外后勤服务保障。2018 年全市实现远洋捕捞产量 49.1 万吨，同比增长 28.5%，远洋捕捞及相关服务业产值 100 亿 元，增长 57.5%，提前完成“十三五”远洋捕捞及相关服务 业产值 100 亿元发展目标，远洋水产品加工产值 68.5 亿元， 增长 15.8%，交易贸易额 75 亿元，同比增长 48.2%。

【优化冷链加工】 围绕渔港经济区建设，依托国家级中心渔港，打造升级远洋渔业现代母港，实施舟山远洋渔业冷链物流基地（三期）项目，列入交通部“十三五”交通运输专项建设规划中期评估调整方案重点推进项目库。引导基地核心区内浙江兴业集团、大洋兴和、新金洲等加工企业申报创新、技改等项目补助，掌握企业新产品开发情况，开展新产品开发申报工作。完成培育基地核心区内高新技术企业2家。

【拓展交易贸易】 围绕建设浙江国际农产品贸易中心的目标，成立舟山国际远洋水产品贸易中心，整合全市范围内“国家远洋渔业基地、舟山港综合保税区、展茅工业区、舟山国际水产城、浙台经贸合作区”五个区块，建成基地电子商务产业园平台，全国首个远洋水产品价格指数平台试运行，实时发布鱿鱼价格指数，筹备发布“舟山·全球鱿鱼产业发展指数”，建设集金融服务中心、电子交易中心、现货交易中心、渔需物资补给中心等于一体的舟山国际水产城远洋（进口）水产品交易市场，开拓远洋水产品线上线下业务。

【各级领导调研】 3月，新区党工委书记、管委会主任、市委书记俞东来到远洋渔业基地现场了解基地和小镇规划建设情况。

4月，全国政协常委、中国侨联副主席，浙江省政协副主席，民革浙江省委会主委，浙江省侨联主席吴晶等一行四十余人赴基地调研，就远洋渔业的海洋资源分配、精深加工、科研技术、相关政策突破等方面作了交流探讨。

同月，舟山市副市长许小月赴基地指导并检查输欧水产品迎检工作落实情况。

5月，市委副书记、市长何中伟专题调研舟山国家远洋渔业基地，详细了解基地部分重点项目及定海远洋渔业小镇建设情况。

同月，舟山市委常委、组织部长张明超一行赴基地调研，全面了解基地自成立近三年以来的全产业链打造、招商引资、党建引领、重点项目推进等方面的情况。

同月，市政府副市长许小月一行调研舟山国际远洋水产品贸易中心，对贸易中心建设工作进行指导。

6月，省政协副主席周国辉调研舟山国家远洋渔业基地，了解舟山国家远洋渔业基地的全产业链打造、远洋渔业企业集聚、远洋渔业小镇创建、远洋渔业交易平台等方面推进情况。

7月，农业农村部渔业渔政管理局局长张显良一行赴舟山国家远洋渔业基地调研。

8月，省人大常委会委员郭剑彪调研舟山国家远洋渔业基地。

同月，市人大常委会主任钟达调研定海远洋渔业小镇。

9月，市人大常委会副主任张明赴基地开展“十三五”重点项目推进情况重点督查。

10月，农业农村部副部长于康震赴舟山国家远洋渔业基地调研，深入了解基地全产业链发展及特色小镇创建情况。

同月，副省长彭佳学调研基地，全面了解基地总体规划、功能布局、用地范围、建设情况等方面。

12月，省商务厅副厅长张钱江一行赴基地调研，全面了解舟山国家远洋渔业基地及定海远洋渔业小镇的规划、建设情况及未来发展方向。

（撰稿：朱建栋）

（本分目图片由舟山国际水产品产业园区管理中心提供）

责任编辑：王英伟

定海十景系列（七）

驿道寻踪

定海古驿道蜿蜒于舟山本岛中部山脉之间，是古时通往岱山、嵊泗诸岛的必经之路。蜿蜒盘旋的古驿道，承载的是一份厚重的民族文化史。徒步穿越古驿道，途中会经过文化底蕴深厚、造型各异的古驿亭、古桥、古村。沿途风景优美，道旁石头苔痕累累，偶尔可见如同世外桃源的山中人家，炊烟缭绕，美妙和谐。其中，由叉河何家经诛倭岭、寺岭古村至长春岭，为一条经典古驿道穿越线路，途中五彩缤纷的田园风光、淳朴厚重的古村文化、诗情画意的山水风光、雄伟壮丽的海岛风情，让人美不胜收。

商　务

概　述

2018年，全区商务工作在定海区委区政府的领导以及市级商务部门的指导下，围绕定海现代化建设战略目标，加强管理服务，加快创新驱动，加大业态培育，推进商务工作再上新台阶。

国内贸易　是年，全区实现社会消费品零售总额217.2亿元，同比增长8.6%，完成年度目标任务的97.2%；实现限上批发业销售额1798.1亿元，同比增长40.4%，完成年度目标任务。

电子商务　是年，全区实现网络零售额32.4亿元，同比增长74.3%，占全市网络零售总额的56.9%，完成年度目标任务的142.7%。

对外贸易　是年，全区实现外贸自营进出口总额332.48亿元，同比增长51.84%，完成全年目标275亿元的120.9%。其中，实现出口87.44亿元，同比增长26.81%，完成市下达目标85亿元的102.9%，实现进口245.04亿元，同比增长63.35%；是年，全区合同利用外资6927万美元，完成市下达目标的34.6%，实际利用外资3761万美元，完成市下达目标的47%。

商贸经济

【跟踪推进重点商贸项目建设】　是年，调研国际粮油产业园区、中澳现代产业园、国家远洋渔业基地以及中海粮油、澳牛等企业，加强浙江国际农产品贸易中心建设对策研究。分析研究三大基地的发展优势及瓶颈制约，提出加快推进建设浙江国际农产品贸易中心建设的具体实施建议，完成相关调研文章；推进和平路商业中心、三农农产品批发市场、盐仓西部商业中心、新天地广场等重点商贸项目，协调解决企业在基建、资金、招商等过程中遇到的难题，确保项目顺利实施。其中，和平路商业中心项目一期2.8万平方米的主体工程于去年12月底竣工验收，于是年7月正式运营。三农项目一期主体工程于去年9月底封顶，并于是年8月份正式运营。

【推进生活垃圾分类回收工作】　做好18家生活垃圾分类回收经营点的摸底调查及实时追踪工作，确保完成生活垃圾回收利用率达到30%以上的年度目标。是年，全区回收利用废弃物达1.7万吨，全区城市生活垃圾回收利用率达到34.1%。依托新螺头废旧物资收购集中点打造再生资源回收利用分拣（交易）中心，并培育2家再生资源回收骨干企业，分别为舟山市定海东丰废旧物资回收站和舟山市定海区翁启川废品收购站。

【规范市场秩序】　保障成品油安全，开展石油流通企业安全生产管理专项检查，对全区15家加油站的消防安全管理、散装油购买实名登记等情况进行专项检查。与市场监管、安监、消防、公安等部门组成联合执法队伍，对位于双桥一非法加油站点进行查处取缔。优化市场环境，处理单用途商业预付卡消费者纠纷投诉件300余件。做好新茂破产维稳工作，协调新茂在破产程序中小股东、供应商等相关利益者的权益纠纷问题，配合破产管理人做好破产程序相关工作。

【发展电子商务】　依托农村淘宝项目促全区农产品“触网”。组织阿里巴巴、供销社、电商企业等多方开展对接交流，共同探讨全区农产品上行可行性及营销模式，为下一步谋划和推动全区农产品网络品牌建设工作奠定基础。开展2017年度电商专项资金申报工作，有水产品产业园区、大洋世家、鲜达等3家企业申请补助资金45万元。推荐森森、网加科技两家企业为浙江省电子商务实践基地，提升全区电商企业知名度；为发挥园区集聚带动功能，启动电子商务园区二期工程建设，面积10000平方米，预计明年年初投入使用。

涉外经济

【调研外贸发展中的“短板”】 针对外贸发展中的“短板”，开展调研。走访世纪太平洋化工、中化兴中石油转运有限公司、大洋世家、兴业集团等重点进出口企业，挖掘外贸新增长点，密切关注生产经营情况及企业需求，协调解决相关困难问题。

【加强组展参展力度】 是年，先后组织企业参加第123、124届广交会，第28届华交会、首届中国国际进口博览会、青岛渔博会等国内重点展会。结合全区产业特色，引导企业参加境外专业展会拓展市场。通过QQ群、微信平台，加大相关境外专业展会及境外参展扶持政策的宣传，帮助企业做好项目申报辅导，2018年中小企业国际市场资金项目申报企业达35家，申报2017年境外参展项目近150个，企业境外参展面积达2000平方米，帮助企业争取补贴资金237.9万元。

【开展外资政策服务指导】 贯彻落实外贸、外资领域“最多跑一次”改革。参加省市各级组织的相关业务培训，加强学习研究，实施外资准入前国民待遇加负面清单管理制度；重点做好中天重工、大发地产等项目跟踪服务。拓展服务的层次和领域，针对每家企业差异化情况，帮助企业梳理出外资并购的前提要求、外资引进的手续流程，为有意向的企业外资引进提供全方位的咨询服务，争取利用外资有较大突破。

【应对各类贸易摩擦】 是年，加强政策培训宣传。组织全区100多家外贸企业参加市外贸企业政策宣讲与法律服务会议、外贸政策及风险防范培训会等会议，帮助全区外贸企业了解最新外贸相关政策，合理利用贸易政策和举措，提高贸易风险的防范意识；应对中美贸易摩擦及其他贸易摩擦案件。就年初印度对中国亚麻纱线反倾销调查事件，及时通知涉案企业金鹰公司引起重视，鼓励企业积极主动应诉，取得良好成效。开展美国232、301调查的分析研判，深入企业走访调研，做好受影响企业排查工作，分析研判企业和行业的受影响情况，帮助企业做好应对工作。

定海区2018年自营进出口基本情况表

表10　　　　单位：万元

项目名称	本月	累计	比上年同期(%)	全年目标	完成全年目标
自营进出口总额	255142	3324797	51.84	2750000	120.9%
1.自营出口额	53937	874408	26.81	850000	102.9%
其中：生产企业	25510	471959	23		
流通企业	21859	183124	32.41		
三资企业	6568	219325	30.9		
2.自营进口额	201205	2450389	63.35	1900000	129.0%
其中：生产企业	43866	877191	68.01		
流通企业	75525	602756	60.53		
三资企业	81814	947712	57.86		
其他	0	22730	987.2		

定海区2018年分贸易方式进出口统计表

表11　　　　　　　　　　　　　　　　　　　　　　　　　　单位：万美元

项目名称	累计进出口	比上年同期%	比重	累计出口	比上年同期%	比重	累计进口	比上年同期%	比重
合计	502679	55.69	100.0%	132438	30.22	100.0%	370241	67.41	100.0%
一般贸易	154519	49.24	30.7%	71284	8.99	53.8%	83235	118.27	22.5%
来料加工装配贸易	32	3758.5	0.0%	0	−100		32	14783	0.0%
进料加工贸易	44176	60.09	8.8%	34252	115.37	25.9%	9925	−15.1	2.7%
租赁贸易	346	−57.36	0.1%	346	−57.36	0.3%	0		0.0%
保税仓库进出境货物	302372	58.44	60.2%	26543	35.51	20.0%	275829	61.06	74.5%
保税区仓储转口货物	1169		0.2%	0		0.0%	1169		0.3%
其他	65	28.17	0.0%	14	4298.4	0.0%	51	0.82	0.0%

定海区2018年分产品进出口情况表

表12　　　　　　　　　　　　　　　　　　　　　　　　　　单位：万元

项目名称	累计出口	比上年同期%	比重	项目名称	累计进口	比上年同期%	比重
合计	874408	26.81	100.0%	合计	2450385	63.35	100.0%
机电产品	341111	54.57	39.0%	机电产品	224203	310.48	9.1%
其中：船舶	248592	88.23	28.4%	船用配件	1921	−92.3	0.1%
塑机螺杆	40044	14.53	4.6%	油　品	1672850	76.3	68.3%
油品	173649	32.65	19.9%	水产品	48302	198.83	2.0%
水产品	263655	13.26	30.2%	农产品	412391	−9.69	16.8%
农产品	65603	−1.53	7.5%	纺织原料	11897	−10.22	0.5%
纺织品	11832	−38.71	1.4%	其他产品	27423	284.49	1.1%
其他产品	13940	4.3	1.6%	化工品	53318	1395.83	2.2%
化工品	4618	−21.65	0.5%				

定海区2018年分主要国别（地区）进出口统计表

表13　　单位：万美元

序号	企业名称	进出口总额	比去年同期%	出口总额	比去年同期%	进口总额	比去年同期%
1	中化兴中石油转运（舟山）有限公司	148350	62.79	6307	10.55	142043	66.28
2	万向石油储运（舟山）有限公司	67208	228.41	6623		60585	196.05
3	舟山中海粮油工业有限公司	66190	−13.54	9229	−1.99	56960	−15.16
4	浙江石油化工有限公司	49434	2005.54	0		49434	2005.54
5	浙江海港国际贸易有限公司	26854	1396.76	13123		13731	665.33
6	太平洋海洋工程(舟山)有限公司	16219	88.49	16109	153.97	109	−95.16
7	浙江大洋世家股份有限公司	13700	173.16	8759	132.82	4941	294.28
8	舟山长宏国际船舶修造有限公司	12821	68.96	12587	110.82	234	−85.55
9	浙江天禄能源有限公司	12184	−73.04	0	−100	12184	−61.65
10	浙江兴业集团有限公司	9405	7.17	8850	5.98	555	30.49
11	舟山世纪太平洋化工有限公司	6043		0		6043	
12	浙江金鹰股份有限公司	5401	−17.48	3623	−19.65	1778	−12.67
13	万向资源（舟山）有限公司	3618		0		3618	
14	舟山市越洋食品有限公司	3543	9.24	3013	11.04	531	0.04
15	舟山远洋投资控股有限公司	3363		0		3363	
16	浙江船舶交易市场有限公司	3330	445.45	62		3268	435.29
17	舟山中天重工有限公司	3184	17.46	3184	17.46	0	
18	舟山良海粮油有限公司	2804	34348.43	0		2804	34348.43
19	舟山白云水产有限公司	2637	4.5	2624	3.98	13	
20	舟山市世创水产有限公司	2201	61.29	2201	61.29	0	

注：本表为全区进出口排名前20位企业。

定海区2018年利用外资情况表

表14　　单位：万美元

项目名称	合计			
	历年累计	本月	本年累计	比上年同期±%
一、批准外资项目个数	149	2	4	
二、协议利用外资	123066	3178	6927	394.8%
三、实际利用外资	33795	1000	3761	−42.2%

定海区2018年分主要国别（地区）进出口统计表

表15　　单位：万美元

项目名称	累计出口	比上年同期%	比重	项目名称	累计进口	比上年同期%	比重
前十位主要国别（地区）合计	71370	44.5	53.9%	前十位主要国别（地区）合计	197081	61.7	53.2%
日　本	29850	47.12	22.5%	巴　西	48160	9.5	13.0%
香　港	9074	340.49	6.9%	美　国	33655	9.62	9.1%
巴拿马	6270	80.17	4.7%	韩　国	26381	177.22	7.1%
美　国	5618	8.83	4.2%	阿联酋	19677	18511140	5.3%
利比里亚	4103	88.91	3.1%	日　本	17833	60.2	4.8%
马绍尔群岛	4041	237.13	3.1%	阿　曼	16881	63.97	4.6%
韩　国	3930	−55.24	3.0%	安哥拉	13048	161.47	3.5%
台　湾	3399	310.02	2.6%	俄罗斯	11570	40.19	3.1%
俄罗斯	3137	19.66	2.4%	伊拉克	5073	5751333	1.4%
印度	1948	−30.12	1.5%	苏　丹	4803	60.59	1.3%

注：本表为全区进出口排名前10位国家地区

菜篮子工程建设

【完善“菜篮子”销售体系】　推动义桥、盐仓农贸市场，以及机场路公益性农贸市场建设。其中，机场路公益性农贸市场是全区首家以公益性为目的的农贸市场，总面积1086平方米，投资1500万元，有50余个摊位，于2018年10月正式运营，其菜价比周边农贸市场低15%。推进直销体系建设，新布点“菜篮子”惠民店2家。

【举办2018年年货供应会】　是年2月6~10日，在舟山鸦片战争遗址公园东侧举办2018年定海区“菜篮子”年货供应会，设置180个摊位，实现销售额875万元，客流量和销售量均比2017年增长30%以上。

【做好伏休期水产品平价供应】　制定休渔期水产品供应方案，确定供应单位3家，供应品种5种以上，涉及水产品数量52吨，对保障市场在特殊时期的有序供应及平稳价格起到一定作用。

【加大“菜篮子”资金扶持力度】　根据《舟山“菜篮子”专项资金管理办法》，组织全区菜篮子企业申报市级专项资金补助。下达“菜篮子”专项资金3批，涉及企业30余家，补助资金400万元。

（撰稿：邱　玥）

招商引资

【概况】　舟山市定海区招商局为定海区政府直属正科级事业单位，内设综合科、招商一科、招商二科三个科室。下属一个正股级事业单位舟山市定海区产业服务中心，设有舟山市定海区产业服务中心昌国分中心。区招商局负责全区各招商机构的统筹协调和业务指导工作。根据定政发〔2016〕14号文件，区招商局还内设成立了工业、服务业、新兴产业等三个专业招商部。

是年，区招商局在区委、区政府的坚强领导下，贯彻落实舟山市委七届四次全体（扩大）会议、全市招商引资大会战工作例会暨“百日攻坚行动”动员会等重要会议精神，以“项目招引百日攻坚”行动为工作主线，实基础、新思路、优环境，提高全区招商引资工作质效。全年实际利用市外资金82.38亿元，完成市指标（115亿元）的71.6%；浙商回归省外到位资金40.8亿元，完成市全年指标（40亿元）的102%；实际利用外资3761万美元，完成全年指标（8000万美元）的47%。引进10亿元投资项目1个（中谷石化股权收购天禄能源项目）、5亿元投资项目2个（中集集团与长宏国际合作重组项目、招商局港口（舟山）滚装物流项目）。

【项目概况】 加强对接世界500强、央企、行业龙头企业和重点浙商。是年，新签约亿元以上重点项目10个，主要包括中谷石化股权收购天禄项目、船用低硫燃料油生产基地项目、浙江物产化工集团有限公司与舟山良海粮油有限公司合作项目、大洋世家海洋食品产业集聚区项目、中集集团与长宏国际合作重组项目、招商局港口（舟山）滚装物流项目、台湾华伟渔业综合产业项目、浙江和泓环保纸业泛能站项目、新北物流水产品交易市场项目、浙江北鲲智能科技有限公司无人船项目。

【日常化实施“一把手”带头招商】 根据招商工作必须要“走出去”的工作要求，营造“一把手”招商的良好氛围，明确书记、区长每周必须有一人在外招商，区政府领导班子成员每月至少外出招商一次；邀请政协、人大主要领导对接联系重点项目，提高全区招商工作层级。是年，区主要领导相继拜访中船重工海声科技有限公司、中国船舶重工集团公司第七一七研究所等二十余家重点企业。

【完善全区招商机制】 完善招商引资绩效考核办法，重点围绕招商实绩先进奖、招商服务先进奖两个方面对考核单位、考核内容、奖励措施等内容进行了完善，对实际利用市外资金、浙商回归到位资金等六个指标评分标准作进一步细化，尤其是对新引进1亿元以上重大项目如何进行加分作详细说明。同时提高区招商引资实绩亮相评价标准，并对每月新引进至定海海洋科学城的项目提高入园条件。区产业服务中心为注册企业提供保姆式全程代办服务，让企业零见面、零跑动便可完成涉及多部门的业务审批。是年，新引进注册企业340家。

【探索闲置土地（厂房）二次招商工作】 针对定海区可利用土地资源有限、新增建设用地开发成本高的现状，努力从资源存量上寻求突破，以存量带动增量。成立专项工作领导小组，由区分管领导牵头召开专题会议进行研究部署，明确各部门工作职责，并将此项工作纳入到区招商引资绩效考核办法中，区招商局多次召集重点招商平台进行沟通交流。对区内闲置土地（厂房）进行多次排摸，编制形成全区闲置资源信息库、宣传图册，汇总整理26个项目，涉及土地2309.4亩，其中闲置净地 7 宗1161.8亩，意愿出让的闲置厂房 19处144110 平方米，占地面积1147.6亩。通过各类对外推介会、落地企业以商引商、客商接待推介、编入招商项目库等多渠道对外宣传推广。是年，有154亩土地、38572.5平方米厂房实现盘活，提前完成年度任务。

【开展“以商引商”】 创新成立浙江舟山群岛新区（定海）招商引资促进会，该促进会是由关心、支持定海区招商引资工作的企业家、律师、学者等自愿组成，5月在上海举行首届会员大会暨区招商引资上海推介会，并举行项目签约仪式，吸引会员30余家，10月促进会携上海、西安等地客商到定海区实地考察，就婚恋主题产业园、医疗大健康、大数据管理、海洋生态管理、产品保鲜等进行项目座谈。创新打造军民融合产业平台，对接上海中电科50所、成都振芯科技等著名的军工科研院所，全年引进中电科39所、易航海、振芯科技、国星北斗、宏诚伟业、浙江北鲲智慧科技有限公司、舟山市舟远实业有限公司等军民融合企业7家，在谈20余家，意向入驻10余家。发挥三个驻外招商局桥梁纽带作用，成立

12月17日，赴上海对接奥特莱斯项目

至今联系接待客商300余批，引进世界500强企业甲骨文公司等。

【深化对外合作与交流】　9月，浙江商业职业技术学院与定海区政府召开合作推进会，校地双方就畅通联络机制、深化战略合作事宜开展交流，并在会上举行授牌仪式。10月，区招商局与对口帮扶达州市宣汉县投资促进局签订招商合作协议，双方明确建立友好帮扶关系，宣汉县投资促进局将在定海区举办优势资源推介会3次以上，区招商局组织邀请区内有意向的企业10家以上到宣汉考察，洽谈生产加工、旅游合作开发项目，定海区在相关招商宣传平台上增加宣汉招商项目，联合组织对外重大招商引资活动5次以上。同时，双方不定期交流招商企业库情况，实现优势互补、资源共享。

【助力项目签约】　是年，参加第二届世界油商大会、波音供应商大会、第二十一届中国西部国际投资贸易洽谈会、浙洽会、定海广东商会会员大会、定海区纺织服装协会招商引资座谈会等。其中在浙洽会上签订

举办定海区建筑业与房地产企业对接交流会暨招商推介会

台湾华伟渔业综合产业项目，计划总投资约3亿元；在世界油商大会上签订了中谷石化股权收购天禄项目、船用低硫燃料油生产基地项目，计划总投资约28亿元。6月，组织召开以“精诚合作，共建繁荣定海”为主题的“建筑业与房地产企业对接交流会暨招商推介会”，包括绿城、宋都等31家房地产企业，弘业、广宇等19家建筑企业参会。会上，舟山绿城房地产开发有限公司和舟山广宇建设有限公司，弘业建设集团和浙江中安海洋电力科技有限公司现场签订项目合作协议。利用商会引商，借助天津、广东、上海等商会的年会开展宣传推介，展示定海投资新机遇。

【丰富招商基础资料】　开展“大学习大调研大抓落实”行动，深入招商前沿开展大调研，相继到定海工业园区、盐仓街道、区旅游局、市规划局定海分局等10余个招商重点平台、部门进行实地走访，召开招商座谈会10场，收集整理招商一线在谈项目最新动态，并在此基础上，结合全区产业发展现状、特点以及未来产业发展前景进行深入探讨分析，完成研究初稿，涉及意向企业30余家，与相关专业机构合作，完善研究内容。中心所属三个专业招商部

12月4日，与氢能源产业联盟成员开展座谈

分析定海现有产业现状，提出招商项目推进困难问题和建议，各自形成专题调研报告。立足定海实际，对现有宣传资料进行及时更新。完成新一轮招商项目库、投资指南、招商PPT等的制作，排摸整理全区重点招商项目35个，主要涉及五大平台、城市改造、休闲健康、商贸服务、存量招商五大类。同时，不断更新主要来往客商登记名录，全年新增478名，累计3231名。

（撰稿：吕玲玲）

（本分目照片由区投资促进中心提供）

市场发展与服务

【概况】　是年4月，定海市场发展服务有限公司经舟山商贸有限公司吸收合并成为其所属分公司，分公司仍履行原公司的职责职能，包括承担“菜篮子”工程的相关工作任务、履行国有资产保值增值及安全责任、做好市场的经营管理等。

是年，公司围绕年度工作目标和要求，以“两学一做”学习教育常态化制度化、“不忘初心、牢记使命”主题活动为载体，以促进企业发展为目标，抓住全国文明城市创建工作重心，做好“菜篮子”工程建设，实现市场的有效供给和价格稳定。公司参与“星级市场”“放心市场”等各类创建活动，建立科学有效的安全生产责任体系，通过岗位分工、制度建立、考核督促，使包括经营环境、安全生产等各类市场管理工作得到提升。

公司设3个机关科室，11个基层单位，基层单位中9个为市场管理办公室，2个为市场办事处。至2018年年底，公司有在编公务员1名，事业编制职工35名，合同制员工58名，退休职工16名。

【菜篮子工程建设】 商贸集团定海分公司所属农贸市场为全区80%左右的居民提供日常生活保障，为近3000名城镇居民和1000多个农村劳动力搭建就业平台，发挥较好的社会效益和经济效益。全年市场交易额18.1亿元。是年，公司相继配合执法部门做好了家禽“杀白上市”工作和加强对“一证两标”的检测，确保市民吃上放心禽肉；配合渔政等部门做好一年一度禁渔期的前期宣传工作和禁渔期间的监督检查工作；发挥各市场食品安全检测室功能，做好消费者的食品安全保障。

【创建全国文明城市】 是年，公司以“创城”为契机，采取一系列措施，落实市场长效管理和“精细化”管理。除完善各类指导意见和制度外，公司发挥好行业委员、行业组长、党员经营户和其他骨干的作用，让经营户成为市场建工作的排头兵。为响应文明城市创建，各市场经营户承诺，并签订2000余份《全国文明城市创建承诺书》和《全国文明城市创建文明经营承诺书》。为做好“创城”宣传工作，把文明宣传向消费者延伸，发放2000余只印有文明创建的环保袋，采取垃圾分类，提高经营户的环保意识，通过多渠道宣传，共同营造文明和谐的市场消费氛围。加强管理力量，新聘用30余名保安分派到各市场，参与市场管理与秩序维护；将市场经营户吸收到文明劝导员的队伍中，倡导不随地吐痰，不乱丢瓜果皮餐巾纸，不带宠物入市场，不在公共区域吸烟、使用环保购物袋等，让经营户自觉参与到创城的队伍中；聘请5名由街道部门专业的巡查人员和市民巡访团成员组成监督队伍，加强市场自查自纠，对市场内存在的问题进行“找茬”，并在微信上组建“市场监督员交流群”，对发现的问题及时上传，对解决的问题及时反馈，通过自查自纠，提升市场管理水平；响应市政府“一码通”，下属各场推行扫码支付，鼓励无现金交易，并在桔园菜场配备无线网络、电子信息公示屏等，推进智慧市场，下步将在其他所属市场陆续展开；规范商品供应价格评价体系，通过对数据采集员就责任落实到位、价格询问到位、数据统计到位等一系列具体要求提高数据采集质量，为公司提供科学决策，为公众提供科学监督。公司落实好集团公司在“菜篮子”上所做的承诺，引导经营户降低销售价格，做到菜场最高售价控制在不高于白沙市场菜价的5%以内，对春节期间商品价格加强监控，做好春节限价蔬菜的供应工作。

【安全生产工作】 重视安全生产工作，把安全生产工作纳入重要议事日程，多次召开专题会议，研究部署公司安全生产工作，与下属各场、办事处签订消防安全工作和食品安全工作责任书，做到安全生产常抓不懈、警钟长鸣。开展安全生产“大排查、大整治”专项行动，并多次进行专项行动的“回头看”。2018年度开展安全生产大检查15次。

是年，公司在定海商城引入“电丁丁”智慧用电安全隐患监管技术，通过硬件提升和软件配合，查询本单位内电气线路运行情况和管理电气线路中可能存在的电气安全隐患，为商城的消防安全加上一道保险杠。

是年，公司相继开展以“同创省级食品安全区，共建幸福宜居定海城”为主题的“3·15”消费者权益日活动；配合市场监督局开展食品安全排雷“百日攻坚”的摸底排查等工作；平时做好对熟食防尘、防蝇和“三戴”的监督工作；对“三无”产品、假冒伪劣和过期霉变食品进行严格把关；加大对光禽“一证二标”的查验力度，以防禽流感；做好食品检测工作，对农药残留、添加剂等进行每日检查并将检测数据和结果第一时间进行公布，全年所属市场抽样定性检测上市食品83838批次，检测出不合格食品17批次，总合格率为99.98%，对检测出的57.85公斤不合格商品监督经营户自行销毁。

是年，公司邀请市消防大队教员对单位负责人、安全生产管理员和特殊工种人员就消防安全知识、突发火灾逃生等方面进行实务操作演练。

消防培训现场演练

【推进各类创建、整治工作】 投身各类创建活动。是年，桥头施、岑港农贸市场被评为“二星级文明规范市场”，城西菜场和白泉农贸市场被评为“三星级文明规范市场”；城西菜场被评为省级“放心农贸市场”，北门菜场通过省级“放心农贸市场”复评；根据城市建设需要，惠民桥临时市场和新城日用品市场闭市；继续委托专业灭杀公司对城区所有创卫市场以及乡镇的白泉、岑港、桥头施市场的“四害”防治工作进行专业防治。在日常管理中加强对灭杀全过程的监督，确保病媒生物预防达到市场创卫的标准。

【服务新农村建设】 加强与农林部门及有关镇（街道）市场商品供应消息的沟通，便于农户根据市场需求，适时调整农作物种植结构，提高经济收益。继续落实好自产自销的审核权下放到镇（街道）的做法，

待拆的惠民桥市场

解决农产品销售的后顾之忧。增加自产自销摊位，满足渔农民的销售需求，整合市场摊位资源，保持自产自销摊位888个。实行城区所有农贸市场临时自产自销摊位零收费政策，引导马路市场摊贩进入空余摊位经营，为农业增效、农民增收创造条件。

【参与社会公益活动】 是年，为白泉镇16户残疾人家庭送上慰问金24000元；组织员工参与义务献血活动，献血5200毫升；组织做好“慈善一日捐”活动，党员干部带头，员工、经营户积极参与，募得善款8409余元；开展拥军活动，对边防武警、派出所民警做好夏季高温慰问工作，融洽警民关系。

组织参加义务献血活动

【加强队伍建设】 通过各种宣传教育，通过各类考核、效能督查保障公司各项规章制度的落实，提升队伍素质。是年，公司成立经营户行业委员会，通过提高经营户的自我管理、自我教育和自我服务能力，建立市场方与经营户的沟通渠道；有47名经营户党员在

经营户党员党建活动

公司登记注册，为拓展企业文化，深化市场管理，壮大市场党员队伍提供力量上的保障；开展员工“双聘”工作，通过人员双向交流优化员工配置，提高管理绩效。在此轮聘用中，有4名员工落聘，其中1名员工由于工作原因暂时在岗，2名员工经培训学习后临时交流岗位，1名员工解除合同。做好员工和经营户的教育培训，通过市场广播、宣传栏、电子屏以及会议、座谈会、现场观摩等多种形式开展消防安全教育、食品卫生教育、健康教育、控烟教育、禽流感防控知识培训。以“三包一创”文明星级经营户考核评比为载体，结合国家文明城市、省级放心市场等各类创建工作，经民主推荐、评选、公示和征求有关部门意见，评选出178户2018年度文明星级经营户；定期组织退休职工健康体检等一系列活动，让退休职工感受到重视。

【丰富企业文化】 组织工会会员开展农庄体验活动；组织女职员参观舟山发展新蓝图，感受家乡日新月异的变化；城西菜场作为团体受邀参加“千名河长大巡河”活动；组织党团员开展“2018蒸蒸日上”迎新跑、海山烈士陵园祭扫活动、观看爱国主义教育电影《厉害了，我的国》、“不忘初心跟党走—礼赞青春”主题团日、市场经营户党员和公司党员“不忘初心、牢记使命”党员活动、桔园菜场巾帼文明岗“巾帼心向党，双争在行动”七一基层活动和党员志愿者义务劳动等活动。

商贸集团定海分公司2018年直属市场情况一览表

表16

区域	市场名称	市场等级星级(★)放心市场省文明示范	摊位总数(只)	长期经营户			临时经营户			自产自销			绿色无公害			下岗再就业			2018年交易额(万元)
				户数	人数	摊位	户数	人数	摊位	户数	人数	摊位	户数	人数	摊位	户数	人数	摊位	
城区	南珍	2★	745	278	399	256	11	11	11	56	56	83							72272
	昌东	3★ 放心市场	310	68	98	52	14	14	14	44	44	58							12000
	东门	3★ 省文明示范 放心市场	371	125	208	96	68	68	68	76	76	144							25725
	北门	3★ 省文明示范 放心市场	153	60	124	64	11	11	11	72	72	83							16262
	西园	3★ 省文明示范 放心市场	140	63	103	57	27	27	27	20	20	47							9089
	桔园	4★ 省文明示范 放心市场	104	37	50	47	8	8	8	15	15	23							9312
	道头	2★	180	38	52	53	0	0	0	18	18	18							3742

续表16

区域	市场名称	市场等级星级(★)放心市场省文明示范	摊位总数(只)	长期经营户			临时经营户			自产自销			绿色无公害			下岗再就业			2018年交易额(万元)
				户数	人数	摊位	户数	人数	摊位	户数	人数	摊位	户数	人数	摊位	户数	人数	摊位	
	城西	3★ 放心市场	248	105	188	85	100	100	100	52	52	150							13630
	定海商城	1★	81	72	85	84	0	0	0	0	0	0							3000
白泉	农贸	3★ 省文明市场 放心市场	195	185	211	174	6	6	6	80	80	86							9287
	小商品		34	30	30	32	0	0	0	0	0	0							390
双桥	桥头施	2★	90	30	30	31	2	2	2	12	12	14							411
马岙	马岙	1★	258	88	92	92	70	70	70	18	18	88							2726
干礁	西码头	1★	114	57	57	55	4	4	4	14	14	18							2150
岑港	岑港	2★	162	75	75	77	18	18	18	42	42	60							1282
合计	15		3185	1311	1802	1255	339	339	339	519	519	872							181278

注：①放心市场：2014年省政府启动了“放心市场”建设三年行动计划，并提出在年内全省200家城镇农贸市场改造建设成为“放心市场”的目标任务，要求做到食品安全、价格计量、消费环境、管理服务和诚信经营‘五个放心’。

②星级市场：由浙江省工商行政管理局和舟山市工商行政管理局认定的。省工商行政管理局负责认定三、四、五星级市场；舟山市工商行政管理局负责认定本辖区一、二星级市场，并将认定情况报省工商行政管理局备案。

③省级文明示范市场：由浙江省工商行政管理局牵头认定的。按地不湿、无异味、菜安全、可追溯、价公道、计量准、可休息、讲诚信等标准创建。

④摊位数：指各市场摊位的设置格数。

（撰稿：王柳青）

（本分目照片由舟山商贸集团有限公司定海分公司提供）

供销合作社

【概况】 2018年，区供销联社把贯彻落实乡村振兴战略与全面深化综合改革紧密结合起来，持续抓好“三位一体”农合联建设，做强生产、供销、信用三大服务体系，统筹推进为农服务、社有资产运营、组织体系健全、体制机制改革和党的建设各项工作，完成各项工作目标任务。区供销联社被评为全省供销社系统为农服务先进单位。

是年，持续深化“三位一体”农合联改革，健全运行制度和服务功能；强化为农服务能力建设，提升农资经营服务、农村金融服务、生产环境服务，提升发展农民专业合作社；抓好社有资产管理及基层供销社建设；强化全面从严治党，推动“两学一做”学习教育常态化制度化，抓好巡察反馈意见整改落实，立足部门实际和行业特点，全面落实党风廉政建设责任制。

全区供销社系统有法人机构23个，干部职工157人。是年，全区供销社系统实现总经营收入53146万元，同比减4.3%；至年底，资产总额10708万元，所有者权益8524万元。

2018年定海区供销社系统机构、人员情况表

表17　　单位：人、个

项目		合计	区公司	基层社	区联社机关
经营网点总数		141	91	50	
其中	批发网点	7	7		
	零售网点	113	70	43	
	批零兼营网点	10	7	3	
	废旧物资收购	11	7	4	
干部、职工总数		157	113	30	14
其中	行政	12			12
	合同制	79	52	27	
	离单位留劳动关系职工	64	61	3	
	编外用工	2			2
离退休、退职人员总数		546	307	219	20
其中	离休	2	1		1
	退休	544	306	219	19

2018年定海区供销社系统主要经济指标完成情况表

表18　　单位：万元、个

指标	合计	区公司	基层社	农民专业合作社
总经营收入	53146	21366	16108	15672
总购进额	43295	15787	14310	13198
利税总额	−77	−18	−59	
其中：利润	−130	−24	−106	
亏损企业个数	6	2	4	
亏损企业亏损额	161	47	114	
固定资产总额	5159	497	4662	

【持续深化“三位一体”农合联改革】 做好农合联日常生产、供销、信用服务，拓展为农服务功能，推进为农服务体系建设。

农业生产服务中心建设　是年，新建城郊、白泉农合联农业生产服务中心。至年末，全区累计建成农合联农业生产服务中心7家，实现区、镇（街道）两级农合联农业生产服务中心全覆盖。是年，提供农技咨询及庄稼医生服务21260余人次、小额存取款及转账等服务2860余人次、农信担保贷款291万元、农民资金互助贷款90万元、项目申报服务3项，开展农民培训110余人次。区农合联农业生产服务中心被授予全省供销合作社系统“成绩突出集体”称号。

农产品电子商务平台运营　是年，完成市名特优农产品定海体验中心及“海山农汇”微商平台建设并对外运营，拓展线下展示体验和线上销售推广的运营模式。自2018年4月16日开业以来，举办各类农产品展示推广及“爱心助农”活动15场次，宣传推介和展示展销本地优质农产品。配合相关部门做好四川省达州市宣汉县及吉林省松原市特色农副产品销售工作。至年末，有70余家农民专业合作社、300余种农产品入驻海山农汇及微信商城，销售金额约70余万元；通过海山农汇平台销售松原大米12500余公斤。

农业生产社会化服务功能建设推进　结合区委消除集体经济薄弱村工作，推进区农合联农机服务中心建设，相继完成方案制订、图纸设计等事项。第二批50万元的农机设施设备已陆续购置到位，开展机耕、机插、粮食烘干等服务。至年末，提供田间耕作服务约1000亩，谷物烘干服务约1000吨，碾米服务约200吨。

建立完善农合联运行制度　加强区农合联执委会运行管理，健全内部治理结构，不断完善农合联的财务、业务、资金等内部管理制度。开展“走亲会员连心农民”活动，梳理活动中收集到的会员困难、诉求和意见，分门别类进行汇总整理，并按照一员一档要求，建立会员基础信息数据库；做好农合联合作社会员分类管理及规范化建设相关筹备及初审工作，为实施分类管理和精准服务打好基础。

【为农服务能力建设】　农资经营服务　是年，把握春耕、双夏等季节农资供求特点和需求情况，依托市、区农资公司及基层供销社所辖37家农资连锁网点，抓好农资采购、供应和储备。全年农资供应总额1876万元，同比增4.98%，化肥储备量常年保持在1400吨左右。未发生一起损农、坑农事件及农资商品断档脱销现象， 供应价格稳中有降。是年，对各基层供销社农业生产资料经营门店经营体制进行适当调整；新建庄稼医院1家。至年末，全区供销社系统建成规范化庄稼医院15家。强化农资技物结合的一体化服务模式，依托市、区两级农资企业技术服务力量、农资连锁门店、庄稼医院等服务主体，为农户提供新肥新药试用、农作物病虫害专业化防治等专业化和个性化服务。

农村金融服务　稳健规范运作区农合联农民资金互助会，严格按照会员制、封闭性原则进行运营。继续巩固发展农信担保这个平台，在控制风险的前提下，扶持农民专业合作社和农业种养大户发展生产。是年，提供农信担保贷款291万元，农民资金互助会贷款90万元。定海为民农信担保公司运营10余年来，累计提供贷款担保7871万元，为“三农”发展提供经济支撑。

发展农民专业合作社　是年，对有关专业合作社获2015—2017年度省财政扶持资金的项目进行绩效自查，并委托第三方会计师事务所对项目进行专项绩效评估，督促指导各专业合作社规范内部财务管理及项目资金管理。引导专业合作社产品与超市、农贸市场及农产品经纪人协会对接，提供销售信息，推动专业合作社产品走向市场。是年，专业合作社销售额15672万元，同比增3.33%，帮助农民实现收入9609万元，同比增5.14%。

生产环境服务　配合相关部门深入推进“整洁田园”专项治理，做好废弃农药包装物回收。是年，全区41家废弃农药包装物回收点回收废弃农药包装瓶（袋）261.54万余只，占全市总回收量的65%以上，回收额58.39万元。回收的废弃农药包装物100%进行无害化处理，助推农村生态宜居建设。

【社有资产管理及基层供销社建设】　是年，针对社有经济发展质量不高，经济效益低等问题，推进基层社适度整合、业绩考核、社有资产管理等制度创新。对4家基层供销社管理机构进行合并，合理整合工作人员，减轻支出负担。加强边小散等低效、闲散资产的处置与利用，继续做好基层社资产公开拍租工作，提高社有资产收益率。新制订出台《定海区供销合作联社所属企业工作目标责任制考核办法》，提高反映经营业绩的指标权重，鼓励社有企业强化经营和社有资产运营。在做好干䃎供销社龙潭街资产开发项目收尾及城郊供销社东门车站综合体拆迁安置房产交付工作的同时，重点抓好城郊供销社资产拆迁征收相关工作，确保基层社可持续发展。是年，区隆兴烟花爆竹有限公司与市祥源烟花公司签订新一轮的联合经营协议，确保烟花爆竹经营业务存续发展。

【强化全面从严治党】　推动“两学一做”学习教育常态化制度化　立足部门实际和行业特点，全面落实党风廉政建设责任制。切实强化基层党建工作，对各基层党支部“三会一课”开展情况、党建台账整理情况进行专项督导检查，严格落实“三会一课”、主题党日活动制度。

抓好巡察反馈意见整改落实　针对区委巡察组反馈意见中提出的在党的领导、党的建设、全面从严治党等方面存在的18个（35小项）问题，推进整改落实。落实68条具体整改措施，制订完善各类管理制度及办法8个。经整改落实，35项具体问题有31项整改到位。

加强所属企业监管　针对隆兴烟花爆竹公司原出纳挪用公司资金案件所暴露出的问题及区委巡察反

馈意见，出台《各基层供销社及下属公司财务管理及内部控制制度》、《下属基层供销社及直属公司工作人员公开招聘工作办法》等制度，就加强和规范下属各单位财务内控、人员管理等进行完善，并加强对所属企业的财务内审，确保基层企业规范有序运行。

确保系统和谐稳定 化解因基层社资产征收拆迁及企业转制遗留问题引发的各种信访矛盾。平息浙江天天惠超市有限公司部分小股东信访事件，化解定海鑫宝物资回收有限公司长达两年的因股东分配引发的矛盾纠纷，劝解盐仓供销社转制买断职工在集体资产征收中的缠访事件，确保系统和谐、企业稳定。

（撰稿：陶鲁华）

责任编辑：鲁学伟

旅　游

概　述

2018年，区旅游局围绕全市创建“国家全域旅游示范区”的战略目标，以花园式国际人文港城建设为引领，以“全面融合、创新驱动”为路径，主打旅游品质和形象提升组合牌，朝着“乡村旅游更加多样，海岛旅游更加开放，古城旅游更具内涵”的发展目标迈进。是年，全区接待国内外游客1345.15万人次，实现旅游总收入189.1亿元，同比增长16.23%和14.75%；其中国内游客1335.89万人次，实现旅游收入187.7亿元，同比增长16.31%和16.32%；入境游客9.26万人次，创汇5279.45万美元，均比2017年同期增长5.3%。

景点拓展与项目开发

【树立“大湾区”发展理念】 明确“舟山全域旅游集散总门户”和“东海慢客”旅游目的地的地理定位，依托“一站式度假”理念，打造“定海湾”旅游，确立“滨海环湾带”“五山古城带”“中部生态带”的全域旅游三大空间布局，强化交通路网、湾区景观等基础设施建设，实现“旅游过境地”到“旅游目的地”的转变。

【品质化发展乡村旅游】 打造“定海十八岙” 完成《定海幸福景观乡村（十八岙）建设策划方案》，“东海慢客村、定海山里岙”的发展导向和“一岙一品”的发展差异化发展方向，推进南洞艺谷“七大基地”建设、东海大峡谷生态森林公园打造、马岙田园综合体开发等。

加快“A系列”创建 创建鸦片战争遗址公园、中国大桥公园、国际进口商品城、远洋渔业小镇、金塘仙人山等5家AAA级景区，通过南洞艺谷4A级资源评定，实现全区AAA级景区7家，AA级8家，A级7家，近两年新创A级景区超前10年总量。是年，创建7个A级景区村庄（白泉柯梅社区村、河东社区村、金山社区村、小沙东风社区村、金塘仙居社区、岑港南岙社区村、马岙街道马岙社区村等）。

推进民宿产业发展 重点推进盐仓、干碰、双桥民宿集聚区打造。累计投资1500万元推进盐仓黄沙民宿集群建设，正有序推进民宿第一片区建设；完成干碰南洞“留下·525”青年旅社建设，受夏令营等各类团队青睐，“心宿海岛”民宿步入经营正轨；双桥瀛洲小院2套民宿完成建设，进入招租阶段。

南洞留下·525民宿外景

精心设计农产品外包装 以巧取名字、善做包装等手段，分水果、蔬菜、粮食、酒水等多个类别对农特产品外包装进行了整体设计，增强趣味性和购买欲，并通过全市乡村振兴大会等活动加强宣传，助推定海旅游“来有可玩、走有可买”。

农副产品包装设计

【个性化打造古城旅游】　推进五山绿道建设与文化创意策划　以“定海历史文化天街”为打造方向，完成项目可研编制，推进项目立项、项目融资与入口公园设计，完成南明公园、沈毅公园策划设计。

创意设置古城标识系统　对鸦片战争遗址公园（含柳永文化广场）、芙蓉洲路、东中西大街等30余处的旅游标识标牌和景观小品实施创意提升改造，提高古城进入性和观赏性；完成定海“十五古”系列标识标牌设计。

加快特色街区打造　完成中大街街角美化、景观小品、氛围布置等工程，组织举办“寻古之旅”、“古韵旗袍秀”等接地气的活动，使“古城街拍胜地”和“朋友圈网红街”的口碑效应逐步显现。

推进鸦片战争遗址公园改造　完成鸦片战争纪念馆内部修缮、上山沿途景观点建设，及柳永广场朗读墙、博古架、竹林小径等项目设置，提升配套服务品质。

活化利用民居老宅和古迹遗址　编制《定海山精品古宅业态规划方案》，完成定海区名人故居改造的首个项目——蓝理纪念馆的修缮工作，以及布展招投标工作。此外，积极推进古城老宅的对外招商工作，已与联众集团达成投资意向并完成项目策划方案，计划将许氏民居打造成为古城客栈。

【特色化开发海岛旅游】　推进海岛门户建设　以册子岛为核心，完成《中国大桥公园（册子岛）策划方案》编制，推进项目融资贷款和立项等前期工作，完成“中国大桥公园”中英文域名抢注和AAA级景区创建，启动一期工作任务。

策划五峙山鸟岛海上游线　完成《五峙山观鸟概念性方案》，以册子岛游船码头为起点，开发“游船环鸟岛”的生态旅游线路，创新打造海上旅游产品。

加快建设东岠旅游示范岛　推进环岛公路、湿地公园、山顶露营基地、游客服务中心、旅游厕所等基础项目建设。

东岠岛露营体验

开发刺山岛　依托海岛优越的自然环境，建设户外露营基地，打造亲子游新产品。

休憩中的刺山岛游客

市场开发与宣传促销

【构建定海旅游视觉形象识别系统（VIS）】　完成《定海旅游视觉形象识别系统（VIS）手册》，以定海旅游标志、标准字符、标准色为核心，将定海旅游转换为具体记忆和可识别的形象符号，推出有特色、高辨认、富内涵的定海旅游logo，其采用“文字表象符”设计手法，由中文“定海”与拼音“DING HAI”组合而成，采用红、黑、蓝三种颜色，应用于各类旅游文创产品的包装设计，以及广告宣传与营销推介活动。

【开发“故事定海”系列文创】　设计“定海好物”宣传品　完成“定·好看”“定·好吃”“定·好玩”三大类别宣传册印制，图文并茂地展示定海最具代表性的40余个自然人文景观、40个特产美食和8大类特色旅游项目；设计完成十八岙、古城、古文化等各类旅游手绘地图和特色主题明信片宣传资料。

“定海好物”宣传品

推出“老定海一桌菜”经典菜式　向市场推荐具有老定海地方风味的“三鲞三臭三海经”特色菜品，以老味道唤醒城市记忆。

制作“故事定海”系列绘本　挖掘城市历史，完成18册《说岙故事选》和24册《古城故事》绘本制作，以口袋书的尺寸、简练生动的画风、简短感人的故事形式，介绍定海十八岙和定海古城的遗址遗迹、名人故居。

《说岙故事选》绘本

引导企业开发旅游文创产品　定海贝雕产品干泡茶具获2018中国旅游商品大赛银奖；全区共23件商品入选2018首届“舟山心意”旅游商品评选，成为全市旅游商品入选最多的县区，其中定海的瀛洲海产、彩田社、荷颜月色和莲花石4家单位参选的商品包揽前四名。

“舟山心意”旅游商品

【推出特色线路产品】　丰富“乡村旅游巴士”线路产品，全新推出金塘赏李花线、马目枇杷采摘线、双桥桑葚采摘线等游线；创新推出“乡村美学微旅行”活动，融合乡村时令采摘和农产品制作体验；结合“十五古”文化挖掘，策划组织“走进故事定海”等寻古之旅活动；以“旅游+党建”为发展理念，打造南洞党建研学游产品。各条线路产品都广受市场欢迎。

【加快智慧旅游建设】 加快大数据平台建设 与浙江移动合作，引入基于运营商移动通信手机信令数据的大客流监控方式，实时掌握景区客流情况，并通过时、日、周、月、年等客流统计，提供多种报表的分析查询。在定海古城、南洞艺谷等6个主要景区应用。

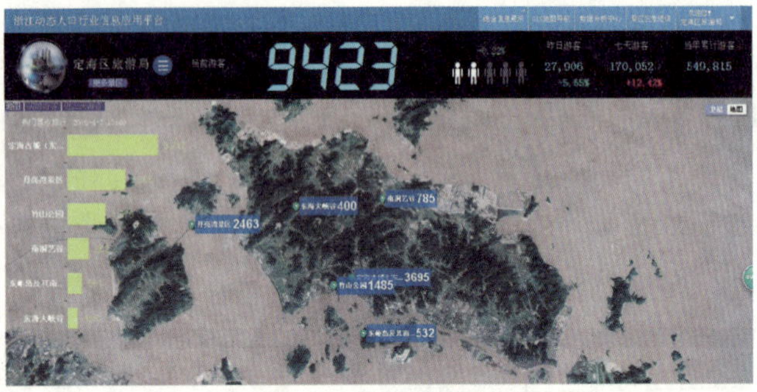

景区人流量监控平台

完善定海智慧旅游公共服务平台 完善和提升“定海全域旅游智慧导览系统”和“定海旅游”微信、微博服务功能，并依据旅游大数据分析，利用微信、微博、手机短信推送等方式及时发布定海旅游最新信息，深化导览、解说、咨询等服务，提升旅游智能化水平。

加强智慧景区建设提升管理水平 鼓励和推动A级景区无线网络、通信信号、视频监控全覆盖，利用免费Wi-Fi覆盖的优势，建设景区导览、语音讲解、信息咨询等智慧服务功能。在东海大峡谷、南洞艺谷等景区，实现电子地图导游服务和自助语音导览功能，逐步实现游客游览全程智慧化服务和便捷旅游体验。

完善旅游咨询服务网点铺设 建成区内首个市级旅游形象门户中心——双桥舟山群岛旅游咨询服务中心，以“印象定海山”展馆为核心，打造游客进入舟山后了解城市文化的第一站。全区建成A类旅游咨询服务网点1个，B类和C类站点各3个，D类12个，总面积约1.1万平方米，配有服务人员200余人，已初步构建“五位一体”旅游咨询服务新体系。

“印象定海山”展馆

重大节庆活动

【“定海十景”征名活动】 通过前期海选、网络投票、专家评审，明确“定海十景”名单为“定海古城、东海大峡谷、祖印禅寺、舟山鸦片战争遗址公园、南洞艺谷、月亮湾风景区、定海湾（含南部诸岛）、定海古驿道、马岙海上河姆渡遗址、金塘仙人山（排名不分先后）”。1月18—28日，面向全社会有奖征集 “定海十景”的专属名称，收到来自浙江、广东、湖南、河南等地的稿件300余份，名称累计1500余条，投稿人员包括大学教授、旅游体验师、旅游创意工作者、退休老干部及普通群众等。经最终评审，确定“定海十景”专属名称为“海上古城、紫微幽谷、祖印问禅、竹山忠魂——鸦片战争遗址、南洞艺谷、西堠观桥、土墩拾遗、霞湾印海、仙山扶云、驿道寻踪”。

【“定海十景”发布会暨乡村旅游论坛】 3月1日，在南洞艺谷景区隆重召开以“践行‘两山’理论·发展乡村旅游”为主题的“定海十景”发布会，也是定海区首届乡村旅游论坛。分为2017定海旅游成果展示、“定海十景”发布、“旅游+邮政”战略签约、乡村旅游交流论坛等四大活动版块，省内旅游专家学者、行业大咖、媒体记者及市区涉旅相关单位代100余人参会。会议现场达成全市首例“旅游+邮政”跨界合作，将重点开展文创研发、文化会展服务、旅游商品快递服务等旅游产业提质升级工作。

“定海十景”发布会暨乡村旅游论坛

【“百万沪上客，自在舟山行”活动】 3月10—11日，由市旅游委主办的“百万沪上客，自在舟山行”活动正式启动首发，首发团500余名上海游客坐上旅游大巴，从上海开赴舟山，游览定海区南洞艺谷、册子月亮湾等景点，活动旨在让更多上海游客了解舟山的海岛风情和渔家文化，促进上海、舟山两市旅游业的发展和文化交流。

【“寻古之旅——走进故事定海”活动】 3月17日，走进故事定海之“寻古之旅”活动启动，30余名游客在导游的率领下到定海中大街、西大街、蓝理故居、舟山名人馆、祖印寺等地，边参观游览，边聆听名人事迹，近距离理解定海文化古迹和历史故事。

“寻古之旅”活动走进西大街

【2018乡村旅游巴士启动】 3月22日上午，“乡村旅游巴士”2018首发仪式在定海柳永文化广场举行，2辆满载市民的旅游巴士出发前往金塘、册子，共赴一场与春风、鲜花相约的旅程。“乡村旅游巴士”活动正式启动。

2018定海“乡村旅游巴士”首发活动

【南洞艺谷第三届油菜花节】 3月31日，启动南洞艺谷第三届油菜花节。景区举行花田T台表演、婚纱秀、儿童拉丁舞、儿童架子鼓表演等节目，在火车广场设置风筝DIY制作和农产品美食集市等，让游客在赏景观光的同时，体验到富有乡村特色的多元化旅游文化。

3月31日，南洞艺谷第三届油菜花节

【凯虹广场心愿亭开幕】 4月29日上午，凯虹广场举行凯虹广场心愿亭开幕活动，活动主要分为“爱满定海”义卖集市与“感恩的心”快闪两部分，通过营造氛围，加速网络传播，感染更多的人关注“心愿亭”。

【海滨公园心愿亭开幕】 5月12日，在定海海滨公园

《感恩的心》快闪活动在凯虹广场举行

举行海滨公园心愿亭开幕活动。活动以“感恩母亲”慈善义诊为主题，邀请舟山市权威医学专家进行户外义诊，并有定海区医学会工作人员现场讲解医学知识、免费发放药，以及“蚁帮”工作人员为现场母亲和爱心人士献上康乃馨。

海滨公园心愿亭

【中国舟山群岛（南洞艺谷）骑行嘉年华暨“嗨单车”骑游大会】 9月16日，举办2018中国舟山南洞自行车嘉年华暨“嗨单车”骑游大会舟山站活动，迎接来自全国各地的3000余名自行车骑游爱好者，是至今全省最大活动规模“骑游大会”。分全程组和半程组，起止点均设在南洞艺谷景区，全程组总里程175千米，累计爬升1142米，途中穿越定海最美公路、古驿道和城区，最远到达朱家尖大青山景区；半程组总里程85千米，累计爬升786千米，穿越于定海十八岙美丽乡村。南洞艺谷开幕式主会场还设置儿童滑步车比赛、街舞秀、小轮车表演等特色活动，引导全民感受自然、享受健康生活。

中国舟山群岛（南洞艺谷）骑行嘉年华暨“嗨单车”骑游大会

【中大街“古城韵”旗袍夜秀】 5月22日—6月21日，在定海古街开展古城弄堂风韵旗袍夜秀活动，每周安排三次（周二、五、六）不同内容的旗袍秀活动，时间为晚上19:30至20:30。将唯美传统的旗袍秀融入进古街，凸显古街浓厚的古韵文化，丰富定海的夜生活。

中大街“古城韵”旗袍夜秀

【2018名厨进民宿活动】 11月27日，定海区2018年“名厨进民宿”活动在舟山市传奇庄园举行，有30余名来自定海各个民宿、农家乐、乡烩农家的业主和厨师参加此次活动。活动现场，中国烹饪大师孙开雷在两名厨师的协助下对定海民宿、农家乐等餐饮行业业主进行理论、技能培训及实操指导，现场演示六道特色菜的制作方法。

名厨进民宿活动

【舟山旅游惠民季】 2018年12月1日至2019年2月28日，开展旅游惠民季活动，全区30余家企业参与活动。期间，开通乡村一日游"美丽田园"直通车，实现全区10余家主要景区门票一律免费，连通宁波、台州、吉林松原、四川达州等4个城市互惠政策，促成了部分宾馆饭店、民宿、渔农家乐等涉旅企业推出住宿和餐饮折扣优惠等；推出惠民季特色活动——第四届"神行定海山"东海大峡谷越野赛，吸引约650名越野跑爱好者参加。

行业建设与规范化管理

【打造专业化团队】 以团队化模式推进队伍建设，建立4支以年轻干部为主的专业化队伍，即：旅游规划团队、业态与活动策划团队、标准化研究团队、城市讲解团队。经团队指导，南洞艺谷景区在2018亚洲休闲户外运动产业高峰论坛上，荣获由亚洲休闲体育旅游行业协会颁发的年度"行业优秀品质服务商奖"，景区户外拓展营地荣获年度"亚洲特色营地奖"，为全市唯一；是年，定海新增1家四星级旅行社（舟山市太平洋国际旅行社有限公司）、2家三星级旅行社（舟山市定海光大旅行社、舟山海贝阳光国际旅行社有限责任公司）；1家全国中小学生研学实践教育基地（新建社区）、1家全省示范型放心景区（南洞艺谷景区）、1家浙江省三星级旅游购物场所（南洞艺谷特产店）、1家市级红色旅游教育基地（南洞艺谷景区）、1家市级海岛休闲示范点（马大叔火车咖啡）；并有4家企业（香楠大酒店、美味居餐厅、定海高佳庄大酒店、怡东凯丽大酒店）被命名为舟山餐饮名店；6道定海菜肴（泰式焗白蟹、富贵蟹钳、芙蓉水晶虾球、红油烙鲳鱼、面拖大头梅童、双味梭子蟹）被命名为舟山名菜；2位厨师（王海存、韩志平）被命名为舟山烹饪大师；3家旅行社（舟山群岛旅游集散总站有限公司、舟山春秋国际旅行社有限责任公司、舟山市太平洋国际旅行社有限公司）被评为市级"诚信旅游示范企业"，3名旅行社从业人员（吾旭华、马佳颖、朱妙儿）被评为市级"诚信服务标兵"；此外，在市导游技能大比武中，获一、二、三等奖各1名，最具潜力奖和最佳新人奖各1名，包揽奖项一半名额；在市级中式烹调和西式面点技能大比武中，获中式烹调第一名、西式面点第二名；在区级创业创新大赛中，获三等奖1名（万花谷森林学校），优胜奖1名（老定海一桌菜）。2018年，定海区获中国旅游协会（民宿客栈与精品酒店分会）颁发的首批"全国民宿产业发展示范区"称号；双桥者里山宿获评"2018年度'岛居舟山'最美民宿奖"，且被称为"最具温度民宿"。

【探索新业态标准】 探索符合定海特色的新业态标准，与浙江海洋大学旅游系合作，完成《国家工业旅游示范基地规范》《定海区休闲渔业船舶管理办法实施细则》等12项旅游标准初稿；以南洞艺谷为试点，推进"国家级乡村旅游服务业标准化"工作，完成立项申报工作。指导太平洋旅行社获评四星级品质旅行社，假日、园林旅行社通过四星级复评，上报3家"卓越团队"、1家星级购物场所、4家休闲示范点和5家名店、5位名厨候选。

【创新实施城市旅游讲解"六个一"工程】 即一批最美导游、一支核心队伍、一本导游宝典、一项智慧服务、一系列专题培训和一次全民讲解大赛，培育一支热爱海岛文化、业务精湛、素质优良的讲解员队伍，引导广大市民向旅游讲解员和城市宣传员转变。

精心采编《定海旅游导游词》 收录古城、海岛、村岙等旅游点116个，介绍定海的重大历史战争事件和老民俗、老下饭、老行当等，成为传播定海文化的"宝典"。

"阿拉话定海"全民讲解大赛 将参赛对象由单一的导游员扩大到所有旅游爱好者，挖掘出一大批乐意从事城市讲解的人才。整合旅游协会、核心旅行社、区培训中心、市内高校等资源，定向培养专业导

游、行政导游、社会导游三方面讲解人才。建成一支来自旅行社、景区点、展馆员工和镇（街道）社区400余名讲解员的讲解员队伍；评选出首批区级“最美导游”6名，完成“导游服务指南”初稿编制，打造特色讲解团队——“飞鸟时代”，有30余个景区点实现语音讲解服务。

【开展质监执法与安全工作】 开展巡查抽查、专项督查、联合执法和明察暗访等多种形式，开展旅游市场整治“利剑行动”、旺季“百日行动”等专项整治，明察暗访旅游企业61家；保持旅游投诉电话24小时畅通，受理投诉10件，调处7件，撤诉3件，处理满意率100%。推进行业安生管理，年初及时与全区37家旅行社、6家星级宾馆饭店和16家A级景区签订安全责任书；召开全区旅游系统安全生产会议，开展景区机动车事故应急演练和火灾应急演练，以及全区旅游安全消防员技能大比武；以节前检查、冬春火灾防控、扫黑除恶、安全生产月等活动为契机，对全区旅游企业在消防安全、旅游包车、应急管理等内容进行了全面检查和督查，确保全区行业生产运营安全有序。

【推进文明旅游创建】 制定《文明旅游专项行动方案》，成立工作领导小组，以专项组进驻景区点、一对一星级饭店联系制和旅行社分段划片管理模式等措施推进文明旅游对标整改落实工作，建立“三天一小会、六天一大会”的汇商机制与每日进度上报机制，采用“就高不就低”的标准，及时高效办结文明办、创建办针对旅游行业督查督办的各项整改问题。截至年底，完成景区督查15轮，星级酒店和旅行社20轮，发放公益广告展板400余块，公益标志贴500余张，分类垃圾桶120余个，协助企业增设人性化服务设施，提升全区文明旅游意识。

（撰稿：胡妮娜）

（本分目图片由区文化与广电旅游体育局提供）

责任编辑：王英伟

城区管理与城乡建设

概　述

2018年，区住房和城乡建设局（简称区住建局）设办公室（政策法规科、信访办）、人事教育科、计划财务科、建筑业管理科（招投标管理办公室）、城市与村镇建设科、行政审批科；辖区住房保障和房产管理局、区建筑工程质量安全监督站、区城建档案馆。

是年，通过强化监管、完善服务等方式确保建筑业、房地产业平稳发展。建筑行业市场秩序持续良好，工程质量安全态势平稳。推进落实“最多跑一次”改革，推广应用“竣工测验合一”改革，优化行政审批效率。完成提案议案办理和信访工作，解决各类与城乡建设有关群众诉求。加强对住建系统干部职工培训教育，完善机关各项制度。

城市建设

【农渔民住房改造建设】　落实乡村振兴战略，推进

东港新村19幢危房加固

美丽乡村建设，各级财政投入资金74.2万元，完成渔农村困难群众危房改造50户，改造面积4009平方米。

【各项中心工作】　城镇危旧住宅改造　完成第二次城镇房屋安全大排查鉴定工作，新增城镇住宅C级危房137幢，新增城镇住宅D级危房1幢。启动桔园南区12幢危旧房改造项目，完成总工程量的20%。推进危房加固工作，完成城区3幢危旧房维修加固，安置住户80人。加快推进农村危房解危工作，出台《定海区农村危房治理改造工作实施办法（试行）》，完成721户定海区农村危房改造治理工作，总面积111859.76平方米。实行三级监管、专业监测，强化C级危房实时监管。

小城镇综合治理　围绕“整治一张图”推进小城

危房动态监控

镇环境综合整治工作，完成小沙街道、小沙街道长白片、岑港街道、岑港街道册子片、双桥街道整治工作，累计投资2.4亿元。全区6个镇（街道）8个区域

全部完成整治并通过省级考核验收，实现三年任务两年完成，两年来共实施小城镇整治项目232个，累计投资6.73亿元。

交通治堵　完成56个城区公交电子站牌建设，完成岑港客运中心1个公交首末站建设，新建公共停车位约2845个，建设生态绿道10公里，新建改造城市道路6.688公里，打通总府路延伸段、城西河路2条断头路，完成芙蓉洲路、总府路2个街区微循环改造，在城区50个小区和广场播放治堵灯箱广告、56个公交停靠站制作治堵橱窗广告。

建筑业管理

【概况】　2018年，经过建筑业资质换证，全区有建筑企业78家，包括44家建筑施工总承包企业，34家专业承包和劳务分包企业。全区具有一级资质的建筑施工总承包企业 8家（见列表）。

表19

序号	企业名称
1	浙江舟山广宇建设有限公司
2	舟山市大沙建筑工程有限公司
3	浙江博宇建筑有限公司
4	弘业建设集团有限公司
5	隆图建设集团有限公司
6	浙江龙元公路工程有限公司
7	浙江广盛环境建设集团有限公司
8	浙江和海建设科技集团有限公司

是年，建筑业继续保持健康发展，实现总产值100.7亿元，同比增长7.1%；完成竣工产值77.07亿元，同比增长6.2%；签订合同额152.99亿元，同比增长24.6%。

【建筑市场监管】　招投标管理　加强对定海区重点工程建设项目的管理，严格“三价”（招标控制价、中标价、竣工结算价）公开报送制度。2018年，“三价”公开报送项121个，招投标实际开标175个，实际开标总控制价28.06亿元；办理施工许可证93份、竣工备案56项。

安全宣传　结合专项整治工作开展以施工现场为主的安全宣传工作，安排相关防火应急演练，根据工作实际制订相应的实施方案，发放横幅60条、宣传画200张、宣传资料200份。组织开展“科技宣传周”“全国安全生产月”等活动。

人员培训　组织开展初级技术人员培训班1期，培训人数47人；申报并评审通过中级工程师205人，高级工程师22个。加强浙江省建设市场监管和诚信系统建设，完善建筑企业信息库，审核入库企业114家（包括咨询企业），注册建造师2212人。

定海区“无欠薪”工作　全力开展定海区住建领域“无欠薪”创建工作，推进农民工实名制和工资支付分账制建设，多次组织开展农民工工资支付的专项检查，抽查68个工程。组织在建项目工程召开分账管理和农民工工资支付专题会议，参加人数86人。

扫黑除恶专项斗争工作　2018年3月起，向区属78家建筑业企业传达扫黑除恶的工作内容和相关法律法规，以在建筑工地、公共区域等醒目位置悬挂扫黑除恶条幅、张贴海报、发放宣传单等方式，广泛宣传，全年共悬挂横幅40条，张贴宣传海报200张，宣传资料250份，发放宣传手册450份。通过线索排摸月报制对辖区内的85个在建工程加强实时监管防范。

【质量安全生产大检查】　完善安全生产责任制度，与66家建筑企业签订安全生产责任书（不包括混凝土企业和劳务分包企业）。深入推进工程质量安全治理提升三年行动、安全隐患大排查快整治严执法行动和全区建筑施工安全生产大检查工作，对辖区内85个在建工程（房建74个，造价约58.7亿元；市政11个，造价约0.87亿元），发放工程质量安全抽查记录206份，限期整改通知单73份，停工通知单7份，办理建筑起重机械备案登记1150次。处理投诉68件，满意率95.5%。全年未发生建筑施工安全伤亡事故。贯彻落实相关技术标准，开展工程质量大检查大整治活动，消除质量隐患，治理质量通病。落实五方主体项目负责人质量终身责任制，打击建筑施工转包违法分包行为，健全工程质量监督机制。抓好基础设施、公共工程和住宅工程，保障性住房施工质量安全监管工作。

【建筑行业协会工作】　发挥协会技术优势，开展建筑新工艺观摩培训。指导区属建筑业企业开展各项安全教育活动。鼓励建筑企业建设优质工程，开展全区标准化工地评审工作，评出区级标准化工地、市级标化工地各16个；海山杯奖（优质工程） 获奖工程承建企业7家，舟山市房屋建筑“优质结构”和市政工程“优质城镇道路”工程承建企业14家。

2018年定海区建筑工程安全文明施工标准化工地

表20

序号	项目名称	施工单位	项目经理
1	定海东门交通综合体	恒尊集团有限公司	张朝明
2	宋都蓝郡国际一期东标段	杭州通达集团有限公司	吴进群
3	宋都蓝郡国际一期西标段	宁波建工工程集团有限公司	曾云枫
4	弘生世纪城北侧小区（暂定名）项目	大昌建设集团有限公司	周　坚
5	舟山市定海区城中村农民公寓房白泉地块	弘业建设集团有限公司	王伟军
6	盐仓新天地广场项目	浙江舟山广宇建设有限公司	王红斌
7	瑞金医院舟山分院一期	弘业建设集团有限公司	张　明
8	舟山定海HY-02地块住宅项目（一期多层、三期）	浙江隆鑫建设有限公司	乐飞轮
9	舟山定海HY-02地块住宅项目一期Ⅰ标段	浙江隆鑫建设有限公司	崔江定
10	舟山定海HY-02地块住宅项目（暂定）二期	浙江隆鑫建设有限公司	张松兆
11	舟山西部商业中心工程	浙江和海建设科技集团有限公司	何贤兴
12	廷佐小学东侧地块改造项目	浙江科润建设有限公司	邵军华
13	弘生世纪城北侧小区（暂定名）附属管线项目	浙江科润建设有限公司	董诗军
14	百里滨海大道定海段（一期）Ⅲ标段	浙江恒昌建设有限公司	熊铁峰
15	盐经六路延伸段道路工程	浙江昌鼎建设有限公司	李佩君
16	西北片污水处理厂配套主管网工程	浙江昌鼎建设有限公司	李　挺

住房保障和房地产业管理

【概况】 是年，区房管局在职在编职工38人，退休职工1人，编外用工24人。为副科级全额拨款事业单位，隶属区住建局管理，负责全区住房保障和房产管理工作。下辖7个职能科室，1个基层房管所。

【房地产市场】 销售新建商品房3369套，面积33.69万平方米，销售金额41.03亿元，其中销售新建商品住宅1714套，面积18.6万平方米，销售金额26.97亿元；二手商品房交易3709套，面积36.42万平方米，成交金额29.21亿元。强化房地产销售行为监管和检查，全年发放整改通知5份。提高中介从业人员的业务素质，举办房地产经纪机构从业人员专项培训班，26家中介机构43人参加；推广2018年新版商品房买卖合同使用，组织召开2018版商品房买卖合同培训班，71位销售员参加。

【保障房管理】 新开工城镇保障性安居工程住房6633套（含货币安置4196套），面积41.95万平方米，其中小洋岙双拥路棚户区拆迁改造项目等24个项目完成货币征收4196套。“四公开”阳光分配公共租赁住房，完成370人次的入住、分配、管理工作，未出现投诉现象。开展廉租住房申请审核工作，有享受廉租住房实物配租570户，享受廉租租金补贴1002户，发放补贴494.38万元。加强直管公房管理，维修直管公房138处，完成500多户砖木结构直管公房安全排查工作，发现问题隐患50多处并逐一解决。在抗击“温比亚”、“云雀”和“安比”台风中，组成应急小分队开展日夜巡查，做好旧城区低洼地段排涝工作。配合区旧城改造办公室做好拆迁工作，通过异地安置、房改、清退等方式对3个拆迁区块和2个文保点的152户直管公房租户进行重新安置。

【住房补贴发放】 审核因职务提升享受面积补差人数20人，总补贴金额27.6万元；审核享受20%住房公积金补贴人数235人。协助区人才办办理人才购房补贴及人才公共租赁房46人次，查询房改证明1900份。

【物业市场监管】 评选物业管理示范住宅小区和优秀业主委员会各3家。联合区财政局印发《定海区物业管理经费和物业企业奖励专项资金管理办法》，加强物业资金专项管理。开展全区物业服务质量检测，抽样检查35个物管小区，发现问题立即整改并复查。将30个物业公司及111个物管项目录入至浙江企业信息交换共享平台，推行“两随机一公开”监管机制。接待处理物业相关信访投诉172件。

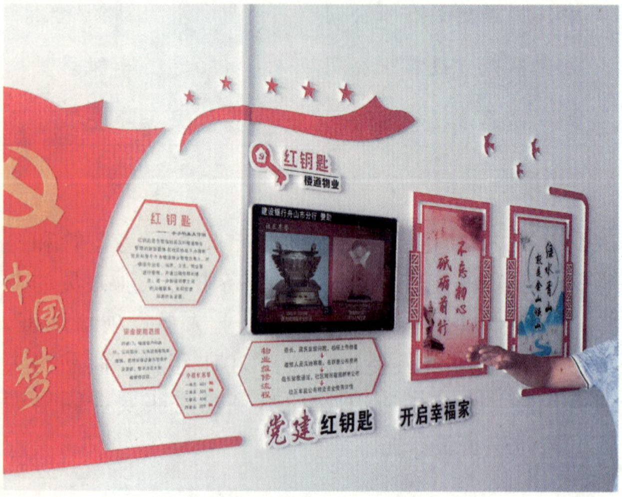

东管庙楼道微物业

【老旧小区综合整治】 对9个社区化准物业小区开展服务质量考评，均为优秀，发放补贴约60万元。组织实施6个老旧小区停车位改造，总建筑面积51.88万平方米，投资300万元，改造完成后新增458个停车位。

【物业资金管理】 归集专项维修资金3511.07万元，保修金2871.07万元，修缮完工验收核准拨付项目244个，涉及用户9947户，建筑面积101.58万平方米，拨付维修资金582.7万元。

【白蚁防治】 签订《新建房屋白蚁防治公共服务受理单》64份，面积约123.02万平方米，完成预防施工面积65.41万平方米，完成旧房灭治621户，灭治面积约10万平方米。开展白蚁防治宣传活动，分发白蚁防治宣传手册共计1500余册。

城建档案管理

【概况】 是年，区城建档案馆工作人员6人，围绕“最多跑一次”的工作理念，加强队伍建设，强化业务管理，优化服务流程，做好工程档案和综合档案管理工作。

【优化服务】 按照《舟山市定海区人民政府关于印发定海区推进行政审批服务“最多跑一次”改革实施方案的通知》要求，借区“最多跑一次”审批改革工作，全面推进建筑工程“竣工测验合一”改革。配合做好全区建筑工程项目联合竣工验收，通过信息平台提交城建档案认可意见书，精简环节，加快工程档案预验收进程。

【档案室建设】 根据《浙江省城建档案馆（室）目标管理考核认定标准细则》，落实制度建设、机制创新、业务建设、库房管理、信息化建设。全年完成工程档案数字化扫描996卷、业务档案数字化扫描166卷，完成城建档案管理系统的内容著录及数字化挂接工作；保持省三级馆创建成果；业务档案数字化率100%，实现档案全文数字化，提高档案检索的效率，发挥档案资料的社会效能。

【档案管理】 加强建设工程管理，通过提前介入、线上线下咨询服务，为档案预验收做好准备。全年完成工程档案备案51个，验收33个，入库 668卷，照片750张；完成会计档案41卷，文书档案整理、归档及系统挂接423件，业务档案146卷，整理归档业务档案146卷。

排水　供气

【管网建设】　2018年投资3200万元完成白泉镇、双桥街道、岑港街道、盐仓街道、干𬒗镇、西北片污水处理一期工程等管网建设，新建管网建设15.16公里，完成年度目标任务的108%。加强农村生活污水运维管理，联合各镇（街道）和第三方运维单位对全区131个终端、482.37公里管网进行运维管理；创建白泉星塔村湿地、小沙东风村湿地、盐仓大井头湿地3个标准化运维终端设施；委托省建科院建立区级监管信息平台、省城乡规划院编制专项规划。

（撰稿：邵佳盈）

（本分目图片由区住建局提供）

综合行政执法

【概况】　2018年，区城市管理局（区综合行政执法局）在编职工87名，其中行政10名，参公48名，全额事业29名。编外用工人员29名，新招录公务员1名、事业1名。有执法证人员79人，持证率92%。下设办公室、计划财务科、政策法规科、智慧城管指挥中心（综合协调科）、督查信访科、市容与公用事业管理科、行政审批科等职能科室7个。设城区执法一中队、城区执法二中队和定海工业园区执法中队3个直属股级派出机构。派出机构10个，除白泉分局为副科级派出机构外，城东、昌国、环南、盐仓、马岙、小沙、双桥、岑港、干𬒗均为股级派出机构。

是年，按照区委区政府的工作部署，区城市管理局紧紧围绕全国文明城市创建、城乡环境综合整治大会战等中心工作，以提升城市管理法治化、智慧化、精细化、人性化、专业化水平为主题，完善长效管理，破解顽症难题，深化城市治理，提升城市品质，强化队伍建设，实现城市管理水平新提升。

【城乡环境综合整治大会战】　牵头开展精品示范街（路）建设、杆线箱及背街小巷整治等8项行动，协助各单位开展城区停车秩序整治、城乡道路环境整治、城区道路交通隔离设施规范提升“两非”车辆整治巩固提升、废旧收购业整治巩固提升等5项行动。

精品示范街（路）建设　完成总府路地上建设和环城东路立面改造，整体效果呈现良好，面貌品质焕然一新。

杆线箱及背街小巷整治　完成海天大道整体改造工程和沿线杆线箱整治，完成县前街、横塘弄、东管庙弄等三条背街小巷的路面不平、路灯不亮、污水乱排、管线乱拉及跨门经营、流动设摊、乱扔垃圾、乱停车等问题治理，落实沿街店铺的“门前三包”责任。

东管庙弄整治后

路牌标识规范化整治　完成解放路、人民路等19条城区主次道路中英文对照路牌更换；清理329国道、北向疏港公路、百里滨海大道、双坝线、弘生大道等

路牌标识更换

5条交通主干道的187处指示牌。

生活垃圾分类处置能力提升　城区垃圾分类处置覆盖率达到90%，开展垃圾分类的居民小区达到173个、企事业单位269家、学校16家，创建弘生世纪城南区、檀东颐景山庄、檀香小区、香园新村、玉兰花园等5个高标准分类居民小区。

城市公园规范管理　完成城区5座城市公园整治，流动设摊、私种菜地、违章搭建、公用房被侵占、挪用等问题得到解决，通过国家园林城市省级评审。

无证菜店整治　按照“规范一批、改造一批、取缔一批”的整治目标，对定海城区原293家菜店进行整治，现压缩至203家，原163家无证（照）菜店通过改造转型为有证菜店，共取缔41家，关停49家，跨门占道、乱堆物、乱排污水、乱扔垃圾、无照经营等问题得到解决。

“滴漏抛洒”整治巩固提升　制止“滴漏抛洒”现象210起，立案查处18起，罚款金额90400元，办理渣土处置许可证9起，渣土准运证307起，走访工地负责人85次，发放整改通知书37起。全区各镇街道315辆渣土运输车全部登记归档，盐仓区块建筑渣土管理模式实行城区标准。

马路市场整治巩固提升行动　通过在重点区域设立执法岗亭，错时巡查、建立“网格长、路长”负责制等工作措施，巩固提升已取缔的城区12个马路市场。

海天大道沿线马市场整治

【智慧城管定海分中心建设】　依托日常管理平台、应急指挥平台、公共服务互动平台、决策分析平台，快速实现城市管理事件、部件的采集、受理、派遣、处置等一系列流程。信息采集采用视频监控、采集员上报、队员巡查等多样化、智能化采集手段，并引入“城管小智” 机器人功能，利用视频智能识别，图像比对技术进行自动操作，一旦发现流动商贩、占道经营、人行道违章停车、乱堆物等街面秩序问题，通过人工审核后直接下达工单进行处置。截至年底，城区完成监控布点32个，聘用采集员5名、坐席员5名。自8月试运行以来，已发现城市管理问题10679件，解决9601件。

智慧城管定海分中心

【排水 供气】　排水　于6月启动城镇污水排入排水管网许可管理工作，对全区管网覆盖范围内从事工业、建筑、餐饮、医疗等活动的排水户向城镇排水设施排放污水情况进行全面摸排建档，督促既有纳管排水户限期办理许可证。截至年底，共发证79本。

向息耒海景酒店发放排水许可证

燃气　2018年，定海区瓶装燃气储配站共二家，分别是位于双桥的华权燃气有限公司和位于岑港的岑港液化气供应站，登记在册的瓶装燃气门店24家（不包括金塘），气瓶档案基数3.07万个，气瓶信息化登记数量完成率100%。

【最多跑一次改革】 围绕“最多跑一次”、“四个减”，推进行政改革，精简审批流程，提升行政效能和服务水平。2018年以来，梳权力事项清单共33项，全部进驻办证中心，所有事项全部实行跑一次，截至年底，窗口共办结行政许可事项1972件。

【国家园林城市创建】 成立区国家园林城市创建工作领导小组，印发了《舟山市定海区创建国家园林城市实施方案》，针对市分解8个管控项目和14个建设项目，倒排时间，梳理问题。绿化建设工程方面，明确创园绿化建设项目15项（2018年新增葆三公园），已完成3项；管控指标项目方面，区8项管控项目，已完成3项，其他5项正在按期推进中。创园台账共涉及57项指标，第一批台账资料已收集提交。年底顺利通过省测。

【队伍建设】 党建 年初开展2018年度“新起点•新征程•新辉煌”主题党日活动，研究制定全年党建工作活动形式、责任人员、每月计划等相关内容。安排部署各支部扎实推进理论知识学习，通过专题党课、学习研讨、典型示范、自学等形式，深刻领悟《大力弘扬红船精神》《习近平新时代中国特色社会主义思想三十讲》、“八八战略”实施15年理论文章等读物。在机关内部，营造了良好的学习氛围，加强机关勤政、廉政、善政建设，提升党员干部的工作干劲、执政能力和服务效率。

“三化”队伍建设 拟定定海区《关于开展全区综合行政执法队伍“三化”建设的实施意见（征求意见稿）》，力争三年时间实现基层执法队伍管理正规化、执法规范化、保障标准化，将白泉执法分局、小沙、盐仓和环南街道执法中队列为2018年度“三化”建设试点单位。积极抓好队员形象督查，确保各项标准在实际工作中的落实。

志愿服务活动 组织机关党员干部、群众积极参与一系列志愿服务活动，开展“路长制”道路清障活动、助力社区攻坚志愿服务活动、环境卫生巡查活动等80余次，214名机关党员干部、群众参与其中。

路长制巡查志愿者活动

【依法行政】 执法办案 全年审核案件775件，立案案件594件，结案417件，结案率70.2%。

执法培训 编辑执法人员法律法规测试试题库，强化一线执法队员业务学习培训，本年度对500人次完成培训指导。

试点探索执法办案新模式 年初，在全省率先设立城市管理巡回法庭，截至年底，该法庭共受理非诉行政案件35件，结案35件，准予执行35件，准执率达到100%。7月，在全市范围内率先引入“非接触性”执法新模式，制定并下发实施方案，完成37名法制员培训，并建立执法基础信息数据库。

城管巡回法庭揭牌仪式

【办理群众投诉】 2018年，受理各类信访投诉2236件，全部办结。做好领导接访工作，党组成员每月一次协调处理信访问题，每半年一次接待来访群众，主要领导全年参与接访25起；根据投诉信访办理现状，参与现场调解。落实信访问题处置公开化，全年录入省信访网案件1562件。

【为民服务】　学雷锋驿站　在城区6处公园、广场设立“学雷锋驿站”，提供便民服务、应急救护、敬老助老等服务项目，联合东海科技学院建立城管志愿者服务基地，开展文明劝导、三车管理等服务活动。

学雷锋驿站

公共自行车　2018年共开展各类服务活动近40次，700余人次参与志愿活动。大力拓展城区公共自行车服务范围，截至年底，全区有82个站点，投入2100余辆自行车，日均服务达2600余人次。

市政园林管理

【概况】　2018年，区市政园林管理中心在职员工33人，为副科级全额拨款事业单位，隶属区城市管理局管理，主要负责城区市政、园林绿化、公园广场建设管理、城区河道管理和全区园林绿化管理工作的业务指导工作。下设办公室（计划财务科）、市政设施管理科、公园广场管理科、园林绿化管理科、河道管理科5个职能科室。

【市政工程新进展】　是年，完成定海区利民碶排涝站建设、城东小公园改造工程、总府路改造工程、双洋路道路改造工程、解放路立面提升改造工程、海天大道提升改造工程（定海段）市政道路改造工程等。为创建全国文明城市建设，对城区沿街道路公共设施进行整改，新增城区停车位约2653个，增设约7500米各类型护栏及1500余根警示桩、挡车杆。完成镇鳌山、晓峰岭隧道亮化工程，新安装路灯69盏。

海天大道提升工程定海段效果图

【市政养护管理】　修复混凝土路面、沥青路面、人行道路面总计约41900平方米，修复城区污水管网约14公里，零星调换（升高、降低）窨井座盖800套。

城区污水管网检修现场

【城市绿化养护】　在植树节面向街道社区和市民赠送15750盆草花；以“争创国家园林城市、共建和谐海上花园”为主题，向市民赠送草花2500盆。完成春秋两季城区绿化补种。完成补种道路绿地约12000平方米，公园广场约4000平方米。完成小区补种约50000平方米。环城东路（解放桥—海滨桥）景观提升工程。完成海天大道提升改造工程（定海段）绿化景观提升。

【申报受理公益性活动】 是年，公园广场管理科受理申报公益性活129次，100人以下公益性活动56次，100人以上500人以下公益性活动68次，500人以上公益活动5次。

【信访投诉与网络问政】 办理信访、网络问政等案件1268件，其中涉及市政类703件，公园广场类395件，园林绿化类170件。

环境卫生管理

【概况】 2018年，区环卫处在职在编职工49人，退休职工91人，临时用工845人，隶属区城市管理局管理，机构设置为7个科室，下设4所1场。2018年，区环卫处被评为定海区“先进集体”。

【道路公厕保洁管理】 是年，纳入道路清扫保洁面积173.1万平方米，绿化带保洁面积90万平方米，实现城区65%道路保洁18小时以上。管理公厕104座，其中专人管理公厕67座，主要道路两侧实行24小时开放，非专人管理37座，保证一日三清，并按人流量提高保洁频率。粪便清运1.24万吨，粪便厂无害化处理率达100%。

【各类垃圾清运】 生活垃圾经压缩后跨海运输量15.3万吨。完成1.3万个垃圾筒（箱）和1040个果壳箱的清洗清运。垃圾清运机械化率达76%，公共区域以机械清运为主。

小型道路清扫车

【垃圾资源化利用】 持续推进垃圾分类全覆盖。通过完善制度、设立实体化分类办、强化基础保障、探索新模式等工作，截至目前，已在10个小区进行高标准巡检；在新桥公寓引进“好嘞”垃圾上门回收新模式，运行以来，共上门回收可回收垃圾484次，回收垃圾3400公斤；通过区宣传部、文明办、区新闻中心、社区、教育局等部门开展新闻宣传46次、工作培训会议8次、派发宣传手册0.8万余册、宣传海报200张、设置绿地宣传牌60块、利用垃圾分类宣传图板开展宣传活动51次；通过社区课堂对居民进行宣传2次、校园垃圾分类环保教育活动75次。在城区188个小区（7.2万户）、275个机关事业国有企业单位、16个学校、及社团公共机构等开展生活垃圾分类工作，提前1年完成省覆盖任务目标。

【建筑垃圾粉碎制砖】 垃圾资源化、减量化。在实行“大分流、小类分”基础上利用砖块类建筑垃圾分拣中心粉碎制砖，是年处理建筑垃圾3.6万吨，制砖750万块；完善建筑垃圾分拣队伍，在青岭建筑垃圾中转场内对建筑垃圾进行分拣试点。

【环卫设施建设】 定海城区开放式小区化粪池疏通

改造工程，截至12月底清理化粪池1516个；以“公厕革命”为契机，更新厕所设施设备，提升厕所品位，将有条件的厕所设置“第三卫生间”，全面打造星级旅游公厕，完成廷佐小学公厕和东港桥公厕新建并对外开放，完成陆家桥公厕、昌国桥公厕、东山路公厕等30座公厕改造；完成解放垃圾中转站垂直式压缩设备改造卧式箱体压缩设备的任务计划，通过土建施工，箱体设备到位，解决原有的垃圾暴露、异味重等问题。

【青岭环卫综合服务中心工程】　该项目总征地面积约80亩，总用地面积约27773平方米，预计总投资约8000万元。项目包括中型垃圾中转站、垃圾渗滤液处理设备间、生活垃圾临时堆场、汽修厂机修车间、辅助用房以及停车场。截至2018年底，边坡治理工程已经完成总工程量的85%，主体工程施工单位和监理单位已经招投标完毕，施工单位已经进场放样。

【垃圾定点收集】　在芙蓉洲路、东大街设3个垃圾投放点，撤除该路段原有27处餐厨、生活垃圾桶，要求芙蓉洲路、东大街店铺经营户及单位将垃圾袋装或桶装化，并按餐厨垃圾和生活垃圾进行分类后再分别处置。餐厨垃圾每天上门收集一次，由用户自行倾倒；生活、其他垃圾按照规定的时间及规定的地点，由用户把垃圾运送到指定的环卫车辆收集处进行投放。现已将垃圾定点定时投放试点工作推广至昌国路、环城东路沿街店铺。

【提高工人福利待遇】　上门探望退休工人，了解他们离岗后的生活状况，帮助他们解决生活中困难。2月4日，组织16名环卫工人参加由市城市管理局和市旅游委员会联合举办的“冬日暖阳感谢有你2017‘城市美容师’暖冬新区游”活动；2月7日组织由市民政局、区环卫处以及区新闻中心联合主办的“温情年夜饭”活动，让260名一线工人在怡东凯丽吃到年夜饭，并为在座的每位工人准备礼品。

温情年夜饭

（撰稿人：王裕芬）

（本分目图片由区综合行政执法局提供）

住房公积金管理

【概况】　2018年，定海区公积金管理中心在区委、区政府的支持下，贯彻落实党的十九大精神，进一步落实“最多跑一次”改革工作，按照“依法、安全、稳健、规范”的总体要求，围绕“强化归集、突出效应、规范管理、改进服务”的工作思路，群策群力，完成全年目标任务。

【住房公积金归集和提取】　全年归集住房公积金3.68亿元，比上年同期增加3631万元，增长10.94%，完成年度计划105.14 %。累计归集余额8.22亿元。截至12月底，定海区正常缴存单位488家，缴存职工15073人。其中新增单位78家，新增缴存人数1361人，比2017年缴存人数净增1487人，缴存人数增长10.95%。全年职工提取住房公积金2.78亿元，比上年同期增加1505万元，增长5.73%，提取额占同期归集额的75.54%，完成年度计划99.29%。从提取公积金构成分类看，全年购房提取7083万元，偿还贷款提取14720万元（其中为职工按月冲抵公积金及商业按揭贷款6808万元），离退休提取2527万元，支付房租提取345万元，户口迁出或出境定居提取54万元，其他提取3049万元。

【住房公积金贷款发放和收回】　全年为229户家庭发放个人住房贷款7876万元，比上年同期减少16510万元，减少67.70%，完成年度计划78.76%。全年收回贷款10852万元，比上年同期增加927万元，增长9.34%，完成年度计划113.04 %。目前贷款余额7.76亿元，贷款余额占归集余额的94.40%，贷款逾期率为零。至年末，共累计向4826户职工家庭发放个人住房公积金贷款14.20亿元。

2018年定海区住房公积金归集和支取情况

表21

项　　目	完成情况	项　　目	完成情况
缴存单位数（家）	488	支取金额（万元）	27779
正常缴存人数（人）	15073	其中：购建翻建大修自住住房	7083
新增单位数（家）	78	偿还购房贷款本息	14720
新增缴存人数（人）	1361	离休、退休	2527
归集额（万元）	36819	户口迁出或出境定居	54
累计归集余额（万元）	82280	支付房租	346
缴存比例（%）	12	其他支取	3049
比年度计划增长（%）	5.20	比年度计划增长（%）	-0.79
比上年增长（%）	10.94	比上年同期增长（%）	5.73

2018年定海区住房公积金贷款使用情况

表22

项　　目	完成情况	项　　目	完成情况
贷款发放数（户）	229	贷款回收额（万元）	10852
贷款发放金额（万元）	7876	比年度计划增长（%）	13.04
比上年同期增加（万元）	-16510	贴息贷款发放数（户）	0
比年度计划增长（%）	-21.24	贴息贷款发放金额（万元）	0
比上年同期增长（%）	-67.70	年末贷款余额（万元）	77609
历年发放贷款数（户）	4826	年末存贷款占比（%）	94.32
累计发放贷款金额（万元）	142009	年末贷款逾期率（%）	0

【实现各类办理事项“最多跑一次”】 梳理和完善公积金办理事项　梳理规范办事事项和指南，优化审批流程，减少审批环节，精减审批材料。根据市中心统一要求，将公积金办理事项的公积金支取、公积金贷款、公积金缴存、公积金年度验审四大主项梳理为30个子项后，将所有主项和子项逐一录入浙江政务服务网，进行完善和修改，方便群众了解与查询。

局长主任坐班“最多跑一次”活动　持续深化“最多跑一次”改革，切实解决工作中的难点和瓶颈问题。按照定海区政府的总体要求，年初启动局长主任坐班“最多跑一次”活动。分中心安排屠燕君主任和金燕副主任每月轮流亲临窗口一线坐班，通过参与咨询、受理等具体业务，为单位和职工提供“面对面”服务，解决群众办事中的难点、堵点问题，提升服务水平。

提供“一窗办理”服务　分中心按照市中心制定

定海公积金中心主任及副主任亲临窗口接受咨询

的《“无差别全科受理”实施方案》，对工作人员进行业务培训，规范综合受理窗口设置，为群众提供“一窗办理”服务。同时，将11项民生事项输入政府服务网实现“一证通办”，逐步实现让群众从“最多跑一次”变为跑零次，提升群众在“最多跑一次”改革中的满意度和获得感。

各项活动助力“最多跑一次”　配合市中心开展

定期分批进行业务培训，实现“无差别全科受理”

专项检查活动、参与“最多跑一次”培训班、增设大厅硬件设备等助力“最多跑一次”。6月份，接受市中心对我中心在业务管理、财务管理、“最多跑一次”改革落实情况三方面的专项检查，发现问题并及时整改，确保管理工作规范高效运行。10至11月，定海分中心分两批参加市中心开展的“最多跑一次”主题培训活动，职工们收获满满，并表示在未来的工作中将会学以致用，用更加饱满的热情和娴熟的工作技能投入到“最多跑一次”改革中，为广大群众提供更优质的服务。同时，分中心服务大厅还增设个人信用报告自助查询机，为贷款市民查询征信记录，打印征信报告无需再跑人民银行，实现征信查询快捷、方便，推动公积金“最多跑一次”改革。

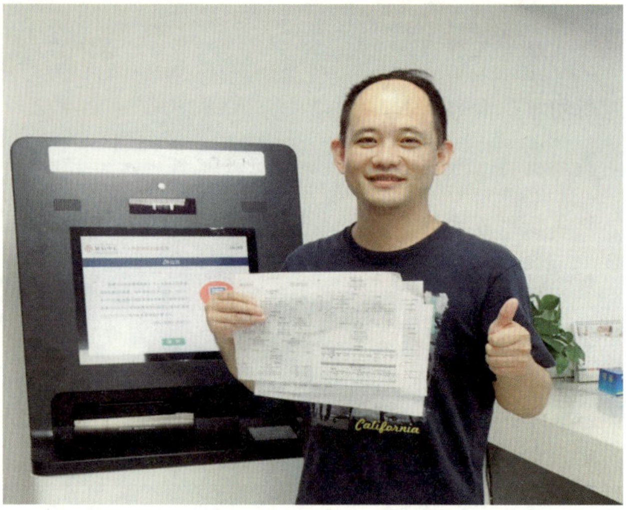

客户使用个人信用报告自助查询机后大大点赞

【完成扩面任务】　分中心将公积金扩面工作作为年度工作的重中之重，坚持公积金政策宣传与引导，做好企业，特别是上市企业的上门动员、督促和服务工作，促使上市企业建立住房公积金制度，提前超客完成扩面任务，有越来越多规模较大的企业开始为职工缴存公积金。1月份，舟山和润集团下属部分定海子公司，陆续在分中心开设公积金账户；5月，舟山7412工厂为其名下全部员工约560人缴纳住房公积金；6月，浙江华业塑料机械有限公司和舟山长宏国际船舶修造有限公司在分中心开设公积金账户，先给管理层员工缴纳公积金，两家单位为约300名员工开户，并分别承诺将在3年和5年内做到企业内公积金制度全覆盖；11月，浙江和海建设科技集团有限公司来分中心为40余职工缴纳住房公积金，并表示将尽快为近250位全体员工设立公积金账户。推行委贷银行扩面考核奖励办法，发挥考核积极性，合理利用与委贷银行的考核机制，加大公积金扩面宣传力度，并由市中心对各委贷银行深化考核机制。

【推进各项公积金日常业务】　公积金贷款紧张局面逐步缓解　定海分中心规范贷款发放，控制放贷规模，严格政策规定和风险防控，缓解贷款压力，存贷比从年初的110.03%降至94.32%。加强贷款规范化与逾期贷款管理，降低贷款风险，确保资金安全运行，降低个贷逾期率，贷款风险得到较好控制，全年逾期5人次，逾期金额15506.45元。

提高企业最低缴存基数　全区各行政事业单位按惯例调整每年正常工资晋升后的公积金基数调整。企业单位仍按“控高保低”的政策相应提高最低及最高的公积金缴存基数。8月，完成各单位公积金年度验审工作及年度结息后的对账工作。

不定期检查各银行延伸服务网点　领导班子分两次带领科室负责人先后对城区各大银行设立的公积金网点进行察看，规范各银行服务网点的公积金管理工作。12月份，分中心支部书记带领全体党员走访乡镇公积金延伸网点，与网点负责人及时进行沟通与交流，对检查过程中存在的问题提出整改意见。规范各延伸网点的业务操作，加强新接手的网点工作人员业务培训，提高具体实践操作，降低延伸网点的业务办错率，保障网点服务质量，加强延伸网点的服务管理。

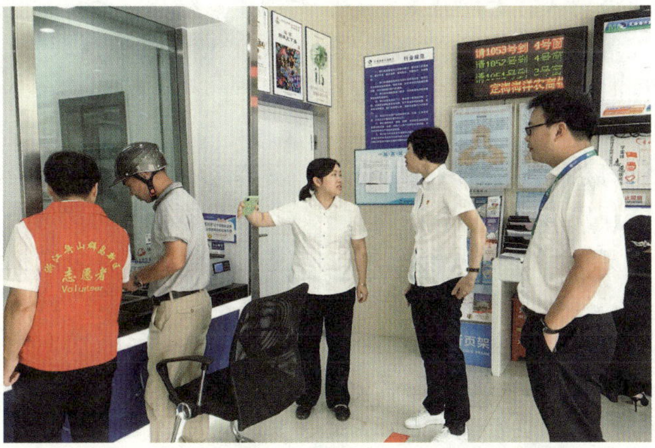

定海分中心领导查看各银行延伸服务网点

【参与全国文明城市创城工作】　推进创建舟山文明城市“百日攻坚”行动，壮大志愿者队伍。8月，分中心召开“志愿汇”动员大会，注册“志愿汇”，了解“志愿汇”的服务宗旨和服务活动，制定志愿服务目标，参加各项志愿者活动，完成达标任务。全体职工利用休息时间投身于创建全国文明卫生城市的活动中：跟随市中心设摊接受市民咨询、开展小区环境卫生整治活动、引导前来办事群众进行垃圾分类等等，助力全国文明城市创建。

不定期组织志愿服务活动，助力创城

【加强党风廉政建设】　排查廉政风险加强党风建设定海分中心支部定期开展廉政警示教育，以党章党规、系列讲话、党风廉政建设信息为学习内容，组织学习，增强党员干部廉洁自律的自觉性。各部门逐项排查廉政风险点，分析风险隐患，确定风险等级，落实防控措施和责任人，推动住房公积金管理工作更加规范、有序、健康发展。

学习十九大，撰写心得体会　学习贯彻党的十九大精神和习近平总书记重要讲话精神。学习采取每月集中学习和平时个人自学等形式，加强党员干部职工廉洁意识和遵守纪律的自觉性。会后要求全体党员撰写学习笔记、心得体会等，通过学习，加强党员干部职工的主人翁意识，树立公积金窗口新形象。

开展系列活动，增强党性意识　分中心党组织开展“三会一课”“主题党日”、民主生活会等学习教育活动，组织一系列“不忘初心，牢记使命”主题教育活动：6月新建社区组织开展“不忘初心，牢记使命，继续前行”主题党日活动，7月，组织全体党员观看红色电影《红盾先锋》，9月，带领党员进企业走访调查，12月，开展小区环境卫生整治活动等等，增强党员党性意识和奉献精神，使党建更好地服务公积金业务工作。

（撰稿：章　崇）

（本分目图片由区住房公积金管理中心提供）

农渔村住房建设管理

【概况】　2018年，区农房集聚建设工作围绕“人口集中、农房集聚、土地集约、服务集成”的工作目标，坚持规划引领，完善政策体系，加快项目建设，做好后续物业管理，使全区农渔村群众的居住环境得到改善，提升定海城镇化建设水平。是年，全区实施农房改造建设，累计完成农渔村住房改造建设909户，完成全年计划建设任务738户的123%，完成改造建设面积17.2万平方米，促进人口集聚，改善农渔村居住条件。

【新型集聚小区党小组成立】 以建筑工地为载体，结合纪念“建党97周年”活动，开展揭牌仪式、赠送党员学习书籍和“党员进工地、圆梦微心愿”等活动，于城中村农民公寓房刘家嘴地块成立“定海区新型集聚小区党小组”，系全市首个新型集聚小区党组织，有农房管理中心、农房公司、代建单位、监理公司和农民工党员组成，后期有物业公司、安保公司和社区党员队伍加入来进行综合管理，并将队伍拓展到其他新建集聚小区工地上，使建设单位与施工、服务、管理单位团结一致，及时发现在项目建设、管理和监督中存在的问题，做好农房政策宣传，倾听农房建设开发中群众的意见和建议等，建设让群众放心满意的工程。

“定海区新型集聚小区党小组”成立现场

【推进农房集聚项目化建设】 2018年，全区启动实施农房集聚建设项目14个，开工建设项目11个，其中大陆引水三期拆迁安置小区—陈家地块和岐岙塘地块两个项目为今年新开工项目，累计完成项目总投资约13亿元（年初以来完成投资额约4.5亿元），至年底，定海区城中村农民公寓房白泉地块项目完工，建成住房563套，推进全区农房城市化、居住现代化进程。

【开展物业试点工作】 以全区首个区级乡村居住小区新泉家园作为条件较成熟的新型集聚小区进行专业物业管理试点，通过前期摸底汇总、沟通协调，完成新泉家园和新泉华府的专业物业公司招投标工作，物

新泉华府农民公寓房

业公司入驻后展开大清查，对卫生、绿化、消防、监控等设施全方位检测整改，做好和业主的感情联络，同时通过投票选举成立业主委员会。

【开展农房项目融资工作】 发挥区农村住房建设投资开发有限公司和区新农房建设开发有限公司这两个农房项目建设融资平台的作用，主动对接各金融机构，保障重点农房集聚项目的建设资金需要。2018年，对接农发行舟山分行，小洋岙刘家嘴农民公寓房二期到位银行放贷资金2000万元，截至年底，累计到位银行放贷资金16000万元，该项目本年实际投入资金8797万元；城中村白泉地块项目本年到位银行放贷

城中村农民公寓房刘家嘴二期

资金1500万元，至年末，累计到位银行放贷资金18800万元，该项目本年实际投入资金 2246万元。

【完善农房改造政策体系】 根据《定海区新型集聚小区公寓房申购管理办法》（定党政办发〔2016〕179号）和《定海区新型集聚小区公寓房申购价格管理暂行办法》（定党政办发〔2016〕180号），出台《定海区白泉新泉华府农民公寓房申购办法》。申请办法考虑房源情况和实际需求，在确定申请对象与条件、申请面积与价格等方面作调整，明确申请程序与要求。

【加强农房分配管理】 严格按照相关规定，公开农民公寓房申购条件、房源情况等相关信息，方便群众及时了解相关情况，推进农民公寓房分配工作，确保住房分配公平、公正。牢把农民公寓房准入关，对申购户及其配偶、父母、祖父母的住宅情况进行现场踏勘，确认非财政供养人员及未享受其他住房保障政策，最终审定资格并及时公开符合条件申购户的户内可计人数、标准申购面积等信息，全程接受社会监督；加强分配现场监管，采用电脑随机摇号的方式通过舟山市广播电视中心采用电视直播摇号，现场邀请区纪委、区住建局、白泉镇政府工作人员、社区工作人员、村民代表、申购户代表及新闻媒体全程参与和监督。2018年，完成新泉华府农民公寓房295套住房分配工作。

新泉华府农民公寓房摇号现场

（撰稿：余娇娇）

（本分目图片由区农房管理中心提供）

责任编辑：王英伟

定海十景系列(八)

霞湾印海

定海湾位于定海古城南面,是舟山市三大南部滨海湾之一。定海道头,是旧时舟山与大陆通商贸易的最重要通道。定海湾内存有许多古今中外、历代兵家驻足过的军事设施遗址,其中竹山与小竹山是鸦片战争两次战役的正面主战场。湾内有定海南部诸岛、海滨公园、定海港公共游艇码头、千岛海鲜美食广场、宋都商业街集等景点和设施。其中定海南部诸岛有大小岛屿56个,素有“海上千岛大观园”之美誉。有度假胜地凤凰岛、“火山神话”摘箬山岛、运动休闲东岠岛等,可谓“一岛一特色,山山有景观”。厚重的历史、荟萃的人文、突出的山体,构成了“港城相拥、山海相望、夜景璀璨”的定海城市主体形象,彰显了定海海上花园的城市亮点。

水利水务

水利工作

【概况】　2018年，区水利局完成水利项目总投资3.65亿元，完成额为省厅任务下达量的130%；争取市级以上水利补助资金约2.8亿元，其中中央资金3550万元，省级资金2.12 亿元，市级资金 3030万元，比上年增加40%。是年，区水利局获省委省政府剿劣工作先进集体、全省最严格水资源管理成绩突出先进集体、全省防汛防台工作先进集体、全省水利质安监工作先进集体等称号。

【基础水利建设】　强塘工程建设　是年，定海区实施强塘工程11项，总概算投资1.142亿元，包括3座水库，1条海塘和7座水闸。根据年度计划任务安排，全年开工建设病险水库3座，分别为水江洋水库、红卫水库、龙王堂水库，其中水江洋水库完工验收，其余2座水库均完成年度任务目标；完工海塘加固1条1公里，为大小长礁塘；完工沿塘水闸7座，分别为大小长礁1号涵闸、大小长礁2号涵闸、长白中闸、长白大满西闸、环南东巨西峦闸、环南东巨北峦闸、金塘大浦口闸。

大浦口泵站

扩排工程建设　是年，实际完成2018年度“百项千亿”强排工程年度投资1.89亿元，其中白泉钓浪海塘配套加固工程二期、永安海塘配套加固工程一期、小沙新塘配套加固工程、沥港海塘配套加固工程和金塘北部东侧海堤配套加固工程等5个工程按计划全部完工；其余7个工程进展顺利，均能按期完成。

孙家湾山塘

清库扩容　定海区清库扩容年度任务目标为100万立方米，分别为水江洋水库3.5万立方米，龙王堂水库53万立方米，东峦弄水库43.5万立方米。是年，水江洋水库完成清淤工作，龙王堂水库和东峦弄水库还在施工中。

【生态水利建设】　中小流域综合治理　是年，实施定海区舟山群岛水系流域综合治理工程的5个子项目河段，分别为白泉毛洋周至出海口段（一期）、双桥蚂蟥山至出海口段（一期）、金塘肚斗岙至出海口段（一期）、白泉潮面至老碶头河段和金塘中弄至物流园区河段。河道综合整治任务为20.3公里，实际完成河道综合整治20.3公里，完成年度任务的100%。完成年度投资7949万元。其中续建的3个项目均已完工，2个新建项目完成工程量的55%左右。

盐仓大河

河湖库塘清污（淤） 是年，完成河湖库塘清淤40.377万立方米，其中：河道23.377万立方米，水库17万立方米，完成投资1878万元。

南洞水库

“美丽河库”建设 定海区结合中小流域综合治理、水库除险加固、水利工程标准化管理等工作，开展区域美丽河库建设，通过区域整体推进，打造融合水安全、水生态、水文化、水环境的水利景观亮点工程。是年，完成白泉岭下水库、白泉大闸、白泉泵站、干䃢东闸泵站、畚箕湾山塘这5个精品示范点建设，管理水平大幅提升，工程面貌焕然一新。

白泉大闸示范点

“河长制”工作 是年，定海区设置区级河（湖）长20人、镇（街道）级河（湖）长144人、社区（村）级河（湖）长183人，全区554条河道、78座水库、1490个小微水体河（湖）长实现全覆盖。是年开展河湖“清四乱”专项行动工作，出动47人次，上报省级问题4处，其中乱堆1处，乱建1处，乱占2处。

【水利管理】 水资源管理 规范取水许可和水计划管理。下达自备水取水户用水计划593.35万立方米，是年，全区保有取水户19家，新审批取水许可10户，注销取水许可3户，其中年取水量50万立方米以上3个，年取水量50万立方米以下16个，所有取水许可均严格按要求审批并编制水资源论证报告书（表）并形成一户一档，年取水量5万立方米以上取水户全部纳入省水利厅实时监控。依法及时征收水资源费，做到50万立方米以上按月征收，50万立方米以下按季征收。是年，共征收水资源费108.58元。开展2018年饮用水源治理工作。是年，开展龙潭水库、东岙弄水库、龙王堂“一库一策”治理工程，虹桥（叉河）水库综合治理（二期）、盐仓河道生态提升等工程，并按期完成。

农业水价改革 作为水利部农业水价改革工作第一批试点单位，定海区以烟墩灌区试点为改革范本，在全区范围内开展农业水价综合改革工作。是年，省水利厅下达完成计划任务3.0万亩，定海区实际完成6.3万亩（累计已完成），涉及全区11个镇（街道），超额110%。

农村饮水工程 保障饮水安全是新农村建设和和谐定海建设的重要内容之一。是年，定海区主要实施白泉镇大支水厂、岑港街道涨茨水厂自来水管网联网改造工程，环南街道坑道井建设及部分镇街道管网提升工程，总投资1065万元，提升人口1.32万人。

水利工程标准化管理　定海区按照创标步骤，及时组织创标会议，布置创标工作。要求各镇、街道按照标化要求定岗定员定则；开展全区水利工程管理巡查人员培训，发放防汛雨具，给水库巡查人员更换新巡查手机；工程管理手册编制和工程划界工作委托第三方有序展开并按时完成，工程划界方案完成批复；标识标牌安装完毕；10个省级创标工程全部接入省级平台试运行。是年，完成39项水利工程的创标任务，其中山塘26座，水库2座，海塘2座，水闸4座，泵站5座，全部通过验收。

县域节水型社会创建工作　按照创建要求，推进节水型社会制度建设、政策制定、节水载体建设等工作。出台《定海区节水型社会达标创建工作方案（2018—2022年）》，成立定海区节水型社会达标建设工作领导小组，完善工作机制。严格落实《舟山市建设项目节约用水“三同时”管理办法》《浙江省取（用）水定额》等相关制度法规，依法依规推进全区节水工作。是年，全区规模以上节水型企业建成率达到47.8%、节水型公共机构建成率达到54.4%、节水型小区建成率达到16%，自来水管网漏损率仅为9.9%，节水器具普及率达到100%，各项重要指标均超过国家县域节水型社会创建标准，顺利通过验收。

水行政执法　开展水政监察和执法工作。是年，开展“无违建河道”创建工作，拆除全部违法建筑物10处，面积374平方米；开展水政巡查及执法工作，调处东大塘及西大塘的5个涉水项目及329双桥段、白泉段涉水4个项目，发放责停通知书3份，现场及时处理涉水违法点3处，及时处理32个乱堆、乱建、乱占点；开展“双随机、一公开”事中事后监管工作，对水资源管理、水土保持、水利安全及各类水利工程管理开展双随机检查，出动90余人次，检查33个项目，提出9个问题，落实整改；加强水土保持管理，审批水土保持项目32个，水土保持项目验收备案11个；及时、规范做好水保费征缴工作，征收水土保持设施补偿费89.71万元。

质量安全监察　对在建设期的工程，每项受监工程现场进行质监活动确保在多次以上，在质监活动中按照相关规范和设计要求，进行严格检查。抽查在建的各分部工程现场施工质量情况，质量检验资料审查及工程施工安全检查；检查工程建设、监理、施工、设计单位对质量安全管理、施工组织、工程进度计划等的落实情况。是年，先后开展“今冬明春水利安全生产检查活动”“汛期水利安全生产检查”“2018年定海水利安全生产月活动”等各项节点安全检查工作。

水文设施建设及维护　是年，实施定海区2018年度水位遥测站点采购及安装项目以及雨量筒采购安装项目，提高对水文信息监测的及时性及准确性。全区新增东方河上游、护塘河野鸭山闸门处、老大河下游、大柳河下游、老大河上游5个河流遥测站，西堠水库、大岭下（下）水库、大岭下（上）水库、九条溪水库、里孙水库、大湾水库、西岙弄水库、淡水坑水库、叶家水库、里王水库、庙后庄水库11个水库遥测站。目前，全区水文遥测站点已达到75处，形成较为密集的水雨情监测网。实施雨量筒安装项目，实现全区小（二）型及以上水库雨量监测全覆盖，更好地监测实时雨量。

【党的建设】　党风廉政建设　制定下发《2018年党风廉政建设和反腐败工作组织领导与责任分工》以及局2018年党风廉政建设与反腐败工作要点，开展廉政谈话。根据巡察反馈意见，进一步加强内控体系建设，完善重点领域监管制度，进一步清理、修订出台水利行政审批、项目安排、国有资产管理、公共资源交易、内部管理等方面的13项规章制度，严格制度执行，形成组织健全、制度完善、监督到位的党风廉政建设工作机制。开展作风建设优化年活动，制定局机关效能责任追究办法，结合“清廉定海”建设实施意见，调整局正风肃纪领导小组，制定局正风肃纪行动方案。深化重大水利工程保廉体系建设，加强对工程建设全程监督，确保工程安全、人员安全和资金安全。是年，区委从严治党考核获得优秀。

理论学习　落实《定海区水利局机关干部学习制度》，以局党组中心组学习为龙头，领导干部为表率，党支部政治学习为基础，组织党员干部不断丰富学习内容，增强学习实效。进一步创新学习载体，利用观看视频讲座、发送廉政短信、举行廉政书法比赛等形式多样的廉政教育、党章党规党纪教育和廉政文化创建活动，通过正面示范和反面警示教育，以身边的典型事例教育水利系统广大党员干部从中吸取教训。在学习形式上，经常利用局党组会议、理论学习会、中层干部例会、支部会议和机关干部大会以及分管科室工作例会、工程推进会等，做到学习工作两手抓、两不误。是年，获"2018年度定海区优秀党委（党组）理论学习中心组"称号。

党建精品工程建设　以党建统领全局，结合水利文化、廉政建设、机关学习和精神文明建设等，创建党建精品工程，将其列入该年度全局42项重点工作实绩亮相之首，由局长作为第一责任人抓落实，将党建特色工作目标任务每月进行细化，倒排时间节点，落实工作责任，月末通报工作完成情况，确保党建特色工作和重点工作按时完成。深化党建服务品牌，作为第一批区直机关优秀党建服务品牌，局党支部在总结前几年机关党建服务品牌创建工作成果、经验基础上，进一步做好水利党建服务品牌的探索和提升工作，努力将党建服务品牌真正做实做响。培育党建文化，结合水利文化建设，打造局机关党建文化精品。通过对宣传栏、党员活动室、党组会议室、过道、走廊等水利文化、廉政文化和党建文化的宣传氛围营造，进一步加强水利文化创建。是年，获2018年度先进基层党组织称号。

防汛防台抗旱工作

【概况】　是年，气候状况总体平稳，8、9月降水充沛，月降水量均在200毫米，其中8月份300毫米，6、7月梅雨季降水比常年偏少，出现轻微干旱，水库蓄水量比正常年份偏少两成。

是年，影响定海区的台风有5个，分别是10号台风"安比"、12号台风"云雀"、14号台风"摩羯"、18号台风"温比亚"、25号台风"康妮"。其中带来主要灾害的是18号台风（温比亚）带来的强降雨，全区平均降雨量高达100毫米以上，8月16日夜里最大小时雨量岑港的龙眼水库站93.5毫米，金塘镇最大三小时雨量超过200 毫米。是年，全区直接经济损失2562.15万元，受灾人口2117人，其中农林牧渔直接经济损失963.4万元，农作物成灾面积1.9139万亩。公共基础设施及企业生产方面。公路中断1条次，工矿企业停产24家，造成工业、信息、交通运输业直接经济损失826万元；水利直接经济损失679万元。抢险救灾方面投入物资51.8万元，累计投入抢险1240人次，租用各类抢险运输设备96班次。

【汛前准备工作】　在年初下发《关于做好2018年汛前检查工作的通知》，在镇（街道）自查的基础上组织相关人员分成五组进行汛前大检查。区政府还与各镇（街道）及东海农场等重点单位签订2018年度安全度汛责任状，按照要求在媒体公示全区74座小（二）型以上水库安全管理责任人名单，细化责任落实。

【落实安全度汛措施】　加强水利工程监管力度，对全区水库山塘大坝、闸门启闭设备、海塘险工险段等进行了检查整改，全面清理水库溢洪道及河道障碍物，防止其对行洪排涝带来影响。结合道路改造、管网铺设等工程建设，有序推进城区及重点镇（街道）易涝区域改造，零星更换排水管网2公里；投资128万元为增产碶更换两台高压轴流泵；投资250万元在城区7处低洼地段增加强排泵16台，每台流量100立方米每小时；投资20万元对利民碶、丰产碶、增产碶更换格栅。

【加强防汛体系建设】　以建好"一个平台"、绘好"一张图"为重点，在全区11个镇、街道、84个社区（村）全面开展以乡（镇、街道）"七个有"、社区（村）"八个一"为主要内容的基层防汛防台体系建设。完成1500余名各类基层防汛防台其责任人相关信息录入，实行动态管理。按照"乡自为战、村自为战"的要求，高标准编制完成村级防汛防台形势图84张，其中防汛防台重点社区（村）编制率达到100%。举办各类培训、演练、宣传活动5次，参加总人数1000余人，提升基层防汛防台综合能力。

（撰稿：洪琦妮）

（以上分目图片由区水利局提供）

水务管理

【概况】 2018年，水务集团落实习近平新时代中国特色社会主义思想和十九大会议精神，重点围绕政府相关重点工作和年初水务工作会议所确定的各项目标任务，打好“五大会战”、落实“四个舟山”相关举措，确保各项工作顺利推进。至年底，有市属水库9个，全年供原水8674万立方米，(其中大陆引水4407万立方米，本地供水4267万立方米，分别占总量的50.8%、49.2%)，比去年同期增加348万立方米。全年自来水制水量10247万吨，比去年增长6.29%，售水量9055万吨，同比增长6.1%，管网水综合合格率100%。保障城乡用水需求。

2018年定海区区市属水库供水情况

表23　　单位：万立方米

库　名	正常库容	年底总水量	年底可供水量	2018年供水量
虹桥水库	1015	785	645	1573
黄金湾水库	851	566	466	4614
岑港水库	627	245	195	562
城北水库	111	83	63	0

【舟山市大陆引水二期工程】 舟山大陆引水二期工程概算总投资146340万元，调整概算为172520万元。该工程于2009年9月开工建设，截至2018年6月底，累计引水量15305万立方米，2018年1—11月引水量4415.26万立方米。至11月底，黄金湾水库蓄水位7米，相应库容552万立方米。

完成后续安置房相关事宜　完成与岑港街道和马目经济合作社有关政策处理相关9项款项结算；据黄金湾水库工程部分移民申请，按程序完成关于征地拆迁档案资料信息公开工作；与岑港街道完成岑港农民公寓房二期（沁心苑）房产分割，收归房产79套，总面积4630.85平方米。

黄金湾水库安置小区准备工作　开展房屋的清理清退工作，对强占安置房采取民事诉讼，与岑港街道就安置政策处理相关问题进行协商，明确3户未签约户、4户无房户和32户小年龄户的处理流程；与定海区政府开展了托盘销售谈判，市政府组织召开专题会议研究明确销售的相关事项；完成房产面积测绘资料整理；委托会计事务所完成房产成本价审价；委托2家资产评估公司完成房价评估；完成房屋销售方案策划工作；完成公司经营范围扩增，增加房产销售项目；完成安置房国有划拨土地出让金缴纳相关准备工作。

完成其他相关工作　开展竣工阶段建设征地移民安置终验的准备工作；完成《舟山市大陆引水二期工程黄金湾水库主坝变形加固专题报告》专家技术咨询并形成专家咨询意见，形成《黄金湾水库主坝接缝渗漏处理及变形监测专题设计报告》。

【舟山市大陆引水三期工程工作】 大沙调蓄水库工程　截至12月底，拦河坝工程坝体累计填筑57.9万立方米（60.5米高程），完成率91.9%，完成大坝背坡条石施工，帷幕灌浆累计完成3450米，80.5%，大坝面板累计砼浇筑5510立方米，完成率73.6%，钢筋制安至88.6%；溢洪道工程基本完工；导流洞工程取水塔及引桥完成施工；进水隧洞工程完成隧洞贯通，洞内喷砼完成，砼衬砌累计完成310米，完成率57.4%；交通工程完成土石方开挖，草籽播喷完成；进出库管线工程进库累计铺设855米，完成率92.7%，出库管线累计敷设1310米，完成率70.8%；水库管理房已基本完工。

金塘岛引水工程　金塘岛引水工程陆上段于5月

29日开工，累计完成管道敷设3418米，完成率28.97%，其中金塘岛陆上段（3118米）已完成，宁波段部分累计敷设300米。

水务调度信息化系统　完成施工标招标，中标单位浙江浙大中控信息技术有限公司。

政策处理工作　至年底，耕地征收全部完成，征收土地1216.79亩，其中红线内土地1026.14亩，红线外土地190.65亩。坟墓迁移细分11个区块，坟墓总量至1950穴，截至10月底坟墓迁移累计完成1910穴，完成率97.95%。

投资及资金情况（整个引水三期工程）　截至年底，实际到位资金为20.6623亿元，其中中央资金1179万元，省级资金2.6443亿元，市财政资金1.2901亿元（其中5000万元是政府债卷），县级资金5600万元，银行贷款10.6亿元（其中过桥贷款3亿元，国开行项目贷款7.6亿元），国开行发展基金3.05亿元，其他借款2.4亿元（地方债券置换）。累计完成投资189858亿元。12月完成投资数为7539万元，今年1—12月累计完成投资5.4068亿元，年投资完成率108.14%。

工程年底最终形象进度完成情况　大沙调蓄水库：溢洪道工程、水库管理房主体工程完工，大坝填筑至60.5米高程，大坝面板浇筑至80%，基本完成进水隧洞，安置小区结顶。水务调度信息化管理系统：启动水务调度信息化硬件设备安装。金塘今年完成管道敷设3.418公里。

【引供水安全管理】　抓好水库管理运行工作　按照《浙江省大中型水库控制运用计划编制导则》要求，完成虹桥水库控制运用计划以及所属4座水库安全应急预案、控制运行计划、监测预报预警方案编制及批复。组织3次标准化操作培训和参加3次水库管理工作培训。是年11月底通过省水利厅和市人大对水库维修养护资金使用、标准化创建及管护资金的使用台账的绩效检查。根据本岛供水水库取水许可办理需要，于10月18日取得取水许可证，完成2019年本岛水源取水计划申请。

做好水质监测工作　化验科全程跟踪采集检测大陆引水及本岛各重要饮用水水源地水质，累计25个批次，670个数据，为原水水质分析及采取对策提供有数据支撑。从检测的结果看，各检测点水质均符合标准。4月份下发《关于进一步加强水源地藻类监测预警工作的通知》，密切关注各水库藻类情况。

加强水源地保护力度　根据生态环境部统一部署，第103督察组于5月20—31日对虹桥、岑港、城北3座水库进行集中式饮用水水源地环保专项检查，对发现的5类问题，以即知即改的态度落实各项整改措施，按要求完成视频监控全覆盖、标识标牌规范设置、应急物资补充完整、物理隔离栏安装8.9公里及强化库区巡查。9月18日、11月22日分别顺利通过中央及省级环保督查。单位采取放养鱼苗生物净水、周边绿化环境改造、垃圾打捞清运等措施，发挥水源地巡查队作用，劝阻、驱离垂钓、放生、野餐及游泳人员约2000人次，收缴渔网具280余套，全年与城管、环保等执法部门联合执法16次，处理违法行为30余起，有效保护了水源地环境。

落实市级库长创建　根据市委、市政府《关于全面深化河长制工作的实施意见》（舟委办发〔2016〕9号）和集团公司《关于切实落实市级库长制有关工作的通知》（舟水集发〔2017〕15号）的要求，以专报形式及时向市领导汇报有关水库动态，完成5座市级水库各7期专报，落实市领导相关指示。

【水源拓展工程】　岑港水库清库扩容工程，于7月15日开工，到12月底完成全部清库、清淤任务，合计31万立方米。

【水质提升工程】　物理隔离栏工程　根据中央环保督查要求，对虹桥、城北两座水库续建隔离栏8.9公里，项目总投资约300多万元，7月开工，到9月底完成建设任务。

岑港水库“一库一策”治理工程　概算总投资200万元，2018年11月开工，12月底完成拦污栅安装。

水库美化工程　总投资200万元，完成黄金湾、岑港水库绿化种植和虹桥水库大坝美化工程。

白泉流域河库水系连通生态综合整治工程　总投资约2300万元，2018年10月开工，年底完成总投资的50%。

【马目取水泵房机组扩增工程】　概算总投资350万元，扩增2台功率280千瓦泵组。1月开工，年底基本完成。

【水利标化工程】　是年，根据《水利工程三年行动计划》安排，标准化创建任务为黄金湾、城北3座水库和岚山、浬溪两座泵站。落实机构人员、管理经费等台账资料整理、人员培训、确权划界、管理手册编制、上线信息化平台，提升水库工程面貌等各项措施及吸收去年标化创建成功经验，5个创标部门于10月19日全部通过市级标化考核验收。

【城市节水】 2018年，节水型城市日常管理、计划用水管理、超计划累进加价、协同市节水办落实“三同时”管理等日常节水工作有序开展。

超计划收费　截至10月底，收取居民阶梯式加价水费3205138.6元（1~10月），工业、服务业、机关事业团体、建筑业收取超计划（定额）加价水费142327.5元（1~6月）。

节水器具改造　截至11月底，完成定海区1187户居民家庭改造，节水管理中心将按照程序对改造区域进行实地走访调查及核对工作。

节水宣传　在“世界水日”“中国水周”宣传活动期间，以节水法规和节水常识为本,以宣传活动为载体，采取群众喜闻乐见的形式,运用报纸、展版、传单、横幅、座谈会等手段进行广泛、深入的宣传，做到了“家喻户晓、人人皆知”,增强市民节水意识和水资源观念,提高人们节约用水、共建节水型社会的自觉性。以“实施国家节水计划，让节水成为习惯”为主题的舟山市2017年全国城市节约用水宣传周启动仪式在定海长岗山公园举行。启动仪式后，举行第四届水务系统“美丽新区，节水先行”的登山比赛，组织登顶人员进行节水倡议书签名活动；编辑制作一部“水是生命之源”的节水科普宣传微电影，在全市各大户外多媒体大屏幕滚动播放宣传，使市民进一步了解舟山市水资源、节水和水资源管理现状和可持续发展与利用前景，以增强节约保护水资源的意识和责任感、紧迫感；邀请国内管网测漏专家，组织举办一场针对舟山市用水大户的供水内网测漏培训班，从技术上指导用水大户节水工作的深入开展；制作一批节水温馨提示牌分发给机关、学校、医院、酒店单位，旨在通过宣传教育，使广大市民树立正确的水资源观念，养成节约用水的良好习惯。

水平衡测试及节水型载体创建　组织召开2次节水型单位创建及水平衡测试培训会；在12月底前完成5家省级节水型企业、10家省级节水型公共机构和5个省级节水型居民小区的节水型载体创建，申报资料将于元旦后上报相关部门。

污水费减免　截至10月底，根据市自来水有限公司各大营业所上报的污水费申请表，通过实地走访取证，2018年度对符合条件的48家单位合计244596吨漏损水量进行核实减免。

节水教育基地建设　与浙江海洋大学达成建设意向，由浙江海洋大学出具初步建设方案，分步打造校园节水教育基地。

【提高城区污水处理水平】 2018年，坚持把对污水处理工作的推动发展及以“稳步推进工程建设项目”作为指导思想，应对发展新形势，以发扬四干精神、奋力攻坚克难的姿态，加快推进污水处理设施和配套管网建设，研究和推进重点工程建设,针对污水处理工程项目建设越来越紧迫的现状，推进各项工程。全年处理污水总量3835.65万吨，削减COD总量为23907.92吨，同比增长20.56%；氨氮削减总量为1709.86吨，同比减少10.29%（上半年定海污水处理厂进水氨氮浓度较低）；总磷削减总量为637.21吨，同比增长21.87%（勾山污水处理厂总磷进水浓度较高）；处理污泥38080.60吨，同比增长2.32%，进行无害化处置。再生水处理厂共处理水量1023.85万吨，同比增长46.18%（去年同期再生水处理厂实际运营天数为278天）。各项污水处理指标基本控制在限值以内，主要指标COD、氨氮、总磷等均符合国家排放标准，完成污染物减排任务。

【完成舟山国家远洋渔业基地污水临时处理调配工程建设】 该工程概算总投资4800万元，主要建设1条长约7.8公里的污水管线和2座污水提升泵站。2018年该工程 2017年7月进场施工，2017年底完成全部管线工程，2018年三江污水泵站完成土建施工及设备安装，干礁泵站完成土建施工，完成投资1600万元，累计完成总投资4800万元。至2018年底，完成全部泵站建设内容，通水进入调试。

【推进舟山市污水处理厂及配套主管网工程（一期）前期工作】 该项目建设内容包括舟山市污水处理厂（一期）15万吨/日、污泥处理配套处理设施300吨/日（含水率以80%计）、配套主管网及泵站的建设。根据《舟山市污水处理厂及配套主管网工程（一期）PPP工作协调小组会议纪要》（〔2018〕2号）文件精神，舟山市污水处理厂纳入PPP合作范围；污泥处理配套处理设施经统筹考量，不再进行建设；配套主管网及泵站的由我集团另行建设。目前舟山市污水处理厂（一期）工程10月10日在市公共资源交易中心完成开标，最终确定前三位候选投资人。根据《政府和社会资本合作项目政府采购管理办法》（财库〔2014〕215号）有关规定，下步将开展采购结果确认前的谈判和最终的采购结果确认工作。9月21日，配套主管网及泵站工程完成工可批复，确定设计单位，进入设计阶段。

【完成舟山市岛北污水处理厂二期工程主要设备安装】 岛北污水处理厂二期工程项目初步设计概算投资额2380.16万元，主要是新建1.5万吨/日污水处理规模的反硝化池、滤池等构筑物以及相关工艺设备，建成后，岛北污水处理厂处理能力达到3万吨/日，该工程于3月启动，10月31日进场施工，至年底完成主要设备安装。

（撰稿：童飞凤）

（本分目图片由市水务集团提供）

责任编辑：王英伟

环境保护

概述

2018年，生态环保工作秉持“绿水青山就是金山银山”发展理念，围绕打好污染防治攻坚战，巩固提升剿灭劣Ⅴ类水和农村生活污水治理成效，加大中央环保督察反馈问题、突出环境问题解决力度，持续推进重点区块、重点行业、重点企业污染整治，加快环保基础设施建设，持续改善生态环境,提升绿色发展质量，群众满意度和获得感持续增强。至年末，未发生因环境问题引发的具有较大社会影响的公共事件，未因监管不力、失职渎职造成重特大环境污染事故和因环境问题引起的重大群体性事件。

是年，根据《舟山市定海区生态文明建设示范区建设规划》和实施方案，加快生态文明示范区建设，完成省级生态文明示范区建设工作台帐、技术报告和工作报告编制。

是年，中央环保督察问题整改全面落实，中央环保督察交办的19件信访件全部结案，10个中央环保督察反馈问题有4个完成整改销号，剩余6个均达到整改时序进度。生态环境部集中式饮用水水源地专项督察发现的12个问题和全区自查上报的9个问题得到有效整改，8个方面举一反三问题整改全面推进。年度22个突出环境问题整改和16个区领导包案工程均取得积极进展，其中8个问题、4项工程完成整改销号。

是年，生态环保监管、执法、审批等工作协同推进，群众环境质量满意度持续提升，在全省89个县（市、区）中排名第25名，同比跃升17名，位列全市第一，获全省“千万工程”和“美丽浙江”建设集体三等功。

环境状况

【水环境】 全区10个市控以上地表水Ⅰ－Ⅲ水质比例为77.8%；符合水环境功能区目标水质要求断面占88.9%；县级以上饮用水源达标率为100%。

【大气环境】 环境空气质量保持优良，城区日空气质量优良率为94.4%，城区二氧化硫、二氧化氮和一氧化碳日均浓度平均值达到一级标准，臭氧最大8小时滑动平均值达到二级标准，可吸入颗粒物（PM10）和细颗粒物（PM2.5）日均浓度达到二级标准；降水样品中酸性水样（pH<5.6）占总样品数的100%。

【声环境】 声环境质量总体较好，全区环境噪声平均等效声级49.9dB(A)，交通噪声平均等效声级67.2dB(A)，达到国家控制标准。

环境污染整治

【大气污染治理】 是年，持续推进大气污染治理。深化“工业废气”治理，完成中海石油舟山石化有限公司2轮有机废气泄露监测与修复。推进“集中供气”建设，完成粮油产业园区集中供热设施一期项目建设，供热管网全部建成。实施辖区臭气治理，对西北片污水处理厂、定海污水处理厂、中海石油舟山石化有限公司、干Lot水产集聚区污水处理站、益民废物利用厂等9个污水处理厂（站）加盖，实现废气收集治理。

【水污染治理】 是年，持续开展剿除劣Ⅴ类水工作，推进“美丽河湖”“品质河道”建设，创建区级“品质河道”17条，市级“品质河道”15条，“美丽河湖”4个，大柳主干河被评为全省两个“美丽河湖”之一。打造“污水零直排区”，通过截污纳管削减2个入海排污口，取缔5个入海排污口，另外9个入海排污口完成整治，均安装在线监控设施并与环保部门联网，实时公开排污数据，接受社会监督。

【重点区块整治】 推进重点区块整治，烟墩化工区块整体提升主体工程全部完工，建设道路工程总长1402米，排水工程建设包括一座5000立方米/日污水一体化泵站、1697米污水重力管网和1881米污水压力管网建设，实现定海西北污水处理厂主管网联网。雨水工程建设包括总长3298米管网和一座2立方米/秒雨水泵站，建成后，雨水均通过明沟明管方式排海。

【加强土壤污染防治】 开展土壤污染详查，核实重点单位36家，农用地详查点位91个。严格危废规范处置，建立运行危废动态监控系统，推进危险废物源头管理精细化、贮存转运规范化、过程监控信息化、利用处置无害化。加快实施危废处置提升项目建设，纳海固废扩建工程、东方环保迁建工程、旺能垃圾焚烧三期工程均于年底完成主体工程建设，年处置100万吨建筑垃圾项目建成投运。

金塘华业老厂区土壤污染修复工程基础设施建设现场

【开展重点行业整治】 开展船舶修造、熔炼铸造、造纸、印染、电镀等重点行业整治。定海辖区内47家船舶修造企业已按照全市统一的船舶行业环保整治标准全面实施整改，主要实施作业场地硬化、含油废水污水收集处理、固体废物规范化整治工作，对规上企业推行密闭喷涂和水砂除锈等工艺，减少对海洋生态环境等外环境的影响。造纸、印染、电镀实施“整合入园”工程，辖区内造纸企业已完成整体搬迁并实现产业升级，印染、电镀企业搬迁、熔炼铸造行业整治工作正在有序推进中。

【刷卡排污及排污权制度】 累计建成污染源刷卡排污系统25套，实施新、改、扩建项目排污权有偿使用分期缴纳制度，截至年底，23家企业分期缴纳排污权有偿使用费逾397万元。

【年度减排重点项目建设】 完成1个工程类重点污染减排项目，为舟山市污水处理有限公司管网建设项目。全区年度减排目标为：化学需氧量、氨氮、二氧化硫、氮氧化物分别比上年削减2.3%、2.8%、1.0%、1.0%，定海区化学需氧量、氨氮、二氧化硫、氮氧化物实际比上年削减2.3%、2.8%、1.0%、1.0%，完成目标任务。

环境基础能力建设

【队伍能力建设】 持续深化作风建设，严格执行中央八项规定，把政治思想、规章制度、组织纪律等学习教育常态化；落实党风廉政建设责任，开展“廉洁从政”专项警示教育活动和党风廉政建设专项教育活动，不断推进党风廉政责任制落实，提升队伍良好形象。

【提升监测监控能力】 开展环境质量监测工作，准确掌握环境质量状况及发展趋势。加强污染源监督监测，定海区重点排污单位监测结果公布率100%，达标率99.5%。推进数字环保工作，重点排污单位自动监控系统安装率100%。在线监控网络、监测专网畅通，设备稳定安全运行。

【公开环境信息】 执行环境信息公开制度和工作制度，加强政府环境信息公开，完善“中国定海”政府门户网站政府信息公开。做到按要求公开、按时公开、应公开尽公开。

【提升环境应急管理能力】 加大环境安全隐患排查整治力度，严格执行环境风险源定期排查制度，定期开展隐患排查，加强突发环境事件预防预警。是年，辖区范围内未发生较大影响的突发环境事件。加强应急预案管理，修编《定海区突发环境事件应急预案》《定海区县级及以上饮用水水源地环境突发事件应急预案》，完成34家风险源企业急预案编制（修编）工作。扩充应急资源社会化共享，与欧莱克新材料科技有限公司和中海石油舟山石化、百达石化工程有限公司签订应急联动协议。

环境监管与执法

【加大执法监管力度】 坚持以确保区域环境安全、维护群众健康为己任，结合“四季执法”“护水斩污”“蓝天保卫”“清废净土”等专项执法行动，保持对环境违法行为的高压态势，综合运用按日计罚、查封扣押、限产停产、强制停电等手段，打击环境违法行为。是年，查处各类环境违法案件122起，拟处罚款1350.84万元，同比分别增长72%、382%。推进行政执法与刑事司法对接，落实信息交流、定期协商、联合办案和案件移送等制度。是年，向公安机关移送涉刑环境污染案件3件。实施按日计罚1家次，查封、扣押14家次，停产4家次，限产4家次。

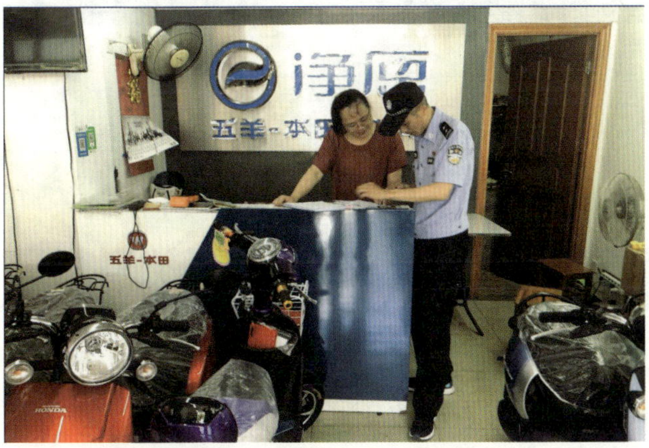

开展全区废铅蓄电池行业专项整治行动

【环境风险管理】 严格环境准入，拒绝审批不符合“环境功能区”的项目。是年，完成年度电离辐射环境监管及监督性监测和电磁辐射环境监管及监督性监测。强化辖区内企业放射源作业检查和32家辐射单位持证情况排查，责令企业全面完成整改。规范做好辖区内辐射类项目审批，辖区内全年无辐射事故发生。

【环境信访调处】 是年，受理群众环境信访115件（包括重点信访59件），同比下降49.8%。信访处理率为100%，反馈率为100%，结案率100%，满意率为85%以上。

【政务服务建设】 优化审批服务，按照群众和企业到部门办事“最多跑一次”的理念和目标，推进政务服务能力建设，简化并规范“最多跑一次”事项的办理条件、办理材料、办理流程，创建一窗受理、内部流转、分类核查、统一出件的新模式，避免群众多头跑。实现重点项目服务前移，运用投资项目2.0平台，对平台上申报的项目主动提供环保法律法规、政策信息方面等方面咨询服务。推进豁免制扶持小微企业发展，实施建设项目环评文件审批豁免3件。推进工业企业“零土地”技改备案，项目审批阶段提速80%以上。推进环评登记表项目网上自行备案，完成网上备案258件。

生态建设和环保宣传

【生态建设】 2018年，持续开展“美丽定海”建设行动，完成各项行动年度任务。生态文化培育、绿色牧场、美丽定海建设等工作稳步推进，环保基础设施建设推进速度加快，大气、水、土壤污染防治成效明显。根据《定海区生态文明建设示范区建设规划》和《定海区生态文明建设示范区建设规划实施方案》，推进50个重点工程和项目建设。按照“2019年前定海区国家生态文明建设示范乡镇创成比例达到20%以上”要求，持续推进生态示范乡镇创建，马岙街道、双桥街道、干䃃镇3个镇（街道）完成国家生态文明示范镇（街道）规划编制和发布，白泉镇、金塘镇、小沙街道、岑港街道4个镇（街道）规划编制进入专家评审阶段。开展五峙山鸟类省级自然保护区规划修编，保护区规范化管理能力进一步提升，“神话之鸟”中华凤头燕鸥栖息数量创历年最高。

【环保宣传】 是年，围绕生态环境保护工作，开展环保设施公众开放、社区生态环境保护课堂、“做绿色使者创文明城市”生态环境公众探访等形式丰富的生态文明宣传教育活动，环境保护公众参与率明显提升，生态文明宣教工作再上新台阶，生态环境建设获得新突破，全区9位“绿色人物（组织）”入选全市“双十佳”，2位获得提名，其中1位获评全省“绿色人物”。

2018年定海区重点排污单位名录

表24

一、水环境重点排污单位

企业名称	街道（镇）
浙江爱迪亚营养科技开发有限公司	岑港
浙江金鹰股份有限公司	小沙
舟山东方印染有限公司	白泉
舟山市定海区东港电镀厂	盐仓
舟山市定海区干礁西码头污水处理有限公司	干礁
舟山市定海区康平电镀厂	盐仓
神华国华（舟山）发电有限责任公司	白泉
中海石油舟山石化有限公司	马岙

二、大气环境重点排污单位

企业名称	街道（镇）
神华国华（舟山）发电有限责任公司	白泉
中海石油舟山石化有限公司	马岙

三、土壤环境污染重点监管单位

企业名称	街道（镇）
中海石油舟山石化有限公司	马岙
舟山市纳海油污水处理有限公司	岑港

四、其他重点排污单位

企业名称	街道（镇）
浙江天禄能源有限公司	岑港
中国石化集团石油商业储备有限公司舟山分公司	岑港

（撰稿：王　婧）

（本类目照片由市生态环境局定海分局提供）

责任编辑：王英伟

交 通 运 输

概　述

2018年，区交通运输局在区委区政府的正确领导下，高举中国特色社会主义伟大旗帜，以习近平总书记关于“八八战略”的重要批示精神为指引，开展“大学习大调研大抓落实”活动，打好“五大会战”，结合建设“四个舟山”的各项举措，打造全国“四好农村路”示范县，为决胜全面建成小康社会提供交通方法，为打造“数字交通”“质量交通”“绿色交通”提供定海办法。是年，完成交通建设投资3亿元，超额完成年度目标任务。全年未发生一起重大安全事故及旅客滞留事件。截至年底，全系统排查各类隐患477项，整改454项，整改率95%，按时完成市、区重点挂牌隐患治理3处并消号。

交通基础设施建设

【定海区小沙至白泉公路工程Ⅱ标段（马岙至干䃎段）完工】 该工程全线于2018年6月18日正式通车。项目起于马岙街道景陶路，终点为干䃎镇黄沙周，主要包括两座隧道和一座上跨定马线的立交桥。在区政府牵头组织下，该工程“断头路”问题于2017年年底解决，剩余工程复工，于6月15日进行交工验收，6月18日正式通车。

定海区小沙至白泉公路工程Ⅱ标段（马岙至干䃎段）

【嵊泗至定海公路马岙至定海疏港公路工程完成形象进度30%】 该工程概算总投资约6.7亿元，全线长约11公里，起点位于马岙港区规划园区道路与马北线交叉处，终点位于文化路与昌洲大道相交处，途经马岙、盐仓、昌国3个街道。该工程按双向四车道的一级公路标准设计，设计时速80公里/小时(部分路段60公里/小时)，路基宽度由现在的12米拓宽至24.5～29.5米，重点改造定马线原建的长春岭隧道和叉河岭隧道，并在叉河岭隧道右侧新建一座长515米的隧道穿越叉河岭。建成后将进一步完善区域路网结构，提升定海南北区域路网等级，提高马岙港区集疏运能力，对助推城乡一体化、加快推进定海北部区域城镇

嵊泗至定海公路马岙至定海疏港公路工程

化建设及沿线居民便捷出行具有十分重要的意义。项目分阶段逐步实施建设，是年重点启动叉河社区虹桥互通至定海文化路段的道路改造工程建设。该标段起点位于定马线与茅叉线平交处，终于文化路加油站，全长约4公里，建设总投资约3.4亿元，于9月正式开工，截至12月完成形象进度的30%，计划于2019年底建成通车，根据沿线道路及周边环境特点对道路沿线实施景观提升，在道路两侧分别设置骑行绿道，以打造一条定海的“迎宾大道”。

【盘峙岛客运码头改扩建工程】 该项目位于盘峙长坑，在原有客运码头西北侧新建一座70米×12米靠泊平台，码头前沿线与现有客运码头齐平，并通过一座8.5米×4.0米的刚过桥与现有客运码头连接，新建500总吨级客运泊位1个及相应配套设施，设计年通过能力为客流66万人次，概算投资2034万元。项目于是年4月正式开工，12月完成交工验收。

定海盘峙岛客运码头

【定海东岠交通码头工程】 该工程位于东岠东岙，建设规模为新建500总吨级客运泊位1个及相应配套设施，设计年通过能力为客24.8万人次，包括新建1个靠泊平台、1座栈桥、1座架空平台组成，靠泊平台平面尺寸70×12米，平台后方通过钢引桥、栈桥连接至后方道路，上设一座建筑面积约630平方米候船楼。概算投资1865万元。项目于2018年7月开工建设，截至12月完成主体工程建设。

【定海大猫车渡码头工程】 该工程位于大猫梅湾，在距离原有交通码头西南侧42米处新建一座60米×15米接岸平台，通过一座44米×10米的栈桥与后方陆域连接，接岸平台与栈桥呈“L”形布置，在接岸平台西南侧15米处新建一座73米×12米靠泊平台，后方陆域布置在栈桥后方，通过新建护岸129.7米后形成陆域面积约3872平方米，陆域顶高程4.00米，新建一座建筑面积700平方米的候船楼及相应配套设施。建设规模为新建1000总吨级车渡泊位1个及相应配套设施，设计年通过能力为客25万人次、车2.2万辆次。概算投资为3421万元。项目于2018年9月开工，截至12月，完成形象进度的65%。

交通工程质量监控

【概况】 是年，区交通质监站主管监督项目26项（交通局7项，金塘5项，公路局6项，远洋渔业基地2项，粮油园区4项，县乡公路三年提升工程建设办公室2项），是年新增新建公路工程3项，大中修项目6项，水运工程3项。工程总投资约9.86亿元，未发生一起重大质量、安全责任事故

【公路水运工程检测】 是年，对全区公路水运工程开展质量、安全、合同、监理、检测等监督检查80余次，实现工程监督覆盖率100%。完成全区公路水运工程交（竣）工检测8项，交（竣）工检测机构及方案备案5份；公路工程交竣工质量评定备案6项；水运工程交竣工质量评定备案0项；大中修竣工质量评定备案2项，合格率100%。

【质量监督活动组织】 5月14日，参加由区交通运输局组织的定海区四好农村路暨美丽经济交通走廊培训班。6月4日组织开展安全生产月有奖知识竞赛活动、安全宣传咨询活动等，悬挂横幅、张贴标语和宣传画，发放安全生产宣传手册，并且为高温下作业的民工兄弟送去防暑药品。11月13日，参加由市交通质监局主办的“舟山市公路水运监理标准化”现场会。

交通运输管理与规范

【运输服务保障】 全区拥有营运车辆4335辆（其中营运货车3753辆，客运出租车476辆，客运车辆106辆），出租车公司6家，普通货运业户1133家，危险

品运输企业16家（危货车辆233辆，其中危险品罐车124辆，普通危运车109辆），集装箱运输企业152家（集装箱挂车1513辆，牵引车1755辆）。拥有注册驾校2家，监管场地4个，教练员108人，教练车108辆。拥有机动车维修企业105家，其中一类维修企业3家，二类维修企业34家，三类维修企业57家，摩托车修理1家，快修10家，汽车4S店17家。

【运输市场行业监管】 联合定海区交警大队和定海区安监局等部门对辖区内各道路运输企业开展春运检查、安全生产大检查、专项整治等，对辖区道路运输市场进行安全监管。

强化道路危险品运输安全监管 危险品专用运输车辆现已全部安装并有效使用卫星定位装置。运管部门通过安全生产大检查、隐患排查、专项整治、联合交警路面稽查等专项整治行动进行严格管理，对辖区内危险品运输企业进行68次检查，排查隐患96条，并督促全部整改落实。

联合交警严查危运企业安全生产

开展货运物流专项整治 根据《中华人民共和国反恐怖主义法》、省局关于《进一步规范道路货物运输站（场）行业管理工作的通知》（浙运〔2018〕2号文件）以及市运管局《全市道路物流行业整治工作督办整改方案》有关规定，货运站和货运代理由原许可改为备案管理，并发放货运代理备案证，是年已备案完成20家。运管部门依法履职加强货运代理点的督查与管理，督促经营者落实进出车辆信息登记，不得超限、超载配货，不得为无道路运输经营许可证或证照不全者提供服务，不得装卸国家禁运、限运的物品，督促经营者建立货物安全检查、货物托运人登记等实名制管理制度，加强从业人员培训。通过信息化手段积极推广货运实名制电子台账，指导企业通过公共平台录入信息，规范货运业务经营。辖区内共14家托运点已纳入网上登记递交实名制信息。是年，运管部门组织全区55家货运物流企业进行了实名制运输管理系统培训，进一步提升了思想认识和操作技能。

加强集装箱企业安全管理 于3月27日邀请辖区内的9个乡镇街道召开集装箱行业安全管理座谈会，并于4月4日召集辖区内规模较大的23家集装箱企业召开集装箱运输行业安全管理工作会议。经会议决定，从2018年4月至2020年4月联合各乡镇街道根据属地管理原则及“一岗双责”制度对所属辖区的集装箱企业进行为期2年的集装箱运输行业整治。重点对集装箱企业实际经营地址与注册地址不一致、专职安全管理人员未配备、50辆以上货运企业未自建车辆动态监控平台、各类规章制度未完善等问题进行整治。

协调力促海丰码头宁波班车、直达市汽车客运中心公交运营 运管部门主要领导多方沟通、努力协调，促成海丰码头至宁波班车、海丰码头至市汽车客运中心（盐仓站）公交的开通。4月26日，海丰码头至宁波南站直达班线正式开通，设海丰码头、鱼山码头两个联网售票点。4月28日，海丰码头至市汽车客运中心（盐仓站）公交也正式调整运营，方便岛内群众出行，从根源上断绝黑车滋生环境。同时，运管部门与各相关部门协调以及区交通局班子会议决定，允许定海三江码头和海丰码头设立简易汽车站。已审批通过三江码头简易汽车站，发放简易站经营许可证。

【汽车维修行业管理】 *开展汽车维修质量服务月活动* 巩固全区“放心消费”创建活动成果，完善维修行业信誉体系，3月14日，组织辖区内4家6个品牌4S店和1家大型综合修理厂在市体育馆开展“3·15免费汽车义诊和技术咨询服务活动”。活动现场帮助消费者做真假配件对比、汽车日常保养小常识宣传、免费车辆检测、汽车小修等，免费向过往群众发放维修开业审批办事程序、机动车维修指南等宣传资料，并设立专门的举报、投诉点，鼓励广大消费者与管理部门携手共同监督我区汽车维修行业。活动当天，共接受汽车技术咨询2件，发放宣传材料48份，免费检测车辆28辆，义诊12辆。

做好汽车维修企业的信用考核工作 对全区列入考核的38家一、二类汽车维修企业的经营行为、安全

生产、服务质量、管理水平和履行社会责任等进行一年两次的信用考核。并试行《定海区机动车维修企业信用考核奖励办法》，对考核中的优秀企业予以奖励。

举办定海区汽车维修工技能比武　于7月29~30日在舟山技师学院举办2018年定海区汽车维修工大比武，全区20余家汽车维修企业的32名汽车油漆工参加了本次汽车涂装项目比武。赛前专门请宁波汽修专家、国家级技能比武裁判来为参赛选手开展为期两天的水性漆操作培训，并通过实操模拟练习使选手们对水性漆新型绿色维修材料有更进一步的认识。经本次比赛选拔出的优秀选手在舟山市汽车维修工大比武中分别获得了二等奖、三等奖的好成绩，其中二等奖选手取得参加省级技能大比武的参赛资格。

实施许可到期换证告知制　针对去年存在部分维修业户许可证到期未办理续期的现象，今年实行许可证到期换证告知制，在维修业户许可证到期前两个月上门逐户进行告知，由经营者在《道路运输经营许可证到期换证告知书》上签名并盖章。

开展汽车维修电子数据上传工作　为推动互联网与汽车维修行业深入融合和创新发展，提升行业事中事后监管能力，在数据平台监管中，及时监控各企业上传数据质量，将不合格数据汇总反馈给企业，并与第三方平台技术部门配合，逐家逐户上门指导，使企业上传数据质量普遍达到90分，完成全部38家一二类汽车维修企业的汽车维修电子数据上传工作，上传率达100%。

【规范汽车驾培业】　加强教练员队伍建设。开展对驾校的资质审查，确保驾校资质达标；督促驾校修改和制订行业自律公约；在4、5月份期间分三期对教练员及驾培机构管理人员进行脱产培训。重点加强教练员及管理人员道路交通法律法规、职业道德、驾驶新知识、新技术以及相关业务知识、技能的再教育工作，提升教练员队伍素质。

【出租车行业管理】　做好辖区主要站场、码头出租车经营规范化的管理工作。尤其是投诉率较高的舟山市汽车客运中心（盐仓），保持每日白班2人，晚班3~4人的长期驻点管理力度，监督出租车驾驶员载客行为，确保出租车经营规范化。

开展出租车驾驶员进站揽客专项整治　在舟山市汽车客运中心停车场、旅客出口处采取不定期突击检查和调取监控的方式，对不按规定在出租车候客区排队候客、私自揽客等违规行为进行查处。同时，于9月下旬开展出租车专项督察工作，提醒司机规范使用服务监督卡、计价器，主动提供发票。

开展提升服务出租车专项整治活动　重点检查辖区出租车在日常营运中无证上岗、不按规定使用计价器、车容车貌不整洁、车辆设施不符合标准、拒载、宰客等不规范违章违法现象。对现场检查证据明晰的立即实行即时扣分，对需要转入行政处罚的案件迅速立案。出动执法人员440余人，检查出租车6200余辆次，对于轻微违章出租车驾驶员现场教育、整改58辆次，责令出租车企业整改11次，清退被多次违规屡教不改的驾驶员3人，责令清退和解除承包合同车辆1辆。

做好网约车车辆运输证许可前期审核工作　依据相关法律法规对欲从事网约车经营的车辆户籍、年限、价格等相关要求是否符合网约车经营要求开展严格审核工作，把好网约车准入第一关。是年完成审核33辆符合网约车准入的自备车。

开展打击网约出租汽车非法经营专项行动　对不具备资质的营运车辆及从业人员按照相关规定进行处理，引导网约车规范化经营，使辖区出租汽车行业协调有序发展。7—10月行动期间出动执法车辆20余辆次，执法人员150余人次。

【行政执法工作】　打击海丰客运码头非法营运专项行动　4月联合公安、交警等部门对海丰码头“黑车”盘踞点进行重点布控，对嫌疑人员、车辆进行重点关注。根据行动方案落实夜晚、周末值班制度，根据轮渡班次采用重点时段重点检查、日常不定时巡查，运政执法车、警车大范围布控等方式对海丰码头非法营运车辆进行打击查处，专项行动期间出动执法车辆110余辆次，执法人员590余人次。

开展道路运输市场秩序专项整治“1号行动”　于4月下旬起至6月上旬开展定海区道路运输市场秩序专项整治“1号行动”，重点对道路运输车辆卫星定位装置安装应用情况和道路运输企业动态监控主体责任落实情况进行检查、整治。同时，充分应用联网联控系统、综合监管平台等信息化手段，通过浙江省综合监管平台、卡口数据研判对比，台账抽查等方式对辖区内“两客两货”企业进行检查，是年共派发需调查处理工单77条。

开展道路运输市场秩序专项整治"2号行动" 是年7月开始实施"一超四罚"，加强重点货运源头现场稽查，加强和规范辖区公路运输车辆超限超载源头治理工作。整治行动开展以来，共出动执法车辆160余辆次，执法人员710余人次。

道路运输市场1号行动整治

开展道路运输市场秩序专项整治"3号行动" 自9月起在全区范围内开展打击"无证经营"专项整治"3号行动"，执法人员对辖区范围内日常巡查发现及群众投诉举报涉嫌从事非法营运车辆及人员进行梳理排摸，并以如市汽车客运中心、汽车南站、三江码头、海丰码头等客流集散地为重点整治区域，联合公安等部门集中执法力量开展日夜联动打击。共出动执法车辆95辆次，执法人员460余人次，检查各类客运车辆590余辆。

是年，运管部门处理案件176件，处罚金额计1107900元，其中：客运违规案件42件，货运37件，危运5件，维修行业3件，出租车行业33件，驾培行业8件，通过工单处罚安全案件48件。

公路养护与管理

【概况】 2018，全区公路管养里程为775.866千米，其中国道84.177千米、省道29.281千米、县道241.844千米、乡道123.946千米；桥梁189座计35445.22延米；隧道56座计37474.26延米。

是年，完成人工清扫路面14198千米，机械清扫38520千米，人工绿化除草206701平方米，绿化修枝9450株，绿化补植67225株，绿化修剪371062平方米，绿化保洁1738500方米，绿化除虫251100平方米，绿化施肥45000平方米，修补坑洞13870平方米，路面灌缝41000米，清理边沟113630米，清理堆积物4243立方米，清理路肩74912平方米，排水85200米、化学除草1883公里，疏通桥梁泄水孔1320个，清理桥梁伸缩缝77400米，隧道清扫26033400平方米，隧道清洗5498200平方米，护栏警示桩补全3360根，油漆护栏警示桩3610根，桥栏刷白34308平方米。新装及修复钢制护栏1989米；安装示警桩266根；安装矫正标志标牌123套；拆卸标志标牌49套；划制热熔标线1845平方米。

【G329定海青岭至东湾段2018年公路养护大中修工程完成】 该工程对G329国道部分路段进行大中修，路面病害处治后加铺5厘米AC-16C沥青混凝土并完善沿线防护、排水及标志标线等附属设施。实施里程单幅计6.8公里，对东皋岭隧道左幅病害进行处治，总计投资942万元。

G329定海青岭至东湾段2018年公路养护大中修

【S201（原鸭东线）定海段2018年养护大中修工程完成】 该工程由舟山市宏达交通工程有限公司实施，北京中交安通工程技术咨询有限公司监理，舟山市交通规划设计院设计，投资3495万元。主要内容为：对S201（原鸭东线）部分路段进行大中修，路面病害处治后加铺5厘米AC-16C沥青混凝土并完善沿线防护、排水及标志标线等附属设施。实施里程单幅计24公里。

【定海区2018年农村公路大中修工程】 该工程由舟山宏道公路养护工程有限公司实施，南京正通工程咨询有限公司监理，中交通力建设股份有限公司设计，投资1340.8857万元。主要实施内容为：干平线、万毛线、门大线等5条县道和岑柴线、大沈线等3条乡道进行路面大中修工程，共计22.525公里，局部路段病害基层处理、水泥稳定碎石基层、沥青混凝土路面、修复和完善标线等安全设施。

【定海区农村公路安全生命防护工程完成】 该工程由舟山市普陀华通公路养护工程有限公司实施，南京正通工程咨询有限公司监理，核工业西南勘察设计研究院有限公司设计，投资500万元。主要实施内容为：定北线全长12.675公里内护栏增高（更换）、错车道增设、弯道加宽改良及交通安全设施等附属设施的完善。

【定海区隧道亮化提升工程完成】 本工程由舟山宏道公路养护工程有限公司实施，北京中交安通工程技术咨询有限公司监理，舟山市交通规划设计院设计，投资861.7654万元。主要实施内容为：对北向疏港公路（鸭东线）及G329国道上5座隧道：茶岭隧道、柯梅岭隧道、小展岭隧道、摩鼻岭隧道、东皋岭隧道，进行洞内亮化提升改造。

2018年定海区隧道亮化提升工程

【超限管理】 是年，定海区公路路政管理大队联合交警部门在鸭东线马岙公路超限检测点设卡治超86次，出动执法人员258人次，交警258人次，检测车辆1069辆，查处车辆20辆，路政卸载564.35吨，扣分和罚款均由交警处理。共处理71件非现场处罚案，罚款102600元。

【保护路产路权】 全年赔（补）案件均为车祸损路产，处理48件案件，收取公路路产赔（补）偿费203530元。对相关的抛洒滴漏实施行政处罚3起，保证公路通行整洁、安全。

交通战备保障

【民兵整组】 推进定海后备力量建设力度，提高民兵队伍应急应战能力，打造适应任务需求的新型民兵力量体系，更好地服务全区经济社会发展大局。局人武部以深化调整改革为主线，构建新型力量体系为目标，按照要求认真挑选民兵,切实选拔思想过硬、素质全面、服从管理、遵规守纪的民兵组队。新组建交通运输分队1支（50人）和重点应急连下属交通运输分队（21人）。

【理论研究】 学习贯彻党的十九大精神，围绕现实党的新时期强军目标，全面推进依法管理，深化军民融合，攻克实战动员准备中的重难点问题，为国防交通现代化建设提供理论支持。以《国防交通法》为切入点，撰写《关于学习贯彻〈国防交通法〉推进舟山群岛新区交通战备建设的思考》。

【基础设施建设】 根据《关于定海区2条部队进出口道路项目建设的通知》（舟交战办〔2018〕7号）文件要求将定海区2条战备公路纳入投资计划建设项目。2个项目都由区交战办完成项目建设。

公共交通建设与管理

【岑港客运站完成】 该项目位于岑港街道司前社区，总用地面积4582平方米，总建筑面积约1158平方米，计划总投资1000万元。该工程与2017年5月21日正式开工建设，2017年12月15日完成主体工程建设，是年年初完成相关附属设施施工，完成客运站主体验收和综合验收相关手续，4月份已交由市公交公司进行内部装修，7月份装修完毕。

【候车亭新（改）建及电子站牌建设完成】 该工程采用整体招标，分块实施的原则，于是年 6月6日发布招标公告，7月6日开始施工建设，并于12月完成全部76个候车亭亭体安装。

【水路运输】 是年，定海区共有水上客渡运企业、乡镇渡口4家，客渡船舶13艘，2300客位,30车位，航线10条，共输送旅客204.05万人次，运送车辆6.49万辆次，分别比去年增加38..4%，减少2.6%。

三轮车管理

【三轮车自愿退出营运市场】 为贯彻落实“总量控制，逐步淘汰”方针，是年7月1日至9月30日，经区政府决定，组织开展为期三个月的城区人力客运三轮车自愿退出营运市场工作，共计回收267辆。

（撰稿：朱琰星）

（本类目图片由区交通运输局提供）

责任编辑：王英伟

定海十景系列(九)

土墩拾遗

马岙海上河姆渡遗址位于马岙街道三星社区洋坦里，为新石器时代遗址。1983年在马岙发现凉帽蓬墩遗址，是舟山群岛迄今发现规模最大、保存最完整、内涵最丰富的原始村落遗址。马岙海上河姆渡遗址与河姆渡文化、良渚文化同成为中华民族的文化发祥地之一，已被列入浙江省历史文化保护区。马岙境内现有省级文物保护单位凉帽蓬墩遗址、浙江省唯一的一家乡镇级博物馆马岙博物馆，以及古驿亭、古驿站、古驿道、古烽火台、土墩、林家祠堂、龙潭坑、仿古街等一批名胜古迹，是主要展示古代海岛先民的生活场景，集科教、考古为一体的旅游胜地。

港 航

概 述

2018年，市港航管理局定海分局围绕建设舟山江海联运服务中心和舟山自由贸易港区工作，立足定海港航管理服务体系建设和港航安全管理长效机制，坚持发展与安全两手抓，全力推进和服务于区域港航经济转型升级及提质增效，各项经济指标和工作任务进展顺利。

推进扫黑除恶专项行动

至年底，辖区内有运输船舶680艘，运力251.1万载重吨，较2017年底，船舶增加38艘，运力增加12.4万载重吨。万吨级以上船舶71艘/146.6万载重吨，特种运输船舶占总艘数、总运力的25%、27.1%，万吨以上船舶占总艘数、总运力的10.4%、58.4%。水路运输总周转量增长10.95%。

辖区全年完成货物吞吐量8421.58万吨，完成计划的100.01%。其中进口6247.83万吨，出口3618.08万吨。

全年累计完成投资33.97亿元，其中，水运建设投资完成23.23亿元，航运业固定资产投资完成10.74亿元。

全年查处港航行政处罚案件33件，其中运政案件26件，港政案件7件，共处罚没款44.45万元。

全年完成招商指标1.212亿元，达到年度指标的134.67%。

召开年度港航工作会议

港口建设

【港口项目建设提速增效】 是年，一批计划建成项目投产达效。全区计划总投资24.1446亿元。全年累计投资23.23亿元，完成总投资计划的96%。加快推进一批与舟山江海联运服务中心和浙江舟山自贸试验区建设紧密相关的重大项目。服务助力舟山国际粮油产业园区建设，重点加快粮油产业园区公用码头二期项目建设。其中兴海滚装物流码头部分正在办理临时港口经营许可证，新奥LNG开始试生产。实华二期45万吨油品码头和舟山港外钓岛油品应急储运工程30万吨油品码头已完成交工验收，项目试运营在即。老塘山等核心港区建设取得重要突破，5000吨级粮油专用码头投产。

舟山港综合保税区码头荣膺“五星级美丽码头”称号

【招商引资取得实效】　是年，分局全面转变招商工作模式，主动走访投资商，多次对接各级招商管理部门，落实港口建设项目0.312亿元招商金额，落实航运项目2 亿元招商金额（港航部门分成额度0.9亿元）。总计完成全年招商资金1.212亿元。

【推进核心港区的联动发展】　配合定海区政府，主动接轨浙江海港一体化，加强与海洋产业集聚区、绿色石化基地、远洋渔业产业集聚区等新区功能性平台的紧密合作。

港口管理

【强化港口经营企业监管】　严格港口经营资质年度核查，细化年度核验（核查）评价标准，完善港航信息综合监管与服务平台使用管理，落实港口企业分级监督检查计划和日常管理过程评价，突出各类专项活动效果，强化港口危险货物现场监管。核验（查）港口经营企业181家，检查发现隐患313项，整改292项，整改率为93.2%。

舟山港航靠前服务助力LNG项目按时投产

【严格港口危货监管】　依据《舟山港域港口危险货物作业安全监督管理实施办法（试行）》，发挥分局港航指挥分中心功能，明确一线监管职责，加强日常监管，将港口危险货物作业监管的责任、范围、频率、内容落实到位。是年，审批辖区危货作业共计5976次(不包括危货滚装作业)，电子监管830次，其中普危作业5110次，现场监管523次，监管率10.61%；高危作业866次，现场监管182次，监管率21.17%。

【应用电子巡控】　强化港口码头现场作业电子巡查巡控，利用AIS对比船舶锚泊地点和电话抽查企业应急值班情况，督促企业切实提高恶劣天气应急管理工作。是年，指挥分中心启动二级以上响应63次；危货电子巡管751次；通过非现场执法开出电子巡查处置单43份，处置非现场违法违规问题22起，利用指挥中心视频截图非现场查处1起违规危货作业案件。

船舶检验

【提升船舶检验质量】　以提高船检部门的服务水平和增强船东的获得感为出发点，推进“最多跑一次”改革；落实《交通运输部海事局关于开展中小型船舶安全管理专项整治行动的通知》（海安全〔2018〕17号）要求，对辖区内登记船舶进行全面整治，累计发现并整改问题船舶26艘次；推进港内小船专项整治行动，整改发证的港内小船67艘；加强留置船舶检验力度，降低定海籍“黑名单”船舶的滞留率；严控转港船舶检验关，完成变更检验机构船舶检验26艘，组织验船人员到外地现场检验船舶28次。是年，检验各类船舶共548艘，计167148总吨，未发生一起检验事故。

行业安全管理

【实行清单化管理模式】　全面梳理年度重点工作内容，编制安全管理重点工作清单和企业隐患整改清单，逐项明确责任领导、责任部门和完成时间，定期开展重点工作评估、督促。结合安全管理长效机制和各项工作任务，制定《港口、执法、检查站工作职责分工明细表》；实行分局应急值班工作管理办法，细化应急工作程序，启动24小时常态应急值班工作机制。

【强化各类专项整治】 以各类专项整治行动为抓手，强化港航领域安全监管。部署开展港口危货企业安全管理制度及规程专项检查、港口危险货物夏季安全专项执法检查（“夏安”行动）、“平安港航百日行动”专项检查、港口重点领域节前安全专项检查、港口从业人员专项检查、防汛安全专项检查、安评报告“回头看”专项检查、境外营运货运船舶专项整治行动和光租船舶专项整治。转变检查方式、抓住检查重点、强化隐患分析研判、落实闭环管理等工作模式，实行全程“清单化”管理，提升行业安全管控效能。

开展水陆货运联合整治专项行动

【推进水路综合治理】 做好水路货运船舶安全综合治理工作，固化并延续专项整治的成功经验和做法，充分利用陆海联动联合执法指挥协调机制，明确违法违规上排及留滞点，开展组织指挥、指导协调、督查督办及安全考核工作。是年，组织开展海上联合执法行动94次，错时检查27次,出动海巡艇等338艘次，出动执法人员1401人次。立案查处违法经营船舶共计136艘次，实施留滞72艘次，移送边防处理6人，其中2人被依法拘留。加大“黑名单”船舶处置力度。是年，辖区合计“黑名单”船舶13艘，完成拆解9艘，清退异地3艘，办理相关证书1艘。

全区水路货运船舶安全专项整治会议召开

【深化隐患排查整治】 完善港政、检查站、大队和指挥分中心的“四位一体”危货现场作业风险管控体系，落实监管责任，增强基层力量，将港口危险货物作业监管的责任、范围、频率、内容落实到位。强化港口作业现场监管，线上重点管控申报信息、作业准确率、安全措施落实情况等关键环节，线下采取“工作日必查，周末重点查，夜间穿插抽查”等非常规手段，抓牢危化风险管控的关键点。是年，辖区港航系统共累计发现各类隐患4176项，整改4119项，整改率为98.63%，投入安全隐患整改资金433.07万元。对未及时整改隐患，继续督促企业完成整改。

水运市场管理

【运力规模】 辖区内共计运输船舶680艘（比2017年底净增38艘），运力251.1万载重吨（比2017年底增加12.4万载重吨）。目前，辖区有油船141艘，504167载重吨（比2017年年底增加1艘，增加10555载重吨）；化学品船18艘，66273载重吨（比2017年年底增加4艘，运力增加21816）；集装箱船11艘，7368箱位，109315载重吨（比2017年年底减少1艘，减少402箱位，减少7778载重吨）；拖轮39艘，126910千瓦（比2017年年底增加2艘，增加12498千瓦）。辖区万吨以上船舶共计71艘（比2017年底增加3艘），合计146.6万载重吨（比2017年底增加约6.4万载重吨），特种船舶比2017年年底净增24593载重吨。

【加强航运市场监管显】 开展经营资质年度核查工作，是年，核查辖区国内水路运输企业88家，辅助企业14家，营运船舶652艘。完善江海联运管理信息平台，持续深化水路运政事中事后监管机制，制定《航运管理领域内部管理分工协作机制》。加大企业安全管理考核评价工作力度，完成对所有航运企业的考核评价工作，评出A类企业56家，B类企业19家，C类企业18家。强化“僵尸企业”清理力度，完成9家水路运输企业的撤销工作。

【强化航运帮扶工作】 重点落实2015年底已改造完毕的17艘单壳油轮与2017年底已改造完毕的14艘单壳油轮改造补贴政策，享受国家财政补贴共计3589.2万元。积极开展重点航运企业帮扶，做好舟山市航运业临时周转资金的使用规则，上半年安排航运企业转贷多次，2家企业受益，使用资金规模达 1.88亿元。

【调整航运业结构】 以航运为核心，加快推进定海服务贸易集聚区探索，推进定江海直达运输发展。2万吨江海直达首制船于是年4月初正式投运。以首制船投运为契机，依托定海大项目的物流需求，引导新一海等有条件海运企业拓展直达运输市场，做好海进江、江出海运输组织。同时不断支持定海航运企业参与定海重大项目的物流体系，引导企业投身参与油品储运基地、绿色石化基地、农副产品贸易中心、铁矿石分销中心等物流配送体系。

【推进产业转型升级】 引导航运企业规模化发展。是年，普货运力达20万吨规模以上的企业2家（锦桥、新一海），普货运力5万～10万吨规模企业6家（德勤集团、天润、新海星、兴港海运、和丰、七侠）；液货危险品运力3万～5万吨规模企业3家（建桥、长润、海光），液货危险品运力1.5万～3万吨规模企业8家（大东方、富源、中达、永盛、海洋石化、宁远、浙华石油、新一海化学），企业平均运力规模为24859载重吨，较去年底增加1903载重吨，运输船舶平均吨位为3692载重吨，较去年底减少109载重吨。

行政监管执法

【创新行政执法机制】 推行应用非现场执法模式，持续加强电子巡查、巡控力度，增强应急值守和联动能力。规范辅助执法人员的管理使用，坚持“四个一”学习培训，提高执法人员能力水平；加强行政执法工作的过程化管理，落实“全过程记录执法”要求，规范操作处理程序。是年，出动执法人员413人次，出艇38艘次，执法车119辆次，联合开展海上巡查63次。立案查处案件33件，结案33件，其中运政案件26件，港政案件7件，罚没款总计44.45万元。

【优化港航行政许可服务】 推进“最多跑一次”改革工作，梳理公布“最多跑一次”清单20项，并进行颗粒化梳理，覆盖事项100%；强化“互联网+政务”。推广应用浙江政务服务网和港航综合管理与服务平台，提升港航权力事项网上服务水平，所有审批类事项已全部应用平台办理；优化送达环节，打通审批“最后一公里”。全部权力事项可实现办理结果“快递送达”。“最多跑一次”改革工作落地有声。把好资质审批关，强化港航企业退出机制，注销船舶营业运输证67艘次。是年，累计受理行政许可事项1065件，其中运政审批事项662件，港政审批事项70件，提前办结率100%，提速率80%。

（撰稿：徐 颖）

（本类目图片由市港航局定海分局提供）

责任编辑：王英伟

海　　事

概　　述

2018年，定海海事处以“三化”建设为统领，紧紧围绕“走在前列”的目标,立足舟山海事局“十三五”期间“六个着力点、六个显著提升”的总体目标，抓好辖区“高大上”和“低小散”监管并存的关键环节，忠诚履职、严格法制、规范管理、优质服务，确保辖区安全形势和执法队伍持续双稳定。

是年，辖区船舶进出港15.25万艘次，其中客船6.49万艘次，危险品船舶10235艘次（不含集装箱船）；货物吞吐量8105.03万吨（其中外贸2346.32万吨），集装箱货物吞吐量106.28万TEU，旅客吞吐量170.88万人次。开展执法巡航567次，巡航时间1498.7小时，巡航里程12071海里，实施船舶安检388艘次，平均缺陷5.69项/艘，滞留10艘，滞留率2.58%，其中重点关注船舶、“黑名单”船舶到港105艘次。受理危险货物进出口申报审批10064艘次，涉污作业报告1671艘次。实施危险货物现场监管827艘次，其中到港作业液货船舶检查490艘次，检查率为20%，散化装卸作业到港检查19艘次，检查率为28%；实施涉污作业现场检查200次，检查率为11.9%；客运船舶现场检查2499艘次；水工作业现场检查534次。实施行政处罚立案762起，结案615起，罚款295.91万元，船员违法记分346分。

定海海事处获2017年度舟山跨海大桥运营管理“平安杯”称号

海事监管

【抓好水上客运安全监管】　落实新施行的《浙江海事局水上客渡运综合安全监督管理规定》《浙江海事局水上客渡运综合安全监督管理操作手册》要求，强化客渡运船舶现场监管。开展重点时段重点航线水上客运安全隐患大排查行动，实施恶劣天气客船开航前点验，严把客船超抗风等级及超能见度视距开航两个禁令。推进“双进双反馈”制度建立，以客运企业安

首次对国内首艘江海直达船舶“江海直达1”开展“开放式”安检

全例会、季度网格化检查和微信、网络等为载体，实时掌握辖区客运动态，定期向客运企业传达相关文件精神，通报日常监管中存在的问题，听取企业意见和建议，督促安全管理主体责任落实。多次联合大榭海事处开展巡航，联合海峡轮渡公司开展客船防抗台船岸应急演习、“安全生产月”船员技能比武大赛等活动。联合地方政府、港航、边防等部门持续开展港内交通艇专项整治行动。是年，开展海上联合打击97次，出动执法人员203人次，查处港内交通艇违章3起，码头留滞3艘次/31天。持续开展船员知识培训，强化船员应急实操能力检查，完成对所有172名船员的安全知识培训。

【加强涉污涉危作业监管】 结合辖区实际，突出抓好烟墩港区散化码头监管。针对其所处位置极易受冬季大风影响的特点，严格按企业自律标准对到港作业散装危险品船舶进行把控；在港口浦汽油装运码头开展了船舶无预案应急演习。强化船载易流态货物监管，通过现场检查与易流态含水率检测报告核实相结合的模式进行严格管控，检查船舶22艘次，发现问题5项，雨天责令停止装卸作业4次，要求重新检测3次。抓好船舶载运危险货物整治、船舶污染排放控制等专项行动，首次联合工商部门开展燃油抽检联合执法。实施船舶排放控制区检查181艘次，燃油抽检181艘次，发现燃油超标2起，立案处罚2起。采取静态审核与现场抽查的形式，加强对甬舟集装箱码头船载危险品集装箱班轮的检查，查处危险货物谎报瞒报行为11起，立案11起。落实舟山海事局关于对舟山辖区1000载重吨以下油船情况进行调查核实的要求，加强对该类船舶的现场核查和电子巡航点验工作。紧抓舟山国际海事服务基地建设重大部署，主动走访保税油加注企业，便利保税油申报审批程序，打造高效、安全的保税油加注环境。截至年底，辖区保税燃料油加注作业累计148次，合计7.70万吨。

加强到港国际航行船舶燃油质量监管工作

【开展各类专项整治行动】 针对全年各类专项整治活动多、任务重的情况，以水路货运安全综合治理和船载危险货物安全综合治理活动为两大主线，抓牢“春运”“两会”“安全生产月”等重点时段，做好结合文章，高标准严要求统筹“入青”“入沪”船舶专项安全监管、国内航行船舶进出港报告专项整治、中小型船舶安全管理专项整治、船舶载运危险货物安全综合治理专项整治、平安交通百日行动等各类专项整治活动，遏制辖区大猫非法采砂、岛际非法载客、非法滚装船舶运输等热点难点问题，提高监管效能和执法威慑力。是年，开展各类检查行动1057次，其中联合执法97次，出动执法人员2415人次，执法船艇567艘次，开展错时检查44次，查获各类违章船舶388艘次（其中砂石船183艘次，内河船4艘次），留滞船舶86艘次，移送拘留无证人员10人次；彻底关停滚装船非法出运点2个，促成8艘“黑名单”船舶自愿拆解，监管成效明显。

启动南部水域“惊蛰”联合执法行动

【提升风险预控防范能力】 按照《定海海事处水上交通安全风险管控和隐患排查治理双重预防工作须知》要求，立足辖区“高大上”和“低小散”并存的监管特点，多方排查，全面覆盖，持续滚动式开展辖区客、危、桥、通航环境等隐患排查治理和危险源布控，摸清辖区隐患现状和底数，稳步推进风险管控和隐患排查整改落实。针对砂石出运、危险品运输、临界条件作业、码头和公司管理等重点环节存在的风险隐患，定期开展危险源和隐患分析评估并跟踪落实治理，对辖区靠泊作业的斜坡码头、砂石堆场、废弃码头等开展深入排查，对恒达码头、三鑫船厂码头等船舶停靠点实施设障，封堵违章出运，联合多部门实施了船舶定点管控。是年，排查出一般性安全隐患14项，其中重大安全隐患2项；整改完毕9项，其中整改完成重大安全隐患1项。

无证船员移送边防

【做好“四季七节”重点时段监管工作】　加强“四季七节”重点时段水上安全预防预控，明确不同时段水上安全监管要点。节假日和浓雾季落实客船“站高峰”机制和把好开航关，高温季加强对涉危涉污作业安全监管，台风季提前部署防抗台工作，强化重点船舶排摸掌握。强化预警预控，加强与气象部门的联系，恶劣天气时及时发布预警信息，提醒航运企业、码头、船方注意安全，及时对预警信息落实情况进行核实，对岛际客运船舶、港内交通艇等重点船舶进行动态核实和跟踪。是年，发布安全预警信息35050条，开展“站高峰”65次。三是注重总结经验，摸清规律，改进重点时段监管中发现问题，确保“四季七节”监管更具成效。针对今年台风密集来访、数量多的特点，提前组织辖区航运公司、船厂等50余家单位召开2018年防台工作会议，增强防抗台意识。采取“点验”式全覆盖提醒督促重点对象落实防台措施，全年点验船舶超2000艘次，其中无动力船舶点验监管219艘次，涉及值班方面行政处罚案件28起，确保辖

布置10号台风“安比”防抗工作

区防抗台形势持续稳定。

海事执法

【推动值班室“四化”建设】　依托工作基础保障化、制度流程规范化、督查整改常态化、执勤应急加强化的“四化”模式，发挥值班室“海事处综合信息中心”“任务调度中心”“内外协调中心” 的“三中心”定位功能，细化出“X”项（任务清单化、进出港报告删选智能化、关键要求手册化等）有辖区特点的工作方式，完善形成“4+X”新模式，解决辖区“点多”信息碎片化、传递较无序的问题，实现动静态信息无缝衔接，保证辖区监管信息传递实时、准确、高效，推动现场综合执法精准化水平提升“走在前列”。是年，下达任务7317次，任务完成比率99.78%，出动执法单元2322组，出动执法人员6001人次，值班室发现纠正各类违章283起、立案调查23起，现场检查船舶4227艘次、行政处罚立案762起、纠正查处各类违章1259项，分别较去年同期增长95%、118%、154%，立案数、查违数均占全局总量1/4以上。

【打造水路货运船舶综合治理“舟山做法”】　致力强化现场监管，以现场综合执法模式改革为契机，将辖区28个砂石出运点及附近水域为重点，打击砂石运输船超载运输、船舶证书不全、无证驾驶等违法行为。排查遏制安全隐患，多次向政府和有关部门进行汇报、建议，促成多部门联合整治大猫岛西南侧水域的采砂行为的格局。3月27日～5月7日、8月28日～

9月4日、10月20～31日，以每周1～2次频率全天候蹲点值守，全年在该水域夜间蹲点值守超90天，全处职工“披星带月”“节假无休”、猛药去疴、持续作战，当好海砂采运监管的守夜人，遏制大猫非法采砂行为。致力多方协同联动，由海事部门牵头，联合港航、边防、安监、海洋渔业等部门开展执法行动，保持每周两次以上执法频率，形成联动堵截、联合打击、联动防范的“三联”工作格局。加大对违章船长、船东的惩处力度，全年移送拘留无证驾驶人员10人次。致力压实主体责任，加强现场监管，利用多种手段夯实监管基础，每月一次联合港航局开展对辖区宕口进行检查，通过查台账、赴现场，定期对宕口的装运船舶情况进行掌握，取缔21处非法出运点。根据季节性的管理要求，定期召集辖区的砂石出运点负责人进行安全的宣贯和提醒。

海事港航部门常态化联动执法

【破解定海港内交通艇监管难题】 联合地方政府、港航、边防、海洋与渔业等部门，按照“政府牵头、属地负责、部门协动、源头管控、疏堵结合、综合治理”原则，制定专项行动方案，开展针对定海港内交通艇的专项整治行动。打击违法行为，以水路货运安全综合治理为契机，联合定海港航、边防及街道等部门开展定海区港内交通艇联合执法，打击无证非法载客、超载运输、点对点运输等违规行为。加强与地方政府、港航、船管站等相关职能部门联动，定期组织召开港内交通艇安全管理会议，督促落实安全生产属地管理责任，推动港内交通艇纳规管理持续深化。推动公司规范运营，加强对千岛港内小船管理服务有限公司指导，帮助其建立健全内部管理制度、记录台账，督促公司落实安全责任制，加强对船舶、船员的规范化管理。行动开展以来，上排港内交通艇36艘次，66艘已完成检验证书发证，7艘渔用主机船舶已全部更换主机，所有测厚不合格的船舶已全部上排更换船底板，驾机员考试20人通过17人，保障规范化经营秩序。

【创新做好“鸭白线LNG安全专渡”监管】 强化源头管理，落实企业安全主体责任，多次对海峡轮渡公司开展约谈，要求企业要转变管理思路，强化安全意识，建立完善安全运营体系，强化隐患排查以及应急反应能力，成功举行2018“鸭白线LNG专渡”危险品泄漏船岸应急演习。严把审批关，重点围绕船舶适运、货物适装、码头适靠、罐车合格、积载隔离合规、作业时间合适等6大方面严格把关，多次对申报出现的问题召开专题会议，规范申报内容。因罐车证书不合格、积载隔离不合规、作业时间不合适规定等申报问题被退回83艘次，申报质量明显提高。强化现场监管，每日对LNG滚装运输进行现场检查，对装卸环节存在的各个风险点进行详细检查，发现问题，立即要求纠正，利用CCTV、AIS、VHF等手段，对LNG“鸭白线”运输进行全程监控，确保安全监管无死角，全年出动执法人员120人次，检查船舶55艘次，发现纠正各类问题12项。自8月27日新奥LNG槽罐车通过“鸭白线”完成首次滚装运输以来，受理船舶载运LNG罐车滚装运输审批350艘次，保障31240吨LNG安全出运，打造“鸭白线LNG安全专渡”品牌。

多举措服务保障“鸭白线LNG专渡”常态化安全运营

【探索重点水域通航秩序长效监管机制】 联合边防、港航等部门，加强对航路、锚地等重点水域巡航，打击碍航锚泊行为，形成多部门齐抓共管的格局。对锚地船舶开展“点验”式电子巡航，及时纠正易走锚水域锚泊船舶锚位，强化与VTS、局指挥中心、现场流动执法单元的联动，对非法锚泊船舶保持高压严打态势。强化宣传教育，落实主体责任制作《安全告知书》及示意图，督促提醒船员严格遵守锚泊规定。组织辖区企业召开锚地使用宣贯会，通过宣贯会的形式，通报五奎山、火烧门锚地调整原因和近期发生的几起锚地安全事故，征集与会代表的意见和建议，进一步规范大五奎山及火烧门临时锚地的使用。全年立案查处船员未按规定值班、未按规定值守VHF、未开启AIS、在公布航路内锚泊等违法行为90余起，实施船员记分340分，纠正船舶不当锚泊200余起，规范船舶锚泊行为，改善辖区锚泊秩序，专项整治活动取得成效。

助力“5211”海洋强省建设

【打造重大项目建设“桥头堡”】 通过一抓进出港通航安全，二抓在港稳泊安全，三抓企业安全主体责任落实，四抓现场监管效能的主要措施，强化现场监管，运用安全约谈、通报整改、安全预警等多种形式及时消除各类安全隐患，保障富翅门大桥、金塘澳牛项目、新城大桥复线等在建项目顺利推进。全年累计进行大型水工作业现场检查534次，查处违法违规行为1起。

保障宁波舟山港主通道富翅门大桥段主梁吊装

【打造水上客运安全“示范区”】 以“平安大桥”创建活动为平台，通过深化局处联动机制、桥区监管联席会议制度、大桥沿线船厂修造船舶排查机制、定线制水域常态化巡航机制“四大机制”，开展船舶碰撞应急处置实战演习、桥区联合隐患排查、“上船头下渔村”宣传等活动，参与“平安大桥”建设，确保跨海大桥水域安全畅通零事故。携手舟山海峡轮渡公司持续开展“鸭白线客滚船规范管理年”，提升船员队伍整体素质，深化“鸭白线”安全文明畅通航线创建工作。

举行老塘山港区2018年度船舶碰撞溢油综合应急演习

【打造国际集装箱“物流岛”】 开辟24小时集装箱船舶查验手续办理“绿色通道”，畅通与海关、边检等口岸单位合作机制，牵头联合海关、边防等部门开展外轮联合登临检查7次。完善与海关合作备忘机制，进一步促成信息共享、监管互认；推进“单一窗口”建设，助推金塘大浦口集装箱码头国际航行船舶进出境通关全流程无纸化，降低船舶进出港延误时间，助力金塘大浦口集装箱码头今年货物吞吐量达106.28万余TEU再创新高。

海事队伍建设

【抓基层党风廉政和政风建设】 发挥党建示范引领作用 学习贯彻“十九大”精神，领会习近平新时代

联合海关、码头单位加强合作推进集装箱检查工作

中国特色社会主义思想内涵，注重学懂弄通做实，通过总部书记带头主讲、班子成员分头授课，层层推进，制定学习计划，分解落实责任，营造浓厚氛围。开展“两学一做”常态化制度化工作，开展精品支部建设，推进“三亮三比三评”，发挥基层党组织和党员在保障重点工作任务中的战斗堡垒和先锋模范作用。

完善党建与业务深度融合机制　推进“五好党支部”建设，落实“两个办法”“三会一课”“党日”活动、党员联系客船、季度星级党员评定等制度，结合大学习大调研、“双联系双服务”等，落实舟山海事局党委巡察发现问题的原因分析和整改落实，不断把基层党建工作融入到具体海事中心工作。

强化政风行风建设　开展“最多跑一次”“就近跑一次”等活动，尽最大可能服务行政相对人。持续开展政风大走访活动，处领导带队深入辖区企业、码头、船舶开展实地走访，1—10月走访公司共走访119次，处领导带队走访30余次，听取企业意见或建议1条。

深化党风廉政建设　抓好主体责任落实，督促落实党风廉政建设“两个清单”，深化廉政承诺，逐级签订廉政责任书，定期评估分析，落实“一岗双责”、“三谈两述”等廉政长效工作机制。加强廉政警示教育，通过廉政宣讲、观看廉政警示教育片、廉政谈话等多种形式开展专题教育，筑牢干部职工廉政防线，开展各类廉政教育、廉政提醒30余次。贯彻落实中央八项规定精神和海事系统“五个禁止”规定，推进实施防范外部“不诚信行为”工作，念好“强、抓、促、通”四个诀全面落实“吃拿卡要”专项治理活动，净化海事执法环境。梳理“吃拿卡要”问题清单2项并针对性的制定整改落实计划，1～10月全处执法人员共拒收礼金物品65起/120人次，累计拒收价值金额人民币3.51万元。加大“不诚信行为”函告力度，1～10月发放不诚信行为函告书20份，回函20份，回函率100%，防范“不诚信行为”工作取得成效。

【升级青年作用和队伍建设】　建设“五好班子”以理论中心组学习、支部学习为主要平台，学习贯彻党的十九大及十九届历次全会精神，落实班子成员双重组织生活、“三重一大”等各项制度，严肃班子党内政治生活，注重在“实”字和“行”字上下功夫，立标杆、作表率。开展处理论中心组学习7次，大学习大调研宣讲4次，提升理论水平。

抓素质提升　打造“蓝色铁军”队伍　抓内部制度建设，增强队伍执行力，持续完善半军事化管理等各项规章制度，提高精细化管理水平。抓海事文化建设，增强队伍凝聚力，丰富文化走廊、党日活动及微信新闻宣传等平台，提升集体意识和团队荣誉，新闻宣传（政务信息）能力明显提升，2017年11月～2018年10月编发内网政务信息840条，其中浙江海事局内网录用165条，市委市政府录用2篇，省部办公厅录用4篇；抓整体能力提升，增强队伍战斗力，加大多岗位轮岗、内外部培训、业务研讨等多渠道教育培训

“海鹰青年队”走进城西小学

力度，全面提升队伍综合执法能力。1～10月开展或参加各类培训69次，培训参与549人次，总培训学时达4628.5时，职工培训学时均达90学时及以上。

深化“五式五提”培养举措　强化新进人员“传帮带”机制，“结对式”提高业务能力；成立青年兼职法制、专报撰写、青年课题等兴趣小组，“组队式”提高专业水平；开展“青年课堂”分享活动，“讲堂式”提高知识储备；开展青年政务信息竞赛活动，“竞赛式”提升写作能力；不断修改完善青年成长积分制，每季度评比“季度青年之星”，“选拔式”提升青年履职能力。是年，吕永生获浙江海事局第二届“十佳青年”荣誉称号和浙江海事局优秀共产党员，张彬获浙江海事局船艇技能比武个人一等奖和浙江省总工会授予“浙江金蓝领”荣誉称号。

【提升依法行政能力】　持续推进综合管理体系运行，保障各项工作精准高效开展。定期开展综合管理体系运行情况自查评估分析，查漏补缺，优化完善，提高系统化、规范化、科学化管理效能。完善常态化综合督察机制，拓展督察的深度和广度。按照“重点突出、细节完善、查有实用、闭环整改”原则，全面覆盖处内各项制度的落实情况，加速提升管理绩效。培树优质服务品牌，塑造海事良好社会形象。以“海莲花”全国巾帼文明岗和“海鹰”青年服务队为主要载体，开展与老塘山中转储运公司青年业务交流共建、社区“一对一”困难结对慰问、“3·5”学雷锋、“6·5”世界环境日海洋垃圾清洁、文明“创城”志愿者、认领“微心愿”、水上安全知识进校园等活动，增强海事影响力。

开展“6·5”世界环境日主题宣传活动

海上交通事故

【概况】　2018年，定海辖区发生水上交通事故5起，其中一般事故1起，小事故4起，未发生人员死亡及沉船情况，直接经济损失约人民币300万元。与2017年同期相比，直接经济损失上升31.6%，事故起数持平，死亡人数和沉船艘数都为0，四项指标一升一平二降。未发生有直接海事监管责任的水上交通事故及船舶污染事故。是年，辖区发生险情7次，遇险人数95人，获救人数95人，人命救助成功率100%。

【事故选介】　2018年2月2日11时11分左右，上海籍油船“沪油18”轮装载5488.73吨95#汽油，从火烧门锚地起锚开航过程中与同在该水域锚泊的重载舟山籍油船“百通8”轮发生碰撞（概位29°56′·9N/122°06′·1E），事故造成“沪油18”轮右舷第四货舱水线以下船体局部破损，8.65吨汽油泄漏入海；“百通8”轮球鼻首局部凹陷。直接经济损失约人民币185万元，构成一般等级水上交通事故。

2018年4月4日23时19分左右，舟山金色海洋船舶洗舱有限公司所属的“中帆323”轮，装载油污水约600吨，从定海银马水泥厂码头附近水域起锚开往定海港口浦，途经桃夭门大桥南侧水域时（概位：30°05′·9N/121°57′·6E），与从峙头装载约1500吨石子计划开往上海的干货船“兴发29”轮发生碰撞，造成“兴发29”轮右舷船艄附近舷墙局部变形，右舷载重线附近局部破损，“中帆323”轮船舶球鼻首局部受损凹陷，锚链孔损坏，直接经济损失约25万元，构成水上交通小事故。

2018年6月4日1921时左右，舟山润广船务有限公司所属的“润广8”轮从福建装载黄沙1.4万吨开往金塘宏运物流码头，在靠泊过程中与金塘宏运物流码头发生触碰，直接经济损失约80万元，构成水上交通小事故。

2018年7月8日19时40分左右，安徽澳海航运有限公司所属的“新日8”轮从宁波中宅码头装载铁矿砂10735吨左右开往安徽芜湖，途经舟山西堠门大桥北侧附近水域（概位30°04′·63N/121°54′·50E）时，因锅炉控制箱线路老化发生短路引发火灾，造成该轮锅炉房过火，部分线路及电器设备被烧毁，锅炉房舱壁钢板及三层甲板局部受热变形，直接经济损失约人民币50万元，构成水上交通小事故。

2018年9月25日09时29分左右，舟山籍油船“晟荣77”轮装载6178.301吨汽油，由舟山火烧门锚地驶往舟山港口浦码头，航行至舟山鲸鲢礁附近水域时触礁（概位29°59′·2N/122°06′·7E），事故造成“晟荣77”轮左右两舷船底板、舭列板及舭龙骨受损变形等。直接经济损失约人民币50万元，构成水上交通小事故。

（撰稿：王 琦）

（本类目图片由定海海事处提供）

责任编辑：王英伟

邮政 电信

邮 政

【概况】 中国邮政集团公司舟山市分公司（简称邮政舟山分公司）设有各类邮政网点89个，其中邮政营业所54个，邮储网点35个；位于城区的各类网点16个，农村网点73个。2018年，有从业人员646人，男性员工267人，女性员工379人，其中含管理类人员25人，技术类人员16人。

【总体业务收入】 是年，分公司贯彻落实邮政集团公司“一体两翼”（邮政主体，金融、寄递为两翼）的发展战略，坚持以党建为引领、以问题为导向的总体思路，推进“四个年建设”，实施代理金融、包裹寄递和农村电商“三个一把手工程”，各项工作取得一定成效，全年完成业务总收入14575.82 万元。

【金融业务】 继续秉持普惠金融本色，开展各类活动贴近客户，通过网点搞联谊、上门大走访、生日送祝福、社区做公益等形式开展蓄客营销，强化本地基础客户拓展工作，提升万元以上客户数及客户资产。全年累计实现金融业务收入9088.97万元，年末全市储蓄余额达到58.68亿元，市场占有率7.06%。保险业务完成标准保费34808.4万元，理财产品日均保有量6.55亿元，基金定投有效客户数728户。

【包裹寄递业务】 根据中国邮政集团公司的战略决策，7月正式启动邮政寄递翼改革，成立舟山市邮政深化寄递翼改革领导小组及工作专班，推进改革工作步骤，同步做好业务发展工作。其中政务类寄递业务全面对接政府“最多跑一次”，做好省统签政务项目的对接和跟进落实，“三专”模式（专人专车专递）助推法院专递项目实施，“国税空白增票整车配送业务”、“人社劳动保障书面审查和信用档案项目”等获得转型突破；商企类寄递方面为“海鲜配”业务组织开辟当日递专线邮路，实现舟山综保区入驻服务，房地产业务贴身紧跟开发商，同步拓展延伸业务，取得一定成效。全年累计完成寄递业务收入928.95万元。

【农村电商】 继续开展农村电商服务点建设工作，与民政部门协作推进邮善邮乐慈善超市的建设落地。开展“周周有爆款”“月月有抵扣”“919电商节”邮掌柜批销活动，做强批销单品项目，提升掌柜下单率和平台黏度。是年，农村邮政电商服务点累计建设达到812个，农村电商批销规模完成817.67万元，自营批销规模完成537.72万元，完成电商分销业务收入577.07万元。“自邮一族”车险业务发展与保险公司阶段性活动联动，全年完成车险3412户。

【传统业务】 是年，完成函件收入1128.12万元；集邮业务收入450万元；报刊业务收入919.29万元。

【“作风建设年”活动】 制订《作风建设年活动方案》和配套行动方案，于5月份起在全体管理岗位工作人员中（含交流借调人员）开展作风建设年活动。活动由市分公司党建工作领导小组统一领导，成立作风建设年活动督导工作组，具体负责活动的组织实施和督导检查。在内容上充分贯彻以问题为导向原则，围绕中央巡视反馈和“回头看”整改要求，明确23项整改任务，60项整改举措，定期分析整改进展情况，市、县协同、层层压实，并落实督导，确保实现整体推进，解决相关问题。

【“基层党组织提升年”活动】 落实“七种招式”、“三个建在”，调整组建基层党支部22个，独立或合建党支部党员活动室17个。组织开展各级党委理论中心组的专题学习、广泛的研讨交流、干部轮训、党员领导干部上党课、中邮网院专题学习等活动，进一步深入学习宣贯党的十九大精神。严肃党内组织生活，层层签订全面从严治党主体责任书和专责监督责任书，严格落实“三会一课”、谈心谈话、民主评议党等基本制度，开展党建示范点、党建+主题实践、党员志愿服务、结对帮扶等活动。落实中央八项规定精神，紧盯重要时间节点，强化警示预防。完善“三重一大”决策制度，规范企业决策行为。是年，无党员干部受党纪、政纪处分，无违规经营、违反财经纪律的行为。

【“企业文化落实年”活动】 围绕“人民邮政为人民”的服务宗旨，组织开展其美多吉等先进事迹的学习讨论活动，筑牢普服为“根”、客户为“本”的意识，切实履行普遍服务义务和特殊服务使命，加强服务质量目标管理，推行“两岗”履职网格化管控，组织开展用户投诉专项整治、快递包裹质量专项提升、“无着邮件管理提升”等专项活动，落实中非合作论坛北京峰会、首届国际进口博览会、第五届世界互联网大会等重大活动期间的邮政安全服务保障工作。2018年，未发生总包、机要文件丢损失密事故和媒体曝光及违规经营事件，未出现违反普遍服务“两条红线”的行为，客户满意度、邮件处理质量等指标均控制在省分公司规定范围，服务品质持续改善。

【“成本管控年”活动】 通过ERP管理模块，落实网点和专业的损益责任，对照标杆优化的成本配置体系，准确分析和反映各项业务、各个网点的指标进度及损益情况，利润预算更加公平、合理。出台了《舟山邮政企业成本管控实施办法》，加大基层损益核算考核，及时预警通报，引导和促进员工更加关注经营效益，努力实现有效发展。组织成立了人力盘活、财务盘活和资源盘活各项目组，做好成本梳理工作，重点降低运营成本，进一步细化量化管控指标，并通过市管县落实到全地区，全流程各环节逐一对标，通过流程设计和组织结构调整实现降本。

【人力资源管理配置】 2018年，舟山邮政制订《舟山市分公司2018年度员工薪酬考核办法》、《2018年度舟山市邮政企业绩效考核办法》等，紧盯省分公司季度重点考核工作这个中心，保障各项重要部署落到实处。根据《浙江省邮政企业劳务承揽规范管理实施办法》，修订劳动合同，有效降低了企业经营风险。在调整机构设置、明确机构职责以及相关负责人竞聘上岗的基础上，在全部岗位工种中开展了双向选择优化组合工作，缩减7个管理岗位和17人次。组织全市三个一把手专业营销人员轮训，完成三大工种人员职业技能鉴定集中辅导培训和考试工作，组织新上任支局长、所主任参加新任支局长岗前培训和支局长岗位资格远程培训班，推选三人参加省分公司组织的2018后备领军人才培训，为企业发展奠定了人才基础。

【安全管理与风险防控】 车辆行驶安全得到重点整治，通过对原准驾证办法进行了修改，规范审批流程，原准驾证进行审核后重新发证。应对政府部门“两非车辆整治、电动三轮车取缔、货车市区限行”的一系列布置，寻找和洽谈电动汽车合作商家，做好电动汽车租赁相关工作，落实集团公司关于规范电瓶车充电相关规定，做好充电区域划分和日常检查工作，开展例行消防演练。组织开展“安全生产月”、“安康杯”竞赛、“文明驾驶与安全节能”等载体活动，参加2018年“安全生产”网络学习考核班，参培率、参考率、合格率达到三个百分百。加大金融、保安、监控等重点岗位人员风险排查力度。是年未发生重大责任事故，为企业提供有利的发展环境。

【以人为本关爱员工】 2018年，分公司重新规划组建了员工活动中心，台球室、健身室、图书室等设施齐全。专门开设“妈咪暖心小屋”，保障女职工特殊权益。举办各类节日庆祝、户外拓展、室内竞技等形式多样的活动，组织退休职工参加重阳节活动和迎春茶话会活动。夏季高温送上清凉、冬日旺季暖心家访，员工生病住院主动探视慰问，引导参加省市医疗互助保障，建设支局职工小家。组织5批77位员工分别参加温州、金华、千岛湖、丽水疗休养工作，恢复和增进员工的身心健康，调动员工的工作积极性，体现企业人文关怀。

（撰稿：刘科峰）

中国电信股份有限公司舟山市定海区分公司

【概况】　2018年，电信定海分公司落实“全面深入贯彻学习党的‘十九大’精神，坚持党建统领，深化转型升级，推动质量变革、效率变革、动力变革”的年度工作思路，统一认识、知行合一、全力执行。9个支局，4个部门，235名员工团结奋进，顽强拼搏，拓展市场，应对竞争，各方面工作取得实效。

【开展党建和党风廉政建设】　开展“党建翼联”活动，创新基层党建工作新模式；强化“一支部一品牌”建设，参与“微心愿”、“志愿汇”等公益活动、节假日电信服务支撑等；贯彻“创城”行动，全体党团员积极响应政府号召，参与文明劝导活动；举办“迎七一”微型党课比赛，弘扬红船精神。落实“一岗双责”，开展四个专项治理工作（针对领导人员及其亲属围绕企业经商治理、针对“小金库”专项治理、针对选人用人专项治理、采购业务合作领域专项治理），组织完成关键岗位人员廉洁从业情况自评和检查。每逢节假日提前做好廉政短信提醒，推动党风廉政工作建设。

【加快智慧城市建设】　持续推进教育信息化基础设施建设，推出校园智慧卡、翼校通、天翼绿网、教育云视频等一系列教育信息化技术手段和应用，打造智慧教室。建成智慧社区ITV便民服务系统，采用信息化手段，设置“三务公开、便民服务、公示公告、办事指南、智慧党教”等特色栏目，打造7×24小时服务平台。“智慧养老”作为“智慧社区”的重要部分，为老年人提供紧急救助、亲情定位、亲情通话、一站式居家服务等养老服务。大力推广企业上云业务，打造数字化智能平台；推出“智能组网”，解决宽带用户家中Wi-Fi覆盖问题；借助天翼高速宽带和4G网络，以全球眼、E监控和无线视频监控为切入点，推进视频监控业务的发展，助推平安定海建设。

【精确管理促发展】　落实五级划小承包，优化人员结构，进一步深化市场前端改革。推行支局“四大员”管理办法，完善激励分配，构建倒三角管理体系。做好网络和信息安全。配合“小城镇”改造工作，协调整治全区通信“蜘蛛网”，提高处置和服务响应速度，打造文明市容。

【推进服务工作】　以强化客户感知为核心，聚焦宽带和4G，通过 “VIP内购会”“天翼年货会”“浪漫情人节”“感恩母亲节”“星级客户健步走”等俱乐部活动，提高客户服务满意度，促进公司服务形象的提升。宽带业务围绕受理、装维、使用、投诉等关键环节进一步夯实基础服务能力。以标杆厅建设为核心基础，加强营业厅服务人员服务能力以及营业厅管理水平。提升装维快装快修服务，借力微信客户端推广服务，得到客户认可。

【打造“建家3.0”团队文化建设】　推进“四小品牌”建设，把党建融入到“一家人”建设中。从团队、目标利益、管理、渠道、文化融合五个方面，细化标准、有计划有举措地稳步推进“一家人”文化建设，让“一家人”文化渗透到实际工作中，落地文化引领和运营机制，发挥市场化推进对提升企业内生动力、销售服务能力及基础运营管理能力的重要作用，成为加快转型发展、实现规模突破的有效举措。

（撰稿：李　晶）

中国移动通信集团浙江有限公司定海分公司

【概况】　2018年，中国移动通信集团浙江有限公司定海分公司（以下简称分公司）下设综合部、市场经营部、政企客户部和网络部四个部门，设临城、白泉、金塘、盐仓、昌国、环城6个区域营销部及14家营业厅。

是年，公司总体运营情况保持稳健增长态势，长期开展创新争优活动，公司下属班组先后被评为浙江省“平安单位”、浙江省优秀QC成果二等奖、浙江省质量信得过班组典型经验（二等奖）、省级模范职工小家等称号。

【助力客户排忧解难】　定海移动人民南路营业厅因尽心竭力为客户排忧解难，根据实际情况帮助客户解除管理停机，恢复正常通信，获得用户高度评价，获赠“尽心尽职，服务周到”锦旗。

用户赠送人民南路营业厅锦旗

【配合开展创城活动】　定海移动对照《舟山市全国文明城市创建任务清单》，配合开展各项工作。营业厅显著位置运用多种形式广泛刊播社会主义核心价值观12个主题词、“讲文明树新风”公益广告、“图说我们的价值观”通稿以及自行设计制作的公益广告作品，宣传展示精神文明创建内容。成立学雷锋志愿服务点，让志愿者走动式服务和服务种类多样化让用户觉得更加贴心，关心关怀进厅的每一位用户，为进厅的客户提供紧急药品及便民的生活用品。搀扶行动不便的老人，为环卫工人倒水，清扫门口的垃圾，同时提醒市民文明停车。对营业人员进行文明城市创建重要性的宣贯。厅内的每位营业员都已注册志愿者，参加志愿者活动，为创城贡献自己的微薄之力。

营业厅学雷锋志愿服务点

【保障文明城市线路整治】　配合市政府开展文明城市线路整治工作，根据市政府要求对临城街道、昌国街道、环南街道、城东街道和盐仓街道合计134个小区完成跨楼飞线，杂乱线路整理，箱体挂锁等整治工作。

文明城市线路整治成果

【助推数字定海发展】　发挥自身信息化专家优势，投身定海区城市精致建设“十大公约”重点项目推进。民生方面聚焦区第二福利院“智慧能耗”项目、

现场推广信息化业务

浙江海洋大学“智慧后勤”信息化平台项目、区房管局“智慧烟感”项目等。政府建设方面，推进舟山首条迎宾大道治安监控工程（定海段）建设，助力全国文明城市建设；协助旧城改造办公室，运用大数据分析、云计算、物联网等优势技术来实现土地征用、拆迁、安置补偿等业务图文一体化管理，减轻政府机关部门人员的业务流程量。

【重点项目突破】　金塘大桥金塘岛—宁波镇海段4G+网络覆盖工程被列入本期4G+“一号”项目的难点、要点攻坚段落。定海移动从工程各专业抽调骨干人员组成攻坚小组，克服上桥审批繁琐、施工环境恶劣、工期紧张等诸多困难，经过连续5天奋战，最终在4月10日下午17点，完成金塘大桥7个站点4G+设备升级替换，实现金塘大桥全程4G+网络覆盖。

金塘大桥4G+网络覆盖施工现场

【“3·15”消费者权益日志愿服务活动】　3月15日，定海移动积极组织青年团员参与由市工商、消保委统一安排的“品质消费，美好生活”“3·15”国际消费者权益日志愿服务活动。在现场，青年志愿者耐心详细地解答用户的各项咨询，为大家提供套餐答疑、手机软件下载等便民志愿服务。活动期间，接待客户咨询40多起，派发业务服务宣传单页近百余份。

“3·15”消费者权益日志愿服务活动现场

【区两会服务保障工作】　1月18—22日，舟山市定海区第十七届人民代表大会第二次会议、政协第六届舟山市定海区委员会第二次会议相继召开。期间定海移动在会议服务点为来自定海各个乡镇的两会代表及工作人员开展业务办理、业务咨询，手机维修、无线上网等服务，并为两会提供会务安排通知，天气变化提醒等短信保障服务。现场服务帮两会代表解决了平时自己在手机使用过程碰到的各种疑难问题，得到代表们好评。

区两会服务保障工作

【爱心助学】　定海移动组织支部全体党员、入党积极分子对定海区范围内家庭困难的优秀学子开展针对性、长期性的爱心助学，助力地区精准扶贫，服务全面建成小康社会建设。支部启动“爱心助学”计划，助力贫困学子成材反哺社会。根据学校实地走访调查，明确普通学生小学至大学期间的学习相关费用支出，拟定长期助学计划，并成立助学委员会，定期跟踪助学成果。通过社区推荐、家庭访谈及学校实地考察等，确定双桥街道即将入学定海六中的困难学子黄智豪作为本轮助学对象。支部在社区协助下，与其母亲结对，拟定方案，希望长期助其学习，将来学成反哺社会。支部党员针对本次爱心活动，纷纷解囊相助，一期捐款金额达5000元。

【开展“铭史守廉”教育活动】 6月15日，组织全体党员、入党积极分子赴浙东四明山抗日根据地和王阳明故居开展“铭史守廉”红色教育主题活动，使党员们感悟浙东革命精神和廉政发展精神，增强工作责任感、使命感，发挥党员先锋模范作用，为实现中华民族伟大复兴而不懈努力。

定海移动开展爱国主义教育活动

【慈善一日捐】 9月29日，组织“慈善一日捐”活收集善款5281元，将款项交给慈善总工会。

“慈善一日捐”活动现场

（撰稿：乐玲玲）

（本分目图片由中国移动定海分公司提供）

中国联合网络通信有限公司舟山市定海区分公司

【概述】 2018年，中国联合网络通信有限公司舟山市定海区分公司（简称定海联通），有员工91人，下设综合部、市场部、政企客户部和网络支撑部4个部门，设城区、新城、白泉、盐仓、金塘5个区域营销中心及定海解放路、人民南路、新桥路、白泉路、欣港路5家营业厅。是年，分公司获评浙江省“工人先锋号”、市级“优秀部门”等称号。

【学习贯彻党的十九大精神】 定海联通党支部根据中国联通党组关于学习贯彻落实习近平新时代中国特色社会主义思想和党的十九大精神的指导意见，通过传达学习、集中学习、党课辅导、参观学习、结对交流、网上学习等多种教育形式，累计开展集团党组理论中心组学习5次，党员集中学习7次，解读十九大精神3次，班子成员带头制定全年学习计划开展理论学习，做到每月有学习，学习有心得，心得有内容。利用宣传栏、微信群等宣传渠道，宣传学习贯彻党的十九大精神的具体举措和实际行动，反映基层干部员工的鲜活事迹和良好风貌。

开展党员集中学习

【开展党风廉政建设】 定海联通做好正风肃纪各项工作，营造风清气正的干事氛围。领导班子和党员带头参与公司纪检部门召开的培训会议，加强纪律教育。深化内外部交往纪律宣传教育，在每周周会中进行廉洁案例和廉洁纪律内容宣讲。在公司宣传栏开展《中国联通员工内外部交往规定》等文件的宣传。开展批评与自我批评，发现党员及党员领导干部已经发生或可能发生的纪律问题，进行及时改正。

【企业文化建设】 培育“积极、和谐、向上”的企业文化，为员工办实事，解决员工在工作和生活上的困难，体现“只有满意的员工，才有满意的服务，只有满意的服务，才有满意的客户”这一理念。让员工真正以公司为家，增强企业凝聚力。开展员工爬山、徒步行、看电影等5项全员活动，为员工解压。坚持慰问困难员工、一线员工，关注员工心理健康，倡导“阳光心态，快乐工作”理念，年度慰问员工10余次。

员工徒步行活动

【开展系列服务活动】 2月，定海参与“交通协管志愿者”活动，全体员工共同参与，齐心协力，形成良好的交通出行氛围。6月，参加“城市啄木鸟”志愿服务项目，承包人民南路路段交通护栏，定时组织开展交通护栏清洗活动。7月，走进“防范通讯网络诈骗宣传活动”，宣贯全民防范意识、防范技能，共同筑起全民防范诈骗的“铜墙铁壁”。与小沙街道张家社区王满根家庭及长白街道后岸社区扶贫对象李水仙家庭结对帮扶，定期进行慰问。

“城市啄木鸟”志愿服务活动现场

【服务质量提升工作】 “用我百倍用心，换您10分满意”，定海联通一直秉承用户感知为第一要素，以NPS结果为导向，先后开展中秋合家欢、闹元宵等活动关怀。每月的25日，开展“感恩有你”客户日活动，推出各项优惠活动，提升用户口碑和公司形象。

【重大项目突破】 是年，定海联通成功中标波音项目、智慧石化园区、智慧远洋小镇等各个项目。与定海区三改一拆平台、区农村污水管理平台、区店安工程、智慧工地平台等成功签约。

（撰稿：洪玲玲）

（本分目图片由中国联通定海分公司提供）

责任编辑：王英伟

定海十景系列(十)

仙山扶云

金塘仙人山位于金塘镇仙居社区,海拔455.9米,是金塘第一高峰。春日,山下,雪白的李花与粉嫩的桃花在绿草如茵、青松苍翠间竞相开放;夏日,山中,林木茂盛,阳光照射不烈,为消暑佳处;秋日,山间,五彩斑斓的红叶,与路边的野菊相映成趣;冬日,如有幸山顶可遇“千树万树梨花开”的奇景。山间空气清新、泉水甘澈,棋盘石、三仙堂遗址、炼丹井等景点都在密林里,多一份神密且深厚的文化底蕴。山顶处望去,舟山本岛、大榭岛以及舟山跨海大桥的五座桥尽收眼底,尤其是最为雄伟壮观的西堠门大桥近在咫尺,宛若水墨长卷,感受山海相遇,天人合一的奇妙境界。

财政 税务

财 政

【概况】 2018年，全区实现地区生产总值548.93亿元，按可比价计算，增长6.8%。按户籍人口计算，人均地区生产总值135709元，增长6.7%。第一、二、三产业增加值分别为10.18亿元、211.08亿元、327.67亿元，分别增长10.0%、4.5%、8.2%。三次产业结构比为1.8∶38.5∶59.7。全区财政总收入53.39亿元，增长0.7%，一般公共预算收入31.78亿元，为上年的97.3%。一般公共预算支出46.37亿元，增长27.9%。全年财政收支平衡。

2018年财政工作会议暨党风廉政建设工作会议召开

【组织财政收入】 2018年全区一般公共预算收入占财政总收入的59.5%，一般公共预算收入中税收收入占比78.8%，财政总收入占全区生产总值的比重为9.7%。强化财政收入分析、预测、执行的联动机制，关注大型企业、重点行业的税收动向，挖掘增收潜力。自主开发新版财政收入分析系统，对接“金三”平台数据，提高收入管理的科学化、精细化水平，确保财政收入稳增长。非税收入业务全面纳入统一公共支付平台，实现非税收入线上线下一体化收缴。强化财政票据管理，完成财政票据双随机一公开检查工作，提升非税收入质量与征管效率。是年，完成非税收入7.17亿元，其中纳入一般公共预算管理的非税收入6.25亿元，增长59.4%。

【支持经济发展】 发挥财税政策引导产业发展的导向作用，兑现实体经济发展扶持资金3.54亿元。设立政府产业引导基金，组建政策性融资担保公司，创新财政扶持方式。支持制造业、民营经济和中小企业发展，增强市场主体活力，提升经济创新力和竞争力。拓宽中小企业融资渠道，全年帮扶企业融资43.32亿元。“银、担”联合，推广中小企业应急转贷业务，为382家中小企业应急转贷39.87亿元。强化“优化服务与风险管控并存”的理念，开展融资担保业务，为54家中小企业融资提供担保2.18亿元，继续实施“定海蓝海育苗基金”合作计划和“兴业育苗基金”信贷合作项目。

【保障民生支出】 全区财政民生支出31.34亿元，增长19.8%。全年社会保障支出5.8亿元。全面落实精准扶贫政策，投入6295万元精准帮扶困难群众、残疾人等特殊群体。支持上海瑞金医院开业试运营及定海居家养老综合服务中心投入使用，提高城乡居民医保基金财政筹资标准，惠及21万人。保障城乡居民及被征地农民养老保险金，惠及城乡居民1.94万人及被征地农民0.55万人。全年教育事业支出6.16亿元。建成海滨小学、城北幼儿园、原商业局幼儿园，教育布局进一步优化，教学环境持续改善。全年农林水事务支出

8.93亿元。以生态优先绿色特色发展为核心，完成“一事一议”财政奖补项目立项36个。完成村级公共设施运行管护及农业综合开发现代园建设，推进农村公共服务有效供给试点建设。全年公共安全支出2.93亿元。开展危险化学品、船舶、水上交通、道路交通、消防五大领域安全整治，销号清零重大安全隐患19个，实现“平安定海”创建十三连冠。

【深化财政改革】 推进2018年预算区级项目库建设，提高年初预算到位率和科学性。首次试编镇街综合财务报告。完善专项资金规范化管理体系，新出台“品质河道”“两化融合”等专项资金管理办法5个。全区纳入乡镇财政公共服务平台管理项目54个。完成国库集中支付电子化改革，减少支付风险，提高财务工作效率。完善国库集中支付动态监控体系建设，重点监控三公经费、捐赠帮扶等支出内容，全区一般公共预算三公经费支出同比减少18%。推广“政采云”应用，对接政府采购管理系统与“政采云”平台，实现政府采购交易、监管和服务电子化、一体化，全年云采购1.19亿元，节约资金572万元，节约率4.6%。推进区中心医院、区临床医学检验中心和区环境卫生管理处等公益二类事业单位政府购买服务改革，累计完成政府购买服务项目43个，实际购买8741万元，节支率10%。

【强化财政监管】 编制防范化解地方政府隐性债务风险实施方案，通过项目收益、盘活存量资产资源等举措，提前超额完成2018年隐性债务化解计划。获批地方政府债券21.02亿元置换存量或有债务，每年可节约利息支出约7700万元。完善政府投资项目造价编审方面系列规章制度，自主开发网申系统市内率先试运行，规范社会中介机构参与政府投资项目的程序、监管、考核，确保审核的质量和效率。全年完成审核项目1852个，送审金额147.04亿元，审定金额140.61亿元，净核减6.43亿元，核减率4.4%。开展会计信息质量、水利资金、残疾人两项补贴等专项检查6次，涉及资金3.85亿元，发出处理决定书2份。开展生态环保、人才专项资金等项目资金绩效评价工作4项，涉及资金5996万元，涵盖项目实施事前、事中、事后各类绩效评价。

【加强队伍建设】 落实全面从严治党主体责任，坚持政治工作统领财政工作全过程。开展集中观看视频、召开座谈会、征文比赛等形式，将学习贯彻中央精神与财政工作实践相结合，提升党员干部政治素养，强化政治担当。组织召开系统党风廉政建设工作会议，层层签订责任状，开展勤政廉洁谈话，实现责任和压力的传导。组织中层及以上干部赴定海看守所接受现场廉政教育，提高党风廉政认识，增强全局干部廉洁勤政意识。完成公款竞争性存放11期计13.95亿元，防范利益冲突和利益输送的廉政风险。采用“走出去”与“请进来”相结合的方式，分阶段、分层次开展财政干部业务和综合素质培训，拓宽干部视野，激发干部创新思维，全年组织高校集中培训1期，举办专题讲座10余期、财政干部论坛2期，累计培训316人次。全局干部职工“志愿汇”注册率100%，累计参与创城志愿服务约1100人次。

参加“城市啄木鸟环保公益”志愿服务活动

2018年全区财政收入情况

表25 单位：万元

项目	2018年	2017年	2018年为2017年%
财政总收入	295,663	282,001	104.84%
一、一般公共预算收入总计	187,608	180,268	104.07%
1.增值税	49,112	57,310	85.70%
2.营业税	4	-127	
3.企业所得税	20,176	15,114	133.49%
4.个人所得税	9,708	7,871	123.34%
5.城市维护建设税	7,455	7,746	96.24%
6.资源税	3,835	6,578	58.30%
7.城镇土地使用税	5,353	8,564	62.51%
8.契税	15,323	9,811	156.18%
9.其他地方各税	14146	28224	50.12%
11.行政事业性收费收入	1,662	1,790	92.85%
12.专项收入	9471	7570	125.11%
13.其他收入	51363	29817	172.26%
二、上划中央四税收入	108,055	101,733	106.21%
1.消费税	14,115	10,073	140.13%
2.增值税	49,112	57,310	85.70%
3.营业税	4	-127	
4.企业所得税	30,264	22,671	133.49%
5.个人所得税	14,561	11,806	123.34%

2018年全区财政支出情况

表26　　单位：万元

科目	2018年	2017年	2018年为2017年%
一般公共预算支出合计	463,566	362,580	127.85%
1. 一般公共服务支出	36,125	34,892	103.53%
2. 国防支出	165	135	122.22%
3. 公共安全支出	29,265	28,816	101.56%
4. 教育支出	61,590	62,377	98.74%
5. 科学技术支出	12,158	10,411	116.78%
6. 文化体育与传媒支出	6,091	5,918	102.92%
7. 社会保障和就业支出	31,582	35,806	88.20%
8. 医疗卫生与计划生育支出	26,491	36,877	71.84%
9. 节能环保支出	3,736	3,214	116.24%
10. 城乡社区支出	53,226	18,062	294.68%
11. 农林水支出	89,256	60,212	148.24%
12. 交通运输支出	27,239	16,418	165.91%
13. 资源勘探信息等支出	11,437	7,075	161.65%
14. 商业服务业等支出	2,290	2,132	107.41%
15. 金融支出	50	45	111.11%
16. 国家海洋气象等支出	5,073	6,413	79.10%
17. 住房保障支出	23,670	12,577	188.20%
18. 其他支出	44,122	21,200	208.12%

（撰稿：虞秋怡）

税　务

【概况】　2018年，全区税务系统贯彻总局、省局、市局党委和区委区政府的各项决策部署，推进税务系统党的建设和全面从严治党，打赢国税地税征管体制改革攻坚战，完成税收收入任务，进一步优化税收营商环境，完善税制体系改革，提升税收法治化水平，增强干部队伍凝聚力战斗力，实现改革与业务两手抓、两不误、两促进。

是年，组织各项税费收入77.02亿元，减收4.90亿元，减幅为5.98%；其中税收收入51.99亿元，超额完成市局下达目标任务。一般公共预算占全区总收入的71.98%,为定海经济社会发展提供财力保障和政策支持。

【落实税收政策】　落实各项税收优惠政策和系列减税政策，加快出口退税进度，完善“互联网+便捷退税”模式。全年办理各类减免税3.5亿元，办理退（免）税

6.23亿元，其中退税5.81亿元，同比增加33.76%。

【完成国地税征管体制改革】　落实税务总局“七个阶段”“三大主攻战”的各项要求，配合市局第一联络（督导）组52项改革部署安排，相继完成人员、资产、经费的划分、综合部门合署办公、新税务机构合并和挂牌、“三定”规定落地等工作，推进非税收入和城乡居民两费征管职责划转工作，确保各项改革任务统一到位。

【促进队伍融合】　采取党建引领、典型示范、谈心谈话等方式，抓住“关键少数”、分层分级分类，强化思想政治工作，保证队伍稳定，加快队伍融合。落实局长接待日制度，组织两轮谈心谈话，涉及干部职工600余人次，促学习融合、业务融合、岗位融合。

【推进“放管服”改革】　推进取消行政审批事项事中事后管理制度化、规范化，减轻纳税人办税负担，推动“放管服”改革。全年办理行政许可916件，实现行政许可受理　“零超时”。

【提升纳税服务】　做好税费征管业务衔接、优化办税体验、强化征管信息系统运行保障等工作，实现全区各个办税服务厅“一窗通办”“一人通答”“一网通办”全覆盖。

【做好营商调研】　落实习近平总书记在民营企业座谈会上的重要讲话精神，开展“问需求 优服务”大调研大走访活动6场，邀请78位民营企业家参加座谈会，收集问题、意见建议32条，现场解决21条，为民营企业高质量发展做好保障。做好纳税人满意度调查和营商环境大调查，深入重点样本2477户，发送短信28000余条，了解办税需求，解决纳税人实际困难。

8月16日，区税务局干部深入辖区企业了解经营状况

【做好征管业务衔接】　制定落实国税地税征管体制改革征管业务工作实施方案，做好税费征管业务衔接，推进各类信息系统切换、升级、优化、整合工作，推进金三并库试点、自然人税收管理系统（ITS）上线、金三社保费和非税模块上线等工作，实现2018年12月31日前金税三期“并库”成功上线。

【创新征管举措】　深化“四联共治”建筑企业全流程协同管理模式，加强旧城改造涉税企业拆迁补偿监管，入库税款2.37亿元；根据省、市局部署，加强行业典型分析，对856户纳税人实施风险应对，入库税款4025.47万元；发挥“大数据”效应，加强增值税发票管理，核查异常抵扣凭证1218份，涉及税额达1585.9万元，取得商品房销售网上备案合同涉税信息8643条，入库税款2.4亿元。

【加强税费管理】　强化股权转让个人所得税征管，建立不动产税收征管团队，强化涉房涉土征管，全年入库税款2.64亿元。开征环境保护税，采取三方联动机制，实现辖区内188户环保税纳税人按时申报，入库税款496万元。推进个人所得税改革征管配套、信息系统建设，加强政策宣传培训和舆情监控应对，多批次开展“人海压力”测试，确保个税改革在定海平稳推进。建立跟班学习、宣传培训、数据共享、模拟运行、准备预案等工作，推进城乡居民两费实现平移征管、“无感转换”。

1月2日，区税务局举办内部业务培训会

【落实“最多跑一次”改革】　深化“最多跑一次”

改革，推出5类24项“便民办税春风行动”。做实“集成办税”“智能办税”，设置“局长坐班窗口”，创新推行城乡居民基本医疗保险费“支付宝”自助缴费服务等便民措施，改善营商环境。截至年底，90%涉税事项实现“零上门”。

【深化纳税信用管理】 推进税收信用体系建设，推进实名办税采集工作，开展2017年度纳税信用评价，重点做好新增M级信用评定，其中评选出A类企业836户，新增M类2348户；拓展“税银互动”合作，累计为216户纳税人提供信用贷款1.52亿元。

【推进“两学一做”学习教育常态化制度化】 学习贯彻习近平新时代中国特色社会主义思想和党的十九大精神，建立“三会一课”制度，召开民主生活会，结合谈心谈话等形式，开展专题学习18场，开展专题谈话21次，推进“两学一做”学习教育常态化制度化。结合开展“不忘初心、牢记使命”主题教育，落实“党员进企业、领导下基层”活动要求，组织干部职工累计服务企业1354户。

11月20日，金塘税务分局干部深入企业解答政策疑难

【加强党风廉政教育】 落实中央八项规定精神，组织作风效能建设检查12次，发现问题4个，发送节日廉政提醒短信2072条，营造良好的政治生态环境。开展“以案为鉴，严守纪律”廉政警示教育活动，继续开展违规收送礼金礼卡、集资借贷及金融担保等专项治理工作，首次举行“纳税人话作风建设”活动。

【推进绩效管理和数字人事】 发挥绩效管理抓班子、数字人事管队伍的导向作用，树立以“绩效论英雄”理念，推进“责任共担、指标共振、条块共赢”绩效管理模式，实现“组织绩效+个人绩效”双轮驱动，引导干部树立正确的价值观，绩效考核位列全市第一。

【参加社会公益活动】 实施党群一体化联动联建联创工程，组建兴趣小组，开展“青年大学习、建功新时代”等丰富多彩的活动。开展“城市啄木鸟”志愿服务、“微心愿认领”等公益活动，重视做好文明城市创建工作，全局注册登记志愿者222名，派出党员志愿者1500人次，人均参与志愿服务25小时以上。

积极参与全国文明城市创建活动

【加强干部培养】 坚持“人才强税”战略,通过打造全区系统“青蓝工程”，促进干部梯队成长，目前已开展各类国地税业务学习40多次，有400多人次参与学习。

【构建保密工作机制】 运用“三个坚持”筑牢保密防线，成立保密委员会，下设办公室并配备专人负责保密工作，形成一级抓一级、层层抓落实的保密工作格局。开展不同主题的保密专题教育，专职保密员参加全市保密培训会议，参加保密考试；配备保密电脑和打印机，重新分类设置保密文件，确保保密工作做到实处。

（撰稿：李　佼）

（本分目图片由区税务局提供）

责任编辑：王英伟

银行 保险

浙江舟山定海海洋农村商业银行股份有限公司

【概况】 2018年，定海海洋农商银行按照高质量发展要求，紧盯“强基础、优结构、促普惠”目标，深化改革创新，开展普惠大会战活动，不断提升普惠金融发展水平，增强金融服务乡村振兴和支持实体经济能力。至年末，全行各项存款余额154.59亿元，各项贷款余额104.77亿元，五级不良贷款余额占比1.31%。

【理顺党建领导体制】 按照省农信联社党委统一部署要求，理顺行内党建工作领导体制，将行党委由定海区委管理整体调整为由省联社党委主管理、地方党委协助管理；把党建工作具体要求写入公司章程，将党的领导融入法人治理各环节，逐步形成“党的领导、员工为中心、法人治理”三者有机结合的治理体系；成立总行党群工作部，负责全行党建、基层组织建设、党员队伍管理等工作，加强党的领导；推进清廉浙江农信建设，落实党建工作责任，推动清廉思想、清廉制度、清廉规则、清廉纪律、清廉文化融入到我行党的建设、队伍建设、合规建设等各方面全过程。

【夯实普惠金融基础】 金融助力“乡村振兴”战略，制定《定海海洋农商银行乡村振兴战略服务工程五年行动计划（2018—2022年）实施方案》，将农产品质量安全“红黑名单”纳入信用评定体系，联合推进“三资管理”进系统，实施金融服务进网格，落实乡村振兴包括整村授信、支持经济薄弱村、支持渔农民创新创业、绿色农业等项目。金融服务“最多跑一次”。优化金融服务模式，开展深耕普惠大走访活动，由总行领导班子包片带队开展普惠走访活动，组建金融服务队伍深入各个网格，了解客户需求、开展普惠签约、指导产品应用，解决信息不对称问题。截至年末，全行普惠签约覆盖率31.44%，比年初上升13.57个百分点。创新金融产品，扩大普惠金融覆盖面。在农区，完善“富民贷2.0”管理办法，优化公议评定、现场签约和贷后管理流程，不间断开展整村授信和富民贷签约工作；在城区，完善“市民贷3.0”产品体系，新增“小邻贷”和“三察五核”小微贷技术，实现小额信用贷款客群全覆盖；在线上，全市首发“浙里贷”产品，并完成与公积金中心的数据对接，实现公积金缴纳人群线上获贷。截至年末，全行个人贷款余额50.45亿元，比年初增加10.07亿元。开展1000万元以下小微企业贷款专项考核，将企业单户最高新增授信审批额度提高至500万元，进一步提高经营机构授信审批权限，提高普惠领域贷款投放效率。截至年末，全行小微企业贷款户数1041户，比年初增加316户。

【深化政银系统对接】 对接社保部门，在环南街道海滨社区、岑港街道桥头和桃夭门社区试点开展“城乡居民医疗保险银行代扣代缴”业务，累计签约代扣协议2022份，签约率达到97.68%；对接定海区不动产登记服务中心系统，实现不动产登记数据与银行数据的互通共享，并成功办理首笔“一站式”房产抵押贷款；对接公安部门，加大流动人员居住证IC卡业务发行力度，截至年末，发放居住证IC卡12956张；对接区教育局，将辖内学校按区域进行网格化管理，落实专人负责学费收缴对接联系工作，真正做到学生缴费“一次都不用跑”。截至年末，实现辖内85家幼儿园及中小学校线上缴费全覆盖，缴纳学费31116笔，金额2499.25万元。

【推进互联网金融工程】 深化智慧交通场景应用，联合舟山海星轮船公司在朱家尖慈航广场打造全市首个综合性“无感停车”场，实现丰收互联、ETC、扫码预支付多渠道“无感停车”支付模式。拓展智慧系列行业应用，通过联通收单系统和收银平台，在三江、鸭蛋山、海丰、白峰等客运码头实现丰收互联、支付宝、微信、闪付等多种购票支付方式；联合市社保局一同前往临海农商行考察学习“社银互联”和“临海人社”等政银合作项目，推动省联社“社保云”项目尽早落地；推出“丰收一码通+电子屏”方案，完成绿岛菜场和金岛菜场的丰收一码通布放工作，打造智慧菜场新模板。

【加强信用风险防控】 调整大额贷款授信政策，提高大额贷款设定标准，严控大额贷款新增，压降企业贷款户均，加快信贷结构转型，截至年末，全行企业贷款户均508.97万元，比年初下降175.93万元。加快大额不良贷款处置进度，继续推行领导班子领办、百日清非、法院联合清收、政府专项处置等措施，以债务重组方式成功盘活宇锦水泥集团5500万元不良贷款，以帮扶方式扶持定海海礁船舶修造公司生产经营转入正轨，全额清收自2017年以来所有结欠利息，贷款风险得到基本化解。全面摸排关注类贷款，逐户分析评估风险程度，掌握新增不良贷款整体趋势，按季制定压降计划，确保关注类贷款占比逐步下降。截至年末，全行关注类贷款占比4.40%，比年初下降1.21个百分点。

【完善内部管理体系】 调整机关部室架构，整合原电子银行部、业务管理部中的普惠金融职能，设立零售金融部，提升大零售业务理念，切实解决全行发展痛点。围绕反洗钱工作深化年要求，从完善制度建设、夯实基础工作、提高人员素质、增强系统功能等着手，持续开展反洗钱相关工作，全面提升全行反洗钱管理能力。深入开展银行业“治乱象、维秩序”自查、员工行为排查等工作，强化审计检查及结果应用，对发现问题及时进行督促整改，对相关责任人进行问责，强化内部合规建设。强化安保管理工作，严格落实安全生产责任,扎实推进新标准实施，夯实安全保卫基础，认真开展安全生产交叉检查，推进预案演练升级，提高特殊时期应急能力。

（撰稿：刘承南）

中国工商银行股份有限公司舟山定海支行

【概况】 2018年，中国工商银行股份有限公司舟山定海支行贯彻落实党的十九大精神和总行发展战略会议精神，围绕“奋斗+落实”工作主题词，坚持“五个牢牢抓住”战略部署，坚决执行“强服务、促转型、控风险、提质效”12字方针，深化改革要效益、管理创新要效益、经营转型要效益，实现品质和品牌新的跃升，被评为浙江省分行先进单位、省级安全管理星级支行，连续14年获得“定海区先进集体”称号、连续11年被评为省级“文明单位”称号。

【夯实基础管理】 以“党建+”为引领，实现党建工作和业务工作同布置、同落实，“唯客户、唯市场、唯服务”，确立以“营业贡献”为核心的价值导向，全面推进业务规模、质量、效益、风控的有机统一。压实经营责任，开展竞赛活动，强化激励问责，加强队伍建设；强化各专业条线的人才梯队培养，打造高素质专家人才队伍，不断提高支行整体实力；弘扬“大干、实干、苦干、巧干”的工作作风，通过开展“固本强化年”等各类主题活动，加强对重要人员风险管控，紧抓内控合规不放松，打造廉洁银行、平安银行。截至年底，支行下辖支行营业部及11家二级支行，拥有一类网点2个、二类网点4个、三类网点6个。

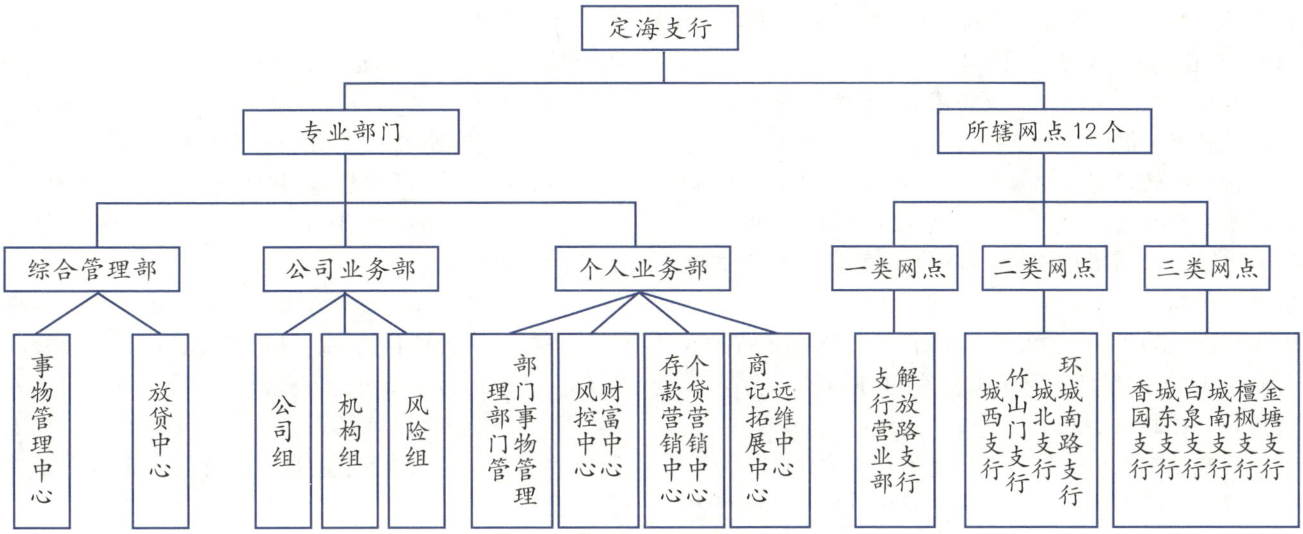

定海支行组织架构图

2018年底支行有员工170名，平均年龄34岁，男女员工比例为1∶3.5，35岁以下青年员工有117人，占比68.8%；本科及以上学历员工人数159人，占比93.5%。

支行管理类员工21人（其中中层管理干部16人，公司部1人、个人业务部2人、综合管理部2人、网点负责人11人）、占比12.35%；营销人员46人，（含个人客户经理33人、公司客户经理11人、产品经理1人、95588远维1个）、占比27%；专业类人员28人（含现场经理16人、综合部人员12人）、占比16.47%；客服类人员75人、占比44%。

举办2018年年会

【发展业务指标】 经营效益　2018年，支行不断夯实经营基础，做大存贷款日均规模，挖掘中间业务潜力，实现拨备前利润26833.84万元，完成综合经营计划的109.53%；完成中间业务收入5546万元，完成市分行必保任务的102.7%。

存款业务　2018年，支行强化建章立制，主抓大额过路资金留存和对接拆迁资金落地，取得良好的效果。从时点上看，年末各项本外币存款余额104.51亿元，与年初持平，其中：储蓄存款（含保本理财）再创新高，达到70.04亿元，较年初新增6.08亿元，超额完成综合经营计划；机构存款20.64亿元，较年初减少1.88亿元；公司存款13.83亿元，较年初减少4.21亿元。从日均上看，年末日均存款规模102.20亿元，较上年日均增加10.42亿元，其中：储蓄存款（含保本理财）64.31亿元，较上年日均增加8.56亿元；机构存款23.75亿元，较上年日均增加2.39亿元；公司存款14.13亿元，较上年日均减少0.54亿元。

贷款业务　2018年，支行抓住时机，重点推进个人按揭贷款业务，实现了贷款总量的快速增长。从时点上看，年末各项本外币贷款余额68.17亿元，较年初增加2.09亿元，其中：个人贷款47.11亿元，较年初增加9.12亿元，主要是个人按揭贷款累计发放12.85亿元；公司贷款21.07亿元，较年初减少7.03亿元，主要是政府债务置换、项目贷款到期收回、部分业务退出等因素。从日均上看，年末日均贷款规模68.54亿元，较上年日均增加5.57亿元，其中：个人贷款

43.72亿元，较上年日均增加10.10亿元；公司贷款24.82亿元，较上年日均减少4.53亿元。

客户发展 2018年，支行聚焦全量客户拓展，以回归、截流、倍增三大工程为抓手，全面夯实客户基础。新开有效户对公结算账户956户，新开对公基本结算账户696户，完成率分别为125.8%和145%，均为全市第一。新增CIS有效客户1.17万户，新拓小微信贷客户34户。年末个人、公司、机构有效客户分别较年初净0.69万户、706户、16户；日均金融资产5万元以上的个人、公司、机构客户分别较年初净增1122户、122户、-2户。

资产质量 2018年，支行将信贷风险化解作为工作的重点，逐步优化资产质量。全年我行累计压降公司潜在风险贷款1.07亿元，清收公司不良贷款5229万元，清收个人不良贷款771万元，清收信用卡不良金额470万元。至年末，我行剪刀差1650万元，其中：公司475万元，个人1173万元。公司潜在风险贷款余额17234万元，较年初减少11130万元。我行不良贷款（不含卡）余额5827万元，不良率0.85%，分别较年初减少了2335万元、0.38个百分点，实现双降。其中：公司不良贷款余额4345万元，不良率2.06%，分别较年初减少了1926万元、0.17个百分点；个人不良贷款（不含卡）余额1482万元，不良率0.31%，分别较年初减少了408万元、0.18个百分点。

【客户发展实现突破】 2018年年初以来，定海支行上下联动，充分把握舟山自贸区的市场先机及政策红利优势，采取与金管家、瑞斯科、信亚诺等多家三方开户中介机构开展合作、积极对接定海工业园区、定海海洋科创园区等招商引资企业落户、公司客户经理与网点负责人共同包干拓展提质网点对公客户基础等方式，发挥定海支行网点多、服务到位、效率至上的优势，为支行带来稳定增长的对公资源。截至2018年末，定海支行有效公司客户净增706户，全年完成率282.4%，居全市首位；日均金融资产5万元以上公司客户净增120户，完成率120%。

【零售改革取得良效】 推进个贷分中心建设 优化业务标准化流程，建立“分散受理、集中处理”的新业务处理模式，建立“职能明确，职责分明”的业务运营团队，建立“制度统一，规范标准”的业务操作管理。2018年定海支行发放个人贷款16.54亿元，其中一手房按揭贷款1056笔，金额9.85亿元；二手房按揭贷款479笔，金额3亿元；存量公转商3.5亿元。

加强公积金中心联系 提升公积金中心支持力度，发放公转商贷款2亿元，提升住房公积金中心对我行的支持力度，公积金贷款发放速度由原有的6—10个月，缩短至现行2个月，提升支行在公积金贷款方面的竞争优势。

建立存款综合分期综合营销、商户拓展等核心项目 以拆迁安置项目为例，从旧城改造办公室、社区工作点、改造村落及拆迁安置户四个维度制定营销方案，涉及拆迁资金8.4亿元，通过全支行努力，在工行留存3.5亿元，同步带动理财、保险、个贷等多项业务发展。

【机构业务发展良好】 公款竞争性存放创佳绩 总结以往招标经验，注重公款竞争性存放的前期沟通工作，了解公款竞争性存放资金、款向来源、期限、利率等内容。2018年累计参加公款竞争性存放13次，中标8次，中标资金累计3.69亿元，其中2.91亿元为我行公款竞争性存款新增资金。

军银共建营销有突破 利用不同的节日为契机，开展形式多样的特色活动。签订党建共建协议，举办青年联谊活动等等，组建军队柔性服务团队，多次走进舟山驻军部队，将“军银融合大讲堂”“军队专属职场营销”等服务融入进军活动中。

大额过渡资金截流明显 贯彻每个时点就是日均的揽存理念，拉长过路资金停留期，成功截流15亿元矿管过渡资金近一周，成功截流土地返回款30亿元土管过渡资金，成功截流拆迁过渡资金近10亿。

党建结对共建签约仪式举行

【风险化解取得成效】 2018年，支行将“防风险、促发展”作为工作主线，把不良贷款清收处置、潜在风险客户融资压降作为重中之重，明确目标，落实责任，推进工作开展。支行组成以支行行长为组长的风险排查小组，逐户制定化解方案，对于经营困难的客户，制定帮扶计划，维持现有融资周转，同时在客户承受范围内增加或变更足额有效的担保方式，对于不良或风险已暴露的客户，采用司法诉讼、打包转让、担保人代偿、核销等多种方式快速推进处置进度。全年累计压降公司潜在风险贷款1.07亿元，清收公司不良贷款5229万元，清收个人不良贷款771万元，清收信用卡不良金额470万元，取得良好成效。

【党建引领业务开展】　建立品牌　以“党建+”为引领，抓住党建这个纲，开展“党建+”引领业务活动，为深化机构改革、渠道建设、团队建设、合规建设、网点竞争力提升等提供行动助力和思想保障，定海支行“党建+”引领促经营发展该党建工作品牌稿件于6月刊登于总行网讯《党建之声》专栏进行展示交流。

营造氛围　持续推进思想建设，加强政治理论学习，提升学习氛围。把深入学习贯彻十九大精神作为一项政治任务，开展“两学一做”学习教育常态化制度化重点工作，围绕三会一课，做好党员教育；持续推进组织建设，加强党组织管理，营造民主氛围。加强三个联合党支部的管理，开展民主生活会及组织生活会，增强党性和组织观念，严格党员管理，规范党员发展流程；弘扬先进事迹，加强创先争优的氛围。开展优秀党员表彰仪式，宣传先进典型。

落实责任　加强廉洁文化传播，推进反腐倡廉建设。以三个切入点为抓手加大宣传力度。亲情助廉，开展家庭助廉承诺活动。创新手段，通过微视频动画形式加强春节前夕廉洁自律提醒、组织党员们观看《巡视利剑》反腐专题片等，引导党员筑牢拒腐防线。举行活动，开展签订廉政案防责任书、廉洁文化书画征集及展播等活动，不断净化党内风气；落实责任，推进作风建设。支行班子集体下网点调研，解读考核办法，及时做好网点基层的问题收集和反馈工作，在月末参加网点周会，鼓舞网点员工紧抓契机、做强做实月末存款。设立龙舟定海微信公众号“党建+”专栏，及时做好党务公开。

注重方式　支行以“七个抓手”为着力点搞好党建活动，包括举行党员政治生日祝福仪式、传承火红历史向先烈致敬、参观革命旧址重温革命路、开展不忘初心做红糕、组织党建共建、宣读入党誓词以及开展“我的电影党课”等活动，提升党员党性。

参观四明山烈士纪念碑

【激发文化建设活力】　以“党建+”为核心，创建支行特有龙舟文化，将同舟共济的文化理念传导至每位员工，通过文化统一思想，营造出凝心聚力、砥砺奋进、积极向上的工作氛围。

搭建展示平台　创建《龙舟定海》期刊和龙舟定海微信公众号，以党建及政务公开为主轴，穿插以展示青年员工风采为主线的摄影展、微课堂、文学微刊、营销服务等微创文化板块，创新龙舟文化宣传渠道；出期刊7期，发布图文七十余期，目前已将宣传渠道转移至美篇号。

提升服务水平　全员树立“想客户之所求，急客户之所需，排客户之所忧”的服务理念，不定期开展服务培训、服务竞赛、服务礼仪演练并结合创建全国文明城市的契机，组建志愿队，通过做好“志愿汇”“支行啄木鸟小队”等活动，对网点的服务进行自查自评自纠自改，不断提升网点优质服务水平。

推进文体活动　成立旗袍社和骑行社，为员工提供展示交流平台，支行打造的芊芊旗袍社更是成为各共建单位争邀的保留节目；组织青年员工成立合唱团，作为唯一代表舟山市金融财贸工会的团队参加“中国梦、劳动美”合唱比赛获得优胜奖，代表舟山市工行参加舟山银行业纪念改革开放四十周年文艺汇演取得最高奖项，一展工行人的风采；开展“未来银行”等论坛活动，加深员工对自身岗位和工作的思考，对职业发展和业务发展的憧憬、对未来的展望；开展“绿色骑行 健康生活”“多彩六一聚真情”“洋

溢青春梦想 绽放你我光彩”等文体活动，激发员工活力，提升员工精神面貌。

参加舟山银行业纪念改革开放四十周年文艺汇演

【深化合规工作】 以“三坚持三加强”推进集中业务处理质量 秉承“三坚持、三加强”理念，强化管理、多措并举，做好集中业务运营，实现集中业务处理的精、细、准，不断提升业务运营质效。紧抓“三坚持”，紧抓源头管理，精细案例教育，强化考核引导，坚持面对面帮扶，坚持典型案例教育，坚持风险治理考核。推行“三加强”，强化业务培训，增频分析通报，注重交流互通，加强业务培训，加强数据通报，加强沟通交流。

以“四种手段”促进内控合规 组建支行巡讲团，组织“合规标兵”开展巡讲活动，以H5的方式广为宣传合规事迹，以引导和激励员工合规操作。组织员工参加网络大学“浙江分行‘固本强化年’监管制度学习”“治乱象维秩序”专题网络培训和测试。采取座谈形式开展“学习监管规则强化制度执行”大讨论；开展联系点建设，确定城南支行为定海支行合规文化建设“联系点”；开展“以身说法，查找身边的风险点”活动，组织全行柜员深入查找身边的风险点，开展自查自纠活动，撰写合规案例；征集警句箴言，创作合规警句，提升警示教育效果；撰写合规心得，各岗位员工写出工作感悟和心得体会，做到学有所思、学有所悟。指定内控专管员定期查看监督检查系统整改情况，要求在问题整改截止日前务必完成上级行检查和支行自查发现的问题，同时对整改情况进行跟踪，禁止出现整改不彻底，整改不深入现象；确定白泉支行作为“帮扶点”，由支行内控监察副行长、运行主管、内控专管员和安全员组建帮扶小组，梳理网点存在的薄弱环节，每月开展帮扶。

【打造“最安全银行”】 围绕分行2018年的安保工作的总体要求，开展各项安保工作，致力打造“最安全银行”，为全行经营发展提供安全保障，完成2018年省分行报警平台防抢劫四级联动应急演练，演练活动成效受到省分行领导的高度赞扬，并在全省范围对本次演练情况进行推广，为基层网点在遇到突发抢劫事件时如何有效应急处置提供较好的学习模版。

举办报警平台防抢劫四级联动应急演练

【真情奉献回报社会】 以为客户提供最优质的服务放在第一位，让“最多跑一次”变成“一次也不用跑”。组建“机构服务小分队”“部队服务小分队”“商户信用卡外拓小分队”等各类服务类、业务类小分队5队，经常是早晨4点起床，5点准时到支行集合，领取设备和物资后出发，本着“您身边的银行、可信赖的银行”的初衷，为客户提供更优质的服务，全年开展各类外拓70余次，缓解企业燃眉之急。参与公益事业，发挥示范作用，为舟山新区建设做出一份贡献。响应定海区慈善总会的号召，每年开展“慈善一日捐”活动；坚持慰问走访叉河社区的结对困难户家庭，履行社会职责；组织员工参与创建全国文明城市社会志愿服务活动，开展文明交通劝导志愿服务活

为环卫工人送温暖

动；组织开展“3·15”消费者权益日上街宣传活动；参加“5·15”防范和打击经济犯罪宣传活动、“心防工程”宣传月、国防教育日等社会活动。

（撰稿：李景海）

（本分目图片由工行定海支行提供）

中国农业银行股份有限公司舟山定海支行

【概况】　2018年，中国农业银行股份有限公司舟山定海支行贯彻落实党的十九大，十九届三中全会精神和习近平新时代中国特色社会主义思想，贯彻落实区委区政府及上级行的各项决策部署和工作要求，按照定海建设花园式国际人文港城的战略部署，改革创新，攻坚克难，各项工作稳步推进，业务经营和内部管理保持向好发展态势。

截至年底，支行有内设机构5个，辖属二级支行7个和1个支行营业室，员工163人。全行各项存款余额66.4亿元，各项贷款余额29.16亿元（含卡透）,不良贷款余额449万元，比年初下降9507万元，不良率0.16%，不良贷款额和不良率继续“双下降”。中间业务收入2261万元。支行连续31年没有发生经济案件，社会形象持续提升。全年实现无经济刑事案件、无重大违规事项、无重大经营风险和无重大负面舆情，继续实现安全经营。推进国家文明城市建设，完善行业规范，致力提升客户服务标准，强化客户服务意识，继续保持“省级文明单位”称号，总行服务规范化检查名列前茅，被定海区政府评为2018年定海区先进集体。

【机构变更】因业务经营需要，经上级行批准，支行下辖舟山城关支行更名为舟山海月道支行。经营办公地址变更为舟山临城海月道（临时租赁，该机构实际未营业，保留了机构号）。下辖舟山金塘支行经中国农业银行浙江省分行批复（农银浙复〔2018〕314号）同意，2018年11月5日起终止营业，同时上报中国银保监会舟山监管分局（实际批复为2019年5月8日），待批准后停止营业。上报期间，支行对金塘支行的业务数据，人员进行了划转和调整，原业务数据和人员划转到金桥支行，原负责人调任支行运营财会部。

【核心业务发展情况】　存款保持高位增长　（1）时点—时点。至年末，全行各项存款余额66.4亿元，比年初增加3.28亿元，继续保持了高位增长，存款总量、增量均位居全市第一位，其中：个人存款余额30.64亿元，比年初增加3.96亿元；对公存款余额35.76亿元，比年初下降0.67亿元。（2）日均—时点。各项存款日均余额66.99亿元，比年初时点增加3.87亿元，其中：对公存款日均比年初时点增加2.36亿元；个人存款日均比年初时点增加1.51亿元。（3）日均—日均。各项存款日均余额比去年日均增加8.98亿元，其中：对公存款日均比去年日均增加6.39亿元；个人存款日均比去年日均增加2.59亿元。

贷款投放积极有效　年末全行本外币各项贷款余额29.16亿元，比年初增加1.2亿元，日均增加3.8亿元。其中：个人贷款余额19.6亿元（不含卡透），比年初增加4.24亿元，个人贷款总量、增量均位居全市第一位；2018年来，投放央行降准普惠贷款1.3亿元，支持金塘、白泉、小沙等乡镇小微企业0.17亿元，普惠农户贷款130多户，投放贷款0.62亿元，三农个人贷款0.59亿元。定海华晟牧场有限公司生猪养殖数字农业建设试点项目的贷款0.7亿元。定海工业园区中小企业科技孵化基地建设项目0.7亿元、定海工业园区物流区块内“滚装物流仓储项目”2亿元等项目正在积极申报。

资产质量持续好转　到年末，完成清收处置1745万元，完成率120.51%；全行不良贷款余额449万元，比年初下降9507万元，不良率0.16%，比年初下降3.26个百分点（不含卡用透），不良贷款额和不良率继续“双下降”，无法人不良。关注类贷款余额6715万元，比年初减少440万元；其人法人贷款4户，余额6453万元，比年初减少437万元，个人贷款9户，262万元；比年初减少3万元；到期贷款偿还率96.57%。

经营效益平稳增长　（1）收入好于预期。全行实现各项中间业务收入2261万元，同比减少400万元。新兴业务表现突出，实现投行业务收入36元、信用卡分期收入857万元、互联网金融收入360万元，对私理财业务收入200万元。中间业务转型取得一定进展。实现营业净收入1.66亿元，同比增幅15%。（2）利润平稳增长。全行实现拨备前利润1.18亿元，同比增幅31.69%，完成全年任务的101.57%；拨备后利润1.24亿元，同比增长7.07%，完成全年任务的105.98%；净利润0.88亿元，同比增长1.61%，完成全年任务的99.45%。

客户产品营销总体良好 （1）零售条线：个人贵宾客户（加权）新增1850户，完成任务的152.64%；新增贷记卡有效客户5679户，完成任务的120.83%；农银保险销售额278.2万元，完成任务的118.38%，缴费商户、贵金属销售同比大幅增长，分别完成66.67%和47.77%，持续保持领先地位 。（2）对公条线：新增对公人民币结算账户253户，其中有效客户237户，新增机构业务基础类账户5户，企业金融服务平台新增客户活跃数423户。

【市场拓展情况】 打好业务攻坚，加快发展步伐。全行上下全面把控风险，抓机遇、拓渠道，精准对接区域发展实际，稳步实现核心业务目标。

抓负债业务，做大客户群体 从客户建设入手，抓机构客户，增加源头性存款。抓公司客户，拓宽结算性存款。抓零售客户，聚合财富管理存款。抓存量挖潜，保障增长稳定性。前台各部门通力合作梳理目标客户、制定营销方案，动态调整、台账监测、定期通报、分层维护，微银行、电话营销、高柜营销和超柜营销等渠道快速获客增客。

抓资产业务，提升经营能力 对接区域发展战略，盯住区域内重点建设项目、招商引资优质项目，建立项目名单制，加大营销力度，围绕新区建设重大项目 “十三五”规划，定海区落实“开放舟山”建设2018年工作计划，主动对接定海工业园、定海海洋科学城、中澳现代产业园、舟山国际粮油产业园、舟山国家远洋渔业基地，择优支持落户园区的重点客户。对政府牵头的重大民生保障工程、基础设施建设工程积极营销。及时跟进重大基础设施、交通、电力、特色小镇、保障性住房、旧城发行、城乡环境整治等项目。支持定海区远洋渔业小镇建设、定海工业园区中小企业科技孵化基地建设项目0.7亿元、定海工业园区物流区块内“滚装物流仓储项目”2亿元。拓展个贷业务。坚持房贷类、消费类、经营类、惠农类多方推进，加强优势个贷产品运用，个人贷款营销拓展取得成效，保持较好的增长势头。

抓中间业务，做实转型发展 巩固提升传统中间业务优势，挖掘新的收入增长点，重点抓好电子商务、信用卡分期、贵金属、保险代理等业务拓展，升级中间业务发展模式，保持中间业务整体平稳发展。将代理保险、国开债分销、第三方存管作为日常门市业务来抓，积极推动扫码付、商易通等线上线下收单产品在优质大中型批发、零售商户、旅游景点、医院诊所等行业类商户，依托农银快e付等平台。围绕重点客户开展各种基金沙龙，并做好后续跟踪，着力做大和提升贵金属、基金收入规模。

抓三农业务，推动农村市场 把农村市场作为业务发展重要潜力区域，依托乡镇型网点，做好农户建档工作，扩大金融自治创建面，推广农村金融互联网平台，推动农村市场的拓展。通过主动对接、差异化服务不断巩固县域经营基础，加大对小微企业的营销力度，利用乡镇，社区平台，对有一定生产能力，经营正常的中小型企业进行摸底排查，然后进行重点营销。2018年，投放央行降准普惠贷款1.3亿元，支持金塘、白泉、小沙等乡镇小微企业0.17亿元，普惠农户贷款130多户，投放贷款0.62亿元，三农个人贷款0.59亿元。定海华晟牧场有限公司生猪养殖数字农业建设试点项目的贷款0.7亿元。是年，下派三名挂职干部投身乡镇经济服务，落实好惠农、富农、强农政策，服务“三农”，赢得各方赞许和肯定。指定下辖白泉支行与白泉镇繁强村开展村企结对帮扶工作。

【经营风险管控取得成效】 加强信用风险管理 全行践行“信贷质量立行”，推进风险化解方案落实和不良资产清收处置。加强信贷管理，规范信贷“网格化”管理，明晰信贷各环节尽职履责内容，落实各部门人员责任，提高信贷条线工作人员执行力。落实从严治贷各项措施，严格执行省分行《关于加强信用管理的若干意见》的规定，牢固树立“信贷质量立行”的理念，规范信贷经营行为，促进全行信贷业务高质量的发展，对信贷经营要始终保有敬畏心、责任心。对因履职不到位，尤其是贷后管理不到位产生风险的责任人要从重处理。强化风险客户管理，密切关注潜在风险客户风险演变趋势，加强排查、强化管控，严防贷款劣变。严防新的风险苗头出现，重点关注高负债国有企业、大额授信企业、贸易政策的变化。继续抓好清收处置工作。做好线索排查，加强与有关部门的沟通协调，持续跟踪各环节进度，在强化“三线一网格”管理融合清收处置工作的基础上，树立清收核销资产就是利润的经营理念。

加强运营基础管理 以开展“运营线巩固提升年”活动为抓手，进一步提升运营条线的制度执行力和风险控制力。持续强化柜面操作风险管控，严格管控内部账户，全面实施核算模板管理，规范开户审批流程，强化手工动账管理，持续组织开展AI通用账户专项治理改造工作；持续加强对重点环节重点业务的风险管控。持续加强柜面开户、审核、验印、交接、对账的“五关”管理；推进柜面人脸识别系统，持续加强对账管理；全面落实反洗钱工作，规范开展客户身份识别和尽职调查，做好柜面大额和可疑交易报送工作，确保反洗钱制度规定落实到位。开展“三化三铁”创建，抓“三铁”单位提质；推进支行营业室争创“三铁”单位；坚持风控为先，围绕运营案防重点工作任务，严把等级评定准入关。持续开展“清雷防险”专项行动，对“存款结算业务”58个风险点进行全面对照排查与整改，提升全行运营风险防控能力。加强督导检查。针对运营案防44项重点工作，加大有针对性的业务检查和督导，对督导检查发现的问题积极落实整改，持续提升运营基础管理精细化水平。

加强安全生产和声誉风险管理　维护安全稳定，深入开展平安农行、平安金融创建和“三化三达标”创建工作，强化安全隐患排查和整改，抓好营业场所重要部位和重点环节的安全管理,继续保持安全经营。重视加强舆情防控，创造良好的社会形象。

【坚持从严治行】　强化党建引领，持续推进融合提升，将党建工作与经营管理同步谋划、同时部署、同向推动，实现党建工作与经营发展的相互融合，为推进全行改革发展提供有力保障。开展学习教育，推进“两学一做”学习教育常态化制度化。反复学习党章、党规，使党章党规党纪成为规范党员干部言行的硬约束；学习习近平总书记系列重要讲话精神，更好地用系列讲话精神武装头脑、指导实践、推动工作、规范行为。推动“两学一做”学习教育融入日常、抓在经常，形成常态、发挥长效。推动十九大精神的学习宣传和贯彻，围绕“不忘初心 牢记使命”主题教育，党委理论学习中心组分4个专题组织8次集中学习，全行13个党组织累计组织学习研讨104次，党委书记和纪委书记分别上党课和廉政警示教育课，党委班子成员到各二级支行向党员干部宣讲十九大精神、到党建联系点讲专题党课，传导政策72次，开展调查研究60余次，坚持把学习宣传贯彻党的十九大精神作为当前和今后一个时期的首要政治任务，引导广大党员、干部在学懂弄通做实上下功夫。

【强化落实“一岗双责”】　加强部署督导　支行成立党建工作领导小组，统筹全行党建及相关工作，按照市分行《关于加强和改进当前党建工作的若干意见》提出的22条措施，制定《定海支行2018年党建工作要点》《2018党风廉政考核办法》，签订党风廉政建设责任书与意识形态责任书，对全年党建工作进行安排，提出要求。先后召开14次党委会或党委扩大会以及党委中心组理论学习，及时传达学习习近平总书记重要指示精神，以及中央和中央纪委、总行和省市分行关于推进全面从严治党的部署要求，研究支行贯彻落实的具体措施，做到及时领会到位，扎实推进到位。

加大督查考核　实施党建专项考核，考核结果与机构综合绩效、个人年度考核挂钩，并作为对各级干部业绩评定、奖励惩处、选拔任用的重要依据。编制党委班子主体责任，党委按照分工制定班子成员个人任务清单，党委书记主动落实管党治党第一责任人的责任，班子成员落实“一岗双责”，抓好分管部门、条线党建工作，进一步厘清主体责任，推进党建与工作深度融合。支行建立党委班子党建工作联系点，主动了解联系点党建工作存在的困难和问题22条次，深入调研指导累计60次，政策传导72次，推动联系点党建工作上台阶。在落实独立支部全覆盖基础上，严格“三会一课”等制度，推动基层党组织运行规范化。

严格选用干部　从严贯彻落实干部选拔任用制度要求，突出政治标准，全年提拔股级干部9人，其中2人列入市分行初级青年英才，加大培养力度，建立一支35岁左右后备干部队伍，采取岗位锻炼、上下交流、任职培养等方式，推动优秀年轻人才脱颖而出、干部队伍更新换代。

【推进党风廉政建设】　纪委聚焦主业　进一步落实一级支行纪委书记专职化，支行纪委配备4名纪委委员，对8家二级支行和5个机关部室支行“三线一网格”融合提升情况、党风廉政、党建工作开展常态化得检查和督导。严格落实责任承诺、责任报告、集体谈话、述责述廉四项机制，覆盖面达到100%。开展问责强化年、警示教育、员工行为专项排查等活动，狠抓制度执行，严肃查处违规违纪行为，确保活动落到实处、取得成效。

巩固作风建设　制定《中国农业银行舟山定海支行党委贯彻落实中央八项规定实施细则的实施办法》，

开展违反中央八项规定精神和“四风”问题的专项整治，党委书记、纪委书记上廉政课和作反腐倡廉报告，重要节点期间开展廉政提示2次，330人次。学习《明镜清风》廉政提示，对“四风”问题开展专题排查一次；将中央八项规定精神情况纳入党风廉政责任制考核。支行党委会研究相关工作4次，党委中心组组织学习相关工作1次，纪委会研究相关工作1次。强化党员干部纪律规矩意识，营造崇廉尚俭氛围。制定印发《定海支行本级权力运行清单》，明确费用审批、固定资产项目、集中采购等大额资金决策审议范围和审议金额，进一步加强依法从严治行。全年班子成员严格执行有关待遇规定，无超履职标准。

抓实巡视巡察整改落地和效能监察问题的整改 2017年巡视巡察问题整改基本落实到位，2018年9月省分行效能监察组对支行开展“三线一网格”管理制度落实情况效能监察，发现的5个方面问题，支行党委召开专题会议，落实有效整改措施，积极整改落实。对五位履职主体进行诫勉谈话，对两位履职主体进行批评教育，对两名经商办企业的员工进行警告处分。

【夯实管理基础 增强内生动力】 深化推进“三线一网格”管理 将管理机理和要求深度融合于日常的经营管理中。为推进“三线一网格”管理“做实”和“融合”，支行各部室、二级支行结合部室、条线工作和网点实际，加快推进“做实”和“融合”工作，制定《“三线一网格”管理与部门工作（网点管理）深度融合的实施方案》（农银舟定发〔2018〕67号），同时各部门加强对网点的辅导和督查，推进实施方案落地，使“三线一网格”管理“做实”和“融合”真正到位。

加强网点基础建设 进一步明晰网点经营定位、发展路径，加强分类管理、分类指导，推进网点转型。对客户持续萎缩、存在价值不大的网点，对业务量持续下降、效益低下的自助银行，针对性“瘦身”和撤并。今年来城南支行瘦身为单高柜，金塘支行进行了撤并，推进城北支行社区型样板网点打造。加大超级柜台、高速存取款机的投放，加快机器换人步伐，做实做细各项工作，年内通过省分行验收。稳步推进柜面综合化改造，实现凭证、印章、签名、档案电子化。继续推行“网点负责人+客户经理+机动低柜”的外拓营销团队机制，推行客户经理“3 + N”营销制度。

加强内控案防管理 强化各类案件防控，加强合规文化建设，持续抓好案防教育，规范员工日常行为。结合“市场乱象整治”、“歧路年华警示教育”、问责强化年等活动，规范开展自律监管检查等，抓好案防制度落实，提升内控案防管理水平。坚持查防并举，加大问责追究力度，保持查处违规违纪行为高压态势。

加强队伍建设 开展技能练兵、柜员操作技能测评和劳动竞赛活动，提升一线员工的业务技能、综合素质和服务水平。通过公开竞聘的方式，充实副股级干部队伍、运营主管后备人才库，并将优秀人员充实到管理、营销团队。加强文化建设，践行人文关怀，丰富员工业余文化生活，释放员工工作压力，营造和谐发展环境。加强重要岗位人员的管理与控制，按规定对2018年到期的柜面经理、客户经理、运营主管实施交流轮岗。组织开展员工行为管理和重点领域案件风险排查，开展员工经商办企业全面清理、操作风险自评估，严控案件与操作风险。

【支持区域经济发展】 落实区域工作计划，加大支持力度。围绕新区建设重大项目 “十三五”规划，定海区落实“开放舟山”建设2018年工作计划，对政府牵头的重大民生保障工程、基础设施建设工程积极营销。及时跟进重大基础设施、交通、特色小镇、保障性住房、城乡环境整治等项目。

对接主流行业核心项目 支持定海区远洋渔业小镇建设、定海工业园区中小企业科技孵化基地建设项目0.7亿元、定海工业园区物流区块内“滚装物流仓储项目”2亿元。

主动帮扶困难企业 重点做好天诺贸易的处置、千岛船务、嘉和贸易核销后以及东禾集团行司转让后收回。

推进普惠金融 2018年，投放央行降准普惠贷款1.3亿元，支持金塘、白泉、小沙等乡镇小微企业0.17亿元，普惠农户贷款130多户，投放贷款0.62亿元，三农个人贷款0.59亿元。定海华晟牧场有限公司生猪养殖数字农业建设试点项目的贷款0.7亿元。2018年下派三名挂职干部投身乡镇经济服务，落实好惠农、富农、强农政策，服务“三农”。指定下辖白泉支行与白泉镇繁强村开展村企结对帮扶工作。

强化政银合作 依托政府增信，助力民营企业融资，加快推进民营小微“政府增信”业务，为民营小微企业提供融资支持的信贷业务；强化政银合作，拓宽信息渠道。11月23日，与定海区市场监督管理局签订的“小微企业云平台”与“小微网贷”全面合作支持小微成长战略合作协议，破解金融服务中的信息不对称难题。

（撰稿：蒋继文）

中国建设银行股份有限公司舟山定海支行

【概况】　2018年，中国建设股份有限公司舟山定海支行加强基层党支部建设，坚持党要管党、从严治党。面对新的形势和任务，深刻把握党的建设新要求，紧紧抓住加强党的长期执政能力建设、先进性和纯洁性建设这个主线，着力调动全党积极性、主动性、创造性，提升建设银行服务国家的能力、防范金融风险能力和参与国际竞争的能力。

【加强党支部阵地建设】　支行党支部重视党员队伍的培养和建设，在党员的日常教育管理中，做好党员发展工作。经过长期考察，新发展预备党员3名，转正预备党员1名。目前支行有正式党员16名，预备党员3名。以学习十九大精神为契机，支行加速建立学习型党支部，设立微型党员图书角，置放《党章》《习近平谈治国理政》《之江新语》等党内重要书籍，强化党内学习氛围。

【推进“两学一做”学习教育】　支行把学习贯彻党的十九大精神作为“两学一做”学习教育的重要内容，按照“三个一以贯之”的要求，以高度的政治责任感和强烈的历史使命感落实十九大精神的学习贯彻和宣传。利用周一夜学习时间，持续推进十九大报告的学习和宣讲；举办多种学习活动，推进十九大精神的学习和实践。3月，支行组织开展“学习十九大 走进新时代”展览活动；组织员工参加《厉害了，我的国》观影活动，撰写观后感，提升全行员工的国家自豪感。5月，组织全行员工进行十九大线上知识竞答，通过易企秀平台，制作线上知识竞答链接，以生动的形式促进员工对十九大精神的学习，支行全体党员参与竞答，覆盖率达100%。9月，支行根据上级行要求组织开展学习贯彻十九大精神和党章党规知识测试，提升党员同时思想理论水平，支行党员活动参与率达到100%。12月17日，副行长金伟强为全体党员上党课，就党员干部如何在新时代有新担当、新作为这个话题与全体党员进行交流和分享。

副行长金伟强为全体党员上党课

【做好党风廉政建设】　支行落实党风廉政建设“两个责任”，签订党建和党风廉政建设责任书，做到责任明确，班子成员履行“一岗双责”，严格执行领导干部个人有关事项报告制度，提升干部自我管理监督意识和组织监督管理水平。进一步重视纪检监察条线的相关工作，兼职纪检监察员根据上级行要求全面落实工作要求，建立领导干部联系点制度，坚持经常性提醒谈话制度，询问工作及生活情况，对于出现问题的员工及时疏导，保证领导干部和全体党员同志的廉洁性、自律性。截至年底，支行提醒谈话12人次，形成问题预防机制。落实纪检监察员上讲堂，覆盖面达100%。

支行组织召开纪检监察会议

【整治官僚主义及形式主义】 根据市分行关于集中整治形式主义、官僚主义工作文件要求，支行组织学习总行纪委下发的《贯彻落实习近平总书记重要指示精神集中整治形式主义 官僚主义工作方案》（建党纪〔2018〕54号），把握工作思路和重点，贯彻执行市分行制定的《贯彻落实习近平总书记重要指示精神集中整治形式主义 官僚主义工作实施细则》，切实履行主体责任。落实专人作为形式主义、官僚主义整治工作联系人，密切联动市分行相关工作。支行党支部在研究学习文件要求的基础上，带着问题开展实地调研，党支部书记亲自过问、亲自部署，以身作则抓好查摆和整改。兼职纪检监察员通过谈话、下基层网点等方式，听取员工和客户的意见和建议，支行还在负责人和中层干部中开展自查自纠，认真查找自身存在的形式主义和官僚主义问题，三位行领导均对自身进行剖析，查找问题和不足，提出在群众服务、政绩观、会风文风、实际工作的决策力、以及履职能力方面提出五点不足并落实相应的整改的措施，形成自我剖析报告，经签字统一上交市分行监察部。

【推进结对帮扶和党建共建工作】 开展结对共建，贯彻落实中央和省、市、区关于推动乡村振兴的重大决策部署，8月与舟山市定海区双桥街道南山社区村民委员会成功签订《村企结对帮扶发展壮大社区集体经济协议书》。与舟山经信科技局积极对接，推进达州与舟山的结对扶贫工作，利用善融商城平台，帮助达州本土产品通过善融扶贫走向全国。按照“围绕业务抓党建、抓好党建促发展”的工作思路，支行坚持“资源共享、优势互补、互利共赢、共同提高”的原则，9月4日，支行支部委员会与中共浙江定海工业园区机关支部委员会签订党建共建协议，11月29日，定海支行党支部与浙江省省级文明村镇—盐仓街道兴舟社区党委签订党建共建协议。

党建共建协议签约仪式

【做好两防及纪检监察相关工作】 落实纪检监察各项措施，定期开展全行风险联席会议，支行兼职纪检监督员对目前经营形势进行安全督导并对已发生的案件进行宣讲、通报和分析。及时在与下属各部门、网点签署《责任书》和《廉洁合规从业承诺书》等相关文件，严格按照“谁主管，谁负责”的原则，将“两防”工作与部门、所辖机构及负责人考核相挂钩，坚持预防为主，强化责任意识，开展多种活动提高全行案防意识，按要求每季度开展网点安全演练、全年两次防火演练，从而提高网点员工在发生营业场所被盗时和发生火情时的处置能力,确保我行资金、人员安全。配合晨会时间进行的案件防控教育宣传，形成全面开展案防工作，多种方式进行案防宣传的良好局面。

【推广普惠金融】 2018年，支行多次召开普惠金融业务推进专题会议，有序推进支行普惠金融业务。利用上级行推送的内外部大数据信息，对接国地税局、科技局等相关部门进行目标客户筛选，对营销目标客户逐户落点落人进行营销拓展并进行反馈；结合支行各下属机构区位优势、功能优势和人员优势，支行开展四张图营销模式，并以“建行惠懂你”APP以及结算云贷、房押贷上线为契机，加大营销力度。理解总分行贷款投放政策导向的重大变化，制定定海支行普惠金融推进方案，发放个体工商户、小微企业主、农户的生产经营贷款、助业贷款、房抵贷、商业用房贷

开展普惠金融宣传

款等普惠金融领域贷款，全国文明村新建村、金塘和建社区文明贷年末均有发放。支行制定考核办法，并将小微企业信贷产品作为重点买单产品，开展“普惠金融进万家”外拓活动，进行金融知识宣讲，推介建行产品及服务。

【发力住房租赁市场】 支行邀请分行公司业务部崔银副总经理以及洪卫岗经理等到支行就“蓝海项目”相关产品进行介绍和培训，提升对公条线客户经理“住房租赁”业务营销能力，取得较好效果，提高客户经理对产品的认知度，明确营销方向。与定海区住房保障和房产管理局签订了住房租赁合作协议，是全市第一家上线政府公租房系统的支行。截至年底，为定海区2400多套公租房和人才公寓的租户提供电子支付服务。激励费用兑现及时，全额奖励给经办客户经理，提升客户经理营销积极性。

【创新利用金融科技】 支行以“移动优先”为导向，让网络金融产品成为“获客、活客、留客”的重要平台和渠道。持续加强移动渠道建设，重点提升“渠道替代率”“产品覆盖率”“用户活跃率”“新客户签约同步率”等四项重点过程型指标，助推物理渠道转型。在浙江国际海运技术学院、舟山技师学院等实现批量获客。加快网络金融重点应用场景建设，党费云、善融商务活跃户、生意助理、爱心加油站、电子工资单等破零项目相继营销上线。舟山技师学院智慧餐饮成为全市首家大型网络特约商户；与定海区慈善总会同步合作聚合支付、善微付、慈善云；向定海夜排档、定海出租车协会、汇通快递等批量客户营销聚合支付，定海夜排档24家商铺中已有23家成为聚合支付用户，营销成功率达95.83%，个人活动商户和网络特约活商户新增均列系统第一。学习掌握平台内容，推进金融科技平台建设。

【强化内外部检查机制】 根据《中国建设银行舟山分行信用风险“清雷防险”三年攻坚行动方案》要求，支行成立信用风险防控攻坚战领导小组，吴敏敏行长任组长，其他行领导任副组长，成员部门包括公司客户部、个金部、综合部。结合省市分行信贷业务综合大检查、操作风险排查、浙江银监局信贷经营行为排查及“市场乱象”专项治理、银行业信用风险专项排查等活动，在全行多次开展自查自纠工作，确保“三查”制度落到实处，在全行建立操作风险防控长效机制，提升内控管理水平，杜绝屡查屡犯现象，杜绝低级错误。根据“省分行2018年风险点监控检查操作手册”，研究当前操作风险与案件防控的趋势和特征，要求各机构、网点高度重视，结合实际情况进行执行，做好每季度各机构、网点的关键风险点监控检查及统计报告上报。全年检查柜员256人次，机构、网点覆盖面100%，检查各类业务笔数1677笔。根据上级行工作要求和布置，支行全面推进客户身份识别专项整治工作，制定节点完成计划，责任到点到人。公司条线通过查阅建行新一代系统、工商比对数据、企查查、启信宝、天眼查等各种系统，多渠道取得信息，完成支行对公客户身份识别专项整治工作。

开展网点现场检查

【建设合规文化】 坚持开展“合规铸就生命”合规文化建设活动，制定《合规文化建设考核办法》，落实全员合规管理流程岗位责任和建设平安工作环境义务，确保业务和行为合法合规、平安有序，进一步增强员工的合规意识，控制全行各类差错的发生。定期组织合规学习，全面开展自查自纠工作，活动以支行下属各部门及网点为单位，每月通报差错情况并进行活动积分，重点针对对公信贷业务、个人信贷业务、柜面操作风险等方面进行规范和落实，并将通报积分结果纳入年终考核，作为年底评先评优的依据。定期召开风险联席会议，邀请特派员送案例下基层，提高全行案防意识，建立配套的培训考核机制，将案防与员工岗位、待遇、职务晋升等挂钩。

【配合文明城市创建工作】 配合舟山创建全国文明

卫生城市相关工作，推进落实公益志愿活动。结合“学习雷锋 服务民生”暨“3·15”消费者权益保护宣传主题活动，组织员工开展“送金融知识进社区”“普惠金融进万家”等活动，把金融知识送到社区、送到市民身边，帮助市民正确使用金融服务，助力金融消费者持续提升金融素养；推进义务献血常态化，支行党员同志带头献血，为医疗事业贡献自身的绵薄之力，总计献血1000毫升；清明期间，支行组织党员及团员青年前往海山烈士陵园祭扫烈士墓，缅怀先烈、告慰英魂，进一步反省自身，做合格党员，活动照片刊发在4月12日的建行报；为配合舟山创建全国文明城市，定海支行积极安排党员参与由昌国街道组织开展的“编织‘城市红’，弘扬‘文明风’——昌国街道区域党建联盟领跑一线”活动，在金寿小区清理绿化带、楼道卫生整理和入户发放创城倡议书。

清明为烈士献花

编织城市红，弘扬文明风——昌国街道区域党建联盟领跑一线活动

【关爱员工生活】 创建“和谐建行”、营造“温馨家园”，用“家”文化感染每位员工。每月开展员工异常行为排查，关注员工八小时内外思想活动状况，落实员工思想动态调查制度，掌握员工思想脉搏。推行行长接待日、行领导下访接待、行领导下基层制度，了解基层员工实际情况，帮助解决实际问题及客户反映的问题。组织定期休假，开展丰富多彩的文体活动，提高员工的凝聚力和向心力。

开展“爱奋斗”亲近大自然活动

（撰稿：卢　虹）
（本分目图片由农行定海支行提供）

中国银行股份有限公司舟山定海支行

【概况】 2018年，中国建设股份有限公司舟山定海支行以保障员工切身利益为出发点，围绕EVA中心，深化转型发展，结合支行面临的新情况新问题，提升价值创造，各项业务实现有序稳步发展。

【转变营销观念】 转型求变，向产品要存款，开拓资本市场业务，成功争揽良海粮油有限公司国际信用证，保证金累计入账1.62亿元；成功争揽全辖首笔开/竣工履约保函业务，实现多项业务“零”的突破，巩固支行日均、时点存款的增长。加强公私联动，拓展商户收单业务、代发薪业务，沉淀低成本活期存款：加强与社保及社区的联系，提振社保代发量；走访住建局及建筑单位，营销秀山大桥、广宇建筑、河海建设等多个农民工代发薪项目；加深银校合作，争揽绿城育华、白泉中小小学等多家学校代发薪项目。

【加大贷款投放】 与邮储银行组建总额5.2亿元的银团贷款（支行份额3.2亿元），支持城建中稷（浙江）实业发展有限公司名下长峙岛CZ-a-1地块房地产开发项目。

【拓宽客户基础】 利用重点产品实现中间业务发展。发展汽车分期、优客分期等产品，提高支行分期业务竞争力，截至年底，银行卡分期任务完成率118%，全市新增贡献率61.11%，全辖排名第一；紧抓楼市热潮，提升业务叙做份额，提高业务占比，截至12月中旬，全市新增贡献度42%；坚持转型创新，挖掘收入增长新动能，开发银团贷款等融资型业务，拓宽新的收入来源，增加非利息创收拓展无贷户和个人结算户，争做“交易银行”和“流量银行”。创新营销模式，率先在部队推广手机银行缴纳党费实现批量拓客；坚持公司联动，以绿城育华校园一卡通项目、舟山港综合保税区国际商品展销中心等重点项目拓展为抓手，批量拓展优质客户。

【加强内控管理】 坚持做好“看紧自己的门，管好自己的人”，确保不出事。提高内控管理水平，多措并举根治乱象。整章建制，建立支行代职制度，重视对基层负责人代职工作，形成适合支行实际较系统和完善的代职管理操作流程；保质保量地完成“治乱象”“敬畏监管、回归本源”专项行动、基层网点风险管控50条等各项工作，保持内控管理工作的主动性，确保平安运营。坚持合规底线，对违规者严惩不贷。常抓反洗钱工作，强化重点领域和薄弱环节管控，提高管理质效。加强与地方政府、企业协会、商会等机构的联系、沟通、扩大业务宣传的品种范围，公私联动，争取多方的业务合作。强化柜台办公效率，推行上门服务，预约服务，提升营业窗口对外服务形象。将文明优质服务及规范化操作等内容纳入员工绩效考核范围，落实文优工作。

【提升团队凝聚力】 时刻关心员工工作生活，让员工在新组织中感受到温暖。做好职工小家建设，解决员工就餐、午休等问题；坚持以人为本理念，深入一线倾听基层声音，组织女职工、青年员工、退伍军人、军嫂座谈会，了解他们所思所想，解决他们的实际困难；培养开发青年员工，拓宽他们的成长空间；调动中年员工的积极性，发挥其经验丰富的优势；出现在员工需要的时候，把员工的冷暖放在心中；组织形式活泼，内容丰富的工会活动、文体活动，丰富员工业余精神生活；加强培训和产品落地，提升员工业务能力；组织各支行间相互交流经验，取长补短，形成良好的竞争氛围。通过做好员工工作来汇聚员工的智慧和力量，形成推动发展的内生动力。

（撰稿：陆婧澜）

浙江定海德商村镇银行股份有限公司

【概况】 2018年，定海德商村镇银行以“稳增长、调结构、控风险、提质效”工作方针为指导，以创新驱动发展，以改革引领转型，加强市场竞争力、风险防控力、团队发展力和社会影响力建设，推动实现经济效益的稳步增长。是年，内设综合管理部、风险管理部、运营财管部、业务管理部4个职能部门，开设营业部、盐仓、干䃎和城东4家营业网点，在职员工57人。

【夯实业务发展根基】 始终坚守“立足地方经济、立足服务三农、立足小微企业”的市场定位，不断探索三农、小微金融服务的新模式与新方法，制定了普惠金融发展五年行动计划，突出“农”字特色，注重镇、村金融服务覆盖面，全面提升支农支小金融服务水平。截至2018年末，各项存款余额42449.03万元；各项贷款余额53921.61万元，贷款户数1402户，户均贷款余额32.9万元，涉农贷款余额占比66.17%。

【下沉基础金融服务】 推进金融服务信用村模式，以整村公议授信为依托，制定普惠金融流程图，在农渔村社区深入开展信用村、信用户评定，推出“德快贷”小额贷款产品，实行“提前授信、利率优惠、循环使用、随借随还”政策，构建和完善“基础金融不出村、综合金融不出镇”的服务体系。截至2018年末，建档评级农户16527户，合同授信金额35107.42万元；探索建立“大商圈命运共同体”，推行“商户+银行”运营模式，通过“特惠商户”合作、授信优惠等方式，发挥双方的客户资源优势，达到互利互赢、共同发展的目标；开展“德行周四下午在社区”、金融公开课进校园、送电影下乡、“金融服务流动车”等金融知识下乡活动，以群众喜闻乐见的方式传播金融知识，让普惠金融惠及农渔万家。

防范涉众型经济犯罪集中宣传

【助力改善营商环境】 落实“放管服”“最多跑一次”等改革要求，改善营商环境，服务小微企业，支持实体经济发展。制定“最多跑一次”信贷操作流程实施办法，创新贷款审查、审批流程，修订贷款分级审批制度，实行限时服务机制，实现了小微企业信贷业务的全面提速；为小微企业开户提供绿色通道，通过企业开户预约机制、整合开户申请表单、优化资料审核流程、集中开展对公业务培训等方式，提升小微企业开户效率。

【支持乡村振兴战略】 坚守农村主阵地，主动落实乡村振兴战略，支持新型经营主体做大做强，全方位支持农业企业发展，从美丽乡村建设、特色小镇创建、带动农民增收等多个维度，对农民、农村、农业贷款进行信贷资源倾斜；严格控制大额贷款金额和比例，在贷款规模有限的情况下，加大辖内特色农业产业扶持力度，推动农业经济加快升级换代，进一步向绿色、高附加值、产业化方向发展；设置农户贷款利息收益奖励，以鼓励农户贷款业务发展。实行客户经理尽职免责机制，设立风险专项资金，专门用于补偿农户贷款损失。

联合市人行货币信贷征信党支部
开展助力乡村振兴主题党日活动

【完善内部治理结构】 强化公司治理，加强人才梯队建设，构建充满活力、精简高效、合规运行的法人组织。完善公司治理体系，厘清、规范“三会一层”运作机制、内设组织机构、职责和权利；加强监事会的审计职能建设，定期对高管层进行履职评价，加大对高管层的监督力度；加强总部对网点的管理，将支行、营业部的单体产量和利润指标纳入机构的绩效考核，提升网点的经营活力。

【加快金融科技创新】 应用“互联网＋”思维，加快服务渠道电子化、信息化、科技化建设步伐。开通“流动柜台”业务，利用自助开卡机等自助终端，为客户提供账户开立上门服务；上线手机银行自助放款、还款系统，推行银行卡自助终端办贷，便利小额贷款客户用信；推广普及移动支付工具，助力移动支付示范商圈（街区）、智慧农贸市场建设。

【激发内生发展潜能】 完善员工培训和再教育机制，引入外部专业机构对员工开展系统化的外拓营销专题培训，推行中层管理人员竞聘上岗，建立无任用中层助理、会计主管后备干部人才库，打通青年员工晋升通道；活跃员工文化生活，组织开展“三八妇女节”主题工会活动、“新食代·收官红”厨艺大赛，参加定海区职工运动会，在全行范围内进行“文化大讨论”，激发员工的生活热情和工作积极性，提高团结

举行“新食代·收官红”厨艺大赛

协作的能力；巩固和提升"区文明单位""市级'六有'示范基层工会"创建成果，营业部成果创建"市巾帼文明岗"，加强"7S"管理和优质文明服务工作，展现文明窗口形象。

【强化社会责任担当】　以服务社会大众，服务地方发展大局为己任，通过心连心的帮扶，实打实的举措，践行"海纳百川，德行天下"的核心价值观。组建了青年义工志愿服务队伍，长期结队蓝天学校的农民子弟工学生，累计援助学习用品千余元。逢节过年探望敬老院的老人，为其包饺子、做蛋糕、送粽子。开展为社区老人量血压、公益理发活动；围绕舟山市文明城市创建工作和海上花园城市建设，开展清洗公交站亭、"剿灭劣V类水"、礼让斑马线、"公益一杯水"、垃圾分类等志愿服务活动，把志愿服务延伸到社会各个领域。

（撰稿：沈璐迪）

（本分目图片由定海德商村镇银行提供）

交通银行股份有限公司舟山分行

【概况】　2018年，交通银行股份有限公司舟山分行（以下简称"舟山交行"）贯彻落实市委市政府和上级行的决策部署，坚持"两化一行"发展战略，围绕"深化改革、转型发展、从严治党"三大任务，坚持服务实体经济，对接自贸区业务，严守风险合规底线，推进全面从严治党，持续加强党建和党风廉政建设。截至年末，分行各项存款余额46.56亿元，其中人民币存款余额45.81亿元；各项贷款余额58.86亿元。

【实现多个重点业务突破】　部队业务实现突破　1月29日，某部队账户成功落户舟山交行，舟山交行与军队客户合作迈入新阶段。

中标舟山烟草卷烟货款跨行归集结算项目　12月初，舟山交行成功中标舟山烟草卷烟货款跨行归集结算项目，此次中标为舟山交行与舟山烟草公司深化合作奠定了基础。

推进交总行系统掘金战略　设立专项产品经理，落实专人配合推进产品、系统对接，打造专业化服务，选取总分行优质产品，实现党费管家、银企直连、非税系统、银校通等产品突破。

【支持实体经济发展】　调研船舶行业发展现状，取得授信审批并得到总行限制行业专项信贷规模，在信贷资源异常紧张的情况下，调集信贷资源，投放贷款3亿元，支持企业转型升级和发展壮大。做好困难企业帮扶，对暂时经营困难的企业以时间换空间，一户一策制定帮扶政策，在不欠息的情况下给予无本续贷。全年累计对9户监察名单客户无本续贷1.55亿元，进一步减轻该类企业还款压力。

【加大小微企业扶持力度】　重视对小微企业扶持力度，推进小微业务融资服务，落实客户净增、两增余额增量、MPA余额增量任务指标完成。截至年末，实现新增小微客户49户，新增贷款投放1.22亿元。持续推进民营和小微企业降成本，坚决执行上级行制定的利率和收费政策，加强利率管理和费用减免，对于小微客户，通过利率优惠、收费减免等措施降低企业融资成本，全年减免服务收费254笔，合计金额为25万元，主要收费减免项目为开户手续费、银行询证函、资信证明、法人账户透支承诺费、企业网银交易费、服务费、工本费、短信通知费等服务费用。贯彻总行普惠行动，推进降息让利，下半年贯彻小微企业利率控制，最低给予下浮10%的贷款，推进优惠政策惠及舟山小微客户，其中四季度当季小微平均贷款利率仅为4.24%，比一季度降低1.23%。

【转型零售业务】　把零售业务的转型放在突出位置，提升零售业务占比，坚持以市场为导向，以客户为中心，拓展市场，调整资产结构，培植重点客户，零售业务转型渐入佳境。截至年底，人民币储蓄存款日均余额行行内占比为30.8%，比年初提升4.29个百分点；沃德客户、交银客户、有效活跃户等指标均超额完成全年目标任务，且均位居全省前列。

【聚力自贸区业务】　针对浙江自贸区融资需求，自贸区支行争取自贸区专项规模，推进自贸区业务发展。截至年底，支持自贸区域21家企业融资，重点支持融资总量达23.81亿元，其中表外融资余额12.33亿元，本外币贷款11.48亿元，其中获得总行自贸区专项规模投放1.8亿元。

破解油品企业授信审批难题　围绕浙江自贸区油品全产业链，先后4次邀请交总行授信部、国际业务部和公司机构部实地考察自贸区油品企业经营情况，与油品企业面对面深入研究授信产品和可行性方案；创新总结的油品企业以货物监管为核心，以“一次进口分次提用”的资金封闭运行为风控特征，强化资金流、单据流、货物流监控，弱化抵押担保的整体授信策略方案得到突破，全年年完成2家自贸区油品企业和1家自贸区仓储企业的授信申报，预计2019年可实现业务投放。

实现对公结售汇、NRA结汇业务突破　9月5日，自贸区支行完成首笔NRA账户不落地结汇并向境内企业支付5万元管理费的跨境人民币业务，该笔业务是该行在通过对公结售汇备案后的首笔对公结售汇业务，也是落地浙江省外汇管理局针对自贸区金融机构推出的NRA结汇政策的首笔业务。

加强业务培训和银企交流，提升自贸区业务服务水平。自贸区支行参与舟山“自贸通才班”—“金融创新组”学习，讲演“拓宽跨境人民币使用”课题，邀请交行上海市分行专家讲解上海自贸区业务情况，多次牵头组织自贸区业务交流会、客户推介会、同业论坛，扩大在浙江自贸区业务领域影响力。

【聚焦资产质量控风险】　建立不良贷款处置长效机制　建立资产质量管控，“不良应迁尽迁、拨备应拨尽拨、损失应核尽核、资产应收尽收”的“四应”长效机制，全年累计处置存量不良贷款0.77亿元，其中现金清收0.15亿元，核销0.22亿元，打包转让0.4亿元。

大额风险贷款处置攻坚克难　针对某造船股份有限公司风险，舟山交行集中力量进行处置，成立分行行长为组长的重点管控领导小组，与政府部门、监管部门及其他金融机构沟通联系，寻求更优的风险化解方案，启动对该公司担保单位的诉讼和资产尽职调查，对保证人的相关资产进行查封。

多管齐下保持好银行　“三零”（“三零”指好银行客户零欠息、零逾期、零降级）根据存量授信客户“有扶有控”的原则全面排摸风险家底，根据差异化的授信策略制定对公授信客户分类及提升策略，对确有风险的对公客户及时纳入监察名单，一户一策落实方案，确保好银行客户保持“三零”。

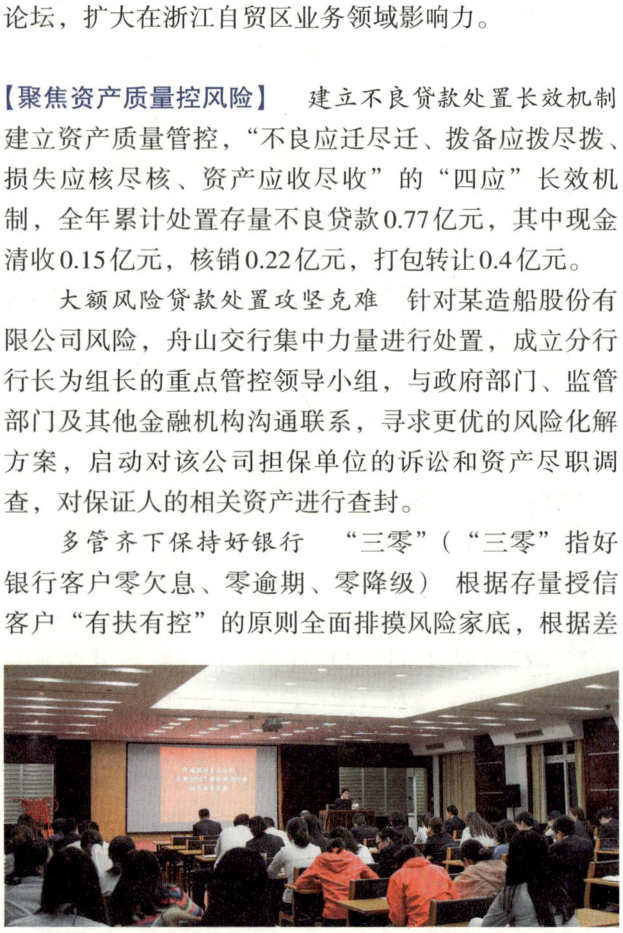

召开案防特别行动动员教育大会

【持续强化内控管理】　开展“治乱象 维秩序”整治和“风险防控提升年”活动　制定方案，大会动员，过程推进，采取强化内外审整改，严肃问责，规章制度梳理学习、《负面清单》测试、行长讲案例等多种形式和措施，灌输员工责任意识、合规意识和风险防范意识。

持续健全合规制度　开展规章制度清理工作，逐项梳理完善各项制度、业务操作流程、考核及问责机制，补足制度短板。把“反洗钱管理”“贷后管理”“营运管理”“个金业务合规管理”“消费者投诉处理”“国际业务合规管理”以及“治乱象”工作纳入内控与合规考核，形成覆盖全面、约束有力的内控管理考核制度。

【党建和党风廉政建设再上新台阶】　联学联建促党建提升　2月2日，舟山交行与某部队开展党建联学联建，双方党委签署《联学联建结对书》，贯彻落实党的十九大精神，践行“以党建促发展”理念。7月19日，舟山交行党委中心组与某部队党委中心组赴嘉兴南湖，开展党委中心组联合学习活动，双方在嘉兴南湖参观南湖革命纪念馆、红船，在宣誓墙全体党员重温入党誓词。

开展各种党员活动　3月7日，舟山交行党委带领全体党员走进影院集中观看《厉害了，我的国》纪录电影，弘扬爱国主义精神，增强广大党员国家荣誉感和历史使命感，激发党员爱国主义情怀。7月28日，舟山交行党委组织党员赴东海前哨模范营开展拥军和

分行新党员庄严宣誓仪式

党员教育活动，参观营史馆，在海岛哨所前，面对党旗，新党员庄严宣誓，老党员重温入党誓词，学习体悟“庙子湖精神”，深化军民共建。

（撰稿：王丽）

（本分目图片由交通银行舟山分行提供）

浙江民泰商业银行舟山分行

【概况】 浙江民泰商业银行舟山分行有12家营业机构，包括分行营业部和11家支行；分行内设办公室、财务运营部、市场管理部、风险管理部（授信审批中心）、国际业务部、法律合规部、资产保全部、安全保卫部、审计办，至年底全行员工合计353人。2018年，民泰舟山分行围绕“服务实体经济、防控金融风险、加强金融创新”的战略大纲，贯彻金融政策与监管要求，战胜各种困难与挑战，加快业务结构的有效调整，保持合理的成本与盈利区间，实现自身高质量发展。

至年末，实现各项存款余额 41.04亿元，比年初增加6.50亿元，其中活期存款12.93亿元，定期存款26.86亿元，保证金余额1.22亿元；贷款余额（含卡）32.89亿元，比年初增加2.73亿元。同年，舟山分行、城关支行被浙江省公安厅授予2018年度“省级平安单位”的称号，获“2016—2018年市级文明单位”称号，同时获得“2017年度支持地方经济发展综合奖”“2017年度信息报送先进单位”等奖项。

舟山市委组织部领导一行莅临民泰银行舟山分行指导创城工作

【助推普惠金融】 2018年，分行制定方案，在“批量营销”和“整村授信”两个推进项目上做足功课，并在全辖区开展一次覆盖全年度的“进村入居”普惠金融活动。根据目前的辐射范围、机构分布、以及区域特色等因素，按照网格化划分，将全行整个辖区进行划分，以片区管理员的模式，由分行业务骨干具体进行片区管理，包括对片区机构活动计划、具体活动实施、后续成效评估等工作的跟进落实。开展“金融知识宣传”“ 改革传承四十载 知识普及万里行”“ 提升金融素养 争做金融好网民”等活动，进行网格化管理定点设摊、走访街道商铺、驻村实地联络、推进批量授信以及金融知识普及教育工作。利用总行业务产品创新，结合舟山当地的实际情况继续深化推动“薪乐贷”“农惠通”“渔贷通”“中小企业专项信用贷款”“青年创业担保贷款”等特色信贷业务。结合舟山新区发展实际情况，开展普惠金融各项活动，有效地加大小微信贷服务。截至年底，开展96场进村入户活动，辖内各机构150余人参与活动，合计授信593户，授信余额达2.38亿元，打通乡镇、农村等各区域农户群体的融资渠道，获得良好口碑。

普惠金融进农村

【明确经营思路】 是年，分行树立以“合规为先”的经营理念，坚定不移走“善小而精”的发展路子。

加大商业信贷支持　加大对海洋工程、港贸物流、海洋旅游产业、海洋电子信息、水产品精深加工、远洋渔业等行业的支持力度；继续保持对新型产业创业的信贷支持，特别是对如普陀湾众创码头等创业园区的信用贷款投放持续展开。截至年底，创业贷款投放余额达2864万元，支持新型产业创业企业137户。

降低贷款利率和减免各项手续费　贯彻落实缓解企业融资成本高问题的指导意见，采取措施，贷款利率降低0.39个百分点，全年为中小企业让利1000余万元。针对特定客户群体适时推出电商贷、农惠通、薪乐贷、宜居贷、亲情保等组合信贷产品，进一步降低客户的融资成本。对存量客户推出自助分期还款业务、“接力棒”业务，既为客户带来了利好的政策，又在不同程度上减轻客户周转、还款的压力。

【创新业务发展】 2018年，分行继续支持战略新兴产业、高新技术产业，大力推进“节能贷”“宜居贷”“创业通”等信贷产品的推广，执行对重点领域的风险防控，加以“绿色信贷”投放、对政府发布的省级特色小镇，关乎民生的电力、燃气及水的生产和供应业、教育业、健康医疗及养老服务业，符合国家产业政策和结构调整升级的高端装备制造业和医药制造业的配套产业，文化传媒、航空业、软件和信息技术服务业等现代服务业的配套产业，日用消费品制造、物流业、电商行业优先进入重点支持，进一步促进我行普惠金融工作持续发展。截至年末，农户贷款日均增量13123万元、新增有效贷款户618户；涉农贷款日均增量10571万元、新增有效贷款户624户；各项贷款日均增量12390万元，新增有效贷款户1011户；全面实现农户贷款增速高于各项贷款平均增速，实现“绿色信贷”投放额1500万元，完成率100%，圆满达成既定目标，推进乡村绿色渔农业金融服务。

【服务自贸区建设】 2018年，分行对自贸区建设的政策实行倾斜，重点在信贷规模上实行全满足，将下属沈家门支行、浦西支行、分行营业部作为自由贸易试验区区域重点示范网点，专门针对试验区内的客户提供相应的金融服务；组织专门人员，通过针对性的业务培训，对分行现有的业务品种进行二次创新，对试验区客户、实体网点由客户经理上门提供优质、便捷的服务体验。在考核指标的设置上加大自由贸易试验区区域内机构的信贷投放的考核，在沈家门国际水产城、兴建路、渔市一路一带及综合保税区内，利用支行特有的随贷通自助循环贷款等产品，加大信贷投放力度，推进自贸区金融支持的进一步发展。截至年底，上述三家机构涉及自贸区内贷款余额24487.17万元。户数合计69户，按行业投向分，贷款主要集中在交通运输和批发零售行业，余额为15349.63万元，占总余额62.68%。按贷款方式划分，保证贷款余额为14279.17万元，余额占比58.31%。

民泰银行舟山分行优质服务获客户赠送锦旗

【中间业务稳步发展】 2018年，分行稳步开展理财、保险、贵金属销售、信用卡等中间业务营销活动。截至年底，全行发行230期理财产品，销售金额达38.32亿元，每期理财产品均如期实现了销售目标，日均保有量考核完成率100%，在贵金属营销方面，全行贵金属销售额达到189万元，销售额完成率为100%。信用卡业务方面，分行全年度新增有效卡3938张，实现卡收益2448.71万元，完成年度有效卡新增完成率101.52%，卡收益计划完成率90.69%。2018年国际业务在结算量和结售汇量上持续增长，国际结算量8816万美元，比2017年同期增长17.16%，办理结售汇9556万美元，比2017年同期上升11.67%，办理国内信用证1660万人民币，比2017年同期上升61.63%。国际业务收益完成283万元，同比增长24.3%。

贵金属营销喜迎开门红

【强化内控管理】 2018年，分行以“合规经营”为底线，严格按照监管部门“治乱象 维秩序”实施方案和具体工作要求，在监管部门和总行的统一部署和专业指导下，结合自身实际，开展一系列的人员培训、风险排查、整改评估、尽职问责等内部自查整治活动。是年，分行以“合规经营”为主线，借助监管部门开展的“治乱象，维秩序”，“负面清单”对照整改等活动，在全行范围内开展排查，查找内控薄弱环节并加快制度落实，杜绝各机构在业务发展过程中存在的普遍性问题，对银保监分局的年度监管意见书上提出的关于“未有效落实支行机构一把手负责制的问题”“关于排查方案制定不合理的问题”“关于自查及评估工作未深入开展的问题”“关于红线底线行为从严从重问责的问题”“关于乱象整治工作未纳入内部考核的问题”“关于长效机制建设不到位的问题”“关于激励考核机制不完善的问题”这七大问题进行落实问责、限时整改，对已经按要求完成整改的，建立完善整改台账，狠抓“回头看”工作，截至年底，全年度处罚违规员工644人次，违规扣分1296 分，经济处罚177855元，给予纪律处分18人次，其中警告14人次，记过3人次，责令辞职1人次。

【提升资产质量】　2018年，全面升级分行风险防控工作，继续加大风险经理和三人小组审查的独立性，把好首笔贷款的准入关。常规检辅和专项检辅相结合，对辖内12家支行的信贷业务和银行卡业务定期开展常规检辅工作，着重对贷款用途、共同借款人、农惠通贷款业务、信用卡套现及经营性用卡等9项信贷及卡业务进行专项检辅。对检辅中发现的违规行为，按照相关管理办法对责任人进行了相应的扣罚。配套跟进贷后专项检查与常规检查，具体通过现场走访借款人经营地、装修地，检查PAD业务相关影像资料、查询账户流水、查询法院网诉讼信息、与授信人员交谈沟通等方式进行核查，对重点贷款逐笔开展尽职评价，做好贷后风险控制。以不良控制作为发展提质的重要抓手，对存量涉险贷款采取压缩、转化、清非“三步曲”，视客户不同情况采取压缩额度、调整保证人、调整抵押率等组合办法降低贷款的风险；同时打响不良处置“高地战”“歼灭战”“游击战”三大清非会战，按季对活动开展情况进行通报。截至年末，分行不良率控制在1.54%以内。

【强化安全保卫】　分行以构建“平安民泰”为主线，以开展案件专项治理为手段，着力夯实基础、抓排查、治隐患、压案件，做到人防、物防、技防能力稳步提升，落实转型升级新形势下安全保卫的重点工作和突击性工作，

明确责任　层层签订《员工安全保卫（消防）责任书》《综合治理责任书》、《岗位责任书》，责任落实到人，降低潜在风险。

牢筑安保意识　组织员工学习内控法规、风险重点，定期开展安全教育、普法教育和党风廉政建设教育，提高合规操作意识。

维护网点正常运营　注重抓好防护设施建设，确保所有营业场所有技防、物防设施灵敏可靠。按照公安消防部门和总行网点安全达标建设的要求，完成全辖联动门“六功能”改造和分行ATM机防护舱安装，对分行新建监控中心设备和报警消防设备运行进行全面检查检测和维护，配足防盗、防劫、防暴、防火等防卫器械，形成人防、物防、技防相结合的防护体系。

筑起有效操作防线　分行定期开展现场检查与非现场抽查，及时发现问题、堵塞漏洞，防范各类案件和事的故发生，全年开展24次全辖各机构安全消防演练和重大节假日现场检查，确保全年安全无事故，2018年度被省公安厅评为“省级平安单位”。

建设“平安民泰”　抓好员工管理，每季一次做好员工（包括外聘人员）行为排查工作，了解8小时以外员工生活情况，做好员工家访活动，2018年家访活动涉及12家机构，合计家访员工308人，其中家访213人，访谈95人，对350名在职员工的征信报告进行排查，扫描高消费、高负债员工，杜绝员工道德风险。以“主动防范，事先完善”为工作理念，制定防范和处置安保突发事件应急预案，落实消防安全责任制，明确责任区域、落实重要部位的人员职责，每半年开展员工道德、消防安全教育等培训，从根本上消除安全管理盲区。

【提升员工素质】　2018年，分行办公室于一季度下发“深入推进严格文化，提升管理质量”活动方案，启动全行唤醒机制，对内外部历次检查暴露出来的问题进行深度整改。二季度组织全行学习严格文化推进会的会议精神，总结严格文化成绩与问题，提升干部员工的大局意识、服务意识、责任意识。年中办公室制定印发《推进严格文化“大提高”》等活动方案，推进《2018年服务管理考核》、开展《对分行机关服

务满意度测评》等工作，通过排名通报、考核运用、“负面清单”暴露，对多年沉积的顽疾与不良习气下猛药。年末结合总行百合服务管理模式升级项目导入，将管理工作推向高潮。最终通过量化打分，将结果运用到年底干部“一岗双责”和全员绩效考评中。

登山踏春　展现自我

【持续开展员工培训】　2018年，各支行、分行各部室每周坚持一次“夜学习”，柜面、业务人员每日坚持开展晨会、夕会。分行组建内训师队伍，具体培训学习规章制度、金融产品、风险控制、业务技能、舆情管理，以及后台服务等内容。截至12月末，组织安排各类员工培训38场，受众员工达2950余人次，确保每次培训人员覆盖辖内12个网点，培训后各机构切实做好转培训工作，及时传达最新业务知识及各项规章，分行管理部门定期组织全行员工对所学知识进行测试，组织员工参与总行业务竞赛，打造学习型团队，2018年支行选拔人员参加中国人民银行舟山市中心支行及市社保、总工会联合举办的银行储蓄员点钞技能大比

举办礼仪服务大赛

武暨反假知识竞赛，在比赛中取得优异的成绩。把学习活动贯穿全年，把规章制度列入日常学习内容，增强全体员工的合规意识，全面提升员工的业务水平，做到以学促用的目的，促进分行稳健有序的发展。

【推进党工团工作】　2018年，分行着手加强员工队伍建设和丰富员工的业余生活，开展各项活动，陶冶员工情操，把党工团活动融入企业文化当中，为员工提供更广阔的施展才能的平台和空间，让他们能真正体验企业文化的内涵。分行通过“行庆十周年”“第五届职工运动会”及总行“三十周年”文艺汇演等大型活动，展示职工良好形象和奋勇争先的精神面貌；通过开展警示基地教育、赴登步岛开展“七一”主题党日活动，入敬老院为老人送温暖，主动对接定海六中，为贫困学生捐款等多项党工团活动，彰显社会责任，提升品牌影响力。全年参与行内外各类大型竞赛，多方位展现员工的技能水平，参赛人员在2018年银行储蓄员点钞技能大比武暨反假知识竞赛中，获得团体第二名，在总行举办的第二届“百合杯”法律知识竞赛中获得二等奖，“百合杯”外汇知识竞赛一等奖，“浙江省银行外汇和跨境人民币展业规范知识竞赛”16强的优异成绩。

赴登步岛开展“七一”主题党日活动

【推进渔农村金融宣传】　2018年，继续推进渔农村、街道社区金融的网格化宣传工作。包括“普及金融知识，守住‘钱袋子’”宣传活动、“提升金融素养 争做金融好网民”宣传活动，“改革传承四十载 知识普及万里行”宣传等活动，以设摊、走访等形式，有效地将金融知识带进农村、社区，为城乡居民提供金融普及教育平台；深入农村、社区、校园、工业园区等，上门为当地居民、学生、企业主等办理各类业

务，将金融政策、知识、产品、服务“送上门、送进家、送到手”，帮助城乡居民更好地运用金融工具，分享普惠金融成果。是年，分行开展各类宣传活动68场，服务金融消费者5000余人次，在舟山分行微信公众号推送相关文章82篇，并获取4800多次的点击量。对浦西支行进行迁址，加大对社区、中心村的网点布放力度，推动构建与“三农”紧密互动、互惠共荣的新型服务关系，争取实现农户办理银行基本业务不出村，提升分行乡镇及村级公共服务能力，为城乡公务活动与居民生活提供便利的基础性金融服务。

开展反诈骗金融知识宣传

【履行社会责任】　2018年，分行志愿者走入敬老院看望与慰问孤寡老人，支行个别客户经理准备慰问品，给50位老人送去了新年礼物与祝福。志愿者们为老人们送上精心准备的慰问品；随后志愿者们迅速分工，清扫地面、整理房间，并亲切地与老人交谈，了解他们的生活现状和身体情况“为老人做一些力所能及的事。慰问活动的开展，给予老人们精神上的慰藉和情感上的关怀，展现民泰银行履行企业责任、用心奉献社会的公益形象。

杜绝假币，从我做起——志愿者活动走进西园菜场

【助力创城工作】　2018年，分行以创城工作为重要抓手，上下联动确保全员参与，营造浓厚创建氛围。将创城工作和总行6S管理导入工作紧密结合，提升分行的层次与高度，形成独特的一整套管理系统，使营业环境更加井然有序，员工举止更加文明礼貌。动员组织红百合志愿队定期开展志愿者活动，配合上级部门的各项创城工作，确保每次保质保量完成工作，争做优秀志愿者，其中两次都被列入省测与国测的必检单位，取得不错的检验成果，巡检中受到市政府和银保监领导的肯定。同时以创城为契机，开展“市级文明单位”的建设活动，在年末顺利通过市文明办的考核验收。

参加城市啄木鸟行动

（撰稿：胡　帆）

（本分目图片由民泰商业银行舟山分行提供）

中国人民财产保险股份有限公司舟山市定海支公司

【概况】　2018年，中国人民财产保险股份有限公司舟山市定海支公司内设综合部、财务部、车险业务一部、车险业务二部、非车险业务部、营业部，下辖白泉、临城、岑港、金塘和开发区五个营销服务部。经营范围以财产类保险为主，包括车辆险、船舶险、货

运险、企财险、工程险、责任险、意外险、保证险、家财险和农业险等险种。

是年，定海支公司按照政府监管部门的要求和指示，依法合规经营，强化基础管理，严格防范风险，深入贯彻落实保险行业协会及人保系统各级保险工作会议精神，紧盯上级下达的各项任务指标，以“保险”独特的方式与功能，承担社会责任，助力定海区经济发展。

开展反洗钱、防范打击非法集资宣传活动

【推进业务发展】 2018年，人保财险定海支公司狠抓业务发展，保费收入11573.6万元，相比去年增幅12.02%，超市场增速5.3个百分点。在车险严管、竞争激烈的市场大环境下，稳固车险业务的同时，将重心转移到大业务和政府合作项目上。2018年赔付率63.06%，赔付金额高达7000多万元，增强定海区企业单位与个人抗击风险、灾后重建的能力。公司坚持价值强司，在以发展为第一要务，持续推进公司企业文化建设，将“服务”作为重要抓手，彰显人保品牌价值与服务品质，不断提升人保的社会影响力，曾多次获评金融部门支持定海区域经济发展贡献奖、定海区先进集体等。

开展趣味竞赛，丰富职工业余生活

【巩固大业务保险】 紧跟舟山经济新区建设步伐，成立专业团队，为新区基础建设重大项目提供风险评估、咨询和防灾防损服务。为39家区政府重点培育的成长型中小企业、4家区政府重点产业项目所属企业和29家区金融办重点推荐企业提供保险服务，加强合作关系，履行保险在经济社会建设中风险管理的社会辅助管理职能，支持区域经济发展。续开展城镇危旧房屋保险、残疾人意外险等民生保障类项目，加强公司与政府部门的合作，为深入拓展“保险+服务”新模式奠定基础。

【助力渔农村经济发展】 全年为定海区“菜篮子”工程产品承保生猪73985头，能繁母猪2593头，水稻10057亩，森林保险260340亩等，农险保费收入286.4万元，赔款支出344.17万元。其中政策性农房险68023户，收取保费68.02万元，大大增强了定海区农村人民抵御灾害的能力。深入渔农村一线，做好该涉农保证险的宣传推广工作。十年，办理此类保证保险业务24笔，收取保费26.5万元，保额1509.8万元，为渔农业龙头企业、村级股份制经济组织、渔农民专业经济合作社和渔农民经营户等渔农民经营组织获得生产经营融资提供重要支持。

开展村企结对，助力渔农村集体经济发展

（撰稿：龚金燕）

（本分目图片由人民财险舟山定海支公司提供）

中国人寿保险股份有限公司舟山分公司

【概况】　2018年，公司围绕“焕发创业激情、加快转型升级、聚焦高质量发展”的战略纲领，以加快发展为基调，以队伍建设年为主战略，以改革创新为路径，以创费增效为目的，以防范风险为保障，实现全年工作的持续稳健发展。是年，实现股份总保费5.59亿元，同比增长3%。其中首年标保3116.3万元，首年期交8119.2万元，保障型业务1788.9万元，短期险业务5965.8万元。

【推进产品转型升级】　公司业务在保持总量增长的基础上，聚焦保障型产品，加快结构调整，推进转型升级，提升业务价值。全市保障型产品保费同比增长27%,占首年期交保费的22%，同比提高7个百分点；续期保费和首年期交保费拉动效应进一步显现。首年期交占首年保费的52.8%，同比提高10个百分点；续期保费同比增长24%，占总保费的65.2%，同比提高11个百分点。

【加强队伍建设】　以“队伍建设年”为核心，推进队伍转型。个险渠道全市在册人力1263人。人力指标综合排名全省系统第三。团险渠道全力以赴加强三农队伍建设，新增人力69人。银保渠道强抓队伍基础建设，逐步“去虚向实”，保险规划师在册人力117人。

【完善创新机制】　公司从机制上为全员搭建创新环境、创造创新机会，制订并下发《舟山分公司2018年度鼓励与支持创新工作实施方案》，全年立项创新项目14个，获得创新成果6个，进一步推动公司转型升级。

【提升服务效率】　公司推出“最多跑（问）一次”改革整体方案，以“让客户最多跑一次，让基层最多问一次”为目标，创新服务机制，设立自助柜面、推广无纸化投保、微回访等工作，不断增强基层、营销伙伴及客户的服务体验，提升服务效率，优化公司营商环境。2018年，新增e宝注册用户9308人，保全e化率85.2%，通过自助柜面分流临柜客户作业1500人次，微回访替代率73%，无纸化投保占比89.2%。

（撰稿：俞　洁）

中国太平洋人寿保险股份有限公司舟山中心支公司

【概况】　2018年，中国太平洋人寿保险股份有限公司舟山中心支公司下辖普陀、岱山、嵊泗三个县（区）支公司。是年,公司以太保集团“转型2.0”新战略为指引，深化客户需求导向，坚持高质量发展，稳中求进。应对转型发展新挑战，主动作为，各项工作取得新进展。至年底，实现保费收入47793.02万元，同比增长15.98%，其中：营销新保期缴7506.89万元，法人健养渠道保费9237.18万元，个险续收保费30782.89万元。

【个险业务】　全体管理干部紧紧围绕月达成，季增长，年对标的经营理念，以目标为导向，强化执行落地；加强基础管理，提升队伍内质。升级产品服务，助力科技个险，做精做实，坚持走内涵式发展道路，提升营销员产能。

【法人渠道业务】　围绕年度经营目标，落实计划，紧盯市场，“聚焦价值、创新供给、提升服务、强化风控”，“重利润，抓短险，增效益”，巩固传统优势，学平险业务规模全省系统第一，出行类业务系统内唯一正增长。

【健康养老业务】　强化与政府的合作，推进健康养老保险经营新格局。除继续做好舟山市城乡居民医疗保险商业合作项目，开展长期护理保险的前期工作，争取项目落地。

【深化服务评价体系建设】　深化服务评价工作机制，持续改善定量指标，重点改善短板指标，提早布局重要服务创新项目。持续开展柜面保全自助化、无纸化、智能化作业功能，进一步加强柜面管理， 提升数字化服务体验，改善客户满意度。开展“太尊享、太活力、太有爱” 三大服务活动，落地客户服务节。持续深化三大移动应用客户端及智能服务平台建设，充实数字化覆盖流程，提升客户体检。

【做好客户赔给付工作】　2018年，全司完成理赔案件318938件，金额5710万元，其中长险2520万元，件数1111件；短险3205万元，件数317827件。为客户办理保单质押贷款:33391件，金额9572万元。给付66446件,金额4309万元。理赔时效名列全省系统前茅。

【强化合规管理】 围绕“聚焦价值、创新供给、提升服务、强化风控”的工作方针，及时响应监管部门要求，落实“合规政策、宣传教育、预警监测、检查督办、考核评价、问责处罚”六方面工作，加强内控管理规范建设，强化条线合规责任，牢固树立全员的合规意识。落实各机构负责人的合规主体责任，化解案件风险，减少重复性违规问题和缺陷的持续发生。利用体系化、常态化的合规培训、督导，落实全方位、全覆盖、标准化与定制化相结合的合规教育，规范公司经营管理与销售行为，持续增强各机构、各部门干部员工的合规经营意识，提升全员合规执行能力。

【加强党建工作】 采取多种形式，学习宣传习近平新时代社会主义特色思想，贯彻党的十九大精神，凝聚发展共识，汇聚发展力量。落实严治党责任，落实《准则》《条例》，召开民主生活会，查摆问题，深入整改落实。召开党风廉政建设工作会议，层层签订《廉政建设责任书》，不断严明政治纪律和政治规矩。贯彻执行中央八项规定，用好监督执纪“四种形态”，坚决杜绝“四风”问题。

（撰稿：张 盛）

中国太平洋财产保险股份有限公司舟山定海支公司

【概述】 2018年，中国太平洋财产保险股份有限公司舟山市定海支公司内设综合管理科、车商业务部、销售业务部，下辖金塘镇营销服务部。经营范围以财产类保险为主，包括车辆险、船舶险、货运险、企财险、责任险、意外险、保证险、工程险及农险等险种。年末实现保费收入3846万元，同比增长19.44%。

【强化渠道布局，促进业务发展】 完善原有组织架构，坚持以提升价值为导向，整合销售资源，深挖团队内在潜力，加强团队组建和人员引进工作，强化渠道布局，着重致力于车商渠道和银保渠道完善和发展工作。是年，车商渠道完成保费 1643 万元，银保渠道完成保费281万元。

【履行社会责任，拓展民生险种】 履行社会责任，落实推进农险业务进一步发展，为定海区农户提供林木火灾保险、水稻种植保险、生猪养殖保险等9个险种的保障，保障额度达1862万元。是年，协助政府改善公共服务，辅助社会管理，积极参与政保业务，涉及险种有安责险、诉讼保全险、环污险、精神病人责任险、食安险等，为企业提供更加全面的保障。

【重视客户需求，优化客户体验】 坚持“以客户需求为导向”的转型发展要求，实现“关注客户需求，改善客户界面，提升客户体验”三大转型目标。收集客户个性化需求，并将转型工作落到实处，开发推广线上APP及小程序，并加入投入使用力度，使客户从投保、保单送达、理赔等整个服务过程中的体验都更为流畅、操作更为简便。

【抓好内控合规制度建设】 坚持倡导和培育良好的合规文化，培养、引导员工树立更强的合规意识，始终以“合规人人有责”“合规创造价值”的理念树立内控和合规风险的防范责任意识，降低合规风险，提升公司盈利能力和口碑。紧跟监管形势，持续推进合规各项工作，继续筑牢风险防线。设立反洗钱岗，参与行业组织的各项反洗钱宣传活动，建立整改工作机制，责任到人，确保公司持续健康发展。

（撰稿：贾音）

泰康人寿保险有限责任公司浙江舟山中心支公司

【概况】 2018年，泰康人寿保险有限责任公司浙江舟山中心支公司（简称泰康人寿舟山中心支公司）下辖机构定海本级、普陀、六横、金塘、岱山、嵊泗6个营销服务部，在职内勤员工33人，营销员588人。泰康人寿舟山中支秉持总、分公司“专业化、市场化、规范化”经营理念，坚持让保险更安心、更便捷、更实惠，让人们更健康、更长寿、更富足，让泰康成为人们幸福生活的一部分的企业使命，在舟山市场推广总公司“活力养老、高端医疗、卓越理财、终极关怀”四位一体的商业模式。全年实现总保费收入2.38亿元，其中个险新单3355万元，十年以上期缴保费2846万元，累计支付赔款618万元，满期给付金额438万元，年金给付金额2400万元。

【新产品开发】　以客户需求为导向，提供多元化产品保障。2018年推出升级保险产品："泰康健康百分百重大疾病保险""泰康健康百分百C+重大疾病保险""泰康健康尊享B+医疗表现""泰康特定恶性肿瘤药品费用医疗保险""泰康全能保2018A款保障计划""泰康吉祥相伴（2018）定期寿险"等。持续创新产品，覆盖百姓最为关注的疾病、医疗、养老、教育等多个领域。最大限度地满足客户多样化的需求，得到客户的广泛欢迎。

【创新优质服务】　泰康的"保险+医养康宁"战略深入推进，使广大客户可以更加真切地体验虚拟保险产品与实体医养服务相结合的优势。依托科技驱动，泰康人寿推行单证电子化、全流程透明化，带来服务新体验。比如，手机理赔4.0功能上线，实现了理赔申请无纸化、银行账户信息免填写、申请人身份智能识别。让客户体验更佳，流程更便捷，更安全；服务更主动、更透明。独具特色的理赔服务节，推行重疾提前给付，让客户理赔更高效、更便捷。截至目前，理赔申请支付时效提速17%、出险支付时效提速7%。与此同时，泰康着力落实保险小额理赔工作，理赔服务水平全面提升。在报案渠道多元化、理赔服务自动化、理赔单证电子化等各个方面不断探索创新，在服务过程中加强提醒功能，线上线下操作一起提速，开通"康乃馨理赔服务"，为客户带来极致的保险理赔服务体验。第18届客户服务节，以"新生活、心体验"主题推出五大专属活动，打造客户嘉年华。以人为本，公司推出重疾先赔、高客现场理赔服务。重疾先赔实现院中报案，院内受理，出院赔付，理赔快人一步；高客现场理赔实现客户出险、院中探视、上门理赔的一站式理赔服务。科技赋能，泰康人寿推出泰康服务、泰康福利两款应用小程序。保单年检、客户保障等情况一目了然，方便便捷。感恩客户，推出重疾加保客户回馈活动，回馈老客户计达千人以上。

【加强队伍建设】　参加各种网络培训，远程讲座、面授培训、跨界学习等多元培训模式，营造组织学习与知识共享的氛围，激发内勤员工学习热情，满足员工从入职成长为专业技术人员、管理者的各种需求。客服人员参与总、分公司举办的"新梦想 新风采"服务明星评选大赛，争做十佳服务明星，客服团队在竞争中促进了服务质量提升。营销团队严格增员上岗、新人培训流程，推动业务队伍增长的同时提升营销人员的综合素质和专业技能，强化业务员合规意识。2018年举办新人班、转正班、回炉班、兼讲培训86期，为营销人员专业提升合规展业打好良好基础。

【诚信服务】　响应总、分公司号召，把"诚信经营"作为企业一号工程。持续加大过程管理与服务创新，在内部各个环节建立完整的考核监督体系，始终"不忘初心，牢记使命，"踏踏实实做好保险消费者权益保护工作，坚决为保险消费者提供"更安心、更便捷、更实惠"的保险服务。2018年，中支开展金融知识宣传普及活动，传播诚信经营理念，普及金融知识，加强风险提示，特别编发实用的保险知识及风险提示，帮助消费者识别风险、正确消费。同时对客户的诚信服务不只体现在工作流程中，更是泰康始终坚守的企业文化。公司上下弘扬"风清气正"的企业文化，"诚信服务"是泰康一直坚守的原则。

【合规经营管理】　响应总公司号召，鼓励和倡导"人人合规、主动合规、合规先于利润、合规创造价值"的合规文化，建立并逐步完善案件责任追究机制、重大风险合规考核机制、处理处罚机制、反欺诈机制等，防范和化解各类合规风险，杜绝大案要案的发生，保障公司稳健经营、持续发展。反洗钱方面按照国家反洗钱法律法规以及反洗钱规则的要求，勤勉尽责，以防范风险为本，履行公司各项反洗钱义务。2018年，通过中诚信完成公司反洗钱工作的检测，通过多次的反洗钱培训，实现对客户的尽职调查、有效监测可疑交易。

（撰稿：徐　君）

天安财产保险股份有限公司舟山中心支公司

【概况】　2018年，天安财产保险股份有限公司舟山中心支公司（简称天安财险舟山中支）内设综合部、理赔部、销售推动部、银保部、业务部，车商部,下辖岱山支公司和普陀区营销服务部。是年，全年实现保费收入1985万元，同比负增长7.37%,承保数8559笔，保额1567467万元，赔款2700万，赔付率135.99%，其中本级保费1100万元，普陀保费491万元，岱山保费394万元，车险1447万元，财产险150万元，其他388万元，保费计划达成率91.70%.

【加强承保质量】 2018年，舟山中支在三年规划的指引下，加强承保质量管理，重视业务数据跟踪和业务数据分析。非车业务全程管控，承保材料严格把关审核。做好防灾防损工作，选择重点企业，落实责任检查。理赔环节继续抓紧抓好查勘人员技能素质，提高查勘预估的准确性，使未决赔款更加真实。重抓未决管理、小额快速理赔时效及各项理赔管理指标，打造服务品牌。在分公司的制度范围内，确保赔案质量下优化流程。加强对重案，要案，疑难案件调查、取证工作。进一步做好打假、复勘工作。

【发展各项业务】 围绕分公司下达的基石工程、5+1项目及团单业务开展工作，开拓非车业务，承保计划开拓的目标单位，新增项目（万事达集团企财险、中级法院、久晟科技等几家事企业车险团单、浙江舟水建设有限公司工程险、市水务局的五水共治等小工程险），带领银保人员一起走访市农行、建行、工行、中国银行及中信银行，为银行渠道业务奠定基础。

（撰稿：贝竹贤）

中国平安财产保险股份有限公司舟山中心支公司

【概况】 2018年，中国平安财产保险股份有限公司舟山中心支公司（简称平安产险舟山中心支公司）坚持“专业领先、诚信服务、创造价值、回馈社会”的经营宗旨，调研开拓新市场，助力新区经济发展。是年，继续经营车险、企财险、责任险、工程险、船舶险、家财险、保证险、意外及健康险等法定产险业务及国际再保险业务，适时推出安租保、全家保等新产品。至年末，公司实现保费收入1.59亿元，同比增长14%；累计为社会提供风险保障1000亿元。

【推广各类新险种】 推出首台套保险、建工履约保险、专利保险等符合市场需求的新险种。结合本地实际情况，开拓各种惠及民生类产品。

医疗事故责任险 保障被保险人从事与其资格相符的诊疗护理工作时，因过失导致意外事故，造成患者人身伤亡所产生的损失。

渔工险 与浙江省渔业互保协会合作，为全省渔民人身安全提供保障。

诉讼财产保全责任险 旨在为民事案件中的原告方提供保险（保证）。

疫苗接种意外伤害保险 帮助卫生部门解决因预防接种导致异常反应而产生的补偿问题。

小微乐享保险 为宠物店、美发行业、酒店服务业、网吧、教育培训机构等小微企业提供帮助。

哄抢险 承保被保险货物在运输途中（指货物尚未卸离交通工具，运输车辆在路途上或中途停靠地）被哄抢，以及装载被保险货物的交通工具发生交通事故，被保险货物遭受哄抢。

司法鉴定责任保险、食品安全责任险及电梯安全责任险。

是年，推出暖宝保、小微系列等创新产品。

【坚守客户至上理念】 推动线上化服务，优化好车主APP功能，提供一键挪车、“爽快赔”等一站式服务，为超4万车险客户提供优质服务，做到“最多跑一次”，甚至“一次都不跑”，使客户享受优质高效服务。

（撰稿：陈 盛）

中国平安人寿保险股份有限公司舟山中心支公司

【概况】 2018年，中国平安保险（集团）股份有限公司（以下简称“中国平安”，“公司”，“集团”）坚持“科技引领金融，金融服务生活”的理念，持续深化“金融+科技”、探索“金融+生态”，聚焦“大金融资产”和“大医疗健康”两大产业，深度应用于“金融服务、医疗健康、汽车服务、房产金融、城市服务”五大生态圈，为客户创造“专业，让生活更简单”的品牌体验。

是年，平安寿险舟山中心支公司2018年全年保费总收入达到了14404.75万元,比上年同期增长30.96%。其中个险新单业务完成标准保费5431.12万元，比上年同期增长20.47%。个险续期业务完成保费8965.72万元，短期险58.83万元。

【重视人才培养】　平安人寿舟山中心支公司重视销售人才为公司发展的第一资本。为进一步扩大销售业务队伍,以更系统和精细化的方式推动公司销售人力发展,在总分公司的指导下，支公司在营业部实施招聘计划，严格增员上岗流程，推动业务队伍增长。开展各项培训提升业务员队伍综合素质和文化结构，强化业务队伍建设。公司还加强业务员的专业技术培训，全年举办了多次培训班，通过培训，提高业务员的销售技能和业务水平。

【履行社会职责】　以“成为国际领先的个人金融生活服务提供商”为愿景，恪守企业社会责任，为客户、员工、股东和社会创造最大化的价值，倡导“以优秀的传统文化为基础，以追求卓越为过程，以价值最大化为导向，做一个品德高尚和有价值的人”的价值观，弘扬“诚信守法、简单务实，团结进取、迎难而上，追求卓越、服务领先，创造价值、回馈社会”的平安精神，坚持“专业创造价值”的品牌定位，在“综合金融+”和“互联网+”的新时代，实现“专业，让生活更简单”的客户体验。

（撰稿：庄丽娜）

中华联合财产保险股份有限公司舟山中心支公司

【概况】　2018年，中华联合财产保险股份有限公司舟山中心支公司（简称中华保险舟山中心支公司）下辖普陀、定海、岱山3个县（区）公司。是年，公司紧紧围绕强经营、促发展的理念,以客户需求为导向,坚持高质量发展提升产能,加强内部管理，开拓创新，2018年实现保费收入5375.92万元，其中车险占全险种保费的80%。

【调整人事结构】　8月，公司党委书记、总经理调整，新一届党委、总经理室班子带领全辖员工理顺内部机构设置，重组本级的业务团队。

【强化理赔服务】　围绕“管理争先、服务增值”，坚持以客户为中心，落实客户服务行为规范，提升客户价值，组织开展客户服务活动，打造公司卓越服务的品牌，提升公司品牌形象。

【加强党风廉政】　落实“两个责任”和“一岗双责”，开展2018年公司党风廉政建设，学习贯彻落实党的十九大精神，组织党员、积极分子及科以上干部学习“八项规定”“四风”等内容。推进全面从严治党,提升党员干部廉洁自律意识,筑牢清正廉洁防线,拧紧廉政总开关。

【坚持合规经营】　结合当前中国银保监会治乱象、补短板、强监管、防风险的监管形势，公司严格按照《保险公司合规管理办法》的要求，坚持建立公司合规经营的防线，稽查各个与客户接触点的服务流程规范化、制度化，严守合规底线，确保公司合法合规经营。

（撰稿：郭君波）

中国大地财产保险股份有限公司舟山中心支公司

【概况】　2018年，中国大地财产保险股份有限公司舟山中心支公司（简称大地财险舟山中支公司）围绕“客户导向”“产业链”“互联网+”三大战略，做优做大做强，提升行业地位。成立分支机构，全面实现覆盖全市的服务网络，加之开通全国统一报案电话95590，在外地出险实行全国统一调度、查勘、定损、全国通赔，随时随地随叫随到的服务，保证了“服务至上，客户第一”的快捷专业服务。至年末，公司实现保费3771万元，同比持平，在舟山保险市场排名第 7位，市场份额为2.69%。

【提供优质高效服务】　年内，公司通过“大地通保”APP和“中国大地保险”公众号，以“海纳百川”的胸襟，广纳贤良，汇聚五湖四海精英，建立一支肯干事、能干事的优秀员工队伍。打造中国大地保险“云服务”，以客户为中心，以移动互联为载体，以用户体验为目标，向客户提供承保、理赔、信息查询、客户经理互动、积分回馈、增值服务等便捷、丰富的服务体验。客户出险后，只需添加“中国大地保险”公众号推送的理赔专员为好友，拍摄几张照片，赔款分分钟就能到账；VIP客户出险后，拨打95590报案，将有专家坐席一站式在线处理，查勘理赔全流程均可在线完成；小额案件，提交理赔资料即可快速获赔，快到让你想不到；关爱伤员，主动调查、主动评残、主动调节、主动赔付， 做您的暖心保险管家。

（撰稿：黄燕芬）

阳光人寿保险股份有限公司舟山中心支公司

【概况】 2018年，阳光人寿保险股份有限公司舟山中心支公司（简称阳光人寿舟山中心支会司），秉承“打造符合人性与最具活力的金融保险服务集团”的企业愿景 ，打造最具品质和实力的保险公司，践行“让人们拥有更多的阳光”，围绕“一切为了客户”的追求，弘扬两个根本“诚信”、“关爱”，发扬“战胜自我、创新变革”的企业精神，创造价值，共同成长，完成各项任务。

【提升服务质量】 依托集团优势，以客户为中心进一步改善客户体验，开展以“享阳光 智生活”为主题第九届客户服务节，借助官网、微信、APP等客户互联平台推出更多智能服务功能：快速理赔，千元秒赔无需等待；一键阳光服务新模式等，让客户享受公司现代化、科技化的新型服务能力，感受来自阳光的关爱。

【加强人才培养】 响应集团、分公司号召，为了发掘人才，提拔人才，开展“假如我是总经理”演讲比赛。分公司十周年之际，开展迎司庆各项活动：“新十年 欣文化”阳光文化再学习再感悟活动、“学习法律法规，提升合规水平”保险法律法规知识竞赛、“在阳光下成长”演讲比赛。

【履行社会职责】 开展聋哑启智学校学生秋游活动，万名贫困生捐款活动，举办小小陶艺师、走访明珠学校公益活动，履行社会责任。持之以恒的社会责任与担当，使阳光保险得到了社会的高度认可，提升品牌形象和影响力。

【各项业务实现新突破】 至年底，公司有内勤28人，续期客户经理5人，团个交叉销售专员1人，个险外勤365人。公司个险、团险、交叉销售多渠道齐头并进，均衡发展，取得了一定的成绩：实现个险新保收入 1245.5万元，累计实现团险业务总保费收入161.13万元， 个险赔款支出214.27万元，团险全年赔款支出244.56万元。中支内、外勤团队同心同德，向着更高更大的目标前行。

（撰稿：陈 艳）

责任编辑：王英伟

综合经济管理

发展与改革管理

【概况】 区发改局是主管全区国民经济、社会发展、指导经济体制改革、物价工作的区政府工作部门。下设办公室、国民经济综合科、投资科（重点办、产业发展科）、体制改革科、行政审批科、服务业发展科、社会发展科等9个职能科室。

【规划管理】 下达2018年度规划编制计划，完成规划编制任务分解、编制经费安排工作，开展年度规划编制计划实施情况调研监督。是年，全区计划编制各类规划10项。其中，《定海区“十三五”规划纲要中期评估》《舟山高铁新城核心区详细城市设计》《舟山市金塘螺杆特色小镇概念规划》《定海远洋渔业产业创新服务综合体建设规划》（调整为《定海区产业创新服务综合体建设规划》和《定海金塘塑机螺杆产业创新服务综合体建设方案》）、《定海区城中村改造（旧城改造）地块规划研究》（含小洋岙、白虎山路、工农路、西山路、蔡家墩、沿港西路等街区控规）等5项规划完成编制；《舟山市城市总体规划定海分区规划》完成评审；《定海区健康旅游产业发展规划》《定海海洋科学城核心地块城市设计》《定海区城区道路交通专项规划》等3项规划完成初稿编制；《定海区公益性墓地规划》由全市统筹规划，不再单独编制。

【计划报告和经济形势分析】 编制完成《2018年半年度国民经济和社会发展计划执行情况报告》和《2018年国民经济和社会发展计划执行情况与2019年国民经济和社会发展计划草案的报告》。对全区经济运行情况进行监测，做好投资、服务业、金融、价格等月度、季度运行情况调研分析，为全区经济社会发展出谋划策。

【军民融合】 牵头省级军民融合创新示范区申报工作，开展军民融合深度发展规划编制，完成2017年度全区经济动员潜力调查数据采集和上报。

【低碳发展】 编制完成《2017年度定海区温室气体清单报告》，组织区内14家重点企业完成2017年度重点企（事）业单位碳报告编制和现场核查工作。

【现代服务业】 2018年，全区服务业增加值327.67亿元，比2017年增长8.2%，增加值占GDP比重59.7%。实现区本级服务业投资109.90亿元。舟山惠群远洋渔业发展有限公司舟山远洋渔业冷链物流基地建设（冷库）项目列入2018年省服务业重大项目计划，14个项目列入2018年市服务业重大项目计划。在2018年浙江省服务业强县（市、区）培育综合评价结果中，位列26个Ⅰ类地区的第13名，被列入2018年省服务业强县（市、区）试点地区。做好区服务业发展奖、服务业明星企业评选、奖励。

【重大项目建设】 是年，牵头制订2018年政府投资项目和重点建设项目计划建议，做好省市区重点项目进展情况月度统计。组织7个重大项目参加浙江省扩大有效投资集中开工活动。完善定海区政府投资项目储备库建设，完成《舟山市定海区政府投资项目管理实施细则（修订）》及《舟山市定海区重点建设项目管理办法（修订）》。

【社会固定资产投资】 2018年，完成区本级（除临城街道）固定资产投资147.03亿元。其中工业投资完成28.79亿元，服务业投资完成109.90亿元。民间投资、交通投资分别同比增长34.3%、57.6%，高新技术产业投资、生态环保和环境治理投资分别下降55.9%、52.0%。是年，全区安排政府投资项目156个，实际完成投资59.1亿元，完成年度计划的96.7%；实施重点建设项目99个，实际完成投资119.5亿元，完成年度计划的90.1%。

【项目资金争取】　是年，上报中央预算内保障性安居工程配套基础设施、浙江省公建投资计划等项目20个，资金争取额度2.15亿元。下达中央及省级投资项目19个，争取中央预算内资金17496万元，省公共建设资金500万元。

【民生实事项目】　根据人大改革要求，组织做好政府民生实事项目票决基础工作。以“造福于民、受惠于民”为目标，通过报纸、网站等渠道征集政府民生实事项目，提交区委区政府审议、区人大票决通过10项政府民生实事项目。牵头推进民生实事项目的实施，做好全程监督和汇报工作，打造群众满意工程。

【东西部扶贫】　是年，按照中央、省、市统一部署，对照国务院《东西部扶贫协作考核指标说明和依据（东部）》《浙江省助力对口地区脱贫攻坚实施意见》及中央、省、市一系列指示精神，推进定海对口宣汉县的东西部扶贫协作工作，全面强化组织领导、落实人才支援、加大资金支持、加快产业合作、深化劳务协作、携手脱贫攻坚。研究制定《定海区助力对口地区脱贫攻坚三年实施方案》和《定海区2018年助力对口地区脱贫攻坚年度计划表》，选派党政干部2名、专业技术人才15名，捐赠社会帮扶资金410.45万元，创新开展东西部职业教育和劳务协作“2+1”教学模式，宣汉30名就读职业学校。开展精准结对帮扶和“万企帮万村”工作，学校与学校结对8对、医院与医院结对10对，企业与宣汉贫困村结对19对。

【审批管理服务】　是年，受理各类行政许可、其他事项297件，其中政府投资项目90件，企业备案项目39件，企业核准项目4件，项目前期服务联系单164件，办理新型墙体材料专项基金0件，散装水泥专项基金0件，所有项目在承若时限内办结，业主满意率100%。

【重点领域改革】　是年“舟山定海远洋渔业小镇”通过省级年度考核并圆满完成AAA级景区创建，开展金塘小城市培育试点第二轮三年行动，进一步深化白泉中心镇培育；开展县域经济体制综合改革，全年推动实施区级改革项目17项。完成全区事业单位和国有企业公务用车制度改革工作。

【能源发展】　是年，先后组织管道安全生产月、管道安全生产万里行、管道安全宣传“七进”等系列大检查活动，进一步强化管道保护主体企业、镇街道、有关部门风险强化意识，履行石油天然气管道保护法，突出第三方施工重点管控，完成3项较大第三方施工行政许可审批，妥善解决岑港烟墩、双桥三农农副市场等多处影响管道问题，形成全区上下油气管道安全生产良好氛围。

【金融工作创新】　是年，制定出台《舟山市定海区人民政府关于进一步扶持企业上市（挂牌）和并购重组的若干意见》，编印全市首本企业对接多层次资本市场手册，成立全市首个上市和并购重组专班，新增上市辅导备案、新三板挂牌企业各1家，上市考核居位列全市第一。鼓励企业发行各类债务融资工具，累计实现直接融资规模近10亿元。区民间投融资服务中心稳健运行，累计撮合业务645笔，撮合金额7.9亿元。

【非法理财机构整治】　构建“区—镇（街道）—村（社区）”风险三级防控机制，实施“三张清单”，推进金融风险排查入格，非法集资风险防范处置和互金整治机制不断健全。累计约谈机构32家次，将32家企业列入异常经营名录，注销企业3家，保护人民群众的合法利益，维护地方金融秩序和社会稳定。

【推广应用新墙材】　是年全区新墙材产量达2.51亿块标砖。返退墙材专项基金项目26个，返退金额361.07万元；完成专项基金上缴国库169.47万元。

价格管理

【概况】 区物价局作为区政府挂牌局，承担全区价格管理、价格监督检查与价格服务职能，下设价格费管科、价格监督与检查分局、价格认证中心3个部门。

【价格及收费管理】 履行价格监管职能，持续做好教育、物业、医疗服务、交通等民生价格的管制和调整，全年制定及调整各类价格及服务收费项目12件，其中前期物业收费6件，污水处理费1件，教育收费2件，车渡收费1件，公交收费1件，敬老院收费1件；引入第三方（会计师事务所）进行成本审核，做好收费项目、标准的公示。2018年全区行政事业性收费单位53家，收费总额8539万元。

【市场价格监测】 作为省级指定价格监测点之一，强化对本地区粮油、蔬菜、水产品、猪肉及其他食品、药品的价格监测预警，做好每月一次的城区菜蓝子工程价格发布并刊登在《今日定海》上。全年向省、市上报价格监测数据296次，撰写监测分析和预测性分析材料12篇。

【价格监督检查】 开展各类价格监督检查工作。开展涉企收费专项检查，检查环保、住建等8家涉企单位，主要侧重于“清费减负”政策的执行情况以及有无转嫁本应由行政部门承担的费用等；开展殡葬行业收费行为的专项检查。开展节假日市场等价格行为检查。重点对定海商品零售市场价格行为、停车收费以及餐饮娱乐行业价格行为等执行情况进行检查，出动检查人员40余人次，检查大型商业零售企业15家，停车场6个，餐饮娱乐行业15家，旅游经营单位3家，责令改正2家。处理群众举报21起，其中网络职业举报3起。查处一起价格违法行为，退还多收价款4.69万元。

【价格认证】 履行价格认定职能。规范价格认定行为，严格认定程序，坚持2人以上办案，确保认定质量；加强学习，不断提高业务能力；落实案卷管理工作制度；对重大、疑难案件实行集体审议制度；加强价格认定宣传和调查网点建设，新增多个认定调查网点，为价格认定建立数据库。全年办理价格认定案件229件，标的总额48.2万元。

拍　卖

【概况】 舟山市公信拍卖有限责任公司是“中国拍卖行业A级”企业和“浙江省工商企业信用A级‘守合同重信用’”单位，列入省司法委托拍卖入选名册，承担全区国有、集体资产拍卖业务。凡国有、集体资产拍卖统一进入区公共资源交易中心平台，在监督下完成拍卖过程，以确保国有、集体资产处置公开、公平、公正和保值、升值。

【拍卖和评估】 是年，舟山市公信拍卖有限责任公司举办各类拍卖会83场，涉及房屋产权、租赁权、股权、二手车、废旧物资等内容。成交9399.9万元，总溢价率-51%。其中租赁权拍卖占85%，溢价率-10%。总拍卖业务中，国有、集体资产成交额为9179.5万元，占总成交量的98%，其中租赁权拍卖占85%，溢价率-13%。全年实现拍卖佣金收入321.2万元。

（撰稿：李留军）

统　计

【概况】 2018年，区统计局贯彻落实区委区政府的决策部署，围绕党委、政府中心工作，以服务经济社会建设为中心，以完善统计制度体系为抓手，以提高统计数据质量为目的，完成各项统计工作任务，为全区经济建设和社会发展提供统计保障。

【统计基层基础建设】 组织全区各镇（街道）、功能区统计分管领导，统计站负责人等赴南昌“国家局基层统计与调查人才培养基地”进行为期一周的统计业务强化培训班，丰富镇（街道）统计相关人员的统计理论知识。开展规模工业规范化建设工作，分批次组织规上企业开展规范化建设培训，夯实规上工业统计基础，规范统计行为。顺应投资领域统计改革的新制度、新要求、新形势，每季度举办业务培训班，提高基层统计人员业务水平。

赴南昌参加统计业务知识培训班

【统计信息服务】 完成各类统计信息99篇，分析19篇。其中19篇次信息（分析）被各级党委政府录用，另有多篇信息被《舟山日报》《今日定海》《定海新闻》等新闻媒体采用。是年编印《定海统计》26期。

【深化统计体制改革】 按照中央、省市《关于深化统计管理体制改革 提高统计数据真实性的实施方案》文件要求，推进统计管理体制改革，强化统计职能职责，加强统计队伍建设。抓核算龙头不放松，重点对21个GDP核算指标分解，每月、每季度对影响指标的关键因素进行深度分析，研究制定《区统计局数据质量审核评估新机制》，加强对主要统计指标数据的评估、核实，减少核算误差。

【统计宣传执法】 利用统计月卡、微信公众号、官方网站等载体宣传统计法规，以全国法制宣传日和《统计法》颁布纪念日等为契机，开展统计法制上街宣传活动，在统计年（定）报培训会上对重点普法对象进行法制宣传。是年，稽查单位7家，立案并罚款1家。

统计法制宣传

【第四次经济普查工作】 下发《关于在全区开展第四次经济普查的通知》文件，落实机构组建、人员选配、经费落实等基础工作。全面开展调研试点、宣传发动、两员选调、业务培训、摸底清查。调查员对全区所有企事业法人、产业活动单位和个体户进行“地毯式”入户调查，为下一步正式入户登记奠定基础。

第四次经济普查现场登记培训会

【专项调查】 完成党风廉政建设调查、“平安浙江”群众安全感满意率调查、“平安镇（街道）”群众安全感满意率调查、5‰人口抽样调查、城市公共交通满意度及公交分担率调查、党风廉政建设调查等多个专项调查。

（撰稿：徐　波）

（本分目照片由区统计局提供）

规划编制管理

【概况】 是年，市规划局定海分局围绕打造花园式国际人文港城整体目标，落实“大学习大调研大抓落实”要求，贯彻“五大会战”精神，根据“品质舟山”工作方案，明确任务分工，创新城市规划思路、提高规划管理水平、加快“最多跑一次”审批改革。

【规划编制】 开展《定海分区规划研究》的编制工

作，对现行的城市总体规划实施情况进行系统评估，提出以建设花园式国际人文港城为总目标，城乡统筹，优化空间格局及城乡建设用地分布，完善综合交通体系，划定三区三线，理清定海城市发展的底线。完成《舟山群岛新区（城市）总体规划》定海部分城市建设用地的调整工作，为未来定海的城市建设及重大项目引进提供保障。配合城中村（旧城）改造工作，完成小洋岙街区、白虎山路街区、工农路街区、庄家湾街区等改造地块的控规编制工作，编制面积561公顷；完成盐仓中单元蔡家墩街区、环南单元沿港西路西街区等控规的编制报批工作；完成《定海工业园区东拓展区控规》修编工作；启动军地土地置换的前期研究工作。根据区委区政府定海古城保护与活化利用的整体思路，完成定海古城核心区修建性详细规划的方案比选工作，对东门鳌山区块、太平弄区块、桑园弄区块、祖印寺周边区块等重点地段进行深化设计；启动《舟山市历史文化名城保护规划》的修编工作；配合区政府落实部队产权的文保历史建筑的调整、修复、利用、置换等工作，完成10余处历史建筑的现状调查；继续深化《定海古城保护与活化利用总体概念方案》。继续深化定海滨海区块的城市设计工作；初步完成《白泉高铁新城核心区城市设计》，提出“海上花园、高铁新城”的整体形象定位；编制定海东岳宫山、西园商业街等城市重要节点的详细城市设计工作。

【规划审批】　是年，完成项目审批1431件。其中选址意见书55件，总用地面积约130.9万平方米；规划设计条件34件，总用地面积约94.1万平方米；办理报批、局调82件，总用地面积约1283.8万平方米；方案批复21件；总平面确认13件；临时用地规划许可证11件；用地规划许可证70件，总用地面积约217.3万平方米；工程规划许可证100件，总建筑面积约211.8万平方米；工程竣工规划核实50件；杂项审批8件；私人建房审批987件。收到建设单位感谢信20余封，获评区审交办“红旗窗口”6次。开展规划编制数据及审批数据的各类空间数据向2000国家大地坐标系的转换工作，整理相关材料2150份，其中各类规划350个，项目1800个。实现安置房与商品房建设同速度、同品质，跑出旧城改造“定海速度”，探索规划审批提前介入机制，进一步优化审批流程。

【民生项目】　完成对工农路地块、白虎山路地块等重点区块的规划设计方案比选。利用旧城改造和项目建设挖潜建设停车位，审批新增停车位5323个。优化城区道路交通组织结构，打通海洋学院北侧道路、总府路延伸段道路、芙蓉州路南侧延伸段道路；完成环城东路路面、定海城西河路、西山路片区道路改造规划审批工作；拓展盐仓莲花庙路、盐仓盐经四路等城市支路网。继续深化五山绿道的详细设计，规划布局五山绿道入口广场及绿地公园。

【基层服务】　完成“最多跑一次”审批改革事项梳理，规划权利事项大项13项、小项19项实现最多跑一次，最多跑一次率达到90%以上，推出便民措施6项。对18件建议提案逐一进行梳理，制订《定海规划分局2018年建议提案办理责任分解表》，按时完成提议案办理任务。处理网上信访、领导信箱、12345等各类信访件55件，大型群体信访事项3项，答复办结54项。

【党风廉政】　落实全面从严治党主体责任，巩固“两学一做”学习教育成果，增强党支部的政治责任，结合“三会一课”“主题党员活动日”开展学习“不忘初心，牢记使命”红船精神和十九大精神；结合工作例会和月度工作会议组织学习《11起违反中央八项规定精神问题的通报》《中共浙江省纪委关于冯宇甦违反组织纪律》等通报精神，加强干部反腐倡廉警示教育；征订《2018年党员必修课》等书籍供全体党员自学，提高思想觉悟；组织观看《让爱活下去》、《厉害了我的国》等电影，提升干部正能量。

（撰稿：袁伟斌）

审　计

【概况】　2018年，区审计局完成审计项目12个，查出主要问题金额39247万元，其中违规金额19万元、管理不规范金额39227万元。审计处理处罚金额15458万元；移送纪检监察机关处理事项1件；审计促进整改落实有关问题金额6533万元；审计后挽回(避免)损失2164万元。出具审计报告和专项审计调查报告12篇；审计提出建议36条，被采纳36条；推动被审计单位制定整改措施62项；促进被审计单位制定、完善规章制度11项；提交审计信息127篇，被批示、采用

75篇。向社会公告审计结果2篇。

【财政资金审计】 开展区财政局具体组织的2017年度预算执行情况审计、环南街道和马岙两街道2017年度财政决算审计。审计查出管理不规范资金19770万元，审计促使区政府成立产业引导基金管理委员会，出台《定海区政府产业引导基金管理暂行办法》。区财政局根据同级审报告的审计建议，对纳入财政代管资金专户管理的所有基本建设项目进行清理，并对区属单位和镇街持续三年及以上未发生财务往来的项目，且无具体理由的项目将统一清理销户，促使进一步加强政府投资基本建设项目管理，保障财政代管专户资金安全，提高财政资金使用效率。

5月28日，赴里钓山果蔬基地开展审计调查

【政府投资项目审计】 突出对拆迁安置房、农民公寓等民生基础设施项目的审计监督，开展蓉浦公寓保障房工程竣工决算审计和甬东开发区农民公寓式住房工程竣工决算审计。审计突破常规拓展审计范围，首次借力大数据技术与公共数据共享平台开展政府投资项目审计，查出越权处置资产等八类问题，向区纪委移送处理事项，对被审单位导致国有资产流失嫌疑情况作进一步查实；下发审计决定书1份，责令公司收回多支付给市蓝焰燃气公司燃气配套建设费22.22万元；出具审计专报1篇。完成财务决算复核项目4项，涉及金额9978万元，出具审计确认函4份。开展投资审计转型发展工作，逐步退出与审计职责不相关的议事协调机构。

【经济责任审计】 实施5个单位7名领导干部的经济责任审计，查处管理不规范金额29429万元，其中负直接责任问题金额2041万元。审计推动出台《定海区领导干部离任经济事项交接管理办法（试行）》；根据审计发现问题撰写的信息《审计反映东海农场土地管理责任存在较大风险需引起重视》和《审计反映我区私营企业涉农建设项目补助管理不规范》获区委区政府主要领导批示。开展经济责任审计，探索实施领导干部自然资源资产管理责任审计，审计后向被审计单位下发首份《主动公告审计整改结果告知书》。审计促进海洋渔业管理部门完善工作机制，加强联合执法力度；推动市海洋与渔业局起草《舟山市人民政府办公室关于进一步加强和规范渔船异地挂靠和交易流转的通知（征求意见稿）》。

【政策执行审计】 审计促进财政预决算和财政资金规范化管理，推动全区财政代管资金专户管理的基本建设项目清理；审计促进海洋渔业管理部门完善工作机制，加强联合执法力度，对渔船的船位监控更全面；促进完善渔业项目验收管理办法，严格规范项目申报管理和验收管理，明确投资额50万元及以上项目，尤其是基础设施建设或工程类项目必须进行造价审核并出具权威的审价报告。保障房审计中延伸审计了拆迁安置、物业管理等，查出越权处置资产等八类问题，出具审计决定书和审计移送处理书各1份。

【审计管理】 加强重点环节管理 建立并完善“四个会议”制度，即审前培训会、审计进点会、审计进展情况汇报会、审后总结会；做好三张重要管理事项记录（审计方案、审计报告征求意见稿、审计报告），深化审计业务会议机制，实行重点审计项目、重要审计事项集体会审。

整合审计资源 通过“巡、审”活动参与区委巡视巡察工作，注重成果互享，在对区卫生与计划生育局巡查中，审计纪委双方首次在日常工作上全面配合，现场同步进点，信息全面共享，发挥巡察审计联动监督效能。

审计整改“回头看” 局主要负责人带班到被审计单位落实审计情况，并现场对审计整改情况进行答疑释惑，解决整改难题。落实挂销号制度。将整改事项清单式挂号，发出整改事项告知书限时完成，视落实情况进行逐一销号，未及时整改的出具审计整改督查通知书，派专人督查。

【干部队伍建设】 开展“作风座谈”“大学习”等活动 3月上旬召集镇（街）、区属部门20家单位开展作风建设座谈，对各单位提出的问题和建议进行梳理，制定整改措施抓好落实；开展“大学习、大调研、大抓落实”“专题党日活动”“纪律作风专项整治月”“一把手”上党课等活动多方面加强审计干部的学习教育。组织全区内审干部培训，参训人数48人；组织新进人员参加执法学习培训并参加执法资格证考试，审计业务人员100%具备审计执法资格。

5月27日，组织全区内审干部在南京审计大学开展内部审计培训

开展志愿服务工作 服务“城中村改造”和创建“全国文明城市”等全区中心工作。选派后备干部赴城中村（旧城）改造项目参加为期2个多月的旧城改造拆迁工作；助力全国文明城市创建，8月份至年末每日（包括节假日）在特定时段到交通路口进行文明劝导，配合结对社区做好入户宣传等工作。

（撰稿：庄缀萍）

（本分目照片由区审计局提供）

国土资源管理

【概况】 市国土局定海分局围绕全市“五大会战”“四个舟山”建设和定海区花园式国际人文港城战略部署，以省厅“改革推进年”“质量提升年”为引领，按照市局“八个全面提升”工作要求，坚持新发展理念，聚焦聚力高质量，突出重点，主动作为，服务大局，统筹抓好资源保护和要素保障。

【发展保障】 是年，规划新增空间预测上报总量9377亩，其中扩展边界内2419亩。完成2次规划局调，涉及规划方案14个，其中规划年度调节实施方案6个，保障规划空间1786亩；规划落实方案8个，保障规划空间304亩。定海区跻身全国土地节约集约利用、土地利用秩序、土地利用计划执行好的区县市，获国务院表彰并奖励用地指标1000亩，全省仅5个区县市入选此项荣誉。完成甬舟主通道项目报批，总面积1263亩，新增建设用地727亩。完成10个计划批次报批，总面积1383亩，新增建设用地884亩。重点围绕破解耕地占补平衡落实难瓶颈，想方设法落实指标，通过农整（城乡建设用地增减挂钩）落实耕地指标约284亩，与武义县签订耕地、标准农田指标调剂协议，涉及土地178.5亩，节约资金5500余万元。全年累计供应建设用地157宗，面积3000余亩，其中出让31宗，面积1272亩，出让价款44亿元，同比增涨62%。全年供应经营性用地9宗，面积394亩，同比增加62%，出让价款39.7亿元，同比增涨75%，完成年度目标的133%。

【资源保护】 深挖资源潜力，实施“152”耕地生态保护工程。全年垦造耕地项目立项1705.6亩，“旱改水”质量提升项目验收入库223.7亩，标准农田认定入库674.1亩，完成年度任务的225%，表土剥离325.4亩，完成年度任务的148%，完成高标准农田入库2万亩，农村土地综合整治立项161亩。结合洁净乡村建设，开展关键节点环境综合治理工程，完成高标农建设项目1个，面积177亩。开展废弃矿山治理“三年”行动，省级行动清单交工验收7处，完工1处；市级行动清单交工验收2处，完工2处，均顺利完成年度考核任务。全面深化绿色矿山建设工作，顺利完成4家矿山企业国家绿色矿山评估，完成年度绿色矿山入库任务。推进防尘防治，打造册子大皇山海岛绿色矿山标杆。

【节约集约】 制定《定海区建设用地预申请办法》，实行社会保障风险金均等化，统一为15万元/亩，减少批而未供土地存量，全面提升土地节约集约利用水平。把节约集约用地重点放在挖掘存量建设用地潜力，提高存量建设用地利用效率上，全年完成存量建设用地盘活858亩，低效用地再开发任务1070亩。

【执法监察】 结合“亮剑行动”和各级卫片整改等工作，强化执法监察，保持违法用地查处整改高压态势。是年，违法占用耕地比例0.27%，为历年最低。在“亮剑行动”集中整治中，13件农村违法用地突出问题和9件重点案件全部完成整改，完成“大棚房”专项整治工作排查，严格按照要求整改到位，上海督察局例行督察20个发现问题整改率100%。

【深化改革】 牵头制定《定海区企业投资项目“标准地”实施方案》，在全区产业平台全面推行“标准地”出让制度，全年以“标准地”形式出让4宗地块，面积395亩，出让价款1.5亿元。“标准地”供应宗数占比33%，面积占比81%，超额完成全年任务。

【“最多跑一次”】 实行“标准化受理、高效化登记”，全面压缩不动产登记时间，平均办结速度提速率达到64%。全面实现“一窗受理、集成服务”“市区通办”和“一证通办”，在全市范围内首推“5+”登记模式，在每周六上午可办理登记业务。将个人住宅国有划拨补办出让整合入不动产交易、纳税、登记流程，制定全区统一的出让金补交标准，办结时限提速80%。在系统内实现行政审批和不动产登记联动联办，部门间实现公积金与不动产抵押登记联动办理和抵押登记银行“预受理”。制定《定海不动产登记小岛延伸服务工作方案》，推行偏远海岛延伸服务，基本实现了海岛群众“办证不出岛”的目标。中国自然资源报头版和浙江国土资源通讯分别刊载了定海的不动产创新服务。定海不动产中心获评全省不动产登记窗口便民利民服务成绩突出集体。

【保障民生】 是年，55处地质灾害历史隐患点全部核销，10处新入库隐患点全部完成治理，完成年度任务。完善地质灾害群测群防、监测预警、应急平台三位一体防治体系。全年累计出动地质灾害排查小组71组206人次，排查地质灾害点204处，发放防灾避险明白卡120张，与气象部门合作发布预警信息2276条，台风期间转移撤离群众10户33人。制定《定海区农村宅基地和房屋确权登记发证工作实施方案》及《操作指南》，召开全区工作部署会和业务培训会。至年底，农房确权登记发证45768户，发证率71.1%，超额完成年度目标任务。妥善解决“两证不全”项目历史遗留问题，创新实行“一窗通办”模式，全年实地勘查项目24个，完成补办20个，土地面积441.9亩，补办房产面积65369平方米。完成无房户危房户审批1829户，完成年度任务的118%。完成无房户危房户用地供应三年计划任务，累计完成无房户审批4415户，危房户审批953户。强化信访基础业务规范和法定途径分类处理，坚持信访工作重心下移，实行大接访和带案下访活动。全年受理群众来信9件，来访39批63人次，网络信访79件，来电24件，举报咨询42件，均按期答复。信访按时办结率100%，部、省领导批办、市局交办的重要信访件报结率100%。省厅信访积案按程序终结上报，4件积案终结或息诉息访。完成进博会、互联网大会、世界地理信息大会等系列重大活动期间信访维稳工作。

【党风廉政】 开展“两学一做”学习教育，加强对《准则》《条例》的学思践悟。开好党组民主生活会，征集到对领导班子及班子成员意见建议12条，查摆问题，深入剖析原因，研究制定整改方案，建立问题、任务、责任“三张清单”。年初召开全区国土资源暨党风廉政建设工作会议，与各国土所、机关各科室和直属事业单位签订《党风廉政建设目标责任书》。制定《关于落实党风廉政建设主体责任和监督责任的实施意见》和2018年党风廉政建设和反腐败工作任务。纪检组开展专项监督检查21次，对21名中层干部进行廉政谈话，对5名干部进行职务调整廉政谈话，对6名编外人员进行交心谈话。坚持把惩防体系建设重心下移，在基层国土所和不动产登记中心设立纪检监察员，盯住基层权力运行的关键环节。区委书记庄继艳在5月调研分局作风建设时对相关工作表示肯定。

【干部培养】 是年，选派3名干部到基层国土所工作，推荐1名干部到市局上挂锻炼，1名干部到省厅挂职锻炼。推进规范化国土所建设，完成规范化建设的4个国土所完全融入镇（街道）工作，5个国土中心所全部完成规范化创建。开展巾帼争新功，岗位争优秀活动，行政审批科被认定为定海区“巾帼文明岗”，罗玲被认定为定海区“巾帼竞赛标兵”。

【课题成果】 开展“一部门一课题”调研，确定全域土地整治、宅基地制度改革、永久基本农田用途管制等20个课题，形成一批高质量的理论成果。《集成国土政策打造幸福景观社区》在《浙江国土资源》发表；《定海区农村存量建设用地调查》获省2017～

2018年度土地利用优秀成果二等奖；5篇论文选送至省土地学会国土资源管理与乡村振兴战略研究论文评审。

（撰稿：陈　敏）

国有资产管理

【概况】　2018年，定海区国有企业经过多年的发展壮大，综合实力由弱变强，资本规模逐渐变大，成为引领定海区经济发展的重要力量。至年底，根据股东出资形式，区属国有独资、控股、参股企业计76家，其中独资企业48家，控股企业11家，参股企业17家。

【整合区级优质资源和重点项目】　分步骤着手几大产业板块的组建、改建。明确各产业板块的定位及未来发展方向，引导平台公司加快市场化改革和多元化发展，以改善国资企业盈利状况，实现自负盈亏。目前，正对区交投集团资产整合方案进行试点，相关公司股权划转已经完毕。新组建的交投集团将盘活交通类资产，提高交通整体实力和知名度，并注入吸纳优质资产，根据区政府会议纪要[2019]1号精神册子大皇山3400万吨矿产资源划归至定海区畅道交投集团公司，增强公司的造血功能，提升企业融资能力。

【组建国资大集团】　在不影响原区国有资产经营有限公司经营的基础上，将部分具有经营收入、市场化程度较高的企业划转到新集团公司，并注入定海区现有部分行政事业单位闲置资产，同时扩大经营范围，培育新型产业，如：服务类、商贸类、金融投资类、资产经营类等产业，做强做大新集团公司。区国资正与舟山国家远洋渔业基地下属水产企业洽谈水产品贸易业务，发展商贸业务板块，提升新集团营业收入和利润水平，为后续融资打好基础。

【引入各类资本要素】　2018年，为推动区属企业与中央企业、民营资本等各类资本开展合作，积极引入高质量战略投资者，区国资下属的蓝海投资有限公司与招商局港口控股有限公司下属上市公司深圳赤湾港航股份有限公司签署增资合作协议，招商局港口滚装物流基地正式落户定海工业园区，该项目总投资5亿元，未来将建成全国江海联运滚装物流基地、全国二手车和工程机械交易中心和长三角地区重要的汽车与装备进出口基地。

【深化瘦身健体、提质增效】　根据《中共舟山市定海区委区政府办公室关于进一步整合提升国有企业的通知》文件精神，注销长期无业务发生企业2家，退出或注销长期无收益参股投资等低效企业3家。

【加强国企党建】　召开全区国有企业党建工作写入公司章程专门会议，指导区属国企将党建工作要求纳入公司章程。区国资局以“党建入章程”为抓手，明确党组织在公司法人治理结构中的法定地位和在企业决策、执行、监督各环节的权责和工作方式。是年底，全区60家国有独资、全资和国有资本绝对控股的下属企业公司章程修订工作2018年全部完成。

（撰稿：彭建慧）

安全生产监督管理

【概况】　是年，全区安全生产监管部门和镇（街道）围绕全区经济社会发展大局，贯彻落实《关于推进安全生产领域改革发展的意见》精神和习近平总书记关于安全生产的重要指示批示精神，坚持生命至上、安全第一，推进安全生产综合治理三年行动，狠抓重点行业领域事故防范，全区安全生产形势基本平稳。

是年，全区发生各类生产安全事故19起，死亡（失踪）20人（不包括水上交通及生产经营性火灾），未发生较大及以上生产安全事故,未突破市安委会下达的控制指标，定海区人民政府被舟山市安全生产委员会评为2018年度市级安全生产先进单位。

【机制建设】　制定出台《关于推进安全生产领域改革发展的实施意见》，逐条分解改革发展重点任务，构建完善定海安全发展体制机制。区长和各专委会主任签订责任状，首次对7个专委会实行考核；根据《浙江省地方党政领导干部安全生产责任制规定实施细则》要求及时调整由常务副区长分管安全生产工作，强化地方党委政府对安全生产工作的统筹和领导。区安委办发挥综合协调职能，专题研究部署道路交通隐患整治、港内小船整治、安全生产责任险推广、祥森锦绣娱乐城开业等重点工作，并将安全生产重点工作纳入“实绩亮相”内容，在区政府醒目处实行挂图作战，区两办督查室对履行职责不力的镇（街道）、部门开展安全专项督查，推进行业、属地监管责任落实。完善“双随机”执法抽查机制，推动基层执法规范化，是年，共开展“双随机”抽查60次，完成率100%。深化安全生产“最多跑一次”改革，推行“无纸化”审批，率先在烟花爆竹审批等事项实现“零跑动审批”。是年，以“最多跑一次”方式办结各类审批事项181项，其中“零跑动审批”和“无纸化审批”94件。

【隐患排查治理】 开展危险化学品、船舶、水上交通、道路交通、消防“五大领域”专项整治及汽车修理行业职业危害专项整治，强化重点行业领域安全生产。明确年度安全生产领域六大重点突破事项，开展安全生产重点任务攻坚。挂牌治理19个省、市、区级重大隐患，投入资金1444.5万元。强化企业隐患排查治理系统应用，推动实现隐患自查、自改、网上自报。

【执法检查】 开展岁末年初、节后复工复产、“两会”期间、夏季高温等重点时段安全检查，全面排查危化、矿山、机械制造(船舶修拆造)、道路交通、建筑施工等重点行业安全生产情况。是年，累计开展安全生产监督检查5632家次，排查安全隐患5362项，实施行政处罚78起，累计罚款121.7万元。

【基层基础建设】 开展船舶修造行业安全管理规范化班组达标建设工作，引导班组建立9项制度、3本台账，评比表彰区级优秀班组和优秀班组长，提升船企安全管理水平。推动“智慧用电”系统在大型商场、中小学校、庙宇和养老院等重点场所的推广应用，完成安装千余台。

【应急管理】 加强应急救援队伍建设，强化应急预案编制备案管理，在危险化学品、非煤矿山、船舶修造、涉氨制冷等重点行业领域推广应急处置卡编制。在中海油组织开展石油炼化生产企业安全事故应急演练，在岑港和双桥液化气储配站分别组织爆炸事故专项应急演练，提高全区事故应对能力。

开展石油炼化生产企业安全事故应急演练

【社会化服务】 以企业自主购买服务的形式解决安全管理难题，是年，有65家（次）企业参与购买社会化服务，签订合同76个，累计服务金额近200余万元。以政府购买服务的形式强化安全技术支持，引入专业服务机构参与区域安全风险评估、螺杆企业标准化创建、船舶修造企业安全管理规范制定等。以第三方保险的形式强化安全风险管控，在全区八大高危行业领域开展安全生产责任保险工作，是年完成投保25家。

【安全文化】 开展第十七个全国安全生产月活动、《职业病防治法》宣传周活动、安全生产宣传教育“七进”活动、安全生产法宣传周活动，组织方言讲法、专项执法、知识竞赛、现场咨询等，营造良好安全氛围。在长宏国际试点建设船舶行业VR智能安全体验馆和安全教育云平台,推动安全生产教育培训实现智能化、科技化、现代化；开展船舶修造行业安全管理规范化班组达标建设工作，提升船企安全管理水平。区安全生产培训中心举办各类安全生产培训班10期，培训各类人员985人。

安全生产宣传教育“七进”系列活动——安全知识进校园

表27

2018年各类事故统计

指标 类别	事故次数		死亡（失踪）人数		受伤人数		沉船只数		其中一次死亡3人以上事故（次）	
	全年	比上年±%	全年	比上年±%	全年	比上年±%	全年	比上年±%	全年	比上年±%
企业工伤	6	-25%	7	-22.2%	0	持平	/	/	0	持平
道路交通	12	140%	12	100%	1	增加1人	/	/	0	持平
水上交通	1	持平	1	持平	0	持平	0	持平	0	持平
生产经营性火灾	0	持平	0	持平	0	持平	/	/	0	持平
渔业水上事故	0	持平	0	持平	0	持平	0	持平	0	持平
不包括水上交通运输及经营性火灾合计	19	11.8%	20	17.6%	1	增加1人	0	持平	0	持平

（撰稿：吴旭军）

（本分目照片由区应急管理局提供）

责任编辑：鲁学伟

舟山市第二批历史建筑名录

序号	历史建筑名称	地址
1	西皋岭城墙	定海区双桥街道桥头施社区东侧西皋岭上
2	石礁庙	定海区双桥街道石礁社区石礁田岙弄 34 号
3	继思桥	定海区双桥街道南山社区南山后房 6 号民居西南 2 米
4	徐公桥	定海区双桥社区紫微社区紫微下新屋 10 号门前 2.5 米
5	寺岭桥	定海区小沙街道光华社区寺岭西侧约 100 米处
6	南岙贺氏民居	定海区岑港街道南岙社区文化广场西侧 10 米
7	花岩庙	定海区岑港街道烟墩社区烟墩 101 号
8	烟墩夏氏祠堂	定海区岑港街道烟墩社区烟墩 198 号
9	涨次庙	定海区岑港街道涨次社区涨次岑港船厂院内
10	里钓山11号民居	定海区岑港街道司前社区里钓山 11 号
11	里钓山16号民居	定海区岑港街道司前社区里钓山 16 号
12	里钓山18号民居	定海区岑港街道司前社区里钓山 18 号
13	里钓山19号民居	定海区岑港街道司前社区里钓山 19 号
14	里钓山45号民居	定海区岑港街道司前社区里钓山 45 号
15	钓山72号民居	定海区岑港街道司前社区钓山 72—74 号
16	钓山76号民居	定海区岑港街道司前社区钓山 76 号
17	里钓山91号民居	定海区岑港街道司前社区里钓山 91 号
18	里钓山111号民居	定海区岑港街道司前社区里钓山 111 号
19	里钓山112号民居	定海区岑港街道司前社区里钓山 112 号
20	里钓山礼堂	定海区岑港街道司前社区里钓山 135 号
21	摘箬山军火库	定海区环南街道五联社区摘箬山岛北岙
22	刘家塘56号民居	定海区盐仓街道叉河社区共裕刘家堂56—61号
23	共裕刘氏祠堂	定海区盐仓街道叉河社区共裕刘家堂33号
24	螺头大庙	定海区盐仓街道新螺头社区新螺头湾里厢55号

市场监督管理

概　述

2018年，舟山市市场监督管理局定海分局全面贯彻党的十九大精神和习近平新时代中国特色社会主义思想，紧贴自贸区建设重心、紧扣“四个舟山”建设中心、紧抓“五大会战”重点、紧跟“国际花园城市”步伐，成功创建省级食品安全区、再次刷新浙江制造品牌总量、全区农贸市场改造升级实现城乡覆盖、“放心消费”建设指标超额完成、“法制市监”建设成效全省关注、经受住了全国文明城市创建的高频“检阅”，高标准履职，高水平服务，高质量发展，围绕市局提出的“精业强局”总部署，顺利完成年度既定目标。

服务经济发展和民生

【商事登记规范化】　是年，打通15个部门“证照联办”信息孤岛，加强“政银合作”力度，窗口增设咨询导办专窗和网上申报自助服务区，新添自助终端机、高拍仪和自助打印机，在全市率先以分区布局形式推行涉企证照市场监管通办制。新推出“一件事情”专人专窗办理、巡导员“主动导办”和局长坐堂工作机制，实现营业执照登记审核合一、28个备案事项“多证合一”及个人股权转让联合审批发证新模式，并压缩企业开办时间至三个工作日内，全程电子化申报率从19%提提高至74%。

增设证照通办自助服务区

【品牌创强工程】　推进品牌建设，新增导入卓越绩效管理模式企业12家，获评2018年政府质量奖企业6家。开展“认证质量百家行”专家质量诊断企业30家，定海被省质监局批准为全市唯一的浙江制造品牌建设集中培育县区，全年发布浙江制造标准3个，获得“品字标”授权企业3家。舟山7412工厂获得省政府质量奖提名并被省局命名为全市首家省级先进质量管理孵化基地。南洞艺谷乡村旅游标准化项目立项国家级服务业试点项目。

【商标品牌战略】　实施“商标品牌战略2018浙江行动”，挖掘地理标志资源及“远洋渔业小镇”商标品牌基地申报工作，结合小微企业发展培育、企业年报等工作，全年完成政府重点扶持企业商标注册38件，新注册商标数226件。

【农贸市场提升改造】　启动渔农村农贸市场改造提升二年计划，引入星级管理服务标准，通过分管副区长现场办公，确定辖区25家乡村农贸市场一场一策改造提升方案，12家农贸市场或集中交易点完成改造提升，小沙市场、大沙集中交易点作为全市渔农村市场改造提升现场会示范点被全市推广。新一轮放心农贸市场创建工作顺利推进，全年新创建星级文明规范市场7家，4家省级放心市场通过省政府验收。

创建放心农贸市场

【小微企业三年成长计划】 实施新一轮“小微企业三年成长计划”。全区新增小微企业912家，八大产业206家，个转企67家。一家企业和一个平台被评为省级小微企业“成长之星”和“十大优秀平台”，5家企业依靠信用资产积累获得金融支持，融资额度达到4000万元。40家企业通过动产抵押获得借贷合同金额5亿余元。

【废旧收购整治转型】 持续推进废旧物品整治工作，盐仓废品集中收购点投入运营，17个废旧收购保留点完成验收和复评。青垒头路废旧收购站转型成为全市首家实现7S标准化管理模式的废旧收购点，并进入政府创新奖复评环节。

开展废旧物品收购保留点验收工作

【全国文明城市创建】 组建局领导和中层干部9个创城督查组，倾注全局80%的人员力量。餐饮工作组通过聘请第三方重点区域监管、快查快结违法案件、设置小餐饮审批门槛、约谈网络订餐第三方平台等举措，对小餐饮“顽疾”问题进行破冰式监管，8月至12月，严惩小餐饮经营户316家，立案处罚89家，取缔3家。农贸市场工作组通过开展农贸市场联合整治、实施驻场巡查机制、加强场内外巡查频率、市场方依约罚款等手段开展高压管理，发放行政告诫书5份，行政处罚经营户19户。整治社区菜店工作组在提升社区菜店硬件设施、场所布局、统一标识等手段的基础上，开展联合执法、每周红黑榜公示、路段长管理制等手段。车棚车库工作组在取缔纠正全区271家违规经营行为的基础上，采取小区长长效管理机制，对发现的问题，按照“属地为主、部门配合、联合执法”原则，快速进行有效处置或依法查处，大市场环境全面改善。

整治小餐饮“顽疾”问题

维护市场经济秩序

【自主年报试点】 作为全省企业自主年报试点单位，组建年报培训师资团，借力海洋大学和非公党员自愿服务团队，扩大个体工商户电子申报率和年报APP使用率。2017年企业年报和农专社自然年报率均高于80%，个体户自然年报率66.45%。

【市场监管全领域双随机】 完成区内9家内资企业和4家外商投资企业的国家局定向抽查；开展区内

325家企业的全覆盖综合抽查，并对其中69家企业进行审计。

【企业异常名录管理】 对1368家列入经营异常名录的企业采取限制或禁入措施，对申请移出经营异常名录的企业、农民专业合作社做好严审工作，全面检查企业的年报信息和即时信息的公示以及登记事项情况，全年共审核受理申请移出经营异常名录企业264家次。通过全程执法记录完成企业清吊115家、个体户依职权注销153户。

【“舟剑”行动】 对食品、保健食品、网络行业、酒类市场、虚假宣传、违法广告等重点行业开展大规模的排查，严厉查处违法添加罂粟碱、含铝泡打粉、硼砂、水产品中含重金属、孔雀石绿，奶茶超标糖份、咖啡因等违法行为。共抽取25批次样品，查获办结各类食药械违法案件171件，罚没款87.2万元。

【校园及周边秩序整治】 以校园开学为契机，对校园周边食品经营单位尤其是 “三小一摊” 单位进行“拉网式” 排查，完成校园周边190余家餐饮单位的多轮规范整顿，在开学前将校园周边100米内的食品摊贩全部清理完毕，下架校园及周边无强制性产品认证证书、标识不符合规定等儿童玩具产品180余件，查扣三无疑似问题“水晶泥” 产品213件。

文具市场监管整治

【“反不当竞争”百日执法行动】 出台《定海区反不正当竞争“百日执法” 专项行动实施方案》，明确工作目标、确定整治重点、细化专项要求。以虚假宣传、商业诋毁、侵犯消费者合法权益等为重点查处方向，查获案值280余万元的集体资产串拍案1起、破冰4S店违规收取PDI检测费反不正当竞争案件5起。

【打好伏休护渔双战】 联合海洋渔业部门召开定海市场举办者座谈会，现场签订《农贸市场海洋资源保护工作承诺书》，在辖区各农贸市场、超市、饭店、大排档集中区域张贴禁渔通告，向经营户发放宣传手册2000余份，联合执法工作组对城区主要市场开展联合检查，先后查扣违禁渔获物702余公斤。

联合执法组检查农贸市场

【违法理财类打非】 联合定海区金融办、打非办，对投资理财类企业擅自变更经营地址、擅自使用未登记的企业名称、发布虚假广告等行为进行强力打击。对定海城区在册46家金融理财类企业进行联合检查，收缴理财类企业非法宣传资料3000余份，收缴虚假宣传铜牌奖状15块。

特种设备安全监管

【“安全云”、特种设备“大数据”】 结合特种设备安全监察综合管理系统，每周组织人员对特种设备使用单位的隐患排查治理、安全管理规范化、安全教育培训、检测检验、使用登记等信息进行一次分析，梳理出各类隐患209个，迁出新增特种设备318台；办理使用登记623件，对84家使用单位因超期未及时申请定期检验进行提醒督促。

【特种设备双重预防机制】 采取典型引导、帮扶培训、监督检查等形式，构建特种设备安全双重预防机制。举办5期400家企业参加的双重预防机制培训会，集中学习贯彻省质监局制定的《浙江省特种设备使用安全管理分类评价规范（试行）》，提高企业对安全管理分类评价和构建双重预防机制的认识，指导企业评价人员正确掌握《评价规范》要求。在辖区内250家企业构建双重预防机制，提高管控风险和排查治理隐患能力。

【特种设备工作信息常态化报送制度】 开展特种设备统计分析，并做出科学研判。针对辖区内叉车事故隐患存在倾向性问题，第一时间组织开展场（厂）内专用机动车辆专项整治工作，共检查企业136家；设备360台，发现隐患34个，下达指令书21个，立案查处4家，处罚10万元，筑牢场（厂）内专用机动车辆的安全形势。

【重大节假日特种设备专项检查】 在岁末年初、全国两会、五一节、中秋、国庆节期间，共检查使用单位112家410台（套）特种设备，排查隐患63个，下达指令书6个，立案查处2起，处罚3万元。集中开展叉车、氨制冷、锅炉等专项整治工作，完成2家区级、1家市级重大事故安全隐患单位整改验收，对5家氨制冷企业进行立案查处，处罚19万元。

【氨制冷企业安全操作培训会】 针对氨制冷企业操作人员能力素质低、应急处置差等问题，区局联合干䃎镇安监站召开65家氨制冷企业负责人及操作人员共90余人的氨制冷企业安全操作培训会。会议邀请氨制冷技术专家授课，讲解设备规范化操作方法、企业管理模式、设备维护保养知识、其他注意事项等，并在现场指导安全操作、隐患排查以及突发事件的应对，精准提高操作人员水平。

【开展特种设备应急救援演练】 区局联合安监局在中海石油舟山石化有限公司组织开展危险化学品泄露事故应急救援演练；在凯虹广场开展电梯困人、扶梯夹人应急救援演练；在东海大峡谷景区开展大型娱乐设施故障应急救援演练；在舟山亿洋气体有限公司开展氩气充装泄漏应急演练，参与演练和观摩人员近900人。指导督促26家单位开展各类特种设备应急救援演练，成功处置3次区应急办转发的应急情况处置。

开展电梯困人、扶梯夹人应急救援演练

【安全生产月“七进”宣传】 广泛开展特种设备安全宣传进企业、学校、机关、社区、农村、家庭、公共场所“七进”活动。设计制作展板40块，宣传资料4000份，发放视频资料5套，开展现场宣讲5场，举办知识讲座3场，全方位、多维度、深层次拓展特种设备安全宣传途径，营造安全发展人人参与的共建共创共治共享格局。

安全生产月宣传活动走进校园

食品安全监管

【通过全省食品安全区创建】 通过全域治理整顿、全链监督管控、基层基础建设、社会共治共管等工作，食品安全群众满意度从2016年的48.9%提升到2018年的81.7%，科普知识知晓率从50.2%提升到85.7%，年度食品定量检测首次实现4.16份/千人的抽检比例，移送公安并刑事立案6起，成功打击了一批行业“潜规则”。各镇（街道）开展联合执法287次，巡查食品生产经营单位2万多家次，整改隐患211个，申报备案并指导集体聚餐1963餐次，保障20余万人的聚餐饮食安全，食品安全各项工作走在全市前列。顺利通过省级政府验收，成功创成省级食品安全区。

创建省级食品安全区工作汇报会召开

【食品生产企业风险等级评价】 按照《浙江省食品生产企业风险等级评价及分类监管办法》，分局率先在全市对食品生产企业进行风险等级评价工作，经风险等级评价，食品生产企业A级41家，B级12家，C级7家。对食品生产企业，根据风险等级要求确定监管频率，对A级B级每年至少1次，C 级每年2次检查，同时按等级要求，明确企业提交落实食品安全主体责任自查报告时间及次数，对企业提交的自查报告按比例进行核查。

【启动名特优作坊创建】 贯彻落实2018年省政府十大实事“打造名特优食品作坊500家”要求，调查全区小作坊及食品微企业，确定北极星食品厂、海天香茶业、五雷禅茶、军粮供应、瀛洲水产等5家小微食品企业列入2018年省名特优食品坊创建。

【巩固食用农产品质量追溯体系】 2018年，定海对市场、超市组织11次抽检，检测220批次，检测车对农贸市场52个次、检测780批次。社区菜店专项检测20批次。对13家小作坊开展监管抽检。通过开展农贸市场食品检测、食品溯源“双体系”建设，使城区11家农贸市场及白泉中心镇农贸市场食品检测、食品溯源“双体系”建成率和免费开放率达到100%。

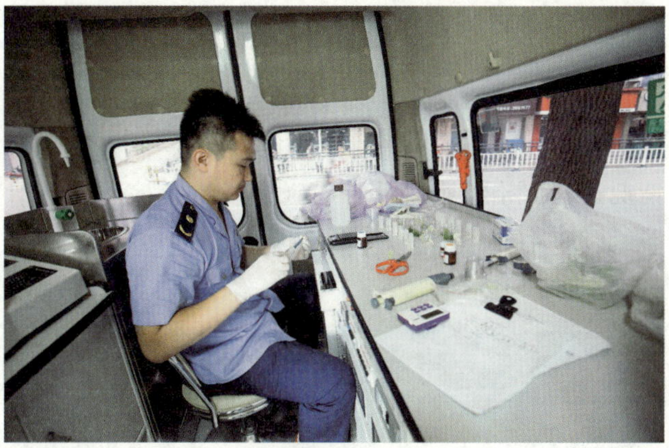
抽检农产品质量

【“网络订餐”专项治理】 开展3次“网络订餐”专项治理，近千家入网餐饮店平台上存在的错误信息和缺陷得到基本清理。9月，约谈“美团”“饿了么”区域负责人，通报存在的问题，确定凡是被市场监管部门查封停业的单位平台必须同步下架，并要求开展一次线上全面清理，以及严把新入网现场审查关等要求。

【千万学生放心饮食工程】 实现全区学校师生监督组织建成率，大宗食品统一配送率，品牌超市比例，加热保温水、直饮水系统建成率四个100%，学校阳光厨房建成率92.5%，超额超前完成工程的新三年（2017—2019年度）建设任务。

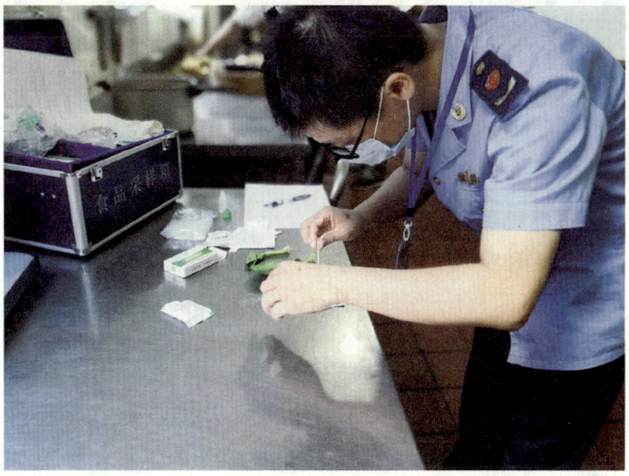

【非洲猪瘟疫防控】 集中约谈各所（分局）、农贸市场举办者、批发市场举办者负责人，传达开展非洲猪瘟疫防控工作相关文件，布置强化非洲猪瘟疫防

控工作。组织对农贸市场、批发市场、商超等猪肉产品生产经营者的进货台账记录和“两证两章”（动物检疫合格证、肉品品质检验合格证，动物检疫合格印章、肉品品质检验合格印章）等产品合格证明情况进行严格检查，共开展执法38次，检查市场21个、冷库2个，猪肉经营户均能做到索证索票，做到二证二章齐全。

药品安全监管

【乡村用药安全】 组织药学志愿者为群众提供药学服务和咨询，上门开展小药箱赠送活动，赠送小药箱90个，在白泉的河东社区、新建社区、龙潭社区、盐仓的叉河社区、定海老年大学开展5场次的市民大讲堂，以微电影、动漫、宣传小品、宣传展板和宣传册、专家科普讲座等宣传载体，开展保健食品欺诈和虚假宣传整治宣传活动。

开展提升乡村用药安全现场宣传活动

【药品不良反应监测】 结合市局下发的2018年度的ADR/MDR监测指标，与区卫计委联合发文，抓好辖区内监测指标的落实工作，注重报告的时效性和真实性，确保监测报告的质量。全年完成药品不良反应上报133例，其中新的、严重的66例，新严比率为49.3%。医疗器械不良事件上报29例，超额完成年度的监测指标。

【药械市场专项整治】 针对药械、保化高发环节、高发点位风险隐患，开展城乡结合部小药店小诊所、中药饮片专项整治，疫苗接种单位的专项检查等专项

开展城乡结合部小药店专项整治

整治行动，立案查处药械案件9起，共计罚没款10.28万元。

【家庭过期药品回收】 是年，排查总府路和环城东路被确定为精品示范路范围内的药品经营企业，确定干𥔲镇、盐仓街道和岑港街道作为重点乡村增设家庭过期药品回收箱，对各回收点日常管理强调“三统一”，即统一登记、统一收集、统一销毁。是年新增家庭过期药品回收点12个，至年底定海全区过期药品回收点总数达到 60 个。

消费维权

【消费维权宣传】 以“品质消费美好生活”为主题，“深入推进放心消费在定海”各项举措。开展“进海岛、进学校等”六进活动，定海区消保委与浙江海洋大学东海科技学院的联手举办315高校维权服务周活动，通过《今日定海》报发布五大消费维权典型案例等各项宣传活动。通过讲解法律法规、受理投

诉举报等方式向广大群众介绍市场监管职能、普及保健品欺诈、放心消费等知识，提高消费者维护自身权益的意识和能力。

受理投诉举报

【推进放心消费在浙江】 打造定海凯虹广场放心消费示范区1个，创建放心商店（网店）105家、无理由退货承诺单位130家、放心餐饮65家、放心市场8家、放心景区5个，发展绿色通道企业22家、赔偿先付制度企业22家、金融消费维权服务站37家，放心消费创建比率居全市首位，创建完成速度居全省前列。

【完善消费纠纷解决机制】 针对当前投诉举报平台、条线众多，受理期限规定不一的情况，再次明确投诉举报件受理、答复的最终期限；针对基层所的咨询，及时给予反馈、答复，针对疑难问题，联合业务科室及时启动会商机制，提高处置效率。全年共受理各类渠道投诉举报等案件1634件，涉案金额32.4万元，为消费者挽回经济损失62.42万元。

【开展消费投诉公示工作】 消费投诉公示以全区消费投诉数据为基础，为消费者提供了“摸清底细、放心消费”的有效参考。将日常消费投诉情况、典型个案信息、重点行业投诉情况等进行公示。在官方网站、微信公众号开通专项公示入口，查询更便捷。还通过《舟山晚报》、《今日定海》等主流媒体、社会公众媒体等发布信息。向社会公示各类消费信息43条。

（撰稿：张倩奕）

（本类目图片由市场监督管理局定海分局提供）

责任编辑：王英伟

定海山系列文化——古桥（一）

序号	名称	地址	简介
1	青云桥	城东街道青云桥16号东面	始建于明朝，清乾隆十九年（1754），光绪七年（1881）重修，为条石结构。20世纪60年代遭损坏，1982年4月由城东街道胜利村出资大修，20世纪90年代末因开发而改道。
2	洞桥	城东街道陆家湾	建于清。桥拱似洞，故名洞桥，为定海城区出东门要口。老洞桥造型颇为壮观，是一座拱式石桥，上桥有阶石，桥栏上雕有石狮子。抗战时期，日军为通行军车，将其改成平面桥梁。后小碶村建碶门，在“Y”字形河口下方建成新洞桥，方便东乡百姓进城。1966年建定沈公路时改建为钢砼结构。
3	孝娘桥	环南街道环城南路65号附近	孝娘桥跨越城中河,因桥南侧有孝娘池得名。解放前为木板桥，解放后，孝娘桥经多次改建，现为1988年建原329国道时重建的公路桥。
4	南珍桥	环南街道人民路	始建于南宋，横跨护城河，早期为南城门外吊桥。1032年，改建为石桥，名“陈太翁桥”。民国初年，朱葆三捐资改建为双拱石桥。为纪念朱葆三造桥功德，取方位“南”与葆三名佩珍的“珍”合为桥名。1923年，朱葆三又捐巨资建水泥钢筋结构平桥。之后多次重修。现桥长9.5米，宽30米。
5	状元桥	昌国街道西大街东头	状元桥，也称市桥，连接东、西大街。南宋淳熙十六年（1189），昌国县令王阮所建之石砌拱桥。东边19个石阶，西边21个石阶。因掘得张家碶闸下旧石上镌“人从石上行，状元此时生”故名状元桥。明洪武年间住桥边的张信状元及第，新刻桥铭“天开文运，石著谶符，张公应魁，启我后儒”。民国20年（1931）潘尚林捐资改建钢筋混凝土桥，长5米，宽4.5米，1969年填河拆除。
6	开源桥	昌国街道香源新村北大门旁	城东河流之源头，故名之。连接文化路与土城墩路。原为人行石桥，1979年改建为钢砼结构，长7米,宽3米，可通行小型车辆。桥名含开源节流之意，语出《荀子·富国》。
7	昌国桥	昌国街道昌国路	建于民国年间，位于城东护城河上，东西走向。因定海宋朝称昌国县，元称昌国州而名之。原为东门护城河石桥；后改简易公路桥；1969 年改建为钢砼结构桥；1991年重建。桥长 15 米，宽 21 米。

下转第410页

教　育

概　述

2018年，区教育局围绕创建国家级义务教育优质均衡区和省教育现代化达标区的总体目标，以办人民满意教育为宗旨，做实质量篇章，做强特色品牌，各项教育工作取得突破和进展，区域教育现代化进程加快。

是年，定海区有幼儿园46所，小学18所，初中8所，九年一贯制学校5所（含民工子女学校1所），乡镇（街道）成人文化技术学校12所。在校生34204名，其中在园幼儿9346名，小学生17427名，初中生7431名。在职教职工3431名，其中专任教师2622名，幼儿园、小学、初中高一级学历比例为97.62%、99.35%、92.94%。全区共有省特级教师2名，省级“双名”培养对象6名，市级工作室挂牌名师6名，区名校长、名教师67名，区级名师工作室导师28名，区级骨干教师（优秀班主任）281名。区内3～5周岁学前儿童入园率，小学、初中入学率均为100%。

5月30日，区委书记庄继艳走访慰问学校少年儿童

各类教育发展

【学前教育】　实施《定海区发展学前教育第三轮行动计划（2017—2020年）》，在城区9所幼儿园试行学前教育招生“服务区”制度。分步分片推进幼儿园课程改革，片区内以一级园为课改实验基地，带头开展课改调研。开展学前教育办园成本测算，协助物价部门调整公办园收费标准。3所幼儿园完成等级复评，外滩幼儿园完成二级升等，区东海幼儿园完成薄弱园改造，全区等级园率和等级园覆盖率分别达97.83%和99.44%，普惠性幼儿园比例和覆盖率分别达84.78%和91.23%。

定海区城北幼儿园新建工程基本完工

【义务教育】　全面推动区中小学优质均衡发展，小学差异系数为0.29，初中为0.25。持续巩固义务教育零择校成果，全区学校班额严格控制在小学起始年级40人、初中起始年级45人以内。配合户籍制度改革，完善实施居住证量化积分入学申请政策，义务教育阶段符合条件的外来务工人员随迁子女在公办学校就读的比例达85.1%。稳步提升教学质量，区中考优秀率继续居全市前列，初中毕业生升高中率达99.56%，升普高率达58.09%。

4月20日，第二十二届中小学生田径运动会开幕

【社区成人教育】　增设多个老年开放大学教学点，在5所养老院试点探索“养教结合”学习新模式，全区接受老年教育人口占60岁以上人口比重超30%。开展“教育服务到基层 千名教师进社区”市民素质提升工程，活动覆盖9个镇（街道）50个社区，办班248期，受益学生居民近13000人次。开展促进富余农渔民劳动力转岗就业、满足企业用工需求的上岗培训和家政服务培训，受益群众近4万人次。白泉镇成校、干𥔲镇成校获评2018年省现代化成校。

【特殊教育】　保障特殊群体平等接受义务教育的权利，全区适龄入学残疾儿童随班就读和送教上门50人，本地启智学校、康复中心就读28人，外地学校就读4人，入学率为100%。特殊教育向两头延伸，全区3～5周岁持证残疾儿童27人，其中25人接受不同形式的学前教育，比例达到92.6%，15～18周岁持证残疾少年40人，25人接受不同形式的教育，比例达到62.5%。新增双桥中心小学、檀枫小学资源教室2个，区残疾儿童资源教室数累计达7个。

教育基础设施建设

【教育布局】　科学谋划教育布局，进一步增强教育资源有效供给能力。2018年，交付启用廷佐小学、沥港中心小学、原商业局幼儿园和金塘镇大丰幼儿园，基本完成定海小学教育集团海滨校区、城北幼儿园、干𥔲中心幼儿园重点工程，并加快推进和平路幼儿园、畚斗岙幼儿园、育才初中、原石礁中学、定海第六中学等建设项目，全年6550万元的教育局固定资产投资任务全部完成。引进民营资本投资办学，定海区中小学素质实践学校完成办学审批手续。

9月6日，基础教育发展大会召开

【教育装备】　加大教育基本装备投入，区教育装备均衡系数各项指标均达到省基本教育现代化要求。加大智慧校园建设力度，完成教育城域网万兆升级，义务教育学校无线网络覆盖率达75%，拓展性课程实验室建有率超40%，录播教室建有率达96%，班级交互式电子白板配备率达100%，生机比达3.79∶1。小沙中心小学等4所学校进行“互联网+教育”试点探索建设，定海第五中学等3所学校完成桌面云建设，城西小学获评省级数字校园示范校。

【各类创建】　紧跟全国文明城市创建步伐，提升校园文明水平和文化内涵，区级文明校园比例达100%，市级文明校园达16所。持续推进校园安保、校车安全、食品卫生、校舍及在建工程安全的排查整改，市AAAAA级平安校园累计达10所。2018年，全区标准化学校比例达90.32%，“美丽学校”优秀率达

65.5%,省市级“绿色学校”达26所，中小学心理咨询与健康教育机构达标率为86.7%。2018年12月，经综合评估通过“浙江省区域推进语言文字规范化县（市、区）”验收。

12月10日，迎接市语言文字规范化区域验收暨语言文字工作督导评估

教师队伍建设

【师资结构】 采取高校现场招聘、面向社会公开招聘和“先试用后入编” 三大举措，引进储备新教师64名，委托杭州师范大学定向培养小学全科教师10名。创新探索新的准入机制，面向社会公开招录学前教育顶编专任教师12名，享受在编教师年收入70%的工资待遇。推进中小学教师“县管校聘” 管理改革，实施多轮竞聘上岗和组织统筹调剂相结合的教师资源配置模式，2018年有1328名教职工参加竞聘，此项工作获评第五届浙江省公共管理创新案例十佳创新奖。

8月3日，举办2018年中小学校长教科研专题培训班

【教师培养】 实施梯队培养策略，促进区教师队伍素质整体提升。采取新教师“留城培养”“新苗奖”等考评政策，积蓄区域教育储备力量，评选区第九届“新苗奖”获得者26人。利用区名师后备对象培训班、特级教师工作站、市区名师工作室等平台，培育定海教育领军人才，遴选区中小学名师后备对象41名，推荐 111位优秀教师参加市级“三坛三名”评选，新增省特级教师1名，近百人次在课堂教学、教学论文、技能创新、实践案例等省级评比中获奖。

4月10日，区教育局启动首轮后备名师培养计划

【政策激励】 印发实施《定海区中小学班主任等级考评专项奖励实施办法》和《定海区中小学优秀班主任评选办法》，2018年拨款300万元用于班主任等级考评专项奖励，同时评选奖励区级“优秀班主任”20名。创新启动区教育系统局管优秀年轻干部培养计划，打通优秀人才上升通道。开展区级优秀班主任、区优秀教师专题报道和“精彩100秒——教师最

7月4日，举行2017届新教师见习期结业汇演

美故事”短视频征集展播活动，营造尊师重教的浓厚氛围，专题报道教师17名，展播短视频31个。开展教职工文体活动和生活技能培训，为教师提供暖心关爱服务，全年发放慰问金75人次，累计金额为15.1万元。

教育教学改革

【德育工作】 贯彻落实立德树人根本任务，围绕“点亮心灯 梦想启航”德育主题教育活动主线，开展传统文化、美德、国防、法治等丰富德育实践活动。结合全国文明城市创建，组织学生参加垃圾分类、文明出行等志愿服务活动，促进学生知行结合。试行全员德育导师制，为每一名学生建立成长档案并及时追踪成长轨迹，推动教育从导“学”走向导“育”。城西小学上榜“全国中小学国防教育示范学校”，定海小学、定海二中教育集团北校区被认定为全国2017年“国防教育特色学校”。

11月17日，举行“小手拉大手，共创文明城”启动仪式

【素质教育】 鼓励各中小学开设三大类拓展性课程500余门，成功举行“幼小衔接”“七彩个性课程的建设与实施”系列课程改革现场推进会。开展学生综合素质评价工作，将评价结果计入中考成绩。深入落实“体艺2+1”计划，举行了全区性球类、健美操等体育比赛及科技艺术比赛，大丰中心小学、沥港中心小学获评“2018年省青少年校园足球特色试点学校”，定海小学教育集团昌东校区获评“2018素质教育全国美育先进单位”。接待加拿大高贵林教育代表团、美国洛杉矶教育代表团等交流访问，组织4批次的学校出国（境）外游学，定海区檀枫小学与四川宣汉县师源外国语小学等7对学校结为姐妹学校，拓宽师生的教育视野。

3月28日，加拿大高贵林教育代表团来定海交流访问

【教学教研】 制定实施《定海区中小学教学全面质量管理三年行动计划（2018—2020）》，开展全面质量管理和深化课程改革专项调研。推进区小班化教育三年行动计划，分校部署落实22项小班化教育研究重点突破项目。深入实施“组团式教育”发展策略，首创农村小规模初中“抱团研修”模式，采取线上为主、线下为辅的混合形式，破解封闭式研修问题。12所初中学校61个班级实施分层走班教学，进一步激发课堂教学实践的生命力。

教育行政管理

【党建工作】 制定党组织书记抓党建述职制度和分管领导党建联系点制度，层级签订全面从严治党责任书，书记（副书记）带队开展了基层党建调研。完成市属和区镇（街）基层党组织隶属关系的调整工作，区委教育工委下辖党组织59个，党支部57个，党员1305人。先后开展党务工作者研修班、党课比赛、重走“红色之旅”等党建活动，培育发展檀枫小学“七彩党建”、局机关支部“双十一”等新一批精品党建项目。响应创城号召，组织教育系统在职党员和离退休党员1138人加入小区“兼合式”党组织。系统内开展作风建设督查13次，提醒谈话47人次；开展师德师风专项督查2次，不定期暗访

30余次，批评教育教师6人次。

【办学模式改革】 配合市区教育管理体制调整，完成白泉高级中学成建制划归市教育局管理，金塘中学、东海中学高中部上划专任教师58人；舟山幼儿园、舟山市机关幼儿园及两个集团下属幼儿园成建制划归定海区教育局管理。以保留离岛教学点的模式，开展岑港与册子、小沙与长白等学校的整合工作，实行中心学校人、财、物统一管理。以紧密型办学模式将定海小学、海滨小学两校组建为定海小学教育集团，力促优质教育资源扩容增效。

7月2日，定海小学教育集团成立仪式举行

【学校管理】 完善各类办学行为，聘请30位教育界资深人士为新一届责任区督学，为中小学、幼儿园提供规范化指导。开展幼儿园规范办园行为专项行动，采取“结对检查—联盟互查—部门普查”三级联动检查模式，杜绝“小学化”倾向。开展中小学生校外培训机构专项治理行动，联合多部门对辖区内309家校外培训机构进行实地排查，分批分类下发整改问题清单。指导育才、蓝天两所民办学校以股份制形式开展联合办学，提升其规范办学水平。全年对17所中小学、幼儿园、直属事业单位一把手进行经济责任审计，累计审计资金72536.8万元，提出审计意见及建议53条。

【教育宣传】 运用电视、报纸和“两微一网”平台，重点宣传学区划分、量化入学等群众普遍关心的教育热点问题，13个专题信息在《今日定海》专版刊出，《让创客教育均衡发展》等120条报道在各级各类刊物刊出。落实政府信息公开制度，及时公布百姓重点关注的信息，2018年在“中国定海”网站主动公开信息650条，信息数量位居全区各单位第一。畅通意见反映渠道，全年局长信箱信件、新区12345交办工单、议案提案办结率均为100%，进一步优化阳光政务服务。

【惠民服务】 在城区小学推行小学生推迟上学制度，结合弹性到校离校、错时放学等举措，有效缓解小学生“上学早、放学早、接送难”的现实矛盾。举办“名师有约”义教活动20期，以“学生点单、名师送教”模式实现优质师资最大程度的共享，受益学生超4000人次。开办新居民父母学堂2期，免费传授科学家庭教育理念和技巧，受益新居民父母300名。借力“志愿汇”APP平台，开展入门入户创城宣传、社区卫生整治、路长负责制等志愿服务活动，全年教育系统累计信用时数达61627小时。

1月13日，第一期定海“新居民父母学堂”正式开课

【各类资助】 继续实行义务教育阶段学生费用免除

10月27日，第十八届贝有添奖教奖学助学金颁发仪式举行

政策，全年共免除杂费549万元，免除课本费、作业本费596万元，减轻农民负担431万元。全面实施扶困爱心营养工程，减轻困难低收入农民家庭的经济负担，安排专项补助资金156万元，受助学生3132人次；免除穷困家庭幼儿保教费5.4万元，受助幼儿36人次。5月8日，举行了“宋”爱助学千人计划捐赠仪式，助学学生8名，计4万元。10月27日，举行了第十八届贝有添奖教奖学助学金颁发仪式，共奖教21名、奖学50名、助学430名，计55万元。

（撰稿：程　娜）

（本类目照片由区教育局提供）

责任编辑：王英伟

科技　气象

科技工作

【概况】　2018年，区科技工作深入贯彻省第十四次党代会精神，实施“八八战略”，以平台创新为突破，以企业创新为主导，以人才智力为支撑，加大改革创新力度，进一步提升服务能力，不断增强自主创新能力和内在发展动力。

【创新发展行动计划】　围绕传统产业改造提升和战略性新兴产业培育，在高端机械装备制造、电子信息技术等领域，加快实施一批重大科技攻关项目和成果转化工程，全区共组织申报市级以上科技项目138项，立项94项，其中浙江大洋兴和食品有限公司的“水产加工智能化生产线关键装备研发与示范”例入省重大科技研发项目。全年完成科技成果登记18项，太平洋海洋工程（舟山）有限公司的“750海洋工程生活平台”获省科学技术进步奖三等奖。

【“高新技术企业、科技型中小企业培育专项行动】建立高新技术企业和科技型中小企业培育名单库，着力培育一批创新能力强、发展前景广、经济效益好的科技型企业，完成省级科技型中小企业认定45家，高新技术企业认定15家，其中新认定12家，认定省级企业研究院等省级企业研发机构6家。

【知识产权】　实施知识产权战略，定海区1—12月专利申请量达到2375件（其中发明专利申请量1263件），其中发明专利申请量同期增长18 %。全年专利授权量达到1487件（其中发明专利授权量367件），比2017年增长11.6 %，专利申请质量明显提高。定海区专利申请、授权量继续列舟山市各县区之首，分别占全市的67.9%和67%。全年认定国家知识产权优势企业1家，省级专利示范企业1家，市级专利示范企业5家。

【战略合作】　4月，与浙江大学海洋学院建立战略性合作，签订战略合作框架协议，揭牌成立“舟山市定海区人民政府浙江大学海洋学院协同创新中心”，船舶与海洋工程、海洋生物与医药、高端装备制造和海洋电子信息等4大产业领域的6项校企合作项目达成现场签约，共同打造科技成果转化平台和科技创新服务平台，促进浙江大学海洋学院的科研成果优先在定海转化。并积极推进远洋渔业基地与大连工业大学建立国家海洋食品工程技术中心舟山产学研中心，与上海海洋大学建立远洋渔业工程技术研究中心舟山分中心签约落地。

【加强舟山海大研究院建设】　推进海大研究院与市内外高校、企业开展技术合作。推进研究院与东海技术学院、江苏亨通海洋光网系统有限公司等建立

舟山市海大科学技术研究院与浙海大东海科学技术学院合作签约仪式

了战略合作关系，签订战略合作协议，并继续深入与中船重工716所、上海激光技术研究所、北航VR/AR研究院等高校院所合作交流。全年服务企业200家次以上。

【创建产业创新服务综合体】 制定出台《舟山市定海区产业创新服务综合体建设总体规划（2018—2022年）》，加快定海产业创新服务综合体建设，推荐定海塑机螺杆产业创新服务综合体申报省级创新综合体。

【加快定海科技大楼大市场建设】 进一步完善科技大楼内科技大市场新场地的整体规划，完成科技成果展示厅等布置，定海科技成果转化基地挂牌，全年发布技术难题63项，技术成果64项。组织企业参加2018年浙江省科技成果竞价（拍卖）会，竞拍成果4项，成交额1250多万元。

【众创空间建设】 继续推进“舟山创客邦”“创客工厂”“伍玖文化创业园”等3家市级以上众创空间建设，其中伍玖文化创意中心升级为省级众创空间。2018年，定海众创空间共有营业面积7400平方米，孵化企业106家，团队38个，导师20个。完成2018年绩效考核，新推荐1家企业申报市级众创空间。定海区众创空间已初步形成产业特色，但人气集聚不够，未来发展定位还待明确。

【科技创新服务】 重新修订出台《舟山市定海区科技计划项目管理办法》、《舟山市定海区区级创新券推广应用实施管理办法》等政策，进一步加大支持力度，扩大扶持范围，规范申报程序，支持企业创新创业。全年发放科技创新券623.58万元，使用372.22万元。为进一步规范企业研发费用支出核算归集，帮助企业依法享受研发经费加计抵扣等优惠政策，举办2018年定海区研发经费支出企业会计核算实务培训会，全区100多家规上企业财务和科技人员参与。并下达《关于加快推进定海区企业研发经费会计核算规范化健全研发经费投入机制的通知》，委托第三方专业机构对全区规上企业研发费用会计核算归集进行上门现场指导服务，全面提高企业研发费用归集水平。同时，组织知识产权宣传日、“科技活动周”、“5313”行动计划“局长（主任）讲坛”等多项活动，提高企业科技人员的创新创业能力和经营管理水平，营造全社会共同重视和参与科技创新的良好氛围。

定海区企业研发经费支出会计核算实务培训

【科技成果项目登记】 及时掌握已验收的科技计划项目，规范科技成果登记程序，保证科技成果的登记质量。2018年完成《南美白对虾亲环境高产养殖技术研究》《超大直径螺旋钢管桩高精度制造、焊接技术及装备的研发》等18个科技成果登记，完成市局目标任务。

【省、市科技奖工作】 完成2017年度市级科技奖证书发放，从中挑选浙江增洲造船有限公司、中海石油舟山石化有限公司、太平洋海洋工程（舟山）有限公司3家企业申报省科技技术奖，太平洋海洋工程（舟山）有限公司的《750海洋工程生活平台》获省科技进步三等奖。2018年的科技技术奖项评选暂停，待省厅出台相应文件。

【科技监测统计】 完成2017年度全国科普统计工作，2018年有19家单位完成填报。组织科技型企业进行科技统计年报培训，指导企业R&D统计年报填写，完成2017年各项指标任务。

【科技工作考核】 完成定海区2017年县（区）党政领导科技进步目标责任制考核，并被市科技局推进为省党政领导科技进步优秀。做好每月“5313”科技创业领军人才企业科技数据监测统计以及季度项目进度分析工作，2017年定海区有“5313”企业15家，正常运营的有11家，4家因为资金紧缺和市场拓展困难等原因，暂停运营。

【舟山群岛新区科技活动周】　是年，舟山群岛新区科技活动周首日活动于5月20日上午在定海文化广场举行，活动围绕“科技创新 强国富民”，突出科技促进文化创新、科技成果惠及人民生活的重要作用，市属20个单位、100名科技人员，区属18个单位、80名科技人员参加活动。活动形式包括展板展示、惠民文艺演出、咨询服务、知识竞猜，内容以科技类为主，涉及当今科技领域最新的科技创造课题，传统的科技文化知识，生活百科类知识等。活动现场公众参与人数达千人，发放宣传资料8500多份，科技咨询服务约2000多人次，省级媒体进行报道，取得良好的宣传效果。

2018年舟山群岛新区科技活动周

【服务企业】　是年，举办7期专家讲堂活动，主题有如何构建新营销思维、识人选才、创业企业如何有效利用资本市场等，平均每期有十多家企业参加。12月，对企业培训需求开展调查问卷，为2019年的服务企业工作提供参考和依据。

（撰稿：陈代杰）

（本分目照片由区经信局提供）

气象工作

【概况】　定海区气象局主要承担定海区域气象监测、预报预警、公共服务、气象灾害防御、气候资源开发利用、突发公共事件预警信息发布等职责。区行政服务中心设有综合窗口，负责定海区危化及易燃易爆建设项目的防雷装置设计审核与竣工验收、升放无人驾驶自由气球或系留气球活动许可等气象行政审批工作。2018年，区气象局遵循“以人为本，服务为民”理念，做好全区各类气象灾害的监测、预警、预报和服务工作，为政府部门组织防灾减灾提供气象信息，为全区重大社会活动提供气象保障服务，推进定海区基层气象防灾减灾体系建设和基本公共气象服务均等化建设，各项工作取得实绩。6月，定海国家基本气象站被认定为“中国百年气象站”。

4月25日，全区三防暨水利气象工作会议召开

【基层气象防灾减灾体系建设】　完善基层气象防灾减灾体系建设，组织金塘镇及下属沥平、大观、和建、大浦4个社区气象防灾减灾标准化建设，并通过验收；组织气象协理员培训和赴慈溪学习调研。由区应急办公布2018年气象灾害防御重点单位，联合完成5个重点单位应急准备认证。强化防雷安全监管，联合区安监局、港航局、旅游局，对全区易燃易爆危险品场所的防雷安全工作进行全覆盖检查，对气象灾害防御重点单位进行双随机检查。在4个社区新建气象科普宣传栏。与区教育局联合印发《关于建立教育系统应对极端天气停课安排工作机制的通知》。

3月12日，区气象局召开基层气象协理员联络会议

【气象业务服务】 建设完善气象自动化观测系统、业务平台和网络系统，新建日照自动观测仪并开展对比观测，新建1个臭氧观测站。推进省级数值预报产品的应用，开展汛期降水OCF模式预报检验评估。承担“突发公共事件预警信息发布”工作职责，开展信息发布工作。开通“定海气象”微信公众号，实时推送气象信息。

3月15日，灰霾站工作人员对仪器进行维护

【气候特点】 2018年，全年平均气温比常年偏高，降水量略偏多，日照时数稍偏少；降水日数和雾日偏多，大风和霾日偏少，其中霾日连续4年呈现下降趋势。

全年气候呈现冬较寒，春过暖，夏亦热，秋不凉景象。空气质量持续第四年向好。全年受8个台风影响，影响台风个数为近14年来最多，列有气象记录以来第3位（1959年、2004年均为9个）。气候总体评价：全年气温高、日照少，多春雾、台风，天气气候异常，气象灾害中等偏重。

【气象要素】 气温 年平均气温为17.7℃，相比常年偏高0.9℃，比上年低0.1℃，连续第七年平均气温高于常年，全年仅2月、10月比常年偏低，其余月都偏高。4月平均气温16.8℃，为历年同期次高（仅次于1998年）；5月平均气温21.4℃，为历年同期最高。同比常年，冬季气温偏低0.3℃，春季、夏季和秋季分别偏高2.2℃、0.9℃和0.5℃，其中春季平均气温为历年同期最高。

3月23日入春，比常年推迟8天；5月12日入夏，比常年提早27天，为有气象记录以来最早入夏年份；10月1日入秋，比常年提前1天；12月5日入冬，比常年提前4天。

年极端最高气温35.3℃，出现在7月28日。

年极端最低气温-4.2℃，出现在1月13日。

年35℃及以上高温2天。

降水 年降水量为1442.3毫米，比常年偏多2%，同比上年偏多5%。

雨日 年降水日数158天，比常年偏多8.5天，比上年增多19天。

日照 年日照时数1709.4小时，比常年偏少9%，比上年偏少13%。

2018年定海区主要天气日数

表28　　　　单位：天

雨日（≥0.1毫米）	大风日	大雾日	霾
139	11	29	7

【重大灾害性天气】 是年，天气气候异常，灾害性天气频发，年初连阴雨雪、低温冻害、春雨严重不足、春雾较多、梅雨少梅期短、强对流、台风频发等对全区经济社会发展和百姓生产生活造成严重影响，较大影响的灾害性天气和重大气候事件主要有：

立春前后冻害较重 2月4日立春，日平均气温0.6℃，为冬季次冷日（1月12日平均气温0.3℃）。2月4—9日连续6天最低气温在0℃以下，2月1—8日出现连续结冰。2月上旬平均气温2.8℃，为近10年来同期之次低。虽冻害较重，但因提前防范，灾损较少。

春雨不足生产受阻 3—4月，降水日数共22天，比常年偏少8.6天；降水量132.6毫米，比常年偏少46%（其中3月份降水量65.9毫米，偏少51%）。降水不足，不利农业生产。

春季浓雾影响出行 春季（3—5月）大雾日数14天，较常年偏多4.5天，比上年多6天。春季的大雾天气对海上交通影响严重。

春季气温再创新高 春季（3—5月）平均气温16.7℃，较常年偏高2.2℃，创历年同期最高。3个月气温均较常年偏高，且9个旬气温均偏高；5月平均气温创历史同期最高，5月12日入夏，较常年提前27天，为有气象记录以来最早入夏年份。因气温持续偏高，致作物生长生育期缩短。

出入梅迟梅雨量少 6月20日入梅（常年6月15日），7月9日出梅（常年7月6日），梅期19天（较常年少2天），梅雨量129.4毫米，较常年偏少34%。梅雨期总体呈现3个特点，一是出入梅均偏迟，梅期略偏短；二是梅雨不典型，共出现2个阶段降水期；三是梅雨量分布不均，且局地性短时强降水等强对流天气多发。

台风影响远超常年　全年受8个台风影响，较常年4.2个明显偏多，影响台风个数为近14年来最多，列有气象记录以来第3位（1959、2004年均为9个）。主要表现为影响间隔短、路径怪异、移速快等特点。其中“安比”“云雀”和“温比亚”等3个台风穿过舟山海域，登陆上海，实属罕见。受台风影响，定海海域出现10～11级大风和大雨到暴雨，对农业、海上交通和渔场生产影响严重。

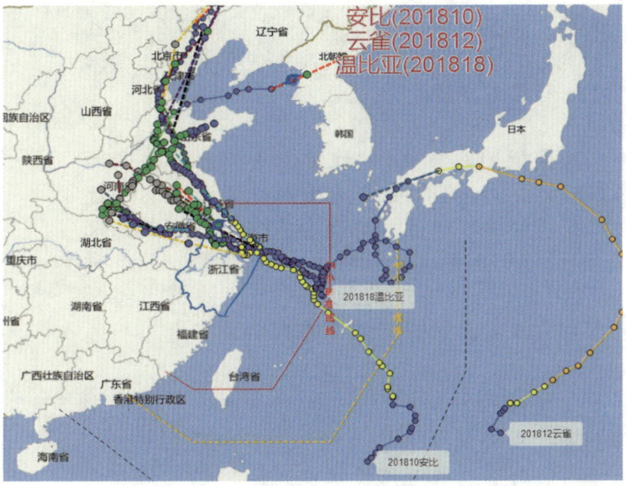

“安比”“云雀”和“温比亚”台风路径

台风倒槽普降暴雨　是年，第22号台风“山竹”于9月16日登陆广州，虽然距离定海千里之远，但它携手弱冷空气给本区带来暴雨，局部大暴雨。9月16日夜里至17日，全区共有10个测站过程雨量超过100毫米，最大小沙测站138毫米，定海海域出现7～9级雷雨大风。此次暴雨形成的主要原因是台风外围环流远距离输送水汽与东退的副热带高压、西风槽带来的弱冷空气相互作用，从而产生强降水。

年底阴雨阳光难觅　12月，受持续偏强的副热带高压和弱冷空气共同影响，本区持续出现阴雨寡照天气。12月份日照时数仅32.4小时，不到常年三成，为有气象记录以来同期最少；降水日数21天，比常年同期偏多12天；降水量203.9毫米，比常年同期偏多243%，为历史同期之次多（仅次于2004年）。持续阴雨寡照天气致蔬菜瓜果等生长不良，病害加重。

【气象科普】　3月23日是世界气象日，2018年主题是“智慧气象”。3月23日，区气象局通过报纸、短信、微博、微信公众号等渠道向公众推送世界气象日主题宣传。3月24日将气象台、定海国家基本气象站、灰霾监测站等区域向公众开放，加深广大市民对气象工作的认识，引导青少年主动关心天气气候的变化，进一步推动气象科普知识的普及。在局办公楼院内，大家可以领取《中国气象报（世界气象日专刊）》《公众气象灾害防御准备指南》《气象知识》等科普宣传材料；也可以在观测场，亲身感受百叶箱、雨量器、大型蒸发器等气象观测仪器的观测方法；还可以在天气会商室，体验现代天气预报的制作过程。《今日定海》、定海新闻等本地媒体全程予以新闻报道。

3月23日，气象日开放活动向市民讲解观测场仪器

5月20日，科技周气象知识宣传活动走进文化广场

（撰稿：阙成蛟）

（本分目照片由区气象局提供）

责任编辑：王英伟

上接第398页

定海山系列文化——古桥（二）

序号	名称	地址	简介
8	颂河甩龙桥（颂河鲍家桥）	盐仓街道叉河社区长春村长春礼堂边29号北侧约250米	颂河甩龙桥原为石板桥。为从长春岭流经颂河区域河道之上的桥梁之一。民国初年，石板桥被毁，改建为单孔石拱桥。该桥是定海地区保存完整的一处乱石拱桥。
9	颂河洞桥	盐仓街道叉河社区长春颜家1号西边100米	因桥洞圆形如洞，故名洞桥。清康熙《定海县志·颂河岙图》中已标有此桥，光绪《定海厅志·颂河庄图》中注有“洞桥”两字。旧时桥面用鹅卵石铺设。1989年加宽，改为混凝土路面。该桥是定海地区保存完整的一处乱石拱桥。
10	晓峰桥	盐仓街道城西晓峰河上	元大德《昌国州图志》载：“虹桥，去州北十里，枕大溪形如卧虹”。故名虹桥。清康熙《定海县志·盐仓岙图》有“虹桥”标注，桥南尝有宋太师余天锡虹桥书院遗址。1970年建造虹桥水库改河道，另建一新虹桥。2011年经当地政府挖掘，老虹桥出土供人参观。桥为平板石，勒字“虹桥嘉庆二年重修”。
11	老虹桥	盐仓街道虹桥村	南宋宝庆《昌国县志》载：“城西有晓峰岭、晓峰岭下有晓峰河、晓峰河上有晓峰桥”。又载，宋淳熙十五年（1188）西监盐监鲍谓修扩建此桥。元大德《昌国州图志》和明天启《舟山志》均有相同记载。民国26年（1937）前后改建成石板桥。2002年又改建为混凝土桥，石栏板刻 “晓峰桥”。
12	继思桥	双桥街道南山社区南山村南山后房6号民居西南2米	建于清乾隆五年（1740），嘉庆七年（1802）重修。2000年重立桥栏板。横跨从蚂蟥山水库流出的小溪，桥面由9块条石板和2块长条石板组成，长3.4米，宽2.29米。继思，意为“继思祖迹”。
13	甩龙桥	小沙街道光华社区新华村大溪坑上游	甩龙桥,建于清道光二十四年（1844），同治年间重修。东北—西南走向，横跨小沙大溪坑,单孔石拱，桥长7.7米，宽2.36米，净跨3.7米，栏板北面中间刻有“桥栏傅奕秀造”6字。因桥身如一条倒甩蛟龙而得名，是研究舟山桥梁建筑工艺的珍贵资料。1998年5月被列为区级文物保护单位。

下转第506页

文　化

概　述

2018年，定海区文化体育新闻出版局以习近平新时代中国特色社会主义思想为指导，积极贯彻国家、省、市关于文体事业发展的新部署，坚持服务大局、服务中心、服务群众，深入开展文体服务供给侧改革、建立健全公共文体服务体系、精耕发扬海岛人文根脉、不断加强文艺原创能力、有效释放文化市场活力，定海文化服务力、创新力、生命力、影响力、竞争力、支撑力有力提升，为全面建设花园式国际人文港城提供了强有力的文化支撑。

是年，定海文化自信有力彰显，海洋文化传承发展、古城开发中的文物保护利用等经验获省政府领导批示、肯定，第二届“三毛散文奖”吸引了贾平凹、红孩等知名作家参与。定海文化影响有力扩大，立足定海故事创作的《农庄小娘》《摇篮》荣获省政府文艺最高奖——群星奖，舟山锣鼓《海乡鼓韵》、贝雕《灵魂之声》、著作《舟山新闻（唱蓬蓬）》获浙江文艺界最高奖——“映山红奖”。公共文化服务力有力提升，“三个全民”公共文化服务平台集聚全域优质公共文化资源，供给全天候服务。

是年，定海区文化体育新闻出版局荣获2014—2017年度省群众体育工作成绩突出单位称号。

文体设施与团队建设

【健全城乡设施网络】　建成定海区非遗馆、定海区生活民俗馆、岑港街道综合文化楼、时光印象书吧，新增图书流通点7家，定海区图书馆新馆建设完成总工程量的55%。新建社区多功能运动场6个、笼式足球场2个、农村游泳池1个，改造提升小康体育村26个，安装更换全民健身路径41套。

定海区非遗馆、生活民俗馆建成

【提升基层设施效能】　深化镇街综合文化站公共文化服务社会化运营模式，马岙街道以全委托模式实现文化楼每周开放时间达到48小时以上，新增业余文体团队5支，全年开展讲座、培训等各类活动81场次；岑港街道、金塘镇采用政府购买公益文化岗位模式，保障乡村书房、印象书吧等文体设施的正常运营。

【加强组织队伍建设】　是年，新吸收3支优秀文艺团队进入文艺团队联合会，引领近20支团队组织开展文化结对80余次。新成立体育协会2个，创建省级村级体育俱乐部5个、省级体育特色乡镇1个、省级体育先进社区2个、省级社区体育俱乐部3个、现代化体育乡镇（街道）2个、生态休闲健身活动站点1个、3A级以上体育协会社团4个，辖内镇（街道）100%实现“1+5”组织网络（即1 个体育总会工作站，5个以上专业体育社会组织工作站）。成立学雷锋志愿者服务分队8支。

金塘和建社区多功能运动场

群众文化活动

【开展品牌文化活动】 2018“唱响定海”围绕“汇梦想•创辉煌”主题，十年同行综艺show，“回眸”“携手”“启航”三大篇章六项主要活动及一项配套活动，举办各类公共文化活动18场，涵盖排舞大赛、十年回眸图片展、静态艺术征稿、业余文艺团队才艺比赛、各类优秀节目展演、百姓课堂才艺展等内容。

2018唱响定海·我的文化我的团综艺Show城市赛区决赛现场

【开展数字文化活动】 升级推广“三个全民”APP，新增“乡镇大集结”版块及“智在必得”、“文化展厅”互动版块，举办“唱响定海”网络直播、网络投票等线上活动，以线上线下联结形式进一步集聚全区优质文化公益资源，引导更多群众体验线上报名、签到签退、福利查询兑换、成果展示等一站式服务。截至年底，APP注册会员已超13万人，全年计发布活动信息357次，完成各类活动线上报名5929人次。

“三个全民”界面

【开展惠民文化活动】 深化文化惠民服务，全年送戏下乡120场，送书33783册，送电影1545场。加大文化馆免费开放和展览密度，全年举办定海区迎新春美术作品展、“诗咏定海”历代定海诗歌书法展、山水画沙龙师生作品展、三人摄影联展等展览20期，覆盖专业协会、业余团队、企事业单位、个人展览等众多层面。发挥雷锋志愿服务分队作用，鼓励团队参与各类公益演出、艺术辅导、文化服务等活动，每支团队以年均50余次文化活动的频次为群众献上文化大餐。

农村文化礼堂创作节目展演决赛

文艺汇演

【开展主题文艺汇演】 围绕改革开放40周年，推出“见证大发展 奋进新时代”定海区纪念改革开放四十周年文艺演出、“改革开放 改变生活”纪念改革开放四十周年定海区农村文化礼堂创作节目巡演、“新区新声音——纪念改革开放四十周年”朗诵会等 “纪念改革开放四十周年”系列主题文化活动7场， 全年展现改革开放历程及成就。

定海区纪念改革开放四十周年暨唱响定海“十年同行”文艺演出

【开展公共文化活动】 举办“百花迎春”2018定海区喜迎新年朗诵会、“全民学艺 全民阅读 全民善行”定海区文化公益嘉年华活动、中国·匈牙利文化交流——匈牙利 “SIXTONE” 阿卡贝拉清唱团迎春演唱会等公共文化活动11场，推动文化对外交流，丰富群众精神文化生活。

举办“全民学艺 全民阅读 全民善行”定海区文化公益嘉年华活动

文艺创作与辅导

【做深“三毛散文奖”】 以“行走”为主题，通过全域化传播奖项、自荐与他荐双向征集作品、赴台推介等多种形式，于4月20日起启动第二届“三毛散文奖”征集工作，共征集散文集249部，单篇散文394篇，吸引了贾平凹、红孩等知名作家参加，奖项知名度进一步提高。围绕“行走”主题，组织开展了一系列文学研究，全国知名作家参与了“新时代•新散文•新分享”——2018华语散文定海论坛。

第二届“三毛散文奖”新闻发布会

【创作海洋文艺精品】 组织文化干部深入挖掘有温情、有深度、有力量的现实题材，从老龄工作、扶危济困、爱心捐助等多角度创作《爱在夕阳》《爱的暖流》《心愿亭》《为爱停留》《初•海》等文艺作品5件，在“新时代 新气象 新作为”2018年舟山市文艺创作作品展演中斩获3个创作一等奖、3个表演一等奖。加强静态艺术精品创作，全年共有39个书法、摄影、绘画等门类作品获得省级以上奖项，其中书法作品《〈画禅室随笔〉节录》获2018浙江省群星正书大展金奖；渔民画作品《鱼腥飘香东海来》获2018全国农民画优秀作品展收藏作品奖。

舞蹈《初·海》

【推进全民艺术普及】 提升文化公益培训品质，继续优化“百姓课堂”文化公益培训年度春秋两季成人培训、寒暑期少儿培训的开办模式，增强公共文化服务的针对性和渗透力，全年面向青少年、成人等不同群体举办各类文化公益培训424期次，5559人次城乡群众受益。培育群众审美意识，全年开展“名家讲座”“百姓有约”“周五客厅”等“海尚艺苑”系列艺术沙龙活动91期次，进一步推动群众享受、参与、创造艺术。

百姓课堂春季舞——排舞培训

文化市场与产业

【文化市场监管有序】 是年，文化市场领域77项审批项目全部实现“最多跑一次”改革。紧贴全国文明城市创建中心工作，建立执法大队“每日一查”、执法队员“分片包干”、职能部门联合执法的高压监管机制，累计出动检查229人次，检查经营场所455家次，联合公安、市场监管、卫计、烟草、消防等职能部门开展执法行动17次，攻坚网吧吸烟等难题。紧绕元旦春节、两会及文明城市创建期间文化市场保障工作以及文化市场安全生产管理工作，共出动检查人员734人次，检查各类场所1812家次，立案查处违规经营场所15家次，罚款49000元，依法取缔无证地摊6家次。组织开展“双随机”抽查24次，抽查经营场所191家次。

文化市场行政执法大队会同多部门联合开展网吧联合执法行动

【文化产业稳步发展】 是年，聘请浙江传媒大学，制订《定海文化产业发展三年实施方案》，明确定海文化产业发展的总体方向。积极开展定海伍玖文化创意产业园区招商工作，引进4家公司落户园内。加强资金扶持，下拨2018年区第一批文化产业发展专项资金207万元。强化文化产品展示展销，组织10家文化企业参加第十三届义乌文交会，作品《鲜鱼条条》《起帆》获“工艺美术银奖”；组织企业参加首届舟山市海洋文化衍生品暨“舟山心意”旅游商品设计制作大赛，渔绳结纯银饰品系列、佛教文旅礼品平安垫枕系列、渔都风情围巾系列3种产品获最佳创意奖。

渔民画围巾

图书馆事业

【深化图书惠民服务】 是年，区图书馆新增纸质图书21073册，全馆累计接待读者402944人次，借阅图书535427册次。城市书房、乡镇图书分馆等基层阅读阵地作用充分发挥，累计接待读者5652人次， 借阅图书12827册次。通过图书流通点，全年流通图书33783册。

阅读马拉松挑战赛现场

【深化全民阅读推广】 是年，依托“书香定海”全民读书活动品牌，借力民营专业阅读推广机构，全年共计开展小麦姐姐讲故事、21天阅读之旅、“岁月为你留声”朗读大赛、名家有约等系列读书活动174场次，参与人数达到20万人次，覆盖“老中青少幼”各年龄层和定海新、老居民。

书香定海·名家有约—赵兴红《现实意义与散文创作的“四个转变”》讲座

文物、博物

【严守文物安全底线】 结合春节、汛期等重要时间节点，开展文物安全检查、文物建筑消防安全巡查等工作，全年累计巡查不可移动文物127处，依法立案查处擅自修缮不可移动文物案件1起。完成御书楼和义士李先生殉难处2处市级文保单位四有档案编制建设，对姚公殉难处碑、同归域、四眼井、义士李先生殉难处等多处字迹模糊的标志碑进行描碑填色。

开展春节期间安全检查

【活化文物古建筑】 赋予文物、古物建筑新功能，

纪念改革开放四十周年史料展与普陀山书画瓷器特展

活化建设市级文保点朱家住宅、蓝府大院为定海区非遗馆、生活民俗馆、蓝理纪念馆，全面展示、宣传定海非遗文化、民俗文化、名人文化。经过专家认证、公示等环节，撤销或部分撤销5处保存较差的一般文物，完成周振扬墓（一般不可移动文物）迁移工作。

【推动博物事业发展】 发挥博物馆教育功能，全区6家博物馆全年举办清代儒学大师黄式三与黄以周论著和纂辑善本特展、纪念改革开放四十周年史料展与普陀山书画瓷器特展等临时展览6个，开展未成年爱国教育活动和传统文化知识宣传等教育活动55次，累计接待群众20万人次。完成3家非国有博物馆藏品备案录入工作，其中舟山市徐正国博物馆完成藏品备案1909件/套，3397件；舟山市莲花洋陨石博物馆完成藏品备案2110件/套，2240件；舟山市观音佛像美术馆完成藏品备案300件/套，11176件。

举办未成年爱国主义教育活动

非物质文化遗产挖掘与传承

【创新传“定海山”文化精髓】 深度挖掘全域古井、古桥、古亭、古树、古墓、文物古迹、精品老宅、名人故居、古街、非遗文化（有固定点的）、百年老字号、古刹、民俗文化等15类文化项目。同时，组织专家组择取年代久远、历史意义较强的文化项目内容撰写碑文，根据项目类别分别建碑，建碑后的“定海山”系列文化点由单位或个人认领，与政府共同保护。全年收集“定海山”古文化资源400余个，撰写碑文225篇。

【重点传承非物质文化遗产】 完善四级名录体系，舟山民间谜语、贺郎调、古籍修复技艺被列入第六批市级非遗名录，7个项目（包括扩展项）被列入第八批区级非遗名录。接续非遗传承力量，完成省级非遗传承人王如玉、夏雨缀抢救性记录工作，启动第五批名师带徒活动。扩大定海非遗影响，举办定海区庆祝第二个文化与自然遗产日系列活动、2018定海区闹元宵广场活动，组织非遗团队参加各级各类非遗展示展演活动并获得省级以上奖项12个。充实传统文化文本资料，编撰《定海区非物质文化遗产大观》、《千年定海山》乡土教材。

“定海山”系列古文化之文物古迹碑文

2018年舟山市非遗“三进·四季行”系列活动暨2018定海区闹元宵广场活动

（撰稿人：方优维）

（本类目图片由区文化与广电旅游体育局提供）

责任编辑：王英伟

新闻媒体

定海区融媒体中心

【概况】 2018年，区融媒体中心坚持以习近平新时代中国特色社会主义思想为指导，紧紧围绕区委、区政府中心工作，牢牢把握媒体融合发展方向，坚决守住守好舆论“主阵地”，不断提升新闻舆论的传播力、引导力、影响力，为全区全面推进新时代高质量发展，奋力谱写花园式国际人文港城建设新篇章营造良好的舆论氛围。2018年中心共播发广播、电视新闻各260期，电视专题节目113期，刊发报纸147期，发布网站新闻25125余条，“定海山”微信推送1222期，即时报推送稿件3686篇，微博推送4000余条，浙江在线网闻推荐新闻1200余条，被首页采用520余条。截止2018年底，中心已连续四年（2015年度至2018年度）获区级机关单位综合考核第一类单位优秀称号，2018年度中心党支部获机关工委先进基层党组织，“先锋媒体”获年度区直机关优秀机关党建工作品牌。

【推动媒体融合发展】 新制定出台《定海区新闻中心蹲点采访运作制度》、《“定海山”微信绩效考核办法》、《编辑部岗位职责与绩效考核办法》等文件，完善中心全媒体制度短板和薄弱环节，进一步加强媒体融合力度。结合“大学习大调研大抓落实”活动，每季度由一名领导班子带队开展一点一主题蹲点采访，完成“乡村振兴”、“家庭医生”等为主题的4篇调研报告。积极组织实施融媒体骨干记者队伍梯次培养计划，通过师徒结对做好新入职人员的业务培训，各部门内部培训、外请市级媒体专家授课等办法，重点学习新闻采编、新媒体技术等方面的先进经验，积极培育中心各级业务骨干及后备力量，对中心月度最佳报纸、电视、微信最佳新闻奖张贴上墙。

【推进“五大转变”主题报道】 全媒体推出“学习贯彻党代会精神 全力推进五大转变”专题，组织记者兵分多路，探访江海联运、自贸区、精品村镇等一线，从创新驱动、美丽乡村等角度切入，介绍定海推动海洋经济、开发格局、城市品质、人民生活、治理方式等“五大”转变的经验、典型和做法，及时动态报道工作推进中涌现的创新做法，亮点特色。同时，在重大项目（工程）推进节点、实绩节点，推出侧重点不同、有分量的回顾性综合新闻，为全区改革发展稳定鼓劲呐喊，成为区内外广大群众及时、准确、全面了解定海发展变化的重要窗口，全媒体刊播相关报道近550篇。

【深化“我们都是定海人”系列报道】 推出“我们都是定海人·致敬奋斗者”专栏，多角度、全媒体宣

“我们都是定海人·致敬奋斗者”节目录制现场

传报道好来自一线奋斗者投身花园式国际人文港城建设的生动事迹，弘扬奋斗者精神，激励全区广大干部强化身份认同，激情创业，拼搏赶超，共刊播相关报道100余篇。邀请定海奋斗者先锋人物参与演播室访谈3期，亲身分享实干故事，以榜样力量激发民众参与建设热情，营造致敬奋斗者、争当奋斗者的强大舆论声势，有力凝聚“我们都是定海人”的广泛共识。

【助推全国文明城市创建】 全媒体推出“全民共创全国文明城市”专栏，共刊播相关报道300余篇。重点选取创城中的典型做法、先进机制，加强先进典型报道，持续做好创城的动态性报道。同时依托“海山聚焦”、“曝光台”等栏目推出舆论监督类报道，对城乡环境综合整治不到位、创城工作消极怠慢以及市民不文明行为进行曝光，创城报道的力度大、密度高，特别是“TA眼中的交通变化”等三个系列报道，主题鲜明、逻辑连贯，海天大道提升工程系列报道内容实在、故事生动，起到了促进整改、全民创城的良好效果，为定海创建全国文明城市贡献了新闻人的力量。依托“定海山”微信公众号平台，发布相关报道近100篇。创新运用新媒体技术，拓展创城宣传形式，以西游记师徒人物造型，自编自导自演自创了系列违反交通规则爆笑微视频“西游师徒交通文明大闯关”，并设置有奖知识问答，该推送发布后引起社会广泛反响和关注，答题活动参与人数上千，起到宣传交通规则的目的。

全媒体“全民共创文明城市”报道

【开展“改革开放40周年”主题报道】 全媒体平台开设“壮阔东方潮 奋进新时代——庆祝改革开放40年”专栏，共刊播相关报道24篇，重点围绕“聚焦改革开放大事件”、“走近改革开放亲历者”、“关注改革开放进行时”“跟踪改革开放庆祝潮”等系列穿插报道，组织记者深入舟山江海联运服务中心、定海工业园区等各大开放平台，挖掘、梳理定海在农村文化礼堂、基层质量长效机制、企业投资项目“标准地”制度等方面的巨变，实时跟踪各镇（街道）庆祝改革开改40周年文体活动。“定海山”微信推出“全面深化改革”系列报道5期，累计阅读量1.4万余人次。

【培育品牌栏目】 重点打造“海山聚焦”、“记者视线”等精品栏目，丰富栏目内容，增强栏目的民生性、及时性以及与区委区政府中心工作的衔接度。新闻短片制作水平再上新台阶，全年共制作完成《我们这一年》、《美在定海 兴哉乡村》、《作风建设永远在路上》、《锋涌定海山》等外接新闻短片15部，得到了区领导及各委托单位的充分肯定。

【打造精品文艺工程】 精心制作完成20集大型文艺精品工程《千年定海山》，第一次完整、系统地讲述岛城数千年文明史，展现海岛人勇立潮头、敢于拼搏的大无畏精神，体现舟山海洋历史文化精髓。摄制组先后邀请浙江省考古研究所研究员、舟山首批考古人员等赴嵊泗列岛、福建厦门及白泉、马岙、岱山高亭等地进行实地取景拍摄，严格遵循史料及专业研究成果，灵活运用历史文献资料(历史遗迹)展陈、历史场景模拟性重现、专家解读及亲历者或见证人讲述等双时空交替手法，并适当融入手绘、美工、动画等影像制作技艺，使每一历史背景、重要事件、人物形象更

大型文艺精品工程《千年定海山》

加丰满可感。该片于电视大专题《印象定海》栏目播出，入选定海区2018年“描画新时代 歌颂新定海”主题宣传文化精品项目一档。

【创新传播方式】 以“小而精”为品牌定位，聚焦定海时政民生，保持全市政务公众号“保三争二”、全省前列的目标。运用微视频、H5、抖音等多元化新媒体手段，制作完成定海山古文化系列等微视频10余个，《致逝去的2018》等H5作品9个，尝试融入RAP、剧情视频等形式，助力最多跑一次、文明城市创建等中心工作宣传，进一步拓展公众号的内容维度。至年末，“定海山”微信粉丝达13.8万余人。“定海山”微信蝉联舟山市第二届互联网发展风云榜年度网络新媒体风云榜最具影响力新闻媒体，由中心报送的《定海山古文化系列视频：保护古文化 守住古城根脉》获舟山市第二届互联网发展风云榜年度原创网络作品风云榜。整合中心各类新闻资源，推出全市首款综合新闻类小程序“定海山小程序”，使其成为全方位及时传递党委政府声音、人民群众了解定海重大经济社会和党建发展情况的“即时移动窗口”。“定海新闻网”连续12个月入选浙江在线网闻联播月度明星支站，并获2018年度浙江在线新闻网站优秀支站，《保护古文化 守住古城根脉》获“年度浙江在线支站优秀专题”三等奖。

定海山古文化系列微视频

（撰稿人：刘 芳）
（本分目图片由区融媒体中心提供）

广播电视

【广电业务发展】 是年，定海广电网络传输有线数字电视频道节目189套，其中标清基本频道节目78套、标清付费频道节目46套、高清基本频道节目22套、高清付费频道节目14套、电视测试节目18套、广播节目11套。受其他信息产业的影响，广电数字电视基础用户逐年流失，年末定海辖区内有线数字电视用户135791户，比上年减少5678户；同时，积极开拓其他广电网络业务，深受用户喜爱，年末有付费频道用户53528户、互动用户33269户、宽带用户9770户。

【网络建设工程】 实施新建区域的有线广播电视配套工程建设 开展对艾格地块拆迁安置小区、艾格地块南北区、艾格大发地产、临城柏悦府、祥生南山郡三四期、新城金鸡山地块、原自来水厂地块、竹山门安置小区、文昌府、海印公寓等新建项目的工程施工；并完成颐景华府、城中村农民公寓房、宋都蓝郡国际、馨港苑、绿城慧园、绿城雅园、上和国际、南山郡等小区的线路施工、信号开通工作，覆盖用户约12000户。

实施网络工程建设 是年完成新建光缆约273.65KM，5129芯公里；其中新建区域光缆约58.6KM、640芯公里，监控光缆76.35KM、915芯公里.网络改造约138.7公里、3574芯公里；进行新建主干管道定海工业园区、小白线、环城北路、兴舟大道、329国道盐仓段、滨海大道、马岙羊山隧道等道路管道施工约20公里、28孔公里。

开展网络双向化改造 是年，完成盐仓街道新螺头社区跃进村海口、马岙街道三江社区、干磯镇双庙社区、龙潭社区、岑港街道钓山、册子、小沙街道长白等双向网络改造6000户。

配合小城镇环境整治工作 是年，完成小城镇环境整治“线乱拉”的区域主要有册子、长白、岑港、金塘、小沙、双桥六个区块。同时完成县前街、横塘弄、总府路、海天大道、兴舟大道的线路“上改下”工程施工工作。

【多元化产业发展】 依托广播电视网络平台优势，拓展服务功能，是年，在定海区智能化弱电、社区治安监控、小城镇交通科技应用等项目业务上不断拓展。

信息、通信和技术（ICT）项目　是年，建设虹桥、岑港、城北水库视频监控及广播系统工程项目；“329国道舟山段改建工程隧道调频覆盖”项目；因全省深化“最多跑一次”改革的市场需求，在定海办证中心、盐仓街道、马岙街道共安装4台一体式自助服务终端，定海办证中心上线无差别办理系统。

社区治安监控项目　是年，继续稳步推进社区治安监控项目，所建项目已基本覆盖定海区所有镇、街道的社区治安监控网络，新增白泉爱国村、白泉金林、定海香园、环南街道等社区监控共计项目20个，合计监控点540个。

小城镇交通科技应用项目　是年，建设小城镇道路抓拍系统新增35套：其中金塘15套，小沙3套，干磯二期2套，盐仓4套，岑港二期3套，干磯柯梅岭测速1套，干磯海洋渔业小镇7套。

【广电惠民】　确保广播“村村响”工程。巩固宣传阵地，完善定海农村应急广播体系长效机制建设，是年按照“建管用并举”原则，配合各镇（街道）、社区建立健全基本保障、服务管理、设施维护等方面的长期有效使用管理机制，在应急管理部门的统一协调下，发挥好农村应急广播的实际效用。是年，各站落实人员对应急广播网络系统进行不定期的检查维护，特别是台汛期间，确保应急广播系统安全高效使用。继续实施有线数字电视“广电低保”工程项目，做好定海区低保家庭的核对工作，及时通知脱保户正常缴纳收视费，同时为新增低保户落实免费收视政策，较好地承担公共服务职能，年内有2405户低保家庭，免费享用有线数字广播电视基本服务。

【广电服务】　加强广播电视服务工作规范化管理，树立广播电视窗口良好形象。是年，定海辖区各中心站统一采用维修、安装IPCC工单派发和处理系统，提升服务效率。全年呼叫中心来电11.9万次，接听10.60万次，平均接通率91.54%，维修派单26828单，机顶盒维修中心维修机顶盒8000余台，为用户提供了较好的服务保障。

（撰稿：夏帮琴）

责任编辑：王英伟

卫生　体育

综　述

2018年，全区卫生计生工作始终贯彻党的各项会议精神，紧扣新区发展各项目标，围绕区委区政府总体部署，以持续做好“项目、规范、效率、惠民”为基准，各方面工作取得新突破、新成绩。

是年，全区有区级管理各类医疗卫生机构243家，其中区政府公办的各级医疗卫生机构79家，包括公立医院2家（区中心医院、区安康医院），公共卫生机构4家（区疾控中心、区卫生监督所、区妇保计生服务中心、定海医疗急救站），镇卫生院3家，街道社区卫生服务中心6家，社区卫生服务站49家；政府购买服务形式的一体化村卫生室15家，形成较完善的三级城乡社区卫生服务体系。民营医院7家，其他医疗机构157家。

公立医疗卫生计生机构现有工作人员998名，其中编内738名，编外260名；具有高级专业技术职称60人，中级专业技术职称336人，初级技术职称309人。

全区拥有编制床位858张，社区卫生服务中心（镇卫生院）208张，民营医院450张，区属医院200张。

全年总诊疗1499538人次，门急诊1411804人次，同比增加87813人，增长6.63%。业务总收入17799.25万元，同比增加1797.83万元，增加11.24%。其中医疗收入6852.21万元，同比增加640.98万元，增长10.32%；药品收入10947.04万元，同比增加1156.85万元，增长11.82%。

医疗事业

【医疗设备购置】　2018年，投入290万元用于购置各类医疗仪器设备。

【推进社会资本办医】　是年，继续推进社会资本办医，一期投资12亿元，按三级甲等综合性医院标准建设的上海瑞金医院舟山分院于2018年9月试营业，实际开放床位300张。

【无偿献血】　是年，全区无偿献血计划任务2745人次，完成2965人次。其中400毫升704人，300毫升677人，200毫升542人，完成率为108%；大于200毫升以上的比例为72%。实际参与人数为1923人，总血量593000毫升。

医政管理

【校验注册换证】　是年，全区办理执业医师首次注册 42人，变更注册 70人次；护士延续258人，首次注册 46人，变更注册252人次。完成医疗机构执业登记注册21家，变更和延续注册101家，注销医疗机构9家。

【深化基本药物制度改革】　是年，继续执行定海区《关于进一步加强基层医疗卫生机构药品配备使用管理工作的通知》和《定海区基本药物配送管理办法》，制定《定海区药品集中采购统一目录》，全面落实药品“两票制”集中采购工作，建立药品品规动态调整机制，允许基层医疗卫生机构使用一定金额的医保目录内不按基本药物管理的中标产品，采购金额不超过本单位药品采购总金额的50%，主要对接上级医院用药，重点为慢性病使用药物。

疾病防治

【免疫规划】 是年，13家预防接种门诊(含临城)，取得省卫计委认定的规范门诊10家、星级门诊3家，全区规范化接种门诊覆盖率100%。累计报告完成基础免疫58772人次，接种率为99.98%。其中卡介苗100.00%（3291/3291）、脊灰疫苗100.00%（11479/11479）、乙肝疫苗100.00%（10100/10100）、百白破疫苗100.00%（11954/11954）、麻风疫苗100.00%（4339/4339）、A群流脑疫苗100.00%（8249/8249）、乙脑疫苗100.00%（4468/4468）、甲肝疫苗99.79%（4892/4902）。乙肝首剂及时率96.01%（2453/2555）。是年，累计完成加强免疫30665人次，接种率为100.00%。各单苗加强免疫累计报告接种率分别为：脊灰疫苗100.00%（3626/3626）、百白破疫苗100.00%（4685/4685）、麻腮风疫苗100.00%（4865/4865）、流脑A+C 100.00%（8214/8214）、乙脑疫苗100.00%（4925/4925）、白破疫苗100.00%（4350/4350）。

全区7周岁以下流动儿童15783人，完成常规免疫33286人次，接种率达100.00%。

【拓展健康教育模式】 2018年健康定海新浪微博依托网络传播优势，力求为居民提供内容科学、准确的健康资讯，提高公众防范意识，让公众了解最新健康信息。微博发（转）送健康教育相关微博203条。制作编印预防发热伴血小板减少综合症、结核病防治、预防流感等健康宣传资料5万份，接受省、市疾控提供的健康宣传材料10余种6万份。发放给各基层医疗卫生单位、街道社区、学校、企业、单位以及居民10万余份，开展广泛宣传动员，做到健康知识全民皆知。

开展艾滋病防控宣传

妇幼保健

【概况】 2018年，全区有产妇2522人，活产儿2557人，围产儿死亡4例，围产儿死亡率1.56‰；无孕产妇死亡。

孕产妇保健管理覆盖率100%，早孕建卡率94.49%，系统管理率93.12%，新法接生率100%，高危孕产妇住院分娩率100%，剖宫产率46.34%，县级以上高危筛查率99.80%，产后访视率98.59%，产前筛查率90.25%，婚检率64.80%；7岁以下儿童保健覆盖率98.61%，3岁以下儿童系统管理率95.73%，新生儿疾病筛查率99.78%，新生儿听力筛查率100.02%，6个月母乳喂养率93.52%，新生儿访视率99.88%。

【婚检及产前筛查】 是年，结婚登记1595对，婚前医学检查2067人，婚检率64.80%，检出疾病1006人，疾病检出率48.70%，孕前优生健康覆盖率100%。产前筛查2276人，产前筛查率90.25%；检出高风险人数98人，高风险检出率4.31%。

【儿童专病管理】 是年，全区重点监测管理营养性疾病儿童1987例、心脏出生缺陷儿童391例；专案管理高危儿1521例，确诊各类发育落后（包括全面发育、语言、运动发育落后等）153例、脑瘫4例。这些病例发现早，得到及时有效干预和治疗，多数病儿病情有不同程度的改善或痊愈，取得疗效。

【新生儿疾病筛查】 是年，全区新生儿遗传代谢病筛查4124人（均为多项筛查），筛查率99.78%，可疑病例召回率100%；确诊甲低11例、G-6-PD缺乏症8例、短链酰基辅酶A脱氢酶缺乏症1人，这20例病例都得到了及时规范的干预治疗。新生儿听力筛查4134人，筛查率100.02%，复筛率99.12%，确诊检查率100%，检出6例听力异常，均在积极干预治疗及定期随访中。

【高危孕产妇管理】 是年，全区孕28周县级高危筛查2517例，高危筛查率99.80%。筛查出高危孕妇1907人，高危孕妇分娩1907人，全程追踪监护，管理率100%。

【外来流动孕产妇及儿童管理】　是年，全区分娩外来流动产妇806例，建卡789例，建卡率97.89%，早孕检查率55.25%；系统管理率54.76%；住院分娩率99.75%，新法接生率100%，产后访视率99.63%，连续16年无流动孕产妇死亡。

是年，全区有省外流动活产婴儿806人，新生儿访视率99.66%；3岁以下流动儿童2660人，系统管理1747人，系统管理率65.68%。5岁以下儿童死亡率2.13‰，婴儿死亡率2.13‰。

【重大公共卫生服务项目】　宫颈癌检查7309人，乳腺癌检查7665人，检查出HPV阳性700人，TCT检查532人，阴道镜检查252人,病理高级别病变（C1N2-C1N3）54人，确诊宫颈癌14人。B超0级、3级以上519人，实做钼靶524人，确诊乳腺癌13人。对所有阳性人群都进行了及时反馈、随访并建议进一步检查治疗。27例癌症病人进行手术治疗，愈后良好。

【托幼机构卫生保健管理】　是年，全区保健人员健康体检率100%、集居儿童体检率99.93%。组织举办全区保健人员培训班1期、保育员培训班2期，全区托幼机构46名新上岗保健人员、103名新上岗保育员接受卫生保健相关专业知识培训。

开展幼小机构传染病防控检查

社区卫生服务

【深化家庭医生签约服务】　继续开展预约签约门诊服务、严重精神障碍联合远程会诊，健康评估、健康咨询、健康讲座和健康宣传资料发放等服务。加强签约服务管理，团队179个，其中参与签约服务的全科医生141人，通过上门签约、门诊签约等多种形式规范签约98893人，规范签约率30.57%，继续推进在医保等政策支撑下的有偿签约服务，截至年底，有偿签约19964人。

家庭医生签约服务

【推进基本公共卫生惠民服务】　是年，基本公共卫生人均补助经费提升至55元。建立城乡居民健康档案300419人，建档率92.54%，建档合格率90.06%；加强慢性非传染性疾病管理，高血压病、糖尿病、严重精神障碍患者管理人数分别为32419人、8987人、1635人，规范管理率分别为70.10%、66.15%和82.32%。

副市长方维（右二）调研

马岙慢病精细化管理试点工作

爱国卫生

【发展卫生创建工作】 是年，金塘镇、岑港街道和双桥街道通过小城镇环境综合整治年度验收，省级卫生镇创建率达100%。白泉镇顺利通过国家卫生镇省级现场评估，进入综合审定阶段。马岙街道五一社区等4个社区（村）被命名为“浙江省卫生村”，省级卫生村创建率为32.47%；城东街道长岗山村等16个（社区）村被重新确认为市、区级卫生村。

【推进健康教育工作】 据不完全统计，全区有500余名健康志愿者参加系列活动，制作并展出宣传展板300余块，悬挂横幅120余条，发放宣传资料33000余份，张贴禁烟标识3300余张，发送手机公益短信、微信43200人次，开展健康知识灯谜有奖竞答600余题，健康咨询280余人次，发放礼品价值5000余元，受教育人数达69000人次。开展健康“细胞”建设工作。是年，新创健康单位14家（市级3家、区级11家）、健康社区33个（市级10个、区级23个）、健康家庭507户（市级188户、区级319户）、健康促进学校（铜牌）3所；新创和复评市级无烟单位各2家，新创区级无烟单位1家；评选市级控烟积极分子3名。

【提高改水改厕覆盖率】 开展城乡环境卫生整洁行动和农村厕所革命。是年，累计总投资1004.6万元，完成公厕改造168座；新增或改建无害化卫生厕所1704户，农村卫生厕所普及率99.20%，无害化卫生厕所普及率98.23%，分别比上年提高1.28%和2.55%。定海本岛范围内已实行城乡供水一体化，农村供水覆盖率99.5%，农村饮用水安全问题基本得到解决。开展农渔村生活饮用水水质监测，共监测水样120份，其中城市40份，农村80份；水样监测总合格率79.17%（95/120）。据统计，改水改厕工作开展以来，全区痢疾、甲肝等肠道传染病发病率明显下降。

【加强病媒生物防制】 是年，投放灭鼠药物18.04吨，灭蟑螂饵剂2211千克；根据孳生地分布情况开展有针对性的环境治理，出动人员3000余人次，投放5%倍硫磷杀虫颗粒剂869公斤，用杀虫剂762公斤，药物到位率和覆盖率均在95%以上。规范开展城乡病媒生物防制活动，开展病媒生物密度监测，委托第三方对各镇街病媒生物消杀情况进行评估。四害密度达到国家病媒生物密度控制水平标准C级以上。

【健康定海建设工作】 2017年12月，成立健康定海建设领导小组，办公室设在区卫健局。2018年6月，制订出台《健康定海2030行动纲要》。印发《关于加强健康定海“6+1”平台建设建立大健康共建体系指导意见的通知》《健康定海考核办法（试行）》《健康定海“6+1”平台管理与运行制度》等文件，建立健康定海建设“6+1”专项组，推动健康定海各项举措和重点工作协同开展。

卫生监督

【概况】 是年，全区有公共场所经营单位1104家、集中式供水单位7家、二次供水单位28家、中小医疗机构228家、放射诊疗单位21家、学校43家、消毒产品生产单位1家、病媒生物防制服务单位8家，全年共出动卫生执法人员、协管员4000余人次，检查公共场所、学校、医疗机构等单位7500余户次。

【行政许可审批】 2018年，审批科完成各类审批4917件，其中公共场所卫生许可办证292件；医疗机构执业许可21件；医疗机构执业许可证设置11件；医疗机构执业许可证变更和延续101件；医疗机构注销9件；医师执业注册318件(其中多机构备案27件)；护士执业注册491件；放射诊疗许可证办理5件；母婴保健许可证办理4件；“麻醉药品、第一类精神药品购用印鉴卡”办理4件；再生育审批75件；农村部分计划生育家庭奖励扶助金核发2829件，计划生育特别扶助金核发757件。所有行政审批事项均在承诺时限内办结，办结率100%

【双随机监管】 是年，抽取国家级双随机129家单位，完成119家，监测58家,完结10家（经营单位因各种原因未正常营业），立案查处13起，抽取省级双随机230家，完成195家，完结33家（经营单位因各种原因未正常营业），立案查处25起，检查检测结果均在定海区政府网站、舟山市卫计局网站予以公示。

【创城整治】 是年，围绕一眼卫生和门前三包、控烟工作、亮证经营三个方面对1104家公共场所开展2轮集中大整治，检查各类公共场所2000余家次，发放各类标志标签10000余份，整改578家次，10家经营单位因整改不到位被立案查处。

【公共场所控烟】　是年，开展禁烟宣传活动22次，发放禁烟标志2500余份；8月份以来，联合文化、公安等部门开展网吧联合执法40余次，开展控烟处罚74起，每人罚款50元

【公共场所监督监测】　是年，开展集中空调卫生监督执法，监督检查公共场所集中空调通风系统单位44家，未发现检测机构违规开展集中空调卫生检测及乱收费现象；开展3D眼镜专项检查，委托第三方有资质的检测公司对电影院已消毒过的3D眼镜进行随机采样，采集样品40份，检测合格率均为100%；开展游泳夏季保健康专项行动 对辖区内17家游泳场所共开展4次监督检查行动，采集水样5次，抽检单位59家次，采集样品242份，不合格12份，份数合格率为95%，不合格单位5家，单位合格率为91.5%，推出游泳场所互联网自检公示系统,自检录入率达100%；开展婴幼儿浴室专项检查，要求场所内加强通风；对45家歌舞厅进行专项监督检查，对15家单位进行立案处罚。

【饮用水监督监测】　是年，监督检查水厂14家次，采集样品14份，检测指标408项次，检测结果均符合《生活饮用水卫生标准》(GB5749-2006)。检查二次供水单位32家次，抽检12家，合格率100%。全区有金塘、双桥、岑港、白泉4个生活饮用水卫生检测示范项目社区，20个水质监测点，共检测水样85件，425项次，合格率100%。

【量化分级评定】　是年，公共场所应量化分级316家，已量化分级316家，其中B级60家，C级256家，量化分级率100%；供水单位评出A级2家、B级2家、C级1家；学校综合评价评出A级3家、B级7家。

【传染病监督检查】　是年，抽检15家口腔诊疗单位消毒效果，采集样品162件，合格112件，行政处罚8家，整改落实8家；对27件医疗机构开展传染病防治分类监督综合评价，优秀2家，合格23家，重点监督对象2家；选取15家医疗机构作为消毒灭菌效果在线监测系统试点，对在线监测安装单位进行了消毒效果生物监测2次30件，结果均合格；开展消毒产品生产企业监督管理，全年抽检140件，合格136件；抽检消毒产品4件，合格4件；配合环保局开展医疗机构医废分类、放射性同位素和辐射设施设备双随机抽查8家。

【医疗机构监督检查】　是年，开展民营医疗机构依法执业专项检查，共检查民营医院3家，民营门诊部6家，民营诊所40家，要求整改单位数10家。对6家违法违规单位开展行政处罚7起，处罚金额17600元；开展药店非法诊疗行为，共督查10家药店，未发现有医生坐诊行为等无证行医。

【医疗市场监管】　是年，查实非法行医案件33起，罚没款43.7万元，对近年来非法行医窝点、非法医疗美容场所进行复查20家，对生活美容服务场所是否开展医疗美容项目进行严查，检查生活美容场所106家，立案查处13起。根据《定海区打击非法行医投诉举报奖励办法（试行）》，对1名举报人予以500元奖励。

【计划生育监督】　是年，对辖区内23家医疗机构开展超声诊断仪使用专项执法检查专项检查，未发现使用超声诊断仪开展“胎儿摄影”活动及实施“两非”行为；对1家医疗机构未取得“母婴保健技术服务执业许可证”擅自聘用非卫技人员开展B超和阴超检查及施行终止妊娠手术，作出罚款16500元、没收违法所得1.1元的行政处罚。

行风建设

【作风和效能监管】　是年，召开学习会和面向卫计行业服务对象的座谈会，广泛征集问题和建议并列出问题整改清单，明确整改措施和整改时限。出台《关于开展“作风建设年”活动的实施方案》，以“转作风、强规范、提效能”为主题，强化“一岗双责”意识，进一步强化领导干部责任担当。深化“最多跑一次”改革，在系统内开展就医体验活动，收集改善医疗服务意见建议16条，全部整改完成。根据区纪委、区监委要求和工作部署，在系统内开展整治形式主义、官僚主义和纠正“四风”活动。区卫计系统排查

出召开会议、服务群众、公务接待，检查考核等方面存在的形式主义、官僚主义及“四风”问题8类，19种表现形式，制定整改措施20项，全部整改完毕。践行监督执纪“四种形态”。共进行提醒谈话7人，任前廉政谈话2人，诫勉谈话2人，行政记过处分1人，发出廉情通知书2份，对倾向性、苗头性问题及时抓早抓小，防微杜渐。

【治理商业贿赂】 是年，开展全区卫生计生系统收受“红包”“回扣”专项治理工作，坚决查处医药购销领域内的行业不正之风。全区14家医疗卫生机构有886名工作人员签订拒收“红包”、回扣承诺书，有5家单位70名医生以实名制方式向驻局纪检监察组上缴“红包”、回扣计现金83450元，上交区纪委廉政专户。对全区5家医药供应商负责人进行集体廉政约谈，要求所有药品供应商规范药品营销行为。强化医务人员依法执业管理，严格医师处方管理，定点开展医师处方点评。

红十字会

【继续开展医疗下乡活动】 是年，配合市红会“流动医院”义诊6次，与区卫计局、区科协等单位协作，开展“三下乡”“为老服务”等义诊24次，服务群众近5000人次，发放总价约4.6万余元的药品。

【加强基础设施建设】 是年，在“柳永广场”设置一台AED，组织辖区内3家AED设置单位参加AED安装工作布置和使用培训，联合区旅游局对旅游从业人员开展一期救护员培训，有91人取得救护员证书，加大了旅游景区救护力度。

在区教师进修学校救护培训基地开展一期救护员培训，有114名教师取得救护员证书；各学校红会开展内容丰富的救护知识普及培训，校园红十字在学校思想建设、道德建设、文化建设等方面发挥重要作用。

【造血干细胞和器官捐献】 是年，开展造血干细胞采样活动7次，有37人加入中华造血干细胞资料库，完成体检1人，采高分1人；新增人体器官（遗体组织）捐献志愿登记4人。

在双桥街道开展造血干细胞采样活动

【开展现场应急救护培训】 是年，开展普及培训91期，培训5682人次，完成年度计划的129.1%；开展救护员培训10期，有805人取得救护员证书，完成年度计划的100.6%。

开展救护培训

【开展扶贫帮困活动】 是年，申请“普济白血病”专项救助5名，发放救助款11.09万元；募集各类善款2.04万元，支出2万元；做好“红十字博爱送万家”等人道救助活动，给125户困难群众送去价值123940元的款物。

计划生育

【概况】 是年，全区出生人口1919人，计划外出生13人，计划生育率为99.32%。全区有育龄妇女7.29万人，其中已婚育龄妇女5.53万人。

全区有流动人口113021人，其中跨省流入100797人，省内流入12224人，流出人口12905人。有流入育龄妇女42469人，其中跨省流入育龄妇女36728人，省内流入育龄妇女5741人；跨省流出育龄妇女1709

人。全区有各级计生协会157个（包括10个企业计生协会、15个流动人口计生协会），专职工作人员174人，协会理事1493人，个人会员21170人，会员小组552个，会员之家142个，协会志愿者2604人。

【“一票否决”审核】 严格执行计划生育“一票否决”制。全年审核先进集体单位247家，先进个人2199人，无“一票否决”现象。

【社会抚养费征收】 是年，全区征收社会抚养费3例，金额7.047万元，结案3例。

【计划生育奖励政策】 是年，确认渔农村奖扶对象2829人，新增658人，发放渔农村奖励扶助金271.58万元。确定城镇奖扶对象355人，发放奖励扶助金34.08万元。确定独生子女伤残死亡类特别扶助对象755人，并发症类特扶对象29人，发放特别扶助金558.12万元。累计发放各类资金863.78万元，比上年增长11.2%。全年帮助困难计生家庭179户，发放公益金35.31万元。全年帮扶计划生育并发症人员，发放生活困难费及医疗费报销补助22.41万元。

【出生人口性别比】 是年，全区本地和流动出生3459人，男婴出生1784人，女婴出生1675人，出生人口性别比107，处正常范围。

【流动人口计划生育宣传】 发放各类计生宣传资料5万余份,免费发放各类避孕药具上万份,走访慰问流动人口1200人次。

【开展生育关怀项目】 是年，推进“生育关怀 致富发展”项目。2018年申报1个省级项目获得补助资金10万元，3个市级项目获得补助资金2.5万元，5个区级项目获得补助资金10万元。2018年全区各级计生协开展慰问救助507人，慰问金额29.9万元。

2018年，市计生协下拨补助资金9.37万元，重点帮扶90位渔农村60周岁以上计生特殊家庭老人。

【关怀计生特殊家庭】 开展“夏日送清凉”活动，为全区226户40周岁以上的失独家庭送上医药保健盒（内含多种防暑保健药品），并发动各镇（街道）计生协对计生特殊家庭进行走访慰问。在城区依托第三方服务机构，继续与民非组织定海区老来福居家养老服务中心合作，通过发放服务抵用券的方式为城区生活自理能力相对弱的失独老人提供居家服务。为失独家庭提供辅助生育或收养子女的补助。是年有1户失独家庭开展辅助生育，2户办理收养手续，补助资金15万元。投入19.3万元为全区666位计生特殊家庭父母购买特殊家庭健康保险，32户计生特殊家庭获得住院补助。

【加强主题宣传倡导】 是年，依托“优生优育生殖健康知识讲座进社区”项目，在全区各镇街道开展全面两孩计生政策解读、科学育儿方法指导、女性生殖健康和疾病预防、孕期营养保健等知识讲座，开展10场，受益人群近千人。

开展“青春期健康教育进校园”与“暑期青春期健康教育进社区”活动　邀请专家先后到区内18所学校开展20场青春健康知识讲座，参与学生3000余人。2018年各级计生协开展面向家长的讲座培训121场次，参与家长3900余人次；面向青少年的讲座培训170场次，有8500余名青少年参与其中。

创建省级青春健康教育基地　在定海六中心理健康教育基地基础上打造省级青春健康教育基地，通过新建技能培训区、图书阅览区、宣传展览区、网络视听区、咨询服务区等多个功能区，配备多媒体播放等设备，配置足够数量的青少年性与生殖健康、心理卫生等方面图书、宣传教育资料等，以满足青少年在性与生殖健康知识的需求，提高青少年性与生殖健康知识水平和行为能力。

协同开展关爱流动人口活动　在春节期间联合多家单位分别到浙江森森集团、盐仓新居民服务中心、市长途客运中心等地开展“把健康带回家”流动人

开展健康心理宣传活动

口卫生计生关怀关爱专项行动，增强流动人口对于国家公共卫生服务政策的了解，倡导流动人口养成健康文明生活方式，将“健康身体、健康知识、健康用品”带回家乡，营造全社会关心关爱流动人口健康的社会氛围。活动期间各级计生协共开展健康讲座60场，义诊咨询活动32场，发放健康礼包等宣传品近2000份。

（撰稿：蒋红珍）

（本类目图片由区卫健局提供）

体育事业

【全民健身事业有序发展】 完成国民体质监测2500人，体质合格率达到95%,比上年增加3.5个百分点。采用政府向社会购买体育服务模式，全年组织开展羽毛球、篮球、台球、田径、门球等“活力定海”系列赛事活动14场。提高群众身边科学健身指导水平，培训区级以上社会体育指导员500余人，开展科学健身讲座15期。

【活动品牌成效有力提升】 是年，“神行定海山”海岛户外运动品牌全面融入文化、非遗、公益等元素，借力直播平台等媒介，社会价值、社会影响力进一步提升。2018“神行定海山”全国徒步大会共吸引来自北京、江苏、湖北等10余个省市1600余名运动员参加，浙江新闻24小时、今日头条、战旗三大直播平台观看赛事活动总人数达90.7万余人次， 定海山海风光、人文风情随着活动开展走向全国。全年组织开展“神行定海山·约定海那边”系列赛事活动4场，吸引2000余人次参加。

2018神行定海山全国徒步大会

【竞技体育喜获佳绩】 组织近100名运动员参加省第十六届运动会田径、沙滩排球、乒乓球、篮球、排球12个项目，其中定海籍运动员张一凡获得国际式摔跤男子乙组古典62KG级的冠军，邵一睿、夏浩祺、钟晗哲、周宇正获得男子13～18岁4×400米的亚军。

定海运动员陈怡嘉参加省第十届运动会女子100米栏比赛

（撰稿人：方优维）

（本类目图片由区文化与广电旅游体育局提供）

责任编辑：王英伟

人力资源和社会保障

概　述

2018年，定海区人力资源和社会保障局把握“强人才、保民生、促和谐、优服务”四大主题，紧紧围绕推动更高质量更充分的就业、健全社会保障体系、加强人才引育、深化人事制度改革、构建和谐劳动关系、推进“最多跑一次”改革，奋力抒写定海区人力社保事业发展新华章，为定海率先高水平全面建成小康社会打下坚实的基础。

人才人事管理

【集聚优秀人才】　吸引和鼓励高校毕业生来定就业创业，新引进高校毕业生1982人，其中大学本科及以上学历的1031人。深入推进高校毕业生见习工作，全年新增见习基地8家，参加见习人数104人。

【培育产业人才】　通过技能培训、技能人才评价、技能比武、技能大师工作室建设等措施培养各类技能人才，是年，全区组织职业技能培训3653人次，新增高技能人才1210人；5人获评首届“千岛工匠”称号，占全市受表彰人数的50%。主动深入海岛企业现场挖掘专技人才，在金塘螺杆塑机协会探索开展全市首家企业职称自主评价试点工作，全年新增专技人员861人次，创五年来本区最高记录。

【完善人才服务】　成立定海海洋科学城人力资源共享服务站，为全市首个，为科学城入驻企业提供招聘信息发布、业务集中咨询办理、政策宣传、人才引进等各项服务。帮助2家企业的3名外国专家成功申报浙江省海外工程师引进计划，获得最高20万元的年薪资助。

组织企业参加浙江省第五届海洋类
毕业生专场招聘会

【公务员/事业人员录用】　是年，通过笔试、面试、体检、考察、公示等程序，新招录公务员45名，新招聘事业单位工作人员143名，招生（招聘）并轨模式农村基层教师10名、基层卫生专业人员12名。

【人事管理】　全区各事业单位建立单位内部的“岗位聘用人员数据库”，岗位管理的动态管理机制更加完善。指导教育、住建、交通、卫计等11个系统建立本系统专业技术岗位聘任管理办法或指导意见，其他事业单位建立本单位的专业技术岗位聘任管理办法。

会同区委组织部拟定下发《关于进一步明确全区机关公务员和事业单位工作人员平时考核工作有关问题的通知》，进一步加强全区干部的日常管理。拟订《关于进一步规范全区机关事业单位编外人员工资收入待遇的意见》，指导各镇（街道）制订发放办法。

【公务人员培训】 组织开展第二批“公务员学法用法三年轮训活动”，通过举行宪法宣誓仪式、专题辅导、线上教育、上机测试、考核认定等多种方式，切实提高轮训工作实效性。第二批共有356名公务员参加轮训，上机测试通过率99.1%。

2018年定海区公务员“学法用法”三年轮训

【军转干部服务管理】 以各项解困政策落实为重点，认真落实各项军转安置政策，利用节假日重点走访16名自主择业军转干部，发放慰问金0.96万元。发放企业军转干部春节慰问金6.24万元。编制计划分配军转干部和士官安置计划。完成退役军人信息采集的前期准备工作。

劳动就业与培训

【创业创新】 是年，定海区发放创业贷款1400万元，发放各类创业补贴73.86万元，惠及创业者100人次，各项数据均创历年新高。组织开展“2018年定海区创新创业大赛”、“创业新星”评选等活动，定海区推选项目获全市创业大赛一等奖。完成伍邦大学生创业园企业安置工作，新认定定海创客邦为大学生创业园，累计入驻创业园企业137家，带动就业达855人。

2018定海区创新创业大赛决赛

【就业帮扶】 开展2018年就业援助月专项活动，印制并发放政策宣传资料12000余份。通过落实灵活就业社保补贴政策、职业中介等手段，帮扶765名就业困难人员实现就业。为吸纳高校毕业生、就业困难人员、被征地农民的88家企业受理审核了社保补贴，为到中小微企业首次就业的297名高校毕业生办理了个人就业补助。

【各类招聘】 举办各类招聘活动，大力宣传“淘就业”平台，实现线上线下一体化服务。举办春夏大型人力资源招聘会、随军家属招聘会、周六招聘会等各类招聘活动21场。参会企业共747家，共推出岗位16000余个。进场求职人数5521人次，达成初步意向1293人。按照“东西部就业扶贫劳务协作”要求，赴四川宣汉和万源举办就业扶贫劳务协作专场招聘会，定海区11家企业共达成初步意向51人。

2018年定海区春季人力资源招聘会

社会保障

【全民参保登记】 全区城乡居民基本养老保险参保率达97.4%，城乡居民基本医疗保险参保率99.24%，全面完成年度参保指标任务，并对全民参保登记系统实行动态管理。严格落实被征地农民参保工作联席会议制度，被征地农民养老保障期末在保10827人，累计转轨76592人。完成教育管理体制改革中涉及统筹区变化的事业编制内人员关系和账户划转工作。

【基本医疗保险制度】 执行新的舟山市门诊特殊（慢性）病种管理办法，特殊病种范围从原先的20类21种增加到25类31种。执行新的大病保险政策，大病保险支付比例提高5个百分点。城乡居民医保普通门诊市内医药机构（不含基层）支付比例从20%提高到25%。在二级及以上公立医疗机构试行按病种付费管理，实施病种扩大到106个。

【社保业务经办】 顺利承接市级业务经办，是年，共受理市本级各类业务110707件。随着“互联网+人社”标准化服务平台投入运行，经办职能更加明确，权责结构更加清晰，业务流程更加规范。开展社会保险经办风险自查工作，并完成整改。继续开展总额预算管理下的医保支付方式改革，通过控费管理，上个医保年度少支付医保基金622万元。

9月25日，定海区人力社保业务无差别全科受理试行

【退休干部服务管理】 是年，组织37人次退休老同志参加早锻炼辅导班，组织474名退休人员参加“走农村，看发展”活动。举办全区情况形势通报会、“重温八八战略,展望浙江蓝图”主题讲座、老年养生营养知识讲座等各类主题讲座。向全区113名70、80周岁及90周岁以上的退休老同志赠送生日蛋糕，走访慰问23名因病住院的退休老同志和生活困难的干部职工。

劳动关系

【劳动监察】 通过主动监察及农民工工资支付情况专项检查等各类专项行动，及时发现和查处一批拖欠克扣工资、非法用工等违法行为。共出动检查执法人员165人次，检查用人单位562家。劳动监察全年共受理投诉举报案件83件，全部通过快速调处方式解决，涉及工人373人，结案金额555万元，其中行政处罚案件6件，处罚金额65000元，全年未发生一起因欠薪导致的群体性事件。

定海区劳动监察大队在海洋科学城开展法律知识讲座

【长效机制】 全面启动定海区“无欠薪”县（区）创建工作，统筹全区各行业主管部门陆续建立并落实了工程建设项目施工现场维权信息公开制度、工程建设项目实行银行代发工资制度、分包企业委托总承包企业直接向农民工代发工资制度，制定出台工程建设项目实行工程款支付担保制度的办法和在欠付工程款范围内先行垫付农民工工资的具体办法。培育1家“双爱”活动综合试验区示范乡镇和15家“双爱”活动综合试验区示范企业。参加企业劳动关系和谐指数实地调研测评工作，定海区分数位居全市第一。

召开定海"无欠薪"区创建工作推进会议

【劳动争议处理】 打造"1+X"劳动纠纷多元化调解机制，强化基层调处典型试点工作，盐仓街道、双桥街道、白泉镇被列为市级试点单位，其中，盐仓街道被推荐为劳动纠纷多元化解中心省级示范乡镇。强化仲裁效能建设，积极推进要素式办案模式改革和裁审有效衔接，全年共办结劳动争议仲裁案件275件，其中要素式办案102件。

（撰稿：陶旭怡）

（本类目照片由区人力社保局提供）

责任编辑：王英伟

民　政

概　述

2018年，区民政局在区委、区政府的领导下，在上级部门的指导下，围绕花园式国际人文港城建设目标，统筹推进民政各项工作，圆满完成年度工作目标任务。

社会救助

【低保覆盖面拓展，城乡一体化成果得到巩固】 2018年，定海城乡低保标准统一为664元/月，月人均补差598.25元，达到省政府2016年新农村建设考核目标。另从10月开始，全区陆续实施 “残疾人单独施保” 和“支出型贫困家庭救助”，进一步拓展救助范围，据统计，截止到2018年12月，全区共有低保户2421户2967人，全年合计支出低保资金2542.77万元。

【规范救助对象动态管理工作】 建立救助对象复查长效机制，每季度对在册低保家庭财产进行系统核对，每年进行一次全面复查，各镇（街道）每半年、村（社区）每季度开展复查工作。截至年底，受理申请新增430户499人，核对走访入户率超95%；共核出不合格100户123人，检出率20%。全区民政救助对象年度核查采取镇（街道）核查与区民政局抽查相结合的方式，至年末，走访11个镇（街道），对低保、低边家庭的基本情况、成员就业状况和经济收入水平进行全面调查，累计注销各类低保对象902户1254人。配合市审计开展全区低保专项检查工作，将反馈问题下达各镇（街道）并限期整改。会同财政部门开展养老服务补贴、高龄老人长寿保健金等民生资金使用的检查工作，及时整改发现的问题。实施“焕新乐园”助困项目，投入资金18万元为18户家庭进行家庭环境的改造。

【提高医疗救助标准】 提高贫困群体医疗救助标准，低保对象统一提高到70%，低保边缘对象（含因病致贫家庭）统一提高到60%，救助封顶线统一提高到80000元。2018年全区医疗救助115719人次，支出医疗救助金12282576元。贫困群体刷卡救助次均医疗救助费用106.14元，救助标准的提高切实惠及到困难群众。

【健全临时救助机制】 实施《舟山市临时救助暂行办法》以来，全区临时救助范围进一步扩大，在确保全区户籍人口救助基础上，将另外5类常住人口和流动人口也列为救助对象，救助标准和救助额度在原先的基础上也大幅度提高；继续深入“阳光共济”专项救助。至年末，为80户临时困难家庭发放救助金44.62万元。为136户困难家庭发放救助金210.5万元。

【建立健全社会救助保障制度】 发挥社会救助联席会议制度牵头部门职能，出台《加快推进扶贫救助工作精准化的实施意见》，建立联席办公会议月度例会制度，推进扶贫救助工作精准化，互通部门扶贫救助信息，统筹安排各类扶贫救助工作，建立相应体制机制，对各类救助对象进行全面经济核查，避免“多头救助、重复救助、超标救助”现象。完善基层救助窗口“一门受理、协同办理”工作机制，确保困难群众“求助有门、受助及时”。实施临时救助分级审批制度，推行小额临时救助资金（3个月低保金总和）由镇（街道）直接审批，发挥“救急难”作用。

救灾救济

【规范“避灾工程”建设】 会同各镇（街道），区住建部门对辖区避灾安置场所进行质量鉴定，下发避灾安置场所认定文件，确保避灾安置场所安全运行，确保管理到位，做到“严进严出、动态管理”，对鉴定后符合避灾条件的场所及时通过《舟山晚报》等主流媒体及微信等新媒体平台向社会进行公布。截至年底，全区有避灾安置场所70个，可避灾面积35445平方米，可容纳约11455余人，覆盖所有城区、重要镇街和外来务工人员较多的厂区、工地，其中：镇（街）覆盖率100%、村（社区）覆盖率达到48.6%。

【加强“规范化”建设】 加强避灾场所内部管理，落实避灾场所管理人员，就避灾场所产权单位、镇（街道）、民政、公安（社区民警）、卫生（社区医生）各部门联系人及联系方式制作成牌，上墙公示，进一步明确落实各部门管理人员，在台风来临时，第一时间到岗到位，实施各方面救助管理。根据《舟山市避灾安置场所运行办法》，在台风灾害来临，全区范围内推行实施灾民登记制度，灾民进入避灾场所后必须登记，凭灾民生活救助登记卡领取生活用品。完成《定海区避灾安置场所灾民登记表》《定海区避灾安置场所灾民生活救助登记卡》《避灾场所管理人员工作证》等统一制作和各镇分发，为灾民登记制度实施做好准备。落实避灾安置场所工作人员分工和职责。进一步落实镇（街道）避灾场所管理人员工作职责与分工，通过镇（街道）自报每一个避灾场所负责人与联系人，民政局抽查、新闻媒体监督的形式落实该项工作。

【加强“备灾工程”建设】 基本形成以避灾安置场所物资储备点为基础、离岛乡镇救灾物资储备库为补充、区救灾物资储备库为支撑的救灾物资储备网络，全面提高灾时应急保障能力。截至年底，全区有救灾物资储备仓库7家，仓储面积2230平方米，其中：离岛乡镇救灾物资储备库5处，全面完成离岛乡镇救灾物资储备库的建设，实现离岛乡镇、离岛社区（村）全覆盖现储备，现有总价值约100万元的衣被、草席、应急包、食品、帐篷、折叠床、应急灯、发电机等生活保障类物资和橡皮艇、电动锯、柴油抽水泵等应急救援物资。

社会福利

【推进民生实事项目】 建设示范型居家养老服务中心 建筑面积2000平方米，总投资800万元的定海区居家养老服务综合中心建设，于6月底试运行，8月4日正式开业。自运行以来，配送餐服务已覆盖到定海城区、白泉镇等5个社区，服务老达200余人，上门为白泉、干氇两镇15个社区80名养老服务补贴对象提供个性化服务，为21位老人提供“喘息式”入住服务,3名老人提供日托服务，该项目以公建民营的形式进行运营，运行团队为定海广济养老服务中心。岑港示范型养老服务中心，建筑面积480平方米，正在内部装修，年底前完工。

扩面助餐服务 全区配送餐覆盖63个社区，覆盖率达55.26%。

建设“邮善邮乐”超市 与邮政、慈善合作建设“邮善邮乐”爱心超市，干氇镇鼎好爱心超市、城东街道长发爱心超市完成建设，并投入运行；在城西河路11号（原区婚姻登记处）建设面积约350平米定海区“邮善邮乐”爱心服务平已完成装修，依托该平台同步建设“善乐定海”慈善基地。

完成广华颐养院扩建工程 总投资1450万元，利用邻近4000余平方米的商业用房进行改造，新增床位247张。

推进社区居家养老服务照料中心建设 新建设社区居家养老服务照料中心4家，檀香社区、文昌社区居家养老服务照料中心完工，小沙沈毕家村居家养老

定海区居家养老综合服务中心举行开业仪式

服务照料中心结顶，开源社区居家养老服务照料中心装修设计。

【提高养老服务质量】 投入30万元在定海第二福利院试点开展“智慧用电”监管服务系统，以智能化的火灾隐患排查新手段实现电器火灾从“被动处理”到“主动监管”的转变，目前，该院80个房间均接入该系统，实时进行“无死角”监测。投入5.9万元对全区15家养老机构和61家居家养老服务照料中心实施综合责任险投保工作，有成功理赔案例。依托区培训中心开展养老护理员赛前培训，组织人员参加市里组织的养老护理员培训。举办全区第二届养老护理员技能大比武，24名护理员参加比武，前三名选手被授予

舟山市定海区第三届护理员擂台赛

“定海区技术能手”称号，参加全市的养老护理员职业技能大比武，获得大满贯，参加的五位选手获一个一等奖、一个二等奖、三个三等奖，取得全市团体第一的好成绩。联合区消防大队、市市场监督局等单位对各养老机构的消防安全、医疗康复服务、日常运营管理和食品安全四个方面进行检查，督促各敬老院对每一项安全隐患制定专项整改措施，及时消除安全隐患，并进行回头看。

【落实养老服务补贴政策】 对符合条件的老年人提供养老服务补贴，截至10月，全区有养老服务补贴对象272人，其中一类居家对象94人、一类机构对象7人，二类居家对象81人，三类居家对象90人，发放养老服务补贴91.61万元。加大对养老服务补贴资金使用的监管力度，联合区财政局开展对全区养老服务补贴工作专项检查行动，对部分镇（街道）、社区（村）政策落实不实、补贴资金长期积压、配套资金不到位、监督管理不严等问题进行通报，要求及时落实整改。

【推进养老体系建设】 发展中高端养老机构，按照全区养老设施的布点规划，启动小洋岙（区民政局东侧地块）占地30亩的养老机构前期准备工作，对接省内外理念先进、管理成熟的养老团队到定海区进行考察，促成项目合作。引导社会力量参与养老服务，小沙街道的大沙、增辉、青岙社区居家养老服务照料中心，马岙街道的马岙社区居家养老服务照料中心和定海老来福社会组织签订合作协议，由老来福承接辖区内的养老服务补贴对象服务工作和照料中心运营；干石览镇和白泉镇整体打包和广济养老服务中心签订合作协议，辖区内的所有照料中心由该中心来运营，所有养老服务补贴对象的服务也由他们一并承接；定海广济养老服务中心开发“智慧养老”系统，为老年人提供紧急呼叫、健康咨询、护理服务等订单服务，该系统完成开发，即将上线。“美之声”“暖夕阳”等社会团队通过政府购买服务为定海西蟹峙、摘箬山等偏远小岛空巢、独居老人提供理发、陪聊、紧急协助等服务。

【提高老年人生活保障水平】 做好老年人意外伤害保险工作。与区财政、保险公司等部门对接，5月起全面实施该项工作，出资9.32万元为3106名列为政府补贴对象的6类老人（分别为年满90周岁及以上享受高龄老人长寿保健补助金的老人、以及年满60周岁及以上低保户、低保边缘户、特困对象、重点优抚对象、失独老人）购买老年人意外伤害保险。做好长寿保健补助金发放工作。截至第三季度，发放高龄补助金107.06万元，90周岁以上老人1069人，其中百岁老人29人。按程序规范高龄老人长寿补贴发放及管理工作，抓好动态管理，及时办理停发和增发手续。开展敬老爱老慰问活动。“敬老月”期间，开展百岁老人慰问、“助老济困”“福彩有爱孤老不独”“孝行为善——关怀特殊困难老人”等慰问工作，合计发放慰问金25.1万元。

【规范基层老年人协会管理】 建立培训机制，举办定海区第五届老年协会骨干培训班。对全区老年协会会长、秘书长等骨干进行集中培训。邀请区级优秀宣讲师为老人授课。课程结束后组织全体骨干观看“纪

念改革开放40周年”相关节目，让老年人切实感受改革开放的成果，增强老年人的获得感和幸福感。指导各镇、街道做好基层老年人协会（分会）换届选举工作。至年底，9个镇街道完成该项工作，报区老龄办备案。要求未完成的镇（街道）12月底前需全部完成。

【改善老年人精神文化生活】 开展文化惠老活动 “敬老月”期间精心制定出台活动方案，联合成员单位积极开展活动：联合局党总支、社会组织50多名志愿者到马岙街道三星社区开展“营造敬老爱老社会氛围、纪念改革开放40周年”区民政局“百善惠”敬老月惠老公益活动，现场设有养老政策宣传、文艺演出、医疗服务、家电维修、防骗咨询等内容，让老年人收获实惠；选送戏曲节目《百花争艳》参与舟山市十八届老年文化艺术周开幕式文艺晚会，向全市人民展现定海老年人的风采；联合区老年体协举办2018年“庆重阳中老年木兰双扇交流展示”活动，让广大中老年朋友在喜庆的气氛中欢度自己的节日；委托相关部门承担，举办5场文艺巡演活动，巡演地点安排在老年人较多的老年活动中心、农村文化礼堂、福利院（敬老院）进行，让基层和农村的老人们感受关爱。

抓好老年教育事业发展 做好老年电大相关工作。开展2017年度老年电大先进集体、先进个人评定工作，发放电大先进集体“以奖代补”经费、先进个人奖励金共计2.3万元。老年电大教学点数量以每年10%的速度稳步递增，至年底达到97个。除常规社区、村教学点外，是年还发展定海区养老服务综合中心教学点。继续做好老年电大基层教学点春、秋季开学等一系列工作。

社会组织在马岙街道三星社区开展“百善惠”敬老月惠老公益活动

【加强福利企业监督检查工作】 2018年，全区目前有福利企业10家，分别是临城2家、环南1家、城东1家、小沙1家，双桥1家，马岙2家，白泉1家，干碰1家，主要从事纺织，机械加工，塑胶制品等。11家福利企业共安置就业人员579人，其中残疾职工186人,占32.1%。《财政部 国家税务总局关于促进残疾人就业增值税优惠政策的通知》（财税〔2016〕52号）中规定，安置的每位残疾人每月可退还的增值税具体限额，由县级以上税务机关根据纳税人所在的区县（含县级市、旗）适用的经省（含自治区、直辖市、计划单列市）人民政府批准的月最低工资标准的4倍确定。根据舟山市人民政府令第40号文件，区福工办通知各福利企业上报2017年度社会福利企业社保补贴和超比例安置奖励，经审核发放社保补贴和超比例安置奖励800862元。

社会管理

【建设“幸福社区”】 根据市、区要求，积极推进桔北、马岙、龙潭等12个市级“幸福社区”的建设工作，共改造提升便民服务设施18处；培育社区志愿服务团90余支；组织实施服务项目120个（其中精品项目49个），服务周边群众1.5万人次。稳步推进10个区级“幸福社区”创建工作，创建品牌10个，实施服务项目50个。结合农村乡村振兴战略实施方案，加快推进农村区片便民服务设施提升改造。

【规范基层民主自治建设】 开展定海区农村社区建设示范评估工作，金山、马岙、柳行等6个社区被评为首批省级农村示范社区。开展村务公开巡查工作，联合区纪委对全区16个社区的村务公开情况进行检查并通报，对存在的问题进行整改落实。开展全区优秀社会工作者、社会工作先进社区、优秀社会组织、百名优秀村民代表评选活动。

【增强社区服务功能】 启动社区“三多”事项清理工作，完善事项清单，下发《关于开展城乡社区“三多”问题自查工作的通知》（定社治联办〔2018〕2号），开展自查自纠，及时梳理汇总，对未在省定清单内的事项；未执行社区（村）挂牌审批流程擅自挂牌；未按准入制度要求创建活动的三类情形着手开展清理。

便民服务中心

【加强"三社"工作】 规范做好社会组织审批、年检、评估工作。加大社会组织培育力度，发展枢纽型、支持型社会组织，覆盖率达83%。鼓励社会组织承接政府职能，是年，有24家社会组织申报AAA级以上等级评估，14家入围市级公益创投项目，获项目资金34.7万元。加强社会组织监督管理，开展社会组织"双随机"抽查和行业协会商会涉企收费"回头看"工作。加强社工人才队伍建设，林嵩、蒋马良2人被评为省级农村社区工作领军人才。

【做好社会组织登记管理工作】 严格审批手续，做好社会组织登记工作 今年登记社会团体4家，变更47家，其中法人清理变更46家,注销8家。民办非企业登记7家，变更8家,注销5家。通过政务服务网系统改革，全部做到一窗受理，实现最多跑1次。

开展年检年审工作 5月初下发《关于开展社会团体2017年度社会组织年检年审工作的通知》，年检按时间规定7月15日全部结束，社团参检率99.4%，民非参检率100%，基金会年检1家，基本合格10家。

开展社会组织等级评估工作 是年，24家单位申报参加AAA级以上等级评估，经前期按行业分类对参评单位进行培训、辅导、筛选，至年底，有19家单位进评估，其中广华颐养院已评估。

开展行业协会商会涉企收费"回头看" 自行业协会商会脱钩以来，定海区行业协会商会直接登记13家（是年新增1家挖掘机行业协会），由工商联主管的行业协会商会18家，累计31家。31家行业协会商会会费档次都严格按照规定的四挡范围内，除会费外，未收取其他服务性费用。在31家单位中，有6家单位在2017年度未收取任何费用，16家单位四挡收费都在标准范围中，有9家会长单位会费在一万元左右。

开展社会组织双随机抽查 对2018年省、市抽取的22家单位，区民政局执法组采取逐个入户检查的办法，主要对登记证书、年检报告、组织机构设置、负责人及会员名单、内部管理制度、审计报告和开展业务活动等进行台账资料检查和实地查看，有2家单位（汉文化协会、迅伊艺术培训学校）内部制度不健全，汉文化协会未及时办理地址变更手续。对抽查发现存在问题的，按照反馈结果限期整改，抽查结果已通过浙江省双随机抽查系统向社会公开

开展非法社会组织排查和专项治理工作 针对非法组织排查和专项治理工作，参加公安分局组织的非法组织整顿视频会议，以及区教育局组织的非法民办培训学校的清理整顿工作。在区民政局门户网站上传关于开展非法社会组织排查治理专项行动的公告，设立投诉举报电话，鼓励全社会监督举报。是年，由教育局牵头，民政、市场监督、工商、公安等部门联合对132家校外机构进行逐一排查，有21家培训机构超经营范围（在市场监督局登记，出现文化课培训现象，文化课培训必须获教育局许可证，民政局登记）已责令限期整改，停止营业。

【加强社会组织培育扶持】 是年，定海区实现每个城市社区有13个以上、农村社区有4个以上的社区社会组织；枢纽型、支持型社会组织覆盖率83%。社会组织备案工作严格规范，执行镇（街道）备案，并每月向区民政局上报备案汇总表。是年，区民政局对十佳优秀社会组织进行表彰，奖励扶持资金计5万元；对首次评估等级为AAAA以上单位进行表彰，扶持资金计5万元（1家AAAAA,3家AAAA）。14个项目入围参加舟山市公益创投，获资金34.7万元。

【搭建社会组织培育平台】 利用原社保大楼，建设总面积约800平米的区社会组织培育服务中心，集社会组织孵化培育平台、社会组织服务社会窗口、社工教育培训实践基地、社区建设指导于一体，吸纳一批符合条件的社会组织入驻中心。该项目完成建设。前期制定中心运作方案，完善各类上墙制度，完成家具采购等，正在做项目决算，软装布置。9月份通过政府购买服务方式，社会化运营，11月3日运营。

【深化社会组织党建工作】 新增2家党组织；完成社

定海区社会组织党群服务中心和社会组织培育服务中心揭牌仪式

会组织党委换届，党委开始实体化运作；制定百善惠服务方案，建立“百善汇”党建公益服务，以需求点单，志愿积分服务的方式，向定海区老年群众提供服务。同时建立多元化的志愿积分兑换机制和激励机制，要求社会组织党组织将服务做为党员先锋指数考评的重要参考，明确党建公益服务成效显著的社会组织，在各类评先评优中享受优先推荐权，引导和带动服务社会、服务群众成为“百善惠”的清新风尚，在党建公益服务中彰显组织活力。8月份为全面打响“百善惠”党建服务品牌，助力全国文明城市创建，组织曲艺说唱爱好者协会与局支部共同参与“百善惠”志愿服务活动。

社会事务

【加强婚姻登记工作】 是年，全区办理结婚登记2761对（包括复婚275对，补办119对），办理离婚登记1238对，补发结婚登记证714件，补发离婚登记证149件。完成2016年婚姻登记档案全文数字化核对工作，简化婚姻登记档案调阅程序，方便当事人快捷的查档服务。6月推出由工作人员给当事人免费拍摄婚姻登记证件照，避免婚姻当事人来回跑，把“最多跑一次”落到实处。7月9~11日，省厅组织各市进行婚姻管理规范化交叉检查，嘉兴市民政局副局长鲁肇峰带队对舟山市开展社会事务工作检查，对定海区的婚姻登记规范化建设情况给予肯定，指出检查中发现的问题，提出宝贵的意见建议。9月起全面开启安全性强、超高精度、非接触性的高科技“人脸识别身份认证系统”，识别核对前来办理婚姻登记人员的身份信息，提高人证合一的准确性。

【加强殡葬管理工作】 严格按纪委、民政、国土、农林、规划等7部门联合发文要求，加大对农村公益性墓地的整顿，严厉查处违规违法行为。会同区纪委联合下发《关于公益性墓地整改的通知》，11个镇（街道）均以文件形式上报整改方案，并落实整改工作，对环南庆丰村违建的12座坟墓进行集中整治。对白泉柯梅社区塘夹岙经济合作社违规新建公墓地现象进行立案查处。协助昌国街道做好茅岭村永宁陵园墓地的整顿规范工作。配合市局编制全市公益性墓地规划。

【推进“最多跑一次”改革】 是年涉及改革的民政事项均实现“最多跑一次”，其中“一证通办”事项开放16项；“同城通办”事项23项。完成对地名证、门牌等审批权限下放工作。实行婚姻登记处提供结婚拍照服务。实行无差别全科受理综合事务受理模式，由民政窗口牵头，联合文体、教育等14个部门窗口设立“综合事务” 窗口，受理488项办事事项。

【地名服务管理工作迈上新台阶】 第二次全国地名普查成果转化通过国家地名普查办公室验收。开展地名清理整顿工作，配合城市执法局完成对定海城区200多处地名路牌的改造工作，创城期间，对城区破损的商铺牌、小区楼牌进行更换，共计4000余块。区民政局按照就近便民、服务延伸的原则。率先在全市

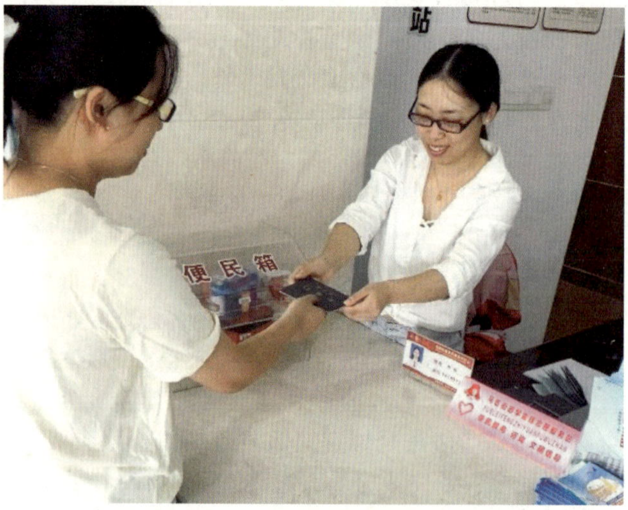

市民在家门口办理门牌证

推行家门口办理门牌证。将编制、核发门牌证、“地名证明”两个事项，保留区行政服务中心窗口各事项受理同时，下放审批权限至全区11个镇（街道），办事群众可直接就近前往所在镇（街道）服务中心办理，彻底打通服务群众“最后一公里”，实现让群众少跑路。

【做好大中型水库移民后期扶持工作】 结余资金使用规范。结余资金使用安排上坚持因地制宜、科学规范、统筹兼顾、突出重点、和谐发展的原则，注重资金的整合利用。2018年，省移民办下拨给定海区大中型水库移民结余资金105万元，安排给新螺头社区及虹桥社区。所有后扶项目按规定实行项目法人制、招标投标制、质量责任制、工程监理制、竣工验收制，确保工程质量，确保移民资金安全运作。

【开展水库解困项目工作】 2018年，定海区向省移办争取到小型水库扶助基金373万元。在小型水库解困资金安排上，做到重点项目、重点投资、讲求实效；坚持项目安排与与新区建设相结合，与新农村建设相结合，与当地移民福利相结合，与上级规定相结合。6月28日，定海区移民办与区财政局联合发文《舟山市定海区水库移民工作领导小组办公室 舟山市定海区财政局关于下达2018年度小型水库移民解困项目计划和项目资金的通知》（定移领办〔2018〕2号），明确2018年定海区小型水库移民解困项目8个，安排小型水库移民扶助基金373万元，年内所有项目均开工，已有两个项目完工，支出小型水库移民扶助基金110万元。解困项目覆盖社会事业基础设施、社会福利基础设施、水利建设设施等。实施小库解困项目，改善库区和移民安置区的基础设施建设，促进当地的经济发展和移民增收。

双拥与优抚安置

【开展军地共建工作】 协调部队参加全国文明城市创建，推进部队店面房，旧营房维修改造，违章建筑拆除，环境卫生整治，共落实整改问题47项。深化双拥共建活动，在建军91周年之际，举办第二届“海山增辉”驻定官兵才艺大赛，开展“送戏进军营”“军事体验日”“舰艇开放日”等活动。双拥慰问工作持之以恒，走访慰问驻定8家师级部队和全区236名困难优抚对象，支出拥军优属慰问金142万余元。

开展“走进军营，感悟军魂”的军事拓展营活动

【落实优抚安置政策】 为150名重点优抚对象办理“一站式”医疗结算服务；为59人次报销医疗费用95.73万元，报销比例提高至98.5%。组织59名退役士兵参加职业技能教育培训。组织37名重点优抚对象赴嘉兴进行疗休养。着手准备16名转业士官安置工作，按照30%事业单位，70%国有企业设置岗位；为1名大学生退役士兵推出事业单位岗位1个。

【推进退役军人帮扶政策】 认真贯彻落实省委办公厅（〔2017〕58号）文件精神，根据市退役军人工作领导小组要求，针对1999—2011年自谋职业转业士官进行集中性就业帮扶，13名自谋职业转业士官得到就业帮扶，并全部安置到各镇（街道）。建立健全退役军人关爱机制，挂牌成立区退役士兵服务中心，镇（街道）退役士兵服务站，形成退役军人联动工作机制。全面启动退役军人和其他优抚对象信息采集工

“海山增辉”2018唱响定海·第二届驻定部队官兵才艺秀

作，推进军人荣誉体系建设。做好重点信访对象稳控工作，维护社会稳定。

【提升军休服务水平】 军休所管理机构用房改建工程即将完工。是年，投入300万元对军休所管理机构用房及配套设施进行改造和加固。

（撰稿：黄 瑛）

（本类目图片由区民政局提供）

责任编辑：王英伟

街道　镇

城东街道

【概况】　城东街道位于定海城区的东部，东至大洋岙玉栏桥，与临城街道三官堂村相接；西至环城东河，与昌国、环南俩街道隔河相望；南至纺织厂路，与环南街道相连；北至长岗山山脊，与白泉镇依山为邻。区域面积11.8平方千米，其中山林面积9058亩，耕地面积327.5亩。下辖檀树、紫竹、昌东、檀香、檀东、东园、港南、港北、桔北、桔南、畚金、颐景园、阳光园、鸿毛湾14个城市居民社区和洋岙社区、小碶、长岗山、洞桥、胜利5个行政村。户籍人口20307户，51481人。

是年，实现社会总产值36012.5万元，其中农业总产值196万元，工业产值8756万元。社会固定投资13.2亿元。财政收入14827.11万元，同比增加10.78%，其中地方收入7510.95万元，同比增加2.32%，中央收入7316.16万元，同比增加24.21%。

经济运行情况　做好招商引资工作，引入舟山凯杰商业管理有限公司、绿城房地产有限公司等企业11家，实际到位市外资金1.4亿元，实际利用市外资金1.42亿元，经济结构不断优化。

基础设施建设　完成紫竹小区、弘生世纪城南区、檀香小区等5个区域停车位改造完成，新增停车位330个。完成东园景观长廊改造，昌东、港北社区小区改造提升等工程。桔南12幢危旧房改造完成工程量的40%，预计2019年底交付。

社会事业发展　全年落实低保对象103户135人，低边对象29户51人,累计发放补助金117.25万元。落实残疾人两项补贴政策，为143名重度残疾人及335名生活不能自理重度残疾人发放两项补贴173.07万元，并实现动态管理、应保尽保、应补尽补，应退尽退。落实助学、助医、助困、助老、助残522人次,发放救助金83.01万元。办理城乡居民基本医疗保险参保5827人，参保率98.53%。救助失业人员122人发放救助款2万余元。

檀东、东园、桔北等社区成功创建市级“幸福社区”。完成檀香社区居家养老服务照料中心建设，桔北、港南、东园社区居家养老服务中心改造提升。新建成港南、檀香2个“一站式”社区便民服务中心。新增初、中级社会工作师39人，完成186个社会组织备案。

精神文明建设　是年，举办各种节庆系列活动19次，开展文化下乡及为老服务115次，文体团队获得市区各类奖项27个。贝雕“灵魂之声”获省文联工艺美术映山红奖，螺钿嵌干泡茶盘获全国旅游商品大奖赛银奖。6处古桥、古井、古墓、名居予以立牌。推举道德人物7人，其中曹杏娣被评为定海区第五届道德模范，陈翠珍、潘满翠被评为新区好人。完成洋岙社区村完成文明村镇复评工作。注册志愿者人数为9572人，组建“四关爱”志愿服务队、平安建设志愿服务队、文化建设志愿服务队、生态建设志愿服务队等80余支专业服务团队，组织开展志愿服务总时数超过16000个小时。

平安建设　做好全国“两会”、十九届二中全会、“中非合作论坛”峰会和中国国际进口博览会等重大会议的维稳安保工作。是年调处各类矛盾纠纷453起，调处成功452起，成功率99.7%。受理群众来信来访和上级交办转办的信访件80起，全部得到回复处理。稳妥地化解小洋岙村民、东门车站北侧居民群体性上访等5起涉稳事件。综合指挥室办理各类诉求3445件，并全部办结；整合服务管理网格33个，各社区

（村）通过平安通采集各类网格信息2992条，两级社会治理平台进一步规范提升。

基层党建　至年底，辖区有基层党组织76个，党员1988人，其中机关党员62人。通过2018年度党建责任清单、问题清单、任务清单“三张清单”的推进和落实，压实管党治党主体责任。从抓体系、管理、队伍三方面入手，构建城市党建共同体。全面推行街道大工委、社区大党委机制，选聘兼职委员75人；成立“幸福红盟”党建共同体，连接50家党组织，实行契约化管理；实施“红管家、红袖章、红旗手”民星党建项目，以小区“红”色身份带动全民参与。推动基层党组织建设稳步提升。是年新选树1名全省千名好支书、3名全省万名好党员，成立1家社区头雁工作室、1家社区学院，转化升级1家软弱落后党组织，调整7名社区工作者，处理4名党员。新建成凯虹商场商圈党建转角，港南社区党群服务中心、东园社区“明星党员工作室 ”、檀树社区“红色微书房”等一批党建阵地，依托这些红色阵地，建立“线上+线下”模式，强化“引领+服务”功能。

城东街道“幸福红盟”启动仪式

党风廉政　坚持问题导向，落实责任清单，全面运行“两个责任”在线平台，实时上传履职情况，做到责任落实全程留痕、有迹可查。通过“一单一册一督查”，强化“一把手”履职意识，压实党风廉政建设主体责任。在城中村改造中建立“1＋1”廉洁征迁新模式，在6个征迁区块设立了“纪检监督室”，推动“清廉”征迁。用好监督执纪“四种形态”，建立警示诫勉谈话机制，开展“微纠错”工作，筑牢“第一道防线”。是年，开展整风肃纪监督检查24次，发现问题6件，开展廉政谈话53人次，约谈提醒干部14人，处理违纪党员干部2名。

【城中村改造】　完成双洋路、长岗山、东河家园西北侧3个区块466户的征迁工作任务，签约率均为100%，改造面积约7.64万平方米。做好小洋岙整村拆迁的相关政策处理工作，推进集体资产处置、土地征用、坟墓迁移等工作。馨港苑安置小区交付使用，12万平方米的小洋岙安置小区开工建设，大发、绿城房地产项目建设进展顺利。

【全国文明城市创建】　对照创建目标要求，攻坚环境突出问题和薄弱环节，坚持问题为导向，以区域整治为重点，营造创建氛围，扎实工作举措、系统推进创建工作。建立协同处置机制，以区域党建为龙头，聚集辖区单位、在职党员、共建单位的能量，开展协同整治。破解蓬莱路脏乱差顽疾，城乡市容环境、文明秩序得到有效改善。在第二季市文明程度指数测评中取得第一，在全市洁美杯市容环境秩序竞赛中获得第一和第二名。建立创建督查制度，全街道形成主要领导综合督查、督查组专项督查、市民巡访团联合督查、社区村干部包片巡查的叠加式督查巡查体系；建立奖惩考核机制。落实对保洁公司考核，并将创建工作纳入年终对社区村岗位目标责任制考核。

志愿者参与文明创建工作

【昌州大道里面改造提升】　4月，启动昌洲大道立面改造提升和沿线居民楼防盗窗拆除工作。经专项工作组和沿线7个社区干部的艰辛工作，1750户居民顺利签约，完成立面改造66幢。

【三改一拆】 全年拆除存量违法建筑8.97万平方米，完成率149.56%，“三改”面积32.4万平方米，完成率140.88%，拆后土地利用率96.55%，主要用于开发建设及基础设施建设，实现拆与建的良性互动。

【成立街道“大工委”】 9月20日成立“大工委”。“大工委”由街道党委班子成员、聘任委员共同组成。7位聘任委员来自区民政局、市场管理局定海分局、部队、市骨伤医院、檀枫小学、海洋农商银行城东支行、舟山凯虹广场。加强大工委成员单位间的沟通联系，调动社区、辖区单位、社会组织多元参与基层治理，推进信息互通、民主协商、评议监督、矛盾调处、共建共享。

街道“大工委”成立

【成立全区首家社区学院暨头雁工作室】 9月在港南社区挂牌全区首家社区学院暨头雁工作室，聘请省千名好支书、港南社区书记许燕君为导师，以近两年入职的25名村社干部为培训对象，举办首期村社干部培训班。

【打造港南社区文化家园】 投资60余万元建成面积100余平方米的集教育功能、展示功能、文化精神传承功能和娱乐功能于一身的港南社区文化家园。内设城市社区书房、团队荣誉展陈室、文艺轻骑兵工作室、文化大讲堂等功能场所，是围绕“全民阅读”“全民学艺”“全民善行”主题打造的线下文化综合体。

港南社区文化家园成立

【城东街道城中村违章建筑综合整治月】 11月22日，城东街道启动“城东街道城中村违章建筑综合整治月”工作，对小碶村、胜利村、蓬莱路、洞桥等城中村违建情况进行综合评估，并对当事人下发清理通知单，对限期内无法自行拆除的违建进行拆除与清理。该月整治违章建筑13119平方米。

【市政协副主席邬振悦一行调研桔南社区“幸福社区”工作】 6月14日上午，市政协副主席邬振悦一行到城东街道桔南社区开展 “幸福社区”调研工作，市民政局局长徐爱华、副局长陈军民以及区民政局相关领导陪同。

邬振悦调研桔南社区“幸福社区”工作

【开展“大学习大调研大抓落实”行动】 习近平新时代中国特色社会主义思想和党的十九大精神纳入各

党组织学习教育内容，通过专题学习、重点发言、东风大讲台、东风讲师团、微信公众号等，开展学习大讨论，及时将各党组织和党员的思想行动统一到党中央的决策部署上来。抓住重点，梳理出城市基层党建问题5个、作风建设类问题13个，重点工作推进类问题19个，对这些问题逐一剖析，制定专项措施，即知即改，全部整改到位。

【省人大常委会党组书记、副主任梁黎明到城东街道人大代表联络站进站】 6月14日，省人大常委会党组书记、副主任梁黎明一行到城东街道代表联络站进行接待代表活动，面对面听取代表意见建议，并与部分在舟省人大代表进行交流座谈。省人大常委会秘书长李火林，省人大常委会副秘书长、办公厅主任宋建勋，省人大常委会副秘书长、研究室主任张国强，省人大常委会代表与选举任免工委主任臧平，市人大常委会党组书记、主任钟达陪同。

梁黎明到城东街道人大代表联络站开展代表接待活动

【区政协主席车志宽到城东街道桔北社区调研】 12月7日上午，区政协主席车志宽一行到城东街道桔北社区调研居家养老服务工作。区民政局局长及相关领导陪同。

【区委书记庄继艳到城东街道调研】 8月14日，区委书记庄继艳一行到城东街道调研。区领导邵辉、徐峻峰、夏泉参加调研。庄继艳一行先后走访了城东街道桔北、港南等社区及“美之声”党支部，了解“幸福社区”和社区文化家园创建工作，以及基层党建阵地建设情况。在随后举行的座谈会上，城东街道主要负责人汇报街道2018各项重点工作的开展情况。

庄继艳在座谈会上讲话

（撰稿：施　卉）
（本分目图片由城东街道提供）

环南街道

【概况】 环南街道位于定海区南部，因定海城区主干道环城南路横穿辖区而得名。自行政区划调整后，原解放街道5个社区划入环南街道，陆域北沿解放路与昌国街道相邻，南濒海港，东以新河路与城东街道为界，西以竹山门为界与盐仓街道毗邻。街道辖盘峙、大猫等大小岛屿28个，其中住人岛9个。东部的大岠、小岠岛与临城街道长峙岛相邻；南部的摘箬山岛南端是峙头洋国际海域洋道。五联社区村的西蟹峙岛位处金塘洋面，是辖区最西端的岛屿。西南面的大猫岛与宁波市北仑区的大榭岛隔海相望。区域陆地面积24.02平方千米，海域面积54平方千米，海岸线长达66.78千米。街道辖有10个城市社区，1个城中村，3个农渔社区村，户籍人口15135户，总人口35672人。

2018年，实现企业总产值97.02亿元，较上年同期增长8.92%；工业总产值36.6亿元，较上年同期减少12.24%。其中，规上工业总产值15.73亿元，较上年同期增长9%。完成全社会固定资产投资16.47亿元，较2017年同期减少40.78%。实现农业总产值2989万元，较2017年同期增长10.21%。

经济发展情况　2018年，落实稳中求进工作总基调，贯彻新发展理念，推动经济持续健康发展。现有各类工业企业122家，全年实现工业总产值36.6亿元，较去年同期减少12.24%。其中，规模以上工业企业7

家，全年实现工业产值15.73亿元，占街道工业总产值的69.25%。作为支柱行业，街道32家船舶修造企业全年实现产值32.76亿元，同比减少13.9%，占街道工业总产值的89.51%。

是年，和平路商业中心宋都蓝郡国际一期、二期项目基本完结，二期（西侧）项目平稳推进，全年完成投资2.23亿元。国际社区（海滨新天地体验型24H生活街区）全年完成合同签约2.5万平方米，总招商面积1.7万平方米，签约品牌94家，并正式开街，成为城市品质新地标。融信旭辉-创世纪项目1至6号楼主体施工分批次开工，临时样板房及售楼处建设完工开放，体育馆及示范区等公建配套同步施工建设，全年完成投资9.55亿元。东岠岛旅游示范岛加快建设，小坑岗露营基地等主体旅游休闲设施及基础设施建设进展顺利。摘箬山岛海岛整治修复项目完成东岙至西岙段道路浇筑。

是年，新引进舟山甬隆贸易有限公司、舟山晶耀新能源有限公司、浙江正祥海运有限公司等企业，实际利用市外资金约5000万元。

高效生态农业走出新路子，新增海水水产养殖大棚20亩，实现水产养殖总面积820亩，年产值1520万元。盘峙280亩精品果园实现特色农业种植产值2100万元。

基础设施建设　是年，城中村（旧城）改造持续发力，完成念亩墩增拆区块143户、廷佐小学周边区块153户及虹庙区块19户签约工作，签约率100%。新增竹山门、和平路等多个旧改待建区块临时停车场，满足周边群众停车需求。定海湾建设稳步推进，定海体育公园施工建设，东岳宫山电视塔完成灯光亮化工程。

三改一拆稳扎稳打，完成旧住宅区改造6.27万平方米、旧厂区改造0.7万平方米、城中村改造8.11万平方米，均提前超额完成当年目标任务。拆除违法建筑271处，总面积3.15万平方米，拆后土地利用率为95.64%。

“最后一平米”迎难而上，顺利拆除环南工业园区一期、二期，工农路区块及新泰三期剩余房屋。危房解危进展顺利，拆除D级危房1幢，维修加固4幢。开展第二轮城镇危房排查和农村房屋信息录入工作，完成城镇商品房的调查摸底。

五水共治深入推进，大龙港水库、五星大岙海塘、大北岙东岙海塘完成验收。加快完成东岠岛西岙、北岙闸门初步设计。实施河湖“清四乱”专项行动，首批拆除河道乱堆乱建4处。严格落实河长制，做好“一河一档”工作，更新辖区内河长牌内容，巡查率达到100%。

乡村振兴卓有成效，完成盘峙、东岠等陆岛交通码头建设。西岠岛乡村振兴环境综合整治完成阶段性各项任务。东岠岛公厕建设、道路扩建、路灯亮化、东岙村道建设工程全部完工，6处垃圾处理房及基础工程完成选址测绘、设计。

社会事业　是年，城乡居民基本养老保险、基本医疗保险参保率分别达到90%和98.5%。新增低保低边28户，注销低保低边124户，累计发放各类救助金267万元、残疾人补助金272万元。蓬莱、西园社区对标市级标准创建幸福社区，不断完善居民自治、事务管理、基础设施、工作队伍、组织建设成效显著。积极认真开展退役军人及其他优抚对象信息采集工作。持续做好实施“全面二孩”政策的宣传落实及深化流动人口计生服务管理工作。

按标准打造城市社区综合文化服务中心。挖掘辖区古亭、古井、古桥文化。以创建全国文明城市为契机，志愿服务进一步规范化制度化。首创志愿服务助力打造人民南路文明路段，累计开展各类志愿活动120余次，受益群众达2万余人次。

【基层党组织建设】　至年末，街道党工委有基层党组织数114家，党员2088名，其中农村党员275名、社区党员1324名、机关党员67名、企业党员398名。预备党员18名，入党积极分子35名。是年，贯彻落实党的建设三年行动计划，推进“大学习大调研大抓落实”活动。推行街道大工委和社区大党委制度，聘任5名街道大工委兼职委员和32名社区大党委兼职委员。组建街道“城南红”党建联盟及南珍社区“城南珍情”、东山社区“东山汇”等党建联盟体10个，自上而下建立起“一盟十体”的党建新格局。开展“兼合式”党组织建设工作。均衡城村党建发展,在盘峙社区框定红文化标识、党建广场、田间讲习所等“五个一红文化”建设计划，提升海岛“红色韵味”。持续抓好社区村重点（特色）工作项目申报机制，落实社区党组织书记领办党建项目。启动“志愿红”党建项目，由街道机关党员和辖区党员分片包干社区，周一至周五常态化整治，周六“红耀城南”服务日集中参与，引导各类群团组织和广大党员积极参与创城，打通文明创建“最后一公里”。深化党建带群团建设，实地学习考察其他地区单位先进做法，推进街道群团改革工作。

【党风廉政建设】　履行主体责任，将党风廉政建设工作与街道中心重点工作同部署、同检查、同落实，强化街道党政人大领导班子成员履行“一岗双责”。开展作风建设，组织街道中层以上党员干部开展军事化集中培训，开展军事训练、军史参观、纪检督查授课、观看反腐宣传教育纪实等活动，改变干部队伍作风。成立“创建文明城市”民主议事会并组建议事会督查组，以督促改，发挥纪检监察的利剑作用。强大重要领域监督管理，由街道纪工委、党政办、城管科抽调人员组成调研组，对南部诸岛涉矿（宕口）工程清廉建设情况进行调研，规范此类工程管理，防止国有资产流失，杜绝干部违法违纪现象发生。

【宣传舆论先锋引导】　从严抓好党员日常教育管理，通过支部组织学、书记上党课、街道常青藤宣讲团等形式，开展习近平新时代中国特色社会主义思想和党的十九大精神学习培训20余次。举办“弘扬红船精神，走好新时代的长征路”微型党课比赛。围绕街道重点中心工作加强宣传信息报道，发表新闻报道280余篇、“环南风”微信公众号推送120余篇。

【提升平安环南硬实力】　全面深化“四个平台”建设，升级全科网格管理模式。加速推进四个平台联席会议制度，重点探索辖区社情民意研判会商、联动执法、定期通报制度，提升工作效能，解决双拥广场戏曲音响扰民等民生问题。打造民情站点，以蓬莱、东山社区为示范，以点带面助力服务零距离。全年排查调解矛盾纠纷1550起，其中疑难复杂案件409起，涉及金额1200余万元。妥善处理“12·16”海损事故。成立全省首个港内“海上的士”调解室，实现“小事不出船，大事不出港，矛盾不上交”。挂牌成立全区首家个人调解工作室，助力人民调解工作向专业化、职业化发展。扎实开展扫黑除恶专项斗争。建立重点项目维稳机制，做好重点项目稳评工作。全年受理群众来信来访件271（批）次，转办件58件。受理市级交办积案1起，启动息诉罢访协议签订工作。完成全国两会、中非会议、世界油商大会等重大活动节点的维稳安保工作。以西园社区为试点，推动基层“三治融合”建设，管理水平明显提升。

【全力奋战创建全国文明城市】　改善城乡环境，实现美丽家园品质升级，建立14+2个专项小组，制定工作任务清单25项及 69个居住小区16大项整治攻坚图，落实专人，全面实施。以西园新村为示范点，突出居民小区及背街小巷环境整治，打造共建共创的特色活动品牌，严格落实督查追责机制，城乡面貌和文明程度显著提升。

【开展基层党建项目评比及基层党建述职评议】　1月18日，环南街道召开基层党建项目评比大会暨基层党建述职评议会。街道全体班子成员和基层党组织书记实地走访查看了5个新增党建点。14个社区、村党组织书记分别就2017年党建工作进行述职，并对2018年的党建工作计划进行汇报。时任街道党工委书记朱彦波同志对各社区、村一年来的党建工作给予充分肯定，对党建项目评比中打造的党建阵地给予高度评价，同时指出存在的问题和不足，提出要求，各基层党组织书记要切实履行好主责主业，始终把党建责任扛在肩上、落实在行动上，要发挥引领作用，推进党建工作提质升级，把党建工作放在环南发展大局中去谋划、去推进，真正发挥党建工作的核心引领作用。会后，对此次参加评比的党建项目和党建述职进行书面评议，并将评议结果与各社区、村的年终考评相挂钩。

基层党建项目评比大会暨基层党建述职
评议会现场

【市委常委、组织部长张明超调研环南街道党群服务中心】 3月9日，市委常委、组织部长张明超一行到环南街道调研指导党群服务中心建设工作。区委常委、组织部长邵辉陪同调研。张明超一行实地走访环南街道党群服务中心，听取关于党群服务中心建设情况的汇报，详细解党群活动服务中心的功能布局、主要特色和日常管理等情况，并就党群服务中心下一步如何发挥主体作用、如何持久推进等工作进行深入探讨。张明超对环南街道党群活动服务中心统筹整合资源、建立开放式服务平台、树立服务型党建工作理念给予充分肯定。他提出要加强政治引领，整合资源，发挥优势服务党员、服务群众；要发挥实质作用，紧贴需求，开展各项特色活动，使党群服务中心成为党员之家、群众之家，确保党群服务中心能够真正成为党联系群众的紧密纽带。

张明超一行实地走访环南街道党群服务中心

【组织召开作风问题征集座谈会】 3月12日上午，环南街道组织召开作风问题征集座谈会，邀请各社区（村）居（村）民代表、辖区企事业单位参加，主要征集街道作风建设方面的意见和建议。时任街道党工委副书记、办事处主任林建刚主持会议，街道党政人大领导班子成员及各科办负责人参会。会上，各居（村）民、企事业单位代表就加强街道干部工作作风和业务能力、加大对辖区单位的配合和帮扶力度、切实解决民生实际问题等方面提出宝贵的意见建议。林建刚主任一一记录并就部分问题进行现场答复，同时表示会对大家提出的问题建议进行认真研讨，及时制定整改措施，坚持以上率下，不断促进街道作风建设水平的进一步提升，确保作风整顿工作落到实处，取得实效。

环南街道作风问题征集座谈会现场

【打造全市首条文明示范路】 3月29日上午，“道头人家”2018年志愿服务活动——共创“人民南路—文明示范路”启动仪式在定海公园门口举行。区文明办、区妇联、街道党工委领导和来自环南文明路爱心驿站各位商家代表，12支志愿者服务队参加启动仪式。创建环南文明路项目是“小水滴·汇大爱”舟山市首届志愿集市项目创投活动。项目围绕助推创建文明城市，联合辖区单位志愿者共同建立学雷锋文明岗。志愿者组成“路长小分队”，每天安排2名志愿者负责文明路巡视检查并将情况反馈给街道。同步打造“环南文明路爱心驿站”，鼓励沿街企事业单位、商家结合自身优势，认领入驻证书，协同开展文明志愿服务活动。以人民南路为例，有老树新风、夕阳之光、春泥使者等12支公益组织队伍和锦年素食、亨得利等7家商家加入，每家单位每月按约定开展志愿服务1～2次。启动仪式后，来自环南文明路爱心驿站的商家代表开展了丰富多彩的志愿服务活动。

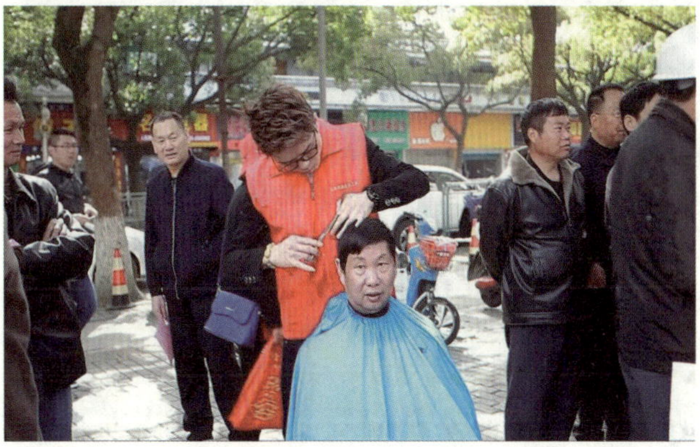

文明示范路志愿服务活动现场

【打造基层特色精品党建品牌】 环南街道在打造“锋荟环南”和临时党支部党建项目等特色品牌的基础上，开展社区（村）年度重点（特色）工作，依托自主申报、汇报监导、考核激励等“前—中—后”三项制度来确保机制有效运行，进一步提振全体干部的精气神，推进街道工作出特色、出亮点，营造全街道攻坚克难、比学赶超的良好氛围。年初，各社区（村）结合自身实际，主动谋划，因地制宜，从社区（村）辖区内在建重点工作、重点项目、社会综合治理、一社（村）一品、三社联动、阵地建设及特色工作等工作任务中，遴选上报至少2项重点（特色）工作。街道按照上报情况确定各社区（村）的年度重点（特色）项目。2018年，在去年“老顾工作热线”“党建5S服务站”及“五彩屋”等有特色的党建品牌阵地基础上，着重打造盘峙社区党群服务中心建设、利民社区“红色同舟城市党建”等特色党建，推动环南党建品牌从点连线、由线及面不断涌现，奠定“全景党建”的良好基础。建立健全完善的党建考核奖励机制，制定印发《关于进一步加强基层党建项目建设的通知》，实施党建项目立项经费补助，项目完工并通过验收的，给予项目总投入的20%资金补助。年底，街道专项督查组对最终确定的各社区（村）年度重点（特色）项目统一进行考核，根据考核结果对各重点（特色）项目开展情况进行评比奖励，并对应给予社区干部考核奖金。

【市人大常委会主任钟达专题调研环南街道创建全国文明城市工作】 7月25日上午，市人大常委会主任钟达一行赴环南街道专题开展创建全国文明城市调研和指导。钟达一行实地走访南珍菜场、街道综合文化站、定海区中心医院、卫海社区等区域，与工作人员进行交流，并听取街道开展创建全国文明城市工作情况汇报。钟达肯定环南街道在开展创建全国文明城市和城乡环境综合整治等工作取得的成绩。他指出，全国文明城市是一个城市的最高荣誉，是反映城市发展实力、文明程度、整体形象的最好品牌，环南街道作为创建全国文明城市的主阵地，需弥补硬件设施短板，破解创建工作存在的重点难点。钟达表示，必须要以不留退路的决心、创则必成的士气，全面打响新一轮创建全国文明城市攻坚战。作为基层街道创建文明城市的联系领导，他将以“出试卷、交答卷”的形式，指导创建工作，联动协作聚合力，统筹解决创建过程中遇到的具体问题，加快工作进度，为基层排忧解难。

市人大常委会主任钟达专题调研环南街道创建全国文明城市工作现场

【举行“军地携手定海湾 全民共创文明城”创建全国文明城市誓师大会】 8月18日上午，环南街道在定海文化广场举行“军地携手定海湾 全民共创文明城”创建全国文明城市誓师大会。环南街道辖区部队官兵、创城结对单位、环南街道党政人大班子成员、全体机关干部以及社区志愿者代表800余人隆重聚会，庄严誓师。会上，时任区委副书记周军刚作重要指示，他号召广大志愿者以社区结对、活动认领、军地共建等多种形式，常态化、持续性开展志愿服务活动，汇聚合力，自觉担当，以“主人翁”的姿态活跃在创城的第一线，动员社会各方力量积极投身到创城行动之中。部队政委表示，支持“第二故乡”建设，是每一位驻地官兵义不容辞的责任。所有驻环南辖区官兵将以实际行动响应驻地政府号召，配合创城各项部署安排，争当创城建排头兵、践行者和主力军。时任办事处主任方涛对街道下步创建全国文明城市工作作出了部署。居民代表上台表态发言。街道党工委书记林建刚带领全体志愿者在现场进行宣誓仪式。志愿者在宣誓墙上签名。誓师大会后，志愿者们以社区为

“军地携手定海湾 全民共创文明城”创建全国文明城市誓师大会现场

单位奔赴各自的“责任田”，参与交通文明劝导、环境卫生整治、流动摊贩和占道经营者劝离等各类志愿服务活动。

【推行街道大工委制和社区大党委制】 9月21日上午，环南街道举行大工委成立仪式。会议由街道党工委副书记姚荣主持，区委常委、区委组织部部长邵辉到会指导，街道大工委全体委员、社区大党委全体委员参加会议。会上宣读《关于推行街道“大工委”制和社区“大党委”制的实施方案》和《关于街道大工委、社区大党委兼职委员聘任的决定》，并向街道大工委兼职委员颁发聘书。同时，各社区与大党委兼职委员签订了共建协议书。街道党工委书记林建刚指出要从发挥“三个作用”着手，即发挥好街道党工委领导统筹作用；发挥好社区党组织基础核心作用；发挥大工委、大党委兼职委员及其他区域单位的主体支撑作用，不断强化党建共建的主动意识和责任意识，主动参与，互通互融，给资源、出点子、想办法，实现资源共享，对策共商、难题共解。最后，邵辉作重要讲话，明确推进城市基层党建工作深刻内涵，强调要深度融入城市基层党建工作，从“自我”抓党建转为面向“社会”抓党建，从“关门”抓党建转为“开门”抓党建，压实城市基层党建工作主体责任，从推进事务共商、活动共办、资源共享三个点发力，实现部门单位与街道社区基层党建的深度融合，并要求各级党组织和各驻区单位要以高度负责的态度，以深度融合的担当，推进我区城市基层党建工作在融合中共赢、在共赢中发展，加速推进定海花园式国际人文港城建设。会后，召开环南街道大工委第一次工作商讨会，明确大工委工作职责；明确以“城南红”党建联盟为载体，共办“红色17”主题党日活动；强化区域合力，做好资源融合，根据需求清单、资源清单进行有效对接、协同推进城市基层党建工作。

环南街道大工委成立仪式现场

【成立“为侨志愿服务驿站”】 为进一步凝聚广大归侨侨眷、留学人员眷属、部分侨商力量，切实为侨界群众服务，深化“侨缘莲心”活动，10月8日下午，“环南街道为侨志愿服务驿站”正式成立。市区侨联、区台办、环南街道党工委等相关领导，街道侨台联合会会长、重点侨胞侨眷及留学生家长代表，街道为侨志愿服务队全体队员参加了启动仪式。时任街道办事处主任方涛为启动仪式致辞，市侨联副主席傅伊云做了讲话发言。现场开展理发、推拿等服务活动。现场服务活动结束后，全体志愿者服务队员召开了第一次为侨服务志愿者大会，共同商议如何依托“侨之家”志愿者服务驿站这一平台，挖掘资源，切切实实为侨服务，进一步吸纳归国留学生加入到志愿服务队伍中来，搭建桥梁，以开放的视野，开展系列主题活动，展现志愿服务工作亮点，实现资源共享，打造具有环南特色的为侨志愿服务品牌。

为侨志愿服务驿站成立现场

【开展扫黑除恶专项斗争宣传】 广泛宣传、深入推进扫黑除恶专项斗争，提高辖区居民对扫黑除恶专项斗争工作的知晓率，10月9日上午，环南街道开展专题宣传活动，街道工作人员现场接受法律咨询，并用通俗易懂的语言向居民解释“黑社会性质组织犯罪”“保护伞”等词语的含义。通过宣传展板等方式对黑恶势力的基本特征、遇到黑恶势力如何自我保护、举报进行详细的讲解。现场发放500

余份街道自制的《全民创城 法治同行》平安宣传册，以案释法，通过定海区在创城中发生的违法犯罪等反面案例倡导居民尊法守法。发放并回收平安三率调查问卷、扫黑除恶专项斗争测评表及普法问卷调查300余份。同时开展“扫黑除恶宣传进家庭进商户”集中宣传活动，街道及社区深入基层，通过网格员、党员及志愿者向辖区居民宣传打击黑恶势力的有关法律常识，发放平安宣传手册2000余份。通过系列活动，向群众宣传黑恶势力的危害性，以及政府打击黑恶势力的决心和信心，增强居民的法治意识和防范能力，营造更安全、更和谐的社会环境。

工作人员向居民发放扫黑除恶专项斗争宣传手册

【环南街道卫海社区“海岛萤火虫”项目获全国金奖】 卫海社区“海岛萤火虫”项目获第四届中国青年志愿服务项目大赛金奖。“海岛萤火虫”——助力特殊未成年群体成长志愿服务项目是卫海社区爱心奶奶工作室与浙江海洋大学东海科学技术学院青年志愿者协会合作开展的优秀志愿服务项目。“海岛萤火虫”项目聚焦海岛特殊群体未成年人思想道德教育、素质教育、海洋科普意识教育。项目实施有13个年头，累计参展志愿服务上千次，参与志愿者2500余人，累计服务时长4万小时，受益对象30000余人。本届志愿服务交流会，全国有590余个项目参加。“海岛萤火虫”项目以新老结合公益传承的工作模式、健全的社会资源整合运行机制、实现共同成长共赢的育人目标，获得评委青睐，经过层层角逐，摘获全国金奖。

（撰稿：金蝉）

（本分目照片由环南街道提供）

第四届中国青年志愿服务项目大赛赛后留影

昌国街道

【概况】 昌国街道位于定海城区北部，辖区东至长岗山森林公园与城东街道、白泉镇相接壤，南缘解放路与环南街道为邻，西至茅岭墩与盐仓街道相接，北至叉河岭与盐仓街道相连，陆域面积约16.06平方千米，下辖文昌、开源、合源、香园、北园、东管庙、翁山、留方、西安、虎山、西管庙、西山、金寿13个城市社区居委会,东湾、城北2个农村社区和茅岭村、义桥村2个村委会，常住人口约8.2万人，其中户籍人口21679户，计53912人。

街道历史悠久，人文荟萃。辖区有多处省、市级重点文物保护点及10余所从幼教到大学各级各类学校。保存有明清时期的中大街、西大街、东大街、留方路等历史建筑；有始建于后晋天福五年号称“翁洲第一古禅林”的祖印寺，有建于清康熙二十八年（1689），藏有康熙御笔题写的“定海山”匾额及康熙帝画像等重要文物的御书楼；有蓝理、安子介、朱葆三、刘鸿生、董浩云等名人的故居及大量史迹；有诠释舟山“物华天宝、人杰地灵”的辉煌历史的舟山名人馆；还有舟山市重要商业中心之一的解放路、人民中路、人民北路、昌国路和娱乐休闲特色街市芙蓉洲路、总府路。

2018年实现财政总收入2.61亿元，同比上升4.2%，其中地方税收收入1.4亿元。

经济发展情况　是年，完成固定资产投资5.85亿元。引进市外企业27家，注册资金3.26亿元,其中浙商回归省外到位资金1.61亿元。紧密跟踪重点项目建设，商联大酒店已投入资金1.7亿元，百悦生活广场（原太平洋百货）完成装修工程，预定于2019年5月开业。协助企业解决资金难问题。2018年为企业解决转贷资金和银行贷款7次，金额4146万元。

社会事业　是年，城乡居民基本养老保险参保率为98.3%，基本医疗保险参保率98.67%。街道有城乡低保对象161户，相比2017年减少61户，城乡低保边缘对象34户，相比2017年减少28户。全年办理失业登记155人，灵活就业社保补贴审核187人，办理申领失业保险金签到人员4682人，办理创业小额担保贷款申请19份，为太平洋群体欠薪事件中的33名员工讨回工资80余万元。深化“最多跑一次”改革，切实提升群众满意率，针对特殊群体、困难群体，开设“红色代办服务”“绿色通道”。

【基层党建】　是年，街道以党建工作“区域化统筹、项目化运作、社会化协同、全响应服务”为着力点，打造“锋领前哨”。全面推进建立社区“大党委”，吸纳65名代表性强，影响力大的党组织负责人及模范党员担任社区“大党委”兼职委员。完成“一心四站五点”党建标准化阵地建设，“一心”即街道党群服务中心；“四站”为虎山党旗驿站、开源一站式服务大厅、合源“彤馨筑梦”党建主题小公园、文昌一家人驿站；“五点”为金寿“560”志愿服务点、留方“幸福魔方”、西山“红色新时代”党建文化长廊、香园“365”红色家园、西管庙幸福e家。在香园社区打造完成全区首个“文化家园”意识形态阵地。合源社区打造完成“党建+节水型”主题公园。与辖区内学校、部队、银行、企业等58家各类社会组织构筑“红韵昌盛”党建联盟共同体。在全区率先试点成立城市新境兼和式党支部，现已建成“兼和式”党支部17个，2000余名在职党员参与党支部活动。抽调80余名党员干部组建7个临时党支部，专门设立“党员先锋岗”。东管庙社区首创“红钥匙”项目，物色模范党员担任楼道“红管家”，实行居民“微物业”自治。

【党风廉政】　细化党风廉政建设和反腐败工作，分层面签订《2018年度昌国街道党风廉政建设目标责任书》。全面运用“两个责任”在线考核平台，实时上传履职情况，做到责任落实全程留痕、有迹可查。围绕全国文明城市创建、“城中村”改造、“三改一拆”“最多跑一次”等区委重点工作，严肃查处纪律松懈、不守规矩、执行不力等问题，以铁的纪律确保政令畅通。组织开展专题性廉政教育，学习典型职务犯罪案件，筑牢拒腐防变的思想道德防线。召开肃清王斌恶势力犯罪集团余毒影响专题会议，要求全体街道干部和茅岭村干部自查自纠，全面净化政治生态。坚持机关作风建设，聘请4位退休老同志为特邀廉政监督员，聚焦“中梗阻”问题，着力整治不作为、慢作为等现象。全年开展正风肃纪检查24次，发现问题线索5个，谈话教育干部10余人次，党纪处分3人。

【社会治理】　是年，采集上报网格事件信息1.11万件，平安浙江APP和“12345”两个平台曝光上报信息4836条，排查化解各类矛盾纠纷382起。完成全国千分之五人口变动调查、“平安浙江”群众安全感专项调查、浙江省人口平安专项调查等各类调研调查。完成茅岭事件维稳处置工作，化解滕坑湾路63号涉军住户房屋置换问题，妥善处理总府路因业主未及时通知商户施工时间引发的矛盾纠纷，协调解决白虎山路、西山路、义桥等拆迁区块因工程建设引发的各类群体性事件和集体上访事件。做好全国两会、上合组织青岛峰会、中非论坛北京峰会等重大会议时间节点重点信访人员稳控工作。

【创建全国文明城市　推进居民小区综合环境整治】

完成68个小区整改工作，全面补齐基础设施短板　新划机动车车位3111个，非机动车车位3571个，增加消防设备3071个，补种绿化12.25万平方米，修复破损小区道路682处，建成集中晾晒区91处，整治管线9120户，管网1.71万米，车棚飞线1128户，取缔车棚、车库违规住人382户，违规经营116户。累计投入资金2900余万元。

推进背街小巷综合环境整治　精准锁定背街小巷及重点区域，高压态势开展集中整治工作。启动定海商城整治行动，通过违建拆除、外立面粉刷、管线整理、停车位整改等手段对定海商城进行集中整治，取得显著成效。完成总府路精品示范街区打造，包括绿化整改、道路铺装、路灯改造、新增停车位、宣传氛围布置等。联合交警、市场监督、消防等部门完成芙蓉洲路、昌国路、人民北路等10条重点道路集中整治，有效管控流动摊贩和跨门经营现象。

推进城中村及城乡结合部综合环境整治　全面清除东湾、城北、义桥城乡结合部暴露的垃圾和卫生死角。启动违章建筑拆除雷霆行动，全面摸排梳理城乡结合部违章建筑情况，开展专项拆除行动，拆除主干道等醒目位置违章搭建。

长效管理巩固创建成果　强化制度建设，提升创建实效。完善街道机关干部助力创城机制，出台《居民小区综合巡查长效机制实施办法》《创城巡查专员常态化工作机制》。划分干部所属责任区域，人手一本“创城日记”，实地巡查所包干居民小区的环境整治工作，加大背街小巷城乡结合部巡查监管严防反弹。强化执法力度，严抓执法重点。制定出台芙蓉洲路、定海商城等重点区域定岗定点管理制度。对侵占人行道、占压盲道、在绿化带乱停乱放车辆等进行高强度、高密度执法，开出定海首张绿化带停车罚单。强化社区管理，提高自治能力。全面推广“楼道长”自治制度。在各居民小区聘请思想先进、社会活动参与度高的居民担任“楼道长”，做创城一线宣传员、信息员、调解员、监督员和示范员。要求实现“一楼一长”，立体覆盖每幢楼的服务网格，协调解决本楼道内各项事件。

全民共掀创建热潮　党员先锋引领全民共创。把“我是党员”身份亮化活动与创城工作结合起来。深化党建联盟模式，成立“党员先锋创城服务志愿队”，近2000在职党员加入创城志愿者队伍。开展各类大型创城联盟志愿系列活动。志愿服务弘扬社会正能量。整合群团志愿资源，形成“靓城先锋”党群志愿品牌共建联盟，助推品质城市建设。现全街道有注册志愿者7887人，志愿服务总时长达10.2万小时，参与人数2.3万人次。军地协作形成共创合力。发挥街道社会化拥军（优抚）工作体系辐射作用，成立军民共建小组，动员组织部队官兵参与创城行动17次。对接辖内驻军部队，对破损设施更换、维修。

广大志愿者深入各居民小区
开展各类创城助力志愿活动后合影

【完成城中村（旧城）改造】　是年，完成西山路西侧（一支路）、茅岭下、义桥、东湾4个大区块签约工作，共计签约1021户，建筑面积约17.98万平方米。

西山路西侧（一支路）　该区块涉及产权户69户，建筑面积约5455平方米。

茅岭下区块　该区块征收改造范围为东至白虎山路、南至原舟山市自来水公司（定海水厂）、西至西山路、北至茅岭墩，涉及产权户56户，建筑面积约7800平方米。

义桥区块　该区块分原舟山医院东南及西侧和昌州大道北侧两个区块，计665户，建筑面积约11.47万平方米。

东湾区块　该区块涉及产权户231户，建筑面积约4.26万平方米。、

【重点工作稳步推进】　是年，完成220KV输变电工程5个塔基政策处理；定马线提升改造工程昌国段完成20户征拆户的签约、腾空、拆除工作，迁移坟墓22穴，征收土地160亩；超额完成违法建筑“清零”，全年累计清除违建5.22万平方米；海天大道提升工程签约率97.6%。打通“最后一平米”，沿港西路（竹山门）区块完成剩余房屋拆除，西山路西侧区块（一支路）、西山路西侧安置区块（包括东部转盘）完成征收工作。义桥综合大楼完成主体结构建造；完成文昌居家养老照料中心打造；启动开源社区办公楼建设，完成结顶工程；红卫水库完成大坝揭顶及防渗墙建设，累计投入1000万元；白虎山路安置项目进入打桩阶段。

【省级社区治理和服务创新实验区通过结项验收】是年，昌国街道按期完成省民政厅确定的各项实验任务，顺利通过首批“省级社区治理和服务创新实验区”工作结项验收。2016年，昌国街道被省民政厅列入浙江省首批“省级社区治理和服务创新实验区”，成为全市唯一一个街道级创建主体。根据省民政厅要求，街道组织论证，确定“项目化管理融入社区治理与服务创新”的实验主题，制定工作方案，展开了为期2年的实验。期间，围绕实验主题，街道开展幸福

社区创建，推进社区服务项目化运作，全面提档社区服务体系，在街道层面成立社会组织促进会，统筹社会组织培育发展；在社区层面按照“一社一站”的建设方式，在13个城市社区建立社工服务站，形成街道促进会统筹规划领导、社区社工站具体实施社区社会事务管理的社区管理服务体系。同时，针对居民需求的多样化、私人化和精细化的特点，采取项目化破题，社团化协同的运作方式，以基层党组织建设为核心，以服务居民需求为主线，形成了“党建引领、民主协商、项目运作、协同共治”的社区治理新机制，不断提升服务主体多元化、服务内容多样化、服务供给精准化、服务方法专业化的治理水平，提高居民幸福指数，推动昌国街道社区建设不断向深度和广度拓展。

省民政厅专家组一行实地查看东管庙社区党建红钥匙楼道物业自治项目

【全民志愿助力创城】 创城以来，昌国街道坚持“创建为民、创建惠民、创建靠民”理念，把群众需求作为创城工作的根本出发点和落脚点，把工作着力点放在群众最关心、最直接、最现实的环境卫生、交通秩序、公共服务配套问题上，动员群众投身文明城市建设，形成上下同频共振、全民广泛参与的创建格局。

志愿者参与创城志愿活动

【召开2018年代表会议暨党工委工作会议】 2月1日，中国共产党舟山市定海区昌国街道2018年代表会议暨党工委工作会议召开。街道党工委书记张宣杰代表街道党工委作《勇当排头兵 敢为先行者，为全面决胜城中村改造攻坚战，唱响“幸福昌国”繁荣主旋律而不懈努力》工作报告。报告指出，2018年工作的总体要求是：高举习近平新时代中国特色社会主义思想伟大旗帜，全面贯彻党的十九大精神，不忘初心，牢记使命，认真落实市委、区委各项决策部署。紧扣城中村（旧城）建设这个中心，围绕打造“美丽昌国”和“人文昌国”两条主线，抓牢党建引领、项目驱动、民生提质三个要点，提升干部科学发展、创先争优的创新力，提升落实党和国家各项方针、政策和上级决策的执行力，提升服务群众、执政为民的公信力，提升加速赶超、建设和谐昌国的推动力，奋力开启全面建设花园式国际人文港城的新篇章。

【开展“重走习近平调研之路”五四青年节团日活动】 4月27日，昌国街道团工委联合环南街道团工委组织街道机关青年干部、社区团干等30余人前往干𬒗镇新建社区开展 “重走习总书记调研之路”五四青年节团日活动。全体青年观看习近平总书记舟山行相关视频，参观干𬒗群创服务中心等群团阵地，深入学习贯彻党的十九大精神和习近平新时代中国特色社

五四青年节团日活动

会主义思想，增强历史责任感。

【合源社区打造完成全区首个节水主题公园】　合源社区以“省级节水型居民小区”为基础，对原小公园进行改建，将其打造成节水主题公园，占地面积约3000平方米。公园安装雨水收集设备，将雨水弃流、过滤，再收集到蓄水池中，达到再利用的标准后用于小公园喷池景观和绿化灌溉，不仅能让雨水资源循环利用，同时也减轻小区市政排水管网的压力，一定程度上降低内涝发生的几率。

【香园社区建成全区首个文化家园】　6月，香园社区围绕有统一标识、有文化中心、有文化公园、有文化讲堂、有特色品牌、有社团队伍等“六有”布局，整合香园社区原有的零散宣传窗、民星墙、志愿站、活动室、小公园等点位资源，因地制宜设计格局统一、功能多样的居民文化活动及展示场所，连点成线，形成一站式“家文化”示范站。通过内涵提炼、氛围营造、活动提质等三方面，打造集观摩、互动与实践为一体的“文化家园旗舰店”。

香园社区文化家园外观图

【举行“不忘初心 牢记使命”庆祝建党九十七周年文艺晚会暨第十三届书香节开幕仪式】　6月30日，“不忘初心 牢记使命”庆祝建党九十七周年文艺晚会暨第十三届书香节开幕仪式隆重举行。晚会通过无限舟山APP全程直播，吸引近数万人观看。晚会中设置“党建联盟”启动环节，联盟代表上台共同参与启动。党建联盟把57个党组织纳入到党建联盟体系之中，发挥联盟的“磁石”作用。

【开展拥军系列活动】　7月19日，举行定海区军民融合党建工作启动仪式暨昌国街道军民“共筑国防长城”推进会。7月28日，在舟山市烈士陵园举办“崇尚英雄，不忘历史”国防教育活动。12月21日，为昌国抗日老兵、烈士遗属和现役军人家属悬挂“光荣之家”牌匾。

香园社区军民共建小组组长方舟在会上发言

【开展“编织‘城市红’弘扬文明风”大型创城联盟志愿系列活动】　9月，通过支部引领、党员带动、全民参与，切实加强组织战斗力，激发党员引领力，为城市发展注入红色基因，实现全国文明城市创建行有示范、创有标杆、建有保障、干到实处。组织32家联盟单位参与创城联盟志愿活动，举办各类活动14次。

“编织‘城市红’弘扬文明风”大型创城联盟志愿系列活动启动仪式

【俞东来调研昌国街道创城工作】　10月10日，市委书记、新区党工委书记俞东来至街道督查创城工作，详细检查小区环境综合整治、公共设施维护、绿化养护、公益广告、公共秩序等情况。俞东来对街道创城所取得的成绩给予了充分肯定并指出自创城工作全面启动以来，昌国街道整体环境秩序发生了显著变化，群众满意度和支持率越来越高。同时，俞东来强调要以测评体系为标准，以问题为导向，继续抓好住宅小区、背街小巷、城乡接合部等重点难点问题整治，确保“少失分、得高分、争满分”。要继续全面发动，开展进门入户大走访活动，提高群众知晓率、支持率、满意率。要建立健全常态化长效管理机制，探索开放小区准物业管理，坚决杜绝反弹回潮现象，让创城给群众带来更多幸福感。

俞东来视察香园新村创城工作

【何中伟调研全国文明城市创建工作进展】 9月10日，市委副书记、市长何中伟带队至北园新村、香园新村督查全国文明城市创建工作进展。何中伟强调，要大力宣传发动、努力营造氛围，党员干部要发挥带头表率作用，引导动员广大群众支持和参与创城工作，齐心协力备战全国文明城市测评迎检工作，真正让人民群众共享创建成果。

何中伟在昌国街道办事处主持召开座谈会

（撰稿：蒋冰燕）

（本分目照片由昌国街道提供）

盐仓街道

【概况】 盐仓街道地处舟山本岛西南部，辖区东接昌国、环南等街道，西靠双桥街道，南濒大海，北连小沙、马岙、干碰等街道（镇），面积33.4平方千米，下辖叉河、虹桥、昌洲、兴舟、新螺头、塔山、惠舟7个社区，户籍人口19751人，流动人口10917人，耕地面积4803亩，粮食播种面积2022亩。境内鸭蛋山码头连接宁波白峰，是舟山本岛通往大陆的海上“蓝色公路”，翁洲大道、兴舟大道、昌洲大道（329国道）、定马复线、鸭老线、茅叉线等主干公路纵横穿越，具备较完整的水陆交通网络。辖区有舟山最大的水库——虹桥水库，总库容量1438万立方米，正常库容量1015万立方米。

是年，街道实现地区生产总值39.47亿元；街道实现工业总产值26.42亿元，其中规上工业总产值20.99亿元；完成限额以上批发和零售销售额12.6亿元；完成固定资产投资5.1亿元；实现税收收入2.97亿元，同比增长14.6%，其中实现地方收入1.61亿元，同比增长15.81%；实现中央收入1.35亿元，同比增长13.17%；城镇和农渔村常住居民人均可支配收入分别增长8%和9%。

经济发展情况　是年，街道有企业148家，其中工业企业152家（规模以上10家），三产企业96家，实现企业总产值39.02亿元。传统制造业改造提升取得新成效，7412工厂荣获省政府质量奖提名奖、并命名为省级先进质量管理孵化基地，虹达橡胶新产品标准获批“浙江制造”，金达电机通过国家级高新技术企业复审，龙文设备PDM上线实现系统化管理，“专精特新”培育企业入库5家。现代服务业发展势头良好，核心区块主题商圈辐射更广，翁洲大道5大商业体遥相呼应，兴舟大道南侧沿街新增入驻（转租）三产商户14户，通过“低散乱”整治关停生产粗放企业3家、资产重组盘活僵尸企业1家，中通、韵达、宝华等物流业成交件大幅提升。

是年，各社区村14个股份经济合作社量化资产总额10527.02万元，社员股东数15804人，非社员股东数536人。粮食总产量510吨，实现收益913.87万元，其中经营收入653.79万元，补助收入181.65万元。农渔业“接二连三”步伐加快，制定乡村振兴战略清单

27项，“秘境•探海”精品民宿项目初具规模。社区集体经济造血功能持续增强，各社区村经济联合社完成组建，“百企帮百村”结对帮扶12家，虹桥社区“1+2”集体经济发展模式取得新提升。

社会事业 是年，街道“最多跑一次”改革深入推进，98项民生事项实现“一次性办结”，受理各类便民服务事项7000余件。年收入14000元以下低收入家庭实现动态消除，城乡居保医保总参保率达99.7%，推出就业岗位220个，发放救助资金70.3万元，惠及困难群众1073人。塔山社区入选全省首批高质量就业社区名单，惠舟社区获评市级健康社区。公共事业稳步推进，推出系列文化惠民活动130场次，新螺头社区文化礼堂建设完成，城西小学获评省级数字校园示范学校，12家公厕完成提档升级，妇女儿童、残疾人、慈善等事业取得新进步。助推平安定海建设十三连冠，深入实施“雪亮工程”，在主要道路和复杂场所安装视频监控128路。实现敏感节点“非访零通报”“重大案事件零发生”，受理流转群众诉求620件。街道劳动人事争议调解中心获评全省劳动人事争议基层调解优秀单位。

【党员干部队伍建设】 是年，推进街道“大学习大调研大抓落实”活动，开展专题学习教育18场次、集中调研活动3次。基层党组织规范化建设全面展开，完成村级组织换届“回头看”，“三会一课”、组织生活会等制度严格落实，“党支部堡垒指数、党员先锋指数”管理不断深化，完善党员积分量化，集中开展两新组织“双覆盖”攻坚，基层组织体系更加坚强有力。建立优秀年轻干部全员数据库，实施干部“一线历练”法，16名后备干部和年轻干部选派到重点项目一线接受锻炼。畅通街道、社区年轻干部双向挂职锻炼渠道，完善社区村后备干部动态管理，一线实干选人用人导向更加鲜明。

街道2018年党建工作会

【党风廉政建设】 是年，街道监察办公室组建挂牌，实现对所有行使公权力的公职人员监察全覆盖，小微权力腐败、有制度不执行、“新官不理旧账”“中梗阻”等一批痛点难点问题得到严肃整治。出台《“清廉盐仓”建设实施意见》《“廉规、廉行、廉魂”三大行动实施方案》《工程建设项目廉洁准入暂行办法》等文件，成立在建项目行风监督员队伍，开展旁听庭审、解读典型案例等警示教育活动，加大巡察反馈问题整改，干部防腐堤坝切实筑牢。是年，开展效能检查明察暗访11次，办结信访举报9起，梳理“旧账”问题攻坚任务2项，山清水秀的政治生态得到巩固。

【双拥工作】 是年，街道党政领导在春节和“八一”建军节期间，走访慰问驻军部队官兵，送去慰问金、慰问品33.8万元，发放优抚金43万元。双拥领导小组组织工会、机关干部看望辖区内10户重点优抚对象，对年迈多病的重点优抚人员指定专人负责，对其医药费按规定给予报销。完成4名新兵的征集工作。驻盐部队支持街道慈善工作，全年慈善捐款9万元，并与辖区内8户特困家庭建立帮扶结对。军民共建结对45对，组建军警民联防协作队伍开展巡逻132次，开展“五水共治”联合治水6次。联合驻军部队开展“军地齐携手，共创文明城”专项整治行动5次。

【城市建设】 是年，街道主动对标定海中心城区定位，围绕项目建设奋起直追，城市功能品质加快提升。重大工程项目按期推进，完成系列国家战略落地、综合交通建设、“治水治污”大会战和“最后一平米”攻坚等实绩亮相任务13项。完成舟山500千伏（220千伏）输变电工程、定马线Ⅱ标段等重大工程盐仓段政策处理任务。推进庄家湾、舟胜区块城中村改造，完成拆迁621户、征地980亩。政府投资项目进展顺利，定马复线拆迁安置小区和虹桥小船岙农民公寓完成主体建设，朱家山嘴拆迁安置小区旧帐理清顺利开工，林家湾碶头、盐经三路拆迁安置小区按进度办理项目前期手续。核心区块内盐纬二路、盐经六路一支路2条“断头路”“瓶颈路”实现贯通，盐河路Ⅱ标段等4条主支干道加快施工。商业开发项目取得突破，西部商业中心、新天地广场完成建设，广盛邻里广场主体完工，2号地块、匈牙利馆西侧地块、庄家湾地块成功挂牌，引进三大商业项目合计投资达26.8亿元，盐仓城市建设奋马扬鞭，城市面貌日新月异。

【全国文明城市创建】 是年，街道全面推进“六大专项整治行动”，以惠舟新村、富都花苑、金鹰公寓等为重点的17个居民小区专项整治取得实效。融入创建全国文明城市主战场，实行挂图作战，组建“颜管家”志愿联盟、“兄弟连”整治联盟，精心打造“六支小分队”，全面开展辖区市容市貌、交通秩序、居民小区、环境卫生大整治。全域实现农村生活垃圾分类处理，全区生活垃圾分类现场会在街道召开。

【环境综合整治】 是年，街道综合实施“拆、建、创、整”组合拳，推进全域城乡环境综合整治工作。城市颜值明显提升，富都公园主体完成，盐河路“枫情一条街”抓紧打造，匈牙利馆、林家湾河道亮化工程建成使用，新建总兵公园等“口袋公园”41个。兴舟社区村获评省委省政府文明村镇。兴舟大道、翁洲大道分别上榜省级绿化美化示范路、街容示范街名单。洁净乡村行动深入实施，叉河社区成功创建市级美丽乡村精品示范村，全域农村生活垃圾分类处理体系基本建成。虹桥水库上游农村生活污水管网改造工程、虹桥水库水源地综合整治工程、“品质河道”建设全面完成，中央环保督察反馈问题及时整改。推进违法建筑“清零”行动，累计拆除违法建筑6.85万平方米，完成年度任务的137%，盘活利用拆后土地2.9万平方米，好山好水好风光成为盐仓的靓丽生态名片。

【“平安盐仓”建设】 是年，街道完成“雪亮工程”建设，在辖区主要道路和复杂场所安装视频监控128路。强势推进扫黑除恶专项斗争工作，破获涉黑涉恶案件6宗。依托“四个平台”受理流转群众诉求620件，办理满意率达95%以上。新设劳动纠纷多元化解中心，受理各类劳资纠纷投诉11起，帮助农民工讨回工资15.74万元。开展消防和安全生产专项排查整治行动，整改隐患146项。

【“四个平台”建设】 是年，街道落实属地管理职责，加强“四个平台”联动协作，强化对辖区派驻机构的统筹管理，完善信息流转处理机制，建立起各类事件联动处理的工作新格局，提升政府的统筹领导和公共服务能力。自“四个平台”建设以来，街道属地管理能力进一步加强，统一协调、统一指挥、协同作战能力有效提升，群众诉求和咨询渠道更加畅通，更好地为群众办实事、办好事。

【扫黑除恶专项斗争】 是年，街道上报涉黑涉恶线索2起，盐仓派出所破获涉黑涉恶案件6宗，采取强制措施21人、逮捕13人。聚焦重点领域抓线索排摸。聚焦征地拆迁、违法占地、非法买卖土地、侵吞集体资产、民间借贷等重点领域，发挥网格员情况熟、联系广优势，进行集中摸排。在社区、街道及公共场所设置举报箱4个，动态掌握涉黑涉恶形势。聚焦重点人群抓隐患排除。针对新居民多实际，探索“以新治新”模式，构建“街道走访社区—社区走访居民—新居民代表走访新居民”宣传链，及时消除治安隐患。驻村民警重点关注社区矫正人员动向，及时发现苗头性、倾向性问题。聚焦重点问题抓落实整改。把扫黑除恶与党风廉政建设、腐败斗争相结合，落实片区分包责任制，重点查处整顿基层党组织在该工作中存在的软弱涣散等问题。查出存在突出问题15个，提出整改建议39条。

【推进生活垃圾分类工作】 配套设施到位。各社区打造1—2个有害垃圾、可回收物的临时存放点，公共服务区域半径20—30米内设置垃圾投放点，为每户家庭配备分类垃圾桶和垃圾袋。投入资金80余万元，采购垃圾桶6000余个，垃圾袋8000余个，全部发放到位。挂点督导到位。按网格划分建立区域垃圾分类监督员队伍，督查指导垃圾分类情况，实行每日检查、一周小结、月末抽查、季度通报点评工作机制，对不合格的进行拍照，并及时反馈至垃圾分类负责人限时整改。组织集中巡查3次，整改问题点位96处。宣传培训到位。制定实施生活垃圾分类宣传引导行动计划，采取规约上墙、册子到手、短信到家、培训到位等方式广泛宣传，逐户发放宣传册4000份，张贴海报80张，邀请专家开展垃圾分类培训7场次。

【召开2018年代表会议暨党工委工作会议】 1月24

日，中国共产党定海区盐仓街道2018年代表会议暨党工委工作会议召开，街道全体班子成员、54名党员代表、46名列席代表与各类先进参加，办事处主任余世炯主持。街道党工委书记邬学文向大会作《锚定新坐标 开启新征程 为全面推进盐仓中心城区建设而努力奋斗》报告，全面总结2017年工作，系统谋划2018年工作。各代表团就盐仓街道党工委和纪工委工作报告进行分组讨论，党员代表们一致认为党工委的报告非常振奋人心，催人奋进，为今后发展指明方向。代表小组讨论期间，审议2017年街道党费收缴和使用情况的报告、2018年重大票决事项建议项目、代表提案的审查报告、街道党工委和纪工委工作报告的决议，酝酿基层党建巡查小组名单，提出本次大会代表提案12件，并在第二次全体大会上一致表决通过。

【召开老年人协会换届选举会议】 2月5日，五年一届的老年人协会换届选举在街道二楼会议室召开。街道下辖7个社区（村），有老年协会分会6个，会员人数3005人，占老年人数的62.6%。老年人协会坚持落实党政主导，社会参与，全民关怀的老龄工作方针，围绕提高老人们的生活质量和幸福指数的工作目标，以构建美丽和谐新盐仓为契机，组织老年人开展丰富多彩的敬老、爱老、养老、健老等活动，充分发挥老年人的作用，使街道的老年工作呈现出新的局面。

盐仓街道2018年代表会议暨党工委工作会议

【街道结对海军“常州舰”擦亮双拥红色标签】 2月6日，双方签订军地结对共建协议，以“组织联建、学习互动、创新发展”为主题，围绕信息互通、困难互助、文化共享、平安共建、联合治水等五大块内容开展军地共建。其中，街道整合机关干部、驻地军嫂、出租车司机等资源力量，重点打造“双拥文化节”“军嫂义工艺术团”“双拥车队”等双拥文化品牌，确保每年重大节日开展帮扶慰问和文艺汇演不少于4次（场），丰富部队官兵业余文化生活；部队立足地方国防教育、党建等需求，提供参观学习场所，每年组织街道优秀党员干部、群众代表登舰参观、体验部队生活2次以上，每季度安排领导和先进官兵代表到机关和学校开展国防教育1次以上，常态化合作开展特色主题党日、文体交流和优秀青年代表交流等活动。

老年人协会第二次代表大会

双方签订军地结对共建协议

【慰问敬老院送温暖】 2月7日，区委常委、政法委书记陈海平一行到盐仓敬老院看望五保老人，给老人带去了新春节日的祝福和问候并为老人送上慰问金。陈书记表示，农村五保老人是社会上最需要关心的人群，解决他们的生活问题，让他们老有所养、老有所住、老有所乐，是政府与社会各界义不容辞的责任，也是推进社会公益事业发展的重要一环。

政法委书记陈海平看望五保老人

【毛铁年实地考察节前企业食品安全工作】 2月11日，定海区委常委副区长毛铁年带领舟山市市场监督管理局定海分局、区农林与海洋渔业局、区卫生和计划生育局、区城市管理局、城西市场监督所等区属相关部门进行节前食品安全检查。毛铁年在实地检查作业环境以及作业流程后表示，食品安全工作关系到广大人民群众的身体健康和生命安全，也关系到经济发展和社会稳定。

【召开2018年武装工作会议】 2月24日，街道召开武装工作会议，各社区民兵连长参加。会议总结2017年度街道武装工作情况；深入贯彻定海区十三五民兵调整改革相关精神；部署2018年兵役登记工作。

2018年武装工作会议

【抓好“三个一”推动作风建设】 3月起，街道系列组合拳狠抓作风建设。“一科一状”定目标。召开机关干部大会，专题传达全区作风建设大会精神。机关各科办、站所对照业务工作，明确年度争先进位、创优拿牌目标措施，立下“军令状”，针对“工作作风不扎实、联系群众不紧密、争先意识不浓厚”等作风问题自查整改，全程贯穿本职工作始终。“一人一书”作承诺。机关120名干部职工对照浮躁、虚假、懒惰、扯皮“四种病”和“僵、散、浮、懒、推、混”六个突出问题进行自查自纠，深刻剖析问题，撰写承诺书。结合班子成员分管工作不同实际，为班子成员量身制作《党风廉政责任卡》，确保警钟长鸣不越线。“一月一督”强保障。街道纪工委、党政办联合督查，采取现场查岗、明察暗访、不定时随机抽查等方式，对机关和各社区（村）作风效能建设情况进行督查，实行一周一检查、一月一通报，并将督查结果作为干部年度考核、评优树模的重要依据，确保街道作风建设抓细抓常抓出成效。

【林家湾河道景观亮化工程完工并亮灯】 3月6日，林家湾河道景观亮化工程完工并正式投入使用，该工程自2018年11月启动，东西向沿林家湾河道两侧布置，南北向由沁园桥至柳永桥南侧，总投资200万元，计划照明时间为18点至22点。亮化系统由900套灯光仪和一套雾森系统组成，通过沿河铺设可变换颜色的水下景观灯，岸边安插芦苇灯，水上设计球形灯泡浮在水景中央，打造五彩斑斓的夜景效果，实现翁洲大道景观品质明显提升。

【定海区农林与海洋渔业局在盐仓开展农产品抽样检测工作】 3月中旬，定海区农林与海洋渔业局对盐仓街道进行农产品抽样检测，相关技术人员来到新螺头社区海新村现场查看蔬菜基地，并实地选取多种蔬菜样本作为检测标本，按照操作规程签字封样送市农产品质量监督测试中心进行检测。抽检样品检测结果待检测机构出具报告后，将及时反馈给蔬菜基地种植户。通过对蔬菜生产基地样品的抽取，了解种植户在生产环节的用药情况，宣传农产品质量安全知识，提高种植户责任意识，指导种植户合理使用农药，促进农产品质量安全水平的提高。

【开展世界水日宣传活动】 3月22日，由市、区水利局组织、街道农渔科全体人员参与，在街道翁沁公园宣传节水、五水共治、推进河长制及全面剿灭劣Ⅴ类

技术人员抽样检测农产品

水。向群众及现场人员宣讲相关政策及水质保护知识，并分发先关报刊及宣传手册。现场参与群众50多人，气氛热烈。

世界水日宣传活动现场

【召开污水管网建设设计交底会】 3月28日，街道组织召开污水管网建设虹桥水库水源地上游农村生活污水管网改造工程项目的设计交底会议。会议由街道何军敏副主任主持，相关社区、设计、施工、监理等多家单位参加。会议对该项目在施工中会产生的施工难度及注意事项进行集中讨论，何军敏强调施工要因地制宜，以改善当地居民的生活环境为准则，参会各方单位均表示会积极配合，保障工程按计划顺利完工。

【盐经三路拆迁区块协议调换工作】 是年3月，经区政府批准，街道启动盐经三路区块原安置协议调换工作，该区块涉及52户拆迁户，于2016年底完成签约腾空，随着盐仓城市规划定位的总体调整，该安置区块原安置方案与盐仓中心区块土地规划不符，需进行协议调换。其间，街道会同社区成立8人专项小组，攻坚签约工作，多次顶住拆迁户上访压力，自我加压，全程无休，多次上门逐户走访做好解释工作，经一个月攻坚克难，于4月14日顺利完成52户拆迁户的协议调换工作，并正式启动安置小区建设报批手续。

【召开农村土地承包经营权确权登记颁证工作座谈会】 4月9日，街道召开农村土地承包经营权确权登记颁证工作座谈会，区农经站、街道相关人员、各社区村主任以及测绘队负责人参加。会议通报盐仓街道各社区村土地确权工作进度，通过社区村与测绘队的沟通反馈，详细分析当前土地确权工作中存在的障碍和需要整改的问题，对土地确权工作进行再部署、再推进。

【召开街道2018年综合工作会议】 4月13日下午，街道召开2018年综合工作会议，各企事业单位负责人，民间信仰活动场所负责人、街道全体机关干部，义工代表，各社区（村）书记、主任及相关干部共计180余人参加会议。会议由街道党工委副书记俞舟娜主持，街道党工委书记邬学文结合盐仓各项工作实际作进一步强调。会议通报街道2017年度安全生产工作、法治建设和综治工作情况部署2018各项工作，实

街道2018综合会议现场

施乡村振兴战略任务和街道创建全国文明城市整治任务；签订综合治理、安全生产、人口计生、食品药品、党风廉政等各类责任书。

【组建“颜”管家集中整治全域环境卫生】 4月24日，围绕“提升城市颜值、打造美丽盐仓”工作目标，以街道、社区两级干部为主体，扩纳盐仓综合执法中队、平安中队和新居民义工等队伍，联合双拥共建部队官兵，组建一支名为“颜”管家的志愿队全程参与洁净乡村行动。该队聚焦城市建成区、集贸市场、主干道路和农村沟渠、田间、房前屋后等重点部位，全面排查整治各类垃圾乱堆乱放。当天注册队员260人，整治问题点位186处，清理垃圾废物80余车次。

“颜”管家集中整治全域环境卫生启动仪式

【区民政局到盐仓检查避灾场所】 4月25日，定海区民政局到街道新螺头社区检查避灾场所，主要检查了避灾物资储藏室储备物资是否齐全、避灾场所休息室是否达到容纳标准、避灾工作制度是否上墙等情况，并对其安全状况进行评估。并且区民政局还对街道其他社区一一进行检查，确保盐仓避灾场所有效安全运行。

【街道班子成员实地会商叉河美丽乡村建设】 5月7日上午，由街道党工委书记邬学文、办事处主任余世炯带队，各分管领导、相关部门负责人和社区村工作人员参加的一行10余人，实地对叉河美丽乡村建设进行研讨会商。通过实地勘察、现场会商，对村口标志物设计、美丽庭院建设、部分山体动态打造、土地流转、茅叉线沿线景观打造及墙体外立面改造等相关项目进行了逐点研究和明确责任分工。通过此次实地会商，叉河美丽乡村建设的方向和打造的重点已基本确定，为下步工作奠定坚实基础。

班子成员实地察看叉河美丽乡村建设

【区统计局在盐仓开展粮食监测样本区调查地块检查工作】 5月22日，定海区统计局粮食监测调查专业人员在社区粮食监测调查员的陪同下，走到田间地头先后对昌洲社区粮食监测04样本区和叉河社区粮食监测11样本区的粮食种植情况进行实地查看，现场将粮食监测样本区调查地块地图、报表与实际地块一一进行核对。检查中未发现数据质量问题，调查专业人员对盐仓街道粮食监测工作给予充分肯定。

【区残联领导来盐仓街道召开作风建设座谈会】 5月22日，区残联领导班子一行来到街道召开作风建设座谈会。区残联各科室负责人、街道残联工作人员、社区（村）残疾人工作者和残疾人代表等20余人参加。座谈中，区残联党组书记、理事长袁燕江就此次座谈会召开的目的、意义和必要性作全面阐述，随后听取、解答街道、社区（村）、残疾人代表提出的建议和意见，对一些热点难点问题进行了讨论交流。最后，袁燕江强调，要把推进作风建设与做好残疾人各项工作紧密结合起来，坚决以踏实作风把工作落到实处，更好为残疾人服务，鼓励大家团结协作、振奋精神，共同为残疾人事业发展做出新的贡献。

【主动“亮相揭丑”倒逼洁净乡村创建】 组建小组内部督。5月起，街道抽调工作人员组建专项督查小组，对各社区洁净乡村创建情况进行督查，且全程拍照留痕。期间，对现场能整改的问题要求立即落实整改，当场不能整改的限一周内整改完成，并将督查问题整改情况在机关大厅显示屏上实时“亮相揭丑”。开展环境督查7次，发现问题152处，完成整改85处。擂台比拼全民督。每月底开展洁净乡村创建擂台赛，邀请两代表一委员和村民代表，采取实地暗访测评方式，对所有社区进行打分评比，公开亮晒创建成果，营造洁净乡村创建“比学赶超”氛围。

【省人力资源和社会保障厅督查街道劳动纠纷多元化解机制建设推进工作】 6月14日，省人力资源和社会保障厅副厅长龚和艳等一行10余人到盐仓督查基层劳动纠纷多元化解机制建设推进工作。市局副局长金涛、区局局长竺锐航、街道党工委书记邬学文等陪同督查。龚和艳查看街道便民服务大厅劳动保障窗口和街道劳动纠纷调解室，听取邬学文关于街道劳动纠纷多元化解机制建设的主要工作情况及下步工作打算的汇报。龚和艳对街道劳动纠纷多元化解建设所开展的具体工作表示充分的肯定和高度赞赏，并按照全省综合示范点的标准化规范化建设提出更高要求。

龚和艳副厅长督查街道便民服务大厅

【首推社区书记述职点评制为洁净乡村建设加码】 是年5月起，街道在常态化推行社区村城乡环境综合整治擂台赛基础上，每两个月组织7个社区村书记向街道洁净乡村创建领导小组进行现场述职，全面分析总结上阶段城乡环境综合整治工作开展、资金投入、存在困难和下步整治内容等方面工作。街道“一把手”对述职情况予以点评，对做得好的予以表扬并给予年终考评加分，对存在问题多、整治进度慢的进行严肃批评，要求限期销号。针对社区村书记提出的问题建议，领导小组现场会商，通过“颜管家”队伍整治、社区自查自纠、街道联合行动等方式尽快落实整改，合力消除洁净乡村建设梗阻环节。首期述职点评会于6月1日举行，会上通报第一轮街道擂台赛中查出的大小问题点221个，汇总各社区问题建议28条，商讨解决措施36个。

【盐仓商会携企业开展“百企帮百户，携手奔小康”助困助学帮扶结对活动】 6月28日，盐仓商会牵头开展了“百企帮百户，携手奔小康”助困助学结对活动。辖区各企业积极响应，现场有9家商会优秀会员代表与辖区8名贫困学生、1名失业贫困职工现场结对。双方在相互熟悉了解以后，进行认亲结对，帮扶企业代表向帮扶对象一次性资助第一年的助学金、学杂费和生活费，希望他们好好学习，将来回报社会。此次活动发放受助资金42800元，受助人家长代表自己的孩子表示感谢。

帮扶结对活动现场

【2018年度两新组织党建工作推进会】 7月2日，为庆祝中国共产党建党97周年，深入贯彻落实党的十九大精神，街道开展两新党组织党建工作推进会。首先，在街道二楼会议室举行浙江金达电机电器有限公司党支部成立揭牌仪式，街道党工委副书记俞舟娜、商会党委书记吴舟立、商会秘书长俞定法、街道专职组织员袁海兰及各企业党支部书记、党务工作者共计20余人参加揭牌仪式。会议宣读街道党工委关于成立浙江金达电机电器有限公司党支部的文件，并进行授牌。会后，与会一行人参观干䃎镇新建社区党建文化

阵地和美丽的乡村风情。其间，商会党委书记为大家现场上一堂生动的党课，党员们在党旗下庄严宣誓，重温入党誓词，坚定理想信念。

为两新党组织授牌

【盐仓街道知联会召开一届四次全体会议】 7月26日，街道知联会召开一届四次全体会议，会上学习习近平总书记重要讲话精神；罢免知联会部分理事；通过了2017年度工作报告。会议还就下半年工作作布置。街道统战委员王晓君主持会议，街道党工委副书记俞舟娜参加会议并作总结讲话，号召知联会及其成员团结在街道党工委周围，为盐仓及定海的发展贡献力量。

知联会一届四次全体会议现场

【市委市政府副秘书长陈伟检查盐仓全国文明城市创建工作】 8月7日，市委市政府副秘书长陈伟一行到街道检查全国文明城市创建情况，街道办事处主任余世炯陪同。检查组听取街道关于创建全国文明城市工作开展情况、存在的问题及下步打算等内容介绍。实地查看茗桂华庭住宅小区、海龙菜场、娄家车站等重点点位的环境整治情况。

陈伟副秘书长听取街道汇报

【市委组织部部长张明超调研盐仓全国文明城市创建工作】 8月8日上午，市委组织部部长张明超调研盐仓全国文明城市创建工作，区委组织部部长邵辉、街道党工委书记王文杰陪同调研，张明超一行先后查看了盐仓舟社区、塔山社区、详细了解社区创建工作的开展情况。调研小组对社区的全国文明城市创建工作表示认可，同时，也对存在的问题提出了具体的整改要求。张明超指出，在创建工作中，一要充分调动居民群众的积极性，让他们自愿加入志愿队伍；二要加大宣传力度，广泛发动市民自觉参与到文明城市创建中来，三要发动组织关系，让辖区内所有党员参与创建，持续营造浓厚的创建氛围。

张明超部长检查惠舟新村

【许小月副市长检查盐仓街道文明城市创建工作】 8月15日下午，副市长许小月一行9人到街道检查文明城市创建工作落实情况，区委常委、常务副区长毛铁年、街道办事处主任余世炯陪同。检查组一行先实地查看娄家公交车站、海龙农贸市场和茗桂华庭小区等区域整治情况，而后听取街道办事处主任余世炯关于街道文明城市创建工作相关汇报，市、区相关部门负责人对街道文明城市创建过程中反映的矛盾和困难给予了回应。会议最后，许小月对街道当前创建工作表示充分肯定，并提出下步街道创建要在严格落实责任、坚持问题导向、注重标本兼治和着力塑造品牌上下功夫。

许小月副市长召开座谈会

【军民携手共同助力全国文明城市创建】 8月16日，街道组织机关和社区干部、"颜管家"志愿队，联合驻地部队官兵举行"军民齐携手，共创文明城"专项行动，210余人参加。此次专项行动聚焦城市建成区内主次干道、住宅小区、部队公寓和营区周边等重点部位，以整治生活垃圾、小区乱堆乱放、绿化带杂草清理为主要内容，通过军民同心携手、精准分区整治、兵团集中作战的方式，助力全国文明城市创建。当日整治小区7个，主次干道5条，问题点位120余处。

军民携手助力全国文明城市专项活动

【市内创新"挂图销号"作战不留创城死角】 8月下旬，街道按照"条块结合、以块为主"思路，制作《盐仓街道创建全国文明城市责任分工示意图》，将创城区域按主次道路、居民小区、重要点位和网格进行编号划分，分别落实到具体责任人，形成纵向到底、横向到边、环环相扣的"责任链"。把握工作推进的各个关键节点，科学制定工作计划，每周根据进度进行上墙亮相、销号管理，确保工作按既定的时间节点推进。

【市统计局检查农业农村统计数据质量工作】 8月23日，市统计局服务业与渔农业统计处副处长薛宝安一行到盐仓检查农业农村统计数据质量工作情况，区统计局总统计师徐志元、社会经济调查队队长鲍赛敏陪同。检查组一行查看街道5个农村社区村的农业统计报表台账，并听取了街道农业统计数据质量工作开展情况的汇报，并来到昌洲社区村粮食监测第04样本区的田间地头实地查看样本区地块，将上报报表的台账数据与地块种植的农作物数据进行检查核对。薛宝安对街道农业农村统计数据质量工作表示肯定，并提出了几点要求：一是要严格把好农业统计数据的质量关，为上级提供真实有效的数据资料；二是要及时做好各类报表台账并存档管理。

薛宝安查看粮食监测第04样本区

【区委书记庄继艳到盐仓调研文明城市创建工作】 8月29日上午，区委书记庄继艳一行到盐仓调研文明城市创建工作，区委常委、宣传部部长何徐华、副区长夏泉参加调研。调研中，庄继艳一行在虹桥社区检查党群活动中心，在塔山社区询问西城海苑小区公益广告设置、志愿服务、周边秩序等文明创建情况，在兴舟社区了解军警民联防警务驿站、“红葵”调解工作室和社区文明创建开展情况。座谈会上，街道党工委书记王文杰汇报了街道主要工作和全国文明城市创建工作的开展情况，庄继艳做重要指示。

庄继艳参观虹桥社区党群活动中心

【人大工委开展“法治建设”工作评议活动】 9月12日，街道人大工委组织辖区内的省、市、区人大代表开展盐仓法治建设工作专项评议活动。代表们实地查看派出所治安调解工作室，听取派出所和司法所法治建设工作情况汇报，并组织填写测评表。代表们对盐仓派出所、司法所的工作提出意见建议。评议活动拓

人大代表查看派出所治安调解工作室

展人大代表依法行权的工作内容，是对政府部门依法履职的工作监督，助力平安法治盐仓建设进程。

【开展“八八战略”专题培训暨党员骨干轮训】 9月19日，为全面学习贯彻习近平总书记对浙江工作重要指示精神，推进“八八战略”广泛深入开展，让习近平新时代中国特色社会主义思想和“八八战略”往深里走、往实里走、往心里走，街道邀请舟山市委党校庄韶辉老师作题为“以八八战略为引领，开启奋斗新征程——学习贯彻习总书记重要指示精神”的专题党课，系统讲解“八八战略”的“学习背景和战略起点”“战略内容和战略行动”“战略内涵和战略成就”及“战略遵循和战略深化”等四个方面的内容，进一步深化党员们对“八八战略”科学内涵、思想价值、理论价值、实践价值的认识，特别是“八八战略”的核心要义。

庄韶辉授课

【区政协主席车志宽检查街道全国文明城市创建工作】 9月28日，区政协主席车志宽率区政协委员检查街道全国文明城市创建工作，街道党工委书记王文杰、党工委副书记俞舟娜陪同检查。车志宽一行先后来到金达公寓、惠舟新村、海舟公寓等小区，听取街道党工委书记王文杰关于街道创城工作汇报，了解各小区在创城活动中氛围营造、基础设施改造、小区停车位设置、小区环境卫生整治等方面工作的开展情况。车志宽对街道在创城工作中取得的成绩给予充分肯定，并指出要进一步聚焦重点难点，扎实做好迎检测评各项准备工作；要进一步强化机制建设，在常态化长效化上下功夫，以高昂的斗志和必胜的信心，迎

接最后的冲刺决胜阶段，同时政协委员要努力发挥自身优势，为创城献计出力。

车志宽检查惠舟新村小区

【开展“全民读书”活动深化创城工作】 是年10月，街道组织开展系列读书活动助力创城。开展“秋风伴我读好书”主题活动。向辖区居民发出“多读书、读好书”倡议，在匈牙利馆提供百种休闲期刊供居民免费阅读，组织街道机关干部、企事业单位职工、在校学生和社区居民开展读好书、荐好书活动。发出倡议书500余份，推荐好书81本。组织“文明传播进社区”活动。组织街道“名嘴工作室”宣讲骨干、文明礼仪志愿者，开设文明知识和行为规范主题讲座。举办“岁阅为你留声”朗读大赛。突出“声音中的故事，声音中的情感”，在陶冶情操的同时，提升居民素养和文化气质，25名代表参赛，6人分别获一、二、三等奖。

【全区农村生活垃圾分类处理工作现场会在街道举行】 10月24日，全区农村生活垃圾分类处理工作现场会在街道召开，区委分管副书记周军刚，区委区府办相关副主任何光，区渔农办、区环保局、区环卫处主要负责人，金塘管委会、各镇（街道）党委或政府分管负责人，部分社区村主要负责人参加。与会人员先到参观昌洲社区垃圾分类文化宣传长廊、村民垃圾分类代表家庭和街道可回收物及有害垃圾存放点，而后到街道五楼会议室召开垃圾分类座谈会。

召开垃圾分类座谈会

【省卫计委领导到盐仓调研流动人口基本公共卫生服务项目重点工作】 10月24日，省卫计委流管处处长陈黎明一行三人到盐仓调研流动人口基本公共卫生服务项目重点工作。舟山市卫计局副局长华前锋、定海区卫计局副局长吴松波等陪同调研。陈黎明一行实地查看流动人口规范化服务中心配套设施，了解服务中心内部工作人员配备及运作情况，听取盐仓流动人口卫生计生工作开展情况汇报，并对街道落实流动人口公共卫生服务管理工作提出具体要求。

陈黎明参观街道新居民管理服务中心

【市渔农委领导调研盐仓街道垃圾分类工作】 10月26日，市渔农委叶激华总农艺师、处长余海芳一行调研盐仓垃圾分类工作，区农林局副局长陈忠苗、街道党工委副书记俞舟娜陪同。调研组先后来到昌洲社区渡口三弄、街道环卫所，实地考察盐仓街道可回收物有害垃圾临时存放点，深入了解昌洲社区垃圾分类开展情况，以及居民对垃圾分类的参与度。调研小组对盐仓街道垃圾分类处理工作给予充分的肯定，同时对垃圾分类工作的开展提出宝贵的意见。

调研人员查看垃圾临时投放点

【街道启动盐仓流域水生态综合治理工程项目】 10月30日，盐仓流域水生态综合治理工程项目启动，该项目是全区首个EPC总承包水利项目，由街道全权委托施工单位（上海同济建设有限公司、同济大学建筑设计研究院（集团）有限公司联合体）总负责项目的设计、施工、质量、安全等。项目总投资800万元，治理河段总长2.8公里，水域总面积53800平方米，针对盐仓大河、林家湾河、坝桥河存在的水体感官指标不佳、河道生态退化和景观缺失等问题，以人工构建配合水景观的生态系统为主要手段，运用生物操纵技术、曝气复氧技术和人工湿地技术等对水质进行有效净化，通过调整使生态系统长期保持稳定，水质达到《地表水环境质量标准》要求。

【市四部门督查街道渔农村基层侵害群众利益机制不健全问题的整改落实情况】 11月8日，市纪委、市农林与渔农村委、市财政局、市审计局四部门组成督查组对街道抓好渔农村基层侵害群众利益机制不健全问题整改落实工作进行专项督查。在座谈会上，督查组听取了街道关于防范渔农村基层侵害群众利益机制不健全问题整改落实情况的报告，并提出要持续完善、提升防范农村基层侵害群众利益机制不健全问题整改落实工作机制，细化整改方案，完善问题清单、整改清单等。要加强督查与治理力度，构建扶贫领域作风建设长效机制，保障农民群众利益不受侵害。会后，督察组还到虹桥社区村督查财务公开与村务公开情况。

市四部门在街道召开座谈会

【成立街道“大工委”】 11月12日，为落实中央和省委、市委关于加强新时代城市基层党建工作要求，助力街道基层党建工作全区域推进、全领域提升，经过一个多月紧张的运作、筹备，在街道二楼会议室召开“大工委”成立大会，街道班子成员、“大工委”兼职委员、城市社区书记参加。会上首先宣读区委组织部《关于同意鲍磊等同志任盐仓街道“大工委”兼职委员的批复》，为“大工委”兼职委员颁发聘书。最后，街道党工委书王文杰提出三点建议：一是提高思想认识，深刻领会街道大工委的重大意义；二是推进部门融入，扎实开展城市基层党建工作；三是落实各项举措，建立切实可行的长效机制。

盐仓“大工委”成立大会

【开展禁毒宣传进快递行业活动】 11月26日，为进一步提高快递行业从业人员“识毒、防毒、拒毒”能力，街道禁毒社工到辖区的圆通、百世汇通等快递网点开展禁毒宣传活动。活动中，禁毒社工向从业人员讲解毒品的危害，分发禁毒宣传手册和禁毒条例宣传资料，结合毒品仿真模型向他们普及毒品的种类及相关法律法规，并要求从业人员在日常工作中要加强对邮寄物品的检查力度，严防毒品等违禁品通过物流寄递的方式外流和传播。此次禁毒宣传活动通过禁毒社工上门入户的形式，提高快递行业工作人员对毒品的警惕性，取得良好的宣传效果。

禁毒社工向快递从业人员普及毒品种类

【老虎山废弃矿山生态环境治理工程启动】 11月30日，老虎山废弃矿山生态环境治理工程正式启动，老虎山废弃矿山位于街道新螺头社区跃进村，存在矿山生态环境和自然景观破坏严重、高陡裸露岩体和坡脚崩塌隐患等问题。治理工程总投资约1862.17万元，总建筑面积19048平方米，拟采用“分台阶削坡+局部段堆坡+坡脚设置挡土墙+全坡面喷播绿化+截排水设施”方式进行治理，局部危岩体采用随机锚杆及主动网进行加固，消除崩塌、掉块隐患，改善边坡周围生态环境，释放坡脚土地资源。

【开展“不忘初心 牢记使命”主题党日活动】 12月5日，街道联合“大工委”成员单位，开展“不忘初心、牢记使命”“红色17”主题党日活动，91115部队、区海洋科学城、城西小学、城西市场监管所、舟山市汽运公司快客分公司等5家盐仓街道“大工委”兼职委员成员单位的党员及街道、社区全体党员干部150余人参加活动。大工委邀请区纪委第三纪检监察室副主任邵莹讲解新修订《中国共产党纪律处分条例》，授课后进行了中国共产党纪律处分条例相关知识问答。

区纪委邵莹授课

（撰稿：娄诗绮）

（本分目照片由盐仓街道提供）

小沙街道

【概况】 小沙街道位于定海西北部，包括原小沙镇和长白乡两部分，东临马岙，南靠双桥，西接岑港，北与岱山双合（两头洞）隔海相望，其中长白岛南部建有长白渡口，配套小沙海丰码头，是长白对外客货航运的主要通道。街道陆域面积57.8平方公里，境内岸线总长35千米，街道下辖光华、庙桥、毛峙、东风、大沙、青岙、增辉、三龙、前湾、后岸10个社区。是年，有耕地面积17320亩，粮食播种面积10350亩，油料作物播种面积2623亩，户籍人口20165人，第一产业总产值16323亿元，第二产业总产值41.亿元。

是年，完成企业总产值54.25亿元，同比增长18.6%；规上工业产值41.72亿元，同比增长7.3%；其中规上工业增加值增幅达到19.8%，完成财政总收入2.11亿元，完成地方收入1.29亿元。

经济发展情况　是年，完成大陆引水三期工程大沙调蓄水库项目后续政策处理既定工作；峙岙塘地块、陈家地块拆迁安置小区主体结构均顺利结顶；完成宁波—舟山港主通道工程（长白互通）、220千伏鱼山输电线路工程、110千伏输电线路工程项目政策处理工作，500千伏联网输变电工程政策处理工作进入后期收尾阶段。

是年，太平洋海工完成全国首制液化天然气船建造，承接3艘40万吨级以上超大型铁矿砂船舶，全年修船总量达102艘；中天重工新购置高空车等设备，厂内运输、高空作业、节能减排环节等显著提升。长宏产业园、增洲造船加快资源整合，实施精准发力，呈现良好发展势头。金鹰公司加强技术改造，实现核心技术产业化,三元锂电池材料项目列入省重点技改项目。完成区级招商引资项目实绩亮相，全年引进市外企业8家。

是年，实施长期连片土地流转。国际杨梅博览园建设工程加快推进，120亩土地流转、杨梅林果树移栽、游步道建设均完成,小沙“百果园”建设有序推进。农业综合开发小沙高标准农田建设项目、水江洋水库除险加固工程全部完工，小型农田水利治理项目顺利收尾，大沙中心河、大沙横河、碶门头河两侧景观提升、亲水平台及水下森林建设等品质河道建设项目顺利完成。彩色健康森林、森林抚育建设项目稳步推进。优质农渔产品逐步实现扩规提质，大满、旭旺等养殖场产业持续发展，灵芝、人参等特色药材及蓝莓、火龙果等特色水果种植效益不断凸显。

城乡人居环境　是年，以建设美丽小沙为总揽，全面打好“拆、建、创、整”的组合拳，乡村面貌建设和文明程度有效提升。将区委“洁净乡村”两年行动计划合并为一年，在全区首推社区卫生擂台赛，累计开展“百日攻坚”专项整治10余次。

社会保障事业　做好社会救助、养老服务、殡葬服务、优抚安置等工作，全年发放各项救助救济款823.3万元。新建大沙社区沈毕家居家养老服务照料中心，推行大沙、青岙、增辉三个社区照料中心实行社会化运营。完成困难群众危旧房改造10户。深化城乡

小沙街道“洁净乡村”社区村擂台赛启动仪式

居民社会养老保险和被征地农民养老保险、传统捕捞渔民社保申报工作。做好劳动监察工作，走访检查企业40余家次，受理欠薪案件5起，为劳动者追回报酬19万余元。完成长白卫生院基础设施改造，增购数字化X射线机，计生利益导向机制不断健全，全面实施两孩政策，实现基本公共服务均等化。

综合治理事业　构建完善小沙“大调解”体系，发挥各类基础平台的整体效能，全年调处各类矛盾纠纷185起，调解成功率100%。全面提升社会治安防控力度，完成东风、毛峙社区28个动态视频监控设施安装工作，逐步缩小监控盲区。开展扫黑除恶专项斗争，深化问题排查整治，稳妥做好中海油检修期间的维稳保障工作，完善大陆引水三期工程大沙调蓄水库、宁波—舟山港主通道工程等重大项目稳定问题工单制和责任倒查机制。加强社区自治、法治、德治“三治融合”建设，不断提升治理水平，打造共建共治共享的基层社会治理格局。

深化“最多跑一次”　是年，加大硬件设施投入，对街道便民服务中心进行提档升级，实施长白文化楼功能改造，实现长白社会服务管理中心升级。整合资源推行社区便民服务大厅标准化建设，培养全科干部，打造无差别窗口，力争群众办事实现“一窗受理”，创新推出“书记坐班海岛、群众办事不出岛”制度，提升群众满意度。

【重点工作亮相台】　围绕“作风建设年”活动，按照时间节点和进程将2018年重点工作纳入亮相台，实现任务具体到部门，责任落实到个人。亮相台包括项目内容、各项目对应的责任领导、责任科室、责任社区等，以红旗、五角星和三角形分别代表完成全年工作目标任务、完成月度工作任务、未完成工作任务来评价工作完成情况。项目内容包括实施党内组织建设年活动、乡村振兴、小城镇环境综合整治等17项。

【基层党建】　成立“红润锦沙.浓郁飘香”专业合作社行业特色党支部，共涉及农业企业、专业合作社、家庭农场38家，涵盖党员41名。其运行模式参考城市社区“兼合式”党支部，党员在原地保留党籍的同时可参加行业特色党支部活动，在党员活动证上做好记录。党员活动内容包括党的理论知识、最新政策学习、农产品种植（养殖）、经营及销售经验交流、网创服务驿站使用等。

行业特色党支部成立大会

【开展党风廉政建设】 是年，高质量完成区委巡察工作，对反馈问题进行整改，出台《小沙街道党员干部廉政谈话制度》，对15名党员干部开展诫勉（教育）谈话。严格落实中央“八项规定”精神，开展作风建设年活动，出台《小沙街道关于贯彻落实中央八项规定实施细则的办法》。深化岗位廉政风险防控，编印《小沙街道岗位廉政风险防控手册》。

【推行书记坐班海岛制】 为方便长白企业和群众就近办事，在全区率先开展“书记坐班海岛，群众办事不出岛”活动。街道党工委书记和办事处主任分别于每月5日、20日的上午或下午到长白便民服务中心坐班，接待当地居民和企业来访，提供政策、政务咨询，调处矛盾纠纷，将具体坐班领导和时间向社会公示，解决居民“办事难、多头跑”问题。

街道党工委书记坐班接待居民来访

【举办知行课堂】 是年，打造知行课堂，寓意“知行合一”，由先锋讲堂、清风讲堂、青春讲堂、民情讲堂四大板块组成。课堂采取领导带头讲、党员干部共同讲、微型党课竞赛讲、上下联动交流讲，邀请专家专题讲等多种方式，以党工委中心组集体学习、周三夜学和支部会议等为载体开展主题教育活动、岗位技能比拼、业务知识交流等。按照全年活动要求排定学习计划、确定学习主题，组织、纪工委、团委等职能部门每周轮流负责具体实施，每月不少于三次。

知行课堂

【培养全科型干部】 是年，为打造“人人懂政策，个个能办事”的全科型干部，对40余名40周岁以下的青年干部进行重点培养。依托“知行课堂”组织领导干部及城建、计生、劳动保障等5个业务科室的骨干讲解相关理论政策及业务知识，着重讲解便民服务中心高频办理事项。开展基层一线挂职行动，选派38名青年干部轮流到便民服务中心坐班，不定期开展岗位轮换及其他业务学习，实现一专多能发展。

【成立社区村经济联合社】 为解决单一合作社发展规模小、经营实力弱、集体经济发展动力不足等问题，街道以光辉、岺岙塘2个股份经济合作社为成员，经村民代表会议通过后，成立增辉社区经济联合社。该联合社具有独立的法人资格，可独立发展乡村旅游项目、拓展各类经营性产业，提供基础设施使用及农渔业生产经营有偿服务。出台相关章程，首个经营项目增辉物业用房项目建设进入准备招投标程序。

【小流域治理项目】 是年，庙桥增辉畈小流域治理项目获批第二批国农发项目，项目计划总投资1287万元，其中省以上财政补助资金1170万元，区级财政配套117万元，实施改建节制闸1座、灌溉泵站8座，衬砌渠道、疏浚河、硬化机耕路等内容。项目开发（受益）面积8500亩，其中高标农田建设面积3000亩，预计增加农民收入150余万元。建成后将充分带动流域内山洪沟、溪坑、河道等综合治理。

【土地流转治理】 是年，以东风社区村至大沙方向路两边水田、大沙百果园区域为主要实施范围，通过入户调研、电话回访等形式，摸清土地基本情况，审核出让方土地承包经营权，为农户提供统一流转合同文本，帮助并指导农户以转包、出租、转让等形式开展土地流转，长期连片流转土地3200余亩，完成区级指标213%。

【创意景观农业建设】 在庄家山、青岙路口、小沙中塘等6个地段打造农业大地景观，融合小沙三毛文化等元素，以小麦、油菜花、紫云英等农作物为基本素材分区块种植形成"浓郁小沙"、爱心、书本、卡通猫欢迎系列等图案，涉及专业合作社及个体农户10家，涉及地块面积200余亩，景观图案面积3000余平方米。

【智慧海洋多功能科考船建成】 由浙江增洲造船有限责任公司建造，全长70米，垂线间长约64米，型宽13米，型深6米，设计吃水3.8米，排水量约1600吨，在满载40人的情况下，最大航速可达18节，续航力不低于3000海里，自持力不小于30天。通过船载显控台结构优化设计等研究，解决多功能科考船陆地远程监控及信息收集、无人机升降等技术难点。可在甲板上灵活按需部署各类既定试验方舱，形成海上机动应急通信服务平台，满足应急海域无线通信覆盖、求救信号搜索等任务。

【全国卫生城市复审】 攻坚行动为期一个月，覆盖小沙整个辖区，重点针对集镇区、峙岙塘区域、长白岛公园集中区域及周边环境开展整治工作。成立综合协调组、河道保洁组、街容街貌交通组等6个专项小组，从落实河长制、推广垃圾分类、完善"门前三包"制度等方面全面展开工作。

【小城镇环境综合整治】 完成小城镇环境综合整治，先后实施小沙中路人行步道改造、华海线道路绿化提升、兴岛路接线道路拓宽、长白岛主干道路灯亮化、庙桥社区潭陈区域露天粪缸整治等工程，完成长白文化楼和小沙三毛祖居周边环境改造，新建小沙田园公园、湿地公园、长白街心公园等10座，实施相关小城镇改造项目56个。全年累计拆除违法建筑295处，面积5.44万平方米。完成线路"上改下"3.89千米，架空线路整治23.1千米，重新规划道路两侧停车位600余个。

小城镇环境综合整治现场

【湿地公园建设】 因地制宜打造定海区首个湿地公园，位于鸭东线与双小线交汇的三角地块，原为荒地，由街道征用后，投入100余万元进行建设，总占地面积约25亩。在原有湿地与周边水稻田基础上结合田园景观小品，设计水流系统与污水处理系统，分布"花海融春""菖清水碧""鹭舞燕翔""碧波荷静"四大植物区块，按照观赏期种植水生美人蕉、再力花等植物20余种，打造四季有景的美丽乡村。

【农村农贸市场建设】 对标农村农贸市场集中交易点标准，结合居民意愿和市场需求新（改）建小沙、长白、大沙、增辉农贸市场，完善硬件设施，打造放心"菜篮子"。实行经营户统一亮相上墙，按照"一户一档"原则建立档案，强化长效管理。其中小沙农贸市场于5月底配合上级部门召开全市渔农村农贸市场改造提升工作现场会。

全市渔农村农贸市场改造提升工作现场会

【全国文明城市创建】 在街道办事处、便民服务中心、文化楼等重要地段新增公益广告300余处，开展形式多样的宣传活动，先后组织全国文明城市微宣讲6次，组织机关干部开展宣传走访3次，发放倡议书万余份。常态化落实城镇文明劝导志愿行动，引导村民养成文明习惯，形成全民参与、共建共享的良好氛围。

志愿者在社区开展创城活动

【古文化及古树名木保护】 开展古文化保护，对辖区内的古寺、古桥、古井等开展排摸、登记、立牌保护，排摸出甩龙桥、潭陈井、复翁堂、三毛祖居等古文化20处，榔榆、黄连木等古树名木12棵，累计投入资金约25万元。

【大沙社区美丽海岛项目】 大沙社区开展美丽海岛项目建设工作，将美丽海岛创建与小沙街道整体规划有效结合，明确社区内生产、生活、服务等区域定位，重点完成绿化提升、设施美化和村道建设，强化环境整治，不断提升村庄整体面貌，优化居民生活环境。完成沈毕家田龙停车场建设、沈毕家远山的护栏安装、沈家的池塘修理、沈曙线村口打造和绿化提升等工程，累计投入资金108万元。

【长白岛停水突发事件】 6月9日，海丰码头至长白岛PE315海底管爆管，导致长白岛全区域停水。为保障供应岛内6000多名常住人口及各企事业单位正常生活生产用水，街道迅速启动应急预案，联合海晶轮渡公司、自来水公司、消防等相关单位实施有效快捷的抢险抢修工作，以实际行动回应群众关切。停水期间，岛内群众、企业供水有序，未因突发停水造成群众、企业经济损失，岛上供水于6月13日全面恢复。

【区委书记一行调研综合工作开展】 8月23日，定海区委书记庄继艳带领相关部门主要负责人到小沙街道调研，先后来到后岸社区、长白岭、三龙社区外礁门等地，考察余家古村风貌，察看长白岛全貌，了解舟岱跨海大桥相关建设情况，并在随后的座谈会上听取了小沙街道2018年总体工作情况汇报。庄继艳指出要进一步深化认识，拉高标杆，精心谋划各项工作，发挥自身优势，因地制宜突出特色，推动各项工作迈上新台阶。

庄继艳到小沙街道后岸社区调研

【休渔期渔区禁毒宣传】 紧抓伏季休渔期渔民集中上岸的有利时机，运用渔村广播、报刊橱窗、网格短信等各种媒介，依托网格等载体开展禁毒宣传活动，掀起宣传高潮，提高渔民尤其是渔老大的拒毒防毒意识和能力，发送网格短信5800多条，普及《禁毒法》和各种禁毒常识500多份。

【渔嫂私人公益法律顾问】 结对舟山市博爱法律咨询公益服务中心试点三龙社区开展私人公益法律服务，满足偏远海岛地区群众法律服务需求。项目精选5名业务精良、熟悉渔村情况的女性专业律师和基层法律工作者，按照1：5的比例，即1名工作人员结对5名渔嫂，为其及家人提供关于涉渔纠纷处理、房屋买卖、遗产分配、自留地处置和大额资金往来等方面的专业法律咨询服务和援助。建立法律咨询微信群，及时发布有关渔业、渔民的法律法规，进行案例解读，提高渔民及渔嫂的法律意识、维权意识。

【消防安全排查整治行动护航“两会”】 联合小沙派出所开展为期两个月的全面排查行动,组建由副书记牵头的40余人的消防安全委员会，发动社区网格员力量，重点关注全街道百余家沿街店面房、居住出租屋、合用场所、文物古建筑、电动自行车停放（充电）点等;全面开展宣传教育，在辖区醒目位置张贴火灾警示挂图和电动自行车消防安全管理公告，微信“遇见小沙”推送安全用火用电、逃生自救常识;加强执勤巡防工作，联合平安队员、平安志愿者等成立巡防队伍，重点加强人口集中区域的夜间寻访频率，填补扑救火灾的“空白期”。

【生活补助对象信息核查机制】 为杜绝因调整注销不及时而产生的虚报、冒领补助资金等违规现象，建立相关制度，按照资金来源性质将低保户、低保边缘户等27类定期生活补助对象按照人员性质实行归口管理。各责任科室协同社区每月复核死亡人员信息；针对低保低边户，每季度核查一次家庭财产变化、收入变更、就业调整等动态信息。同时由纪工委牵头成立定期补助对象情况稽核小组，每年安排一次专人入户核查，查处因工作履职不到位，造成的补贴资金多领、冒领等违规违纪行为。

【粉尘涉爆企业安全检查】 市、区、小沙街道三级联动对浙江金鹰股份有限公司开展粉尘涉爆企业安全专项检查,听取企业负责人相关工作汇报，查阅资料。深入现场，检查企业的安全生产条件、作业环境、场地卫生、消防设施的配备和摆放使用、防火防电及安全隐患排查等情况。对于企业存在的粉尘车间电气线路不防爆，电源线路未接地、抽排风不畅等一些安全隐患，能当场整改的，要求企业立即整改，不能当场整改的，要求企业限期整改。

【第九届人文艺术节】 是年，开展“同绘乡村美丽画卷 共谱小沙文明乐章”人文小沙第九届艺术节开幕式、和美家庭户评选、毛峙社区及长白管理处下乡巡演、“砥砺奋进改革开放40周年 勇立潮头同心共筑文明城”艺术节闭幕式等活动，累计参与4000人次。其中开幕式及闭幕式通过凤凰网app全程直播，累计吸引百余万观众收看。

人文小沙第九届艺术节开幕式

（撰稿：何金艳）

（本分目照片由小沙街道提供）

岑港街道

【概况】 岑港街道位于舟山本岛西部，东南、东北与双桥、小沙接壤，西南有西堠门大桥连接金塘镇，北濒灰鳖洋。境内有岑港大桥、响礁门大桥和桃夭门大桥3座跨海大桥，为舟山连接大陆的交通枢纽和桥头堡；有一条长6千米呈“S”型内港——岑港渔港，东起老塘山港、西至响礁门，是著名的避风良港；有富翅岛、里钓山、中钓山、外钓山、五峙山列岛、大菜花山、小菜花山、老虎山、墨斗山等18个小岛，其中富翅岛、里钓山、外钓山为住人岛屿，五峙山列岛是浙江省唯一的鸟类自然保护区。街道陆域面积64.9平方千米，耕地8922亩。2018年辖9个社区，有197个村民小组，户籍人口 8087户、18629人；农村劳动力14493人；农村从业人员12330人，其中第一产业 2669人，第二产业3590人，第三产业6071人；流动人口12356人。财政总收入22242万元；农民人均纯收入29467元，比上年增长9.1%；固定电话装机2200部，接入互联网2250户，自来水用户8500户；生活用燃气用户6300户；有线电视入户6800户；居民基本养老保险参保8039人，居民基本医疗保险参保9794人。

经济发展情况　是年底，有企业300家，其中工业企业90家，企业从业人员5563人。工业总产值20.60亿元。40家服务业企业创产值33.2亿元。有销售收入2000万元以上的工业企业17家，产值17.1亿元，比上年增长20.83%，其中产值上亿元企业3家。全社会固定资产投资24.6亿元，其中工业性投入2.64亿元；舟山港外钓油品应急储运有限公司投资3.24亿元。企业交税金29883.4万元，其中舟山实华原油码头有限公司、舟浙江科润建设有限公司分别纳税3247.2万元、1082.7万元。引进浙江同舟环保科技有限公司等新注册市外企业14家，市外资金投资额4.42亿元，其中，注册资金1亿元以上2家，实际到位注册10家，实际到位市外注册资金1.24亿元，浙商回归引进到位资金0.58亿元。全年投入技改资金2.5亿元，有效提高企业市场竞争能力。舟山万度力机械材料有限公司和舟山硕普新型材料有限公司被评为省级科技型成长企业，舟山市汇邦建材有限公司、舟山欧莱克新材料科技有限公司及浙江舟山纳海固体废物集中处置有限公司被评为高新技术企业，舟山欧莱克新材料有限公司研发的染料化合物红色KD基合成项目被评为区级发明专利产业化项目。

是年，实现渔农业总产值1.39亿元，同比增7%。农作物播种面积12847亩，其中粮食作物种植面积7454亩，总产量3061吨，其中谷物播种面积4015亩，总产量1913吨，豆类播种面积1663亩，总产量423.4吨；薯类播种面积1776亩，总产量724.9吨；油料播种面积975亩，总产量193.8吨；蔬菜播种面积2963亩，总产量4224吨；果用瓜播种面积958亩，总产量969.6吨；果园面积5626亩，总产量3028.9吨；其中柑橘园2446亩，产量1414.7吨，杨梅园2223亩，产量55.6吨；桃园321亩，产量263.9吨。有14户种植大户。饲养生猪14323头，出栏9379头、769.7吨；年内出栏家禽24655只。有3户畜禽养殖大户。家庭农场7个。水产养殖面积840亩，产量820吨，产值2757万元；有渔业船舶9艘，载重394吨，总功率1033.5千瓦，领取柴油补贴80.67万元。海洋捕捞产量145吨，产值883万元。有山林55898亩，生态公益林43767亩，其中国家级18924亩，省级5128亩；育林587亩；农业机械总动力9037千瓦。探索土地流转新模式，实现10年以上土地流转1075亩。农村承包地经营权确权录入数据库的农户数为3507户，承包土地面积为4027亩。完成高标准基本农田建设，位于册北、马目、司前、坞垢、烟墩和桥头社区等6个项目、计1798亩。顺利推进华晟牧场建设，一期完成母猪舍1.8万平方米及水电配套设施建设，完成投资额1亿元，占总工程量的65%。完成老塘山150亩彩色健康森林、100亩大桥沿线景观农业建设。喜来岛农业有限公司被评为市级渔农业龙头企业。陈阿盛白枇杷专业合作社试制白枇杷花茶成功。烟墩农业水价改革生态综合提升工程全面完成。老塘山塘配套加固工程完成政策处理工作并正式开工。烟墩片灌溉泵房提升改造9座，安装明渠灌溉阀门300只，修复机耕路路面750米、路坎4310米，路侧绿化1300米，河道清淤4000立方。集生产、供销、信用服务于一体的综合性农业生产服务中心建设完成并开始运行。

社会事业　九年一贯制义务教育学校——岑港中心学校，年底在校学生435人，教职工62人；册子中心小学年底在校学生9人，教职工8人；省二级甲级幼儿园——岑港中心幼儿园，在校幼儿191名，教职工33人；省二级乙级幼儿园——册子中心幼儿园，在校幼儿30名，教职工12人；市四星级成校——成人文化技术学校（社区教育学院）1所，专职教师3名，兼职教师9名，是年，举办渔农民“双证制”（成人高中）教育培训班1期，招收学员21名，毕业21名，开展西式面点师职业技能培训班计2期，培训71人，获证28人；开展生活垃圾分类知识培训。社区卫生服务中心1所，册子分中心1所，社区卫生服务站（室）6个，执业（助理）医师25人，核定床位16张，中心与站实行一体化管理，全面实施国家基本药物制度，做好农民健康体检，建立农民健康档案，开展健康宣教。

计生工作　利用省级“三优”指导中心示范效应，开展“三优”系列活动，邀请早教老师开展开发幼儿智力的讲座2期，举办“三优”亲子活动4次，开展婴幼儿预防疾病培训3场，走访475户0～3岁家长，发放计生宣传环保袋和“三优”宣传折页。推进全民健康生活方式行动，推荐上报9户市级健康家庭、1户市级健康单位、1户省级流动人口健康家庭。办理一孩生育服务登记卡54人，二孩生育服务登记卡23人，依法审批再生育2例。抓好各项计划生育家庭奖励、优惠、扶助政策的兑现工作，落实农村部分计生家庭普通奖扶210人，特别奖扶70人。是年，出生101人,其中男婴55人,女婴46人，计生率100%。新婚48对，优生两免参检率90%。死亡218人，其中女 97人。

综治工作　群众工作中心高效运作。每月召开工作例会，全方位排查矛盾纠纷、不稳定因素和信访信息，综合多种调解资源，统筹化解社会矛盾纠纷，受理调解各类矛盾纠纷37起，调解成功37起；受理信访件49件，处理49件；组织开展“三下乡”服务、学雷锋服务、禁毒流动课堂等活动，发放宣传资料1500余份。抓好社会治理信息化建设工作。深化平安通信息采集工作，提高工作实效，打造便民服务新模式，至年底共采集信息2742条；推广平安浙江APP和定海网格组团公众微信号，平安浙江APP注册人数900余人，爆料线索128条。管好社区矫正和归正人员，辖区内73名归正人员帮教率达到100%。继续做好“四个平台”建设工作。创新思维，开辟综合治理新渠道，打造“互联网+综合治理”模式，通过微信群、公众号等网络载体，开展各类便民服务，实现信息传递零迟滞——及时派单，快速解决问题，至年底，通过12345接待投诉277件，办结277件；新区社会公共服务与监督平台接收投诉（询问、建议）件12件，全部办结；处理浙江省统一政务咨询投诉举报平台工单3起，开展联合执法2次。做好扫黑除恶专项斗争工作。成立扫黑除恶专项斗争领导小组，制定扫黑除恶专项行动实施方案，周密部署扫黑除恶专项斗争工作。采用网上网下相结合的宣传策略，全方位做好扫黑除恶宣传工作，张贴海报20余份，悬挂横幅10条，电子屏滚动宣传300余次，下村走访发放宣传单1500余份，核实上报线索1条。

【规范化实施社会救助】　落实各项政策，通过“社会救助村民代表票决制”“特困群体救助评议制”等公开制度，将社会救助公开化，接受更多群众的监督，确保政策落地。加强日常动态管理，通过走村入户、访邻问舍、人员核查、系统反核等方法，做到底数清；通过民主评议、公示公议、街道核查等方式，实行“一户一档”动态管理，做到情况明；通过支出型低保月月核，低保低边季度核、半年核、年核，做好精准核对，逢救必核。对在册的低保低边、长寿保健金等扶贫领域资金使用情况，进行全面的核查，对发现的1起困难户临时救助、3起多发错发的资金予以追回；对民政局反馈的低保、低边存款、婚姻、社保、车辆等信息进行逐一核实，注销78户低保（1/3低保户），27户低边；至年底，在册低保户232户，303人，低边户56户，91人。规范敬老院管理，有五保户24名，在院供养18名，护院挂钩6名，集中供养率100%。

【提升救助统筹协调水平】　实现“最多跑一次”，整合窗口资源，实现“一门受理”，统筹救助。编发《关于加快推进扶贫救助工作精准化的实施意见》，设街道民政办为统筹联络站，联合新农村、残联、慈善分会、工会、妇联等办站分层分类开展辖区内困难群众救助工作。利用临时救助、慈善救助、特困群体救济、新农村大病救助、各类助学、助老、助残等项目，确保各类群体及时救助到位。至年底，救助530余人次，发放各类救助金83.44万元。

【居家养老】　是年，60周岁以上老年人6042人，其中90周岁及以上高龄老人120人，90周岁及以上高龄老人长寿保健补助金发放实现了城乡一体化，在册享受对象115人。9个社区的居家养老中心正常运作，实现60周岁以上老年人服务全覆盖。

【惠残助残】　做好1065人残疾人两项补贴（困难残疾人生活补贴和重度残疾人护理补贴）工作。按照每月申请、调整、注销、发放程序，是年，享受护理补贴4717人次、 1380750元；生活困难补贴2135人次、530070.4元。在元旦、春节、助残日等节日慰问困难残疾人18名，发放慰问金2.7万元。对符合条件的42名听力残疾人免费配发助听器。对符合条件的6名视力残疾人免费配发助视器。做好79名精神残疾人服药工作，并实时关注他们动态。组织做好肢体残疾人假肢适配工作，对符合条件的2名肢体残疾人进行免费适配。对29名残疾人进行辅助器具配发补助工作。

【创建幸福社区】　南岙社区结合小城镇综合整治，美化社区环境，注重民生建设，提升公共服务，开展社区治理，扎实开展社会治理等一系列基础工作，推进农村扩面型幸福社区创建并申报全省农村社区建设示范型单位。6个社区申报完善型社区，2个社区（马目、涨次）申报提升型社区。

岑港街道马目社区入口

【打造“温暖岑港”服务品牌】 是年，开展以服务为主题深化党建带群建促社建，发挥群团组织的桥梁纽带作用，多样化、个性化、精细化的便民利民服务，打造“温暖岑港”品牌，全面引领基层社会治理。组建“小红帽”志愿联盟。以义务保洁、惠民服务、奉献爱心为主要内容，在街道范围内开展“一月一主题，一周一行动”志愿活动，形成全民公益氛围。自4月揭牌成立以来，“小红帽”志愿联盟团队已吸纳逾200名志愿者，开展“洁净乡村”“走进册子岛”“阳光救助”“小城镇综合整治”“创建文明城市”等主题活动18次。此外，“小红帽”还在每月最后一个星期一的“温暖岑港日”开展关爱活动，机关党员干部以主题党日的形式，到包村区域内的空巢老人家中，为其烧饭、打扫卫生、送去生活用品，陪老人家话家常、聊生活，5月以来，上门服务26户空巢老人，参与机关干部80余人。利用“乡镇微心愿亭”传递“岑港温度”，为辖区内困难群众、学生群体送去关爱。至年底，收集50余个微心愿，已有90%以上完成认领。

“温暖岑港”关爱活动

【实施“党建+标准化”工程】 以打造便于服务、活动、议事综合阵地为着力点，围绕“办公有阵地、学习有场所、服务有平台”的目标，对党务公开、活动室标识标牌、上墙制度等实行标准量化提升，实现党组织活动阵地建设标准化。9个社区均实现标准化阵地建设，街道党群服务中心已完成党建书屋、党员多功能活动室、志愿者服务中心等3大板块建设，党建书屋已对外开放。教育管理标准化。建立“党员主题党日”活动制度，加强党员党性教育。实行党员积分管理制度和不合格党员工作处置机制，进一步纯洁党员队伍。探索党建工作指导员制度，选派3名青年干部与辖区内9个社区党组织建立密切联系，定期下村开展党建指导工作，每人每月到社区工作不少于3个工作日。具体负责抓好社区党组织建设，指导督促社区党组织加强领导班子和党员队伍建设，指导开展好“三会一课”及“主题党日”、党员发展、小红帽志愿服务、党员管理积分量化等工作协调，上下沟通，及时把群众的想法、困难和有关情况向街道党工委反映。并结合“村企结对”，为社区与企业搭建良好结对关系，增强社区村集体“造血”功能。档案资料标准化。推进基层党建规范化，实施“三四五”档案标准化管理（即规范基层党支部年度党建工作、发展党员工作、党员教育培训“三个计划”，党员、入党积极分子、入党申请人、流动党员“四个名册”，三会一课、主题党日、组织生活会、教育谈话、党费收缴“五个记录”），为有效开展基层党建工作提供标准化档案资料。同时，建立“智慧岑港”党建平台，党费收缴（机关事业单位）、活动记录、组织关系转接等多项工作均实现网上操作。

【创建省级卫生乡镇】 抓集镇形象。以小城镇环境综合整治为契机，对集镇老旧小区及背街小巷和城郊接合部环境整治、沿河沿线景观风貌改造提升、基础设施提升改善（包含城镇标识标牌系统、公厕提升改造、环卫设施提升）等。抓农村环境。对小沟小渠、乱堆乱放、露天粪缸、进行集中治理，实现村里垃圾密闭统一存放、柴草杂物堆放整齐、无污水坑粪坑。抓生态治理。对集镇区进行污水改造，对6所公厕进行提升改造，对环卫设施进行了更新提升。以“政府购买服务”形式，签订农村垃圾收集运输外包合同，由专人专车专业管理，做到集镇区范围垃圾日产日清、密闭储存清运，集镇街道卫生实行专人专职保洁。推进传染病防治等工作。配合市场监督局、卫生监督部门，对辖区内食品安全、生活饮用水、公共场所卫生进行监督整治，街道范围内各食品经营单位、集中供水单位、生产经营企业各项资质齐全、卫生设施达标、经营行为合法，全年未发生重大食品安全事故、饮用水污染事故、职业危害事故；配合卫计局开展传染病防治。开展健康宣传教育。组建健康教育宣传队伍，深入学校、驻岑港各部门及各社区（村）开展多种形式健康教育宣传活动。将健康教育知晓率纳入对社区、村考核体系，进行健康家庭评选，健康社区（单位）、细胞创建。做好病媒生物防制。以购买市场服务的形式，与舟山创美环境服务有限公司合作开展病媒生物防制相关工作，请专业技术人员参与病媒生物防制，并加强宣传和指导集镇区居民一同开展病媒生物防制工作。

【农村宅基地审批与监管】 自私人建房审批权限下放以来，按照新要求、新规定、新流程，对各项审批申请进行细致而快速的审核与办理，是年累计完成140户私人建房审批工作；联合城管、土管等部门对定点放样、放样审定、竣工验收等工作进行严格监管，使私人建房相关工作规范、有序进行，将违章建房现象控制在源头。

【治理地质灾害点】 是年，投入280万元，坞垢社区外西湾地质灾害点治理完成，并通过上级部门验收。

【农村生活污水治理】 历时2年，总投资25.46万元，8个社区进行全面生活污水治理改造，维护PKA湿地处理池24处，新增农村生活污水治理受益农户1706户，使区域农户受益率80%以上的村覆盖率达100%，同时委托第三方运维单位浙大水业有限公司对全街道范围内的终端进行运维。

【推进全国文明城市创建工作】 完善文明城市创建工作领导小组，形成“政府主导、部门联动、民众参与”创建体系。下设4个环境卫生区域包干组，综合执法、宣传氛围、街道管理3个专项工作组，落实班子成员包干联系制度，建立日通气、周碰头、月例会制度，开展瓶颈会商、加强指导协调、加大推进力度、确保整改到位。加强督查考核力度，将创城工作作为社区年度考核一票否决内容，与街道机关干部年度考核相挂钩。抓住工作难点，着力补齐短板。街道、社区干部联合环卫、城管、交警、三车管理、派出所、市场监管集中力量对新老司前街集镇区环境卫生、占道经营、车乱停、乱堆放等乱象进行专项攻坚，集镇区配备保洁员11名，使用民工 3500人次，实行定人定岗包干保洁，拆除各类乱搭乱建41处面积5050平方米，清理乱堆乱放558处，取缔违规畜禽养殖点38处，新增、补种绿化面积 4200平方米；集镇区更新、配发大小分类垃圾桶2500余个；对新老司前街、镇府路、农贸市场、册南路等重点领域进行改造，重点打造3处景观节点,岑港片新增集中停车场5处，增设停车位308个，非机动车位780 平方米，册子片新增停车场3处，增设停车位36个；推进新老司前街、册南路等路段“三线落地”和雨污水管网建设；改造新老司前街沿街立面5000平方米、册南路和册北路500平方米；对沿线村民房屋22000平方米外立面进行统一粉刷，提升沿街环境整洁度；集中整治露天粪缸900余只；累计拆除违法建筑5.97万平方米，完成任务149.4%，完成拆后利用5.43万平方米，拆后利用率91%。

整治后面貌一新的岑港司前街一角

【开展“我们的节日”主题活动】 春节期间，开展为期一周的“冬日送温暖 文化进万家”文化礼堂越剧专场表演。涨次社区连续四年在文化礼堂开展“喜迎新春翁洲走书十天乐”活动，吸引100余位群众观看。开展“我们的节日”为主题的雷锋志愿服务活动，组织街道青年干部参加义务植树、各社区开展生活垃圾分类培训指导和志愿团队打扫卫生、清理河道等志愿服务，深入宣传生态文明理念，劝导纠正各类不文明现象，提高公众生态文明意识。9月20日中秋佳节来临之际，涨次社区为辖区内400余名60周岁以上的老人送去节日问候并送上中秋月饼。十一期间，街道开展走村入户大宣传大走访活动，岑港中心学校举行“我们的节日”向国旗敬礼活动。重阳节，街道组织机关社区干部和退休老党员一起包饺子、并将包好的饺子和慰问品送到困难群众家中。马目社区邀请舟山市双桥街道非物质文化遗产木偶戏演出。

【永安海塘配套加固一期工程竣工】 工程概算投资1963.89万元，主要建设内容包括维修加固毛湾大闸和配套建设泵站一座。工程于2017年3月20日开工，是年10月底竣工。毛湾泵站位于毛湾大闸上游380米处，排涝流量为10立方米/秒；该工程依次由前池、进水池、泵房、配电房、出水建筑物、河道护岸连接段等组成。

毛湾泵站

【持续开展“五水共治”】 每月对饮用水水库和河道进行水质跟踪监测，对剿劣的劣Ⅴ类水体进行定期巡查，发现问题及时处理，确保水质不发生反弹；完成“污水零直排区”建设任务的前期基础排摸工作。继续加大巡查力度，违法占用河道行洪的建筑一经发现，就立即拆除。岑港河开展“无违建”河道创建工作，3月份联合桥头社区对违建、污染较严重的河段进行整治，显著提高岑港河整体形象。截至10月底，完成“清四乱”专项行动中的整改任务，对辖区内水库、山塘、河道附近乱搭、乱建、乱占、乱堆现象进行整治。继续督促落实河长制APP巡查工作，确保街道辖区内河道巡查频次、质量达质达标。5月组织街道、村级河长进行培训，确保河长按照规定正确履行自己的职责。

【马目社区美丽海岛建设工程完工】 是年，投入资金104.77万元，帮助马目社区完成了宫西长250米出水渠道、500平方米停车场、宫西小公园、污水湿地、墙体美化、村庄绿化、路灯新装及更换等美丽海岛建设工程项目。

【市级油品特色小镇初步建成】 5月，舟山实华原油码头有限公司，建造的45万吨级原油码头竣工并试运营，工程总投资3.2亿元，该码头有4台输油臂，年接卸能力近2000万立方米，提升定海乃至整个舟山的原油接卸能力，有助于大宗商品储运中转加工贸易基地建设。总投资达38亿元，位于马目西大塘的浙石化“一库两线”项目建设基本竣工，该项目由原油库和油库至鱼山的输油管线组成，它将为绿色石化项目提供原油。至年底，岑港区域内已建成和在建的油品储存能力达到1200万立方米库容的规模，占整个定海区的80%以上。针对不同项目的建设情况，街道通过提供投资项目联办代办服务、设立“驻企综合服务管理站”、开展“工程项目大走访”等活动，加快推进这些项目建设。在发展壮大港区自身产业的基础上，大力发展金融信息、保税、贸易等产业，构建现代化综合服务港口体系，油品特色小镇初步建成。

【岑港风电场经济和环保效益良好】 是年，岑港风电场年发电量达到8551.55万千瓦时，减少二氧化碳排放约6.95万吨，节省标煤约3.05万吨。该风电场严格把控质量关，消除安全隐患、故障缺陷， 更换8台偏航刹车片和整治265条缺陷；特邀浙江大学教授开展风电机组降噪工程，14台风电机组噪音得到减少。该风电场自2011年9月建成并网发电以来，累计发电55016万千瓦时，减少二氧化碳排放约44.72万吨，减少二氧化硫排放约0.39万吨，减少粉尘排放约0.2万吨，减排灰渣约3.93万吨，节约标煤约19.64万吨。

【海上溢油应急协会成立】 4月18日，岑港海上溢油应急协会成立，旨在合理配置和利用应急资源，提升岑港区域海上溢油应急处置能力，应对海上溢油突发事件，最大限度减少污染损害。该协会有舟山港外钓油品应急储运有限公司、舟山光汇油品码头有限公司、舟山实华原油码头有限公司等27家会员单位。

【烟墩工业区环境改造】 至年底，历时近两年，总投资4390万元 的烟墩工业区环境整治工程竣工。重新浇筑主干道17390平方米，安装路灯51盏，铺设污水和雨水管网，新建污水泵站和雨水泵站各一座。污水日处理量达到5000立方米左右，周边企业通过污水管道将污水汇排入污水泵站，经过预处理后输送到定海区西北片污水处理厂统一处理。雨水也统一收集处理，排入大海。

【“炫动岑港”群众文化体育节开幕】 11月2日，“庆祝改革开放40周年 助力全国文明城市创建”2018年“炫动岑港”群众文化体育节在岑港街道文体中心广场开幕，司前、桥头等四个集镇区的社区群众约300人参加该项活动。岑港中心学校演出学校特色文化项目空竹，歌舞、小品等文艺节目紧扣创城主题。演出中穿插两轮知识问答，向群众普及创城小知识。演出结束后向群众分发纪念改革开放40周年和创城宣传品。

“炫动岑港”群众文化体育节开幕

【庆祝建党97周年党员大会暨书记上党课专题会】 6月28日下午，召开庆祝建党97周年党员大会暨书记上党课专题会。重温入党宣誓；表彰一批先锋党员和先进单位，并启动“千企结千村、消灭薄弱村”村企结对工作；街道党工委书记乐志军上一堂“党建引领聚合力 乡村振兴正当时”专题党课。

【省文化厅厅长、党组书记褚子育调研岑港公共文化服务工作】 6月7日，省文化厅厅长、党组书记褚子育调研岑港公共文化服务工作，实地考察街道文教中心和微心愿亭。市文体局、区政府、区委宣传部、区文体局等相关领导陪同调研。

庆祝建党97周年党员大会暨书记上党课专题会

【召开党代表暨党工委会议】 1月30日，召开2018年党员代表会议暨党工委工作会议。党工委书记乐志军作《不忘初心铿锵前行 奋力谱写新时代岑港现代化建设新篇章》工作报告；通报表彰2017年度街道的5个先进集体、45名先进个人；分组讨论街道党工委和纪工委工作报告，征求到党建、经济、社会发展方面的提案共12件。

【街道党群宣教中心启用】 10月，街道党群宣教中心启用并免费对外开放。该中心位于岑港汽车站附近，租赁桥头社区商务大楼经装修而成，投入资金400余万元，使用面积达2000平方米。中心内设乡村书房、多媒体培训宣教室、青少年活动室、党建宣教厅、排练厅、电子培训阅览室、乡贤活动室、非遗展示厅等功能室。

（撰稿：罗伏邦）

（本分目照片由岑港街道提供）

马岙街道

【概况】 马岙街道地处舟山本岛西北部，东邻干䃎镇，西接小沙街道，南靠盐仓街道，北濒岱山县。拥有近六千年的独特海洋文化史，享有“海上文物之乡”“海洋文化发祥地”“中国海岛第一村”之美誉，被列入浙江省历史文化保护区。境内三面环山，盆状地形，中部为10平方千米的海积平原，北部有长7千米的深水海岸线。街道办事处驻白马街16号。街道总面积25平方千米，辖三江、五一、马岙、团结、三星、北海6个社区，有110个村民小组，户籍人口

3622户，总人口9989人。

是年，街道实现社会总产值121亿元，同比增长5.4%。实现入库税收1.97亿元，农民人均纯收入33200元，同比增长7.9%。

经济发展情况　是年，街道共有企业91家，职工5076人，其中工业企业72家，职工4053人。实现工业产值107.2亿元，同比增长4.99%，规上工业产值102.2亿元，同比增长8.5%。其中6家产值上亿工业企业实现产值98.4亿元，同比增长8.9%，占街道工作产值的91.8%。实现外贸出口交货值2.89亿元。同比增长25.1%。招商引资成效明显，全年新注册外地企业10家，实际利用市外资金1.63亿元。是年，一家企业被评为专利示范企业。一批重点项目进展顺利，浙江泰富石油仓储项目施工完成；浙江和泓环保纸业有限公司进入试生产；浙江川田实业等7家关联企业重组成功；启动森森智慧工厂建设项目；新青农、农民佰佰农旅融合示范点提升改造基本完成。

是年，街道实现农作物总播种面积12723亩。粮食种植面积5920亩，占播种面积的46.5%，产量2418.5吨；经济作物播种面积6803亩，占播种面积的53.5%，产量5335.3吨；其中蔬菜种植面积3397亩，占播种面积的26.7%，产量3907吨。果用瓜种植面积701亩，产量1132吨。省级现代农业示范园区核心区设施栽培面积1660亩。生猪饲养量1.3万头，实现肉类总产量1091吨。

是年，旅游景区接待游客5.9万余人次，实现营业收入76.27万元。

基础设施建设　是年，农业基础设施建设更加完善，全年新建机耕路6.5公里，进排水渠道8.9公里，新增流转土地1591.84亩，整治抛荒地300亩，完成地力提升改造384亩，高标准农田建设项目顺利通过验收。北海社区同兴建设用地复垦项目完成立项并启动政策处理。衡山防汛渠道（五一段）修建施工完成；小舟黄岩涂塘除险加固工程完成设计评审及工程招标；胜利海塘配套加固工程及胜利20立方米/秒排涝泵站建设完成工程设计。投资3000余万元打造的马岙社区风情乡村取得阶段性成效。新青农、农民佰佰农旅融合示范点提升改造基本完成。6个社区居家养老服务照料中心全部建成。

社会事业　是年，“最多跑一次改革”纵深推进，无差别受理、上门代办等服务模式已基本形成，累计提供各类服务2460人次。民生保障力度不断加大，全年共发放各类救助补助资金225.76万元，开展各项援助181人次。低收入群体脱贫攻坚救助工作扎实推进，已提前完成脱贫任务。困难救助动态管理不断加强，审批新增25户，调整17户，注销107户。继续做好退役士兵的安置、优待工作，发放农村退役士兵生活补助4.69万元，优抚对象生活补助12.36万元。避灾安置场所建设管理不断强化，辖区3571户村民投保政策性住房保险。各类教育技能培训持续推进，参加应急救护、家政服务等各类培训248人。稳步推进成人双证制教学，取得毕业证书49人。公共文化社会化运营模式更加成熟，居民文化更加丰富，现有会员1380人，参加活动人数逾8300人次。

【党建工作】　是年，持续深化“整乡推进、整县提升”工作，开展社区村党组织“回头看”，抓严抓实支部“指数堡垒”和底数管理，稳妥慎重开展不合格党员处置工作。深化“指数管理+实岗压担”培养模式，通过协管员进项目强化考核，机关党员认领基层支部，制定社区干部培训常态化机制，不断优化后备干部培养体系。有40名党员参与支部认领活动，覆盖辖区22个社区党支部，各党员均参加活动6次以上。深耕“网格微党建”理念，重点打造“志愿马岙”服务品牌，制定“一月一公益”志愿服务清单，优化公益分享模式。持续完善“一中心八基地N个活动点”党建阵地格局，实行党建阵地项目制。在街道中心区块逐步形成以党群服务中心为核，党群联盟活动室、党员志愿服务点、歇脚站等为翼，“家风街景服务线”为串的“一核多元”红色服务圈。实施党员形象塑造工程，组建网格自治“微团队”，实施井长、潭长、溪长“三长”认领制。发挥“一把扫帚大家扫”“众家井、众人筹”等“微民约”功效，深化网格民情站、党员议事厅等平台功能，健全党员群众评价机制。

【意识形态“双学双比”】　参加区里组织的意识形态“双学双比”活动。建立意识形态联动工作机制，完善《马岙街道宣传文化促稳实施方案》，整合各方力量，细化责任分工，将道德、法治等主流意识形态渗透到各个领域。描绘“家风街景服务线”，针对性地对沿线文化礼堂、林氏宗祠、青巷等硬件平台进行改造提升、布置展陈，将优秀乡风家风与地方特色传统平台有机融和。提档升级森森企业文化俱乐部，加强学校未成年道德教育示范点建设。立足马岙“善孝”文化的深厚底蕴，开展“文明示范户”评选活动，6个社区第1批共600余户文明示范户挂上特制灯笼；持续推出第三届“最美马岙人”评选活动，表彰5名荣誉者和3名提名者。意识形态“双学双比”获全区第一名。

【社会综合治理】　是年，街道夺取平安金鼎十三连冠。期间全面推进全科网格队伍建设与“四个平台”基层治理系统打通融合，受理民情工单4046件，通过网格平安综合信息系统上报工单3798件；网格长处理3035件，流转处置763件，群众矛盾和问题得到快速有效解决。开展消防隐患排查整治行动，排摸沿街商铺109家，整改隐患10处。进一步深化社会矛盾纠纷大调解机制，全年调处16起，成功率达100%。

【城镇建设】　是年，开展洁净乡村整治行动，清理垃圾2530余吨，集中处理乱涂乱贴1100余处，拆除露天粪缸288个，街道在全区洁净乡村“双学双比”中获第一名。加快品质河道建设，投入资金746余万元，全面提升东直河、牛叉盘河、直沟河及西围河的河道水环境质量。实施河道绿化提升工程，完成提升总面积2.42万平方米。内环线顺利通车，集镇区内大货车通行更加合理规范。加快推进农村公共设施提升改造工程，辖区内的16座公厕对标改造提升顺利通过省级验收。推进“污水零直排”试点创建，顺利通过市级部门验收。“三改一拆”任务超额完成，全年累计拆除违法建筑86处4.74万平方米，完成目标任务的118.4%；完成“三改”4.2万平方米，完成目标任务的350%。“路长制”“街长制”“门前三包制”等管理全面推行，集镇区长效管理机制基本形成。

【市委书记俞东来调研马岙】　是年，中共舟山市委书记、新区党工委书记俞东来到街道蹲点调研。他先后考察马岙博物馆、楼门街、林家宗祠等地，了解舟山海上河姆渡文化、马岙社区乡村振兴示范村建设、“最多跑一次”改革、小城镇环境综合整治等情况，察看当地的文化礼堂、党群服务中心，慰问老党员并走访农家了解美丽庭院建设、垃圾分类实施等情况，并提出“要立足自身特色，对标先进、加强规划、发挥优势、全面整治、广泛动员，形成强大合力打造海岛第一村品牌”重要指示精神，为街道建设美丽乡村建设指明方向。

俞东来考察马岙博物馆

【马岙社区风情乡村建设】　是年，以马岙社区为主要阵地，投入3200余万元，打造“一区二路四古屋”特色风情乡村，“一区”即青青世界区块，将原停车场改造成以木结构建筑为主的好物集市广场，原葡萄吧改建为休闲广场。主入口完成迎坡面垂直绿化提升及配套建设。“二路”即平马线道路、溪坑路，拓宽平马线道路并提升绿化，修缮两侧养鸡场及水塘；新建“一见棕情”停车场，在停车场西侧游笔溪周边打造小桥、牌楼和凉亭；将溪坑路及沿线几只古井进行改造提升 ，并建设酒墨轩和水墨榭两处凉亭；“三古屋”即对“大庆”古屋、青合院、水墨荣家进行修复或重建，并对周边青巷、荣巷、养正街完成立面改造及标示标牌、软景装饰品建设。目前风情乡村建设取得阶段性成效，马岙特有的海上河姆渡文化、十五古文化和乡村故事得到进一步挖掘与保护利用。

改造后的一见棕情停车场

【浙江和泓环保纸业转型升级建设完成】　是年，总投入约4亿元，具体包括在马岙工业园内新建面积60亩的厂房、整体生产线调整和设备采购换新，建设两幢研发楼、污水处理站等。该企业低定量高强瓦楞纸生产量从1.3万吨/年提高到20万吨/年，可满足全市市场需求，将实现年产值10亿元。目前，该企业投入试生产。

和泓纸业生产车间

【洁净乡村行动】 是年，按照《马岙街道洁净乡村行动方案》，清理垃圾2530余吨，集中处理乱涂乱贴1100余处，拆除露天粪缸288个，在全区洁净乡村“双学双比”中获第一名。创新推出“洁净乡村”建设社区交叉验收模式，促“洁净乡村”创建行动。以社区为单位，分别选取两委成员、村民代表、党员代表7人成立一支“洁净乡村”验收队伍，以抽签方式相互选取验收对象进行交叉验收。期间，验收队伍对照前期排查出的205处整改清单，于每天下午4点后按照《定海区“洁净乡村”十大标准》对当天整改进度进行验收，验收通过后及时在街道整改进度作战亮相台销号。对月底前未完成销号的社区进行通报批评并取消年度考核优秀资格，对验收中存在徇私舞弊、弄虚作假的验收队伍，在公示栏上进行通报批评。

【家风街景服务线】 是年，街道投入约45万余元，打造林氏宗祠—青巷—五四路沿线为主体的家风街景服务线，具体包括“礼堂品家规”“祠堂明祖训”“青巷话家风”“绘墙展村规”“家风涵商风”5大板块。期间深度挖掘地方古文化，探寻道德典范故事、家族溯源、乡风民俗等，针对性地对沿线文化礼堂、林氏宗祠、青巷等硬件平台进行改造提升、布置展陈，将优秀乡风家风与地方特色传统平台有机融和。在社区文化礼堂前新增一个志愿服务点，由街道团工委、妇联负责，组织开展“我们的节日”、送戏下乡、学雷锋等系列活动。

【高标准农田建设】 是年，完成年度高标准农田建设项目任务，涉及团结、三星两个社区，投入资金83万元，整治区域总面积55公顷。于7月完工，8月初通过验收，建成高标准农田52.78公顷，提升耕地质量等级18.33公顷，其中团结社区项目工程质量为“优良”。下步街道将阶段性评价土地开发新增耕地质量，规范承包户。

【全市乡村振兴现场会召开】 是年，舟山市深化“千万工程”推进乡村振兴现场会在马岙召开。市委书记、新区党工委书记俞东来在会上强调，全市上下要深入贯彻落实中央和省委关于乡村振兴的决策部署，聚焦渔农村高质量发展，聚力海上花园城建设，走出一条“景美、业兴、民富、人和”的新时代乡村振兴新路子，努力在推进乡村振兴、高水平建设美丽乡村上走在全省前列。与会人员考察展茅美丽田园博览园、马岙风情乡村建设情况，马岙街道党工委书记在会上就街道乡村振兴情况作经验交流。

“千万工程”推进乡村振兴现场会在马岙召开

【“洁净乡村”验收新模式】 是年，街道创新推出“洁净乡村”建设社区交叉验收模式，促“洁净乡村”创建行动。以社区为单位，分别选取两委成员、村民代表、党员代表7人成立一支“洁净乡村”验收队伍，以抽签方式相互选取验收对象进行交叉验收。期间，验收队伍对照前期排查出的205处整改清单，于每天下午4点后按照《定海区“洁净乡村”十大标准》对当天整改进度进行验收，验收通过后及时在街道整改进度作战亮相台销号。对月底前未完成销号的社区进行通报批评并取消年度考核优秀资格，对验收中存在徇私舞弊、弄虚作假的验收队伍，在公示栏上进行通报批评。

“洁净乡村 全民参与　共建共享”启动仪式

【浙江川田实业等7家关联企业完成破产重组】 是年，街道深入企业了解情况，通过前期排查、中期攻坚、后续帮扶等策略，借助马岙商会的人脉资源，采取招商引资形式，确定浙江润科贸易有限公司作为重整投资人负责重组事宜，于2018年6月份完成企业破产重整，7月份进入试生产，主要从事原材料贸易，目前生产恢复情况较好。

【2018年农村公厕改造顺利通过省级验收】 省厅农村公厕改造工作考核组会同市、区专家对街道2018年公厕改造完成情况、质量情况及管理情况进行督查。辖区公厕改造任务指标为16座，包括3座新建和13座对标改造，投入改造资金约160万元，于7月开工，11月竣工，其中，“一见棕情”停车场公厕、农贸市场“开源阁”公厕及法制广场公厕申报区级公厕改造示范样点。

【社会培训】 是年，推进社会培训提升全民素质。做活儿童“春泥学堂”。主要面向辖区留守儿童，联合东海科技学院的大学生志愿者推出为期两周的手工制作、传统教育、趣味英语等各类活动课程。开课33次，吸引儿童近百名。做精青少年技能培训。以少儿书法、少儿舞蹈为主，邀请专业教师对辖区青少年授课培训，周期为两个月。目前开展10堂课，约40名青少年参与。做实成人素质培训。针对辖区内成人，提供岗位技术、转移就业技能、生活休闲技能等多项课程供群众按需选择，为期3个月。开课44次，受众500余人。

【全市科协现场会在马岙召开】 是年，舟山市科协服务乡村振兴战略暨“三长”试点工作现场会在马岙召开。市科协党组书记、主席叶亚君出席会议并讲话，市科协党组成员、副主席吴瑜良、赵峰，副主席任林盛，各县（区）科协主席、副主席及秘书长，新城管委会科协、普一朱管委会科协负责人，马岙街道主要同志等参加会议。叶亚君肯定马岙街道科协服务乡村振兴战略和“三长”试点工作，并对下步工作的开展进行新的部署，强调要提升基层科协的覆盖面、组织力、凝聚力以及影响力，发挥“三长”在乡村振兴战略中的作用。

舟山市科协服务乡村振兴战略暨“三长”试点工作现场会在马岙召开

【副省长彭佳学莅临马岙调研乡村振兴情况】 是年，10月11日下午，副省长彭佳学一行来到马岙社区，调研乡村振兴和马岙社区风情乡村建设情况，市、区相关领导陪同。

调研期间，参观游笔溪，水墨荣家、诚信庆大、楼门街等地方，听取街道主任对各个点位的介绍，对于马岙风情乡村建设给予高度的评价，较好地展现现代农村风貌。

彭佳学（左三）调研马岙社区风情乡村建设情况

【省级定海现代农业园建设】 是年，街道做好省级定海现代农业园建设工作，重点打造祥农、农民佰佰专业合作社的四季果蔬采摘休闲基地；新青农专业合作社的瓜果和水稻农事体验和采摘基地，并尝试打造夜间休闲采摘、顶呱呱专业合作社的热带水果展示采摘基地、舟山黄牛种牛保护基地的观光休闲区、浙东白鹅种鹅保护基地的禽类观光园等。完成新青农和农民佰佰农旅融合示范点提升改造工作。

【乡村变型记走进马岙】 是年，12月14日，“改革开放40周年——乡村变型记”活动拍摄最后一站选取在马岙街道拍摄，该节目深入挖掘海上河姆渡文化内容，将马岙街道改革开放40周年来的成果尤其是乡村振兴成果进行逐一展示，重点拍摄乡村振兴沿线景点、马岙博物馆等点位。视频在人民日报、央视新闻、凤凰新闻、近日头条等多个平台同步直播，直播后进一步打响马岙海岛第一村品牌知名度。

（撰稿人：钟慈君）

（本分目照片由马岙街道提供）

双桥街道

【概况】 双桥街道地处定海城西，东邻盐仓，北靠小沙，西接岑港，与金塘、宁波北仑隔海相望，是舟山连岛大桥主出入口，陆域面积50.21平方千米。至2018年底，下辖临港、浬溪、紫微、南山、桥头施和石礁6个社区村，户籍人口18772人，街道办事处驻地紫河路1号。双桥街道拥有深水岸线5.7千米，境内有小（一）型水库2座，主要山塘12座，主河道3条，总长13.3千米，总蓄水能力690万立方米；一线海塘一条（联勤海塘双桥段），全长5.7千米。

是年，街道完成规上工业产值46.4亿元，同比增长7.65%，完成固定资产投资6.93亿元，实现税收收入1.33亿元，同比增长3.1%，其中镇本级实现税收收入1.09亿元，增长14.9%。2018年双桥街道村级集体收入462.6万元，同比增加5.9%。

经济发展情况　是年，有各类企业433家（不含小规模土石方公司），其中工业企业117家，汽车商贸城企业19家，集装箱运输企业67家，集装箱车辆540辆，海运企业21家，单船注册3艘。全街道（包括产业园区）实现税收13282万元，其中工业企业实现税收3771万元，同比减少17.5%；汽车商贸城企业实现税收1458万元；集装箱企业实现税收1758万元，同比增长0.65%。海运企业实现税收1130万元，同比增长72.4%。建筑企业实现税收3453万元，同比增长6.29%。新引进企业4家，实际利用市外资金1.33亿元，其中市外资金投资额1.22亿元。浙商回归产业到位资金0.3亿元。

是年，投入2000万元完善舟山三农农产品批发市场配套建设，三农市场（一期）开业运营，进场人流量突破2000万人次，预期销售额达10亿元以上。舟山群岛游客咨询服务中心投入使用，以游客服务为核心功能，兼具旅游宣传展示、咨询接待、代订服务（酒店、票务）、游客投诉等功能，配套238间爱家酒店公寓、华必和餐厅提供住宿和餐饮服务，累计接待游客1万人次。双桥汽车城新引进3家汽车4S店（包括一家新能源汽车），至年底有各类汽车品牌4S店21家，新建市交警支队车管所双桥分所，进一步方便定海西片区车管业务办理，是目前舟山最具规模的汽车综合园区。

重点项目建设　是年，重点推进辖区31个重点项目和13项街道中心工作。329国道舟山岑白段双桥段、百里滨海大道建设项目双桥段等市区重点工程新增的政策处理顺利完成。紫微公寓完成第二、三批次分房，剩余45套房源全部售出。329快速通道拆迁安置小区、畈潮安置小区加快建设。农村集体经济不断发展壮大，桥头施社区村被评为市渔农村集体经济发展示范社区，临港、石礁、浬溪、南山社区村购置三农市场商铺487.47平方米。高标准农田项目建设持续推进，完成排涝泵站建设，修建机耕路10.55千米、渠道8.33千米、泵站2座、机耕桥2座，六眼闸项目完成全部工程的70%。五水共治中小河流治理全面推进，完成蚂蝗山至出海口段综合治理工程（一期）和总长3.175千米的海军步道建设。加快新农村建设，完成蚂蝗山水库上游407户农村生活污水治理、南山社区土地整治项目（浦东窑厂建设用地复垦项目），改建16座农村公厕，稳步推进桥头施东高岭溪口通公交工程。开展第二次全国污染源普查及第四次全国经济普查工作，完成160余家企业污染源清查工作和1300余家个体工商户及企业单位的清查工作。

社会保障事业　是年，"村企结对"帮扶行动深入推进，除桥头施以外的5个社区村与中国建设银行、太平洋保险公司等6家企业结对，形成长效"造血"机制。加强贫困群体帮扶，累计发放低保金和救济金283万元，完成困难群众危旧房改造10户。完善就业服务体系，开展初级育婴师技能培训，42人获得初级育婴师职业技能证书。着力完善社会保障体系，全年办理"居保""被征地"待遇申领136人，办理城乡居民医疗保险参保10425人。坚持教育优先发展，原石礁中学建设加快推进，双桥中心小学获得"第二批全国中小学中华优秀文化艺术传承学校"国字号荣誉。

文化惠民事业　加强文化阵地建设，街道综合文化楼投入使用，配备双桥图书分馆、文化展厅、多功能排练厅、教育培训室。加强非遗文化传承保护，组织开展木偶戏培训班，双桥木偶戏活态传承教育项目被评为2018年浙江省"终身学习品牌项目"。加强文化礼堂建管用育工作，积极开展"喜迎新春 情满礼堂"系列活动、"回眸四十载 走进新时代"摄影展、"古文化探访"之旅、文明创建绿色骑行等各类群众文体活动，打响"我们的节日"活动品牌建设，开展各类文化走亲、送戏下乡活动，丰富群众精神文化生活。做好模范典型宣传报道，1人获评舟山好人。

【基层党建】　通过党工委理论中心组学习、周三夜课堂、一把手上党课、年轻干部论坛、青年讲师团、微党课比赛等载体，全面提升党员整体素质。通过公开选拔、推荐、谈话等流程，确定新一轮社区村后备干部22名。组建"桥家人"志愿者队伍，开展"走亲连心"服务活动，设立党员"路管家"，以"1个党员领导+5个党员干部+N个党员志愿者"管理模式，明确党员在创城工作中的职责。2018年累计开展"先锋领航"助力全国文明城市创建、"我为社区来巡逻""党员随手拍"等志愿活动162批次，4100余人次参与。以"家·合·兴"为主题、"锋领双桥"为品牌，建成总面积500多平米的街道级党群服务中心，配备专人进行日常管理，满足党员群众日常学习教育需求。

【党风廉政】　以全区"作风建设优化年"活动为契机，开展作风建设"三个一"活动，收集问题及建议16条，梳理作风建设方面存在问题9个，及时整改落实。部署"新官不理旧账"专项治理工作，双桥文化综合楼项目完成，桥头施社区蚂蝗山水库上游村落公交通车难问题有序推进。新聘7名纪检监督员，定期进行效能检查，并通过投诉电话、信访转办等收集违反作风效能问题行为，严格责任追究。2018年开展正风肃纪专项行动23次，2名干部被效能告诫、批评教育，3名干部被通报批评。

【社会治理】　开展平安法治宣教活动，提升"平安三率"工作。健全大调解体系，调处矛盾纠纷134件，办理信访案件400起。完成街道综治工作中心建设，设有群众接待窗口、矛盾纠纷调解室、心理咨询室、综合信息指挥室，化解各类社会矛盾纠纷。全面完成社会治安动态视频监控系统建设，新增29个视频监控探头。成立双桥街道守望巡逻队，定期开展治安巡防工作，保障辖区安全。开展扫黑除恶专项斗争，悬挂扫黑除恶宣传横幅40条，发放扫黑除恶资料5000份，张贴海报30张，设立举报电话、举报信箱，畅通社会各界参与扫黑除恶专项斗争渠道。

【妇联工作】　打造阿拉娘家人"妇女之家"、双桥

5月3日，守望服务巡逻队启动仪式

早教中心、网上妇女之家等服务阵地，拓宽街道党群服务中心妇联元素。开展“项目领衔•组团履新”“最美家庭、最美庭院创建”“智慧爸妈”“爱心帮扶”“文明城市你我共建”等主题活动10余次，走访慰问困难儿童、困难妇女、退职老妇女主任等特殊人群90余人。

【土地确权工作】 完善农村土地承包关系，推进农村土地承包经营权确权登记颁证工作。该工作涉及6个股份经济合作社，156个村民小组，计划确权的家庭承包经营农户数为5495户，耕地面积为9683亩。截至12月底，街道已完成摸底调查及外业测绘、审核公示工作，进入确权合同签订阶段，至年底完成70%合同的签订。

【“三改一拆”工作】 攻坚推进违建清零行动，整治蓝色屋面5000平方米，拆除违法建筑73处，建筑面积合计5.403万平方米，违法占地面积5.363万平方米，完成全年任务的135.07%，“三改”涉及土地面积3.49万平方米，完成全年任务102.6%。获评舟山市“三改一拆”行动先进集体。

【农业现代化水平逐步提高】 全年农作物播种面积29555亩，其中粮食作物播种11397亩、油料作物播种713亩、蔬菜播种13902亩、果用瓜播种2795亩。积极建设农民合作社、家庭农场，有10家省市区级示范性专业合作社和家庭农场。推进农产品合格证建设，新增3家农场安装农产品追溯系统。提前超额完成2018年度土地流转任务，完成土地长期连片流转1009.62亩。加快“彩色森林”建设和古树保护，抚育彩色健康森林示范点150亩，为辖区14株古樟树制作古树铭牌。

【小城镇环境综合整治通过省级验收】 通过省级验收，创建省级卫生乡镇，完成侯家菜场改造、桥头施农贸市场提升。加强外立面改造，粉刷桥头施街、南善桥段、东岳宫段外墙立面16000多平方米，拆除并统一安装店牌72家、遮阳棚60副，喷涂卷闸门95家，砌筑隔离墙200余米，设置绿色围挡600余米，新增绿化1300平方米。推进品质河道建设，前门畈河获评市级“美丽河湖”。挖潜增能，新增机动车停车位265个、非机动车停车位500多平方米，解决乱停车现象。做好“低小散”行业整治提升，关停舟山市广联机械有限公司，完成高良水泥制品厂整治。

【洁净乡村环境整治行动持续开展】 清理乱堆乱放1867处，清除陈年垃圾1020吨，治理小广告牛皮癣3900余处，清理露天粪缸、粪池480余个，纠正跨门占道经营1213起，查处流动摊贩、马路市场142摊。推进垃圾分类减量，设立可回收物、有害垃圾临时存放点6个，新购入户分类垃圾桶6800个，实现分类处理社区覆盖率100%，农户覆盖率80%以上。

7月11日，开展“携手青春 助力洁净乡村”志愿服务活动

【文明城市创建齐力共建】 成立12个文明城市创建专项工作组，落实周碰头会、半月例会、月度推进会制度，细化任务清单，明确责任领导和整改时限，落实班子领导分片包干制度，切实抓好占道经营、交通秩序、基础设施、卫生保洁、公益广告、志愿服务等方面存在的突出问题整改，落实长效管理机制，确保整改问题不反弹。加强基础设施建设，新增机动车停车位265个、非机动车停车位500多平方米，加大环境整治力度，对桥头施农贸市场周边环境进行综合治理，对街道中心及周边一公里范围的主干道周边进行环境提升。全民联动，通过开展“洁净乡村绿色骑行”“先锋领航 齐力创城”“文明双桥随手拍”等志愿活动，参与创城7200余人次，发放创城宣传倡议书15000余份，重点整治近800个点位，在双桥形成美丽乡村、文明共建的良好氛围。

【桥家人志愿服务联盟】 于2月份成立，以建设“美丽幸福双桥”为目标，以“同在双桥，同是一家人，同助双桥美”为志愿服务理念，下辖党员志愿服

清理整治蚂蝗山乱堆乱放现象

务队、爱暖人心服务队、平安双桥服务队、曲艺风采志愿队等各类志愿服务团队12支，登记在册志愿者584人，志愿服务涵盖环境整治、政策宣传、文明劝导、困难帮扶、治安巡逻、日常监督、文明宣讲等，并全方位助力各项中心工作的开展。是年，组织开展各类志愿活动800余次，参与7200余人次。

【梦想驿站公益携手行动】 以“益·暖·心”为主题、“情暖双桥”为品牌，针对空巢老人、留守儿童、残疾人、困境儿童、贫困户等群体，进行靶向发力，实施精准帮扶 。2018年1~2月，圆梦微心愿36个，慰问96户，冬日暖衣捐赠6大箱；3月，开展花灯制作迎新春、暖心汤圆送孤寡老人、3·5学雷锋等系列活动9场；4~10月，开展梦想驿站公益培训9期，暑期义教2周，拓展活动4期。

【推进“最多跑一次”】 完善便民服务中心标准化建设，实现窗口无差别受理，定期开碰头会提高综合服务业务能力，街道、社区上下联动，全年累计完成便民服务事项1276件，其中即办类“最多跑一次”事项完成率达100%“四个平台”协调运作，实现事件及时报送、办理流程畅通，累计办件3261件。

【召开党员代表会议暨党工委工作会议】 2月2日，召开中国共产党舟山市定海区双桥街道2018年代表会议暨党工委工作会议。会议通报表彰2017年度街道各类先进，听取和审查街道党工委工作报告，报告指出：双桥上下务必要怀着激情创业、拼搏赶超的信念，以“产业兴、生态美、百姓富、文化强”为新的发展蓝图，坚持融合发展，推进产业转型升级，着力增进民生福祉，传承挖掘人文底蕴，不断深化平安建设，坚定不移推进从严治党，为全面加快建设美丽幸福新双桥打下坚实基础。

召开党员代表会议暨党工委工作会议

【上级领导到双桥调研慰问】 2月6日，区委副书记周军刚、区人大常委会副主任范纲一行来到双桥街道，看望慰问部分困难群众、困难党员。每到一户，周军刚都详细了解相关情况，鼓励他们要保持乐观的心态，积极面对生活。

5月3日，区委副书记周军刚一行到双桥街道调研小城镇环境综合整治工作，先后实地察看了桥头施老街沿线集中清除乱搭乱建乱堆乱放后的面貌、双桥小城镇环境综合整治特色带动项目“三桥花木”基地，听取相关汇报，并与有关人员进行座谈。

5月16日，舟山群岛新区决策咨询委主任周克非一行到双桥街道调研经济和社会发展情况，先后实地察看了汽车城、“三农”农副产品综合批发市场、“玫瑰园”、紫微社区，认真听取了现场介绍，与相关负责人深入交谈。随后调研组一行来到双桥街道办事处进行座谈，双桥街道党工委书记林光就双桥街道经济社会发展作了相关汇报。陪同调研的还有新区决策委秘书长励延年等。

6月15日，舟山市中心血站站长虞奇越和定海区卫计局副局长应朋志一行人来到双桥街道桥头施社区东高岭村慰问献血英雄陈宝华。据了解，陈宝华从1998年10月就开始献血，至今献血52次，挽救不少生命。

6月29日，区委常委、常务副区长毛铁年一行走访慰问双桥街道老党员。慰问中，毛铁年和老党员亲切交谈，详细询问老党员的身体状况、生活中遇到的困难及目前急需党和政府解决的问题等，同时送去节日的祝福及慰问金；并勉励老党员要继续发挥余热，努力宣传党的政策，以点带面影响身边的普通群众，强调基层的工作离不开党员和群众的支持，希望老同志、老干部一如既往地关心和支持街道、社区工作。

【成立“守望巡逻服务队”】　5月3日，在辖区派出所场地内开展“守望巡逻服务队”启动仪式，标志队伍正式成立，此次活动有党员巡逻队、派出所巡逻队、网格巡逻队、企业联合巡逻队等10支巡逻队伍100余人参加，街道党工委副书记邬召东、双桥派出所所长丁洲出席仪式并作动员讲话。此次活动主要是通过以服务为主导，以“护农保收”为目的，开展“爱农护农”工作，切实维护和保障广大菜农果农的切身利益，促进农业农村经济发展，推进“平安双桥”和定海区花园式国际人文港城建设。

【举办洁净乡村绿色骑行活动】　5月25日，举办“党员表率，志愿践诺”洁净乡村绿色骑行活动。参加活动的志愿者携带宣传洁净乡村建设的小旗帜，分两路骑行经过6个社区村，通过党员代表表率、志愿者践诺、绿色骑行宣传的方式，助推双桥洁净乡村建设。

【召开庆祝中国共产党成立97周年大会暨“党员走亲连心”动员大会】　6月28日，召开庆祝中国共产党成立97周年大会暨“党员走亲连心”动员大会。会议上，与会党员同志重温入党誓词，大会通报和表彰各类先进，同时还举行党员联系群众及“党员走亲连心”动员，街道党工委书记林光为广大党员带来了一堂“不忘初心、牢记使命”的专题党课。

庆祝中国共产党成立97周年大会暨
“党员走亲连心”动员大会

【八一建军节免费义诊】　8月1日，双桥时代先锋志愿服务团携手中国人民解放军第四一三医院的专家们共同走进临港社区，为退伍老兵免费义诊，提供内外科、骨科等多个项目，志愿服务队的医生们叮嘱老兵们夏季注意饮食、休息，做好防暑工作。

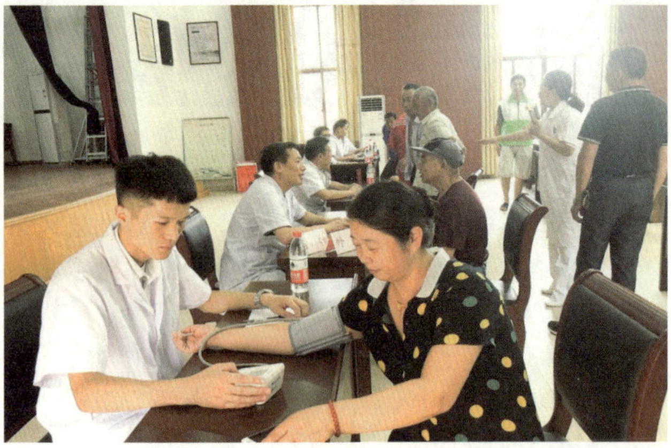

解放军四一三医院的专家为退伍老兵义诊

【开展无障碍设施进家庭项目】　8月8日，实施2018年无障碍设施进家庭改造项目，将30件残疾人辅具器材运送入户。街道今年有9户残疾人家庭列入该项目，其中7户为辅具配发，2户为无障碍设施改造，改善残疾人生活质量。

【区文化助残“五个一”工程进农村文化礼堂巡演】　8月10日，定海区残联携文工团到双桥街道南山社区开展以“文化助残”为主题的文艺演出活动。此次活动为残疾人和残疾人家属表演越剧、小品、歌唱等节

区残联携文工团到南山社区开展文艺演出活动

目，同时通过举办此类活动，吸引和推动社会上更多的爱心人士关注残疾人，让他们时刻感受到社会大家庭的温暖。

【开展环境卫生专项整治行动】 8月24日，组织机关干部、党员志愿者、团员志愿者、部队官兵对桥头施社区进行环境卫生专项整治行动。所有人员分成农贸菜场及周边专项整治组，占道经营、乱堆乱放专项整治组，垃圾清扫、小广告专项整治组和后勤组，各小组各司其职，对辖区内脏乱差地段进行集中性整治。

【开展马灯舞系列培训】 9月，街道文化站开展马灯舞系列培训，宣传非物质文化遗产，促进民族文化的传承。文化站张晶晶利用下班时间指导马灯舞爱好者，并为她们排舞编队；邀请83岁高龄的马灯舞传承人黄小勇前往双桥中心小学为孩子们传授民俗舞蹈。

【召开全国文明城市推进会】 9月28日，全体机关干部、各社区书记主任和分管宣传、卫生的社区干部参加会议。会上，党工委副书记邬召东对工作中存在的主要问题进行通报，党工委委员陈莹莹详细解读文明城市创建工作的具体要求，党工委副书记、办事处主任陈晖传达上级党委、政府关于创城工作的会议精神，最后党工委书记林光对下一阶段的工作进行重点部署。会议动员全体干部同志以身作则、攻坚克难、树立标杆，打好全国文明城市创建攻坚战。

【“清廉定海纪律教育基层行”走进双桥】 10月24日晚，双桥街道组织全体机关干部学习《中国共产党纪律处分条例》，重点解析“如何理解关于增加运用监督执纪“四种形态”的规定”和“如何理解关于在重大原则问题上不同党中央保持一致行为及其适用的处分种类和幅度的规定”两个亮点，观看《典型案例警示教育片》，通过活动警示教育全体机关干部在工作中要保持廉洁的作风。

10月24日，清廉定海纪律教育基层行“走进双桥”

【召开商会第三届会员大会】 10月26日，召开双桥街道商会第三届会员大会。会议听取和审议第二届商会工作报告、财务收支情况报告；选举产生双桥街道商会第三届理事会。最后，会议号召商会组织和全体会员，要进一步增强政治责任感和历史使命感，在街道党工委、办事处的领导下，振奋精神工作，发挥商会的优势和作用，推进街道非公有制经济健康快速发展。

【全市首家新能源汽车4S店开业】 10月26日，全市首家新能源汽车4S店正式开业。4S店即北汽新能源舟山元通店，位于双桥汽车城丰田与长安汽车4S店之间，为世界500强浙江物产集团旗下子企业。占地面积8000平方米，提供北汽新能源全车系的销售、售后、备件和信息反馈服务，主营Ec3、Ex360、Eu5三款车型，售价6.98万～4.29万，续航里程260～500公里，已预售12台。

全市首家新能源汽车4S店正式开业活动现场

【获评省“终身学习品牌项目”】 11月，双桥木偶戏活态传承教育项目被评为2018年浙江省“终身学习品牌项目”，据悉，该荣誉系浙江省成人教育与职业教育协会授予，全省20个，双桥木偶戏为定海区唯一获得荣誉的项目。

【知联会纪念改革开放40周年座谈会暨知识竞答】 12月6日，双桥街道知联会举行纪念改革开放40周年座谈会暨知识竞答活动，来自医疗、教育、企业等等系统的会员近20余人参加，活动由街道统战委员陈莹莹主持。会员们就双桥街道改革开放以来的变化展开座谈会，集体阅读“创建全国文明城，争做文明双桥人”倡议书。在知识竞答环节中，大家就创城工作和改革开放有关的问题进行抢答。

（撰稿：袁碧莹）

（本分目照片由双桥街道提供）

金塘镇

【概况】 金塘镇位于舟山群岛西南部，东邻册子岛，间隔册子水道，经西堠门大桥与册子岛相连；西南为金塘水道，与宁波市镇海区、北仑区隔港相望；西有金塘大桥与宁波市镇海区相接；北连灰鳖洋，为北往上海、青岛，南达温台、闽粤之必经航道，是南北海运和远东国际航线之要冲。拥有海岸线60.32千米，其中20米以上深水岸线14.5千米，15米以上深水岸线27千米。区域面积88.2平方千米，辖仙居、柳行、河平、大浦、新丰、山潭、东堠、西堠、穆岙、和建、沥平、大观12个社区，有户籍人口16421户、40657人，其中建成区户籍人口34176人。

是年，实现地区生产总值48.6亿元，实现工农业总产值74.4亿元，完成固定资产投资15.1亿元，实现财政总收入4.01亿元，其中地方财政收入2.15亿元，财政总支出2.32亿元，城镇常住居民人均可支配收入65674元，农渔村常住居民人均可支配收入34718元。

经济发展情况　2018年，有各类企业912家，其中塑料机械企业308家。实现工业总产值71.5亿元，其中规上工业产值23.2亿元，实现自营进出口额6038万美元。

集装箱物流业高速发展，国际中转、属地报关等业务和长江经济带海关区域通关一体化运作顺畅，金塘跨海大桥集卡通行费2.5折优惠、省内高速基本费率5～7折优惠等政策实效明显，国际卫生港创建加快推进，金塘物流中心项目获国家财政补助2500万元，西非、俄罗斯、中东等13条固定国际航线运营稳定，集装箱吞吐量达123万标准箱，港口货物吞吐量达2050万吨。金塘塑机螺杆行业实现年产值56.1亿元，中国金塘螺杆小镇创建有序推进，完成金塘螺杆特色小镇概念规划备案，举办舟山市第二届螺杆及配套资源展览会，实施“机器换人”“智能制造”15项、技改项目39个，西堠邻里中心完工，通达、精劲、金星等新建厂房、车间项目加快推进，华业上市工作稳步开展。西堠工业园区实现产值21.76亿元，入园企业60家。加快全域旅游发展，仙人山景区二期配套工程、柳行民俗文化中心项目基本建设，仙人山景区获评浙江省十大生态旅游区和国家AAA级景区，山潭村入选省级A级景区村庄，树弄李子苑获评国家A级景区、浙江省“最美田园”百强榜和“浙江最美赏花胜地”，大连圣亚金塘全域旅游项目签约落地，鲸天下旅游景区管理有限公司注册成立。推进农业景观建设，创建区级规范化家庭农场建设1家，岛内全域油菜景观种植500亩。粮食播种面积9844亩，实现粮食总产量3319.5吨。实际利用市外资金30.8亿元，引进外资25.51万美元，新增市外注册企业14家、注册资本19亿元。

基础设施建设　是年，金塘茶叶山至沙塘公路完成工程量8.18%，大浦社区油车桥配套道路经二路完成雨、污管道铺装施工，文化中心配套道路至馒头山道路接线工程完成桥梁桩基施工，肚斗至大浦口（新丰段）公路通车，大丰客运站完工，建成港湾式停靠站8个，小李岙码头改建工程、西堠交通码头改扩建工程完成工程可行性研究报告编制及报审。山潭至大浦油车桥及鱼龙山疏港公路天然气管道工程完工，500千伏联网输变电工程金塘段完工。实施公厕改造28座。水利设施投入6702万元，小流域农业生态工程项目（大浦口泵站）完成工程量93%，沥港海塘配套加固工程（燕头山泵站）完成工程量60%，金塘肚斗岙至出海口段综合治理工程基本完工，龙王堂水库除险加固工程完成工程量20%，大陆引水三期金塘岛引水工程完成工程量10.5%。

社会事业　是年，民生项目投入1.16亿元，完成沥港小学扩建、大丰幼儿园迁建项目，沥港幼儿园迁建项目启动前期工作，金塘文化中心投入运营。精准帮扶困难群众，开展“千企结千村、消灭薄弱村”专项行动，确定村企结对帮扶项目22个，在全市率先完成“薄弱村”消灭任务。发放低保金372万元、各类临时救助金和残疾人补助金600余万元。推进传统海洋捕捞渔民参加职工基本养老保险缴费补助工作，户籍人口基本养老保险参保率达90%，基本医疗保险参保率稳定在98.5%以上。推动文体事业发展，金塘镇成校获评“浙江省现代化成校”，沥港中心小学和山潭幼儿园获评舟山市AAAAA级平安学校，大丰、沥港和山潭中心小学获评舟山市文明学校，开展大美金塘元宵民俗巡游、百场越剧进基层、“大美金塘”全民健康欢乐跑等系列活动，累计举办社区群众文化艺术节13场。推进“平安金塘”“法治金塘”建设，改进社会治理方式，投入400余万元基本建成全岛覆盖、多维立体的全域智能感知体系，科技管控岛建设完善和应用深化工作走在全市前列。推进“雪亮工程”建设，组织开展“扫黑除恶”“两打两整”等专项行动，辖区可防性案件、刑事案件和治安案件发生率同比分别下降45%、48.5%和11.8%。“四个平台”、12345回访率和矛盾纠纷案件调解成功率均为100%。

【环境整治】 是年，新建生态廊道16公里，补植造林299.5亩，森林抚育300亩，新增停车场7处、车位420余个，城乡生活垃圾无害化处理率达100%，有照废旧收购点从40个减少到8个，山潭、大丰片区小城镇环境综合整治通过省级考核，沥港区域通过省级复验。

【三改一拆】 是年，拆除违法建筑9万平方米，完成旧厂房等改造15.2万平方米，拆后土地利用率达98.2%，新增违建保持“零增量”。

【五水共治】 是年，老大河、和建长河完成“品质河道”建设，大柳主干河、老大河“美丽河湖”通过市区验收，大柳河主干河获评浙江省“美丽河湖”。

【中澳现代产业园建设】 该项目是省重点项目，计划总投资300亿元，首个启动项目为澳牛进境加工项目。是年，完成投资10.1亿元，澳牛进境加工项目水

澳牛项目3万吨级专用配套码头建设现场

电路气等配套建设提前半个月完成年度目标任务，3万吨级专用配套码头完成主体建设。

【金塘北部西片区垦造耕地项目】 该项目是全市“十三五”期间最大的海域围垦造地项目，是定海区历年来新增耕地面积最大的造地项目，总投资额3.98亿元，总规模1247亩，计划新增耕地（水田）面积1125亩，预设耕地质量等级9等，计划工期24个月。9月25日，金塘北部西片区垦造耕地项目正式立项，是年完成方案设计及项目批复。

【大浦口集装箱码头建设】 该项目是宁波舟山港一体化标志性启动项目，计划总投资64.3亿元，规划建设5个7万～10万吨级集装箱泊位（兼靠15万吨级大型集装箱船舶），年吞吐能力250万标箱。一阶段工程于2010年7月投入试生产，二阶段工程围堤及陆域形成工程于2017年基本完成。是年，完成投资1.6亿元，一阶段工程通过竣工验收，二阶段工程完成4号引桥灌注桩施工及码头桩预制、危险品堆场竣工验收。

大浦口集装箱码头一阶段工程竣工验收会

【500千伏联网输变电工程（金塘段）建设】 该工程计划总投资20亿元，新辟500千伏输变电线路通道，铺设镇海至大鹏山岛海底电缆等。10月1日，西堠门大跨越380米世界最高输电铁塔完成立塔，12月19日，世界首个500千伏交联聚乙烯海缆铺设工程的最后一条输电海缆，从宁波镇海新泓口围堤跨越17公里海域，历时6天敷设、经过连续5个多小时登陆施工，成功连接大鹏岛终端站。是年，500千伏联网输变电工程（金塘段）完工。

【西堠邻里中心完工】 该项目计划总投资5000万元，

建设用地5403平方米，建设面积8500平方米，建设超市、市场及商务酒店综合体。是年，完成投资2800万元，工程完工并通过竣工验收。

西堠邻里中心建成

【大陆引水三期金塘岛引水工程建设】 该工程计划总投资1.2亿元，起点岚山加压泵站，终点龙王堂水库，建设宁波陆上输水管道、跨海输水管道、金塘陆上输水管道及附属建筑物等，全长29.22千米。是年，大陆引水三期金塘岛引水工程正式开工，完成投资5200万元，完成工程量10.5%，其中金塘岛陆上段土建及管道工程完工，宁波陆上段管道施工300米。

【大浦口集装箱码头作业】 11月14日，来自2M地中海1线的“地中海土星”号轮靠泊金塘港区大浦口码头进行集装箱作业，接卸8500.25标准箱，为大浦口码头自试投产以来接卸量最大的船舶。是年，集装箱吞吐量达123万标准箱，同比增长20.5%，其中陆路箱1.72万标箱。

“地中海土星”号靠泊作业

【舟山市第二届螺杆及配套资源展览会举办】 11月19日，舟山市第二届螺杆及配套资源展览会在金塘举办，邀请来自上海、宁波、舟山及金塘本地的参展企业46家，观展人数达到3600余人次，达成交易金额3200万元。

【华业塑机入围市智能制造试点示范工厂（车间）】 浙江华业塑料机械有限公司为专业从事塑机螺杆研发、设计、生产、销售的高新技术企业，产销量居国内同行业首位。根据市经信委公布的2018年舟山市智能制造试点示范工厂（车间）名单，华业公司年产20000套塑机锁轴智能车间建设项目入围，为全市四个入围项目之一。

【全市首件“一网通办”动产抵押登记业务办理】 动产抵押登记“一网通办”借助互联网实现网上申请、在线审核、在线公示和在线查询等，让群众办理动产抵押登记从“最多跑一次”变为“跑零次”。9月4日，通过“一网通办”成功为浙江中扬螺杆制造有限公司办理动产抵押登记，为全市首件，企业获得贷款769万元。是年，“一网通办”办理动产抵押登记业务12件，抵押贷款8250.49万元。

【国内最长最重整孔预制箱梁在金塘移运】 10月23日，用于舟岱大桥非通航孔桥段上的首片预制箱梁在宁波舟山港主通道项目第DSSG05标段项目部移运，该预制箱梁长70米、宽12.55米、高4米，重达1800多吨，是目前国内最长、最重的整孔预制箱梁。

整孔预制箱梁移运现场

【金塘被选为市文化礼堂众筹平台首批试点】 2月12日，舟山市文化礼堂众筹平台正式启动，金塘仙居、柳行、大浦、西堠、和建、沥平、大观等7个文化礼堂成为首批试点。文化礼堂活动众筹以“政府引导、民间出资、大众参与”为运行模式，让群众从政府服务的被动消费者成为文化礼堂的主动参与者，并能缓解农村文化礼堂活动资金短缺问题。是年，沥平社区“不忘初心·幸福向阳”淘文化专场演出成为首个众筹成功活动，试点的文化礼堂先后众筹活动7个。

【柳行社区文化礼堂上榜省五星级农村文化礼堂】柳行社区文化礼堂于2013年9月建成，通过挖掘柳行人文内涵、打造古街景点，重现了清代“柳巷半边街”场景，并建设民俗陈列馆，展有居民自发捐展的体现农耕历史和生活原貌物品80件。4月12—13日，全省基层宣传思想文化工作暨农村文化礼堂建设工作推进会公布了2017年度验收合格的219个五星级农村文化礼堂名单，柳行社区文化礼堂上榜，为舟山市五个（定海区两个）入选的文化礼堂之一。

【李子苑入选省首批“最美田园”百强榜】 李子苑位于山潭社区树弄村，田园面积约200多亩，先后被评为国家A级旅游景区、浙江省果蔬采摘旅游基地。9月25日，省农业厅、省旅游局联合公布2018浙江省100个“最美田园”名单，金塘李子苑上榜，是全区唯一一个“最美田园”。

【仙人山景区入选2018年省生态旅游区】 仙人山为金塘岛内最高峰，用地面积10亩的仙人山森林公园景区于2016年10月建成，亭台、栈道、停车场等配套设施不断完善。3月1日，在“定海十景”发布会暨乡村旅游论坛上，成功入选由区旅游局举办的“定海十景”评选活动。12月13日，省文化和旅游厅、省生态环境厅联合公布2018年省级生态旅游区名单，舟山金塘仙人山景区被命名为2018年浙江省生态旅游区。

【仙居社区村成功创建省A级景区村庄】 根据浙江省A级景区村庄创建标准，仙居社区逐一对标自然景观、田园风光、建筑风貌、历史遗存、民俗文化、体验活动、特色产品等创建内容，发展全域旅游。12月21日，市旅游委公布2018年省A级景区村庄名单，仙居社区成功入选。

【金塘李花节举办】 3月24日，以“春游花海•醉美金塘”为主题的第三届李花节暨乡村振兴战略合作签约仪式在山潭社区树弄广场举行，现场分别与浙江省农村信用联合社舟山办事处、舟山青年越剧团签署“乡村振兴”战略合作协议及百场越剧进基层合作协议。李花节节目涵盖绘画采风、特色农产品展销、文艺表演等活动，吸引游客、当地群众、摄影爱好者等2.5万人次。

第三届李花节暨乡村振兴战略合作签约仪式

【金塘至舟山医院定制汽运班线开通】 3月27日，金塘汽车客运中心开通金塘至舟山医院往返汽运班线，为首条金塘直达舟山医院的定制班线，全线车程约1.5小时，比已往班车到达定海东门车站后换乘至舟山医院节减耗时半小时以上，便利金塘岛居民出岛就医。

（撰稿：钱 涛）

（本分目照片由金塘镇提供）

白泉镇

【概况】 白泉镇地处舟山本岛中北部，东接普陀区展茅街道，西南连定海主城区，南靠临城街道，北邻舟山海洋产业集聚区，距定海主城区和临城新区皆为6千米。镇政府驻宝岛大道31号。镇域面积82平方千米，其中林地面积67165亩，耕地面积10830亩。下辖白泉、金山、繁强、柯梅、河东、米林、平湖、皋泄、小展、洪家、新港、星塔、星马13个农村社区与万金湖1个社区居委会，户籍人口13353户、38546人，其中农业人口33906人。

是年，全镇实现社会总产值同比增长3%；农渔业总产值3.9亿元，增长10%；财政总收入2.24亿元，增长24%，其中地方财政收入1.27亿元，增长27%；农渔民人均纯收入3.24万元，增长8%；限上批发零售业销售额2830万元，增长3%。

经济发展情况　是年，全镇共有工业企业157家，实现工业总产值31.8亿元；有规上工业企业13家，实现规上工业总产值26亿元，规上工业增加值同比增长8%。全年实际利用市外资金4.4亿元，引进“浙商回归”到位资金1亿元，引入舟山亿泉置业等市外投资企业7家。企业转型步伐加快，全年企业研发投入800余万元、技改投入5500余万元、环保整改投入3000余万元，神舟电气、弘业预拌被评为省级科技型企业，顺帆船舶等3家企业获得5项专利，“机器换人”企业有3家。缤纷天地广场商业氛围日渐浓厚，瑞金广场完成主体工程建设，舟山商贸城完成竣工验收。

是年，粮食播种面积7489亩，产量2206吨，其中晚稻播种面积734亩，晚稻总产量317吨。蔬菜播种面积10854亩，产量15592吨。果用瓜种植面积2526亩，水果总产量7297吨，年产值2124万元。草莓种植面积347亩，葡萄种植面积267亩。全镇渔船总数56艘，总功率12241千瓦，捕捞产量10230吨，产值7693万元。

基础设施建设　是年，白泉核心区块路网加快建设，规划三十号路延伸段（王家桥—河东车站）完成竣工验收。“四好”农村路建设全面启动，大型停车场扩建项目完成总工程量的52%，北蝉农贸市场完成改造，产业路亮化工程全部竣工，41座农村公厕完成改造。交通设施全线提升，新划道路标线2500余平方米，新增机动车泊位600余处，新建港湾式站点3个。钓浪泵站、老碶头闸完成主体工程，毛洋周至出海口水系河道工程基本完成建设，潮面至老碶头水系河道工程完成工程量的30%。

社会事业　是年，全镇城乡居民医保参保人数达2万人，基本养老保险参保人数达1.25万人，办理“4050”灵活就业社保补贴115人次，推出企业就业岗位117个。加大弱势群体帮扶力度，共发放低保、低边救助金近300万元，发放残疾人“两项补贴”300余万元，发放慈善救助、特困群体救济等款物190余万元，扶持53户低收入农户增收。宝岛幼儿园正式投入使用，白泉第二小学已启动土地报批工作。白泉文化公园顺利交付投用，新建农村文化礼堂3家。上海瑞金医院舟山分院开业运营，白泉卫生院迁建项目完成主体工程，华康园项目完成竣工验收。白泉敬老院北蝉分院设施进一步完善，居家养老照料中心逐步实现配送餐服务。

【全国文明城市创建】　是年，围绕全国文明城市“创则必成”目标，加快整治薄弱环节，农贸市场、乱搭乱建、交通秩序等14个重点领域整治取得明显成效。统筹推进国家级卫生乡镇、洁净乡村创建，清理陈年垃圾4000余处，整治乱堆乱放1000余处，实现农村生活垃圾分类处理全覆盖。持续强化基层联动执法，集中治理占道经营、流动摊贩、车辆违停等城市乱象，联合开展人行道障碍物清除行动、329国道流动摊整治行动、北蝉菜场周边“摊乱摆”治理行动等，清除人行道各类乱堆物农用车8车、皮卡车13车，暂扣三轮车4辆、面包车1辆，规范自产自销摊位20余个。推进精神文明建设，扩大公益广告宣传覆盖面。发挥志愿者队伍作用，组织开展交通引导、卫生整治等志愿服务。

【社会综合治理】　是年，深化“平安白泉”建设，圆满完成重大会议、节庆维稳安保任务，连续十三年获得“平安乡镇”称号。推进“三治融合”示范村、综治工作中心示范点创建工作，新建心理咨询室，实现社区村法律顾问一对一配备。全面提升全科网格规范建设，有效运转“四个平台”。 开展“法律五进”活动，推动镇村两级微信塔群立体式普法。加快建设“雪亮工程”，新增视频监控点位近200处。强化信访矛盾调解，全年处理网格化平台矛盾纠纷60余条，接收“12345”平台投诉转办件近900件，集体接访46批次640余人次，化解信访案件38件，及时排查与化解重点领域涉稳隐患11处。开展“扫黑除恶”专项斗争，全面保障城镇安全运行和社会和谐稳定。持续加强安全生产，针对“五大领域”危险化学品企业、在建工地等重点区域，开展专项检查28次，全部按要求完成整改闭环。进一步规范安监执法，在全区率先使用执法记录仪进行安全生产检查。

【基层党建工作】　至年底，辖区有基层党组织94个，其中9个党委、7个党总支、78个党支部，党员1936名。是年，打造“1+3+X”精细化项目党建样板，持续做好党建项目领办和特色亮点打造，重点打造皋泄社区“GPS”特色党建阵地、金山社区军民融合党建、新港社区海上党建及星塔社区“星之森”特色党小组，在全镇范围内形成一条可学、可看的红色党建路线。建立全市首个农村青年人才党支部，通过支部和原籍单位双考察、双培养的方式，将人才信息库的农村青年人才培养成优秀党员和社区村后备干部。重点开展基层党组织党内生活“回头看”，定期督查9次，提出整改意见150余条。推进“两学一做”学习教育常态化制度化，开展“大学习大调研大抓落实”行动，全面实施党员积分量化管理办法。党建引领更趋实效化，稳步推进群团改革，获评“浙江省先进团委”“舟山市基层工会女职工组织规范化建设示范点”等荣誉。推进党风廉政建设和反腐败斗争，召开作风问题征集座谈会查摆问题并落实整改。加大对领导干部“一岗双责”履行情况监督问责力度，进一步严明政治纪律和政治规矩。

【三改一拆】 是年，完成“三改”类项目5.15万平方米，完成年度任务量190.7%。拆除违章建筑116处，总建筑面积6.92万平方米，总占地面积7.41万平方米，完成年度任务量125.8%。完成拆后利用6.6万平方米，拆后利用率为89.1%。

【五水共治】 是年，继续加快水域品质提升，打造品质河道3条，其中外山咀河、电厂新河通过市级验收，白泉主河入选省级“美丽河湖”。加强废弃污水治理，率先引入全区首个氨氮处理设备，应用于养殖场废水污染防治，并加快建设4号污水泵站新建项目。

【农居小区建设】 是年，区级农居小区二期完成摇号分房，金山移民安置小区二期基本完工，北蝉地块、叶家山地块农民安置房项目进度均在80%以上，新泉家园在全区范围内率先引入农居小区专业化物业管理公司。

【省级“美丽河湖”创建行动】 是年1月，白泉镇作为全市试点单位，启动省级“美丽河湖”创建行动。该项目总投资约200万元，主要包括污染治理、植物造景、白泉大闸与泵站周边环境绿化、全新健身广场建设等内容，对“白泉岭水库—白泉主河—白泉大闸”主轴线重点进行形象提升。

【举办首届姐妹微课堂比赛】 2月5日，白泉镇妇联举办“巾帼虹——勇立潮头行”姐妹微课堂比赛，10名社区妇联主席参赛。微党课围绕基层妇联工作展开，讲述基层妇联组织、妇女干部在参与白泉建设中的事迹。

【王四清来白泉调研农村文化礼堂建设】 3月8日，省委宣传部副部长王四清带队到白泉镇调研农村文化礼堂建设，市委宣传部副部长章隽达，区委常委、宣传部部长何徐华，区委常委、白泉镇党委书记林剑彪陪同调研。调研组一行先后参观皋泄文化礼堂的文化长廊、公民素质讲习所，以及市级爱国主义教育基地朱缀绒先进事迹陈列馆。

王四清到白泉调研农村文化礼堂建设

【召开基层党务工作者专题业务培训会】 3月28日，白泉镇召开基层党务工作者培训会，各社区村党支部书记、“三会一课”会议记录人员、社区村党务工作人员以及部分企事业单位党务工作者约90人参会。本次培训主要围绕党员发展流程、党的生活组织制度、

基层党务工作者专题业务培训会

“三会一课”记录等内容进行讲解，并对党务工作中存在的不足予以分析解答。

【顾益康到白泉调研美丽乡村及新农村建设】 4月3日，原省农办副主任顾益康教授到白泉调研美丽乡村及新农村建设，区委副书记周军刚，区委常委、白泉镇党委书记林剑彪陪同。调研组一行先后走访了金山社区、甬舟铁路综合枢纽站站场区块以及传奇山庄，实地察看乡村环境、农业基地，了解新农村建设现状以及农旅结合发展形势。

顾益康到白泉调研美丽乡村及新农村建设

【“薪火传承”节目组到白泉拍摄】 是年，文化部全国公共文化发展中心的“薪火传承”之《潮小孩学堂》专题节目，到白泉镇拍摄原生态舟山锣鼓传承人高如丰，记录非遗文化传承经历、团队演出情况以及新成立的舟山锣鼓工作室运行情况。

【何中伟来白泉调研工作】 4月10日，市委副书记、市长何中伟到白泉镇行政审批服务中心检查“最多跑一次”改革工作，听取群众相关意见，询问窗口人员工作流程和办事效率，并观看事项清单LED播放。

8月2日，何市长率安监、消防等部门对白泉镇舟山华丰船舶修造有限公司进行防台工作检查，实地查看企业防台措施落实情况，要求企业挑起安全生产主体责任，启动防台应急预案，做好各项防范措施。

10月26日，何市长到白泉镇检查创城工作并开展代表接待活动，先后到万金湖路和白泉农贸市场，检查环境综合整治、公共设施维护、市场周边秩序等情况，并召开座谈会，听取白泉镇人大代表联络站建设和创城进展情况汇报。

【举办白泉镇民俗文化节暨白泉文化公园落成庆典晚会】 4月28日，在白泉文化公园举办白泉镇民俗文化节暨文化公园落成庆典，区委常委、宣传部部长何徐华，区委常委、白泉镇党委书记林剑彪，上海晟地集团总裁陈伟兴特约代表陈秀娣，三人共同按下启动球，完成白泉文化公园落成移交仪式。随后，依次上演舞蹈、小品、越剧、非遗项目等13个民俗文艺节目，并举行“最美白泉人”颁奖仪式。

白泉镇民俗文化节暨白泉文化公园落成庆典晚会

【姜建明到白泉镇督查整洁村庄工作】 5月15日，副市长姜建明一行到白泉镇督查整洁村庄工作，区委副书记周军刚，区委常委、白泉镇党委书记林剑彪等陪同。先是考察柯梅社区和金山社区的督查点位，随后召开座谈会，分别听取定海区、白泉镇、金山社区整洁村庄专项行动推进情况汇报。

姜建明到白泉镇督查整洁村庄工作

【省调研组到白泉调研“四个平台”建设】 5月24日，省委组织部公务员管理处副处长李泽洲一行到白泉镇现场查看“四个平台”工作情况，市委组织部副部长胡侃，区委常委、白泉镇党委书记林剑彪等陪同调研。随后召开座谈会，分别听取定海区和白泉镇的“四个平台”工作情况汇报，了解定海区区级部门派驻镇（街道）机构与人员的工资待遇、考核考绩、干部任免等相关情况。

省调研组来白泉调研“四个平台”建设

【非遗项目荣获浙江民间文艺“映山红”奖】 5月29—30日，白泉镇非遗项目原生态舟山锣鼓和跳蚤舞，在首届浙江民间艺术精品展暨第七届浙江民间文艺“映山红”奖·优秀民间艺术表演大赛中分别荣誉金奖、银奖。

【创新设计“一线三带四圈”党建地图】 是年，以“图片+文字简介”方式，创造性地设计“一线三带四圈”党建地图，清晰展示基层党建各项工作推进情况，进一步激发各级党组织抓党建工作的动力。“一线”即“不忘初心”红色教育路线，“三带”即重点工程和工作项目攻坚带、党建阵地标准化示范带、两新组织党建示范带，“四圈”即党员远程教育示范圈、10分钟党员便民服务圈、风情乡村党建示范圈和创业创新示范圈。

【开展“迎七一·岱山行”主题党日活动】 6月26日，白泉镇机关党支部组织33名党员到岱山开展主题党日活动。支部一行人先后到岱东镇的河鱼人合作社先锋联盟中心、上船跳景区、东沙古镇的金维映史迹陈列室等地，聆听先进故事、重温入党誓词，感受不一样的红色教育。

【加快老旧渔船提升改造】 是年，白泉镇对13艘渔船进行冷冻设施改造，在鱼舱内加装速冻设备和保温

“迎七一·岱山行”主题党日活动

室，将渔获物快速冷冻至零下30度，改造后经济效益提升约50%。另外，将船龄20年左右的8艘老旧渔船拆解注销，按照浙江省标准化海洋捕捞渔船船型打造要求，在船舶构造、机电设备配备、水密性、消防与防火等装设上进行重新建造。

【组织“习近平总书记重要指示精神”专题学习会】 7月23日，白泉镇邀请舟山市委党校庄韶辉老师作题为“以八八战略为引领，开启奋斗新征程”的专题讲座，全体机关干部、社区书记、村委会主任、经济合作社社长参加学习。讲座中，庄韶辉系统讲解“八八战略”的“学习背景”“战略背景和战略内容”“战略行动和战略成绩”等五方面内容，让干部们进一步深刻理解习近平总书记治国理政新思想以及“八八战略”的重大意义。

“习近平总书记重要指示精神”专题学习会

【童加朝到传奇庄园调研乡村振兴工作】 10月18日，省海洋与渔业局副局长童加朝到柯梅社区传奇庄园调

研乡村振兴工作，副市长姜建明，定海区委副书记周军刚，区委常委、白泉镇党委书记林建彪等领导陪同。童加朝先后实地察看“她创”产品线下直营店、生态餐厅等地，了解庄园实地布局和农产品发展现状，对传奇庄园在推动乡村产业振兴、带动周边群众共同致富方面的的做法和成效给予充分肯定。

童加朝到传奇庄园调研乡村振兴工作

【落实全区首个村企结对项目】 是年，由舟山市商贸集团提供园区，与皋泄社区结对推进“皋泄网创服务驿站升级项目”。该项目位于皋泄社区庙后庄，占地面积约8000平方米，总投入500余万元，计划建立农业产业园区、创业青年仓库、杨梅酒生产区以及大型停车场，将在园区内经营明清式传统民宿和农家乐。

【依法开展扫黑除恶专项斗争】 是年，白泉镇紧盯市场流通场所、拆迁建设场所、娱乐休闲场所等重点领域，与白泉派出所、新港派出所联合开展线索排摸，对有社会前科人员进行详细排查登记跟踪，专题走访3次，破获聚众斗殴、容留卖淫等案件13起，抓获犯罪嫌疑人51名、刑拘33名。

【新泉华府农民公寓房完成首批分房】 11月21日，新泉华府农民公寓开始第一批摇号分房工作，涉及329国道舟山岑白段、规划三十号路延伸段等多个项目的66户拆迁户,采取现场制取抽签序号，安置群众按序摇号分配房源，摇取房屋117套，停车位114个，涉及户型为60型、90型、120型、140型四种房型，安置面积约1.1万平方米。

【组织观看《榜样3》专题节目】 11月26日，白泉镇党委组织各级基层党组织观看《榜样3》专题节目，通过微信、QQ等党建群推送节目网址、节目预告等方式，要求各级党组织安排好广大党员、群众准时收看，并提前对全镇15个远教站点的运行情况进行排查，确保不影响节目收听收看。直播当天，各级基层党组织观看《榜样3》累计达800余人次。

【举办社区专职工作者培训班】 11月28日，为期3天的白泉镇社区专职工作者培训班正式开班，镇党委副书记滕磊主持开班仪式，全镇社区专职工作者88人参加。随后，区委常委、白泉镇党委书记林剑彪以“争当群众满意的社区村干部”为主题授课，市委组织部组织处副处长王志勇和展茅街道党工委副书记张雷分别进行《中国共产党支部工作条例（试行）》内容精神学习解读和“激发红色引擎，推进乡村振兴”专题学习。

社区专职工作者培训班

【白泉汽车城开业】 是年12月，注册资金1亿元的白泉汽车城正式开业，主要以经营平行进口车、新能源汽车以及各类合资国产品牌汽车为主，是一家综合性大型汽车销售企业。

【荣获两项省级称号】 是年，白泉镇团委被评选为“省级先进团委”，白泉镇行政审批服务中心青年文明号被增补为“省级青年文明号”，连续收获两项省级称号。

（撰稿：王彩静）

（本分目照片由白泉镇提供）

干碗镇

【概况】 干碗镇位于舟山本岛中北部，东南与白泉镇接壤，西南与盐仓街道相邻，西北与马岙街道以山为界，北与岱山县秀山乡隔海相望。镇域面积23.5平方千米，有山林18145亩，耕地4197.46亩，其中水田2766.29亩，旱地1431.17亩，辖东升、新建、龙潭、青龙、双庙、西码头、滨港7个社区（村、居委会），户籍人口3840户，10286人。

是年，全镇实现规上工业总产值25.8亿元，完成固定资产投入14.7亿元，其中工业性投入4.5亿元；累计进出口额24.2亿元，同比增长54%。

经济发展 全镇有企业121家，其中工业企业108家；实现企业总产值55.5亿元，其中工业总产值43.1亿元；有规上工业企业16家，实现规上产值25.7亿元，占全镇工业总产值的59.6%。完成固定资产投资14.7亿元，其中工业投资4.5亿元；新引进舟山信桥航运有限公司、舟山市定海捕鱼人水产有限公司等市外企业5家，实际利用市外资金1750万元，浙商回归省外到位资金830万元。农渔业保持健康稳定发展，实现渔农业总产值9857万元。农作物播种面积4636亩；粮食作物种植面积1781亩，总产量440吨；其中谷物播种面积488亩，总产量183.6吨；豆类播种面积718亩，总产量104.5吨；油料播种面积467亩，总产量87.1吨；蔬菜播种面积1453亩，总产量1598.3吨；果用瓜播种面积182亩，总产量394吨；果园面积4276亩，总产量1397吨；其中柑橘园729亩，产量497吨，杨梅园2951亩，产量178吨。年内出栏家禽18714只。有渔业船舶41艘，3804载重吨，总功率6374千瓦。海洋捕捞产量3985吨，海水养殖面积57公顷，产量245吨。现代服务业发展势头良好，远洋渔业特色小镇获批国家AAA级旅游景区，入围中国特色小镇50强，渔人广场顺利开市运营，海鲜年货节等系列活动定期开展。新建生态村完成AAAA级景区创建整改提升工作，研学游、户外拓展等新型旅游产业初见雏形，累计接待游客40万人次。

重点项目建设 舟山国家远洋渔业基地集聚作用日益凸显，电、路、热、污等一系列基建工程陆续完工，渔人广场顺利开市运营，兴业集团、惠群冷链二期等项目建成投产，宇培物流、欧亚水产、中信国安等项目开工建设，大洋世家等项目政策处理工作正按计划推进。市区重点项目顺利实施，500千伏（220千伏）联网输变电工程政策处理工作如期完成，东方红宕口生态环境综合治理工程完成年度任务，舟岱大桥、鱼山绿色石化等涉渔政策处理工作顺利完成。新建生态村逐步完善景区配套设施，设置休憩点5处，修整景观墙和竹篱笆墙4处，脏乱差场地整治10余处，完成集真人CS对抗赛、户外拓展项目挑战、烧烤为一体的拓展营地，为夏令营、素质拓展团队提供丰富生动的游学体验过程。

【美丽乡村建设】 龙潭社区成功创建省级美丽乡村特色精品村和省级农村生活垃圾分类示范村。西码头区块小城镇环境综合整治工作开展，累计投入资金1000万元，完成金龙路南侧4幢商品房、西码头菜场对面8幢民居外立面改造，完成金龙路和揽洲路（西码头段）雨污水管网铺设，沥青路面浇筑，人行道改造和弱电线路入地工程。打造最美公路延伸段，南洞入口至内环线骑行道建成通车。提升天籁路整体风貌，完成两侧80亩花海基地打造。

龙潭社区

【生态环境治理】 开展船舶领域环保专项整治，完成8家水产企业工业供热管网铺设。集中整治“低小散”产业，完成兴峰水产和友德水产2条落后生产线淘汰工作。“五水共治”不断深化，水域品质不断提升，全年镇、村两级河长巡逻河道1000余条次，巡逻水库180余个次。投资100余万元，基本完成商会路雨污水管网修复工程。干碗污水厂提标工程基本完成。

河道清淤

【洁净乡村行动】 投资300万元全域推开环卫保洁一体化服务，投入8吨清扫洒水车与垃圾压缩车各1辆，快速保洁车3辆，聘用保洁清扫人员63名开展镇域保洁工作，并将环卫保洁服务范围由主干道路扩展至镇区全域，于5月底正式完成社区与保洁公司的交接工作。开展“五水共治”工作，加大河道保洁力度，严格落实河长制等长效机制，全年镇、村两级河长巡逻河道1000余条次，巡逻水库180余个次。

【城镇秩序整治】 全国文明城市创建工作强势推进，交通秩序、农贸市场、跨门经营等专项整治行动成效明显，文明引导志愿服务常态开展。环卫保洁一体化服务正式在全域推开，“城市保姆”破解城镇长效治理难题。“三改一拆”持续发力，全年拆除违法建筑面积4.85万平方米，完成目标任务的139%，完成“三改”1.77万平方米，完成目标任务的147%。

拆除违章建筑

【民生事业发展】 锡杖塘配套加固工程完成年度任务，西闸强排工程提前进场施工，新增项目灌门塘提标加固工程前期工作基本完成，镇敬老院和镇中心幼儿园扩建项目完成内部装修，16座公厕、镇卫生院和2个卫生服务站完成改造提升，350余件健身路径设施得到普查维护。强化民生社会保障力度，做好城乡居民基本医疗和养老保险工作，实际参保人数分别达5823人和4671人，分别达99.5%和99.3%。抓好农村低保、五保供养、优抚安置及各类扶贫救济工作，按规定发放各类慰问金和生活补助。推进农渔村土地承包经营权确权登记工作，完成实测承包地面积2521.4亩，完成审核公示村数8个。完善救灾保障制度，完成3572户农户住房保险工作。提升公共文化服务水平，镇中心幼儿园和中心学校教师获得市、区教学奖项近50项，镇成校被评市级先进集体，“海浪花越剧团建设”获评市级优秀品牌教育项目。打造“魅力干碶”全民健身、“书香干碶”全民阅读、“海韵干碶”文化艺术节等三大文体品牌，举办相关活动7次。“小镇书吧”阅读阵地建成并投入使用，“全民慧·悦·读”活动深入开展。

【社会综合治理】 发展“枫桥经验”，加强社会管理综合治理工作保障，签订各类责任书100余份。抓实人民调解，化解矛盾纠纷，全年排查矛盾纠纷240起，化解240起，化解率达到100%。深化网格建设，对全镇24个网格进行重新划分合并成13个，为下步全科网格建设打下基础。提升基层治理效率，推进“四个平台”建设，初步建立现代化社会治理体系，通过平安浙江APP、12345、平安通等平台广泛收集社情民意，妥善办理各类群众诉求2500余条。推进“最多跑一次”改革，在完善服务大厅基础设施，设立AB岗，加强业务人员培训，实现无差别受理。开展“扫黑除恶”专项工作，重点排摸13个在建工程、108家企业、3家水产品交易市场和13个码头等。

【深化平安建设】 全年开展安全生产隐患排查54家次，检查水产、危化、船舶、机械等辖区重点企业31家，排查安全隐患110余项，作出整改指令书23份，现场检查记录54份，整改复查意见书17份。注重涉氨企业安全生产工作，排查安全隐患30余项，下达整改指令书8份。推广使用智慧式用电隐患管理系统，全镇安装20台；推广使用隐患查治系统，34家重点企业安装，累计上报隐患数1183条，完成1180条。加强消防安全管理，开展消防安全知识集中培训，对学校、农家乐、网吧、民间信仰点、烟花爆竹销售点等300余个重点场所进行消防安全隐患排，更新完善公共场所灭火器等消防器材。加强交通安全管理，全面更换爆闪灯、避震带等老旧交通设施，新增1个测速仪和两套抓拍系统，封堵12个危险岔口。深化立体防控体系建设，新增摄像头47个。

【完善基层组织建设】 完成4个社区党组织升格及升格后小支部支委成员选举工作。开展两新组织党的组织和工作覆盖“集中攻坚”行动，重点针对职工30人以上企业进行党员情况排查。抓好党员干部教育管理工作，组织力量开展党员骨干轮训，开展集中轮训21场次，培训党员、村民代表等近千人次。丰富党员教育管理形式，采取邀请专家老师讲座、微型党课比赛、读书分享会等方式，加强对党员的使命教育，提升党员党性意识。

【夯实基层党建基础】 创新开展社区党建工作积分竞位赛，发现问题已及时进行反馈，并落实整改。推进党建阵地标准化建设，完成镇级党群服务中心建设并投入使用，打造集党员群众交流议事、学习培训、志愿服务、休闲活动于一体的先锋服务中心。进一步规范基层党建阵地，实现阵地“一室多用”功能，布置完成镇机关党员活动室，完善升级各社区党建活动场地，实现基层党建阵地标准化建设全覆盖，全面提升基层党建工作水平。

【提升志愿服务水平】 成立干𥔲镇志愿者同盟汇，整合各方志愿者力量，集中开展助力文明城市创建、洁净乡村打造、小城镇环境综合治理等重点工作、项目志愿服务活动。鼓励社区与辖区企业结对共建，通过资源共享、项目共建、志愿同行等有益探索，推动村企各项工作良好发展，形成互促共进的良好格局，进一步推动乡村振兴战略实施。目前，全镇5个农渔村社区与镇域内企业建立结对合作关系。

【党风廉政建设】 利用中心组理论学习和干部夜讲坛等形式，集中开展4期廉政教育课、1期《监察法》学习和2例违纪违法干部案例学习。挂牌定海区监察委员会派出干𥔲镇监察办公室。控制一般性支出和“三公”经费，加强扶贫资金等专项领域执纪问责，加大效能问责力度。加强镇招投标平台监管，健全公共资源交易机构，监管项目36个，交易额1390余万元。

【副省长陈伟俊调研小城镇环境综合整治】 3月7日上午，副省长陈伟俊和省政府副秘书长傅晓风、省建设厅厅长项永丹、省环保厅副厅长王以森、省政府办公厅社保处处长许小忠、省环保厅水处处长韩志福一行赴干𥔲调研小城镇环境综合整治工作，市住建局、市城市管理局、区政府主要负责人、干𥔲镇书记、镇长等陪同调研。镇长陈益介绍小城镇环境综合整治总体布局，基本概况等。陈伟俊详细询问创新环卫一体化工作开展情况、资金筹措情况及小镇产业布局情况等，并表示通过企业力量和社会力量的共同参与，小城镇环境综合整治才能做得更好。最后陈伟俊对小城镇环境综合整治工作给予高度肯定。

副省长陈伟俊调研小城镇环境综合整治

【市委组织部部长张明超调研新建社区】 3月9日上午，市委常委、组织部部长张明超调研走访新建社区党建广场，区委组织部部长邵辉陪同调研。张明超一行参观了新建社区党建广场，听取了党建广场的建设与使用情况，对社区将志愿者服务与党建广场相结合的做法表示了肯定，并提出志愿者服务要在传统的基础上探索全新模式，以便更加全面地为群众服务；要进一步扩大党建广场的影响力，潜移默化地渲染党建氛围，提高党员群众的参与度，充分发挥党建广场传播党建文化正能量的作用。

市委组织部长张明超调研新建社区

【浙江兴业集团有限公司正式开业】 浙江兴业集团有限公司位于舟山国家远洋渔业基地核心区，总投资6.3亿元，占地面积约11万平方米，于近日举行新厂落成仪式，正式投产开业。据了解，该公司有2座冷库，冷库库容2.6万吨，有10个工厂,20条生产线，年产量可达10万吨。该公司的顺利开业对进一步提升基地精深加工技术水平具有重要意义，也将为打造全产业链体系的现代化国家远洋渔业基地和加快全市远洋渔业经济发展做出重要贡献。

【省司法厅长马柏伟调研新建社区】 3月28日上午，省司法厅厅长马柏伟一行到社区调研指导民主法治村建设。市司法局局长郑华卫、副区长屠定玉等领导陪同调研。马柏伟一行先后来到社区文化广场和便民服务中心，实地考察社区法治宣传阵地建设和法治信息化建设工作。马柏伟听取社区书记余金红介绍社区村规民约和全民守法工作情况后，对新建社区立足实际，探索创新推行“三个三”工作模式，推进法治工作同网格化管理工作、同文化旅游工作、同智慧社区建设工作相结合的做法予以肯定，并就法治建设工作进行讨论交流。

省司法厅长马柏伟调研新建社区

【干碶镇敬老院正式建成投入使用】 3月28日，干碶镇敬老院正式建成投入使用，18位老人陆续搬入“新家”。干碶镇敬老院工程总投资约500万元，占地面积2000余平方米，共设有57个普通床位和3个护理床位，配备空气能热水器、有线电视、活动场所、食堂等设施，可同时入住60多位老人。近年来，干碶镇着力抓好社会民生事业，积极解决农村五保老人的养老保障问题，在确保老人们基本生活保障的基础上不断改善生活环境，营造了良好的尊老、养老、敬老的氛围。

【台湾南投县国姓乡基层交流团考察新农村建设】 6月27日，新建社区又迎来了一波台湾客人，此行是台湾南投县国姓乡基层交流参访团，共22人。在市台办交流联络处处长张祎、区台办主任方家彪陪同下参观考察了新建社区新农村建设，先后参观了文化礼堂、群岛美术馆、党建广场、壁画村、新建大礼堂等，并且下午举办了新农村建设交流座谈会。座谈会上台湾南投基层交流参访团对新建社区新农村建设成果赞叹不已，并希望加强交流合作。

台湾南投县国姓乡基层交流团考察新农村建设

【召开庆祝中国共产党成立97周年大会】 6月27日上午，干碶镇召开庆祝中国共产党成立97周年大会。镇党政领导、各级党组织书记、党员代表等百余人参加会议。大会在庄严的国歌声中拉开帷幕。全体党员在领誓人的带领下重温了入党誓词。随后大会对过去一年涌现出的先进基层党组织、优秀共产党员予以表彰奖励，并号召其他各党组织和广大党员以先进为榜样，进一步扎实工作、积极进取，为“全景干礁”打造提供坚实的组织保障。会上还进行了“千企结千村、消灭薄弱村”村企结对签约仪式。鼓励结对的各村和企业深入合作，通过资源共享、项目共建、志愿同行、发展共赢的有益探索，促进村企各项工作良好发展，进一步推动乡村振兴战略实施。

【全市基层妇联组织品牌工作建设参观学习会】 9月21日上午，全市基层妇联组织品牌工作建设参观学习会在干礁镇新建社区举行。会议由市妇联副主席刘晓芬主持召开，县区妇联分管副主席、全市十个品牌建设点妇联主席、涉及社区村品牌建设所在乡镇（街道）妇联主席共22人参加会议。本次参观学习会采用实地参观和座谈交流的方式，选取全市四个品牌建设点进行现场模拟讲解，旨在进一步深化基层妇联组织品牌建设，提高基层妇联综合水平，讲好品牌故事，彰显品牌效应。

全市基层妇联组织品牌工作建设参观学习会

【武警舟山支队与龙潭社区消薄结对共建签约】 8月29日上午，武警舟山支队与干礁镇龙潭社区消薄结对

武警舟山支队与龙潭社区消薄结对共建签约

共建签约仪式在干礁镇党群服务中心党建广场举行，进一步凝聚军民共建的鱼水深情，促进军民共求发展。仪式现场，武警舟山支队与社区签订联系结对、发展壮大社区村集体经济共建协议，并进行赠与仪式。

【市人大常委会主任钟达到干礁镇开展接访活动】 9月20日上午，市人大常委会主任钟达来干礁镇人大代表联络站接访。钟达详细了解该镇经济社会发展及代表联络站建设情况，并召开座谈会与部分基层人大代表和干部群众交流。钟达强调，基层人大代表联络站是反映民意的场所、沟通民情的桥梁、化解矛盾维护稳定的渠道，是认真践行群众路线的重要举措。人大代表要牢记“人大代表人民选，我当代表为人民”的宗旨，密切联系群众，发挥好桥梁纽带作用，及时收集民情民意。要进一步健全工作制度、完善运行机制，摒弃形式主义，汇总梳理联系群众中收集到的情况和问题，发挥意见建议在促进科学民主决策、推进经济社会发展中的积极作用。要在组织功能定位上、反映社情民意上、长效机制建立上进一步探索与创新，不断总结与完善经验，提升人大代表联络站服务平台，充分发挥作用。

市人大常委会主任钟达开展接访活动

【“万家农村文化礼堂庆丰收”活动】 9月15日，定海区委宣传部联合大舟山网，在定海区干礁镇的新建社区文化礼堂举办“万家农村文化礼堂庆丰收”活动。本场活动通过大型文艺汇演来展现定海农渔民喜庆丰收的场景，以“线上+线下”的形式贯穿整场演出，线上以习近平总书记考察后新建社区的转变为舞台背景，尽显“绿水青山就是金山银山”的美丽景

象，反映出农渔民群众在共产党的正确领导下生活富裕美好的良好精神风貌。

“万家农村文化礼堂庆丰收”活动

【第八届舟山本土海洋影视海报展】 国庆期间，2018年第八届舟山本土海洋影视展在新建社区党建广场举行，以画报形式展示在舟山群岛创作拍摄的海洋影视题材作品和舟山影视公司自拍、合拍的影视作品。通过影视展，让大家了解舟山海洋影视文化发展状况，提高村民艺术鉴赏力。

第八届舟山本土海洋影视海报展

【健身气功站点获市级联赛二等奖】 10月20日上午，舟山市第四届健身气功站点联赛在舟山市委党校体育馆内举行。全市有19个站点参加比赛，干䃎镇获得集体大舞二等奖，集体六字决三等奖的成绩。

【“书香干䃎”慧悦读亲子朗读比赛】 10月27日上午，干䃎镇文化站在镇党建广场组织开展2018书香干䃎慧悦读亲子朗读比赛，来自辖区17组家庭参加比赛。活动现场，17组家庭朗读经典作品，分享书香感悟，并进行改革开放40周年、文明创城等相关知识问答。

“书香干䃎”慧悦读亲子朗读比赛

【庆祝改革开放40周年宣讲活动】 12月5日，干䃎新建社区在文化礼堂开展“庆祝改革开放四十周年干榄精彩故事巡回宣讲”活动，此次宣讲活动邀请镇宣讲团严老师，他用通俗易懂的语言讲解改革开放四十年来中国的巨变，舟山市这四十年的变革以及干䃎镇居民生活的变化，而这些的变化都归功于中国共产党的领导和全体人民的共同努力，让村民切实感受到自己的幸福。

【纪念改革开放40周年文艺演出】 11月21日下午，青龙社区文化礼堂开展纪念改革开放40周年文艺演出。与以往不同的是此次文艺演出由社区通过“乡

纪念改革开放40周年文艺演出

庆祝改革开放40周年宣讲活动

筹”app村民众筹而来。精彩越剧演出吸引近百名群众前来观看。

【“12·4”宪法进万家活动】 12月5日上午，干䃰司法所联合镇综治办、禁毒办等部门在龙潭社区开展“12·4”宪法进万家宣传活动。工作人员耐心为过往群众讲解法律知识，接受群众法律问题咨询。此次宣传活动发放《读懂宪法修正案》《未成年人法律保护》《法律进渔区 以案释法读本》《平安建设倡议书》《扫黑除恶宣传手册》等资料和“共创文明城市”纸巾等纪念品200余份，受到广大群众的热烈欢迎。此次宣传活动进一步增强群众的法治观念和学法、守法意识。

“12·4”宪法进万家活动

（撰稿：俞奕梓）

（本分目照片由干䃰镇提供）

责任编辑：鲁学伟

上接第410页

定海山系列文化——古桥（三）

序号	名称	地址	简介
14	寺岭桥	小沙街道光华社区寺岭自然村西侧约100米	建于清嘉庆年间。横跨小沙寺岭与诛倭岭之间的峡谷溪坑上，南北走向，长20米，宽约3.2米，桥面厚1.2米，桥拱高7米，宽3米。桥面上铺垫土石。寺岭古桥始建于清代，为舟山现存古老的原生态单孔石拱桥之一，整桥全为山石堆砌，没有任何粘合材料，经久不损，殊为不易。
15	东明桥	小沙街道庙桥社区新光华村老街121号墙外	东明桥始建于清初，光绪二十八年（1902）重修。占地面积12平方米，桥面长6.6米，宽1.88米。因在造桥时辰，见太阳从东边升起而得名。
16	文明桥	小沙街道大沙老街上街和中街之间	文明桥连接大沙老街之上街和中街，原为木桥。为方便方家人出入而建。始建约在清康熙年间，桥梁上刻有“文明桥”3字并“乾隆甲午年”和组织、捐资修建者名字等，当为重修时的见证。
17	长春桥	马岙街道	长春桥，又名长清桥、马岙桥。有“马岙桥己酉孟春月造”勒石。明嘉靖四十三年（1564），塌于龙卷风，万历四十三年（1615）重建。天启《舟山志》载有桥铭“水性本清，泥泽淆之。溶而澄焉，逝者如斯。”经清康熙、道光、光绪年间多次重修。是定海连接三江码头驿道上主要桥梁之一。原桥址在今长春岭水库底中段靠南面淹漫区，1958年底造水库时被迁移至淹漫区以上60米处。
18	徐公桥	双桥街道紫微社区紫微自然村紫微下新屋10号民居门前	建于清，约200余年。南北走向，架于穿村而过的大溪坑。由条石砌筑的四个桥墩支撑桥面，桥面中间由20块石板排列而成，两边各用5条长石条平铺。明天启《舟山志》载为：“去城西三十里”。相传为徐家人和侯家人共同筹资建造。
19	吉星桥	双桥街道桥头施社区桥头施村桥头施小区80号民居东	建于民国2年（1913），是一座没有护栏的石板桥，桥西侧面刻“民国二年岁次癸丑”字样，桥长4.50米，宽1.87米，桥面厚0.25米，桥头施地名的来源即为此桥和施家井。吉星桥过去为当地交通节点，是定海连接石礁、紫微、岑港等地的主要通道。

下转第544页

人　　物

2018年浙江省工人先锋号

【浙江增洲造船有限公司加工区数控切割班】　浙江增洲造船有限公司加工区数控切割班，成立于2008年9月，是公司自建厂就成立的班组之一，主要负责对各类板材进行数控下料切割的工作。班组注重职工队伍整体素质的提高，加强职工职业道德和技能的双重培训，不断追求技术创新，打造了增洲船舶的良好品牌。班组还实施5S常态化管理，严格要求各员工做好施工现场的5S工作，确保各自的卫生区域整洁、干净。班组产品交验合格率年年达标，圆满完成各项工作任务，多次被评为公司“先进班组”，为公司又好又快的发展做出贡献。

2018年浙江省五一劳动奖章

【黄胜海】　1968年12月出生，1995年参加工作，大专学历，中共党员，浙江舟山人，现任舟山中天重工有限公司行政管理部经理兼工会主席、党支部书记。先后获得舟山市总工会优秀工会干部、舟山群岛新区五一劳动奖章等荣誉称号。该同志始终把关心职工工作生活作为第一要务，特别是在船舶修造企业处于严峻的经济形势下，能充分发挥工会组织“沟通与桥梁”作用，主动作为，竭力为公司分忧。不仅时刻关注员工思想动态，积极做好安抚引导工作，还多次组织篮球友谊赛、青年联谊会等，并开设娱乐健身活动场所，不断增强企业的凝聚力和员工的归属感。

2018年浙江省“特级人民调解员”

姚心放　定海区环南街道人民调解委员会主任

2018年舟山市劳动模范集体

舟山市定海区舟嵊小学

浙江龙文精密设备股份有限公司

2018年舟山市劳动模范集体

何　斌　定海区北蝉绿香源合作社社长

潘明忠　浙江金鹰股份有限公司 总经理

唐伟海　浙江增洲造船有限公司设备主管

俞　欢　中海石油舟山石化有限公司工艺技术员

王文锋　定海区环境卫生管理处汽运场车间主任

（撰稿：刘　磊）

第三届定海区道德标兵

【曹杏娣】　女，1956年9月出生，城东街道“美之声”演唱团带头人。自2009年“美之声”演唱团组建以来，在她的带领下，队伍不断发展壮大，不定期深入偏远海岛、养老机构、城区空巢老人家中，为老人理发、剪趾甲、测血压、按摩服务，并送上精彩的文艺演出和慰问品，据不完全统计，近三年，为800余名老人开展公益演出和志愿服务，同时，演唱团围绕着政府中心工作，排练“五水共治”“垃圾分类”“文明礼让斑马线”等小品，以文艺形式进行宣传。此外，她还关心弱势困难群体，多次捐款，还组织党、团员积极参与创城志愿服务。“美之声”演唱团2016年被评为舟山市十佳优秀妇女组织团队，“情暖夕阳红”项目成为舟山市十大优秀公益项目，获得定海区群众文化五星级团队、舟山市三八红旗集体、浙江省优秀文化志愿者团队，2018获得“舟山市社会组织先进党支部”等荣誉。

主要荣誉：浙江省千名文化员；省优秀文化志愿者；省“最美家庭”；舟山市公益好人；2016年最美舟山人；定海区群众文化带头人；定海区两新组织优秀党务工作者；定海区道德模范。

【王能平】　男，1964年2月出生，金塘阳光志愿者协会副会长。他用自己的实际行动为和谐社会的创建贡献自己的一份力量。自5年前结识志同道合、热心公益的虞爱文后，他们一起组建了志愿者服务队。凭借年轻时的理发手艺和从事过多种行业的丰富社会阅历、工作经验，他主动承担了协会大量的工作。每一次的敬老服务总是能看到他耐心为老人们理发，每一次的大型活动总是能看到他忙前忙后的身影，并不厌其烦地教其他成员理发的小技巧，让队员能够更好地为老人服务。在他的带领下，他的妻子也加入到公益队伍中，为社会的公益事业奉献家庭的力量。

主要荣誉：2016年度舟山市网络义工十大优秀义工；定海区道德模范。

【袁百岁】　男，1966年10月出生，长白渔船二大队大队长。他从事渔业生产20余年，曾先后多次救助海上遇难船员。2011年，一艘山东籍渔船在韩国海岸线一带遭遇11级台风，出现故障，船上8名船员面临生命危险。袁百岁在接到求救信号后，义无反顾地参与了救助，最终将其中四名船员成功救助。2014年，他放弃自己海上作业的机会，救助一条失去动力的船只，用自己的渔船帮助拖行30多个小时，把失去动力的船只带回码头。作为负责人，他认真管理团队，乐心帮助渔民，积极加入党组织。生活中，他乐于助人，有一次得知邻居因病致贫，积极发动村民募捐，2天募得善款5万元。

主要荣誉：定海区道德模范。

【罗文君】　女，1970年12月出生，干礁龙潭58优品鼎好超市负责人。她热心公益事业，积极参加幸福社区创建，在“邮善邮乐”活动中，向全镇低保户慈善义卖每月近200户。利用超市外墙的位置的电子显示屏，经常性放映红色电影向群众进行宣传，并利用超市一角设置小学生休闲书吧，为放学后无大人接送的学生提供方便。多年来为附近三个社区的老年人进行代购代买，并送货上门，一年四季不管刮风下雨，坚持诚信为上，价格上不以赢利为目的，经常还自己贴钱，按时送货上门。

主要荣誉：2017年干礁镇　“最美经营户”；舟山好人；定海区道德模范。

【陈雪霞】　女，1969年10月出生，小沙中学老师。自1989年参加工作，29年间一直在海岛学校农村中学任教，担任班主任达26年。她始终坚持资助困难学生，曾8年如一日为十几个学生买早餐，许多困难学生虽已毕业但她仍在资助。对待学生她始终做到在思想上积极诱导、在学习上耐心帮助，在生活上关怀体贴。在教学中她也一丝不苟、精益求精，认真钻研业务，注重激活学生的思维、讲究教学效率，凭借自具特色的班级管理方法，她所任班级学风优良，年年被评为校级先进班集体。

主要荣誉：浙江省首届班主任工作室领衔人；浙江省师德楷模；舟山市优秀教师；舟山市优秀班主任；定海区优秀班主任；定海区最美教师；定海区德育名师；定海区道德模范。

【何艳】　女，1986年5月出生，国家税务总局舟山市定海区税务局团支部书记。自2012年8月参加工作，作为团支书，她积极组织团员学习理论知识，参与各类志愿活动，其所属的团支部获得2017年度“全国五四红旗团支部”称号。她业务精湛，在攻克信息技术难题上屡历战功，出版了十期《金三业务问题解答集锦》，开发了“第三方信息模块”等多项模块和系统，极大方便了单位工作的开展，工作业绩突出，在“岗位大练兵大比武”信息技术类的两次考试中取得全市第一、第三的好成绩。

主要荣誉：2017年浙江省地税系统十佳“好师徒”称号；2013年在浙江省地税系统第三届税收动漫大赛中获优秀奖；2016年受到省局“嘉奖”一次，获舟山市地税系统岗位能手称号；原市财政地税局优秀团干；2015年原定海地方税务局先进生产（工作）者；定海区道德模范。

【顾春霞】 女，1977年9月出生，昌国街道合源社区党总支书记兼社区居委会主任。自今年创建全国文明城市工作开展以来，她带领社区干部以“5+2”“白+黑”的工作节奏，奔走在小区各个角落，对每个区域、每个点位的情况了然于心，一旦发现问题、及时落实整改。合源小区是建于90年代初老小区，多数楼幢外墙破旧、楼道灯不亮、玻璃窗破损、下水管堵塞……她利用创城这一契机，多次向街道、相关部门反应小区实际问题，积极听取广大居民意见，苦口婆心做居民工作，紧盯施工进度，合理规划停车位，重新改造绿化带、公共晾晒区，顺利完成小区改造提升工程，赢得群众交口称赞。连续半年多，这样的工作模式已经成了常态，她舍小家顾大家，在平凡的岗位上默默奉献，为社区干部树立了榜样！

主要荣誉：省级千名好支书等荣誉称号；定海区道德模范。

【杨玲】 女，1967年10月出生，西园社区书记，她在社区这个岗位上已经工作了20年，更是一名有着18年党龄的共产党员，高度的责任感和使命感，让她在工作中不断地要求自己，不断地完善自己。尤其是在全国文明城市创建工作中，作为一个战斗在“创城”最前沿的基层工作者，面对小区综合整治繁重的工作量，她带领社区其他工作人员积通过上门征求、全域谋划、整体打造，让西园新村摘掉“脏、乱、差”的硬性标签，用实际行动诠释着“我参与”“我奉献”“我快乐”的创建精神。

主要荣誉：定海区道德模范。

【江灏】 男，1986年出生，中共党员，区公安分局刑侦大队重案中队中队长。2015、2016年连续两年全区两抢案件全破，拔除“多进宫”盗窃“毒瘤”十余名，2017年发挥主导作用摧毁一个海南儋州籍电诈犯罪团伙、阻损一起金额12万元的电信诈骗案，参与破获“2017.4.14刘树军故意杀人案”、“2017.3.8谢世乾故意杀人案”、22年前陆隆华抢劫杀人积案等。2018年5月以来，被抽调进入5.14特大诈骗案专案组，通过连续4个月的审查、办案、追逃，成功批捕诈骗犯罪嫌疑人100余人，成绩的背后是他日夜坚守的身影，他用青春热血践行着自己从警时的铮铮誓言，用实际行动为打造“平安定海”贡献着自己的一份力量。

主要事迹：个人三等功二次；全市优秀人民警察；全市禁毒先进个人；定海区优秀共产党员，连续四年被评为全区优秀公务员；定海区道德模范。

【石莉峰】 女，1966年4月出生，宁波市海曙区人，白泉镇平湖社区居民。她原本与丈夫在宁波经营一家小公司，但因牵挂远在舟山、身体不好的公公婆婆，她毅然离开了同样需要照顾的父母，离开两个马上就要面临高考的孩子，放弃宁波已经稳定的事业，来到定海照顾公婆。她克服农村生活的种种不习惯和不便，精心照料公婆长达八年，无论是刮风下雨，还是寒冬夏日，一日三餐热饭，变着花样送到公婆手中，求医买药更是家常便饭，为了给公婆更好的生活，从不吝惜钱财。有一次婆婆在家中突发气管炎，幸好石莉峰每天坚持看望老人，才及时将老人从危险中抢救回来。老人如孩子，有时比较难服侍，即便她受了气，也依然对老人和颜悦色，精心侍奉，任劳任怨，直到公婆相继去世。

（撰稿：翁贞瑶）

2018年度定海区新增正高职称人员

周汉芳	女	主任医师	定海区中心医院
关 宏	男	主任医师	定海区中心医院
李东瀛	男	主任医师	定海区中心医院
王世意	男	主任医师	定海区疾病预防控制中心
殷松江	男	主任医师	定海区双桥街道社区卫生服务中心
张波静	女	主任护师	定海区白泉镇中心卫生院
王全省	男	教授级高级工程师	舟山弘业环保材料有限公司

（撰稿：陶旭怡）

2018年定海区优秀教师

乐海瑛	干礅中心学校
王楷胤	檀枫小学
王再红	舟嵊小学
闻 燕	舟山小学
陈邦业	海山小学
戎宗武	海滨小学
顾忠意	城东小学
俞海霞	城西学校

顾燕芳　　山潭中心小学
刘　艳　　沥港中心小学
方小燕　　市机关幼儿园
张恋敏　　区机关幼儿园

（撰稿：程　娜）

舟山市定海区第十七届人大常委会主任、副主任简介

余河通　男，生于1960年10月，汉族，浙江舟山人。1978年9月参加工作，1982年3月加入中国共产党。1978年9月至1982年5月，任定海县北蝉公社广播站报道员。1982年5月至1984年4月，任定海县北蝉公社团委副书记。1984年4月至1986年11月，任定海县北蝉乡党委委员。1986年11月至1990年4月，任舟山市定海区（县）北蝉乡党委副书记、纪委书记（1986年5月至1988年12月在浙江广播电视大学党政管理干部基础专修科在职大专学习）。1990年4月至1992年6月，任舟山市定海区北蝉乡乡长、党委副书记。1992年6月至1993年3月，任舟山市定海区北蝉乡党委书记。1993年3月至1995年11月，任舟山市定海区北蝉乡党委书记、乡人大主席。1995年11月至1998年3月，任舟山市定海区干礁镇党委书记、人大主席（1996年4月任）。1998年3月至1998年4月，任舟山市定海区区委委员、区纪委副书记、监察局局长、干礁镇党委书记、镇人大主席。1998年4月至2001年11月，任舟山市定海区委委员、区纪委副书记、区监察局局长。2001年11月2001年12月，任舟山市定海区临城街道党委书记（1999年8月至2001年12月在中央党校函授学院行政管理专业在职大学学习）。2001年12月至2004年7月，任舟山市临城新区开发建设管委会副主任（副处级）、定海区临城街道党委书记。2004年7月至2006年10月，任舟山市定海区委副书记。2006年11月至2007年3月，任舟山市定海区人大常委会党组书记，区委委员。2007年3月起，任舟山市定海区人大常委会主任、党组书记，区委委员。

林伟康　男，生于1960年11月，汉族，浙江舟山人。1981年8月参加工作，1985年1月加入中国共产党。1978年10月至1981年7月，在浙师院舟山分校化学专业学习。1981年8月至1987年8月，在定海一中任教师、校团委书记（1984年11月任）。1987年8月至1988年12月，任共青团定海区委书记。1988年12月至1989年2月，任舟山市定海区纪委办公室主任。1989年2月至1992年10月，任舟山市定海区纪委常委。1992年10月至1994年4月，任舟山市定海区供销社党委副书记、纪委书记。1994年4月至1995年11月，任舟山市定海区供销社党委副书记、纪委书记、副主任、定海商贸（集团）总公司副总经理。1995年11月至1998年3月，任舟山市供销社（供销集团总公司）办公室副主任、工会工委副主任（1995年11月任，1996年10月明确为实职正科）（1993年8月至1995年12月，在中央党校函授学院经济管理专业在职大学学习）。1998年3月至2001年9月，任舟山市司法局定工处处长（定海区司法局局长）、局党组成员。2001年9月至2003年4月，任舟山市定海区司法局局长、党组书记。2003年4月至2006年10月，任舟山市定海区委办公室主任（2001年9月至2004年7月，在华东政法学院成教学院法学专业在职大学学习）。2006年10月至2006年11月，任舟山市定海区委常委。2006年11月至2011年11月，任舟山市定海区委常委、区委宣传部部长。2011年11月至2016年11月，任舟山市定海区委常委、区委统战部部长。2016年11月至2017年2月，任舟山市定海区人大常委会党组副书记。2017年2月起，任舟山市定海区人大常委会副主任、党组副书记。

范　纲　男，生于1964年6月，汉族，籍贯浙江宁波，在浙江舟山出生。1984年8月参加工作，1990年6月加入中国共产党。1979年9月至1984年7月，在浙江丝绸工学院丝绸机械专业学习。1984年8月至1987年1月，在定海县乡镇企业局工作。1987年1月至1990年1月，在舟山市定海区经济技术协作办公室工作。1990年1月至1992年12月，任舟山市定海区白泉镇镇长助理、副镇长（1992年8月任）。1992年12月至1994年7月，任舟山市定海区乡镇企业局副局长、党组成员。1994年7月至1995年9月，任舟山市乡镇企业局生产经营管理科副科长、科长（1994年12月任）。1995年9月至1998年9月，任舟山市定海区计划与经济局副局长、党组成员。1998年9月至2001年8月，任舟山市定海区计划与经济局副局长、区乡镇企业服务总站主任。2001年8月至2003年4月，任舟山市定海区总工会党组书记、主席（2002年5月任）。2003年4月至2004年5月，任舟山市定海区科技局党

组书记、局长（2003年6月任）。2004年5月至2005年4月，任舟山市定海区发展计划局局长、党组书记。2005年4月至2006年5月，任舟山市定海区发展和改革局局长、党组书记。2006年5月至2008年4月，任舟山市定海区发展和改革局局长、党组书记、区统计局局长。2008年4月至2013年8月，任舟山市金塘开发建设管理委员会副主任、党委委员。2013年8月至2014年1月，任浙江舟山群岛新区金塘管委会副主任、党委委员。2014年1月至2014年2月，任舟山市定海区人大常委会副主任候选人。2014年2月起，任舟山市定海区人大常委会副主任、党组成员、粮油产业园区管委会主任（2015年1月任）。

张伟旭　男，生于1960年1月，汉族，浙江舟山人。1975年9月参加工作，1987年8月加入中国共产党。1975年9月至1978年1月，在定海县马岙公社任电影放映员。1978年2月至1982年1月，在解放军89354部队服役。1982年1月至1993年3月，任舟山市定海区马岙乡会计。1993年3月至1995年2月，任舟山市定海区马岙乡党委委员。1995年2月至1995年11月，任舟山市定海区马岙乡党委副书记。1995年11月至1996年8月，任舟山市定海区马岙乡党委副书记、纪委书记。1996年8月至1998年10月，任舟山市定海区马岙乡党委副书记、乡长（1995年8月至1998年6月，在浙江省委党校函授学院企业政工干部大专班在职学习）。1998年10月至2001年9月，任舟山市定海区册子乡党委书记　(2000年9月至2001年9月，任区渔港办负责人)。2001年9月至2002年1月，任舟山市定海区经济贸易局副局长兼旅游局局长、党组成员。2002年1月至2003年5月，任舟山市定海区经济贸易局副局长兼旅游局局长、党委副书记、纪委书记。2003年5月至2007年4月，任舟山市定海区旅游局局长（2003年7月，任党组成员）。2007年4月至2010年1月，任舟山市定海区农林局局长、党组书记。2010年1月起，任舟山市定海区人大常委会副主任、党组成员。

孙忠定　男，生于1960年1月，汉族，浙江舟山人。1977年10月参加工作，1980年4月加入中国共产党。1977年10月至1979年7月，在定海县小沙中学任代课老师。1979年7月至1984年6月，在定海县小沙广播站任报道员。1984年6月至1989年11月，任定海县（区）小沙乡干部、党委委员（1984年8月任）（1985年5月至1988年9月，在浙江省中等刊授政治专业学校政治工作专业在职中专学习）。1989年11月至1990年3月，任舟山市定海区岑港镇党委副书记、镇长候选人。1990年3月至1992年4月，任舟山市定海区岑港镇党委委员、副镇长（1992年4月任）。1992年4月至1992年7月，任舟山市定海区长白乡党委副书记。1992年7月至1995年11月，任舟山市定海区临城镇党委委员、镇长助理。1995年11月至1998年10月，任舟山市定海区临城镇党委副书记、镇长（1996年3月任）。1998年10月至2001年9月，任舟山市定海区盘峙乡党委书记、人大主席（1999年1月任）。2001年9月至2003年4月，任舟山市定海区委宣传部副部长。2003年4月至2005年4月，任舟山市定海区解放街道党委书记（2000年8月至2003年6月，在省委党校大专班经济管理专业在职大专学习；2001年8月至2003年12月，在省委党校中青年干部本科班经济管理专业在职大学学习）。2005年4月至2008年12月，任舟山市定海区卫生局局长、党委书记。2008年12月至2013年9月，任舟山市定海区卫生局局长、党组书记，区委卫生工委书记。2013年9月至2014年1月，任舟山市定海区卫生和计划生育局局长、党组书记。2014年1月至2014年2月，任舟山市定海区人大常委会副主任候选人、党组成员。2014年2月，任舟山市定海区人大常委会副主任、党组成员。

王华杰　男，生于1963年12月，汉族，籍贯浙江长兴，在浙江舟山出生。1983年8月参加工作，1995年6月加入中国共产党。1980年9月至1983年7月，在浙江师范学院舟山分校物理专业学习。1983年8月至1988年12月，在定海县（区）白泉中学任教师。1989年1月至1993年11月，在舟山市定海区检察院工作（1989年2月，任助理检察员）。1993年12月至1996年2月，任舟山市定海区检察院检察员。1996年2月至1999年10月，任舟山市定海区检察院调研室主任、正科级检察员（1998年5月任）。1999年10月至2007年4月，任舟山市定海区检察院副检察长、党组成员（1997年9月至2000年4月，在中共浙江省委党校检察干部本科班法律专业学习；2001年9月至2001年12月，在全市中青年干部培训班学习）。2007年4月至2011年6月，任舟山市定海区人事劳动社会保障局局长、党组书记，区委组织部副部长（兼）（2010年9月至12月，在全市中青年干部培训班学习）。2011年6月至2017年2月，任舟山市定海区人力资源和社会保障局局长、党组书记，区委组织部副部长（兼）。2017年2至3月，任舟山市定海区人大常委会副主任，区人力资源和社会保障局局长、党组书记，区委组织部副部长（兼）。2017年3月，任舟山市定海区人大常委会副主任、党组成员。

王金康 男，生于1967年7月，汉族，浙江舟山人，九三学社社员。1988年8月参加工作。1986年9月至1988年7月，在浙江农业大学农技推广专业学习。1988年8月至1991年9月，任舟山市定海区马目乡办事员。1991年9月至1993年9月，任舟山市定海区岑港农技站办事员、副站长。1993年9月至1994年9月，任舟山市定海区白泉农技站副站长。1994年9月至2006年7月，任舟山市定海区农林局（农经委）工作（2004年1月，任办公室主任）（2003年10月至2006年2月，在四川农业大学远程教育农业高新技术与管理专业学习）。2006年7月至2011年7月，任舟山市定海区城东街道办事处副主任。2011年7月至2014年1月，任舟山市金塘管委会经济发展处（经济发展局）处长（局长）。2014年1月至2017年2月，任浙江舟山群岛新区金塘管委会经济发展局局长。2017年2月至3月，任舟山市定海区人大常委会副主任，浙江舟山群岛新区金塘管委会经济发展局局长。2017年3月，任舟山市定海区人大常委会副主任。

舟山市定海区
人民政府区长、副区长简介

侯富光 男，生于1970年9月，汉族，浙江岱山人。1992年8月参加工作，1991年6月加入中国共产党。1988年9月至1992年7月，在浙江农业大学土壤农化系土壤与植物营养专业学习。1992年8月至1994年4月，在舟山市定海区土地管理局任办事员。1994年4月至1996年9月，任舟山市土地管理局办事员。1996年9月至2002年6月，任舟山市土地勘测规划所副所长（1998年4月至1999年9月，研究生课程结业；2001年9月至12月，干部培训班）。2002年6月至2005年9月，任舟山市国土资源局地籍管理处处长（2005年12月免）。2005年9月至2006年11月，在舟山市定海区挂职，任区长助理。2006年11月至2009年9月，任舟山市定海区副区长、党组成员（2007年9月至11月，在市委党校干部进修班学习；2010年3月至12月，在新加坡国立大学公共行政与管理专业在职研究生学习，获公共行政与管理硕士学位）。2009年9月至2011年11月，任舟山市定海区副区长、党组成员、舟山市定海区农渔村住房建设管理委员会主任（兼）。2011年11月至2012年4月，任舟山市定海区委常委、副区长、区政法委副书记、区府党组副书记、区农房委主任（兼）。2012年4月至2013年8月，任舟山市定海区委常委、副区长，区府党组副书记、政法委副书记（2013年9月免），舟山海洋产业集聚区管委会副主任（兼）（2012年1月至2013年11月，兼任舟山陆军预备役高炮团副政委兼57高炮一营政治教导员）。2013年8月至2014年7月，任中国（舟山）海洋科学城建设管理局党组副书记、副局长，新区新城管委会党委副书记。2014年7月至2016年10月，任中国（舟山）海洋科学城建设管理局局长、党组副书记，新区新城管委会党委副书记。2016年10月至11月，任中国（舟山）海洋科学城建设管理局局长、党组副书记，新区新城管委会党委副书记，定海区委副书记、区长候选人。2016年11月至2017年2月，任舟山市定海区委副书记，区政府代区长、党组书记。2017年2月起，任舟山市定海区委副书记，区政府区长、党组书记。

林剑彪 男，生于1968年5月，汉族，浙江舟山人。1989年10月参加工作，1993年8月加入中国共产党。1989年10月至1991年10月，舟山市定海区马岙乡政府统计员；1991年10月至1992年3月，舟山市定海区马岙乡团委副书记；1992年3月至1995年11月，任舟山市定海区马岙乡团委书记；1995年11月1996年3月，舟山市定海区干䃎镇党委委员、纪委副书记；1996年3月至2000年8月，舟山市定海区干䃎镇党委委员（1998.10）、副镇长；1994年8月至1997年6月，省委党校函授学院企业改工专业在职大专学习；2000年8月至2001年7月，舟山市定海区盐仓乡党委委员、副乡长，舟山市新区综合开发有限公司总经理；1998年8月至2000年12月，在中央党校函授学院党政管理专业在职大学学习；2001年7月至2003年5月，舟山市定海区盐仓街道办事处副主任，舟山市新区综合开发有限公司总经理、工业投资开发公司副总经理；2003年5月至2004年12月，舟山市定海区盐仓街道党

委副书记、办事处主任；2004年12月至2006年11月，舟山市定海区经贸局副局长、党委委员，区协作办主任，区招商局副局长；2006年11月至2007年11月，舟山市定海区长白乡党委副书记、乡政府主要负责人；2007年11月至2012年2月，舟山市定海区长白乡党委书记、人大主席；2012年2月至2013年9月，舟山市定海区发展和改革局局长、党组书记兼区交易办主任；2013年9月至2014年1月，舟山市定海区发展和改革局局长，区发展和改革局（统计局）党组书记，兼区交易办主任；2014年1月至2014年8月，舟山市定海区白泉镇党委书记；2014年8月至2016年12月，浙江舟山群岛新区海洋产业集聚区管委会（舟山经济开发区管委会）、舟山港综合保税区管委会党委委员，新区海洋产业集聚区管委会副主任（兼），区政府党组成员，定海区白泉镇党委书记；2016年12月至2017年3月，舟山市定海区委常委，新区海洋产业集聚区管委会（开发区、综保区）党委委员、副主任（兼），区政府党组成员，白泉镇党委书记；2017年3月至2019年3月，舟山市定海区委常委，新区海洋产业集聚区管委会（开发区、综保区）党委委员、副主任（兼），白泉镇党委书记；2019年3月至今，山市定海区委常委，区政府党组副书记、副区长，区委政法委副书记（兼），区审交办党组书记。

杨　健　男，生于1971年6月，汉族，浙江岱山人。1993年8月参加工作，1992年11月加入中国共产党。1989年9月至1993年7月，中国刑事警察学院痕迹专业学习；1993年8月至1997年1月，舟山市公安局定海区分局刑侦大队科员；1997年1月至1999年1月，舟山市公安局定海区分局临城派出所副指导员；1999年1月至1999年7月，舟山市公安局定海区分局刑侦大队副大队长；1999年7月至2002年1月，舟山市公安局定海区分局刑侦大队副大队长（副科）；2002年1月至2002年8月，舟山市公安局定海区分局环南派出所所长、环南街道党委委员；2002年8月至2002年12月，舟山市公安局定海区分局解放路所所长；2002年12月至2008年10月，舟山市公安局定海区分局党委委员、副局长；2002年12月至2003年5月，舟山市公安局定海分局党委委员、副局长兼金塘所所长；2003年5月至2004年8月，舟山市公安局定海分局党委委员、副局长兼金塘所所长（正科级）；2004年8月至2008年10月，舟山市公安局定海区分局党委委员、副局长；2008年10月至2011年11月，舟山市公安局新城分局政委；2011年11月至2012年12月，舟山市公安局后勤处处长；2012年12月至2013年11月，舟山市公安局警务保障处处长；2013年11月至2016年3月，舟山市公安局副县处长级干部、党委委员；2016年3月至2019年1月，舟山市公安局党委委员,浙江舟山群岛新区新城管理委员会副主任（兼）、党委委员；2019年1月至今，舟山市定海区政府副区长（2019.02任），党组成员，区公安分局局长、党委书记、督察长，区委政法委副书记（兼）。

吴红卫　男，生于1975年10月，汉族，浙江舟山人。1998年11月参加工作，2000年12月加入中国共产党。1997年7月，舟山水产学校水产品加工专业毕业。1997年7月至1998年11月，待业。1998年11月至2004年1月，在舟山市定海区册子乡工作（2000年8月，任团委书记）。2004年1月至12月，任舟山市定海区册子乡团委书记、乡长助理。2004年12月至2006年7月，任舟山市定海区册子乡政府负责人、副乡长（2005年3月任）（2004年8月至2006年12月，在中央党校函授学院经济管理专业在职大学学习）。2006年7月至2007年5月，任舟山市定海区环南街道办事处副主任。2007年5月至2009年6月，任舟山市定海区环南街道党工委副书记。2009年6月至2011年2月，任舟山市定海区政府办公室副主任、党组成员。2011年2月至2012年11月，任舟山市定海区岑港镇党委副书记、镇长（2011年3月任）、浙江定海工业园区管委会副主任（2012年4月兼）。2012年11月至2013年9月，任舟山市定海区岑港镇党委书记，浙江定海工业园区管委会副主任（兼）。2013年9月至2014年9月，任舟山市定海区岑港街道党工委书记，浙江定海工业园区管委会副主任（兼）。2014年9月至2017年2月，任舟山市定海区岑港街道党工委书记、区委委员（2016年12月任）。2017年2月至3月，任舟山市定海区政府副区长，岑港街道党工委书记，区委委员。2017年3月起，任舟山市定海区政府副区长、党组成员。

夏　泉　男，生于1975年4月，汉族，浙江舟山人。1995年9月参加工作，1997年4月加入中国共产党。1991年9月至1995年7月，在宁波农业学校农学专业学习。1995年9月至1998年10月，任舟山市定海区长白乡人武部干事。1998年10月至2002年1月，任舟山市定海区长白乡人武部副部长、党政办副主任（2000年1月任）。2002年1月至2004年3月，任舟山市定海区长白乡人武部副部长、企办副主任（兼）（2003年5月至12月，借调定海区经贸局任协作科科长；1999年8月至2002年6月，在中共浙江省委党校函授学院大专班经济管理专业学习）。2004年3月至2006年6月，任舟山市定海区经济贸易局协作科科长（2002年8月至2004年12月，在中共中央党校函授学院本科班法律专业学习）。2006年6月至2007年1月，任舟山市定海区白泉镇政府负责人。2007年1月至2010年2月，任舟山市定海区白泉镇副镇长、党委委员（2007年7月任）。2010年2月至2011年6月，任舟山市定海区白泉镇党委副书记、纪委书记、工会主席（2010年4月任）。2011年6月至2013年9月，任舟山市定海区环南街道党工委副书记、办事处主任。2013年9月至2017年2月，任舟山市定海区环南街道党工委书记、区委委员（2016年12月任）（2010年9月至2014年1月，在浙江省委党校区域经济学专业在职研究生学习；2016年3月至6月，参加舟山市中青年干部（培训一班）。2017年2月至3月，任舟山市定海区政府副区长、环南街道党工委书记、区委委员。2017年3月，任舟山市定海区政府副区长、党组成员，区委委员。

屠定玉　女，生于1982年1月，汉族，贵州六盘水人，民革党员，2004年4月参加工作。1999年9月至2003年6月，在江南大学食品科学与工程专业学习。2003年8月至2004年4月，在舟山市港明食品有限公司工作。2004年4月至2005年8月，任舟山市农林局产业信息处干部。2005年8月至2009年12月，任舟山市农机管理中心站助理工程师、工程师。2009年12月至2012年4月，任舟山市农林局团委书记（2009年3月至2011年6月，在浙江海洋学院食品加工与安全领域农业推广硕士专业在职硕士学习）。2012年4月至2013年7月，任舟山市农机管理中心站副站长、市农机监理所副所长（主持工作），市农林局团委书记。2013年7月至2016年5月，任舟山市农机管理中心站站长、市农机监理所所长。2016年5月至11月，任浙江舟山群岛新区普陀山—朱家尖管委会主任助理（正科长级）。2016年11月起，任舟山市定海区政府副区长。

刘　波　男，生于1980年10月，汉族，山东济宁人。2003年8月参加工作，1999年8月加入中国共产党。1999年9月至2003年7月，在浙江大学材料与化学工程学院化学工程与工艺专业本科学习。2003年8月至2005年8月，在浙江大学材料与化学工程学院团委工作（2004年3月任团委副书记）。2005年9月至2007年6月，浙江大学材料与化学工程学院高分子工程研究所化学工程专业硕士研究生。2007年6月至2009年3月，在浙江大学材料与化学工程学院工作。2009年3月至6月，任浙江大学化学工程与生物工程学系团委副书记（主持工作）。2009年6月至2011年7月，任浙江大学化学工程与生物工程学系团委书记（副科职）（2010年9月晋升讲师（思政））。2011年7月至9月，任浙江大学化学工程与生物工程学系团委书记（正科职）。2011年9月至2015年3月，任浙江大学纪委办公室（监察处）正科职纪检员（2012年9月至2014年1月借调至教育部纪检组监察局工作）。2015年3月至2016年11月，任浙江大学求是学院紫云碧峰学园党总支副书记兼副主任。2016年11月起，任浙江大学求是学院党委副书记、紫云碧峰学园副主任（2017年6月起，在舟山市定海区人民政府挂职，任副区长、党组成员，2017年9月任）。

董凯龙　男，生于1970年12月，汉族，浙江舟山人。1990年8月参加工作，2000年7月加入中国共产党。1986年9月至1990年7月，浙江金华农业学校畜牧兽医专业学习；1990年8月至1998年1月，舟山市定海区种畜场干部；1998年1月至2000年1月，舟山市定海区农经委畜牧兽医站工作；2000年1月至2003年7月，舟山市定海区农经委（农林局）畜牧兽医站站长；2003年7月至2008年1月，舟山市定海区农林局副局长、党组成员；2008年1月至2009年1月，舟山市定海区委办公室副主任；2009年1月至2011年6月，舟山市定海区小沙镇党委副书记、镇长；2011年6月至2013年9年，舟山市定海区小沙镇党委书记；2013年9月至2014年1月，舟山市定海区委卫生和计划生育工委书记，区卫生和计划生育局副局长、党组成员；2014年1月至2017年3月，舟山市定海区教育局局长、党组书记，区委教育工委书记，区红十字会副会长（兼）；2017年3月至2018年6月，舟山市定海区委区政府办公室主任；2018年6月至今，舟山市定海区政府副区长、党组成员。

政协第六届舟山市定海委员会主席、副主席简介

车志宽　男，生于1960年3月，民族汉，浙江嵊泗人。1979年10月参加工作，1979年10月加入中国共产党。1979年9月至1982年10月，任嵊泗县委宣传部办事员。1982年10月至1984年9月，任嵊泗县枸杞乡党委组纪委员。1984年9月至1986年7月，在浙江省委党校干部专修班党政干部专业学习。1986年7月至1986年10月，任嵊泗县整党办联络组联络员。1986年11月至1990年2月，任嵊泗县嵊山镇党委副书记、组织委员。1990年2月至1993年4月，任嵊泗县纪委常委（1990年9月兼任纪检室主任，1992年9月任副主任科员）。1993年4月至1997年4月，任嵊泗县纪委副书记（1993年9月任主任科员）。1997年4月至1997年5月，任舟山市纪委副县（处）级纪检员。1997年5月至2002年6月，任舟山市纪委常委（2000年8月至2002年12月在中央党校函授学院法律专业在职大学学习）。2002年6月至2004年2月，任舟山市纪委常委、市监察局副局长。2004年2月至7月，任舟山市人民检察院党组副书记（正县处级）。2004年7月至2006年10月，任舟山市定海区委副书记、区纪委书记（正县处级）。2006年11月至2007年3月，任舟山市定海区政协党组书记（正县处级），区委委员。2007年3月起，任舟山市定海区政协主席、党组书记，区委委员。

方家慧　男，1960年3月，民族汉，籍贯浙江宁波，在浙江杭州出生。1976年12月参加工作，1985年9月加入中国共产党。1976年12月至1979年11月，舟山市电力公司修造厂职工。1979年11月至1990年7月，任舟山地区（市）公安处（局）办事员、科员（1986年8月任）（1984年9月至1986年7月，在浙江广播电视大学舟山分校党政管理干部基础专修科全脱产学习）。1990年7月至1995年8月，任舟山市公安局出入境管理科副科级侦察员、副科长（1990年11月任）（1993年1月至1995年8月在舟山制药厂挂职锻炼）。1995年8月至1996年3月，任舟山市公安局后勤管理科科长。1996年3月至2001年8月，任舟山市定海区公安局政委、党委副书记、纪委书记、督察长（1999年1月任）（1998年8月至2000年12月在中央党校函授学院经济管理专业在职大学学习）。2001年8月至2003年4月，任舟山市定海区委办公室主任。2003年4月至8月，任舟山市定海区委统战部部长。2003年8月至2011年11月，任舟山市定海区委常委、区委统战部部长。2011年11月至2012年1月，任舟山市定海区政协党组副书记。2012年1月起，任舟山市定海区政协副主席、党组副书记。

柳跃军　男，1966年1月，民族汉，浙江舟山人。1985年10月参加工作，1988年11月加入中国共产党。1985年10月至1987年9月，海军上海基地后勤部汽车营战士。1987年9月至1989年7月，在解放军天津运输工程学院汽车分队指挥专业学习。1989年7月至1992年3月，任海军观察通信第三团后勤处汽车排排长兼技术员（技术十四级）。1992年3月至1993年12月，任海军观察通信第三团雷火地侦察雷达站油井分队副连职分队长。1993年12月至1995年5月，任海军舟山基地汽车营修理所所长。1995年5月至1997年2月，任海军舟山基地后勤部码头维修队政治指导员（1992年9月至1995年7月在解放军海军政治学院干部人事管理专业在职大专学习）。1997年2月至1998年1月，任海军舟山基地后勤部汽车修理所副政治教导员。1998年1月至1999年2月，任海军舟山基地后勤部汽车修理所代理政治教导员（副营职）。1999年2月至2000年3月，任海军舟山舰船器材仓库政治处副营职干事（1997年8月至1999年12月在中央党校函授学院政法专业在职大学学习）。2000年3月至6月，任海军舟山基地装备部汽车修理所助理工程师（技术十一级）。2000年6月至2002年3月，任海军舟山基地装备部汽车修理所助理工程师（技术十级）。2002年3月至2002年12月，任海军舟山基地装备部计划财务处正营职参谋。2002年12月至2005年2月，任海军舟山基地装备部计划财务处管理办主任（副团职）。2005年2月至2006年1月，任海军舟山保障基地装备部综合计划处副处长。2006年1月至11月，任海军定海离职干部休养所所长（副处级）。2006年11月至2010年3月，任海军定海离职干部休养所所长（正处级）（2006年12月获华中科技大学（函授）软件工程专业硕士学位）。2010年3月至10月，退出现役待安排。2010年10月至2011年2月，任舟山市定海区政协副主席候选人。2011年2月起，任舟山市定海区政协副主席、党

组成员。

夏江龙 男，1963年1月，民族汉，浙江舟山人。1982年7月参加工作，1985年8月加入中国共产党。1980年10月至1982年7月，在浙江省人民警察学校公安专业学习。1982年8月至1984年9月，任定海县公安局白泉派出所（内勤）民警。1984年9月至1989年1月，任定海县（区）公安局白泉派出所副所长、所长。1989年1月至1993年10月，先后任舟山市定海区公安分局盐仓、石礁、临城派出所所长（1990年7月任副科级）。1993年10月至1996年9月，任舟山市定海区人大法工委副主任（1992年4月至1995年10月在中国人民公安大学公安管理专业自考大专学习）。1996年9月至1999年7月，任舟山市定海区社会治安综合治理委员会办公室主任。1999年7月至2002年9月，任舟山市定海区纪委常委、监察局副局长兼纪检监察室主任。2002年9月至2003年1月，任舟山市定海区纪委副书记、监察局副局长兼纪检监察室主任。2003年1月至2003年4月，任舟山市定海区纪委副书记兼纪检监察室主任。2003年4月至2004年12月，任舟山市定海区纪委副书记。2004年12月至2010年4月，任舟山市定海区纪委副书记、监察局局长。2010年4月至2012年1月，任舟山市定海区政府党组成员，区政府办公室主任、党组书记。2012年1月，任舟山市定海区政协副主席、党组成员。

林志刚 男，生于1966年4月，民族汉，浙江舟山人，民盟盟员，1988年8月参加工作。1984年9月至1988年7月，在杭州电子工业学院计算机应用专业学习。1988年8月至1994年7月，任舟山市定海区统计局综合股办事员、科员。1994年7月至1995年9月，任舟山市统计局计算机站科员。1995年9月至1999年3月，任舟山市定海区计划与经济局统计科科员、副主任科员（1998年10月任）。1999年3月至2001年11月，任舟山市定海区计划与经济局计划投资科副科长、统计科副科长（2001年1月任）（1999年11月至2001年2月，抽调至区第五次全国人口普查办公室，任办公室副主任）。2001年11月至2004年10月，任舟山市定海区计划与经济局统计科科长（2003年5月至2004年9月下派到定海区盐仓街道，任办事处副主任）。2004年10月至2006年6月，舟山市定海区发展计划局副局长、统计局局长。2006年6月至2011年7月，任舟山市定海区昌国街道办事处主任。2011年7月至2012年1月，任舟山市定海区统计局局长。2012年1月，任舟山市定海区政协副主席。（政协舟山市第六届委员会常务委员）

陆翰恺 男，生于1975年6月，民族汉，浙江舟山人，九三学社会员，1996年11参加工作。1992年9月至1996年6月，在浙江林学院木材加工专业学习。1996年10月至2003年12月，在舟山市农林局工作。2003年12月至2004年7月，任舟山市林科所办公室主任。2004年7月至2008年12月，任舟山市城建委城市城乡规划管理工作（2004年9月月至2005年7月在浙江大学城乡规划专业脱产学习；2007年11月至2008年12月在岱山县建设局挂职，任副局长）。2008年12月至2009年12月，任舟山市城建委金塘规划管理处副处长，金塘管委会开发建设处副处长（兼）。2009年12月至2010年9月，任舟山市城建委村镇建设处副处长。2010年9月至2012年3月，任舟山市发改委产业体改处处长（2011年3月至2011年12月在市政府驻北京联络处任综合处处长）。2012年4月至2013年9月，任舟山市定海区海洋综合开发试验区建设办公室主任，区发展和改革局副局长。2013年10月至2014年6月，任舟山市定海区商务局局长、区经济信息化和科学技术局副局长。2014年6月至2017年2月，任舟山市定海区双桥街道办事处主任，舟山国际粮油产业园区管理处副主任（2015年9月至12月参加全市中青年干部培训一班学习）。2017年2月至3月，任舟山市定海区政协副主席，双桥街道办事处主任，粮油产业园区副主任。2017年3月起，任舟山市定海区政协副主席。

（撰稿：沈萍）

责任编辑：王英伟

区委工作部门

区纪委

书　记：顾飞舟
副书记：方思宏
　　　　朱存波
常　委：康汉钧（续—2018.1）
　　　　吴慧琴

陈　军
潘琼颖
张小艇（2018.05—）

干部室：
主　任：倪柳霞（续—2018.9）

党风政风监督室（区政府纠正行业不正之风办公室）：
主　任：王康利

信访室：
主　任：许国华

案件监督管理室：
主　任：阴冠平

第一纪检监察室：
主　任：梅　盛

第二纪检监察室：
主　任：支　洁

第三纪检监察室：
主　任：刘明东

巡察工作室：
主　任：任高峰（续—2018.5）

2018年3月，因工作需要，原区纪委机关内设机构巡查工作室撤销。

区监委

主　任：顾飞舟
副主任：方思宏
朱存波
委　员：康汉钧（续—2018.1）
吴慧琴
陈　军
王功跃
潘琼颖（2018.5—）

区委巡察办

主　任：吴慧琴（2018.5—）
副主任：顾锡顶（2018.5—）

巡察工作室：
主　任：任高峰（2018.5—）

2018年3月，因工作需要，设立区委巡察工作领导小组办公室，为区委机构，设在区纪委；设内设机构巡察工作室。

区委区政府办公室

主　任：董凯龙（续—2018.6）
朱朝辉（2018.6—）
常务副主任：夏怡辉
副主任：蒋东前
王　平
陈　悦
李增平（续—2018.6）
伍宏伟
潘燕娜
林海艇
林铁坤
王成华
吴　柳
邵佳磊
王亚儿（兼）
何　光
陈　益（2018.05—）

区纪委、区监委派驻第一纪检监察组：
组　长：吴青青
副组长：应功浩（续—2018.6）
章庆锋（2018.06—）

政策研究室：
主　任：蒋东前
副主任：蒋　华

信访局：
局　长：王亚儿
副局长：周　斌
林　聪
李双勇

法制办公室：
主　任：吕凌飞（续—2018.6）
副主任：屠科增

区委台湾工作办公室：
主　任：方家彪
副主任：宋金燕

区政府外事与侨务办公室：
主　任：翁岳龙
副主任：夏志兵
王燕波

口岸与海防管理办公室：
主　任：张海燕

接待办公室：
主　任：黄　芬

区委组织部
部　长：邵　辉
副部长：苏　苹
孙艳青
洪祖益
王旭东
竺锐航（兼）
部务会议成员：吴燕波
王永良（续—2018.5）
滕茂彪
顾锡顶
穆菲菲
区纪委、区监委派驻区委组织部纪检监察组：
组　长：滕茂彪
副组长：袁　莹（兼）
机构编制委员会办公室：
主　任：苏　苹
副主任：何　波
直属机关工作委员会：
书　记：洪祖益
副书记：谢文伟
袁　莹
纪工委书记：袁　莹
两新工委：
书　记：孙艳青（兼）
副书记：穆菲菲（2018.6—）
老干部局：
局　长：王旭东
副局长：俞亚雪（续—2018.5）
人才办：
主　任：吴燕波

区委宣传部
部　长：何徐华
副部长：曾莉群
冯季红
林国海
孙福康（兼）
项玲静（兼）
部务会议成员：庄剑超
季　勤
王备军
区纪委、区监委派驻第二纪检监察组：
组　长：王备军
副组长：杨　维
文化建设领导小组办公室：
主　任：冯季红（兼）
区政府新闻办：
主　任：季　勤
新闻报道组：
组　长：钱　韵

区委统战部
部　长：林世军
副部长：林孟科
沈　雁
陈珍艳
谢海良
部务会议成员：翁岳龙（兼）
方家彪

区委政法委
书　记：陈海平
副书记：曹志栋
顾培斐（续—2018.9）
毛铁年（兼）
应朝阳（兼）
裘海祖
黄艳庭
王亚儿（兼）
区纪委、区监委派驻第三纪检监察组：
组　长：杨明春
副组长：袁　芳
政治处：
主　任：周　玲
维稳办：
副主任：周林杰
平安办：
副主任：王永良

社会治安综合治理委员会办公室：
主　任：黄艳庭（兼）
副主任：袁善龙
周炬伟

区档案局
局　长、党组书记：张　樱（续—2018.6）
党组书记：张　樱（2018.06—2018.9）
党组书记、副局长：张　樱（2018.9—）
局　长：毛　媛（2018.6—）
副局长、党组成员：鲍　军
刘其刚（续—2018.9）

区社会服务管理指挥中心
主　任、党组书记：张文追
副主任、党组成员：乐波明
沈小岳
颜善波
李丕利

区精神文明建设委员会办公室
主　任：项玲静
副主任：徐燕红
薛珊珠
王远荣

区新闻中心：
主　任：孙福康
副主任、党组成员：郑泓湖
顾益君
陆小俊（2018.11—）
副主任：应海玲

区流动人口服务管理局：
局　长：曹志栋
副局长：张　辉
顾　军
刘传瑞

区人大常委会工作部门

法制内务司法委员会
主任委员：俞嫦女
副主任委员：郑思金

财政经济委员会
主任委员：石江洋
副主任委员：杨文跃

办公室
主　任：卢建军
副主任：方　祎
周战磊

财政经济工作委员会
主　任：石江洋
副主任：孔松对
杨文跃

法制工作委员会
主　任：俞嫦女
副主任：王广栋
郑思金

代表工作委员会
主　任：王跃芳
副主任：俞岩松
陈小波

教育科技文化卫生与民族宗教侨务工作委员会
主　任：叶立占
副主任：叶松康
张赛枫

城乡建设与环境资源保护工作委员会
主　任：蒋玲军
副主任：张志平

农渔业与农渔村工作委员会
主　任：徐汉云

副主任：何国成（续—2018.6）

信访办公室

主　任：傅世腾

区政府工作部门

区发展和改革局（统计局）

党组书记：刘世君

党组副书记：徐　徐

周利军

发展和改革局：

局　长：刘世君

副局长：刘惠珠

毛　凯

郑依娜

潘海龙

高　刚

统计局：

局　长：周利军

副局长：程　翊

郑依娜

总统计师：徐志元

区纪委、区监委派驻第四纪检监察组：

组　长：徐　徐

物价局：

局　长：刘惠珠

区经济信息化和科学技术局（商务局）

局长、党组书记：吴锡平

党组副书记、副局长：周军波

副局长：吴雄佳

余海江

张　局

黄小刚

叶国光

总经济师：张宏辉

区纪委、区监委派驻第五纪检监察组：

组　长：汤乃勇

地震局：

局　长：吴锡平

贸促会：

会　长：吴锡平

专职副会长：张　局

黄小刚

区教育局

局长、党组书记、党工委书记：鲍治杰

党组副书记、党工委副书记：乌燕华

副局长、党组成员、党工委委员：

应朋志（续—2018.5）

朱建军

胡　斌

徐良浩（2018.5—）

党组成员、党工委委员：徐良浩

邵平安（2018.6—）

区政府教育总督学：毛　媛（续—2018.6）

邵平安（2018.6—）

区纪委、区监委派驻区教育局纪检监察组：

组　长：徐良浩（续—2018.5）

区民族宗教事务局

局　长：沈　雁

副局长：季文华

卢仲锋

区文化体育新闻出版局

局　长：冯季红

副局长：庄剑超

钟志平

方　立

区公安分局

局长、党委书记:应朝阳

政　委：周怀逸

党委副书记：徐　洲

周怀逸

副局长：徐　洲

钟　波

杜志钢

党委委员、纪委书记：刘　军

政治处主任：张　伟

区民政局

局长、党组书记：何　斌
党组副书记：李松存
副局长：张伟忠
　　　　周海芳
　　　　周　斌

区司法局

局长、党组书记：张伟祥
党组副书记：楼晓波
副局长：楼晓波
　　　　叶海蓉
　　　　林益健
　　　　张　洁
金塘司法所：
所　长：孙科宇
白泉司法所：
所　长：林　杰

区财政局

局长、党组书记：何　红
区委正科级组织员：周兆军（续—2018.9）
副局长：戴水婷
　　　　李汉定
　　　　杨英俊
总会计师：蒋科卫
区纪委、区监委派驻财政局（区国资局）纪检监察组：
组　长：钟国勇
国有资产监督管理局：
局　长：何　红（兼）
预算局：
局　长：赵　静
预算执行局：
局　长：宣宏伟
财政国资监督局：
局　长：张静波

区人力资源和社会保障局

局长、党组书记：竺锐航
党组副书记：傅追棠（续—2018.5）
副局长：傅追棠（续—2018.5）
　　　　何银夫
　　　　沈松波
区纪委、区监委派驻第六纪检监察组：
组　长：潘嗣斌
退管办：
主　任：肖宏林
培训中心：
主　任：沈松波（兼）
社保中心：
主　任：刘婧婧

区住房和城乡建设局

局长、党组书记：朱兴岳
党组副书记、副局长：鲍　明
副局长：陈洪亮
　　　　虞彭挺（续—2018.5）
　　　　汪国存
总工程师：田　娟
党组成员：沈宏斌
　　　　　庄建军
　　　　　沈红军
区纪委、区监委派驻第七纪检监察组：
组　长：沈宏斌
人民防空办公室：
主　任：沈红军
副主任：徐绍堂
　　　　王光兵
住房保障和房产管理局：
局　长：庄建军

区交通运输局

局长、党组书记：孙继达
党组副书记：周军波（续—2017.9）
副局长、党组成员：李鹏飞
　　　　　　　　　乐科军
　　　　　　　　　陈志刚
　　　　　　　　　黄海舟
副局长：刘奋勇
党组成员：张成业
　　　　　刘璋宏
　　　　　张建伟
区纪委、区监委派驻区交通运输局纪检监察组：
组　长：刘璋宏

公路管理局：

局　长：张成业

道路运输管理局：

局　长：张建伟

区水利围垦局

局长、党组书记：胡国海

副局长：顾玲科

徐国中

童晓燕

总工程师：陈　平

区农林与海洋渔业局（海洋行政执法局）

党组书记：王家通

正科级组织员：蔡满振（续—2018.9）

党组成员：胡光远

陈忠苗

章守腾

易荣新

谢忠海

洪海涛

区农林与海洋渔业局：

局长：王家通

副局长：胡光远

陈忠苗

费萍波（续—2018.5）

易荣新

杨继明

洪海涛

总农艺师：谢忠海

海洋行政执法局：

局　长：王家通

副局长：洪海涛

区纪委、区监委派驻第八纪检监察组：

组　长：章守腾

区卫生和计划生育局

局长、党组书记、党工委书记：

章文斌（续—2018.11）

副局长、党组副书记、党工委副书记：王帮贤

副局长、党组成员、党工委委员：

许庆华

胡秀贞

曾晓伟（续—2018.5）

吴松波

应朋志（2018.5—）

胡龙军（2018.11—）

党组成员、党工委委员：芮世光

区纪委、区监委派驻区卫生和计划生育局纪检监察组：

组　长：邵海颖

区审计局

局长、党组书记：傅忠国

副局长、党组成员：范燕君

陈岳华

总审计师、党组成员：贺海波

区旅游局

局长、党组书记：张臣达

副局长、党组成员：傅　勇

张　辉

戴惠萍

应海康

区安全生产监督管理局

局　长：夏高方

党组书记：王　荫

副局长、党组成员：马　烈

舒剑锋（续—2018.9）

胡伟义

张惠洲

王　荫（2018.9—）

区城市管理局（综合行政执法局、环境保护局）

党组书记：冯志鸣（续—2018.5）

顾培斐（2018.9—）

党组副书记、副局长：方静卫

贺海珠

党组成员、副局长：王建明

苗世军（续—2018.9）

郑　杰

夏爱萍

陆卫国（续—2018.5）

吴瑞玲
曾晓伟（2018.5—）
舒剑锋（2018.9—）
吴　雷（2018.11—）
党组成员：柯　科
金春林
应燕芬
综合行政执法局副局长：夏燕辉
城市管理局（环境保护局）副局长（兼）：
夏燕辉
环境卫生管理处：
主　任：应燕芬
市政园林管理中心：
主　任：金春林

政协定海区委员会工作部门

办公室
主　任：华福耐
副主任：陈建江
洪立军

提案委员会
主　任：陈伟珠
副主任：蒋海裕

委员工作委员会
主　任：吴一泉
副主任：夏舟群

经济科技委员会
主　任：陈　晟
副主任：应仁飞
许跃军

教育文化卫生体育与文史资料委员会
主　任：乐加恩
副主任：包　磊
刘春燕

社会法制民族宗教与港澳台侨外事委员会
主　任：戴永良
副主任：陈国富
王良刚

农业农村与资源环境委员会
主　任：傅岳平
副主任：唐志钢

区政府派出机构、直属正科事业单位

区审批服务与公共资源交易管理办公室
党组书记：毛铁年
主　任、党组副书记：庄旭东
副主任、党组成员：张　旻
孙李琼
卢桂臣
王士钦
公共资源交易中心：
主　任：张　旻（续—2018.5）
市公共资源交易中心定海区分中心：
主　任：张　旻（2018.5—）

浙江定海工业园区管委会
主　任、党组书记：周　斌
党组副书记：魏大波
副主任：王旭东
林科峰
魏大波
总工程师：周　鑫
区纪委、区监委派驻定海工业园区纪检监察组：
组　长：张小艇（续—2018.5）

区供销合作社联合社
主任、党委书记：胡学锋
党委副书记：许跃良（续—2018.9）
副主任：林海波
党委委员、副主任：苗世军（2018.9—）
马海建（2018.11—）
党委委员：陈君良（续—2018.5）

区机关事务管理局
局长、党组书记：方　杰
副局长、党组成员：包世良

林永光
吴黎明
副局长：江　静

定海旧城区改造建设办公室

主　任、党组书记：陈官平
党组副书记、副主任：林　军
副主任、党组成员：邵海君
王赛亲
翁红峰
王　勇
林志光
余志军
副主任：李志业

区农渔村住房开发管理处

主　任、党组书记：夏芬芳
副主任、党组成员：黄海明
丁耀亮
朱其波
陈　刚

舟山国际水产品产业园区管理处

主　任：林志刚
副主任：王天明
何优芬
刘纪波
虞建军
孙　霞

区招商局

党组书记：吴海斌
局　长：张松军
副局长、党组成员：严旭波
干盛军
副局长：杨　薇（兼）
周邦国（兼）
林　洁
包于忠（兼）
石红辉

舟山国际粮油产业园区管理处

主　任：范　纲
常务副主任：姚　庆
副主任：刘江辉
王茂叶
徐　捷

海洋科技产业园管理处

党组书记：夏元沪
主　任：韩亚玲
党组成员、副主任：沈小伍（续—2018.5）
胡　晓（2018.6—）
刘其刚（2018.9—）
副主任：朱燕华

区级人民团体

区总工会

主　席、党组书记：邵启明
副主席、党组成员：叶红芳
鲍汉君
俞建平

共青团定海区委

书　记、党组书记：方　翰
副书记：鲍紫燕
陈争光

区妇女联合会

主　席、党组书记：丁　梅
副主席、党组成员：陈祎红
唐宏燕

区文学艺术界联合会

主　席：冯季红
副主席：朱先马

区科学技术协会

主　席：吴锡平
副主席：朱建军（兼）
许庆华（兼）

谢忠海（兼）
王建明（兼）
许　斌
张燕君

区归国华侨联合会

主　席：翁岳龙
副主席：杨文跃（兼）
　　　　王燕波

区残疾人联合会

理事长、党组书记：袁燕江
副理事长、党组成员：张福成
　　　　　　　　　　林　伟
　　　　　　　　　　顾静静

区红十字会

会　长：郑飞芬（兼）
副会长：芮世光
　　　　张伟忠
　　　　章文斌
　　　　韩雪军
　　　　何　光

区计生协会

会长：周军刚（兼）
副会长：章文斌（兼，续—2018.11）
　　　　胡秀贞（兼）
　　　　屠定玉（兼）

区社会科学界联合会

主　席：曾莉群（兼）
副主席：张　屹
　　　　徐　徐
　　　　钟国勇
　　　　蒋　华

区工商业联合会

主　席：范国锋（兼）
党组书记、副主席：林孟科
副主席、党组成员：刘既帮
　　　　　　　　　吴永昌
　　　　　　　　　王苗军（续—2018.9）

区人民法院

院　长、党组书记：赵　晖
党组副书记、副院长：王东明
副院长、党组成员：李平央
副院长：陈建群
审判委员会专职委员：张崇华
　　　　　　　　　　顾龙裕
区纪委、区监委派驻区人民法院纪检监察组：
组　长：陈志龙
政治处主任：林　琼
执行局局长：陆富军
临城人民法庭庭长：董　艳
岑港人民法庭庭长：王立平
金塘人民法庭庭长：袁　龙
白泉人民法庭庭长：陈　健

区人民检察院

检察长、党组书记：乐志盛
党组副书记、副检察长：张曙光
副检察长、党组成员：应福明
　　　　　　　　　　乐红兵
党组成员：俞贝贝（2018.12—）
检委会专职委员：钱汗飞（续—2018.12）
　　　　　　　　夏坚德（2018.1—）
区纪委、区监委派驻区人民检察院纪检监察组：
组　长：方红亚（续—2018.5）
政治处主任：夏坚德（续—2018.1）
　　　　　　王蕙农（2018.12—）
金塘检察室主任：陈　雷（续—2018.6）

镇、街道

城东街道

党工委书记：舒　华
办事处主任：王雄飞

环南街道

党工委书记：朱彦波（续—2018.5）
林建刚（2018.5—）
办事处主任：林建刚（续—2018.5）
方　涛（2018.5—）

昌国街道

党工委书记：张宣杰
办事处主任：王燕芳

盐仓街道

党工委书记：邬学文（续—2018.6）
王文杰（2018.6—）
办事处主任：余世炯

小沙街道

党工委书记：朱朝辉（续—2018.6）
夏培一（2018.6—）
办事处主任：夏培一（续—2018.6）
李增平（2018.6—）

岑港街道

党工委书记：乐志军
办事处主任：王文杰（续—2018.6）
吕凌飞（2018.6—）

马岙街道

党工委书记：严　华
办事处主任：贺孝磊

双桥街道

党工委书记：林　光
办事处主任：陈　晖

金塘镇

党委书记：齐友国（2018.5—）
镇　　长：陈　军

白泉镇

党委书记：林剑彪
镇　　长：孙　亮

干磯镇

党委书记：徐君芬
镇　　长：陈　益（续—2018.5）
冯　健（2018.5—）

（撰稿：沈　萍）

责任编辑：王英伟

附　录

附录一：2018年定海区优秀调研成果

表29

调研报告名称	作者	报送单位	奖项
关于中美经贸摩擦背景下企业发展现状的研究——以定海区为例	林　挺、方　晓、王光明、陈恩慈	定海区税务局	一等奖（1篇）
关于我区土地流转模式及政策的几点建议	华福耐、傅岳平、唐志钢、洪立军、叶珍燕	定海区政协办	二等奖（3篇）
资产证券化解困破产房企融资难的实践探索	赵　晖、徐忠豪	定海区人民法院	
定海区矛盾纠纷大调解机制建设现状、问题及对策	张伟祥、叶海蓉、杨　玲	定海区司法局	
抢抓机遇 发挥优势 积极打造现代化国际化物流岛——关于将金塘岛纳入国际物流枢纽规划的调查与思考	武　扬、叶选伟、徐　菲	定海区金塘镇建	三等奖（6篇）
“海上桃源”兴“安居乐业”——从城中村改造中折射出新居民服务管理的思考	戴永良、陈国富、陈建江、钟小义、叶珍燕	定海区政协办	
府院联动：破产重整处置困境企业的实践探索	徐忠豪、李平央	定海区人民法院	
新时代基层社会治理“保安联防联勤模式”的探索实践与思考——以定海区为例	刘　军	定海区公安分局	
定海区河湖保洁社会化运营模式的探索与研究	童晓燕	定海区水利局	
浅析当前定海区推行国家职业资格制度过程中存在的问题与建议	吴红光、何东映、陶旭怡	定海区人力社保局	
“人地对应”参保政策背景下加强失地农民合法权益保护的思考	陈　杰、赵艳波	市自然资源和规划局定海分局	优秀奖（10篇）
“自治、法治、德治”相统一的社会治理模式构建——以舟山市定海区为例	王永良、傅　丹、李　巍	定海区委政法委	

续表29

调研报告名称	作者	报送单位	奖项
金融类风险防范法律问题研究——关于定海区涉众型经济犯罪调研报告	裘海祖、周林杰、金　磊	定海区委政法委	
关于在金塘港区探索开展国际中转集拼业务试点的调研报告	武　扬、徐　菲	定海区金塘镇	
促进定海区消费品市场繁荣的对策建议	周利军、王玲芬	定海区统计局	
农村文化礼堂建设管理若干问题的浅析及对策	潘　君、陈　莹	定海区白泉镇	
税务系统“放管服”改革现状探析	林　挺、王荷飞、陈建军、王光明、金武峰	定海区税务局	
关于将金塘贝母列入定海现代农业试点的调研报告	胡　斌、徐　菲	定海区金塘镇	
建立完善多元化解机制 破解劳动争议调解难题	王文杰、余世炯、吴舟立、史　记、徐志峰	定海区盐仓街道	

附录二：2018年中共舟山市定海区委部分文件目录

表30

文号	文件标题
定委〔2018〕1号	中共舟山市定海区委关于同意成立中共浙江定海工业园区工作委员会的批复
定委〔2018〕2号	关于推荐市管副职后备干部和报送紧缺型优秀年轻干部初步人选的报告
定委〔2018〕3号	中共舟山市定海区委关于同意召开中国共产党舟山市定海区白泉镇第十四届代表大会第二次会议的批复
定委〔2018〕4号	中共舟山市定海区委关于朱彦波同志任职的请示
定委〔2018〕5号	中共舟山市定海区委关于同意召开中国共产党舟山市定海区干石览 镇第十四届代表大会第二次会议的批复
定委〔2018〕6号	中共舟山市定海区委关于同意召开中国共产党舟山市定海区金塘镇第四届代表大会第二次会议的批复
定委〔2018〕7号	中共舟山市定海区委关于免去鲍瑞安同志职务表决结果的报告
定委〔2018〕9号	中共舟山市定海区委关于上报《区委常委会2017年度民主生活会方案》的请示
定委〔2018〕10号	中共舟山市定海区委关于2017年度履行全面从严治党主体责任情况的工作报告(市委宣传部)
定委〔2018〕11号	中共舟山市定海区委关于2018年度履行全面从严治党主体责任情况的工作报告(市纪委)
定委〔2018〕12号	中共舟山市定海区委关于2019年度履行全面从严治党主体责任情况的工作报告(市委)
定委〔2018〕13号	中共舟山市定海区委关于同意设立城东街道洋岙社区党委的批复
定委〔2018〕14号	中共舟山市定海区委关于定海区计划生育协会七届二次理事会选举结果的批复
定委〔2018〕15号	中共舟山市定海区委关于同意调整定海海洋农商银行党委党组织隶属关系的批复
定委〔2018〕16号	关于上报中共舟山市定海区委常委会民主生活会情况的报告
定委〔2018〕17号	中共舟山市定海区委关于同意给予林永光警告处分的批复
定委〔2018〕18号	中共舟山市定海区委关于同意虞彭挺辞去公职的批复

续表30

文号	文件标题
定委〔2018〕19号	中共定海区委关于持续深化落实中央巡视组反馈意见十大整改行动情况的报告
定委〔2018〕20号	中共舟山市定海区委关于2017年度市委全面从严治党主体责任执纪监督检查反馈问题整改落实情况的报告
定委〔2018〕21号	中共舟山市定海区委关于2018年度市委全面从严治党主体责任执纪监督检查反馈问题整改落实情况的报告
定委〔2018〕22号	中共舟山市定海区委关于同意召开舟山市定海区青年联合会第四届委员会第一次全体会议的批复
定委〔2018〕23号	中共舟山市定海区委关于董凯龙同志任职的请示
定委〔2018〕24号	中共舟山市定海区委关于同意给予杨真之开除公职处分的批复
定委〔2018〕25号	中共舟山市定海区委关于舟山市定海区青年联合会换届候选人建议人选的批复
定委〔2018〕26号	中共舟山市定海区委关于冯志鸣同志违纪问题处理情况的报告
定委〔2018〕27号	中共舟山市定海区委关于给予冯志鸣同志党纪、政务处分的请示
定委〔2018〕28号	中共舟山市定海区委关于范燕君同志兼任舟山市内部审计协会常务理事的请示
定委〔2018〕29号	中共舟山市定海区委关于傅忠国同志兼任舟山市审计学会常务理事的请示
定委〔2018〕30号	中共舟山市定海区委关于屠定玉同志兼任舟山市定海区体育总会主席的请示
定委〔2018〕31号	中共舟山市定海区委关于章文斌同志任职的请示
定委〔2018〕32号	中共舟山市定海区委关于董凯龙同志任职表决结果的报告
定委〔2018〕33号	中共舟山市定海区委关于方翰等同志任职的批复
定委〔2018〕34号	中共舟山市定海区委关于落实《省委第二巡视组巡视舟山反馈意见整改任务分工方案》整改方案的报告
定委〔2018〕35号	中共舟山市定海区委关于同意给予徐绍堂党内警告处分的批复
定委〔2018〕36号	中共舟山市定海区委关于万金湖河河面建筑问题整改情况的报告
定委〔2018〕37号	中共舟山市定海区委关于同意给予林建刚同志严重警告处分的批复

续表30

文号	文件标题
定委〔2018〕38号	中共舟山市定海区委关于同意给予徐世君同志严重警告处分的批复
定委〔2018〕39号	中共舟山市定海区委关于同意给予曾晓伟同志警告处分的批复
定委〔2018〕40号	中共舟山市定海区委关于王蕙农同志任职的请示
定委〔2018〕41号	中共舟山市定海区委关于迅速推进南珍菜场创建工作履职不力问题整改落实情况的报告
定委〔2018〕42号	中共舟山市定海区委关于同意给予金春林同志警告处分的批复
定委〔2018〕43号	中共舟山市定海区委关于同意给予杨继明记过处分的批复
定委〔2018〕44号	中共舟山市定海区委关于同意中共舟山市定海区国家税务局、舟山市定海地方税务局联合委员会改设中共国家税务总局舟山市定海区税务局委员会的批复
定委〔2018〕45号	中共舟山市定海区委关于同意王苗军辞去公职的批复
定委〔2018〕46号	中共舟山市定海区委关于万金湖河河面建筑问题整改情况的报告
定委〔2018〕47号	中共舟山市定海区委关于同意给予金剑波同志警告暨免职处分的批复
定委〔2018〕48号	中共舟山市定海区委关于同意建立舟山市公安局技术侦察支队定海工作站的批复
定委〔2018〕49号	中共舟山市定海区委关于同意给予吴锡平同志严重警告处分的批复
定委〔2018〕50号	中共舟山市定海区委关于同意给予胡斌同志警告处分的批复
定委〔2018〕51号	中共舟山市定海区委关于王华杰同志因私出国（境）的请示
定委〔2018〕52号	关于浙江省舟山祥森木业有限公司游乐城项目违规强行开业的整改报告
定委〔2018〕53号	中共舟山市定海区委关于同意给予夏舟丹同志警告处分的批复
定委〔2018〕54号	中共舟山市定海区委关于同意给予许琪军同志严重警告处分的批复
定委〔2018〕56号	中共舟山市定海区委关于给予邬学文同志党纪处分的请示
定委〔2018〕57号	中共舟山市定海区委关于同意召开区政协六届三次会议的批复

续表30

文号	文件标题
定委〔2018〕58号	中共舟山市定海区委关于同意召开舟山市定海区第十七届人民代表大会第三次会议的批复
定委〔2018〕59号	中共舟山市定海区委关于同意成立中共舟山市定海区第二中学教育集团委员会的批复
定委〔2018〕60号	中共舟山市定海区委关于2018年度落实全面从严治党主体责任情况的工作报告
定委〔2018〕61号	中共舟山市定海区委关于浙江省舟山祥森木业有限公司游乐城项目违规强行开业的整改报告
定委〔2018〕62号	中共舟山市定海区委关于同意给予袁文武同志党纪严重警告处分的批复
定委〔2018〕63号	中共舟山市定海区委关于同意给予朱洪春同志警告处分的批复
定委〔2018〕64号	中共舟山市定海区委舟山市定海区人民政府关于2018年度河（湖）长制落实情况的报告
定委发〔2018〕1号	中共舟山市定海区委 舟山市定海区人民政府关于表彰第二届舟山市定海区道德标兵的通报
定委发〔2018〕2号	中共舟山市定海区委区政府办公室关于印发《中国共产党舟山市定海区委员会巡察工作实施办法》的通知
定委发〔2018〕3号	中共舟山市定海区委关于推荐舟山市第七届人民代表大会代表候选人的通知
定委发〔2018〕4号	中共舟山市定海区委 舟山市定海区人民政府关于推进安全生产领域改革发展的实施意见
定委发〔2018〕5号	中共舟山市定海区委关于推荐舟山市第七届人民代表大会代表候选人的通知
定委发〔2018〕6号	中共舟山市定海区委 舟山市定海区人民政府关于表彰2017年度定海区“优秀基层干部”的通报
定委发〔2018〕7号	中共舟山市定海区委 舟山市定海区人民政府 中国人民解放军浙江省舟山市定海区人民武装部关于表彰2017年度全区武装工作先进单位和先进个人的通报
定委发〔2018〕9号	中共舟山市定海区委关于表彰2017年度定海区优秀党（工）委（党组）理论学习中心组的通报
定委发〔2018〕11号	中共舟山市定海区委关于推进“清廉定海”建设的实施意见
定委发〔2018〕12号	中共舟山市定海区委关于表彰2017年度科级领导干部考核优秀人员的通报
定委发〔2018〕13号	中共舟山市定海区委 舟山市定海区人民政府关于表彰定海区2013—2017年度劳动模范和模范集体的决定
定委发〔2018〕14号	中共舟山市定海区委 舟山市定海区人民政府关于表彰2017年度定海区工业发展先进单位的通报

续表30

文号	文件标题
定委发〔2018〕15号	中共舟山市定海区委 舟山市定海区人民政府关于给予范志芬等84名同志记三等功奖励的决定
定委发〔2018〕16号	中共舟山市定海区委 舟山市定海区人民政府关于命名2017年度平安社区（村）和表彰平安金鼎社区（村）、2017年度全区政法工作先进集体和先进个人的通报
定委发〔2018〕17号	中共舟山市定海区委关于推荐舟山市第七届人民代表大会代表候选人的通知
定委发〔2018〕18号	中共舟山市定海区委关于表彰全区优秀共产党员、优秀党务工作者和先进基层党组织的通报
定委发〔2018〕19号	中共舟山市定海区委关于表彰定海区“十佳社区村党组织书记”的通报
定委发〔2018〕20号	中共舟山市定海区委关于表彰定海区“十佳两新组织党务工作者”的通报
定委发〔2018〕21号	中共舟山市定海区委舟山市定海区人民政府关于2017年度美丽定海建设工作考核结果的通报
定委发〔2018〕22号	中共舟山市定海区委关于认真学习贯彻习近平总书记重要指示精神的通知
定委发〔2018〕23号	中共舟山市定海区委关于深入开展“大学习大调研大抓落实”活动的实施意见
定委发〔2018〕24号	中共舟山市定海区委关于印发《定海区深入贯彻落实<关于培育和践行社会主义核心价值观的意见>的实施方案》的通知
定委发〔2018〕25号	中共舟山市定海区委关于成立中共舟山市定海区人大常委会机关党组的通知
定委发〔2018〕26号	中共舟山市定海区委关于成立中共舟山市定海区政协机关党组的通知

（撰稿：张琪辉）

附录三：2018年舟山市定海区人民政府重要文件选编

表31

年月日	文件名	文件标题	拟稿人
2018.1.8	定政函1	关于上报定海区2018—2019年省扶持村级集体经济发展项目实施方案的报告	贾洋洋
	定政函2	关于主城区上李家等7地块城中村改造项目（一期）政府购买服务有关事项的通知	胡琪杰
	定政函3	关于主城区海洋学院北侧等6地块城中村改造项目（一期）政府购买服务有关事项的通知	胡琪杰
	定政函4	关于主城区大洋岙邱家等5地块城中村改造项目（一期）政府购买服务有关事项的通知	胡琪杰
	定政函5	关于要求申报省优秀县（市、区）“大禹鼎”的报告	贾洋洋
1.9	定政函6	关于提请鲍瑞安免职的议案	陈　卓
1.18	定政函7	关于同意区残疾人联合会执行理事会理事长、副理事长任职的批复	王　耀
1.23	定政函8	关于同意太平弄等4个棚户区改造项目(一期)政府购买服务相关事宜的批复	胡琪杰
	定政函9	关于同意念母墩等区块棚户区及危旧房改造项目(一期)政府购买服务相关事宜的批复	胡琪杰
1.30	定政函10	关于要求授权管理部队闲置文物房产的函	王　耀
1.30	定政函11	关于同意变更调整白泉等镇街道重点公益林的批复	贾洋洋
2.11	定政函12	关于同意嵊泗至定海公路马岙到定海疏港公路工程房屋征收与补偿实施方案的批复	贾洋洋
2.26	定政函13	关于要求确认2016年森林资源二类调查成果的函	贾洋洋
3.13	定政函14	关于上报定海区金塘镇2017年第008号地块项目批次建设用地情况的函	贾洋洋
3.14	定政函15	关于启动2018年第一轮城中村（旧城）改造的通知	胡琪杰
4.19	定政函16	关于报送2018年小学全科教师定向培养需求意向的函	王　耀
4.24	定政函17	关于同意以借用方式解决城关二幼2018年秋季小班教学场地问题的批复	王　耀
4.25	定政函18	关于同意实施定海区干石览镇国家生态文明建设示范乡镇建设规划的批复	吴　伟

续表31

年月日	文件名	文 件 标 题	拟稿人
	定政函19	关于同意实施定海区双桥街道国家生态文明建设示范乡镇建设规划的批复	吴 伟
	定政函20	关于同意实施定海区马岙街道国家生态文明建设示范乡镇建设规划的批复	吴 伟
5.2	定政函21	关于同意对环南街道千岛社区西蟹峙垦造耕地等9个项目予以立项的批复	贾洋洋
5.23	定政函22	关于市七届人大三次会议第10号建议协办意见的函	贾洋洋
5.28	定政函23	关于市七届人大三次会议第84号建议协办意见的函	黄 耀
	定政函24	关于要求核减省级以上重点公益林面积的函	贾洋洋
5.31	定政函25	关于市政协七届二次会议第257号提案协办意见的函	王 耀
	定政函26	关于市政协七届二次会议第85号提案协办意见的函	王 耀
	定政函27	关于市七届人大三次会议第82号建议协办意见的函	王 耀
6.5	定政函28	关于市七届人大二次会议第84号方案协办意见的函	贾洋洋
	定政函29	关于市政协七届二次会议第115号提案协办意见的函	王 耀
	定政函30	关于市政协七届二次会议第144号提案协办意见的函	王 耀
	定政函31	关于市政协七届二次会议第237号提案协办意见的函	王 耀
	定政函32	关于市七届人大二次会议第61号建议协办意见的函	王 耀
	定政函33	关于市七届人大三次会议第66号建议协办意见的函	王 耀
6.8	定政函34	关于市政协七届二次会议第259号提案协办意见的函	王 耀
	定政函35	关于市政协七届二次会议第73号提案协办意见的函	王 耀
	定政函37	关于市政协七届二次会议第192号提案协办意见的函	胡琪杰
	定政函38	关于市政协七届二次会议第191号提案协办意见的函	胡琪杰

续表31

年月日	文件名	文件标题	拟稿人
6.26	定政函39	关于市政协七届二次会议第194号提案提案协办意见的函	胡琪杰
	定政函40	关于市政协七届二次会议第211号提案协办意见的函	胡琪杰
	定政函41	关于市七届人大三次会议第62号提案协办意见的函	胡琪杰
	定政函42	关于市政协七届二次会议第167号提案协办意见的函	胡琪杰
	定政函43	关于对市政协七届二次会议第194号提案协办意见的函	胡琪杰
	定政函44	关于市政协七届二次会议第86号提案协办意见的函	胡琪杰
6.15	定政函45	关于市政协七届二次会议第204号提案协办意见的函	胡琪杰
	定政函46	关于市七届人大三次会议第42号提案协办意见的函	胡琪杰
	定政函47	关于市七届人大三次会议第7号建议协办意见的函	胡琪杰
6.20	定政函48	关于同意调整2018年棚户区改造计划的批复	胡琪杰
6.11	定政函49	关于要求授权维修管理6处部队闲置文物房产的函	陈　卓
6.12	定政函50	关于2017年度保障性安居工程跟踪审计问题整改情况的函	胡琪杰
6.22	定政函51	关于同意《浙江定海工业园区“区域环评+环境标准”清单式管理改革试点实施方案》的批复	杨晨昕
6.26	定政函52	关于创建“四好农村路”全国示范县的报告	贾洋洋
6.29	定政函53	关于申报创建农业全产业链示范区的函	贾洋洋
	定政函58	关于提请董凯龙任职的议案	陈　卓
7.5	定政函59	关于对市七届人大三次会议第26号建议协办意见的函	杨晨昕
7.6	定政函60	关于同意《定海区节水型社会工作方案（2018-2022）》的批复	贾洋洋
	定政函62	关于要求调出标准农田指标的函	贾洋洋

续表31

年月日	文件名	文　件　标　题	拟稿人
7.11	定政函64	关于申报小沙海岛果蔬特色农业强镇项目的函	吴　伟
7.13	定政函65	关于提请徐峻峰任职的议案	陈　卓
7.20	定政函66	关于市政协七届二次会议第69号提案的复函	吴　伟
7.23	定政函67	关于要求追加征占用林地定额的函	吴　伟
	定政函68	关于市政协七届二次会议第195号提案的复函	胡琪杰
	定政函69	关于市政协七届二次会议第208号提案的复函	胡琪杰
	定政函70	关于市七届人大三次会议第2号议案的复函	胡琪杰
	定政函71	关于市七届人大三次会议第82号议案的复函	胡琪杰
	定政函72	关于市七届人大三次会议第48号议案的复函	胡琪杰
	定政函74	关于市政协七届二次会议第317号提案的复函	胡琪杰
	定政函75	关于市七届人大三次会议第106号议案的复函	胡琪杰
	定政函76	关于市七届人大三次会议第100号议案的复函	胡琪杰
7.24	定政函77	关于对市七届人大三次会议第44号议案的复函	贯洋洋
7.24	定政函78	关于对市政协七届二次会议第65号提案的复函	贯洋洋
	定政函79	关于市政协七届二次会议第173号提案的复函	胡琪杰
	定政函80	关于对市政协七届二次会议第124号提案的复函	杨晨昕
7.26	定政函82	关于对市七届人大三次会议第89号议案的复函	杨晨昕
8.1	定政函83	关于中石化第十建设有限公司“5·16”触电一般生产安全事故调查报告的批复	杨晨昕
8.3	定政函84	关于对市七届人大三次会议第91号议案的复函	王　耀

续表31

年月日	文件名	文件标题	拟稿人
8.3	定政函87	关于同意白泉繁强地块房屋征收补偿安置实施方案和白泉河东车站至73省道道路拓宽工程房屋征收补偿安置实施方案的批复	胡琪杰
8.6	定政函88	关于对市七届人大三次会议第5号议案的复函	王　耀
	定政函89	关于同意干石览镇青龙社区2017年高标准农田建设项目等7个项目通过竣工验收的批复	贾洋洋
8.10	定政函90	关于提请撤销冯志鸣定海区城市管理局局长职务的议案	陈　卓
8.15	定政函91	关于申报第七批（2019年度）历史文化村落保护利用一般村的函	吴　伟
8.22	定政函93	关于批准责令关闭陈伟明的养殖场的批复	贾洋洋
8.27	定政函92	关于同意定海区马岙街道团结社区高标准农田建设（耕地质量提升）项目等18个项目通过竣工验收的批复	贾洋洋
	定政函94	关于批准责令关闭陈梅娟的养殖场的批复	贾洋洋
	定政函95	关于批准责令关闭舟山市定海大田白鹅养殖专业合作社的批复	贾洋洋
9.10	定政函97	关于同意2018年第一批高标准农田项目立项的批复	贾洋洋
	定政函98	关于同意马岙街道2018年高标准农田建设暨耕地质量提升项目立项的批复	贾洋洋
	定政函99	关于舟山市定海天锐机电设备有限公司“7·17”触电一般生产安全事故调查报告的批复	杨晨昕
	定政函100	关于同意《舟山市定海区农业水价综合改革实施方案》的批复	吴　伟
9.18	定政函101	关于同意《舟山市定海区林地保护利用规划（2010—2020年）局部调整方案》的批复	吴　伟
9.20	定政函102	关于提请顾培斐任职的议案	陈　卓
9.26	定政函103	关于同意定海区金塘北部西片区垦造耕地项目（一期）项目立项的批复	贾洋洋
10.10	定政函104	关于要求从轻处罚舟山市广益矿业有限公司的函	贾洋洋
10.15	定政函105	关于同意白泉镇白泉社区（金林地块）2017年高标准农田建设（耕地质量提升）项目等7个项目通过竣工验收的批复	贾洋洋
	定政函106	关于要求协助做好定海区岑港街道桃夭门社区大皇山矿开发建设工作的函	贾洋洋

续表31

年月日	文件名	文　件　标　题	拟稿人
10.30	定政函107	关于同意2019年度土地储备计划的批复	贾洋洋
10.31	定政函108	关于同意《舟山市定海区2018年水利工程标准化划界方案（名录内）》的批复	吴　伟
11.2	定政函109	关于同意对金塘镇仙居社区九条溪垦造耕地项目予以立项的批复	贾洋洋
11.6	定政函110	关于同意划定黄金湾水库、城北水库管理和保护范围的批复	吴　伟
	定政函111	关于同意干石览 镇东升社区胜丰区块房屋征收补偿安置实施方案的批复	胡琪杰
12.10	定政函114	关于提请免去章文斌职务的议案	陈　卓
12.18	定政函115	关于要求调入补充耕地指标的函	贾洋洋
	定政函113	关于舟山欧莱克新材料科技有限公司“10·16”中毒一般生产安全事故调查报告的批复	杨晨昕
	定政函116	关于同意实施定海区小沙街道国家生态文明建设示范乡镇建设规划的批复	贾洋洋
	定政函117	关于同意双桥街道浬溪社区高标准农田建设项目等7个项目通过竣工验收的批复	贾洋洋
	定政函118	关于同意实施定海区白泉镇国家生态文明建设示范乡镇建设规划的批复	贾洋洋
	定政函119	关于同意实施定海区金塘镇国家生态文明建设示范乡镇建设规划的批复	贾洋洋
	定政函120	关于同意实施定海区岑港街道国家生态文明建设示范乡镇建设规划的批复	贾洋洋
1.12	定政1	关于舟山市定海区土壤污染防治工作方案的备案报告	吴　伟
	定政2	关于定海区2017年度消防工作情况的报告	吴　伟
1.26	定政3	关于要求给予定海古城保护提升工程专项经费补助的请示	陈　卓
	定政4	关于2017年度粮食安全责任制落实情况的报告	吴　伟
2.13	定政5	关于要求整体搬迁市殡仪馆周边村民的请示	王　耀
3.21	定政6	关于要求协调解决我区盐河大塘配套加固工程建设相关事宜的请示	吴　伟

续表31

年月日	文件名	文件标题	拟稿人
	定政7	关于要求协调天禄（弘生）集团有关帮扶举措的请示	吴　伟
3.21	定政8	关于定海区2017年法治政府建设工作的报告	杨晨昕
6.5	定政9	关于要求转报省政府批准设立舟山进口粮食保税交易中心的请示	陈　卓
	定政11	关于申请浙江省食品安全区评价的报告	杨晨昕
	定政12	关于要求补助小沙街道章家山油菜籽榨油食品的坊提升改造资金的请示	贾洋洋
6.25	定政13	关于要求协调解决舟山三农农产品综合批发市场项目有关交通配套事项的请示	贾洋洋
	定政14	关于要求同意我区马岙街道2018年耕地质量产能（等级）指标市级统筹的请示	贾洋洋
7.16	定政15	关于中央环保督察定海区两宗用海项目整改工作进展情况的报告	吴　伟
7.23	定政17	关于要求支持城中村（旧城）改造的请示	胡琪杰
	定政18	关于要求批准《定海区休闲渔船发展规划》的请示	吴　伟
8.1	定政19	关于要求补助定海区昌国街道城北社区环境整治经费的请示	贾洋洋
8.13	定政20	关于要求推荐定海塑机螺杆产业创新服务综合体申报2018年浙江省产业创新服务综合体的请示	贾洋洋
	定政21	关于要求调整定海区征地区片综合地价的请示	陈　卓
8.20	定政22	关于要求明确上海瑞金医院舟山分院医保收费政策的请示	王　耀
	定政23	关于要求补助定海区双桥街道洁净乡村建设经费的请示	贾洋洋
8.24	定政24	关于要求转报省政府对舟山惠群远洋渔业发展有限公司3号码头对外开放启用验收的请示	王奇琛
9.3	定政25	关于2018年定海区政府民生实事代表票决项目部分项目调整情况的报告	杨晨昕
9.10	定政26	关于要求补助全市深化“千万工程”推进乡村振兴现场会会议经费的请示	吴　伟
9.13	定政27	关于要求补助船舶行业转型升级招商工作经费的请示	杨晨昕

续表31

年月日	文件名	文 件 标 题	拟稿人
9.20	定政28	关于要求补助盐仓街道叉河社区环境整治经费的请示	贾洋洋
10.23	定政29	关于贯彻落实中央环保督察反馈意见整改情况的报告	贾洋洋
10.29	定政30	关于要求补助盐仓街道庄家湾地块（DH-42-01-26号地块）城中村改造资金的请示	陈 卓
	定政31	关于要求调整舟山市定海区国民经济和社会发展第十三个五年规划纲要部分主要指标和重大项目的报告	杨晨昕
11.7	定政32	关于要求将城中村部分拆迁地块调整为整治地块的请示	胡琪杰
	定政33	关于申请列入2018年浙江省服务业强县（市、区）试点地区的报告	杨晨昕
12.13	定政34	关于要求转报省政府对舟山港外钓油品应急储运有限公司30万吨级码头对外启用验收的请示	王奇琛
	定政35	关于申请2018年度第二批调整（撤销）建设用地批文盘活批而未供土地转用指标（定海区）的请示	贾洋洋
12.21	定政36	关于进一步推进全区生态环境保护工作的审议意见落实情况的报告	贾洋洋
	定政37	关于全区2018年上半年国民经济和社会发展计划执行情况及财政预算执行情况审议意见落实情况的报告	杨晨昕
	定政38	关于全区国民经济和社会发展第十三个五年规划纲要实施情况中期评估报告的审议意见落实情况的报告	杨晨昕
	定政39	关于进一步推进我区“最多跑一次”改革审议意见落实情况的报告	杨晨昕
	定政40	关于定海区第十七届人民代表大会第二次会议代表议案建议办理情况审议意见落实情况的报告	杨晨昕
12.24	定政41	关于进一步推进我区居家养老服务工作审议意见落实情况的报告	王 耀
	定政42	关于进一步推进我区城中村（旧城）改造工作审议意见落实情况的报告	胡琪杰
1.24	定政干1	关于何仁东等非领导职务任职的通知	王 永
	定政干2	关于丁庆华等非领导职务的通知	顾燕珊
2.27	定政干3	关于庄志伟非领导职务任职的通知 （纸质）	杨晨昕
	定政干4	关于周福忠非领导职务任职的通知 （纸质）	杨晨昕

续表31

年月日	文件名	文件标题	拟稿人
4.3	定政干5	关于张洁等任职的通知	陈　卓
	定政干6	关于免去沈小伍职务的通知	陈　卓
5.31	定政干7	关于方涛等职务任免的通知	陈　卓
7.10	定政干8	关于李增平等职务任免的通知	陈　卓
8.22	定政干9	关于余璇等任职的通知	陈　卓
9.20	定政干10	关于顾培斐等职务任免的通知	陈　卓
12.10	定政干11	关于胡龙军等职务任免的通知	陈　卓
12.25	定政干12	关于黄海等非领导职务任职的通知	王　永
2.11	定政发1	关于进一步加强安置房建设管理的实施意见	胡琪杰
2.6	定政发2	关于表彰2017年度政府工作创新奖获奖项目的通报	杨晨昕
	定政发3	关于表彰2017年定海区政府质量奖获奖企业的通报	杨晨昕
2.12	定政发4	关于表彰2017年度军地情报信息工作先进单位和先进个人的通报	杨晨昕
	定政发6	关于2017年度安全生产目标管理责任制考核情况的通报	吴　伟
3.19	定政发7	关于2017年度消防安全责任制考核情况的通报	吴　伟
4.17	定政发10	关于2017年安全度汛责任制考核情况的通报	贾洋洋
4.13	定政发11	关于表彰2017年度全区招商引资工作先进集体和个人的通报	杨晨昕
4.28	定政发12	关于调整区政府部分副区长工作分工的通知	陈　卓
5.8	定政发13	关于进一步扶持企业上市（挂牌）和并购重组的若干意见 LD-HD00-2018-0001	杨晨昕
	定政发14	关于表彰2017年度定海区服务业明星企业的通报	杨晨昕

续表31

年月日	文件名	文 件 标 题	拟稿人
5.31	定政发15	关于表彰2017年度定海区服务业发展奖的通报	杨晨昕
6.11	定政发16	关于印发《健康定海2030行动纲要》的通知	王　耀
6.8	定政发17	关于公布第八批区级非物质文化遗产项目名录和第一批区级非物质文化遗产扩展项目名录的通知LDHD00-2018-0002	王　耀
6.11	定政发18	关于开展第三次全区土地调查的通知	贾洋洋
	定政发19	关于调整区政府部分副区长工作分工的通知	陈　卓
6.20	定政发20	关于表彰第九届定海区群众文化政府奖获奖单位和个人的通报	王　耀
6.26	定政发21	关于健全政策性融资担保体系建设的意见LDHD00-2018-0003	贾洋洋
8.1	定政发22	关于表彰2017年度征兵工作先进单位和先进个人的通报	杨晨昕
	定政发23	关于开展第四次经济普查的通知	杨晨昕
8.6	定政发24	关于调整区政府部分领导分工的通知	陈　卓
8.27	定政发25	关于表彰定海区第十三届农村优秀教师的通报	王　耀
9.6	定政发26	关于全面深化“亩均论英雄”改革的实施意见（试行）LDHD00-2018-0004	贾洋洋
10.15	定政发27	关于表彰2018年定海区政府质量奖获奖企业的通报	杨晨昕
11.21	定政发28	关于印发《定海区高水平建设“四好农村路”助推乡村振兴战略三年（2018-2020）实施方案》的通知	吴　伟

（撰稿：周啸峰）

责任编辑：王英伟

上接第506页

定海山系列文化——古桥（四）

序号	名称	地址	简介
20	建安桥	双桥街道桥头施社区胜利自然村南侧、宋家山北侧	建于清中期，光绪十九年（1893）重修。南北走向，为2墩3孔石板平桥。桥身阴刻“光绪十九年十月重修”。桥长8.88米，宽1.41米，是旧时小沙、大沙、岑港、烟墩、马目西北乡民进定海城必经之路。
21	金井桥	金塘镇柳行社区柳行街44号正南2米	位于柳行半边街，横跨柳行河。建于清初，因旁有金井庙又名庙桥，康熙《定海县志·金塘山图》有标注。东南—西北走向。桥面由长方形石条铺成，桥面宽2.1米，长10.8米，栏板高0.45米，两侧均刻有“金井桥”三个繁体字，各有5根望柱。美观坚固，古意十足。
22	后岙太平桥	白泉镇金山社区	太平桥为古代金山村民朝山进香原福寿寺的必经通道，石桥长6米，宽2米余，中间铺3尺半红石板，因信众多为祈福保太平，故名。
23	水管口大桥	白泉镇管口村	水管口大桥，又叫大桥头，为平面桥，明代建造，上首石条横梁处刻“大桥 刘乡贞建”字样，桥长约5米，宽约2米，石桥采用左右大石梁固定，中间石板与石梁契口镶合而成。清康熙《定海县志·白泉岙图》有标注。
24	弄堂岭石拱桥	白泉镇弄堂岭山谷溪流间	弄堂岭石拱桥，也就是甩龙桥，清时建。跨岭路与樵道的山溪，跨度约3米，桥面宽1.5米，原是北蝉通往皋泄的小型石拱桥。桥体建筑无承重石梁、石板和粘结剂，仅靠相向的弧度支撑桥面石块的重量，跨洪水冲刷风侵雨蚀的弄堂岭山涧屹立不倒，是先民在建筑实践中掌握、应用先进力学知识的见证。
25	桃源桥	干礁镇南洞	建于清代。光绪《定海厅志·干礁庄图》中有注。原是石架结构的丁步桥。相传清康熙年间，袁姓先祖搬入南洞岙，在今桃源桥上游约100米溪上建堰坝，引水过桥灌溉下游田地，才建造桃源桥。桥上游的堰叫上堰，过桃源桥的水沟叫堰沟，桃源桥俗名堰桥。

（区文体局供稿）

索 引

主题索引

1-9

A

B

C

E

F

G

J

K

L

M

N

R

S

T

W

Y

Z

图表索引